CHF 60.-/EURO 35.-/4

Zürichsee Landschaftsschutz 1927–2002

Zürichsee Landschaftsschutz 1927–2002

75 Jahre Verband zum Schutze des Landschaftsbildes am Zürichsee VSLZ,
seit 1998 Zürichsee Landschaftsschutz ZSL.

Hanspeter REBSAMEN

Unter Mitwirkung von Res Knobel. Fotografien von Elvira Angstmann.
Gestaltung und Layout von Zora Parici-Ciprys.

Th. Gut Verlag Stäfa 2002

Dank für finanzielle Beiträge

Folgenden Gemeinwesen und Stiftungen (in alphabetischer Reihenfolge) verdanken wir herzlich ihre finanziellen Beiträge, ohne die der ZSL dieses Buch nicht hätte herausgeben können.

Kantone:	Schwyz, St. Gallen, Zürich
Städte und Gemeinden:	
Schwyzer Ufer	Altendorf, Freienbach, Lachen, Wangen, Wollerau
St. Galler Ufer	Eschenbach, Jona, Rapperswil
Zürcher Ufer	Horgen, Kilchberg, Oberrieden, Rüschlikon, Thalwil, Wädenswil, Erlenbach, Herrliberg, Hombrechtikon, Küsnacht, Männedorf, Meilen, Stäfa, Uetikon am See, Zollikon, Zumikon Stadt Zürich
Stiftungen:	Familien-Vontobel-Stiftung
	Gemeinnützige Stiftung Basler + Hofmann

Konzept:	Hanspeter Rebsamen
Mitarbeit S. 159–169:	Res Knobel
Fotografien/Neuaufnahmen:	Elvira Angstmann
Gestaltung und Layout:	Zora Parici-Ciprys
Lektorat:	Ulrich E. Gut, Zora Parici-Ciprys, Andreas Pfleghard, Peter Ziegler
Schrift:	Abadi MT Condensed Light, Abadi MT Condensed Extra Bold
Papier:	Zanders Mega, halbmatt gestrichen, 135 g/m^2
Herstellung:	Günter Weik, Matthias Hunziker, Thomas Schaub
Druck:	Zürichsee Druckereien AG, 8712 Stäfa
Copyright:	© 2002 by Zürichsee Landschaftsschutz ZSL
Kartenausschnitt S. 205	Reproduziert mit Bewilligung des Bundesamtes für Landestopographie (BA024695)
ISBN:	3-85717-148-0
Umschlagbild:	Blick gegen Rosshorn und «Frauenwinkel». Foto Elvira Angstmann, August 2002. Vgl. S. 6.

Inhaltsverzeichnis

GELEITWORT ZSL 7
EINFÜHRUNG INS THEMA 8
ZEITTAFEL. VORGESCHICHTE UND GESCHICHTE DES VSLZ/ZSL 1897–1927–1998–2002 ... 11
VERBANDSTÄTIGKEIT IN DREI KANTONEN 55
  Hermann Balsiger (1876–1953), Oberrichter und Kulturpolitiker 55
  Hermann Balsiger und die Natur- und Heimatschutzkommission des Kantons Zürich ... 63
  Theodor Gut (I) (1890–1953), Verleger und Politiker, und seine Nachkommen ... 91
  Die Gründung des Verbandes 1927 99
  «Seedamm-Frage» und eidgenössische Natur- und Heimatschutz-Gesetzgebung ... 105
  Die «Jahrbücher vom Zürichsee» 109
  Die Publikationen als Spiegel der Verbandstätigkeit 113
  Präsidenten und Vorstand 1927–2002 117
DER «FRAUENWINKEL» IN FREIENBACH, EIN SCHUTZMODELL 133
  Die Präsenz des Stiftes Einsiedeln 133
  Kaufpolitik des Verbands 137
  Schutzgesetzgebung für Flora und Fauna 139
  Gefährdungen des Schutzgebiets 143
  Das landschaftliche Ganze: die Hurdener Halbinsel 147
  Seebrücke und Seedamm 151
  Die Inseln Ufenau und Lützelau 155
  Rückblick und Ausblick 157
  «Frauenwinkel» 1976 bis 2002, Res Knobel 159
EINE REISE UM DEN ZÜRICHSEE IM JAHRE 2002 171
  Vorbemerkung: Der Wanderer 171
  Von Richterswil um den Obersee nach Stäfa 181
  Von Männedorf um den Zürichsee nach Wädenswil 215
ANHANG 248
  Anmerkungen 248
  Abkürzungsverzeichnis 287
  Dokumentation Hermann Balsiger 288
  Mitglieder. Vorstand 290
  Publikationen und Jahresgaben des VSLZ/ZSL 293
  Register 294
  Autoren 304

Blick gegen Rosshorn und «Frauenwinkel». Foto Elvira Angstmann, August 2002.

Jede Generation wieder neu gewinnen

Hanspeter Rebsamen hat ein Buch geschrieben, das packt, verpflichtet und ermutigt. Es trägt wesentlich dazu bei, unser 75-Jahre-Jubiläum als stärkenden Besinnungsmoment auf dem Weg zu neuen Bewährungsproben zu gestalten.

Der Autor verfügt über einen enormen Wissensfundus. Darauf aufbauend, hat er mit grossem Spürsinn geforscht und die Erkenntnisse schöpferisch dargestellt, so auf einer Wanderung um den Zürichsee. Die Gründung des VSLZ erkennt er als Teil einer Bewegung von nationaler Dimension. Eindrücklich weist er die Förderung des Landschaftsschutzes durch Literatur und Kunst nach. Und was er über Leben und Persönlichkeit des Gründungspräsidenten Hermann Balsiger zu Tage bringt, bereichert das Bild der Schweiz in der ersten Hälfte des 20. Jahrhunderts weit über den Interessenkreis des Landschaftsschutzes hinaus.

Das Buch berichtet von Kontinuität. Zum Beispiel im Hochhalten der Identität eines Drei-Kantone-Verbandes: Schon der erste Präsident hätte sich einen Nachfolger aus dem Kanton St. Gallen oder Schwyz gewünscht; Kontinuität im Willen zur Zusammenarbeit mit Partnerorganisationen; im Engagement von Stadtzürcherinnen und Stadtzürchern für die Landschaft am See: Die Stadt Zürich stellte das grösste Kontingent von Vorstandsmitgliedern. Kontinuität in der Notwendigkeit, Rückschläge und Enttäuschungen zu verarbeiten: Aus den sechziger Jahren wird von Resignationserscheinungen berichtet. Und schliesslich das Kontinuum des Wandels: Die Aufgaben und Chancen verändern sich, teils fast unmerklich, teils in beunruhigendem Tempo. So zeichnet sich neuestens ein weiterer Steigerungsschub der Freizeitnutzung des Sees ab: «Reservaten», die gesichert schienen, droht nochmals verstärkter Zivilisationsdruck.

Wo gälte eher als im Landschaftsschutz, dass ein Bild oft mehr sagt als tausend Worte? Der Landschaftsschutz am Zürichsee hat, wie dieses Buch belegt, denn auch stets mit Künstlern und Künstlerinnen des Bildes zusammengearbeitet. Heute dürfen wir Elvira Angstmann (Fotografie) und Zora Parici-Ciprys (Grafik) für ihre wesentlichen Beiträge zum Gelingen dieses Jubiläumsbuchs danken.

Herzlich danken wir den Zürichsee- und Obersee-Kantonen, Städten, Gemeinden und Stiftungen, die durch finanzielle Beiträge die Herausgabe dieses Buches ermöglichten (siehe Liste auf der Impressumsseite), und allen, die daran mitwirkten, vor allem auch den Zeitzeugen, die vor Jahrzehnten für den Landschaftsschutz am Zürichsee einstanden und nun dem Autor den Schatz ihrer Erinnerungen erschlossen.

Unsere wichtigste Aufgabe ist, jede kommende Generation wieder neu für die Werte von Landschaft und Lebensräumen zu gewinnen. Dieses Buch gibt uns hierzu neuen Mut.

Ulrich E. Gut, Präsident Zürichsee Landschaftsschutz

Einführung

Anlässlich des 25-jährigen Bestehens des Verbandes zum Schutze des Landschaftsbildes am Zürichsee (VSLZ) schrieb Präsident Hermann Balsiger 1952: «Kaum war unser Verband gegründet, so setzten sich gewisse Leute auf die Bank der Spötter und nannten uns ‹Schilfröhrliklub›. Angestrengt haben wir uns ein Vierteljahrhundert lang bemüht, diesen Ehrennamen auch zu verdienen, was uns glücklicherweise weitgehend gelang.»[1] Wer die Geschichte dieses Verbandes schreiben will, der sich seit 1998 Verein Zürichsee Landschaftsschutz (ZSL) nennt, muss ihre Anliegen zu den seinigen machen und die grosse Idee begreifen, welche immer hinter den Alltagsgeschäften wirkt: Der See und seine Ufer bilden eine Einheit und sind ein Gemeingut. Was das heisst, hat der ZSL in langen Jahren erarbeitet und vergisst es auch bei notwendigen Kompromissen nicht. Zwar hat Balsiger beim 20-jährigen Verbandsbestehen bemerkt: «Es ist zu früh, um ein Jubiläum zu feiern. Zwanzig Jahre Arbeit begründen noch keinen Anspruch auf feierliche Zelebrierung. Vielen Mitgliedern unseres Verbandes ist ohnehin in allzu lebendiger Erinnerung, was in diesen zwanzig Jahren geleistet wurde, als dass sie einen historischen Rückblick geniessbar fänden. Und wenn später einer hinsässe, das dicke Archiv[2] durchschnüffelte und die Geschichte unseres Verbandes schriebe — wetten, dass niemand sie läse. Der Mensch von heute hat keine Zeit mehr dazu. Doch jeden Tag beweisen, dass der Verband lebt, wacht, wirkt: das hat Sinn.»[3]
Dermassen aus der jenseitigen Welt angesprochen, hat sich der Schreibende selbstverständlich gefragt, ob die unterdessen vergangenen 75 Jahre eher reichen, um Balsigers Verdikt zu widerlegen. Bald aber zeigte sich, dass es heute eigentlich um ein 100-jähriges Jubiläum geht. Der Faden kann nicht erst 1927 aufgenommen werden: sein Anfang ist um die Wende vom 19. zum 20. Jahrhundert, bei den Bestrebungen der Heimat- und Naturschutzgründer, zu suchen. Die Geschichte des VSLZ ist zudem personenmässig mit jener der Natur- und Heimatschutzkommission des Kantons Zürich (NHKZ) verbunden. Ihr langjähriger Präsident und der Gründerpräsident des Verbandes zum Schutze des Landschaftsbildes am Zürichsee sind identisch: Hermann Balsiger ist ein Pionier auf diesem Gebiet, er hat schon in der Zürcher Kommission unermüdlich auf die Bedeutung klarer und wirksamer Rechtsnormen für den Seeuferschutz und für die Erschliessung der Ufer zugunsten der Öffentlichkeit hingewiesen. Diese Jubiläumsschrift versucht deshalb — erstmals — Balsigers Bedeutung in solchen weiteren Zusammenhängen aufzuzeigen. Daraus geht hervor, dass der VSLZ auch eine wichtige Rolle in der schweizerischen Natur- und Heimatschutz-Bewegung gespielt hat. Mit dem VSLZ wurde 1927 eine Plattform geschaffen, von der aus man 1935 Natur- und Heimatschutz-Recht auf Bundesebene installieren konnte. Mit der Eidgenössischen Natur- und Heimatschutzkommission (ENHK) entstand ebenfalls 1935 ein Forum, für das die zürcherische, seit 1912 bestehende Kommission Vorbild war. Die ENHK ist in der Folge ihrerseits Vorbild für weitere Kommissionen mit gleicher Zielrichtung im eidgenössischen wie im kantonalen Bereich geworden. Balsiger gehörte zu den ersten Mitgliedern der ENHK. Eine der spezifischen Qualitäten dieses Sozialdemokraten war, dass er mit Gleichgesinnten, unbeschadet Kantons-, Partei- oder Glaubenszugehörigkeit, zusammenarbeiten konnte, hier vor allem mit dem freisinnigen VSLZ-Mitgründer Theodor Gut, der in seiner Position als Redaktor und Unternehmer sowie als Politiker lautere Gesinnung mit wirtschaftlichem Geschick verband. Wie schon mit seiner «Zürichsee-Zeitung», betrieb Gut nun zusammen mit

Balsiger seit 1930 Aufklärung und Bildung mit den «Jahrbüchern vom Zürichsee». Die beiden Gründer schufen sich so ein neues und angemessenes Instrument für ihre umfassende kulturpolitische Tätigkeit.

Die Darstellung der Wirksamkeit und des Lebensraums der beiden Persönlichkeiten und ihrer Nachfolger ist erhellend auch für die heutige Tätigkeit des Vereins. Am Zürichsee ist Zusammenarbeit aus geschichtlichen Gründen zwingend. Wenn auch die Kantonsgrenzen seit 1848 nicht mehr sichtbar sind, herrscht doch in den drei Kantonen eine jeweils spezifische Kultur. Im ZSL haben sich deshalb Gleichgesinnte aus allen drei Kantonen zusammengeschlossen. Die Ergebnisse ihres Wirkens werden von der Öffentlichkeit genossen, die durchgestandenen Mühen aber sind vergessen. Namen und damit verbundene Leistungen werden deshalb hier in Erinnerung gerufen, weil so für die heute und in Zukunft gefragten Ideenträger auch Vorbilder sichtbar werden können. Kultur, Politik und Wissenschaft werden von Individuen gemacht. Ihre Herkunft, Ausbildung und berufliche Tätigkeit sind deshalb hier bis in Einzelheiten dargestellt, in der Meinung, dass das Thema Heimat- und Naturschutz bereits geschichtliches Interesse beanspruchen darf, und dass es wichtig ist, seine Pioniere und heutigen Ideenträger kennzulernen. Gefragt war eine Geschichte, welche bis in die Gegenwart führt und zudem einen Ausblick in die Zukunft eröffnet. Grenzen setzten die zur Verfügung stehende Zeit und der Buchumfang. Verwiesen sei auf das Register und die Anmerkungen, welche immerhin zu vielen Fakten und Daten führen.

Der Schilfröhrliklub – wie er natürlich trotz des Namens- und Signetwechsels 1998 von älteren Mitgliedern, Freunden und kritischen Beobachtern immer noch genannt wird – figuriert nicht im Tagesbewusstsein der Öffentlichkeit. Das kann er auch nur in Ausnahmefällen, weil er nicht mit seinen Auftritten identifiziert, sondern an seinen Leistungen gemessen sein will. Das Rosshorn, Teil des sogenannten «Frauenwinkels» südlich der Inseln Ufenau und Lützelau, ist ein Stück Riedlandschaft, wo – selten sichtbar – viele Kleinlebewesen heimisch sind. Dieses wie andere Areale sind vom Verband erworben worden, weil so die nie ganz sicheren Rechtsverhältnisse in Sachen Landschaftsschutz am ehesten stabilisiert werden können: Eigentum ist noch immer fast fraglos die sicherste Rechtsform. Die Naturlandschaft auf der Hurdener Landzunge muss aber gepflegt werden, aus menschlicher Einsicht in die biologischen Zusammenhänge. Auch in dieser Hinsicht ist das Wirken des Vereins dem eiligen Vorbeifahrenden wie dem geruhsamen Wanderer unbekannt. Einzigartig und erinnernswert ist aber wohl die Tatsache, dass der Verband diese Grundstücke nicht für den menschlichen Gebrauch gekauft hat, sondern aus der Einsicht heraus, dass die Naturlandschaft heute überall gefährdet ist – durch den Menschen – der sie aber nicht entbehren kann.

Für stete Hilfe, Auskünfte, Beratung und beste Zusammenarbeit dankt der Verfasser herzlich: dem ZSL als Auftraggeber, vorab seinem Präsidenten Dr. Ulrich E. Gut, Küsnacht und Zürich, wie auch den befragten heutigen, ehemaligen und verstorbenen Vorstandsmitgliedern, wie den Mitgliedern der NHKZ, er dankt für die anregende Zusammenarbeit: Res Knobel, Wilen SZ; Zora Parici-Ciprys, Zürich; Elvira Angstmann, Männedorf; Ulrich Gut, Prof. Dr. Peter Ziegler, Günter Weik, Matthias Hunziker und Thomas Schaub, Stäfa. – Für weitere Hilfe, Hinweise und Gespräche sei gedankt: Max U. Balsiger, Meikirch BE; Roger Nicholas Balsiger, Kilchberg; Dr. Nicola Behrens, Stadtarchiv Zürich; Herrn und Frau A. und R. Bühler, Feldbach; Gallus Ebneter, Siebnen; Dr. Arthur Egli, Küsnacht; Cornelia Egli, Maur; Frau Fink, Stadtarchiv Zürich; Dr. Lukas Gschwend, Jona; Christian Gut-von Schulthess, Zürich; Lotte Gut-Meier, Stäfa; Klaus und Silvia Hagmann, Stein am Rhein; Prof. Dr. Albert Hauser, Wädenswil; Dr. Andreas Hauser, Zürich; Dr. Beat Hauser, Wädenswil; Georges Herms, Kilchberg; Ernst Horvath, Männedorf; Dr. Robert Imholz, Zürich; Kuno Jäggi, Wilen SZ; Dr. Albert Jörger, Horgen; Heidi Kempin-Lehner, Männedorf; Frau Ladanyi, Graph. Slg. der ZBZ; Rolf Leuzinger, Pfäffikon SZ; Rolf Limburg, Herrliberg; Elisabeth Lubicz-Steinbrüchel, Küsnacht; Fritz Maurer, Zumikon; Thomas Müller, Zürich; Bernhard Obrecht, Erlenbach; Kurt Pfenninger, Stäfa; Andreas Pfleghard, Ürikon; Dr. Christian Renfer, Oetwil a.See; Matthias Renggli, Zürich; Isabel Schaltenbrand, Wädenswil; Prof. Dr. Ferdinand Schanz, Kilchberg; Dr. Jürg Sigrist, Zürich; Maja Steinmann-Peter, Lausen BL; Bernd Strasser, Jona; Peter Stünzi, Zürich; Hilde Welti-Gut, Stäfa; Dr. David von Wyss, Richterswil; Pit Wyss, Dielsdorf; Dr. Hannes Zehnder, Pfäffikon SZ; Dr. Nicolas Zbinden und Renate Mauerhofer, Horgenberg; Dr. Peter Zwicky, Zürich.

Die Gefährdung des Naturufers zwischen Freienbach und Hurden, im sog. Frauenwinkel, löste 1927 die Gründung des VSLZ aus. Foto Elvira Angstmann 2002. Vgl. Abb. S. 13.

Zeittafel: Vorgeschichte und Geschichte des VSLZ/ZSL 1897–1927–1998–2002

Der grosse Brachvogel (Numenius arquata) geniesst die höchste Priorität der naturschützerischen Tätigkeit des ZSL. Vgl. H. Schiess in: Jb 52 (1978), S. 26). Bild: Jb 55 (1981), S. 39. Vgl. Abb. S. 34.

Die Angaben über die Tätigkeit des VSLZ sind den betreffenden Jahresberichten entnommen, in Klammern werden deshalb nur anders datierte Jahresberichte (Jb) oder andere Quellen genannt (Abkürzungen siehe Seite XX). – Themen, die sich über mehrere Jahre hinziehen, sind meist unter dem Jahr, da sie zum ersten Mal erscheinen, zusammengefasst. Siehe dazu das Register S. XX. – Auf ausführlichere Angaben zu wichtigen Themen wird mit Seitenzahlen verwiesen. Siehe auch das zentrale Kapitel über den Frauenwinkel, S. 133–169. – Liste der Vorstandsmitglieder auf S. XX.

Abkürzungen: AGZ = Antiquarische Gesellschaft in Zürich. – BLN = Bundesinventar der Landschaften von nationaler Bedeutung. – BSA = Bund Schweizer Architekten. – EKZ = Elektrizitätswerke des Kantons Zürich. – ENHK = Eidgenössische Natur- und Heimatschutzkommission, gegründet 1935. – GSK = Gesellschaft für Schweizerische Kunstgeschichte. – GV = Generalversammlung. – Jb = Jahresbericht VSLZ/ZSL. – JbZ = Jahrbuch vom Zürichsee 1932–1966 (jene von 1938 und 1939/1940 tragen nur den Namen Jahrbuch. Siehe ZSb). – NHKZ = Natur- und Heimatschutzkommission des Kantons Zürich, gegründet 1912. – NOK = Nordostschweizerische Kraftwerke. – PBG = Planungs- und Baugesetz des Kantons Zürich 1975, revidiert 1991. – PN = Pro Natura. – RR = Regierungsrat. – SANB = St. Gallisch-Appenzellischer Naturschutzbund. – SBN = Schweizer Naturschutzbund. – SGV = Schweizerische Gesellschaft für Vogelkunde und Vogelschutz. – SHS = Schweizer Heimatschutz. – SIA = Schweizerischer Ingenieur- und Architektenverein. – SL = Schweizer Landschaftsschutz. – SO = Sektionsobmann VSLZ/ZSL. – VM = Vorstandsmitglied VSLZ/ZSL. – VSLZ = Verband zum Schutze des Landschaftsbildes am Zürichsee (Name 1927–1998, siehe ZSL). – ZAW = Zürcherische Arbeitsgemeinschaft für Wanderwege. – ZSb = Zürichsee-Buch 1930 (siehe JbZ). – ZSG = Zürcher Schifffahrtsgesellschaft. – ZSL = Zürichsee Landschaftsschutz (Name ab 1998, siehe VSLZ). – ZVH = Zürcherische Vereinigung für Heimatschutz.

1897   Der VSLZ-Gründer Hermann Balsiger (1876–1953) tritt 1897 ins Bankhaus Leu & Cie. in Zürich ein, absolviert 1899–1903 hier das Rechtsstudium, wird Sozialdemokrat, heiratet 1902 Dr. iur. Malka Lipschütz aus Galizien, und arbeitet 1903–1905 bei der Schweizerischen Kreditanstalt in Zürich und im Sekretariat des Verbandes Schweizerischer Konsumvereine in Basel. 1905 wird er Auditor am Bezirksgericht in Zürich und amtet 1905–1910 als städtischer Bausekretär. Von 1908–1913 engagiert er sich im Verwaltungsrat des Lebensmittelvereins Zürich für den Bau des St. Annahofs (1911–1913) an der Bahnhofstrasse. 1909 erwirbt er das Zürcher Bürgerrecht und wird Kantonsrat, 1910 auch Mitglied des Grossen Stadtrats. 1909–1917 ist die Genossin – spätere Kommunistin – Mentona Moser (1874–1971) Balsigers zweite Gattin.

1912   Hermann Balsiger wird Mitglied der neu geschaffenen staatlichen Heimatschutzkommission (seit 1921 Natur- und Heimatschutzkommission) des

Drei Rohrkolben, Signet des VSLZ 1927–1998. Wahrscheinlich von Graphiker Ernst Keller (1891–1968), Lehrer an der Kunstgewerbeschule Zürich 1920–1956.

Kantons Zürich und amtet 1918–1947 als deren Präsident. Als Mitglied der Strafkammer (1917–1941), Präsident der Städtischen Literaturkommission (1931–1943) und Mitglied vieler anderer kultureller und sozialer Institutionen ist der «Oberrichter Balsiger» eine stadtbekannte Figur. Nach seiner dritten Ehe mit Edith Nägeli ist er 1928–1943 mit der Sozialdemokratin Dr. jur. Elisabeth Tobler (1896–1943) verheiratet. Balsigers Enkel Roger Nicholas Balsiger (geboren 1943), Sohn von Eduard Balsiger (1911–1966), arbeitet an der Aufarbeitung der Familiengeschichte. Siehe S. 61.

1913　Der VSLZ-Gründer Theodor Gut (I) (1890–1953) wird 1913 in die Redaktion der *Zürichsee-Zeitung* in Stäfa berufen, die 1845 als *Wochenblatt vom Zürichsee* gegründet worden war. 1914 verheiratet er sich mit Ida Hulftegger und lässt sich im Kehlhof Stäfa nieder. 1920 wird er Sekretär und 1933 Präsident der Freisinnigen Partei des Kantons Zürich; 1935–1946 ist er Nationalrat, 1939–1945 Verbindungsoffizier der Abteilung Presse und Rundfunk zum Bundesrat. Seit 1925 ist Gut Chefredaktor und Leiter der *Zürichsee-Zeitung*, seit 1933 auch Verwaltungsratspräsident. 1944 Gründung des Th. Gut Verlags Stäfa. Die Söhne Dr. iur. Theodor Gut (1917–1999) und Ulrich Gut (geboren 1923), welche 1948 in die Firma eintreten, wirken ebenfalls im VSLZ bzw. bei der Publikation des *Jahrbuchs vom Zürichsee* (1930–1966) mit. Auch die Enkel Christian Gut (geboren 1950), bzw. Dr. iur. Ulrich E. Gut (geboren 1952) engagieren sich im VSLZ bzw. im ZSL. Siehe 1994 und S. 92.

1915　Die Regierung des Standes Schwyz erklärt den sog. Frauenwinkel in der Gemeinde Freienbach am Zürichsee zum Schongebiet für Wasservögel. Im weiten Riedareal hat die 1875 gegründete Schweizerische Ornithologische Gesellschaft seit einigen Jahren mit den Grundeigentümern zahlreiche Verträge zwecks Schaffung einer Vogel-Zufluchtsstätte abgeschlossen.

1925　Bundesgesetz über Jagd- und Vogelschutz vom 10. Juni 1925.

1927　Weil der Frauenwinkel (siehe 1915) durch das Bauprojekt für ein Fabrikgebäude für Weberei-Massenartikel bzw. von Motoren für Wasserflugzeuge gefährdet ist, gründen Theodor Gut (I) in Stäfa und Hermann Balsiger in Zürich (siehe oben) den Verband zum Schutze des Landschaftsbildes am Zürichsee VSLZ. Gründungsversammlung am 15. Oktober 1927 im Hotel Schwanen in Rapperswil mit folgender Zweckbestimmung (Statuten): «Unter dem Namen *Verband zum Schutze des Landschaftsbildes am Zürichsee* besteht auf unbeschränkte Dauer eine gemeinnützige Genossenschaft, die sich in erster Linie die Aufgabe stellt, die zur Zeit noch bestehenden Naturufer am Zürichsee mit ihrer Pflanzen- und Tierwelt nach Kräften zu schützen und zu erhalten. Die Genossenschaft verfolgt ferner den Zweck, das Verständnis für die Einheit des Landschaftsbildes am Zürichsee und seine Ufergebiete zu wecken und zu pflegen und dieses Landschaftsbild den Nachfahren frei von

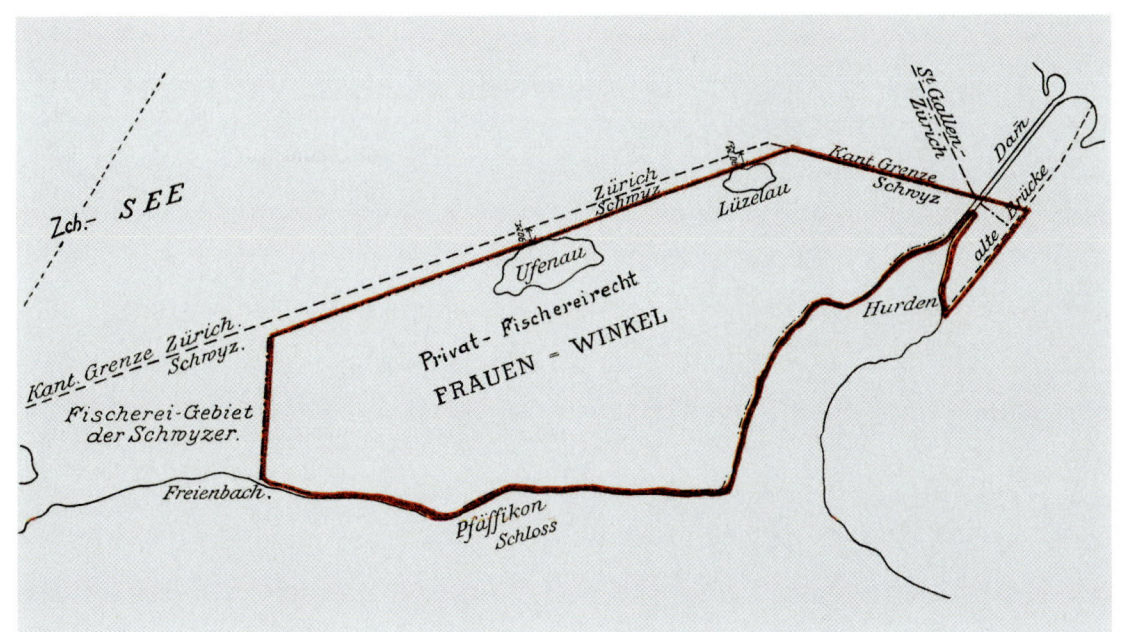

Hoheitsgebiet des Klosters Einsiedeln nach der 965 erfolgten Schenkung von Kaiser Otto I. und der Ausmarchung von 1549. Aus: JbZ 1932, vor S. 67. Vgl. Abb. S. 10, 103.

Verunstaltungen irgendwelcher Art zu überliefern.» Die Gefährdung des Frauenwinkels wird abgewendet, indem das VSLZ-Mitglied F. Truttmann-Helbling zum Adler in Hurden das fragliche Grundstück erwirbt und unter Schutzauflagen weiterverkauft.

Der Vorstand ist politisch, wirtschaftlich und nach Fachgebieten breit abgestützt. Der Arbeitsausschuss besteht aus Präsident Dr. Hermann Balsiger, Vizepräsident Theodor Gut, Schreiber Dr. Paul Corrodi, Bezirksgerichtsschreiber, Meilen, aus Säckelmeister Albert Kölla, Architekt, Wädenswil; Beisitzer W. E. Blöchlinger, Architekt, Rapperswil. Weitere Vorstandsmitglieder sind P. Damian Buck, Einsiedeln; Ingenieur P. H. Burkhard-Auer, Feldbach; Gemeindepräsident F. Christen, Pfäffikon; Bezirksammann Dr. Ebnöther, Lachen; Fabrikant Heinrich Gattiker-Tanner, Rapperswil; Rechtsanwalt Dr. Hermann Giesker, Zürich; Rechtsanwalt Dr. A. Gmür, Rapperswil; Fabrikant E. Graf, Rapperswil; Dr iur. K. Guggenheim-Zollikofer, St. Gallen; Stadtbaumeister Hermann Herter, Zürich (für die Bauverwaltung I der Stadt Zürich); Kantonsrat Dr. H. Hotz, Lachen; Kantonsingenieur Karl Keller (für die Direktion der öffentlichen Bauten des Kantons Zürich); NHKZ-Mitglieder Dr. Walter Knopfli und Oberingenieur R. Schätti, beide Zürich; Nationalrat Paul Müller-Schubiger, Schmerikon; Bezirksammann Johann Schmucki, Uznach; Chefredaktor H. Schulthess, Zürich; Fabrikant Heinrich Steinfels, Schirmensee.

Die Verordnung des Kantons Schwyz betr. den Natur- und Heimatschutz und die Erhaltung von Altertümern und Kunstdenkmälern, welche schon vor der Gründung des VSLZ vom Kantonsrat durchberaten war, tritt am 29. November 1927 in Kraft.

Besondere Aufmerksamkeit widmet der VSLZ der Erhaltung der Schilfbestände (deshalb der Übername «Schilfröhrliclub»). Brütender Schwan. Foto von W. Ulig, aus ZsB 1930, nach S. 20.

1927   Der VSLZ befasst sich mit dem Ausbau der rechtsufrigen Zürichseestrasse (so auch 1929), mit der Erhaltung von Baudenkmälern und Baumbeständen, mit Landanlagen (so auch 1929) und Neubauten am See sowie mit dem Nachtlärm von Motorrädern. Am Ende des 1. Berichtsjahres (1927 bis Ende 1928) hat der Verband 218 Mitglieder. Er publiziert 1928 ein Werbeflugblatt über seine Zielsetzung. – Der VSLZ führt 1928–1935 eine Aktion zur Sanierung des 1878 erbauten Seedammes Rapperswil–Hurden durch und gelangt deshalb an kantonale und eidgenössische Behörden. Mit einer öffentlichen Volksversammlung in Rapperswil am 29. April 1928 über die Notwendigkeit der Instandstellung eröffnet er die Kampagne und weist in der Folge auf die Notwendigkeit einer eidgenössischen Natur- und Heimatschutz-Gesetzgebung hin. In der Kantonsratsdebatte über die Beitragsleistung des Kantons Zürich an die Umbaukosten des Dammes am 3. Mai 1935 wird die Vorlage auf Antrag des VSLZ um einen Zusatz ergänzt, der dem Regierungsrat die Wahrung der öffentlichen Interessen an der Erhaltung des Landschaftsbildes und des Naturschutzes beim Vertragsabschluss mit den beteiligten Kantonen zur Pflicht macht.

1929   Ordentliche Generalversammlung des VSLZ am 20. April 1929 in Rapperswil. – In der Volksabstimmung am 12. Mai 1929 wird das neue zürcherische Jagdgesetz angenommen. Der VSLZ hat sich mit einem befürwortenden Aufruf beteiligt. Das Gesetz garantiert bei humanerem Jagdbetrieb die Integrität des Wildbestandes und erklärt Zürichsee, Greifensee und Pfäffikersee und die Stadtwaldungen um Zürich und Winterthur als staatliche Schongebiete. 1935 und bei der (abgelehnten) Abstimmung 1937 nimmt der VSLZ Stellung gegen die Initiative der Patentjäger auf Wiedereinführung der Patentjagd. – Der Schweizerischen Gesellschaft für Vogelkunde und Vogelschutz gelingt es 1929, ihr altes Postulat einer Totalreservation im Frauenwinkel zu verwirklichen, indem die Abtei Einsiedeln ihr ganzes Seegebiet samt der Insel Ufenau und 53 Grundbesitzer ihr Riedgelände zwischen Pfäffikon und Hurden unter ihre Obhut stellen. Die Gesellschaft sorgt durch Markierung und Tafeln sowie durch die Anstellung eines Wächters (Fischer Braschler in Hurden) für Ruhe und Ordnung in diesem Gebiet. – Der VSLZ setzt sich in einer Eingabe vom 18. Juli 1929 an den Kantonsrat von Schwyz für die wildlebenden Schwäne auf dem See ein, nachdem der Schwyzerische Fischereiverein durch eine Petition das freie Laufenlassen von Hausenten und Schwänen während der allgemeinen Schonzeit der Fische verbieten lassen wollte. Vor allem im Genfersee und im Bodensee wurden in neuerer Zeit wieder Schwäne eingebürgert. Die etwa 20 Köpfe umfassende Schwanenkolonie im Zürichsee entstammt einem Paar, das der Rapperswiler Verkehrsverein schon vor 1926 einsetzte. Sie sind durch das Bundesgesetz über Jagd- und Vogelschutz vom 10. Juni 1925 geschützt, ihre Einsperrung

Hurdener Ried. Das gemähte Schilf wird aufgestockt. Foto von VSLZ-Präsident Hermann Balsiger, aus: «Heimatschutz» 23 (1928), Nr. 1. Vgl. Abb. S. 46.

Illustration zu Carl Schröter, *Die Flora des Zürichsees und seiner Ufergelände,* aus: JbZ 1932, S. 88—89.

würde zur Ausrottung führen, wie schon 1887 als Folge einer Verfügung des Zürcher Regierungsrates. Am 24. Juli 1930 weist der Schwyzer Kantonsrat die Petition ab. — Eingabe des VSLZ an die Direktion der öffentlichen Bauten des Kantons Zürich betr. Freihaltung des Wiesentälchens bei der Kirche Kilchberg im Zusammenhang mit der Bebauungsplan-Revision von Kilchberg. — Eingabe des VSLZ, zusammen mit der ZVH, an die NHKZ betr. Bebauungsplan/Bauordnung für die Halbinsel Au/Wädenswil. — Eingabe des VSLZ an den

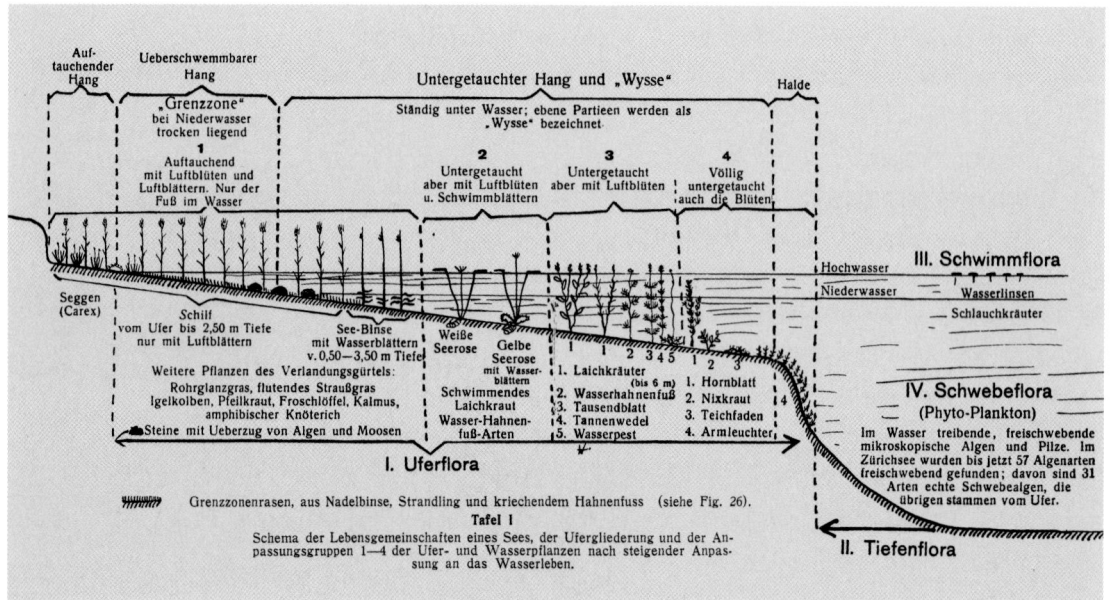

Gemeinderat von Jona und das St. Galler Baudepartement betr. die landschaftlich verträgliche Bebauung mit einem Landhaus statt mit Weekendhäuschen in der Seebucht beim kürzlich von der Stadt Zürich für die Öffentlichkeit erworbenen Gute Goldenberg. Vertragliche Regelung mit Errichtung von Dienstbarkeiten. — Im Auftrage des VSLZ erstattet sein Vorstandsmitglied, der Zürcher Stadtbaumeister Hermann Herter, zu Handen des Gemeinderats von Stäfa ein Gutachten betr. Landanlage und Führung der Seestrasse beim Lattenberg. — Die Gemeindebehörden der Seegemeinden, insbesondere von Oberrieden, und der VSLZ gelangen an die kantonalzürcherische Polizeidirektion betr. Lärmbelästigung durch Motoren an Ruderschiffen, Rennbooten und Ledischiffen. — Eingabe des VSLZ mit anderen Organisationen an den Zürcher Stadtrat für die Einrichtung des Forsthauses im Sihlwald als Salomon Gessner-Haus zum 200. Geburtstag Gessners am 1. April 1930.

1930 Der VSLZ gibt auf die Generalversammlung am 13. September 1930 ein *Zürichsee-Buch* heraus, das den Jahresbericht für 1929, Besprechungen neuer Zürichsee-Literatur und Aufsätze enthält. Letztere sind programmatisch, sie breiten die Geschichte des Frauenwinkels und der Insel Ufenau aus, würdigen Salomon Gessner anlässlich des 200. Geburtstags als Vorläufer des VSLZ und führen die Vogelwelt des Zürichsees vor. Im Aufruf *An die Freunde des Zürichsees* umreisst darin Präsident Hermann Balsiger die Aufgaben des Verbandes: Dieser ist die zentrale Stelle, welche «auf die Vermeidung einer planlosen, das einheitliche Bild störenden Überbauung gerichtet» ist. Vielmehr sollen planmässig Wohngebiete, Verkehrswege und Industrie aufeinander abgestimmt werden. «Der See und seine Ufer bilden *ein* Landschaftsbild, *ein* Ganzes, das Schaden leidet, wenn bei der Bebauung willkürlich vorgegangen und dadurch das jetzt — fünf Minuten vor zwölf — noch unberührte Ganze als Gesamtbild planlos zerstückelt und verschandelt würde.» Männer, welche die Feder zu führen verstehen und solche, die gemeinnützig handeln wollen, sind vorhanden, aber eine erhebliche Mitgliederzahl und erhebliche Mittel sind notwendig. Erste Erfolge sind bereits im Vogelschutz erzielt worden. — Eingabe des VSLZ an den Vorstand der Genosssame Lachen und «Kundgebung» bzw. Pressekampagne gegen den Verkauf von Land im Ried für eine Flugmotoren- und Flugzeugfabrik der französischen Gesellschaft Aviation Michel. Die schöne künftige Wohnbaulage würde entwertet durch ständige Lärmeinwirkungen. Der Kampf gegen die Fabrik im Frauenwinkel 1927–1928 verpflichtet, sich auch gegen diese Fabrik einzusetzen. Die Schweizerische Gesellschaft für Vogelkunde und Vogelschutz und der Schweizerische Naturschutzbund treten in diesem Zusammenhange dem VSLZ bei. In der Folge kommt der Kaufvertrag und das Projekt wegen der Opposition und auch wegen technischen Bedenken nicht zustande, die Aktion ist Ende 1930 abgeschlossen. — Der VSLZ setzt sich 1930–1931 erfolgreich für die Erhaltung der Allee zwischen dem Bad Nuolen und der Schifflände ein (im Jahresbericht 1941–1942 muss gemeldet werden, dass sie dem Kiesabbau geopfert worden ist). — Der VSLZ gelangt an die Direktion der öffentlichen Bauten des Kantons Zürich betr. der Zerstörung der Schilfbestände, welche als Niststätten und Laichplätze notwendig sind. Die Direktion verweist auf ihre eigenen Bemühungen und den Einsatz der NHKZ in diesen Fragen.

1931 Generalversammlung am 21. November 1931 im Hotel Engel, Wädenswil. Der VSLZ interveniert beim Quaiprojekt Erlenbach nicht, weil keine grossen landschaftlich-ästhetischen Verluste eintreten würden und er sich ohne ganz triftige Gründe nicht gegen den Zutritt der Allgemeinheit zum Seeufer wenden will; ähnlich scheint der Verlust kleinerer Schilfbestände zugunsten des ideal gelegenen Sonnenbades in Oberrieden verschmerzbar. — Er unterstützt Ankauf und Schutz von Findlingen in der Gemeinde Meilen, widmet sich den postulierten Strandwegen am Obersee und nimmt erfolgreich gegen eine Weekendhäuschenkolonie vor dem Grünenhof in Feldmeilen Stellung. Ferner

Rohrsänger-Nest im Schilf. Zeichnung von Victor Wildhaber zu Albert Bühler, *Stilles Ufer*, Stäfa 1934. Aus: Jb 8 (1934), S. 53. Vgl. Abb. S. 48 und 148.

Der VSLZ wendet sich 1931 gegen die Landschafts-Verschandelung durch Reklamen. Beispiele aus Feldmeilen und Stäfa. Aus: JbZ 1932, nach S. 26.

macht er eine Eingabe an die Zürcher Regierung zur Bekämpfung der Reklameauswüchse durch Plakatwände an der rechtsufrigen Seestrasse.

1932 Generalversammlung am 17. Dezember 1932 im Restaurant Zoologischer Garten Zürich. Der VSLZ rekurriert zusammen mit dem St. Gallischen Heimatschutz beim Regierungsrat gegen die Baubewilligung der Gemeinde Jona für eine Überbauung im Seegubel; die Antwort enthält wichtige Argumente zur Legitimation des Verbandes. – Der VSLZ opponiert gegen die Leuchtfontäne im Seebecken anlässlich der Zürcher Lichtwoche vom 1. bis 9. Oktober 1932 und schliesst sich dem ablehnenden Gutachten der NHKZ an, in welchem ausführliche grundsätzliche Argumente gegen die «Verkitschung des Zürichsees» ausgebreitet sind. – Der VSLZ veröffentlicht, in der Nachfolge des *Zürichsee-Buchs* von 1930, das *Jahrbuch vom Zürichsee* 1932. Das Jahrbuch enthält bis 1953 jeweils ein programmatisches Vorwort von Präsident Hermann Balsiger. Siehe 1966.

1933 Generalversammlung des VSLZ am 2. Dezember 1933 im Restaurant Rathaus in Pfäffikon. – Präsident Balsiger präsentiert Vorschläge im Sinne seines Aufsatzes im Jahresbericht: *Aufgabe und Organisation des Natur- und Heimatschutzes in der Schweiz*, Beitrag zu den Erörterungen über die Motion Oldani und den *Vorschlag zu einer Bundesgesetzgebung über Natur- und Heimatschutz* samt Schaffung einer «Eidgenössischen Natur- und Heimatschutzkommission». Bereits am 27. Februar 1932 hatten sich VSLZ, SBN und SHS in Olten versammelt und in dieser Sache eine Kundgebung an den Bundesrat gerichtet; an der GV 1934 wird die vom 25. Mai 1934 datierte Eingabe verabschiedet und am 14. November 1934 Bundesrat Philipp Etter übergeben. Das Eidgenössische Departement des Innern beruft in der Folge eine Konferenz auf den 13. Mai 1935 ein, an der sich neun Kantone beteiligen. Siehe 1936.

1934 Generalversammlung am 26. Mai 1934 in Meilen. – Der Sitz des VSLZ wird von Rapperswil nach Stäfa verlegt. – Im Jahresbericht wird veröffentlicht: *Die Bedeutung der natürlichen Ufer des Zürichsees*, verfasst im Auftrag der NHKZ von Prof. Dr. Heinrich Brockmann-Jerosch als «amtlicher Bericht» zu Handen der Zürcher Baudirektion und der Zürcher Seegemeinden. Im Teil IV äussert die Kommission Wünsche und Anregungen. An diesem Beispiel zeigt sich das gemeinsame Vorgehen von VSLZ und NHKZ: beide werden von Hermann Balsiger präsidiert. Der Bericht will die Öffentlichkeit aufrütteln und der Regierung für eine rigorose Schutzpolitik den Rücken stärken. – Im Beitrag des Zürcher Sekundarlehrers und Gemeinderats Karl Huber, *Die Bestrebungen zur Erhaltung des Uetlibergs* wird ein Überblick über die bisherigen Schutzbemühungen von Stadt und Kanton und die unbefriedigenden privaten Besitzverhältnisse auf dem Uto-Kulm gegeben. – Der VSLZ tritt der 1933 gegründeten Zürcherischen Arbeitsgemeinschaft für Wanderwege (ZAW) bei:

ihr Anliegen ist auch für ihn zentral. – Der VSLZ gratuliert am 5. Mai 1934 dem Stift Einsiedeln anlässlich seiner Tausendjahrfeier: «Unser Verband ist sich der Tatsache bewusst, dass diese Landschaft (Frauenwinkel und Ufenau) dem Schicksal der Verschandelung im Zeitalter des Materialismus nur deshalb nicht zum Opfer gefallen ist, weil das Stift durch tausend Jahre hindurch unwandelbar deren Ehrwürdigkeit und Schutzwürdigkeit empfunden und Respekt dafür verlangt hat.» In diesem Bestreben ist sich der VSLZ mit dem Stift Einsiedeln einig. – Mit der Einsprache gegen den Bau von Kohlenschuppen am Seeufer in Zürich (beim Muraltengut) macht der VSLZ 1934–1935 auf den Konflikt zwischen Industrie- und Schutz- bzw. Erholungszonen aufmerksam. Vgl. S. 80.

1935 Generalversammlung am 25. Mai 1935 in Horgen: Formelle Umwandlung des Verbandes in einen Verein unter Verzicht auf die Eintragung im Handelsregister. – Der VSLZ gelangt mit einer Eingabe an den Gemeinderat Rapperswil, er möge im neuen Baureglement den Strandweg Rapperswil–Busskirch und das Land seewärts davon freihalten, ferner für die Bebauung landwärts einen Bebauungsplan mit Farbgebungsbestimmungen etc. erlassen. Ferner solle er den Gemeinderat Jona zu analogem Verhalten einladen; der Kanton sollte keinerlei Konzessionen für Landanlagen oder Uferbefestigungen mehr erteilen. – Auf die Eingabe der Sanktgallischen Naturwissenschaftlichen Gesellschaft und des VSLZ an den Kanton St. Gallen wird die Wasservogeljagd in der Bucht von Rapperswil-Kempraten verboten, was als erste Etappe für den Jagdbann auf dem gesamten st. gallischen Seeabschnitt aufgefasst wird. Siehe 1948. – Zusammen mit der ZVH und der AGZ setzt sich der VSLZ beim Zürcher Stadtrat für die Erhaltung des Schönenhofs an der Rämistrasse in Zürich ein, dessen Abbruch aus finanziellen Gründen aber nicht verhindert werden kann. – Zusammen mit SBN und SVH spricht der VSLZ beim Gemeinderat Pfäffikon-Freienbach und beim Kanton Schwyz gegen allfällig geplante Weekendhäuser auf dem Rosshorn (Frauenwinkel) ein. Der Gemeinderat erkennt das Gebiet als unter die kantonale Natur- und Heimatschutzverordnung von 1927 fallend und erklärt alle Bauten als bewilligungspflichtig, ein striktes Bauverbot wolle man aber wegen Minderwertentschädigungsfolgen nicht erlassen, sondern für Planmässigkeit in der Bebauung sorgen.

1936 Generalversammlung am 2. Mai 1936 im Restaurant Belvoir in Zürich. Referate von Konrad Hippenmeyer, Chef des Bebauungsplanbüros der Stadt Zürich, und von Architekt Armin Meili, Direktor der Landesausstellung 1939 in Zürich. In diesem Zusammenhang schliesst sich der VSLZ der Opposition von BSA und SIA gegen die Projekte eines Kongresshauses beim Hafen Enge und der Überbauung des Tonhallegartens an. – Der VSLZ behält die Entwicklung im Raum Jona–Bollingen–Schmerikon im Auge, weil das Ufer durch

Die Korrektion der rechtsufrigen Seestrasse verändert das Landschaftsbild. Uferstrecke bei Herrliberg vor und nach dem Ausbau. Aus: JbZ 1932, nach S. 54.

Der VSLZ setzt sich für die Abwasserreinigung ein. Kläranlage im Kehlhof-Stäfa, erstellt 1940. Aus: JbZ 1947/48, S. 254.

den Bau von Weekendhäuschen gefährdet und dann für die Öffentlichkeit nicht mehr zugänglich ist. – Der VSLZ beurteilt das (zwar bald aufgegebene) Projekt einer rechtsufrigen Walenseestrasse als verantwortbar, vorausgesetzt, die Strasse werde von jeder Art Reklame freigehalten und mit einem Trottoir versehen. – Zum 60. Geburtstag des VSLZ-Präsidenten Balsiger veranstaltet der VSLZ und die NHKZ am 19. September 1936 in der Luegete ob Pfäffikon eine Feier; das *Jahrbuch vom Zürichsee* 1936 erscheint als Festgabe. – Präsident der 1936 neugeschaffenen Eidgenössischen Natur- und Heimatschutzkommission wird alt Bundesrat Heinz Häberlin, Frauenfeld, als Mitglieder werden u.a. berufen: VSLZ-Präsident Balsiger und Nationalrat Rudolf Reichling, Stäfa (VSLZ-VM 1937–1969), ferner SHS-Präsident Dr. Gerhard Boerlin, Basel und SBN-Präsident Eduard Tenger, Bern.

1937   Generalversammlung am 8. Mai 1937 in Männedorf: Vorträge von Prof. Heinrich Brockmann-Jerosch und Oberingenieur H. Bertschi über die Zürichsee-Regulierung (vgl. 1939). – Das ENHK-Gutachten betr. Melioration der Linth-Ebene (mit massgebendem Anteil der VM Balsiger und Knopfli) wird vom VSLZ veröffentlicht. – Stellungnahme des VSLZ zu den preisgekrönten Wettbewerbsprojekten über die Seeufergestaltung in Zürich. – Der VSLZ befürwortet beim Zürcher Stadtrat den Schutz des Gebietes Untere Herdern, Altstetten als Naturreservat. – Der Kiesabbau im Kerngebiet von Schindellegi, Gemeinde Feusisberg, ist «ein klassischer Fall der Verschandelung eines Orts- und Landschaftsbildes». Der VSLZ gelangt deshalb 1938 an den Schwyzer Regierungsrat, dies tut auf sein Ersuchen auch der Präsident der ENHK, alt Bundesrat Heinz Häberlin. Eine Verständigung kommt 1940 nicht zustande, woraufhin der VSLZ an den Schwyzer Regierungsrat rekurriert.

1938   Generalversammlung am 19. November 1938 in Stäfa: Referate von Kantonschemiker Prof. Dr. E. Waser über Methoden der Abwasser-Reinigung und von Ingenieur H. Bachofner, Vorsteher des kantonalen Amtes für Wasserbau und Wasserrecht über die geplanten Kläranlagen am See (umfangreiche Publikation von Prof. Waser im Jahrbuch: *Untersuchung des Zürichsees 1936–1938*). Mit einer Resolution wird die Reinigung des Zürichsees unter grosszügiger Unterstützung durch den Staat verlangt, mit Hinweis auf den Jahresbericht 1934. Siehe 1944.

1939   Oberrichter Dr. Paul Corrodi, BGB, Stäfa, VSLZ-Vorstandsmitglied, wird am 19. März 1939 in den Zürcher Regierungsrat gewählt, wo er (bis 1947) der Direktion der öffentlichen Bauten vorsteht. Er «wird damit entscheidenden Einfluss auf die Entwicklung des zürcherischen Natur- und Heimatschutzes ausüben können» (Jb 1938, S. 99). Vgl. 1944. – Erfolgreiche Eingabe des VSLZ an die ENHK betr. Verkabelung der Hochspannungsleitung über den neuen Seedamm Rapperswil–Hurden (Baubeginn 1938; vgl. 1927–1928). – Bei der Einweihung des neuen Kongresshauses in Zürich am 3. Mai 1939 hält dessen Stiftungsratspräsident, VSLZ-Präsident Balsiger die Eröffnungsrede (Publikation im Jahrbuch 1938). – Zusammen mit dem Zürcherischen Kantonalen Lehrerverein veröffentlicht der VSLZ das von 14 Autoren verfasste Werk *Naturschutz im Kanton Zürich. Ein Hilfsbuch für die Lehrerschaft und für Freunde der Heimat.* – Durch den Kriegsausbruch wird die Tätigkeit des VSLZ jäh unterbrochen, eine Generalversammlung findet wegen des Aktivdienstes nicht statt. «Die Mobilisation, die aus Zürich eine Festung machte und damit auch die Seeufer in Mitleidenschaft zog, stellt den VSLZ-Vorstand vor neue Aufgaben» (Jahrbuch 1939/40, S. 74). – Zur Frage der Zürichsee-Regulierung veröffentlicht der VSLZ zusammen mit anderen Vereinigungen eine Sonderschrift, die dem Jahrbuch 1939/40 beigelegt wird. Darin wird die Forderung erhoben, «dass für die Zeit vom 1. März bis 30. September die natürlichen mittleren Sommerwasserstände beizubehalten seien und der See demzufolge in dieser Zeitspanne mit dieser Tendenz zu regulieren sei». Es besteht ein enger Zusammenhang mit der geplanten Melioration der Linthebene. 1941 stimmt der VSLZ dem Projekt des Eidg. Amtes für Wasserwirtschaft zu (Jahrbuch 1939/40, S. 73. Projektpublikation durch Ingenieur H. Bachofner im JbZ 1940/41). Vgl. 1937.

1940 Generalversammlung am 23. November 1940. Referat des Zürcher Kantonsbaumeisters Heinrich Peter über Regional- und Landesplanung im Kanton Zürich, mit Voten von Ständerat Dr. Hans Bernhard und von Dr. A. Schellenberg, kantonalzürcherischer Rebbaukommissär (Publikation im JbZ 1940/41).

1941/ Generalversammlung am 15. November 1941 in Thalwil. – Nach den Eingrif-
1942 fen ins Landschaftsbild im Mündungsgebiet der Jona (20 Hektaren seit 1915. Jb 1946, S. 10) und bei Nuolen («Zerstörungen durch einseitige Berücksichtigung wirtschaftlicher Interessen») stellt der VSLZ Forderungen auf in Bezug auf die Landabbaggerungen zwecks Kiesgewinnung am Obersee, umsomehr als der Kanton St. Gallen «keine eigentliche Heimatschutz-Verordnung besitze». Das Landschaftsbild soll nachher auf Firmenkosten restauriert werden. Vermehrt sollten Kiesentnahmen, statt am Ufer, im See, in den Seitenkanälen der Linth und evt. in der Linthebene vorgenommen werden (Jb 1941/42). – Der VSLZ schafft regionale Arbeitsgruppen bzw. Sektionen, die sich 1943–1945 konstituieren, damit die «oft sehr delikaten Fragen mit möglichst umfassendem, personellem und sachlichem Regionalgefühl behandelt werden können» und die unterschiedliche Gesetzgebung der Kantone Zürich, St. Gallen und Schwyz besser beachtet werde – gerade am oberen Zürichsee und am Obersee (Jb 1941/42, S. 6. Jb 1943, S. 12–13). – Der VSLZ nimmt die Anregung von NHKZ-Präsident Hans Hofmann, Prof. für Architektur an der ETH, auf, für den Obersee Schutzbestimmungen zu erlassen, wie sie bereits vom Kanton Zürich für den Greifensee 1941 festgesetzt und für den Türlersee vorgesehen sind (festgesetzt 1944. Jb 1943, S. 7–9).

Oberrichter Dr. Paul Corrodi (1892–1964), Vorstandsmitglied des VSLZ, wird 1939 in den Zürcher Regierungsrat gewählt. Unvollendetes Porträt von Ernst Georg Rüegg (1883–1948). Aus: JbZ 1948/49, S. 139.

Seit 1943 sorgt die Ritterhaus-Vereinigung Ürikon-Stäfa für die Erhaltung der markanten Baugruppe. Foto aus: JbZ 1942, nach S. 94.

1943 Generalversammlung am 27. März 1943 im Kongresshaus Zürich. Referate von Ständerat F. T. Wahlen über *Anbauwerk und Landschaftsbild* und von Nationalrat Rudolf Reichling (VSLZ-VM) über den *Anteil des Zürichseebauern am Anbauwerk* (Publikation im JbZ 1943/44). – In den Jahresberichten pro 1943 und 1946 wird die vermehrte Einführung von Bauordnungen mit Bebauungsplänen festgestellt, so in Zollikon, Meilen, Jona (vgl. Max Werner, *Bebauungspläne am Zürichsee* in JbZ 1958–1959). – Stäfa plant die Erstellung einer Kläranlage: der VSLZ stellt fest, dass die Phase der notwendigen Aufklärung, an der auch er ein initiatives Verdienst hat, als abgeschlossen gelten kann. – In Ürikon hat sich eine Vereinigung zur Erhaltung der Ritterhausanlage gebildet, nachdem Hans Georg Wirz, ein Nachkomme der Erbauer im 15. Jahrhundert, deren Geschichte schilderte (JbZ 1942). – Fast alle Seegemeinden sind bisher dem VSLZ beigetreten, sodass er sich als das geeignete Forum für alle Fragen des Landschaftsschutzes betrachtet.

1944 Generalversammlung am 25. März 1944 im Kongresshaus Zürich. Hermann Balsiger, der seinen Wohnsitz nach Vernate TI verlegt hat, tritt als VSLZ-Präsident zurück. Als Nachfolger wird der bisherige Vizepräsident Theodor Gut (I) gewählt. – Der VSLZ veröffentlicht *Natur- und Landschaftsschutz im Kanton Zürich*, Bericht der NHKZ an die Direktion der öffentlichen Bauten vom 18. März 1942 (Separatum aus JbZ 1944/45). Darin wird die Schaffung der Stelle eines Assistenten für Landschaftspflege und Naturschutz im Zürcher kantonalen Hochbauamt angeregt. Die Stelle ist noch 1942 geschaffen und (bis 1954) mit Walter Knopfli (1889–1965. VSLZ-Vorstandsmitglied 1927–1961) besetzt worden. – Der VSLZ veröffentlicht als Separatum: Paul Zigerli, Nationalrat, *Rettet unsere Gewässer*, Postulat, eingereicht am 31. 3. 1944, vom Rat angenommen am 6. 6. 1944, Antwort von Bundesrat Etter. Siehe 1938. – In der Schriftenreihe «Die Regionalplanung im Kanton Zürich», hg. von der Direktion der öffentlichen Bauten, erscheint Heft 2: *Landschaftsschutz am Zürichsee auf Grund der Untersuchungen über Seeufer und Bachläufe*. Die Anregung gab die NHKZ, Autoren sind die Architekten Ernst F. Burckhardt (Leitung), Walter Custer, R. Meyer, Heinrich Labhart, Robert Winkler. Das Vorwort ist unterzeichnet von Baudirektor Paul Corrodi (ehem. VSLZ-VM: siehe 1939): Ausgehend vom Schutz, den die Gewässer durch das kantonale Wasserbaugesetz geniessen, kann auch die Landschaft geschützt werden und es ergeben sich Richtlinien für die Gestaltung der Ufer und Abhänge im Hinblick auf die Revision von Bauordnungen und Bebauungsplänen.

1945 Generalversammlung am 24. März 1945: Der Zürcher Kantonsbaumeister Heinrich Peter spricht über *Siedlungsfragen am Zürichsee* (Publikation im JbZ 1945/46). Der Jahresbericht enthält erstmals Sektionsberichte (siehe 1941/42). Der Zolliker alt Gemeindepräsident Dr. E. Utzinger berichtet: «Bei den Dezember-Gemeindeversammlungen von Meilen und Zollikon ergab sich, dass nicht wenige Grundeigentümer und Spekulanten, zum Teil Behördevertreter grösserer Gemeinwesen, gegen den Landschaftsschutz am See (...) nicht nur völlig einsichtslos, sondern fast feindlich eigestellt sind. Lächerlichmachung und Herabsetzung werden geltend gemacht. Hie überspitztes Privatinteresse – hie vernünftiges öffentliches Interesse.» – Der VSLZ macht 1945–1946 bei der neuen Überlandleitung der NOK/EKZ am Pfannenstiel seinen Einfluss geltend. – Beim Strandweg Rapperswil–Schmerikon wird die 2. Etappe ab Busskirch projektiert. – Vom Schwyzer Ufer berichtet Walter Leuzinger: «Noch sind nicht viele Jahre verflossen, seit man bei uns die Landschaftsschützler, d.h. den sog. ‹Schilfröhriklub› als Verein unverbesserlicher Idealisten und als mit Schrullen belastete Träumer bemitleidete!» Als abschreckendes Beispiel erwähnt er «die planlose Überbauung des schönen Naturufers beim Seeli in Bäch mit Wochenendbauten, die das einzigartige Ufergelände zu einem Barackendorf verstümmeln». Neue Bauordnungen haben Freienbach und Lachen. Das Schwyzer Baudepartement hat das Projekt für einen Uferweg Nuolen–Grinau in Auftrag gegeben, der als Arbeitsbeschaffung bei Arbeitslosigkeit ausgeführt würde. – VM Architekt Albert Kölla intervenierte wiederholt gegen die Beseitigung der Linden auf den Moränenhügeln bei Hirzel; 1946 werden dann acht Linden und eine Buche vom Gemeinderat unter Schutz gestellt (JbZ 1947/48). – Der Regierungsrat des Kantons Zürich spricht 10 000.– Franken aus dem Kantonalen Lotteriefonds für das Jahrbuch vom Zürichsee.

1946 Im Jahresbericht werden radikale gesetzgeberische Experimente, wie die in England als Projekt vorliegende Town and Country Planning Bill 1947, welche die Verstaatlichung allen Grund und Bodens vorsieht, abgelehnt. Hingegen haben die Stimmbürger der Stadt Zürich am 23. Februar 1947 eine neue weitblickende Bauordnung – auch bezüglich des Landschaftsschutzes – angenommen, welche solche Bestrebungen auch auf der Landschaft günstig beeinflussen werde. Auch gilt es, mit der Jugend zusammenzuarbeiten, sie schon im Unterricht zu aufrichtender Naturerkenntnis und beglückender Naturgestaltung anzusprechen. Dazu wird auf das Buch *Schule und Naturerkenntnis* von 1945 des Geologen Paul Niggli (geboren 1888), Prof. an ETH und Universität Zürich verwiesen. – Der spät orientierte VSLZ bemüht sich um eine bessere Situierung, Gestaltung und Maskierung der im Bau befindlichen Sendeanlage mit neunzehn Türmen des neuen Flughafens Kloten in der Gegend Waltikon–Zumikon. – Auf Wunsch des VSLZ erlässt das Bezirksamt Höfe Bestimmungen über den Motorbootverkehr im Gebiet des Naturschutzreservats Frauenwinkel (Geschwindigkeitsbeschränkung auf max. 15 km pro Stunde, kein Fahren und Rasten in den Schilffeldern). – Obersee-Rundfahrt des VSLZ am 7. September 1946. – Der Vertrag mit der

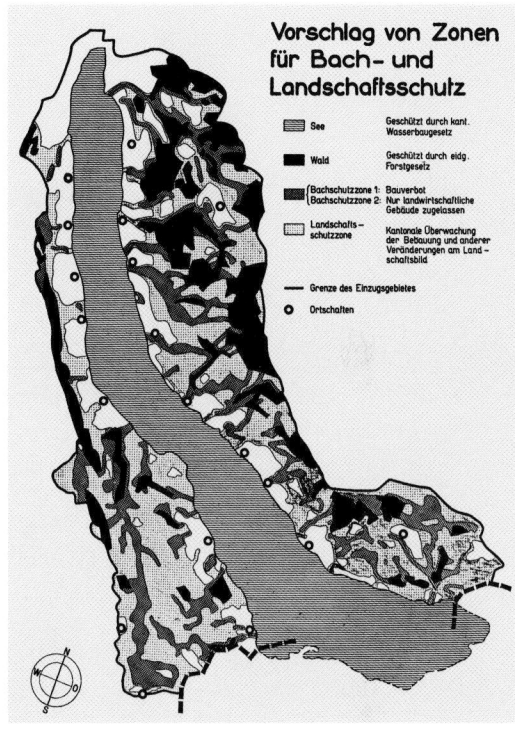

Der VSLZ befürwortet den Vorschlag der Regionalplanungsgruppe Zürich für ausgedehnte Schutzzonen längs der Gewässer. Aus: JbZ 1944/45, S. 25.

Der deutsche Dichter Ernst Wiechert (1887–1950), der seit 1948 in Ürikon lebte, im Juli 1949 vor der Ritterhauskapelle. Rechts VSLZ-Präsident Theodor Gut (I) (1890–1953). Aus: JbZ 1951/52, S. 258.

Genosssame Wangen betr. Schaffung eines Naturreservats in der Ziegelwiese bei Nuolen kommt 1946 nicht zu Stande, doch wird dann 1949 «ein bescheidener Rest der ursprünglich recht ausgedehnten Riedlandschaft unter Schutz gestellt» (Jb 1949). – Das von der Gemeinde 1944/46 angekaufte Haus Holeneich von 1685 in Wädenswil wird von Architekt Albert Kölla, VM-VSLZ, renoviert (JbZ 1947/48).

1947 Der VSLZ feiert das 20jährige Bestehen und hat nun 640 Mitglieder. «Das Verbandsschaffen in den vergangenen 20 Jahren besteht in einer Menge sorgender, liebevoller Kleinarbeit, in Kampf und Verteidigung. Es ist dem Verband gelungen, das Interesse für Landschafts- und Heimatschutz am Zürichsee zu wecken und das öffentliche Gewissen zu schärfen» (Jb 1947). «Zwanzig Jahre: eine Unsumme von selbstloser Arbeit einer Gemeinschaft, die sich in der Liebe zur Heimat zusammenfand, um deren Schönheit gegen Schändung zu verteidigen; zusammenfand aber auch in der Liebe zur angestammten Sprache, zu den Liedern, Sagen, Sitten und Festen ihrer Bewohner, in der Hochschätzung ihrer Leistung in Wissenschaft und Kunst sowie in der bäuerlichen und gewerblichen Arbeit, kurz ihres gesamten Kulturgutes» (Hermann Balsiger in JbZ 1947/48, S. IX).

1948 Die Schaffung regionaler Sektionen hat sich bewährt, sie stellt die einzige Möglichkeit dar, die Verbandstätigkeit in ihrer Vielseitigkeit beizubehalten, denn Anforderungen und zeitliche Beanspruchung würden sonst das Mass des Tragbaren und Zumutbaren überschreiten. Über 50 Geschäfte sind im Berichtsjahr zu behandeln. Die «Tätigkeit im Gelände» (auch als neuer Titel im Jahresbericht) wird mit der Gestaltung des Jahrbuchs vom Zürichsee koordiniert. Mit einer Presseverlautbarung weist der VSLZ am 1. Juli 1948 auf den sich ausbreitenden wilden Bade- und Kampierbetrieb mit all seinen Folgen (liegengelassener Kehricht nach dem Wochenende) nicht nur in Reservaten hin. – Der RR des Kantons St. Gallen erweitert das Schongebiet für Wasservögel im Raum Rapperswil bis zur Südspitze von Busskirch. Siehe 1935. – Die Anstrengungen zum Schutz der Kleinseen werden von den Behörden unterstützt: Seeweidsee (Hombrechtikon), Gattikerweiher, Waldweiher (Thalwil).

1949 Ein vermehrter Schutz des Gebiets Frauenwinkel und der Landzunge Hurden ergibt sich durch einen Personaldienstbarkeitsvertrag zwischen Grundeigentümern und dem VSLZ/SBN sowie durch Landkäufe (1949, 1950) des VSLZ. – An einer Fahrt in den oberen Zürichsee wird am 8. Juni 1949 50 Vertretern der Schweizer Presse durch die Betonstrassen AG Wildegg und die EG Portland einerseits und den VSLZ anderseits die Bedeutung der Kies- und Sandgewinnung sowie die Postulate des Landschaftsschutzes entwickelt. Auch die Behörden befassen sich vermehrt mit dieser Konfliktsituation. Anderseits «ist die Baggerei im Jonadelta immer noch sehr rege und benützt in der Nähe von Schmerikon den See als Kieswaschanstalt. ‹Der Kanton müsse gut gewaschenes Kies für seine Betonstrassen haben!› heisst es. Immer neue Auto-Besitzer aus dem nahen Kanton Zürich interessieren sich für Wochenendhäuser an den stillen Buchten des Obersees» (Jb 1949). – Der VSLZ wird Kollektivmitglied der neugegründeten Schweizerischen Vereinigung für Gewässerschutz

1950 Im Juni/Juli 1950 trifft sich der VSLZ-Vorstand mit Präsident und Sekretär des SBN, mit der ENHK und mit dem Sekretär der SVH, um diese Delegationen mit seinen Sorgen, Nöten und Absichten vertraut zu machen. – Am 2. August 1950 wird zwischen dem RR des Kantons Schwyz und den Kieswerken die *Vereinbarung über die Planung der Erweiterung der Baggerbuchten in Nuolen, Regelung ihrer Benützung, Strandbodenabtretungen und Seeufergestaltung längs dem Gebiet der Genosssame Wangen, Steinbrüche am Obersee* abgeschlossen (Revision 1954). Die Kieswerke werden künftig mit künstlich angelegten Dämmen vom offenen See abgetrennt und auf der See- wie der Landseite durch Gebüsche und Bäume verdeckt (der VSLZ stellt 1966 und 1974 wirkungsvolle bzw. grosszügige Wiederherstellungen fest). – Im schönen Wangener Ried wird ein Privatflugplatz mit Gebäuden errichtet: der VSLZ ersucht vergeblich um Abdeckung der Schuppen mit Buschwerk. – Der VSLZ befasst sich mit der Beleuchtung des Seedammes: «Die Lichtstreuung sollte auf die Strasse und das Trottoir beschränkt bleiben und keine Blendwirkung auf See und Hafen ausüben. Die Landzunge von Hurden als stille ruhige Landschaft soll keine Beleuchtung erhalten, um die Wirkung von abendlichen Stimmungen nicht zu stören.» – Auch die nächtliche Verschandelung der Seeufer durch Neonreklamen sollte durch Vorschriften der Gemeinden verhütet werden. Siehe 1935. – Der VSLZ unterbreitet der Zürcher Dampfboot AG einige Gestaltungsvorschläge für ihr neues Schiff. – Dem Gemeinderat Meilen wird auf Verlangen ein Gutachten über die Schutzwürdigkeit des barocken Landhauses Seehalde erteilt. – Der VSLZ beteiligt sich, zusammen mit der Gemeinde und der ZVH an den Kosten der Erhaltung des Gasthauses Oberer Mönchhof in Kilchberg, einem barocken Riegelbau mit baumbestandener Gartenterrasse (Initiative von VSLZ-VM Hans Conzett, Bildung einer Genossenschaft zur Erhaltung 1955, Unterschutzstellung, Renovation durch Architekt Max Kopp 1956–1957; vgl. JbZ 1956–1957. Der ZSL erwirbt 1998 weitere fünf Anteilscheine zu je 1 000.– Franken).

1951 Generalversammlung am 1. Dezember 1951 im Hotel Du Lac in Rapperswil. – Der VSLZ errichtet zusammen mit zwei Grundbesitzern von 3 252 m² Wiesland eine Bauverbotsdienstbarkeit am Rebberg Risirain, Ürikon-Stäfa, der in der Folge als Ganzes unüberbaut bleibt. – Er beteiligt sich mit zwei Anteilscheinen von je 1 000.– Franken an der Genossenschaft, welche die Liegenschaft Sunneschy im Kehlhof Stäfa für die Öffentlichkeit erwirbt (Seezugang, Badegelegenheit, Unterhalt der Gebäude. 1978 wird sie von

Der VSLZ wendet sich gegen den ungehindert fortschreitenden Kiesabbau im Delta der Jona bei Rapperswil. Unten: «Bagger greift an». Aus: JbZ 1942, S. 56. Vgl. 1941/42, 1949.

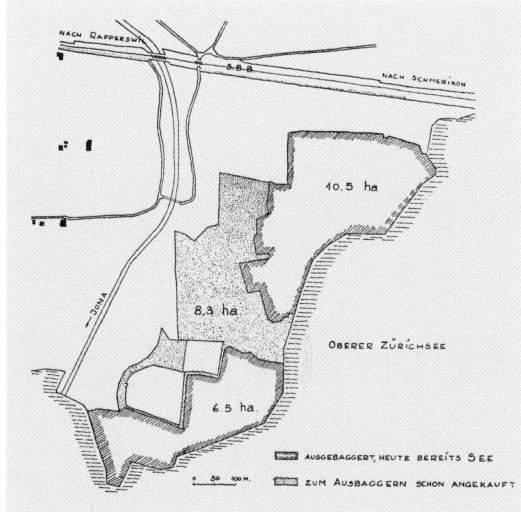

Der VSLZ beteiligt sich an den Genossenschaften zur Erhaltung des Obern Mönchhofs in Kilchberg (1950). Aus: JbZ 1956/57, S. 39, ...

... sowie der Villa Sunneschy in Stäfa (1951). Aus: A. Diethelm, Villa Sunneschy, Stäfa 2001, S. 68.

der Gemeinde gekauft. 1984 setzt sich der VSLZ bei der Gemeinde für die Zuteilung der Liegenschaft zur Freihaltezone ein. Restaurierung 1999–2001). – Der Zürcher RR überweist dem VSLZ für seine Tätigkeit 20 000.– Franken aus dem Fonds für gemeinnützige Zwecke.

1952 Generalversammlung am 26. April 1952 im Kongresshaus Zürich. Ansprachen zum 25jährigen Bestehen des Verbandes. Es sprechen Ehrenpräsident Hermann Balsiger und die Sektionspräsidenten Ernst Utzinger, Georg Bächler, Hans Tschudi, Walter Leuzinger, Albert Kölla und Ernst Nyffenegger. – Theodor Gut (I) tritt als Präsident zurück, Nachfolger wird Gottlieb Lehner. – Die im Jahrbuch vom Zürichsee 1952/53 publizierten Reden sowie der Jahresbericht des bisherigen Aktuars und neuen Präsidenten geben einen umfassenden Überblick über die vergangene und gegenwärtige Tätigkeit des VSLZ.

1953 Die beiden Gründerpersönlichkeiten sterben im gleichen Jahr: Hermann Balsiger am 18. Februar 1953 und Theodor Gut (I) am 29. August 1953. «In der Arbeit und Leistung der beiden verstorbenen Ehrenpräsidenten, einen in sich geschlossenen und aufgeschlossenen Verband zum Schutze des Landschaftsbildes unserer engeren Heimat gegründet, lebenskräftig gestaltet und souverän geführt zu haben, liegt ein Vermächtnis, das uns verpflichtet» (Jb 1953). – Der VSLZ befasst sich (wie schon 1950 und auch 1954 und 1957) eingehend mit der Strassen-, Sport- und Spielplatzbeleuchtung an den Seeufern und den farbigen und zu starken weissen Lichtreklamen an den Ufern und Abhängen, Stichwort «Einordnung des künstlichen Lichtes in die Landschaft», verbunden mit dem Appell «Achtung, das andere Ufer sieht mit!» (vgl. 1961). – Ferner befasst er sich mit der Führung elektrischer Übertragungsleitungen und mit der Höhe, Form und Bepflanzung von Stützmauern an landschaftlich exponierten Stellen. – Sein Beratungsdienst arbeitet an der Neugestaltung des Bahnhofplatzes Kaltbrunn mit und nimmt Stellung zu Baugesuchen für Weekend- und Bootshäuser und (seit einigen Jahren) zur Kiesverladeanlage am Eingang zu Stäfa. – Mit der SBB wird um die Erhaltung der Grünhecken längs der Trassees und über die Verwendung des Landstreifens zwischen Geleisen und See verhandelt.

1954 Der VSLZ macht eine Eingabe an die Kantonsregierungen betr. den Schutz des Schilfes am See und macht auf die Bedeutung der Reinhaltung von Bachbetten und Tobeln aufmerksam. – Der Bauberatungsdienst – analog zu jenem des Heimatschutzes und dem erst seit 1958 bestehenden der Zürcher städtischen und kantonalen Denkmalpflege – erhält immer mehr Gewicht. – Verhandlungen um den Schutz des Hinterbergriedes in Schönenberg sind erfolgreich. – Zusammen mit der Gemeinde Hombrechtikon und dem Kanton Zürich wird die Schifflände in Schirmensee-Feldbach samt Landungssteg, ein sehr schöner und baugeschichtlich wichtiger Ort, wiederhergestellt.

1955 Der Leitsatz des VSLZ-Präsidenten Gottlieb Lehner ist «Nicht majorisieren, sondern aufklären und überzeugen!» «Aktiver Landschaftsschutz, wie wir ihn verstehen, kann nicht durch ‹handstreichartige Aktionen›, hektische Gefühlsduselei oder gar durch fanatischen Starrsinn mit Erfolg betrieben werden» (Jb 1955, S. 6. Jb 1956, S. 3). – Der VSLZ interveniert zugunsten einer besseren Seeufergestaltung in Zürich-Tiefenbrunnen und unterstützt finanziell den Kauf der Oberen Mühle in Mülenen Richterswil durch das Schweizer Heimatwerk. – Die barocke Trotte des Oberhauses in Feldbach wird unter Schutz gestellt und vom Besitzer Albert Bühler (VM VSLZ 1937–1953) renoviert.

1956 Max Werner, Chef des kantonalzürcherischen Büros für Regionalplanung, hält an der Generalversammlung einen Dia-Vortrag über *Hochhäuser am Zürichsee* (Publikation im JbZ 1956/57).
Der VSLZ beteiligt sich an der leider erfolglosen Aktion zur Erhaltung der historischen Liegenschaft Brandschenke in Stäfa. – Auch befasst er sich (wie 1959) mit der Erscheinung der Fernsehantennen (1964 wird bereits von «Antennenwald» die Rede sein, 1965 von Gemeinschaftsantennen gesprochen). – Er beteiligt sich an den Renovationskosten der Brückenkapelle Heilighüsli in Rapperswil.

1957 Der VSLZ kauft ein Riedgrundstück auf dem Rosshorn, Hurden, für 16 000.– Franken; ein weiteres wird 1962 erworben.

1958 Generalversammlung am 28. Juni 1958 mit Seefahrt auf dem Motorschiff Glärnisch. – In Wädenswil, südlich der Halbinsel Au, beginnt demnächst der Fabrikbau der Standard Telefon und Radio AG für 1 200 Arbeiter. – Der VSLZ beteiligt sich als Initiant am Ankauf der Hüttener Schanze durch die Gemeinde Hütten.

1959 Generalversammlung am 10. Oktober 1959 im Kongresshaus Zürich. Diavortrag von alt Kantonsbaumeister Heinrich Peter, Zürich, über *Leistungen und Aufgaben in der Region Zürich*. Die Versammlung fasst eine Resolution in Bezug auf die Landzunge von Hurden, «die durch die heutige Baukonjunktur (...) aufs schwerste gefährdet ist». «Das Land soll für die Öffentlichkeit erworben werden.» Wegen der Dringlichkeit sollen die drei Länderregierungen zur tatkräftigen Mitwirkung aufgefordert werden (Jb 1960. Jb 1961). – Der VSLZ befasst sich mit dem Schilfanbau durch schwimmende Inseln, mit der Überführung der Dufourstrasse beim Bahnübergang Tiefenbrunnen-Zürich, mit dem Campingplatz Bätzimatt-Schmerikon. – Im Jahresbericht wird auf eine ganz besondere Gefahr hingewiesen: Letzte idyllische Uferstreifen und reizvollste Gebiete unserer Seelandschaft fallen dem Geldgewinn und rücksichtslosen Spekulationsbau zum Opfer. «Dabei hat es keinen Sinn, nur den Landaufkäufern und Ausländern Vorwürfe zu machen, wenn doch die Anwohner ihr Land verkaufen und damit in erster Linie den Ausverkauf besorgen.» Siehe 1960.

Neue Möglichkeiten für Aussichtsschutz und Siedlungsgestaltung: die übliche Baumasse (oben) auf ein Hochhaus umgerechnet (unten). Zeichnung von Max Werner. Aus: JbZ 1956/57, S. 82/83. Vgl. 1963.

Stand der Abwasserreinigung im Einzugsgebiet des Zürichsees. Aus: JbZ 1956/57, S. 132.

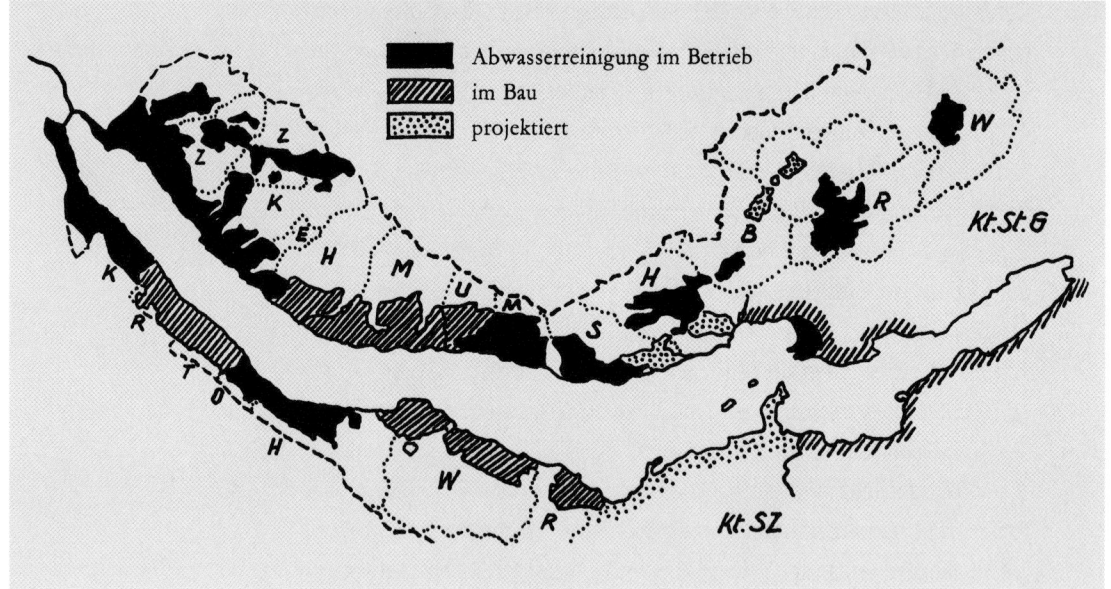

1960 Generalversammlung am 19. November 1960 im Kongresshaus Zürich. Referat von Dr. Theodor Hunziker, Fachmann für Natur- und Heimatschutz bei der Direktion der öffentlichen Bauten des Kantons Zürich über *Anregungen zur Praxis des Landschaftsschutzes am Zürichsee.* – Die «Quadratmeter-Kaufs- und Verkaufskrankheit (siehe 1959) greift von Tag zu Tag weiter um sich, kennt keine Kantons- und Gemeindegrenzen, keine Schwierigkeiten – und ist im Begriffe, Wertvollstes zu zerstören».

1961 Generalversammlung am 2. Dezember 1961 im Kongresshaus Zürich mit Dia-Referat von Dr. Heinrich Burkhardt, *Vom Bauernhaus am Zürichsee.* – Nächtliche Seerundfahrt des VSLZ am 13. Juni 1961 mit Kantons- und Gemeindebehörden, Presse und Radio, «um die Wirkung moderner Beleuchtungsanlagen und Lichtreklamen hauptsächlich vom gegenüberliegenden Ufer aus zu beurteilen, Missstände festzustellen und künftig auch das nächtliche Landschaftsbild in seinem Bestand so zu erhalten, wie es der Eigenart der wechselnden Uferzonen entspricht»; 1962 Bildung einer Kommission für Beleuchtungsfragen. Vgl. 1953, 1973.

1962 Generalversammlung am 12. Dezember 1962 im Restaurant Du Nord in Zürich. Lichtbildervortrag von Dr. Walter Drack, Denkmalpfleger des Kantons Zürich seit 1958: *Aus der Arbeit der kantonalen Denkmalpflege. Von der Urzeit bis in unsere Tage.* – Der VSLZ beteiligt sich an der neu gegründeten Genossenschaft Hoch-Etzel zur Erhaltung des Berggipfels ohne Autostrasse. (JbZ 1962–1963; siehe 1965). – Radiosendung über den VSLZ am 28. August.

1963 Generalversammlung am 21. September 1963 auf dem Motorschiff Limmat. Resolution betr. die Verschmutzung des Zürichsees, der trotz dem Bau von

Kläranlagen noch nicht Einhalt geboten werden konnte. Es werden immer noch Schmutzstoffe aus industriellen und gewerblichen Betrieben, von Baustellen und aus dem Haushalt direkt in den See geleitet, eine weitere Belastung stellt die Ölabscheidung durch Schiffe dar. Es wird die Anstellung kantonaler Seewärter für Reinigung (Algen-Entfernung mit Unterwasser-Mähmaschinen, Entfernung von Feststoffen in Häfen und Buchten) und Kontrolle gefordert. (1964 wird auf dem Gebiet der Stadt Zürich bereits ein Seereinigungsboot in Betrieb sein und für 1965 sieht der Kanton Zürich je ein Boot für die beiden Ufer vor.) Urheber sollen bestraft und für die Behebung der Schäden herangezogen werden. Siehe 1973. – Als neues Problem wurden 1959 die Hochhäuser am See genannt – 1963 sind sie es «rund um den See» und «die Gemeinden sehen sich vor Entscheidungen gestellt, die im Widerstreit der Interessen schwer zu meistern sind». 1965 wird als Präzedenzfall die Wohn-Gesamtüberbauung Hangenmoos in Wädenswil bzw. Au (Seegut) mit zwei achtgeschossigen Hochhäusern bewilligt (Jb 1963. Jb 1965). In Männedorf kann der Bau eines Hochhauses im Dorfkern verhindert werden (JbZ 1964–1966, S. XXV).

1964 Generalversammlung am 13. November 1964 im Zunfthaus zur Zimmerleuten in Zürich. Vortrag von Eduard Ammann über *Aktuelles aus der Sicht des Fischerei- und Jagdverwalters des Kantons Zürich* (Publikation im JbZ 1964–1966). – Der Kanton Zürich erlässt am 3. Dezember 1964 eine neue Pflanzenschutz-Verordnung (JbZ 1964–1966). – Die Schilfbestände sind durch die schweren Schneefälle 1962 und die Seegfrörni 1963 geschädigt worden und werden es ständig durch Wasserski- und Motorbootfahrer. – Der VSLZ kämpft – bis zur 1966 erfolgten Beseitigung – gegen den Fortbestand der Luftseilbahn in Zürich: «Gewichtige ästhetische Gründe verlangen die Erhaltung der Schönheit und Besonderheit des unteren Seebeckens», wo der «Blick des Betrachters in einmaliger Weise aus der unmittelbaren Kernzone der Stadt über die näheren Kulissen der Uferparks in die sich wechselvoll präsentierende Ferne unserer Voralpen und Alpen» geführt wird. «Für die Möglichkeit, das Treiben im unteren Seebecken aus der Vogelschau zu verfolgen, dürfen wir die kostbare Besonderheit unseres Stadtbildes nicht hingeben. – Der VSLZ warnt vor der projektierten Aufschlitzung des Schifffahrtskanals im Hurdenfeld, sie wird trotzdem bewilligt. Die dort mit Kiesabbau beschäftigte Firma verursacht «im Schifffahrtskanal täglich eine starke Trübung (...) die langsam zur Verschlammung des Frauenwinkels führt» (Der Übelstand ist noch 1973 nicht behoben). – Der verstorbene Zürcher Ständerat Dr. Emil Klöti (1877–1963), VM VSLZ 1943–1953, hat dem Verband ein Vermächtnis von 30 000.– Franken ausgesetzt, welches dieser für besondere Massnahmen vorsieht.

Berichterstattung über die Seeverschmutzung durch E. Ammann (oben) und E. A. Thomas (unten). Der Fadenalgenteppich zerstört die Statik der Schilfrohre: sie brechen ab und faulen (JbZ 1964–1966, S. 119).

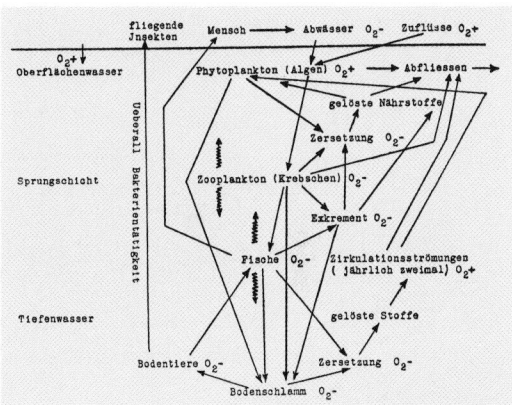

Wichtigste Stoffkreisläufe im offenen See (JbZ 1956/57, S. 188. Sauerstoffverluste: O_2- bzw. -gewinne: O_2+).

Der bisher grösste Eingriff in die linksufrige Zürichsee-Landschaft. Schlussarbeiten beim Anschluss Neubühl–Wädenswil der 1966 eröffneten Autobahn N 3. Aus: JbZ 1964–1966, S. 16.

1965 Generalversammlung am 25. November 1965 im Kasino Zürichhorn, Zürich. Vortrag von Ulrich Ruoff, Mitarbeiter der Denkmalpflege der Stadt Zürich, über *Die Bewohner der Stein- und Bronzezeit am Zürichsee.* – Der VSLZ beteiligt sich am Erwerb der Etzel-Kuppe (siehe 1962) und beschäftigt sich mit dem Projekt einer Hafenbaute in der Kempratener Bucht. – Dringlich wird eine grundsätzliche Regelung des Camping-Betriebs am Obersee. – Dem Gemeinderat Jona wird die Aufnahme verschiedener Schutzzonen am See in das neue Baureglement empfohlen. – Die Erhaltung der traditionellen Rebgebiete am See wird bald einmal angegangen werden müssen, da immer wieder Bauprojekte in diesen Zonen auftauchen. – Mit Radio Zürich sollen Regionalsendungen gestaltet werden. – Im Jahrbuch vom Zürichsee 1964–1966 ist ein Überblick über die Verbandstätigkeit gegeben. – Das

Bundesgesetz betr. den Gewässerschutz von 1960 hat positive Auswirkungen: Die Schwyzer Gemeinden am See haben die obligatorische Kehrichtabfuhr eingeführt; die Ablagerungsplätze sollen durch regionale Kompostierungen oder Verbrennungsanlagen ersetzt werden; Kläranlagen sind bei der Sarenbachmündung in Freienbach und bei der Wägitaler-Aa-Mündung in Lachen geplant; in den Kiesindustrieanlagen Bäch, Hurden und Nuolen müssen bauliche Massnahmen zur Verhinderung der Seeverschmutzungen vorgenommen werden; zu lösen ist das Problem der periodischen Entleerung des Wägitaler Sees (Staubecken Rempen), durch welche «grosse Mengen Schlamm und Morast als trübe Flut in den offenen Obersee hin ausgeschwemmt werden». — Die Gemeinde Freienbach hat die Seeliegenschaft Bächmatt gekauft, das Landhaus dient als Kindergarten, damit ist die Überbauung mit Wohnblöcken verhindert worden. — In der Jonamündung ist ein gut integriertes Strandbad entstanden. — Das St. Galler Ufer wird an schönen Sonntagen von ganzen Kolonnen von Wohnwagen und Campern aus der ganzen Ostschweiz und Süddeutschland besucht. — Am unteren rechten Seeufer «bestehen nur noch an ganz wenigen Stellen winzige Naturufer mit alten, zusehends kleiner werdenden Schilfbeständen. Es werden Versuche unternommen, sie zu erhalten oder sogar durch Anpflanzung zu vermehren. Eine ständige Gefahr für das Schilf bildet der zunehmende Motorbootverkehr». — Nachdem schon 1959 der nördliche Teil erworben worden ist, geht der grössere südliche Teil des Naville-Gutes am See in Kilchberg durch Gemeindeabstimmung am 3. Oktober 1965 in öffentlichen Besitz über, eine weitere Uferparzelle wird 1967 gekauft. — Die Gemeinde Oberrieden hat Land für einen Höhenwanderweg gesichert.

1966 Generalversammlung am 25. November 1966 im Kongresshaus Zürich mit Lichtbildervortrag von Prof. Dr. Emil Egli über *Erdgeschichte und Landschaftsbild des Zürichsees.* — Das zum 40jährigen Bestehen des Verbandes erscheinende *Jahrbuch vom Zürichsee 1964–1966* ist das letzte dieser Reihe, es enthält eine Bibliographie sämtlicher Bände seit 1930. — Das Projekt für ein Strandhotel Obersee in Schmerikon führt zu engen Kontakten mit dem Ortsverwaltungsrat, dabei zeichnet sich die Notwendigkeit einer Gesamtplanung für das Gebiet zwischen Linthmündung und Bahnlinie ab. — Die Kiesabbaugebiete der Firma KIBAG in Nuolen sind nach Abschluss der Arbeiten «wirkungsvoll wiederhergestellt» worden. Siehe 1950, 1974. — Der Zürcher Regierungsrat erstattet dem Kantonsrat am 24. November 1966 Bericht zur Motion Nr. 765 betr. bessere Erschliessung der Ufer des Zürichsees bzw. bessere Zugänglichmachung für die Öffentlichkeit: Seit längerer Zeit werden Landanlagen für private Zwecke kaum noch bewilligt. Am rechten Ufer gehören 23,5 %, am linken Ufer 25,9 %, in der Stadt Zürich 75,4 % Seeanstoss der Öffentlichkeit (siehe 1967, 1970). — Am 27. Mai

«Landschaftsschonendes Bauen» als Thema der Generalversammlung 1973. Gegenbeispiel vom Hinterland der Halbinsel Au. Foto Ernst Liniger (1941–1992). Aus: Jb 46 (1972) und Zürichseeufer 75, S. 116.

1966 wird das Teilstück Zürich–Richterswil der Nationalstrasse N 3 nach sechsjähriger Bauzeit dem Verkehr übergeben (und bis 1973 im schwyzerischen und sanktgallischen Kantonsgebiet fortgesetzt) (Ziegler/Schneider 1999, S. 52).

1967 Jubiläums-Generalversammlung zum 40jährigen Bestehen des VSLZ am 7. Dezember 1967 im Hotel Belvoir Rüschlikon. Präsident Gottlieb Lehner gibt bekannt, dass das sog. Rosshorn, die Nordspitze der Landzunge von Hurden, am 28. November 1966 zum Preis von 145 000.– Franken in den Besitz des Verbandes übergegangen ist: «Dem sanktgallischen Brückenkopf zwischen Zürichsee und Obersee, dem Burghügel von Rapperswil, wird weiterhin die prachtvolle schwyzerische Landzunge von Hurden gegenüberstehen und jederzeit wird dieses Tor zum Zürichsee uns Sinn und Wert des Natur- und Landschaftsschutzes bezeugen und uns anspornen, diesem Beispiel weitere folgen zu lassen» (Jb 1966). – Das Zürcher kantonale Wasserbaugesetz von 1902 wird revidiert und nun Wassergesetz genannt, die Rechtsgrundlagen für Seeanlagen werden dabei in den wesentlichen Teilen beibehalten: sie genügen, um weitere Landanlagen für öffentliche Zwecke zu ermöglichen und verhindern, dass weiterer Seeanstoss privater Nutzung preisgegeben wird. Siehe 1966, 1970.

1968 Generalversammlung am 3. Dezember 1968 im Restaurant Oberer Mönchhof in Kilchberg. (Vgl. 1950). Öffentliche Aussprache am runden Tisch über *Aktuelle Fragen des Landschaftsschutzes am Zürichsee* mit Vorstandsmitgliedern des VSLZ, unter Leitung des Präsidenten Gottlieb Lehner. – Der VSLZ arbeitet im Exekutivkomitee der Gesellschaft zur Erhaltung des Höchhus (Mülnerturm) in Küsnacht mit. – Der Bau der Nationalstrasse N 3 im Gebiet des Kantons Schwyz bedingt vorübergehend recht schwerwiegende Eingriffe ins Landschaftsbild (siehe 1966). – In den letzten achtzehn Jahren hat sich die Einwohnerzahl der Seegemeinden um 50 Prozent erhöht, was «zum regellosen und unkoordinierten Wachstum der Ortschaften, zur starken

«Private oder öffentliche Ufer am Zürichsee?» als Thema der Generalversammlung 1974. Öffentliche Anlage Zürichhorn. Foto Ernst Liniger (1941–1992). Aus Jb 47 (1973) und Zürichseeufer 75, S. 32.

Verschmutzung des Wassers, zur Verpestung der Luft und zur ‹Versteinerung› der Landschaft führte. Im Drang nach wirtschaftlicher Nutzung von Grund und Boden werden die natürlichen Ufer verschandelt. Der Zürichsee als natürlicher Erholungsraum wird zum Tummelplatz voll störender Betriebsamkeit».

1969 Generalversammlung am 20. September 1969 auf dem Motorschiff Limmat, mit Seerundfahrt. – Die Gemeindeversammlung von Stäfa verhindert die Entlassung der Sternenhalde aus dem Rebbergschutzgebiet von 1961. – Gemeinden und Kanton kaufen Haab, Hafen und Strassenzugang in Ürikon-Stäfa sowie das Naglikonerried in Wädenswil. – Küsnacht erweitert die Hornanlage durch Kauf einer weiteren Liegenschaft.

1970 Generalversammlung am 30. September 1970 im Restaurant Halbinsel Au in Wädenswil mit Referaten von Karl Oldani, Stadtforstmeister von Zürich, und Prof. Dr. Jakob Maurer, ETH-Institut für Orts-, Regional- und Landesplanung, zum Thema *Der Zürichsee als Erholungsraum*. Maurer ruft auf zu einer «allgemeinen Unterschutzstellung sämtlicher Gewässer und der angrenzenden Landgebiete». – Erklärung zum Thema Auffüllungen und Ablagerungen im und am See, nachdem die Absicht bekannt wurde, Bauschutt und Aushubmaterial aus Tunnelbauten im Obersee zu versenken, das Thema bleibt 1971 aktuell. Vgl. 1978. – Der VSLZ wendet sich gegen das Projekt einer Kunsteisbahn am Seeufer in Oberrieden und gegen ein Parkhaus im See vor dem General Guisan-Quai in Zürich. – Der Zürcher Regierungsrat erstattet dem Kantonsrat am 22. Januar 1970 Bericht zur Motion Nr. 1333 von Dr. E. Schmid-Meilen betr. den Erwerb von Seeuferlandschaft und Projekten von Seeuferauffüllungen. In den letzten vier Jahren sind 1 200 m Uferpartien der Öffentlichkeit zugänglich gemacht worden: Steinrad Herrliberg, Horn Meilen, Strandbaderweiterung Oberrieden. Der Staat kann dafür Leistungen aus dem Seeuferfonds, in besonderen Fällen auch aus dem Natur- und Heimatschutzfonds, erbringen. «Die Ausarbeitung solcher Projekte stellt grundsätzlich keine kantonale Aufgabe dar.» (Siehe 1966, 1967).

Kiebitz (Vanellus vanellus). Wie der Brachvogel (S. 11) figuriert auch der Kiebitz auf der «Roten Liste» der gefährdeten Arten nach Art. 18 des NHG. Foto aus P. J. Heim, Die Nuoler Kiebitze, in: JbZ 1952/53, S. 74.

1971 Generalversammlung am 18. September 1971 im Schloss Rapperswil mit Referaten und Führungen zu den Themen *Altstadtschutz* (Dr. Bernhard Anderes, VM VSLZ; siehe 1975), *Ufergestaltung beim neuen Interkantonalen Technikum* (Stadtammann Willy Bölsterli) und *Rosengarten* (Redaktor Hans Rathgeb). – Resolution gegen das Projekt einer Waldstadt Adlisberg in Zürich (der Regierungsrat lehnt in der Folge das Rodungsgesuch ab). – Der VSLZ gibt der Zürcher Baudirektion seine tiefe Besorgnis bekannt über ihr Projekt zum vierspurigen Ausbau der linksufrigen Seestrasse (siehe auch 1973 und 1975) und wendet sich gegen das Projekt eines Altersheims mit Hochhaus beim Heimatwerk Mülenen Richterswil. – Wädenswil und Richterswil entwickeln sich zu einem Gebiet von Grossüberbauungen, was Anlass zu ernster Besorgnis gibt.

1972 Am 8. Mai 1972 stirbt Gottlieb Lehner, der den VSLZ seit 1952 präsidierte. Generalversammlung am 31. August 1972 im Kasino Zürichhorn in Zürich. Wahl des neuen Präsidenten Prof. Dr. Albert Hauser, Wädenswil, und Gespräch am runden Tisch über das Thema *Der Zürichsee und die Motorboote*. Gutachten des VSLZ über bestehende und geplante Bootsplätze am Zürichsee und Umweltschutz im Wassersport (Der Separatdruck findet reissenden Absatz im In- und Ausland!) und Resolution zu diesem Thema. – Der Bundesbeschluss über dringliche Massnahmen auf dem Gebiet der Raumplanung vom 17. März 1972 (gültig bis 31. Dezember 1975; verlängert bis 31. Dezember 1979) verpflichtet Bund und Kantone, Seegebiete, die einen landschaftlichen Reiz aufweisen oder sich für die Erholung der Bevölkerung eignen, als Schutzzonen auszuscheiden. Siehe 1975. – Ein Bundesgerichtsurteil vom 25. Februar 1972 definiert den Begriff der Ufervegetation: die Gesamtheit der Pflanzen, die im Schwankungsbereich des Spiegels eines stehenden oder fliessenden Gewässers lebt, also auch in der Verlandungszone hinter dem Schilfgürtel. Der Schutz ist mittelbar auch den einheimischen Tieren zugedacht, denen solche Zonen als Nahrungsmittel und Lebensraum dienen. Der VSLZ gelangt in dieser Sache an die Baudepartemente der drei Kantone und erwartet eine konsequente und harte Auslegung der Gerichtspraxis (siehe auch Jb 1976, S. 5–6).

1973 Generalversammlung am 28. September 1973 im Hotel Restaurant Erlibacherhof in Erlenbach mit Dia-Referat von Architekt Rolf Keller, Zürich, sowie Podiumsgespräch über *Landschaftsschonendes Bauen*. – Orientierung und Aussprache mit dem Vertreter des Kantons (Kantonsingenieur Hermann Stüssi) und der Gemeinden (Gemeinderäte) über den Ausbau der linksufrigen Seestrasse am 11. Januar 1973 im Restaurant Halbinsel Au, Wädenswil. Dia-Referat von Hanspeter Rebsamen, Zürich, über *Baudenkmäler, Landschafts- und Ortsbild am linken Zürichseeufer*. – Die Ortsgemeinde Rapperswil als Eigentümerin der Insel Lützelau unterstützt das Anliegen des VSLZ, dass der

Schilfbestand am Rosshorn in Hurden. Rechts die Insel Lützelau. Foto Elvira Angstmann, August 2002.

Bade- und Campingbetrieb geregelt und keine noch stärkere Nutzung geduldet werden sollte. – Auf einer «Inspektionsfahrt» stellt der VSLZ fünfundzwanzig Objekte mit Lichtbelästigungen durch Flutlicht fest, vor allem bei Sportanlagen. Über diesbezügliche Verhandlungen mit Behörden und Vereinen geben die Jahresberichte 1975, 1979 und 1980 Auskunft: in Horgen, Wädenswil und Richterswil fand man wenig Gehör; die Anlage im Stadtzürcher Sportplatz Letzigrund tritt für das untere Seebecken ausserordentlich störend in Erscheinung! – Die modernen getönten Fenster- und Fassadenscheiben, z.B. beim Neubau Zollikerstrasse/Flühgasse in Zürich, wirken als riesengrosse Spiegel, deren Lichtmasse das Landschaftsbild merklich stört. – Nachdem eine starke Verschmutzung der Seeoberfläche im Bereich der Linthmündung festgestellt worden ist, macht der VSLZ eine Beschwerde an

Der VSLZ bekämpft 1971–1975 das Ausbauprojekt für die linksufrige Seestrasse: Hier der Abschnitt im «Tischenloo», Thalwil/Oberrieden. Aus: *Zürichseeufer 75*, S. 147.

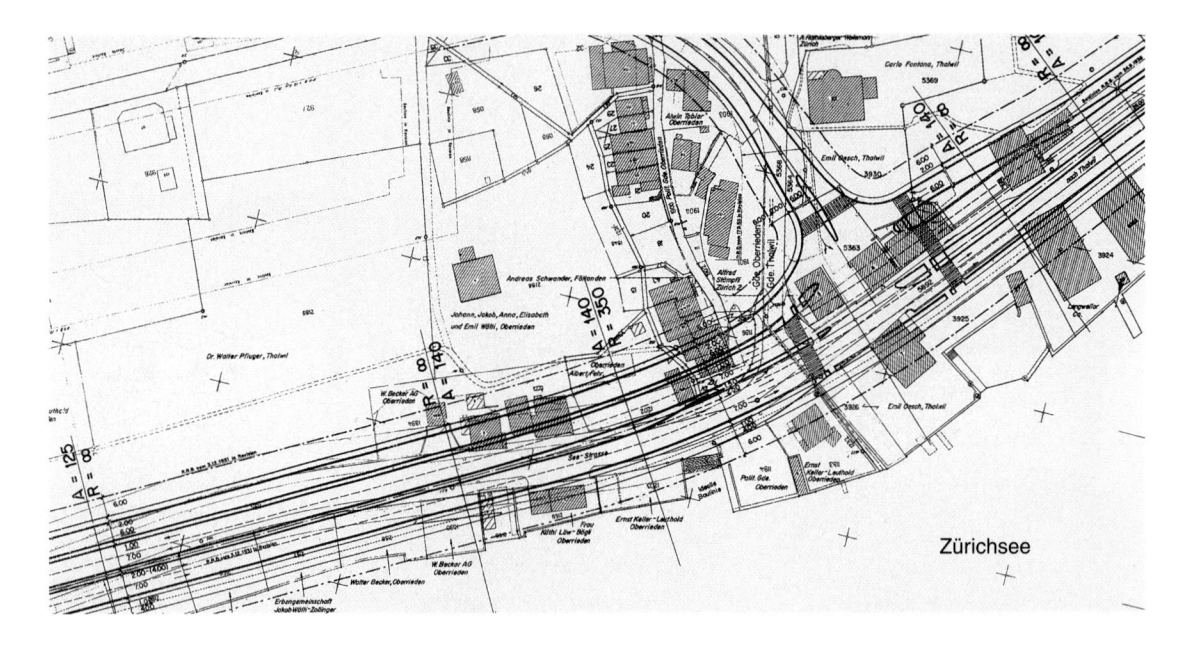

die interkantonale Schifffahrtskommission; 1974 bewilligt der Zürcher Regierungsrat (endlich) den Kredit für die Anschaffung eines Seereinigungsbootes (siehe 1963), seit 1978 besteht ein zentraler Seereinigungsdienst, das Schiff ist in Oberrieden stationiert.

1974 Generalversammlung am 7. November 1974 im Kongresshaus Zürich mit Podiumsgespräch über *Private oder öffentliche Ufer am Zürichsee?*, Thema des Jahrbuches 1975. – Der VSLZ wendet sich gegen das Projekt eines 86 m hohen, rotweiss schraffierten Funkturms auf dem Pfannenstiel: «Die sanften Rundungen einer unserer schönsten Waldkuppen ertragen eine solche Zäsur nicht.» Die Volksabstimmung am 22. September 1974 über die Beteiligung des Kantons an einem Funknetz der EKZ geht denn auch negativ aus. – Die neuen Hochhäuser in Lachen konkurrenzieren die Kirche als weithin sichtbare Dominante der Ortschaft.

1975 Generalversammlung am 20. September 1975 im Restaurant Bächau in Bäch. Rundfahrt mit einem Ledischiff der KIBAG nach der Ufenau (Führungen mit Dr. Bernhard Anderes, VM VSLZ, und Peter Ziegler) und um den Frauenwinkel (Referent Walter Leuzinger, VM VSLZ). – Architekt Albert Kölla, Wädenswil, Gründungs-Vorstandsmitglied seit 1927 und Quästor bis 1941, tritt nach 48jähriger Mitarbeit zurück. – Das Europäische Jahr der Denkmalpflege und des Heimatschutzes 1975 ist Anlass für zwei Publikationen des VSLZ. Als Jahrbuch erscheint *Zürichseeufer 75. Architektur und Landschaft*, verfasst von Hanspeter Rebsamen und Rudolf Schilling, mit Fotos von Ernst Liniger. Das Buch bietet eine Bestandesaufnahme und die Auseinandersetzung mit der Raumplanung an den Seeufern; ein zentrales Thema ist das Ausbauprojekt für die linksufrige Seestrasse (siehe 1971 und 1973), die

Planbeilage zeigt die von den Kantonen ausgeschiedenen Schutzgebiete gemäss dem dringlichen Bundesbeschluss 1972. – Im Jahresbericht erscheinen: das kantonale Konzept «einer mustergültigen Schutzverwirklichung für Richterswil», die Wettbewerbsergebnisse über die Altstadtplanung Rapperswil – das seit 1967 ein Altstadtreglement besitzt – sowie die Ergebnisse des Wettbewerbs für die Gestaltung der Halbinsel Au, welcher auf Initiative des seit 1911 bestehenden Au-Konsortiums durchgeführt wurde (siehe auch Jb 1977). – Der VSLZ wendet sich – wie auch 1978 – an den Gemeinderat Jona betr. Erhaltung des Landguts Kessler im Frohberg mit Restaurant im Gebiet Lenggis (das Weinbauernhaus wird aber 1979 abgebrochen, das Land der Landhauszone zugeteilt). – Ferner bemüht er sich erfolgreich um Abänderung zweier Bauprojekte in Obermeilen, damit die schutzwürdigen Altbauten erhalten bleiben können (Seestrasse, In der Beugen sowie Nrn. 842/844).

Der Kanton Zürich erwirbt 1973 das Landgut Vorder-Au, Wädenswil, zu öffentlicher Nutzung. Foto Ernst Liniger (1941–1992). Aus Jb 47 (1973) und *Zürichseeufer 75*, S. 117. Vgl. 1977.

1976 Generalversammlung mit dem Thema *Reben und Landschaft* am 18. September 1976 im Schulhaus Obstgarten in Stäfa und auf dem Lattenberg, dem heute zweitgrössten Rebberg im Kanton Zürich; Orientierung durch den kantonalzürcherischen Rebbaukommissär Kurt Pfenninger, VM VSLZ. – Der VSLZ tritt 1976 und 1977 in Kontakt mit den Regionalplanungsgruppen Pfannenstiel, Zimmerberg, Zürich und Umgebung sowie mit dem Kantonalen Amt für Raumplanung zwecks Aufstellung von Richtlinien für die Landschaftsgestaltung («Richtplan») auf Grund des neuen Zürcher Planungs- und Baugesetzes vom 7. September 1975. Siehe 1980. – Er befasst sich (wie 1979) mit dem Projekt für den neuen Hafen Tiefenbrunnen-Zürich, wo die Betonaufbereitungs- und Kiesumschlagsanlage erneuert werden soll. – Die Jahresberichte 1976 und 1977 dokumentieren den Zusammenstoss der Bautätigkeit der letzten Jahre mit der angestammten landwirtschaftlichen Bausubstanz am See und im Linthgebiet. – Der Kanton Zürich erwirbt die Fabrikanlage auf dem Horn in Richterswil. Das Areal wird 1987–1991 durch Kanton und Gemeinde neugestaltet, der VSLZ beteiligt sich am Projekt (1979). Teilabbruch der Gebäude, die verbliebenen werden zu Jugendherberge und Bootshalle umgebaut, Erhaltung des Baumbestandes, neue Parkanlage, neue Unterniveaugarage.

1977 Generalversammlung am 2. Juli 1977 im ehemaligen Simongut (seit 1973 Kantonsbesitz) auf der Halbinsel Au, mit Rundgang. Jubiläumsansprache des VSLZ-Präsidenten Albert Hauser zum 50jährigen Bestehen des Verbandes: die Au ist kein Réduit sondern Mahnmal, Massstab und Ort der Besinnung (siehe 1975). Grussadresse des Zürcher Baudirektors Jakob Stucki: den Naturgegebenheiten und der Landschaft muss mehr Sorge getragen werden, sie sind nicht vermehrbar; einmal konsumiert, können sie nicht mehr reproduziert werden. In der sog. Planungszone Zürichsee «geht es vor allem darum, eine Koordination von Gemeinde zu Gemeinde zustande zu bringen.

Referenten an der Schilffahrt des VSLZ vom 2. September 1983.

(V.l.n.r.): Dr. Ferdinand Schanz, Hydrologisch-limnologische Station der Universität Zürich, Kilchberg; Max Straub, Fischerei- und Jagdverwalter des Kantons Zürich (Vorstandsmitglied), Dr. Jacques Burnand, Beratungsgemeinschaft für Umweltfragen, Zürich. Aus Jb 1983, S. 17. Vgl. S. 40.

Es wird vor allem auch um die Frage von Abzonungen in gewissen Gemeinden gehen. Eine der Hauptzielsetzungen ist, die Ufer vermehrt zugänglich zu machen». Der Jahresbericht dokumentiert die Ansprachen und enthält eine Standortbestimmung über Landschaftsschutz und heutiges Bauen: «An die Stelle des recht gefühlsmässigen Kampfes zur Erhaltung von Landschaftswerten ist die nüchterne Planung getreten. Fachleute erarbeiten Leitbilder, Planungsgrundlagen und Ausführungsbeschlüsse.» Der VSLZ kann dabei nach wie vor dank seiner politisch neutralen Stellung und der Möglichkeit zur interkantonalen Koordination, durch objektbezogene Arbeit und durch rasche Einzelaktionen wirken. — Im Kanton Schwyz sind am 4. April 1977 «in vorbildlicher Art neu formulierte Weisungen über die Handhabung von Natur- und Heimatschutz an die Gemeindebehörden erlassen worden». — Die Schutzgebiete Frauenwinkel und Nuoler Ried werden ins Bundesinventar der Landschafts- und Naturdenkmäler von nationaler Bedeutung aufgenommen und in der Folge durch eine besondere Verfügung des Schwyzer Regierungsrates geschützt (vgl. Jb 1984).

1978 Generalversammlung am 17. Juni 1978 in Rapperswil. Referate von Andreas Grünig, Baden, über *Die Erhaltung von Schilfröhrichten an Seeufern* und von Heinrich Schiess, Adetswil, über *Vogel- und Naturschutz an Zürich- und Obersee* (publiziert im Jahresbericht, mit Dokumentation über die noch vorhandenen Schilfbestände und Riedwiesen, letztere v.a. am Obersee). — Der RR erlässt am 16. August 1978 die *Verordnung zum Schutz der Seeufer im Kanton Schwyz* (publiziert im Jahresbericht). — Der VSLZ bemüht sich 1978 und 1979, ein «übertriebenes Projekt» für die Erweiterung der Bootswerft Helbling in Schmerikon zu verhindern; siehe 1987. — Er bleibt ferner wachsam, denn «nach wie vor soll eine Aufschüttung vor dem Buchberg am Obersee geplant sein». Vgl. 1970.

1979 Generalversammlung am 30. Juni 1979 in Schmerikon. Ledischiff-Fahrt nach Bollingen, mit Referat von Sekundarlehrer Kurt Anderegg, Rapperswil, über *Naturschutzgebiete und -probleme im st. gallischen Bereich von oberem Zürichsee und Linthebene*. — Drei «ausgewiesene Wissenschafter befassen sich im Jahresbericht mit dem Problem des Rückgangs unseres Schilfes» (vgl. Jb 1978). Landammann Dr. Rudolf Sidler, Schwyz, stellt die *Landschaftsschutzprobleme eines Landkantons* dar. — Das Baudepartement des Kantons St. Gallen veröffentlicht die Broschüre *Seeuferplanung Zürich-/Obersee*.

1980 Generalversammlung am 21. Juni 1980 im Festsaal des Seehofes in Küsnacht, Eigentum der Gemeinde (Nutzung durch das C. G. Jung-Institut), über dessen Restaurierung Architekt Heinrich Schollenberger referiert. — Prof. Dr. Albert Hauser, Präsident seit 1972, tritt zurück, Nachfolger wird Fritz Maurer, Zumikon, Divisionär, ehem. Kommandant F Div 8. — Die 1979–1980 aufgelegten Richtpläne für die zürcherischen Seeufer «auf kantonaler, regionaler und kommunaler Ebene legen hinsichtlich Landschaftsschutz noch gar nichts abschliessend fest». 1980 nimmt der VSLZ Stellung zu den regionalen Gesamtplänen Zimmerberg und Pfannenstiel: Grosse Bedeutung kommt der Bezeichnung von ‹empfindlichen Baugebieten› und von Erholungsgebieten zu. Ganz entschieden wird das Projekt einer zwei- oder vierspurigen rechtsufrigen Höhenstrasse abgelehnt (die in der Folge im Plan gestrichen wird). Siehe 1976. – Die ZKB verzichtet auf die geplante Sportanlage im beliebten Erholungsgebiet Guldenen auf dem Pfannenstiel. – Eine Gönnerin hat testamentarisch die Errichtung eines Servituts zugunsten von SBN und VSLZ auf zwei Landparzellen der Halbinsel Au verfügt, deren landschaftlicher Charakter nicht verändert werden darf. – Erlass der Schutzverordnung Frauenwinkel in Freienbach am 5. Mai 1980 durch den Schwyzer Regierungsrat; der VSLZ rekurriert 1987 gegen die Revision, auf die 1994 verzichtet wird.

1981 Generalversammlung am 20. Juni 1981 in der Mensa der Kantonsschule Pfäffikon. Dia-Referate von Dr. Jacques Burnand, ETHZ, über *Unterhalt und Pflege – die 2. Säule des Naturschutzes*, und von P. Johannes Heim, Professor am Kollegium Nuolen, über *Geheimnisse eines Schutzgebietes* (Nuoler Ried) (beide publiziert im Jahresbericht). – Der VSLZ verfolgt mit Unbehagen die ständige Vermehrung und Vergrösserung der Hafenanlagen und führt deshalb am 17. August 1981 eine Rundfahrt durch. – Stellungnahme zum geplanten Seeuferweg in Zürich-Wollishofen (auch 1983). – Der VSLZ bemüht sich 1981–1995 um die Freihaltung der weitgehend erhaltenen, naturnahen Landschaft im Raum Feldbacherhorn–Goldenberg–Höcklistein–Fuchsenberg–Seegubel, deren westlicher Teil 1994 vom St. Galler Regierungsrat zum Landschaftsschutzgebiet von kantonaler Bedeutung erklärt wird. Es liegt zwischen Seestrasse und See und grenzt an das zürcherische Schutzgebiet von Feldbach, das bei der Teilrevision des Zürcher kantonalen Richtplans 2002 bestätigt wird. Langjähriger Kampf gegen die etwa sieben Hektaren umfassende Grossüberbauung Gubeldorf Jona im Gebiet Fuchsenberg. 1995 wird das kritische Gebiet weitgehend dem Nicht-Baugebiet zugeteilt: «Der Vorstand schaut den Vorschlag des Gemeinderats von Jona als gute Lösung an. Natürlich hätten wir Freude gehabt, wenn die Grenze des Baugebiets noch etwas mehr Richtung Rapperswil verschoben wäre. Trotzdem stehen wir jetzt hinter dem Plan und der Vorstand beschloss, keinen Rekurs gegen den Zonenplan zu erheben.» Siehe auch Seite 204 ff. – Der VSLZ schliesst sich dem Komitee zur Erhaltung des Höhronen an, welches den Bau eines PTT-Fernmeldeturmes auf dem Berggrat oberhalb Biberbrugg bekämpft; im Januar 1989 wird ein Entscheid des Bundesgerichts den Bau in dieser Landschaft von nationaler Bedeutung trotzdem ermöglichen! Immerhin erreicht die Opposition die Reduktion der Bauhöhe um ca. 30 m. –

Der VSLZ kämpft 1981–1995 um die Freihaltung der Landschaft im Seegubel, Jona (siehe Text unter 1981). Fotos aus Jb 57 (1983) und 58 (1984).

Vorstandsmitglieder des VSLZ an der Schifffahrt am 2. September 1983 (vgl. S. 38): Präsident Fritz Maurer (links), alt Bundesrat Fritz Honegger (rechts), dahinter Dr. Beat Hauser. Aus: Jb 57 (1983), S. 17.

Der VSLZ befasst sich (auch 1982) mit dem Projekt der nur teilweise verkabelten SBB-Übertragungsleitung Etzelwerk-Unterwerk Rapperswil–Jona–Zürcher Oberland, da die heutigen Masten bis auf 27 m aufgestockt werden sollen.

1982 Generalversammlung in Kilchberg mit Führung durch die hier seit 1977 bestehende Hydrobiologisch-limnologische Station der Universität Zürich im Naville-Gut. Prof. Dr. Eugen A. Thomas spricht über *Probleme der Zürcher Limnologie (Binnengewässerkunde)*, Dr. Ferdinand Schanz über *Der Zürichsee: Einzugsgebiet, Seebecken und Lebensgemeinschaften (Ufer- und Freiwasserzone)* (beide Referate publiziert im Jahresbericht). – VSLZ-Präsident Fritz Maurer formuliert grundsätzliche Überlegungen zur Verbandsarbeit: Grundbuchamtliche Dienstbarkeiten («für alle Zeiten»), wie sie der Verband schon seit 1927 beim Verkauf der gefährdeten Parzelle im Frauenwinkel einsetzte, sind das beste Mittel im Landschaftsschutz und sollten auch bei Käufen durch die öffentliche Hand eingesetzt werden. In der gegenwärtig laufenden, äusserst wichtigen Detailplanungs-Phase im Zürcher Gebiet «sollte man sich nicht scheuen, die Zonenpläne neu zu überdenken (...). Auch die Rückzonung von noch nicht überbautem Uferland, das bisher in der Bauzone lag, soll selbst bei ins Gewicht fallenden Entschädigungen vorgenommen werden. Was wir heute nicht vor Überbauung bewahren, wird auch in Zukunft kaum geschützt werden».

1983 Generalversammlung in Stäfa. Rundfahrt zum Thema *Denkmalpflege in der Gemeinde*. Referate von Alt-Sekundarlehrer Arnold Egli, Gemeinderat Theo Meyer und Architekt Andreas Pfleghard, kantonaler Denkmalpfleger und VSLZ-VM (Referat und Bilderbogen des letzteren publiziert im Jahresbericht). – Schifffahrt mit Presse und Behördemitgliedern (u.a. der Gemeinderat Jona) am 2. September 1983 mit dem Schiff Wadin der Brauerei Wädenswil. Der Schilfbestand am See hat von ca. 90 ha (1850) auf 20 ha (1930) bis 5,1 ha (1979) abgenommen. Auch Seebinsen, Rohrkolben und Seerosen sind fast verschwunden (Dokumentation und Auswertung in den Jahresberichten 1983 und 1984). – Die Gemeindeversammlung Kilchberg stimmt dem Ankauf des Stockengutes zum Preis von 33 Mio. Franken zu. «Damit werden 188 000 m^2 Erholungsgebiet für alle Zeiten gesichert.»

1984 Generalversammlung am 16. Juni 1984 im Christ-König-Kollegium Nuolen und öffentliche Veranstaltung *Erholung und Naturschutz*, mit dem Schwyzer Regierungsrat Marcel Kürzi, Vorsteher des Justizdepartementes. Referate von Forstingenieur Matthias Weber, Chef des Kant. Amtes für Planung, Natur- und Landschaftsschutz, Schwyz, über *Entstehung und Werdegang des Naturschutzgebietes Nuoler Ried* und von Peter Stünzi, Chef des Gartenbauamtes der Stadt Zürich und VSLZ-VM über *Gedanken zur Erholung in der Natur* sowie geführte Exkursionen (Publikation im Jahresbericht). – Der VSLZ gelangt Mitte Juni 1984 an die Regierungen der drei Kantone mit dem

Vorschlag, anstatt vieler (heute bereits geschützter) Einzelobjekte «für den ganzen oberen Zürichsee und Obersee einen Raum festzulegen, innerhalb welchem die Verpflichtung besteht, die gültigen Planungsgrundsätze im Sinne eines koordinierten Vorgehens zu beachten». In diesem Perimeter sollen Naturufer und anschliessende Riedwiesen sowie Landwirtschaftsgebiete erhalten bleiben, und es sollen hier keine Grosshafenanlagen und nur zweieinhalbgeschossige Neubauten entstehen. Der VSLZ gelangt in dieser Sache 1985 auch an das Bundesamt für Forstwesen und schlägt eine Variante für zwei Objekte von nationaler Bedeutung vor: Oberer Zürichsee und Obersee, bzw. 1986 an die drei Regierungen mit der Variante eines BLN-Gebietes mit zwei Teilgebieten (Frauenwinkel bzw. Rapperswil–Jona–Feldbacherhorn). 1986 antwortet das St. Galler Baudepartement, dass zuerst das Gespräch mit den Gemeinden aufgenommen werden müsse. 1987 wird bei der Schwyzer Regierung und der Gemeinde Freienbach (Zonenplan-Revision) interveniert. 1989 nimmt die Kommission für die Inventarisation Schweizer Landschaften und Naturdenkmäler (KLN) die VSLZ-Vorschläge mit wenigen Abweichungen auf. (Dokumentation über das KLN im Jahresbericht 1989; vgl. 1977). – Der VSLZ nimmt in einem Schreiben an die Gemeinderäte der Seegemeinden Stellung zur Seeuferwegplanung: bei dieser sind «neben den Bedürfnissen der Menschen vermehrt auch diejenigen der Tier- und Pflanzenwelt zu berücksichtigen». Der Weg soll vom Ufer abweichen, wo noch unversehrte natürliche Uferpartien bestehen. Jede Gemeinde sollte darüber hinaus «Uferabschnitte planen, wo die Pflanzen und Vögel für ihr Überleben Priorität vor den Ansprüchen der Menschen geniessen». – 1988 und 1989 äussert sich der VSLZ zum Verkehrsplan der Planungsgruppe Pfannenstiel, Teil Zürichseeweg, mit Kopie an die Gemeinderäte der rechtsufrigen Zürichseegemeinden: «Seit der letzten Uferbewertung ist die Zugänglichkeit der Seeufer erhöht worden. Hingegen sind uns wesentliche Beispiele einer Renaturierung unserer Seeufer nicht bekannt.» – 1986 stellt der VSLZ «mit Bestürzung fest, dass die entstehenden Zonenpläne der Gemeinden zum Teil hinter jahrzehntealte Erkenntnisse zurückgehen. (...) Erforderlich wäre, dass Konzessionsland gar nicht mehr eingezont würde», er gelangt deshalb in dieser Sache an die Zürcher Baudirektion und ersucht um entsprechende Beratung der Gemeinden, was in der Antwort 1987 entgegengenommen wird. – Der ehemalige VSLZ-Präsident Albert Hauser schenkt den Erlös von 50'000.– Franken aus einer Verkaufsausstellung von über 300 seiner Landschaftsaquarelle im Dorfhuus Schönenberg dem VSLZ als «Professor Albert Hauser-Fonds». Der VSLZ ernennt Albert Hauser an der Generalversammlung 1985 zum Ehrenmitglied (vgl. Jahresberichte 1984 und 1985).

1985 Generalversammlung am 15. Juni 1985 im Hafen Wollishofen-Zürich der Zürichsee-Schifffahrtsgesellschaft. Rundfahrt im untern Seebecken mit dem

Kampf um die Erhaltung der Ufervegetation. Vernichtung des Schilfufers durch Badebetrieb (aus Jb 58 (1984), S. 33).

Schutzzonen im Nuoler Ried nach der Verordnung vom 5. Mai 1980: Wasserzone I, Verbot für Wasserfahrzeuge, Baden nur an bestimmten Stellen (B) gestattet; Naturschutzzone II, Zugang nur auf markierten Wegen; Landschaftsschutzzone III (aus Jb 55 (1981), S. 41).

Der VSLZ verhandelte von 1978 bis 1994 mit der Bootswerft Helbling in Schmerikon um einen massvollen Ausbau (siehe 1987). Foto Elvira Angstmann 2002.

Motorschiff Limmat, Referenten: Hans Rudolf Rüegg, Zürcher Stadtbaumeister, Peter Stünzi, Chef des Gartenbauamtes, beide VSLZ-VM; Prof. Richard Heierli, Zürcher Stadtingenieur. Themen sind das Projekt für die Seeufergestaltung Wollishofen samt Hotel Interkontinental (in der Volksabstimmung 1986 angenommen, das Hotel abgelehnt), die beiden Projekte für ein Thermalbad in der Parkanlage Zürichhorn (Freihaltezone, auch 1986 Thema) und für die Bootshafenanlage im Loch-Tiefenbrunnen. Letzteres beschäftigte den VSLZ schon 1976 und 1979 und wird auch 1987 abgelehnt; 1989 weist der Zürcher Gemeinderat das Projekt zurück. – Der VSLZ wird zur Vernehmlassung über den Landwirtschaftszonenplan und 1986 über die neue Natur- und Heimatschutzverordnung von Jona beigezogen. Gegen letztere erhebt er Einsprache, weil wichtige Anträge nicht berücksichtigt wurden (vgl. 1991).

1986 Generalversammlung am 14. Juni 1986 im Rittersaal des Schlosses Rapperswil mit Referaten von Stadtrat Walter Domeisen und Dr. Bernhard Anderes, beide VM VSLZ, sowie Führungen durch das Schloss und die Altstadt. – Das Projekt für die Hafenanlage im Loch, Tiefenbrunnen-Zürich (siehe 1985, 1987 und 1989) bleibt pendent.

1987 Generalversammlung am 20. Juni 1987 auf dem Dampfschiff Stadt Rapperswil. Fahrt Zürich–Rapperswil retour und Besichtigung der Gotteshäuser auf der Insel Ufenau mit den Patres Ulrich Kurmann, Statthalter (Referat im Jahresbericht publiziert) und Joachim Salzgeber, Stiftsarchivar, sowie Orientierung über die Schiffsrestaurierung durch Charlotte Kunz, kantonale Denkmalpflege Zürich. – Wie schon 1978 spricht der VSLZ 1987 und 1991 gegen die Ausbaupläne der Bootswerft Helbling in Schmerikon und Jona auf Gemeinde- und Kantonsebene ein. 1988 wird das Projekt nur teilweise bewilligt, 1992, 1994 und 1995 werden Verbesserungen erzielt. Die Renaturierung des alten Hafens nach Vorschlägen des VSLZ wird 1996 mit Dienstbarkeitsverträgen zugunsten des SANB und des VSLZ geregelt, die Ausführung erfolgt 1999. – Der VSLZ kämpft 1987–1995 zusammen mit dem SBN und dem SL gegen das Projekt Hotel Seedamm Plaza mit TELECOM-Ausbildungszentrum, das schliesslich ab 1995 in unmittelbarer Nähe des Frauenwinkels im Dreieck zwischen zwei Bahnlinien und der Seedammstrasse errichtet wird. In «einem vertretbaren Kompromiss» konnten Bau- und Umgebungsgestaltung verbessert und aus Grundwasserschutzgründen konnte auf ein zweites Untergeschoss verzichtet werden.

1988 Generalversammlung am 18. Juni 1988 in Männedorf und Stäfa mit *Fünf Punkte-Präsidialrede* von Fritz Maurer: «Eine der Hauptursachen für die heutigen Umweltprobleme ist der Verlust der Ehrfurcht vor der von Menschen nicht herstellbaren Natur.» Hinweis auf *privaten Schilfanbau* in Erlenbach. Vgl. 1998. – Referate von Jürg Aeppli, Wasserversorgung der Stadt Zürich, über *Der Zürichsee als Trinkwasserspeicher*, von Max Temperli, Ing. HTL, über *Die Gruppenwasserversorgung Zürcher Oberland* und von Kurt Pfenninger, Kantonalzürcherischer Rebbaukommissär und VM VSLZ über *Weinbau am Zürichsee* (alle Beiträge publiziert im Jahresbericht). – Der VSLZ befasst sich mit Projekten für Lärmschutzwände längs der Seestrasse, nachdem seit 1. April 1987 die Eidg. Lärmschutzverordnung vom 15. Dezember 1986, basierend auf dem Umweltschutzgesetz vom 7. Oktober 1983, in Kraft ist; er teilt dem Zürcher kantonalen Amt für Gewässerschutz und Wasserbau seine Schlüsse mit (freie Seesicht, keine optische und akustische Beeinträchtigung der Umgebung). – Der VSLZ lehnt in Berichten an die betreffenden Gemeinderäte den Ersatz der Herrliberger Rabenhaabe durch einen vergrösserten Neubau ab (Eingabe zurückgezogen 1992); ebenso das Projekt eines Seewegstücks auf einem 150 m langen Steg vor den Häusern Seestrasse 57–61 in Oberrieden.

«Verdichtetes Bauen». Bootsfahrt am 12. Juli 1990. (V.o.n.u.): Zollikon: Hohe Dichte. Wädenswil, Seeguet: Keine Einfügung in die Landschaft. Feldmeilen: Labiles Verhältnis der Dachformen.
Aus: Jb 64 (1990).

1989 Generalversammlung am 17. Juni 1989 im Interkantonalen Technikum Rapperswil. Fahrt auf Ledischiff und Schlepper der Firma KIBAG zur Bätzimatt bei der Linthmündung, dort Referate der VSLZ-VM Max Straub, kantonalzürcherischer Fischerei- und Jagdverwalter, über *Aktuelle Fragen in bezug auf die Wasserökologie* und von Peter Stünzi, Direktor des stadtzürcherischen Gartenbauamtes, über *Die biologische Bedeutung der Bätzimatt* (beides publiziert im Jahresbericht). – Der am 20. Mai 1989 gegründete Schwyzer Umweltrat ist mit dem Schwyzer Naturschutzbund, dem WWF Linth inkl. Sektion Schwyz und dem Schwyzer Kantonalen Vogelschutzbund verbunden, ein Beitritt des VSLZ erübrigt sich darum, weil er mit diesen Institutionen bereits zusammenarbeitet. – Bau des noch fehlenden Teilstückes des Seeweges Horgen–Wädenswil von Riedtli bis Meilibach durch Kanton Zürich und SBB, anstelle des ursprünglich vorgesehenen sog. Pappelweges oberhalb der Seestrasse (Jb 1989 und 1990).

1990 Generalversammlung am 16. Juni 1990 im Hotel auf der Halbinsel Au. Führungen und Besichtigung des Schlossgutes Au, welches der Kanton Zürich am 3. August 1989 erworben hat (Dokumentation im Jahresbericht 1989). Fritz Bertschi, Vorstandsmitglied VSLZ und Quästor, wird nach 44-jährigem Wirken (1946–1990) zum Ehrenmitglied ernannt. – Bootsfahrt des Vorstandes am 12. Juli 1990 zu Schwerpunkten am See, vorbereitet durch die «Arbeitsgruppe Verdichtetes Bauen»: Problematik der Fassadenfarben, der riegelartigen Baukuben, der massiven Terrassenüberbauungen, der Kretenlage; Bedürfnis nach Begrünung, nach Dachschrägen bei ausgedehnten Flachdachbauten. «Die riesigen Baukuben in Wädenswil sind bald historische Zeugen einer unvernünftigen Bauperiode (...).» Baubranche und Baubehörden beginnen mit dem Schlagwort «Verdichtetes Bauen» einen Schritt in die Zukunft, der Begriff hat zentrale Bedeutung in der Revision 1991 des Zürcher PBG (Studie im Jahresbericht; vgl. 2001). – Der Vorstand wird vom Gemeinderat Freienbach über die Projektierung der neuen Ufergestaltung in Pfäffikon an der Mündung des Staldenbaches orientiert, die 1997–1998 ausgeführt wird (Schiffssteg, Park- und Schiffsabstellplatz, Quaianlage mit Baumallee und Rasenfläche, botan. Garten, Badeanlage). 1991 Revision der Ortsplanung, 1994 Wettbewerb Wohnüberbauung auf dem anschliessenden Areal der Steinfabrik (der VSLZ arbeitet 1995 einen eigenen Projektvorschlag mit Giebeldächern aus, statt der von allen 100 Teilnehmern gewählten Flachdächer), 1995 Kauf des Uferstreifens durch die Gemeinde und des Steinfabrikareals durch die Korporation Pfäffikon, 1996 Urnenabstimmung. 1997 stellt sich der VSLZ gegen ein Restaurantprojekt mit Nachtbetrieb (das in der Folge nicht gebaut wird). 1998 Orientierung des ZSL-Vorstandes auf dem Platz durch alt Gemeinderat Rudolf Späni, wesentlicher Mitgestalter der Seeanlage und Gemeindepräsidentin Hedi Jager.

Pflegearbeiten im VSLZ-eigenen Schutzgebiet Rosshorn unter Leitung des Präsidenten Fritz Maurer (links): Entbuschung, Streuschnitt, Uferreinigung, Schilfschnitt. Aus: Jb 65 (1991), S. 17. Vgl. Abb. S. 15.

1991 Generalversammlung am 4. Mai 1991 im Personalrestaurant der Firma Cerberus in Männedorf. Referat von Max Straub, kantonalzürcherischer Fischerei- und Jagdverwalter und VSLZ-VM über *Der Zürichsee als Lebensraum der Fische* (Publikation im Jahresbericht) und Besichtigung der erweiterten und sanierten Fischzuchtanlage Stäfa. – Der VSLZ arbeitet auf Einladung der Gemeinde eine Vernehmlassung zur Natur- und Heimatschutzverordnung der Gemeinde Jona aus; 1995 wird festgestellt, dass die wesentlichen Anliegen des VSLZ erfüllt sind (vgl. 1985). – Er gibt (auch 1992) einen Bericht zum Bundesinventar der Flachmoore und Moorlandschaften von nationaler Bedeutung ab (basierend auf der am 6. Dezember 1987 angenommenen Rothenturm-Initiative) betr. die Moore in der Gemeinde Freienbach – Frauenwinkel etc. – Der VSLZ lehnt die vorgesehene SBB-Grossüberbauung beim Bahnhof Rapperswil und das Freileitungsprojekt der EKZ in

Schönenberg und Hirzel ab. – Im Jahresbericht werden die Pflegearbeiten im VSLZ-eigenen Schutzgebiet Rosshorn Hurden dokumentiert.

1992 Generalversammlung am 13. Juni 1992 in Zürich. Führung durch den neuen Botanischen Garten. Fritz Maurer, Präsident seit 1980, tritt zurück und wird zum Ehrenmitglied ernannt (Würdigung im Jahresbericht). Nachfolger wird Dr. Arthur Egli, alt Gemeindepräsident von Küsnacht. Referat von Dr. Kurt Hanselmann, Institut für Pflanzenbiologie der Universität Zürich, über *Naturschutz unter Wasser. Wie die Vorgänge im Seeboden das Geschehen im See regulieren* (Publikation im Jahresbericht). – Der VSLZ regt bei der Zürcher Baudirektion eine neue Belastbarkeitsstudie über den Zürichsee an (die letzte wurde 1979 erstellt). Eine solche wird aber nicht als erforderlich betrachtet: Als Folge der restriktiven Bewilligungspraxis für Bootsstationierungsanlagen ist der frühere Zuwachs der Schiffe von 335 pro Jahr auf 21 zurückgegangen; 1992 sind im Kanton Zürich 9 026 Schiffe, davon 6 674 mit Motor, zusätzlich 1 565 mit Landstandort eingelöst worden. – Nach dem neuen Zürcher PBG (Revision 1991) werden im Richtplan als Landschaftsschutzgebiete von kantonaler Bedeutung bezeichnet: Albisgebiet, Pfannenstiel und Zürichsee. Massnahmen sind von der Baudirektion zu beurteilen. Der Richtplan wird 1995 im Kantonsrat in «50-stündiger Marathondebatte beraten». Vgl. 2001. – Der VSLZ erhält Gelegenheit, seine Anliegen bei der Ortsplanungsrevision Jona einzubringen und doppelt 1994 nach.

1993 Generalversammlung am 26. Juni 1993 im Interkantonalen Technikum Rapperswil. Gespräch am runden Tisch über *Formen des verdichteten Bauens und dessen Auswirkungen auf das Landschaftsbild* (siehe 1990), mit den Planern Rico Christ, Zollikon, Hermann Gonzenbach, Küsnacht, sowie mit Albin Fuchs, Gemeindepräsident, Pfäffikon, und Walter Domeisen, Stadtammann von Rapperswil; Leitung Klaus Hagmann, VM VSLZ.

1994 Generalversammlung am 4. Juni 1994 im Personalrestaurant der Maschinenfabrik Stäubli, Seestrasse 240 in Horgen. Besichtigungen von Bergwerk und Bergwerkmuseum Käpfnach und des Ortsmuseums Sust (Führung durch Hans Georg Schulthess). – Dr. Theodor Gut, Vizepräsident VSLZ 1954–1994, tritt zurück und wird zum Ehrenmitglied ernannt (Würdigung in den Jahresberichten 1994 und 1998); Nachfolger wird sein Neffe, Dr. Ulrich E. Gut, Chefredaktor der Zürichsee-Zeitung und Kantonsrat, Küsnacht. Ferner wird Theodor Guts Sohn Christian Gut als Vorstandsmitglied gewählt. – Die Zweckbestimmung des Fritz A. Maurer-Müller Fonds, einer Spende von 100 000.– Franken des ehemaligen Präsidenten (siehe 1992) vom November 1994, wird 2001 in einer Protokollvereinbarung definiert: «Der Fonds dient dem Schutze der Seeufer und des Landschaftsbildes am Zürichsee und am Obersee in den Kantonen St. Gallen, Schwyz und Zürich. Die Fondsmittel sollen insbesondere für den Erwerb von Landparzellen (Ufergrundstücke,

In den grösseren Schilfbeständen (z.B. im Frauenwinkel) ist der Drosselrohrsänger zu Hause mit seinem Ruf «karre karre karre kiet kiet». Foto Hans Traber; JbZ 1950/51, S. 21–22. Vgl. Abb. S. 17 und 148.

Schilf, nicht jedoch Bauland) auf den Namen des Vereins und/oder zur Errichtung von dem Schutzzweck dienenden Dienstbarkeiten zu Gunsten des Vereins verwendet werden. Sie dürfen jedoch ausschliesslich für Aktionen, die der Verein selbst und eigenständig unternimmt, und nicht zur Beteiligung an Unternehmen anderer Institutionen, auch wenn diese den gleichen oder ähnliche Zwecke verfolgen wie der Verein, eingesetzt werden.»

1995 Generalversammlung am 24. Juni 1995 im Restaurant Schiff in Bollingen. Besichtigungen der Steinbrüche Bollingen und Bäch und Führungen durch Mitarbeiter der Firma Kuster sowie Kurzreferat von Architekt Pit Wyss, VM VSLZ, über *Steingewinnung und -verwendung rund um den Zürichsee.* – Der VSLZ befasst sich mit der Aufstellung von Plakattafeln auf öffentlichem Grund rund um den See und tritt in dieser Sache mit der Zürcher Baudirektion und der Allgemeinen Plakatgesellschaft (APG) in Verbindung, so auch 1996 und 1997. – Der VSLZ-Präsident trägt an einer Konferenz der Gemeindepräsidenten des Bezirks Meilen die Sorgen und Bedenken des Verbands wegen der zunehmenden Verbetonierung der Seeufer vor. Seit dem 1. Februar 1992 müssen Anpassungen der Bau- und Zonenordnungen an das revidierte PBG vorgenommen werden.

1996 Generalversammlung am 15. Juni 1996 im Saal des Gemeindehauses Thalwil, mit Gemeindepräsident Dr. Peter Schäppi. Referat von Bauvorstand Hans Möhr über *Seeufergestaltung Thalwil im Bereich des ehemaligen Färbereiareals* sowie Führung durch die seit 1975 neuangelegte Seeanlage unter Leitung von Gemeindeingenieur Robert Bürgi. – Dr. Arthur Egli, VSLZ-Präsident seit 1992, tritt zurück. Nachfolger wird Dr. Ulrich E. Gut, Vizepräsident seit 1994. – «Künftig soll nach der Absicht des Vorstandes jeder der drei Kantone des Verbandsgebiets im Präsidium des VSLZ vertreten sein» (Statutenrevision in diesem Sinn an der GV 1999). Neue Vizepräsidenten werden deshalb 1996 Dr. iur. Lukas Gschwend, Jona, und 1997 Dr. iur. Hannes Zehnder, Pfäffikon. – Der VSLZ wendet sich an die ZSG mit der eindringlichen Bitte, die Schiffsstationen Küsnacht-Goldbach und Obermeilen auch weiterhin anzulaufen. – Ferner nimmt er auf Aufforderung des kantonalen Planungsamts St. Gallen Stellung zur Seeuferplanung und unterstützt die Revision des zürcherischen Natur- und Heimatschutz-Finanzierungsgesetzes, die in der Abstimmung vom 3. September 1996 angenommen wird. – Er nimmt 1996 und 1997 zum Vorprojekt für die Erweiterung des Bootshafens Stampf in Jona Stellung und wünscht eine bessere Entflechtung von Natur und Freizeitbetrieb. Siehe 1999. – Zum Projekt für den Golfplatz im Uferbereich von Nuolen nimmt der ZSL eine positive Grundhaltung ein; bei der Verwirklichung werden naturnahe Zonen eingebaut, 2000 wird festgestellt, dass «die Natur nicht im befürchteten Masse Schaden genommen hat», 2001 werden seltene Durchzügler-Vögel und ein Steinadler beobachtet.

Die Golfplatz-Betreiberin lässt eine Studie über die vorkommenden Libellenarten erheben (26 Arten, darunter sechs der roten Liste).

1997 Generalversammlung am 31. Mai 1997 im grossen Saal des Schipfgutes in Herrliberg. Konzert von Jürg Leutert auf der Hausorgel, Referat des Eigentümers, Prof. Kaspar von Meyenburg, über die Geschichte des Guts, Rundgang durch den Rebberg und Weinprobe im Keller. – Vorstand VSLZ und Gemeindebehörden von Schmerikon besprechen im September 1997 gemeinsam Probleme und Lösungsvorstellungen. – Der VSLZ führt neu Sektionsanlässe ein: Führung für die Sektion Oberes linkes Ufer unter Leitung des Obmanns Dr. Beat Hauser am 27. September 1997 im Raum Halbinsel Au–Wädenswil–Richterswil (siehe auch 1998). – Der VSZL äussert sich zum Projekt Ökologische Vernetzung der Zürcher Planungsgruppe Pfannenstiel.

1998 Generalversammlung am 13. Juni 1998 im Gartensaal des Restaurants Wildpark Langenberg in Langnau. Referat des Zürcher Regierungsrats Hans Hofmann über *Bedrängter Landschaftsschutz in einer Zeit des Vorrangs ökonomischer und sozialer Aufgaben* (Publikation im Jahresbericht). Führungen durch den Wildpark mit Frau Dr. E. Kissling, Waldmeisterin der Stadt Zürich, Chr. Kühni, Wildparkverwalter, und Dr. med. vet. Jürg Hohl, VM ZSL. – Änderung des Namens *Verband zum Schutze des Landschaftsbildes am Zürichsee VSLZ* in *Zürichsee Landschaftsschutz* ZSL ab 13. Juni 1998. Änderung des Signets «Drei Rohrkolben» in «Wellenwurf eines ins Wasser geworfenen Steins». – Führung für die Sektion Unteres rechtes Ufer unter Leitung der Obfrau Elisabeth Lubicz-Steinbrüchel am 19. September 1998, mit dem ZSL-Präsidenten und dem Erlenbacher Gemeindepräsidenten Adolf Gucker: Besuch der Liegenschaft Wüeri von Dr. Ulrich Albers in Erlenbach, welcher über die hier seit 1983 durchgeführte Renaturierung mit Röhricht und feuchtem Grünland orientiert. Referate des Betreuers Prof. Dr. Frank Klötzli, Geobot. Institut der ETHZ, sowie von Felix Meier, Hauptlehrer für Biologie an der Kantonsschule Küsnacht und Inhaber einer Firma für naturnahen Gartenbau, über *Ökologische Vernetzung in der Gemeinde Erlenbach.* Vgl. 1988. – Der ZSL lehnt das Erweiterungsprojekt Schlossberg des Spitals Wädenswil wegen seiner Riegelwirkung ab, 1999 heisst die Baurekurskommission II des Kantons Zürich die ablehnenden Rekurse gut. – Der ZSL befasst sich 1998 und 2000 mit dem Projekt der Hafengenossenschaft Christoffel in Feldmeilen, lässt auf eigene Kosten durch Dr. Verena Lubini, Zürich, ein hydrobiologisches Gutachten ausarbeiten und erhebt 2001 Einsprache, weil es sich hier um eines der sehr seltenen Flachufer handelt, welches durch gewaltige Ausbaggerungen (mehrere tausend Kubikmeter) samt der charakteristischen Flora und Fauna total zertört würde, und weil die geplante Anlage (mit nicht durchlässiger Mole) zu gross ist für den vorhandenen Uferbereich. Es finden zwei Lokaltermine statt. – Der ZSL lehnt auch

Namen- und Signetänderung VSLZ–ZSL 1998: siehe nebenstehenden Text: 1998.

das Bauvorhaben Bahnhofareal Tiefenbrunnen in Zürich ab (die SBB verfolgt das Projekt 1999 nicht mehr weiter). – Schliesslich befasst er sich mit dem Um- und Neubauprojekt auf dem Areal Waschanstalt Wollishofen-Zürich. 1999 wird mitgeteilt, dass im Projekt ein 20 m breiter, öffentlich zugänglicher Uferstreifen integriert ist.

1999 Generalversammlung am 12. Juni 1999 auf einem Ledischiff im Hafen Schmerikon und Uferfahrt im Obersee auf zwei Ledischiffen. Orientierung und Kommentar von Thomas Oesch, Landschaftsplaner, Rapperswil, Kurt Anderegg, Ornithologe, Rapperswil, und Dr. iur. Lukas Gschwend, Vizepräsident ZSL, über *Die Landschaft des sanktgallischen Oberseeufers, deren besondere Schutzbedürfnisse, die Kernaussagen zum Landschaftsschutz gemäss St. Galler Richtplan und die Anliegen des ZSL betreffend Landschaftsschutz.* – Georges Herms, VM ZSL und Aktuar (faktisch Geschäftsführer) seit 1962, tritt zurück und wird zum Ehrenmitglied ernannt. – Das Kieswerk der KIBAG in Nuolen soll aufgegeben und das Areal mit Einfamilienhäusern für gehobene Ansprüche, einer Badeanlage und Bootsplätzen genutzt werden. Der dafür erlassene Zonenplan Nuolen-See ist ohne ZSL vorbereitet worden; Annahme durch die Stimmbürger von Wangen 2000, Verwirklichung der Überbauung erst ab ca. 2012. Geplant ist auch ein Wanderweg Nuolen–Grinau entlang der Nordlehne des Buchbergs. – Der ZSL interveniert gegen den geplanten forstwirtschaftlichen Erschliessungspfad der SBB im Ostbereich des Hurdner Wäldli (der Kanton verweigert die Bewilligung) und gegen die Ausbaggerungen im Delta der Wägitaler Aa (es müssen dafür Abklärungen bei der Auenberatungsstelle Bern getätigt werden). – Der ZSL richtet die Aufmerksamkeit am St. Galler Ufer auf das Aabachdelta und die Bätzimatt und auf ein zurückgestelltes Bauprojekt in Bollingen (der ZSL siegt 2001 im jahrelangen Rechtsstreit). – In der Frage des Bootshafens im Stampf 1999 und 2001 ist der ZSL in die Projektierung integriert, im Jona-Delta sind Renaturierungen vorgesehen. Siehe 1996. – Die bauliche Entwicklung im Rapperswiler Hafengebiet wird beobachtet. – Alfred Sulzer, Präsident der Domus Antiqua Helvetica, kauft von der Stadt Wädenswil das abbruchgefährdete Haus Austrasse 40 auf der Halbinsel Au und renoviert es. – Die neuen Eigentümer der Liegenschaft Seestrasse 96 in Stäfa übernehmen den Unterhalt des vorgelagerten Schilffeldes und der vorhandenen Ufervegetation.

2000 Generalversammlung am 24. Juni 2000 im Hotel Schiff in Pfäffikon. Referat von Martin Weggler, Zoologe, Omniplan AG, Zürich, über das *Schutzkonzept Frauenwinkel,* und Führungen durch das Schutzgebiet, mit Martin Weggler und den ZSL-VM Kuno Jäggi und Peter Stünzi. 1999 hat der ZSL, zusammen mit ALA, WWF Schwyz, Pro Natura, Pro Natura Schwyz und dem Schwyzer Kantonalen Vogelschutzverband SKV die Arbeitsgemeinschaft Frauenwinkel gebildet und ist darin mit den VM Peter Stünzi, Kuno Jäggi und Gallus Ebneter

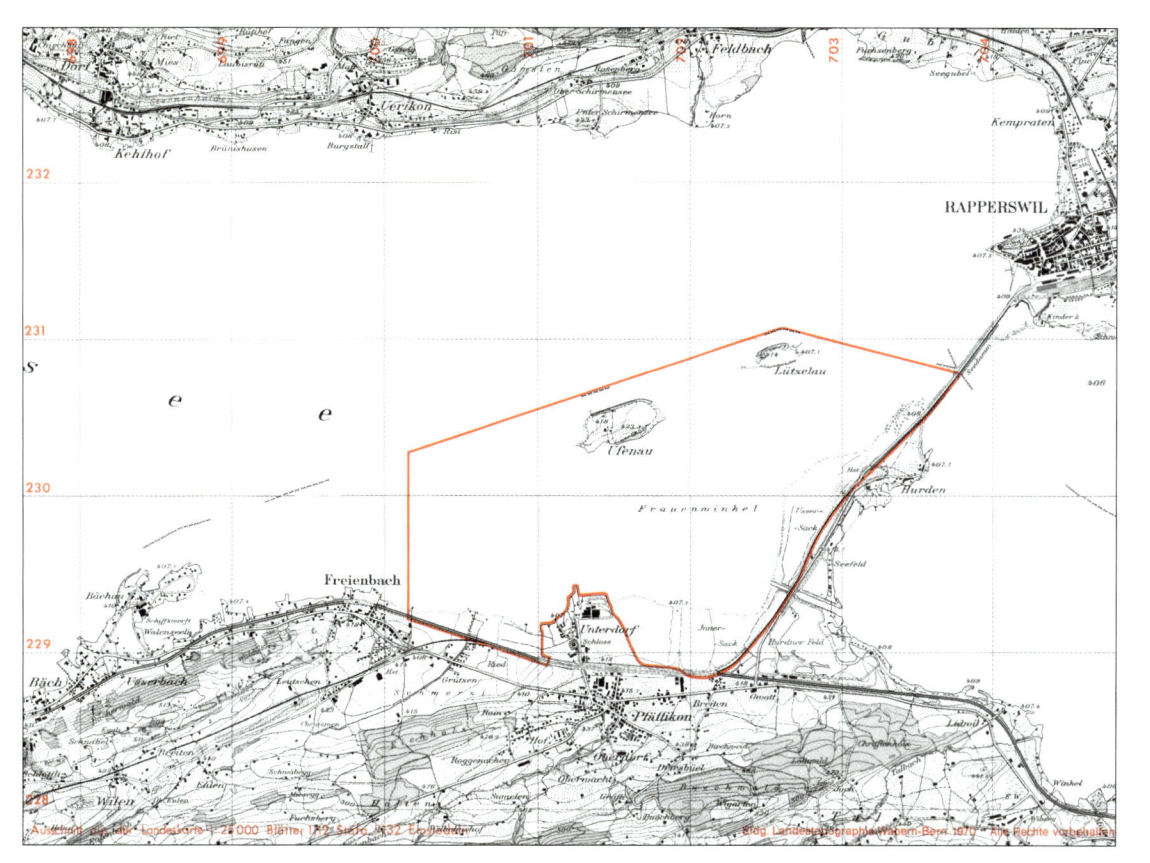

Der Frauenwinkel figuriert seit 1977 als Objekt Nr. 1405 im Bundesinventar der Landschaften und Naturdenkmäler von nationaler Bedeutung (BLN).

vertreten. Sofort ist in Verhandlungen mit den Gemeinde- und Kantonsbehörden (Regierungsrat Dr. Fritz Huwyler, Schwyz) getreten worden; der Omniplan AG in Zürich ist der Auftrag für die Erarbeitung eines neuen Schutzkonzepts Frauenwinkel erteilt worden (die Broschüre mit farbigen Plänen wird den Verbandsmitgliedern abgegeben). Am 24. Januar 2001 wird im Schlossturm Pfäffikon unter den Beteiligten – ZSL und andere Schwyzer Schutzorganisationen, Kanton Schwyz, Gemeinde Freienbach, Kloster Einsiedeln, Korporation Pfäffikon – eine Vereinbarung unterzeichnet: Pufferzonen, die geplante Wanderweg-Fortsetzung nach Hurden, Umwandlung von Landwirtschaftsflächen im Bereich Hotel Seedamm Plaza zu ökologischen Ausgleichsflächen, Schaffung einer Schutzorganisation. Wegen ungenügender Pufferzonen spricht der ZSL 2001 gegen den Schutzzonenplan Frauenwinkel ein. Im April 2002 wird die Stiftung Frauenwinkel gegründet, der ZSL ist mit den VM Peter Stünzi (er wird Vizepräsident) und Gallus Ebneter vertreten. – Der Schutzverband Linthgebiet-Zürichsee gegen Flugemissionen meldet sein Interesse an der Zusammenarbeit mit dem ZSL an. – 2000 und 2001 wird festgestellt, dass in Jona intensiver Siedlungsdruck herrscht. Die für das Landschaftsbild charakteristischen Hanglagen im Lenggis werden – in Übereinstimmung mit den Bauvorschriften – dicht verbaut.

Am 6. April 2001 wurde der neue Holzsteg Rapperswil–Hurden eingeweiht. Foto Elvira Angstmann, August 2002.

2001 Generalversammlung am 23. Juni 2001 im Restaurant der Badeanstalt Wollishofen-Zürich. Referate von Peter Noser, Amt für Städtebau der Stadt Zürich, über die *Wettbewerbsergebnisse für den Sechseläutenplatz Zürich* und von Landschaftsarchitekt Stefan Kuhn zur neuen Überbauung Waschanstalt. Führungen an den Seeufern in Wollishofen und Enge mit den VM Sandra Gloor über einheimische Wildtiere, Elisabeth Lubicz über den Neubau Waschanstalt und Peter Stünzi über die Seeufergestaltung. — Am 6. April 2001 wird der neue, seit August 2000 erstellte Holzsteg Rapperswil–Hurden eröffnet, der ZSL hat in der begleitenden Arbeitsgruppe mitgewirkt. Die neue Fussgängerachse wird sofort stark begangen; am 2. Dezember 2001 bejahen die Stimmberechtigten von Freienbach den Kredit für den Fussweg Hurden–Pfäffikon und die ökologische Aufwertung des Frauenwinkels. — Zur

Teilrevision des Zürcher kantonalen Richtplans (Landschaftsplan) hat der ZSL bereits 1999 dem Büro des Kantonsrats und den Kantonsräten des Bezirks Horgen den Antrag eingereicht: «Das Landschaftsförderungsgebiet 5 (Hirzel–Zimmerberg–Schönenberg–Wädenswil) ist seewärts bis zu den Bauzonengrenzen von Horgen, Wädenswil und Richterswil zu erweitern». Heute bildet mehr oder weniger die Autobahn die Begrenzung – der Rat tritt 2001 nicht darauf ein. Am 21. März 2001 führt der ZSL eine Medienkonferenz unter dem Titel *Keine Bandstadt um den Zürichsee* durch. In der Kantonsratsdebatte 2001 werden die Freihaltegebiete Hombrechtikon-Feldbach, Stäfa-Mutzmalen, Feldmeilen-Rain und Meilen-Üetikon bestätigt und jene von Horgen-Badenmatt und Richterswil-Mülenen (gegen die ZSL-Empfehlungen) abgelehnt. Vgl. 1992. – Der ZSL führt neu Zweitveranstaltungen neben der GV ein: Informations-Anlass über *Verdichtete Überbauung von Hanglagen am Zürichsee – Beurteilungen, Reaktionen und Lösungsvorschläge aus Gemeinden* am 15. September 2001 im Hotel Löwen, Kilchberg-Bendlikon, mit den VM Dr. Ulrich E. Gut, Dr. Jürg Sigrist und Peter Stünzi, mit Gemeinderätin Cornelia Bodmer, Zollikon, und Gemeinderat Karl Blöchlinger, Küsnacht, mit den Planern Daniel Christoffel und Alwin Suter. Schiffs-Rundfahrt nach Thalwil–Erlenbach–Zürich (vgl. 1990). – Der ZSL beobachtet den Bereich Bahnhof-Hotel Bad in Schmerikon, da hier infolge Umzonungen grössere bauliche Veränderungen vorgesehen sind. – Der ZSL richtet an die Fachstelle Naturschutz des Kantons Zürich die Anfrage, ob sie Abklärungen über die Auswirkungen des neuen Wassersports Wakeboarding mit seinem extremen Wellenschlag treffen könnte, da die Beeinträchtigung der Schilfbestände zu befürchten ist. – Die Arthur und Frieda Thurnheer-Jenni Stiftung zur Erhaltung, Pflege und Aufwertung der heimatlichen Kulturlandschaft lässt in ihrem ersten Geschäftsjahr dem ZSL 10 000.– Franken für konkrete Schutzobjekte zukommen.

2002 Generalversammlung am 8. Juni 2002 im Gemeindesaal Hombrechtikon. Referat von Fritz Hirt, Leiter der Fachstelle Naturschutz des Kantons Zürich, über das Schutzgebiet Lützelsee und Rundgang mit Führungen nach dem Lutikoner Ried unter Fritz Hirt und Xaver Jutz, Projektleiter Lützelsee. – Jubiläumsveranstaltung zum 75-jährigen Bestehen des ZSL am 2. November 2002 im Schloss Au, Wädenswil. – Die Zürcher Natur- und Heimatschutz-organisationen (Pro Natura Zürich, Zürcher Vogelschutz, WWF Zürich und Zürcher Heimatschutz) beginnen am 11. Januar 2002 mit der Unterschriften-sammlung für ihre Landschaftsinitiative: Die im BLN enthaltenen Zürcher Landschaften und Naturdenkmäler sollen rechtmässig unter Schutz gestellt werden. «Bei Annahme der Initiative besitzen wir gleich viel Landschafts-schutz- wie Siedlungsgebiete. Das ist wahrlich nicht zu viel verlangt.»

Kommissionspräsidentin Barbara Marty Kälin, SP, Gossau, referiert am 26.3.2001 an der Eröffnungsdebatte über den Landschaftsplan im Zürcher Kantonsrat. Foto Daniel Rihs, TA 27.3.2001, S. 21.

Hermann Balsiger (1876–1953). Zeichnung von Ernst Emil Schlatter (1883–1954), September 1952. Aus: JbZ 1952/53, S. 117.

Verbandstätigkeit in drei Kantonen

Hermann Balsiger (1876–1953), Oberrichter und Kulturpolitiker

Beide Gründer des VSLZ, Hermann Balsiger und Theodor Gut, haben sich als Politiker in der Öffentlichkeit bewegt und sind Persönlichkeiten der schweizerischen Kulturgeschichte. Ungleich Theodor Gut und ungleich seinem fast gleichaltrigen sozialdemokratischen Genossen und Freund Emil Klöti (1877–1963), ist Hermann Balsiger noch keine Monographie gewidmet worden.[1] Die Geschichte des VSLZ hat eine von ihr untrennbare Vorgeschichte und diese ist vielfältig mit Balsiger verbunden, der deshalb hier als Pionierfigur des Natur- und Heimatschutzes in Erinnerung gerufen wird.

In Balsigers Charakter mischen sich zürcherisches und bernisches Wesen. Am 24. September 1876 wird er als Sohn von Eduard und Julie Balsiger-Rüegg in Münchenbuchsee geboren, wo sein Zürcher Grossvater Hans Rudolf Rüegg (1824–1893) Seminardirektor ist.[2] Sein Vater Eduard Balsiger (1845–1924), Bürger von Köniz, der später als Seminardirektor in Rorschach und Bern und seit 1891 als Direktor der Höheren Mädchenschule in Bern wirkt, war 1856 als Austauschknabe im Waadtland einer Bäuerin begegnet, «die am Feierabend ihre zehn Kinder um sich versammelte, in Menschenliebe und verständiger Güte unterwies, und dabei gar oft mit begeisternden Worten von Heinrich Pestalozzi sprach, bei dem sie als Waise in Yverdon Zuflucht gefunden hatte». Ihr Enthusiasmus brachte Eduard Balsiger «zum Entschluss, selber im Geiste Pestalozzis Erzieher zu werden».[3] Dieser pädagogische Impuls wird sich in spezifischer Weise auch im Wirken seines Sohnes Hermann auswirken, der nicht nur die Lehrtätigkeit des Vaters in Mariaberg-Rorschach erlebt, sondern auch den Einfluss der Mutter, die den sieben- bis achtjährigen Knaben auf die Pracht der Obstbaumblüte, die Grossartigkeit der Landschaft, auf die Nachtfalter und Fledermäuse im abendlichen Klostergarten und auf die Schlusssteine, Inschriften und das Masswerk im Kreuzgang hinweist. «So hat sie mich schauen lassen und mir damit eine Bestimmung fürs Leben gegeben, für die ich ihr innig danke.» Er erinnert sich aber auch an die eindrückliche Lektion des alten ehrwürdigen Lehrers, der auf einer Schulreise während der Fahrt über den Bodensee seiner Bubenklasse beibrachte, was ein rechter Schweizer sei: kein Besserwisser, aber stolz auf seine eigene Art: «Dir dankten wir unser Leben lang dafür, dass Du uns die Liebe zur Heimat ins Herz gesenkt hast.»[4] Der soziale bzw. sozialistische Impuls Balsigers stammt von Seiten des Grossvaters. Seminardirektor Hans Rudolf Rüegg war 1870 bis 1893 Professor für Pädagogik an der Universität Bern und 1888 bis 1890 Gemeinderat (Schuldirektor) in Bern. In seinem Haus lag auch die Zeitung *Der Sozialdemokrat* auf, dessen Gründer und Herausgeber Albert Steck (1843–1899), mit Rüegg befreundet war. So «kam Hermann Balsiger mit sozialistischen Ideen schon als Knabe in engere Berührung, zumal Rüegg selber sich diesen Ideen gegenüber aufgeschlossen und empfänglich zeigte, von den Berner Frömmlern und Füdliburgern deshalb auch der ‹rote Rüegg› benamst wurde. Hans Rudolf Rüegg war zusammen mit Johann Jakob Treichler Schüler des Seminars Küsnacht gewesen, zu einer

Zürich. Kauf- und Bürohaus St. Annahof der Genossenschaft Lebensmittelverein, erbaut 1911–1913 von den Gebr. Pfister, Mittelpartie der Fassade Füsslistrasse. Aus: WERK 1915, S. 25–33.

Zeit, da Treichler noch ganz derjenige war, der ihn in den 40er Jahren des 19. Jahrhunderts zum begeisterten Schüler des ‹Kommunisten› Wilhelm Weitling werden liess. Zum Regierungsrat und Professor der Rechtswissenschaft an der Universität Zürich brachte es dieser Treichler als Protégé Alfred Eschers bekanntlich erst viel später.»[5]

1894 bis 1897 macht Balsiger eine kaufmännische Lehre bei der Firma Barbey & Cie. in Neuenburg, wird Mitglied des Grütlivereins und 1895 der Sozialdemokratischen Partei. 1897 bis 1899 arbeitet er im Bankhaus Leu & Cie. in Zürich. Dann absolviert er 1899 bis 1903 das Rechtsstudium in Zürich und hat in dieser Zeit sehr oft sonntags bei Treichler, der seit 1872 als Rechtsprofessor an Universität und Polytechnikum wirkt, zum Mittagessen zu erscheinen.[6] 1902 heiratet er Dr. iur. Malka Lipschütz (geb. 1870) von Bochnia, Galizien, wohl eine Mitstudentin an der Universität, 1904 wird die Tochter Jadwiga Gertrud (1904–1916) geboren.[7] 1903/04 arbeitet er bei der Schweizerischen Kreditanstalt in Zürich und 1904/05 als Adjunkt von Dr. Hans Müller, Sekretär des Verbandes Schweizerischer Konsumvereine in Basel; 1905 wird er Auditor am Bezirksgericht in Zürich und Präsident der sozialdemokratischen Mitgliedschaft Aussersihl.

Nun wird dem Neunundzwanzigjährigen die Regierungsebene der Stadt Zürich vertraut: 1905 bis 1910 ist er Bausekretär unter dem Stadtrat und Parteigenossen Heinrich Wyss (1854–1928).[8] Damit beginnt sein Wirken auf dem Gebiet des Natur- und Heimatschutzes[9], das mit der «offiziellen» Entwicklung genau zeitparallel verläuft: 1905 ist auch das Gründungsjahr der Schweizerischen Vereinigung für Heimatschutz und ihrer Zürcher Sektion[10]; 1907 bis 1909 entsteht der Schweizerische Bund für Naturschutz.[11]

Von 1908 bis 1913 ist Balsiger Mitglied des 15-köpfigen Verwaltungsrats des Lebensmittelvereins Zürich. Der «leidenschaftliche Vertreter der Genossenschaftsidee»[12] und erfahrene Baujurist sorgt dafür, dass sich der Lebensmittelverein in zentraler Lage und modernen Formen architektonisch darstellen kann: im 1911 bis 1913 erstellten St. Annahof an der Bahnhofstrasse 57. «Er wollte, dass die Genossenschaft über die einstigen Kleinlädeli hinauswachse, und dass ihr im Zentrum der Stadt ein markantes Kaufhaus zur Verfügung stehe», obschon «die Kühnheit des Projektes zunächst den Verwaltungsräten fast den Atem verschlug».[13] Architekten sind die Gebrüder Otto (1880–1959) und Werner Pfister (1884–1950), welche damals gerade die Wohnsiedlungen Bergheim/Im Kapf in Zürich-Hirslanden nach dem genossenschaftlichen Modell der «Gartenstadt» erstellen (1908–1914). Dieses Modell gehört zur «Ideologie» des 1908 von den Gebrüdern Pfister mitgegründeten Bundes Schweizer Architekten (BSA), gleich der Materialgerechtheit und der wiederbelebten Bauhüttentradition. Darin können sich Sozialdemokratie, Heimatschutz und BSA treffen.[14]

Balsiger ist «dank seiner ausgesprochenen künstlerischen Begabung auch massgebend an der schliesslichen Gestaltung des Projektes» für den St. Annahof beteiligt.[15] Mit der üppigen Bauplastik am Monumentaltor gegen die Füsslistrasse und der Prachtentfaltung im Keramiktreppenhaus und im Sitzungssaal[16] wetteifert der «Genossenschaftspalast»[17] mit dem gleichzeitig erstellten Doppelpalast Peterhof/Leuenhof (Seiden-Grieder, Bank Leu, 1912–1914) der gleichen Architekten. Der Lebensmittelverein erhebt an der Bahnhofstrasse die gleichen Repräsentationsansprüche wie der Banksitz und das grossbürgerliche Modehaus. Der Sozialdemokrat Balsiger verhält sich gleich wie die eingesessenen bürgerlichen «Bauherren» und beweist damit, dass er die öffentliche «Zeichensprache der Architektur» versteht.[18] Die Architekten findet er in der eigenen Generation: Die BSA-Gründer sind alle zwischen 1870 und 1880 geboren, die Gebrüder Pfister gehören zudem mit den Geburtsjahren 1880 und 1884 zu den jüngsten dieses Architektenbundes.[19] 1909 erwirbt Balsiger das Zürcher Bürgerrecht, wird im gleichen Jahr (von den Aussersihler Arbeitern) in den Kantonsrat, 1910 auch in den Grossen Stadtrat (seit 1934 «Gemeinderat») gewählt und wird Mitglied von dessen Rechnungsprüfungskommission.[20] Im Kantonsrat sitzt schon seit 1908 sein Freund, Partei- und Generationsgenosse Emil Klöti (1877–1963), dessen Karriere auffällig parallel verläuft. Wirkte Balsiger in der Stadt als Bausekretär (1905–1910), so Klöti in gleicher Funktion in der kantonalen Baudirektion (1902–1907). 1907 wird Klöti in den Stadtrat von Zürich gewählt, wo er 1910 Heinrich Wyss als Vorsteher des Bauwesens I ablöst und dieses Amt bis 1928 ausübt. Klötis Impulse für die Stadtentwicklung und seine Grünzonenpolitik, basierend auf dem Modell der Gartenstadt, sind prägend.[21] «Gartenstadt» ist auch eine Farbe auf der Palette der sozialen Anliegen der Genossin Mentona Moser (1874–1971)[22], die 1909 Balsigers zweite Gattin wird, nachdem seine erste Ehe seit 1907 geschieden ist. In ihrer Autobiographie schildert Mentona Moser das Familienleben und die gemeinsame Arbeit in der Sozialdemokratischen Partei – die Ehe dauert allerdings nur bis 1917.[23] Mentona Mosers Lebensweg ist von extremen Gegensätzen geprägt, ungleich Balsigers politischem Weg. Dieser ist schon von den Vorfahren her gegeben und seine gesellschaftspolitischen Ziele sind ausgesprochen integrativ ausgerichtet. Die Hochzeit findet an einem Ort statt, der bis heute ein Schwerpunkt aller Freunde des Zürichsees, des Landschaftsschutzes und der historischen Stätten ist: auf dem Schloss Au, literarisch bekannt durch Conrad Ferdinand Meyers Novelle «Der Schuss von der Kanzel»[24] (vgl. S. 246).

Mentonas Mutter Fanny, geborene von Sulzer-Wart (1848–1925), verwitwete zweite Gattin des Schaffhauser Industriepioniers Heinrich Moser (1805–1874), hat das von General Werdmüller 1651 erbaute Landhaus auf der Halbinsel Au 1887 erworben und standesgemäss umgebaut. Seither «residiert» sie hier und lässt sich als Baronin anreden.[25] Mentona entwickelt aber einen «unauslöschlichen Hass gegen das, was Balzac ‹l'affreuse mélancolie du bienêtre› nennt»[26] und wirkt seit 1899 in London und seit 1903 in Zürich in verschiedenen sozialen Berufen. 1918 bis 1921 ist sie beteiligt an der Gründung der Kommunistischen Partei in Zürich. Das ist «nicht ein Sprung ins Ungewisse, sondern felsenfeste Überzeugung, die mir bis zum heutigen Tag nichts und niemand zu nehmen vermocht hatte».[27] 1929 gründet sie ein Kinderheim in Waskino südlich von Moskau[28], lebt 1929 bis 1933 in Berlin[29], emigriert, arbeitet 1933 bis 1935 von Paris aus für die Internationale Rote Hilfe in Frankreich, Deutschland, Holland und Belgien.[30] 1935 bis 1939 in Morcote und 1939 bis 1950 in Zürich niedergelassen, siedelt sie 1950 auf Einladung von Wilhelm Pieck nach Ostberlin über, wird Bürgerin der DDR und erhält mehrere Verdienstorden. Sie stirbt am 10. April 1971 und wird auf dem Ehrenfriedhof Berlin-Friedrichsfelde beigesetzt.[31]

Mentona Mosers bezeugte Naturliebe und ihr reizvolles Tierbuch *Lernt sie kennen* von 1941 für junge Leserinnen und Leser[32] verbinden sie mit Balsiger, ihre

Zürich. Kauf- und Bürohaus St. Annahof der Genossenschaft Lebensmittelverein, erbaut 1911–1913 von den Gebr. Pfister, Sitzungssaal des Verwaltungsrates. Aus: WERK 1915, S. 25–33.

Holzschnitt von Remi Nüesch, St. Gallen, im Tierbuch *Lernt sie kennen* von Mentona Moser (1874–1971), Gattin Hermann Balsigers 1909–1917; Zürich, Büchergilde Gutenberg 1941.

extreme politische Position wird ein zentraler Grund für die Scheidung 1917 gewesen sein, denn der Sozialdemokrat Balsiger setzt sich ausdrücklich gegen die Kommunisten ab.[33] 1912 wird Balsiger Mitglied der neu geschaffenen Heimatschutzkommission des Kantons Zürich und bleibt dieser für ihn zentralen Verpflichtung – seit 1918 als Präsident – bis 1947 treu. Dieser Tätigkeit ist nachfolgend ein eigenes Kapitel gewidmet. 1913 bis 1915 «residiert» er als Geschäftsleiter («Direktor») des Lebensmittelvereins im neuen St. Annahof[34] und betreibt 1915 bis 1917 ein Büro: «Dr. G. Brennwald, Dr. H. Balsiger, Rechtsanwälte».

1916 begegnet Balsiger erstmals seinem Parteigenossen Ernst Nobs (1886–1957), mit dem er sich befreundet und dem man die wichtigsten Zeugenschaften zu Biographie und Charakter Balsigers verdankt. Nobs amtet seit 1915 als Redaktor am *Volksrecht* und wird gerade 1916 Mitglied des Grossen Stadtrats und des Kantonsrats. Der ehemalige Lehrer und Redaktor erkennt Balsigers Schreibbegabung und verpflichtet ihn ab 1920 für einige Jahre als Mitarbeiter am *Volksrecht*, wo er unter dem Pseudonym «Corylus» geschätzte Betrachtungen über verschiedenste Gebiete seines kulturellen Interesses erscheinen lässt: «von schönen Büchern und kostbaren Handwebereien, von schwedischen und schweizerischen Plakaten, von Kunstausstellungen und Singvögeln, von Affen und Bären, Moufflons, Gemsen und Rehböcken, von der Prüderie der Kleinstädte und Dörfer, von der Verschandelung alter Baudenkmäler und neuer Fünfliber». Selbstverständlich wirbt der Präsident der kantonalen Natur- und Heimatschutzkommission auch «um Verständnis für die Grundgedanken der Erhaltung natürlicher Landschaften und ihres lebendigen pflanzlichen und tierischen Schmuckes!» Zum 75. Geburtstag Balsigers schreibt ihm Bundesrat Nobs 1951: «Du hattest das Zeug zu einem Schriftsteller höheren Ranges, aber es hat dem Herrn so gefallen, aus Dir einen Oberrichter und Heimatschützler zu machen. Beide Aufträge hast Du mit grosser Auszeichnung versehen».[35]

1917 wird Balsiger Oberrichter und Mitglied der Strafkammer. In diesem Amt bis 1941 wird der «Oberrichter Balsiger» zur stadtbekannten Figur; die «Aera Balsiger bildet ein Stück Geschichte in der zürcherischen Rechtspflege».

«Hermann Balsiger stach von dem Gros der Oberrichter, seiner Kollegen, auf das deutlichste ab. Für die zünftische Jurisprudenz und ihre logischen Künste interessierte er sich mässig. Seine warme Anteilnahme galt dem Menschen, der vor Gericht erschien, und darum fühlte er sich gerade mit seinem Berufe als Strafrichter leidenschaftlich verbunden. Die Erfassung der oft nicht manifesten Lebensgesetze der Täter betrachtete er (...) als eine ausserordentlich schwierige, ungeheuer verantwortungsvolle und durch und durch künstlerische Aufgabe. Als Strafrichter wünschte er sich Künstler, worunter er Menschen verstand, ‹die das Nichtmanifeste einer Landschaft, einer Blume, eines Tieres oder eines Menschen ohne wissenschaftliche Methode zu entdecken und zu erfassen vermöchten, weil sie der Natur nahestehen, intuitiv erfühlen und so erfahren, was ist und wer und wie der Mensch da ist. Die Kunst, über die sie verfügen, wurzelt in ihren feinen, aber freien, ich möchte sagen: wildgewachsenen Sensorien, nie in solchen, die am Spalier sogenannter sittlicher Vorurteile gezüchtet wurden›. Unbewusst hat Hermann Balsiger hier in zwei Sätzen sein geistiges Selbstbildnis skizziert. Er selbst ist eine wesentlich künstlerische Natur, allerdings nicht eine naive, sondern eine mit feinster Geisteskultur gesättigte. Und dank seiner ungeheuren Sensibilität vermochte gerade er sein richterliches Amt als Künstler in diesem Sinne auf das beste zu erfüllen».

Er bringt den Menschen «nicht weniger Verständnis, menschliche Güte und häufig die gleiche Liebe entgegen wie seinen Meisen und Finken und wie seinen Rosen und Birken. Ja, er liebte den Menschen, auch wo dieser Mensch im Fehler war und der richterlichen Zurechtweisung oder der Strafe bedurfte.» [36]

Auch als Obergerichtspräsident 1936 bis 1938 kann Balsiger seiner Bauleidenschaft frönen, er begleitet die Umbauten der Gerichtsgebäude im historischen Obmannamtskomplex in Zürich.[37] Die Krönung solcher Tätigkeit bildet aber sein Wirken als Präsident der Stiftung Tonhalle- und Kongressgebäude und der Baukommission des 1937 bis 1939 erstellten Neubaus am See.[38] Es gibt aber noch weitere Bauten in Zürich, die mit seinem Namen verbunden sind. Im Vorstand der Genossenschaft Zoologischer Garten setzt er sich 1929 bis 1938 mit Energie für den Bau und Ausbau dieser Anlage ein.[39] Für das 1917/18 erstellte Künstler-Atelierhaus an der Rousseaustrasse hat er mit einer Motion im Grossen Stadtrat 1915 die Initiative ergriffen.[40] Mit diesem Bau ist das Stichwort «öffentliche Kunstförderung» verbunden. Am 11. Dezember 1929 regt er im Grossen Stadtrat die Schaffung eines städtischen Kredits zur Förderung der Literatur zum Andenken an Salomon Gessner und eines alljährlichen Literaturpreises an und präsidierte in der Folge 1931 bis 1943 die Städtische Literaturkommission. Diese Kulturpflege wird später auch auf Musik und bildende Kunst ausgedehnt. «Die stimmungsvollen, würdigen Feiern im Rathaus (...) bildeten jeweils eine markante Manifestation.»[41]

Nach seiner dritten Ehe, die er 1921 mit Edith Nägeli (geboren 1896) von Rapperswil schloss [42], geht Balsiger 1928 noch eine vierte ein. Sie dauert bis zum frühen Tod von Elisabeth Balsiger-Tobler (1896–1943). Die Sozialdemokratin und Mitarbeiterin am *Volksrecht* unter Redaktor Ernst Nobs ist Doktorin beider Rechte und Rechtsanwältin und «treue Schweizerin (...) in jener aus dem Geiste des Sozialismus stammenden Gesinnung wahrhafter Volksgemeinschaft» und «unvergleichliche Mitarbeiterin ihres Gatten (...) in einer überaus glücklichen Ehe».[43] Das Ehepaar wirkt gemeinsam in dem 1929 bis 1931 von Balsiger präsidierten Bildungsausschuss der Sozialdemokratischen Partei der Stadt Zürich und versteht es, «weiteste Kreise unserer Bevölkerung für sozialistische Problemstellungen und durch Veranstaltungen volkstümlicher Art für die Künste zu interessieren und dieser Art der Parteiarbeit einen Aufschwung zu geben, wie es bis dahin nicht möglich» schien; hervorragende Sänger und Musiker werden zur Bereicherung der Sonntagabendprogramme herangezogen.[44] Bei Balsiger «liefen viele Fäden des geistigen Lebens der Stadt zusammen, schon auch durch die grosse Bildungsarbeit innerhalb der Partei, und Elisabeth Balsiger-Tobler teilte die künstlerischen und kulturellen Interessen ihres Gatten aus Neigung und Begabung.»[45]

Aus dem Gesagten und Zitierten wird überdeutlich,

dass Hermann Balsiger ein Mann der Öffentlichkeit ist, dem das Wirken in den verschiedensten Gruppierungen ausgesprochen liegt. Dementsprechend ist die Wirkung und er wird geehrt. Zum 60. Geburtstag 1936 veranstalten die Natur- und Heimatschutzkommission des Kantons Zürich und der VSLZ eine Feier, und die Aufsichtskommission der Gewerbeschule Zürich gedenkt in einer Glückwunschadresse der wertvollen Dienste, die ihr Mitglied Balsiger seit einer Reihe von Jahren der Gewerbeschule und insbesondere dem Kunstgewerbemuseum und der Bibliothek geleistet hat.[46] Anlässlich seines Rücktritts aus den ihm von der Stadt Zürich übertragenen Ämtern 1943 lädt der Stadtrat auf Ende Juni zu einer Abschiedsfeier im Zunfthaus zur Zimmerleuten ein, an der sein Freund, Stadtpräsident Ernst Nobs, eine lange Ansprache hält (Nobs wird kurz darauf zum ersten sozialdemokratischen Bundesrat gewählt: Der VSLZ-Mitgründer Theodor Gut hat zu seinen Gunsten verzichtet).

Balsiger legt bei dieser Gelegenheit ein eigentliches «Bekenntnis» zu Zürich ab.[47] An der Feier zum 70. Geburtstag im engsten Kreise in Zürich 1946 ergreifen zwei Bundesräte und weitere Politiker sowie Richter und Künstler das Wort,[48] der VSLZ ehrt ihn in seinem Jahrbuch und die NHK des Kantons Zürich sendet ihm eine Glückwunschadresse.[49]

Auch am 75. Geburtstag 1951 erreichen ihn viele Schreiben seiner Freunde.[50] Zu erwähnen ist jenes von Dr. Paul Corrodi (1892–1964), der seinen Wunsch wiederholt, Balsiger möge doch seine Memoiren schreiben: Erlebnisse und Betrachtungen über den von ihm erlebten Abschluss einer Epoche und die Einleitungszeit einer neuen. Das würde das bedeutende Werk eines «weltoffenen, unbefangenen Geistes und seiner Kunst der fein abgewogenen und eleganten sprachlichen Darstellung». Balsiger hat den Wunsch leider nicht erfüllt, hatte aber schon viel früher Corrodi gegenüber bemerkenswerte Aussagen zu seiner Person gemacht. Er hatte Corrodi kennengelernt, als dieser 1919 bis 1924 als Obergerichtssekretär in Zürich amtete. 1924 bis 1931 wirkte Corrodi als Bezirksgerichtsschreiber in Meilen und 1931 bis 1939 als Oberrichter und sass seit der Gründung des VSLZ 1927 in dessen Vorstand, den er erst verliess, als er 1939 Regierungsrat des Kantons Zürich wurde. Bis 1947 amtete er als Baudirektor und sorgte für die Berücksichtigung der Anliegen von NHK und VSLZ. Seine Karriere krönte Corrodi 1947 bis 1950 als Direktor der NOK und 1950 bis 1963 als Bundesrichter. Der SP-Mann Balsiger und der auch als Historiker tätige BGB-Mann Corrodi verstanden sich; ihr Briefwechsel von 1930 in einer für Balsiger schwierigen Zeit wirft nicht nur Licht auf sein Selbstverständnis, sondern auch auf die politischen Hintergründe des Wirkens der beiden Freunde für die Öffentlichkeit. Balsiger schrieb 1930 an Corrodi:

«Ich bin 35 Jahre in der Partei. Der Grossteil meiner Parteigenossen weiss gar nicht, wer ich bin. Von alledem, was ich beispielsweise auf dem Gebiet des Natur- und des Landschaftsschutzes in der kantonalen Kommission und in unserem Landschaftsschutzverband geleistet habe und leiste, und auch ausserhalb dieser Organisationen oft unter bedeutenden Anstrengungen erreiche, wissen nur wenige, und die wohl auch nur halbwegs etwas. (...) Ich bin also gewissermassen der Kanarienvogel meiner Partei.»[51]

Am 18. Februar 1953 stirbt Hermann Balsiger in der Klinik St. Anna in Lugano. An der Abdankungsfeier am 21. Februar im Krematorium Zürich sprechen alt Bundesrat Ernst Nobs, Obergerichtspräsident Dr. Jakob Heusser, Prof. Dr. Hans Hofmann, Präsident der Natur- und Heimatschutzkommission des Kantons Zürich, sowie Kreisschulpräsident Gottlieb Lehner für den Verband zum Schutze des Landschaftsbildes am Zürichsee.[52]

Wir blicken zurück auf seine Persönlichkeit. Im Sommer 1943 ist er von Zürich nach Vernate ob Agno am Luganersee umgezogen, in das einfache Landhaus, das von seiner Frau Elisabeth wenige Jahre vorher erbaut worden ist. Nun ist sie am 9. Januar 1943 gestorben. Betreut vom «treuen Hausgeist» Marie Anna Rehm[53], sitzt er nun in dieser Casa Giulia Maria «wie ein Patriarch» und freut sich an den selbst gepflanzten und gewissenhaft betreuten Reben, an den Haselnüssen, Beeren und Gemüsen. Ernst Nobs berichtet: «‹Eigentlich bist du ein bernischer Bauer›, sagte ich zu ihm. ‹Das Pflanzen und die Freude an der Natur liegen dir im Blut›. ‹Was willst du›, entgegnete er, ‹es kann wohl nicht anders sein, denn abgesehen von einer Generation Schulmeister, die dazwischen stand, sind wir vaterseits und mutterseits Bauern gewesen!›»[54]

Hermann Balsigers unverwechselbare Gestalt ist heute nur noch für wenige ein Begriff. Über die Memoiren seiner zweiten Gattin Mentona Moser finden wir aber seine Spur wieder. Sie schreibt: «Kummer und Sorgen vertiefen die ehelichen Beziehungen – oder trennen sie. Uns trennten sie.»[55] Sie berichtet über die gemeinsamen Jahre und ausführlich über die Tochter Anna Maria (1909–1999) und den Sohn Edouard (1911–1966).[56] Edouards Sohn Roger Nicholas Balsiger (geboren 1943) hat dem Buch ein verdienstvolles Nachwort beigegeben, das auch ein Kapitel über Hermann Balsiger enthält. Hier lesen wir, dass sich Vater Hermann und Sohn Edouard nach Zerwürfnissen nicht mehr aussöhnen konnten. Der Enkel schreibt, dass er deshalb seinen Grossvater nicht mehr kennenlernte und ihm «wohl kaum gerecht werden kann».[57] Eingeladen vom Enkel, treffe ich ihn am 21. Dezember 2001 und wir erörtern das Thema «Öffentlichkeit und Familie». Hermann Balsiger war eine «öffentliche Persönlichkeit»[58] wie sein Freund Emil Klöti, den er in diesem Sinn, aber auch in der privaten Gegensätzlichkeit charakterisiert hat.[59] Auf die private Seite wird hier nur eingegangen, weil sie im erwähnten Nachwort aus familiärer Sicht dargestellt worden ist. Die Worte von Ernst Nobs sollen den Schluss bilden: «Wie reizvoll, den Seelenkenner Hermann Balsiger von Frauen erzählen zu hören. Die üble Nachrede hat zu Zeiten behauptet, mein Freund Balsiger habe mehr Frauen gekannt, als dem braven Bürger gemeinhin nachgesehen werde. Aber sonderbar: Nie habe ich einen Mann anerkennender, verehrungsvoller, dankbarer und zarter über Frauen sprechen gehört.»[60]

Hermann Balsiger und seine Frau Elisabeth Balsiger-Tobler (1896–1943). Foto wahrscheinlich in Vernate TI, wo sich das Ehepaar um 1940 die Casa Giulia Maria erbaut hatte. Graph. Slg. ZB Zürich, Porträtsammlung.

Zürich. Aussicht vom Hotel Zürichberg gegen den Zürichsee. Eines der wichtigsten Landschaftselemente im Stadtgebiet von Zürich ist die bewaldete Kuppe des Burghölzli im Mittelgrund. Foto Elvira Angstmann 2002.

Hermann Balsiger und die Natur- und Heimatschutzkommission des Kantons Zürich: Die Vorgeschichte des VSLZ

Wir hörten, wie die Mutter den Knaben Hermann Balsiger die Schönheiten der Natur und der historischen Architektur schauen lehrte, und wie ein alter Lehrer die Liebe zur Heimat in ihm weckte. 1943 erinnert sich der 67-Jährige: «Ich will bekennen, warum Zürich mir so lieb geworden ist. An einem Sonntagmorgen im Frühling lockte es mich, an den See zu gehen (...) Ich war da noch ein junger Mann und erst seit kurzem in Zürich (...) Man schrieb das Jahr 1897 (...) Das Arboretum stand im Glanz der Sonne am lichtvollen See (...) Am Nachmittag ging ich dann auf den Zürichberg. Die Landschaft machte mir einen überwältigenden Eindruck: dieser See, diese Ufer, die Weite der Perspektive, der Wall des Gebirges und schliesslich das grosse Licht. Da begriff ich, warum das Blau im Zürcherwappen so licht ist, so kobaltig! An jenem Tag habe ich mich in unser Zürich verliebt, und es ist daraus eine Liebe für das ganze Leben geworden. (...) Und ich begann Zürich zu lieben wegen des unternehmenden initiativen Geistes, der von hier aus sich auswirkt und waltet und ich liebe Zürich wegen der grossen und starken freigeistigen Atmosphäre, die übereinstimmt mit dem grossen Licht über dem See.»[1]
Der 21-Jährige wird von Wesen und Schönheit dieser Landschaft ergriffen. Erst 10 Jahre zuvor hat sich die Flussstadt Zürich in eine Seestadt verwandelt. Die Baumpflanzungen im Arboretum sind noch klein, sie sind Teil der 1885 bis 1889 geschaffenen Quaianlagen, mit welchen eine neue Form der Ufergestaltung geschaffen worden ist – man wird sehen, wie sie 1915 zum Problem werden (vgl. S. 72–74). Sie sind aber auch neue Plattformen für die Aussicht auf See und Alpen, so wie der Zürichberg nun zum vielbesuchten Ausflugs- und Aussichtsort wird, etwa vor dem 1899 bis 1901 erbauten alkoholfreien Volks- und Kurhaus Zürichberg[2] (Abb. S. 62). Dieses Kurhaus wird sofort einer der Schauplätze im 1905 erschienenen Roman «Geschwister Tanner» von Robert Walser (1878–1956), einem wesensverwandten Geist aus Balsigers Generation[3], der darin bereits die «Arbeiterfrage» und die Ideen der 1905 gegründeten Schweizerischen Vereinigung für Heimatschutz erörtert.

Naturschutz, Heimatschutz
Schutzbestrebungen – mit Wurzeln in der Romantik um 1800 – haben sich gegen das Jahrhundertende verstärkt und der Deutsche Ernst Rudorff (1840–1916) hat die Begriffe geprägt: 1888 «Naturschutz» und 1897 – gerade, als Balsiger in Zürich eintraf – «Heimatschutz».[4]
In seiner Dissertation von 1910, «Der rechtliche Heimatschutz» in der Schweiz, legt der Jurist Heinrich Giesker-Zeller (1885–1919), seit 1912 Vorstandsmitglied der 1905 gegründeten Zürcher Heimatschutz-Sektion (siehe oben S. 56), die geschichtlichen Wurzeln des Heimatschutzes frei und breitet dessen Möglichkeiten aus.[5] Rechtliche Grundsätze sind seit den 1890er Jahren formuliert worden, nachdem zwar «zu allen Zeiten (...) die Liebe zur ‹Natur›, die Freude an der Landschaft und an einzelnen Teilen derselben rege war (...) aber wir nirgends eine Spur von Rechts-

Der 33-jährige Hermann Balsiger. Silhouettenporträt 1909. Graph. Slg. ZB Zürich, Porträtsammlung.

massregeln finden, welche zwecks Landschaftsschutz ergriffen worden wären. Natürlich hat dies seinen guten Grund darin, dass ein solches Vorgehen früher nicht nötig war; denn erst der Industrialismus des 19. Jahrhunderts brachte die Gefahren für die Schönheit von Stadt und Land mit sich.»[6] Giesker stellt nicht nur den Landschaftsschutz in einen grösseren Zusammenhang. Der Untertitel seiner Untersuchung lautet: «Darstellung des Denkmalschutzes, Kunstschutzes, Naturschutzes und Heimatschutzes im engern Sinn». Er folgert: «Heimatschutz ist der weiteste Begriff, er fasst vor allem den Naturschutz ganz in sich.» In der Folge wird sich aber der Doppelbegriff «Natur- und Heimatschutz» einbürgern.[7]

Seine künstlerische Weltsicht wird Balsiger durch Giesker bestätigt, welcher illustre Schützer-Persönlichkeiten als Vorgänger auflistet: Raffael, Victor Hugo («Guerre aux démolisseurs»), Prosper Mérimée.[8] Dann erwähnt er das 1902 in Preussen erlassene «Gesetz gegen die Verunstaltung landschaftlich hervorragender Gegenden» und den 1908 eingesetzten staatlich preussischen Kommissar für Naturdenkmalpflege.[9] Für die Schweiz ist auf Bundesebene das Forstpolizeigesetz von 1902 zu nennen, welches das Walderhaltungsgebot vorsieht, ein Meilenstein in der Geschichte der Schutzbestrebungen.[10]

Eine eigentliche Aufbruchstimmung erzeugt das Eidgenössische Zivilgesetzbuch vom 10. Dezember 1907, das im Artikel 702 festhält: «Dem Bunde, den Kantonen und den Gemeinden bleibt es vorbehalten, Beschränkungen des Grundeigentums zum allgemeinen Wohl aufzustellen, wie namentlich betreffend (...) das Forstwesen, (...) die Erhaltung von Altertümern und Naturdenkmälern, die Sicherung der Landschaften und Aussichtspunkte vor Verunstaltung und den Schutz von Heilquellen».[11] Verschiedene Kantone haben bereits Denkmalgesetze erlassen oder verwandte Massnahmen ergriffen.[12] Der Kanton Zürich ist zwar noch ohne ein solches Gesetz, aber «im Zürcher Amtsblatt von 1907 finden wir zum erstenmal die Rubrik ‹Heimatschutz›. Ein Beweis dafür, dass die diesbezüglichen Bestrebungen auch in der Verwaltung festen Fuss gefasst haben».[13] Giesker erhebt auch die Forderung nach einem Eidgenössischen Denkmal- und Heimatschutzgesetz, einer zentralen Kommission für diese Belange sowie nach einer einheitlichen eidgenössischen Klassierung der Denkmäler bzw. einer Schutzliste: lauter Postulate, welche Balsiger in der Folge aufnehmen wird.[14] 1909 und 1910 wird Bausekretär Balsiger vom Zürcher Stadtrat nach Paris bzw. Brüssel abgeordnet[15]: «1909: ich fahre nach Paris zum ersten, vom ministère des beaux-arts einberufenen internationalen Heimatschutzkongress, 1910 zum zweiten nach Brüssel. Frankreich hatte kurz zuvor seine ‹loi pour la protection des sites et des paysages› erlassen. Bei uns in der Schweiz gab es noch keine gesetzlichen Bestimmungen, weder im Bund noch in den Kantonen: erst 1912 setzt hier die Gesetzgebung ein. (...) Ein dritter internationaler Heimatschutzkongress fand nicht mehr statt, nur noch ein internationaler Naturschutzkongress unter dem Vorsitz Bundesrats Dr. Ludwig Forrers in Bern. Es war der erste und letzte.»[16] Balsigers jüngerer, damals 20-jähriger Bruder Werner Balsiger (1889–1969) verfolgt das

Originaltext der kantonalzürcherischen Verordnung betreffend den Natur- und Heimatschutz vom 9. Mai 1912.

Verordnung
betreffend
den Natur- und Heimatschutz.
(Vom 9. Mai 1912.)

Der Regierungsrat,
in Ausführung von § 182, Absatz 1 und 2, des Einführungsgesetzes zum schweizerischen Zivilgesetzbuch und auf den Antrag der Direktion der öffentlichen Bauten,
verordnet:

I. Naturschutz und Schutz des Landschaftsbildes.

§ 1. In der freien Natur befindliche Gegenstände, denen für sich allein oder in ihrem Zusammenhang ein wissenschaftliches Interesse oder ein bedeutender Schönheitswert zukommt, geniessen den in § 182 des Einführungsgesetzes zum schweizerischen Zivilgesetzbuch vorgesehenen Schutz.

Der Schutz erstreckt sich insbesondere

a) Auf Naturdenkmäler, wie erratische Blöcke, Felsgruppen, alte und seltene Bäume u. dgl.;
b) auf prähistorische Stätten;
c) auf Heilquellen;
d) auf Aussichtspunkte und Landschaftsbilder.

§ 2. Es ist untersagt, die in § 1 genannten Objekte ohne Bewilligung der zuständigen Behörden zu beseitigen, zu verunstalten, in ihrer Wirkung zu beeinträchtigen oder sie der Allgemeinheit zu entziehen.

Demgemäss sind insbesondere die Ausführung von Hoch- und Tiefbauten, die Anbringung oder der Fortbestand von Reklametafeln, Aufschriften, Schaukästen, Lichtreklamen u. dgl. dann zu untersagen, wenn dadurch die in § 1 genannten Objekte in ihrem Bestand bedroht, verunstaltet, in ihrer Erscheinung beeinträchtigt oder der Allgemeinheit entzogen würden.

§ 3. Die Ausübung des Natur- und Heimatschutzes ist in erster Linie Sache der Gemeinderäte. Unterlassen diese die erforderlichen Massnahmen oder ergeben sich Meinungsverschiedenheiten zwischen den Behörden mehrerer Gemeinden, so können die Statthalter oder der Regierungsrat von sich aus einschreiten.

Gegen Verfügungen der Gemeinde- und Bezirksbehörden kann Rekurs ergriffen werden.

§ 4. Der Regierungsrat ernennt eine Kommission von Sachverständigen (Heimatschutzkommission), die auf Verlangen einer Gemeinde- oder Staatsbehörde Gutachten über die Frage der Schutzbedürftigkeit einzelner Objekte erteilt. Diese Kommission ist der Direktion der öffentlichen Bauten unterstellt.

II. Schutz der Baudenkmäler.

§ 5. Es ist untersagt, Bauwerke, an die sich wichtige geschichtliche Erinnerungen knüpfen oder denen ein erheblicher kunsthistorischer Wert zukommt, ohne Bewilligung der zuständigen Behörden zu beseitigen, zu verunstalten, in ihrer Wirkung zu beeinträchtigen oder der Allgemeinheit unzugänglich zu machen.

Für die Ausübung des Schutzes der Baudenkmäler sind die Bestimmungen des Abschnittes I analog anwendbar.

III. Schutz des Ortsbildes.

§ 6. Die Gemeinden sind berechtigt, auf dem Wege der Verordnung Vorschriften zu erlassen:

a) Zum Schutz des Ortsbildes vor Verunstaltung;
b) zum Schutze einzelner Strassen, Plätze und Bauwerke von geschichtlicher oder ästhetischer Bedeutung vor Beeinträchtigung in ihrer Wirkung.

§ 7. Die Verordnungen sollen enthalten:

a) Die Grundsätze, nach denen die Projekte für Neu- und Umbauten im Sinne dieser Verordnung behandelt werden sollen;
b) Vorschriften über die Bewilligung und Beseitigung von Reklamen, Aufschriften, Schaukästen, Lichtreklamen und dergleichen;
c) Vorschriften über die Einsetzung von Sachverständigen zur ästhetischen Prüfung der Bauprojekte und der Vorlagen für die Anbringung von Reklamen u. dgl.;
d) Strafbestimmungen.

Diese Verordnungen sind dem Regierungsrate zur Genehmigung vorzulegen.

§ 8. In den Gemeinden, die keine Verordnungen erlassen haben, findet der Schutz des Ortsbildes nach den Vorschriften der §§ 2–4 dieser Verordnung statt.

IV. Strafbestimmung.

§ 9. Übertretung der Vorschriften dieser Verordnung und der auf Grund dieser Verordnung erlassenen Verfügungen wird mit Polizeibusse bis auf Fr. 300 geahndet und es kann überdies die Überweisung des Fehlbaren an den Strafrichter angedroht werden.

V. Schlussbestimmungen.

§ 10. Ist der durch die Anwendung dieser Verordnung verursachte Eingriff in das Eigentum mit unverhältnismässigen Kosten verbunden, die durch keine andere Anordnung vermieden werden können, so ist von der Anwendung der Verordnung abzusehen. Dagegen steht in solchen Fällen der zuständigen Behörden der Weg der Zwangsenteignung gemäss § 182, Absatz 3, des Einführungsgesetzes offen.

§ 11. Diese Verordnung tritt nach Veröffentlichung im Amtsblatt sofort in Kraft.

Zürich, den 9. Mai 1912.

Im Namen des Regierungsrates,
Der Präsident:
Naegeli.
Der Staatsschreiber:
Dr. A. Huber.

Geschehen in seinem Tagebuch: «Von Bern aus ist eine internationale Bewegung zugunsten des Heimatschutzes gegangen, die mein Bruder an einem Kongress in Brüssel anregte und erfolgreich führte. In Zürich ist derselbe Artikel wieder auf Veranlassung meines Bruders hin ins zürcherische Recht aufgenommen worden. Mein Bruder ist ausserordentlich geeignet für internationalen Verkehr. Was dazu gehört, guter Geschmack, Intuition und Exotismus eignet ihm vollkommen.»[17]

Die Heimatschutzkommission des Kantons Zürich, gebildet 1912

Basierend auf dem ZGB von 1907, das am 1. Januar 1912 in Kraft tritt, bzw. auf dem zugehörigen zürcherischen Einführungsgesetz vom 2. April 1911, erlässt der Zürcher Regierungsrat am 9. Mai 1912 die Verordnung betreffend den Natur- und Heimatschutz und am 31. Mai 1912 das Regulativ über die Einsetzung und die Tätigkeit einer Heimatschutzkommission.[18] Die kantonale Direktion der Justiz und Polizei hat 1911 die Verordnung entworfen und einer Expertenkommission vorgelegt.[19] Aus diesem Kreis nehmen in die am 31. Mai 1912 vom Regierungsrat gewählte Heimatschutzkommission Einsitz: Dr. Ernest Bovet (1870–1941), Professor für Romanistik an der Universität Zürich, der 1912 gerade Obmann der Schweizerischen Vereinigung für Heimatschutz wird, sowie Dr. Carl Schröter (1855–1939), Professor für Botanik an der ETH Zürich. Als weitere Mitglieder werden gewählt:

Kantonsbaumeister Hermann Fietz (1869–1931); Architekt Werner Pfister (1884–1950), Zürich; Architekt Robert Rittmeyer (1868–1960), Professor am Technikum Winterthur; Architekt Emil Usteri (1858–1934), Zürich, Obmann der Zürcherischen Vereinigung für Heimatschutz; Kunstmaler Ernst Würtenberger (1868–1934), Zürich.[20] Am 22. Juni 1912 wird die Kommission auf Antrag der Baudirektion noch um Hermann Balsiger sowie Richard Bühler (1879–1967), Textilfabrikant und Kunstmäzen in Winterthur, erweitert [21] und tritt am 5. Juli 1912 zur ersten bzw. konstituierenden Sitzung im sog. Obmannamt, dem Sitz der kantonalen Verwaltung, zusammen: Präsident wird Prof. Bovet, Vizepräsident Prof. Schröter. «Die Kommission ist der Baudirektion angegliedert, welche das Sekretariat bestellt. Dieses wird geführt von Dr. jur. Hans Peter (1884–1963), Sekretär der Baudirektion».[22]

Die Grundlagen sind geschaffen; die Mannschaft ist beisammen und sie beginnt zu wirken. In der hier reproduzierten Verordnung (Abb. S. 65) fallen folgende Begriffe auf: wissenschaftliches Interesse, bedeutender Schönheitswert, Allgemeinheit, geschichtliche Erinnerung, erheblicher kunsthistorischer Wert, Ortsbild, geschichtliche und ästhetische Bedeutung, ästhetische Prüfung, Eingriff in das Eigentum, unverhältnismässige Kosten, Zwangsenteignung. Wie werden sich ideelle Werte für die Allgemeinheit gegen Privatrechte durchsetzen lassen? Nach dem Regulativ hat die Kommission «auf Verlangen einer Staats- oder Gemeindebehörde Gutachten über die Frage der Schutzbedürftigkeit einzelner Objekte abzugeben. Ihre Aufgabe besteht darin, durch ihre Gutachten zu bestimmten Normen zu gelangen, damit eine gewisse Stabilität der Praxis eintritt. Der Regierungsrat hat ferner in § 2 des Regulativs die Kompetenzen der Kommission gegenüber der Verordnung dahin erweitert, dass sie auch berechtigt sein soll, über den Schutz bestimmter Objekte von sich aus Anregungen zu machen.» [23] Die Kommission, die aus mindestens sieben Sachverständigen besteht, wird jeweils auf eine Amtsdauer von drei Jahren gewählt, nimmt ihre Aufträge von der Baudirektion entgegen und erstattet dieser ihre Gutachten und Anregungen. Der Direktor der öffentlichen Bauten ist berechtigt, den Sitzungen der Kommission mit beratender Stimme beizuwohnen, ferner ist die Zuziehung eines Fachexperten zulässig.[24]

Hermann Balsiger und Werner Pfister: das «Landschaftsbild»

Bereits die erste Sitzung vom 5. Juli 1912 wird von Anregungen und Fragen Balsigers bestimmt: nach einem Arbeitsprogramm und «staatlichen Inventarien (Register)» und einer Ausdehnung der Verordnung auch auf Kunstwerke. Ferner solle man an der nächsten Sitzung Stellung nehmen zu der Lichtreklame auf dem Hotel Central in Zürich [25], was am 6. September 1912 auch geschieht, denn unterdessen hat der städtische Bauvorstand I Emil Klöti selbst die Frage nach der Erstellung von intermittierenden Lichtreklamen auf den Hotels Central und Bellevue eingereicht.[26] Nicht nur solche, sondern auch allgemein «auffällige und störende Affichen, speziell beidseitig von Bahnlinien» oder Strassen, werden die Kommission, wie schon die Heimatschutz-Vereinigungen seit der Gründung – und schliesslich auch den VSLZ – noch lange beschäftigen. Mit dem ebenfalls an der zweiten Sitzung beratenen Gutachten über ein Baugesuch für Doppelmehrfamilienhäuser an der Witikonerstrasse 62–68 in Zürich gibt die Kommission eine Grundsatzerklärung über Landschaftsschutz ab:

«Das Stadtbild von Zürich wird in seiner Eigenart und Schönheit ausser durch den See durch die umgebenden Bergabhänge bestimmt. Die Erhaltung des Landschaftsbildes erfordert daher in erster Linie eine Bebauung, die sich möglichst ruhig und unauffällig der Berglehne anschmiegt. Dieses Ziel wird im allgemeinen durch die Forderung niedriger Bauweise und grosser Abstände unter den einzelnen Gebäuden, in Verbindung mit guter architektonischer Gestaltung der Bauten, erreicht werden können. Dieser Forderung widerspricht nun aber das Bauprojekt. (...) Diese Häuserreihe würde nun in dem hübschen Landschaftsbild, das die Gegend des Kapf sowohl von der Stadt als vom See und dem gegenüberliegenden Ufer aus bietet, ungemein aufdringlich und störend wirken, ähnlich der Gebäudegruppe an der Gloriastrasse und einer Reihe anderer in kurzen Abständen sich folgenden Bauten im vierten und fünften Stadtkreis. (...) Sodann befinden sich unmittelbar bei den Bauplätzen zwei Kolonien, die in vorbildlicher Weise die Anpassung einer grossen Anzahl von Bauten an die Umgebung auf relativ kleinem Raum durchgeführt haben oder durchzuführen im Begriffe stehen; einmal die Kolonie ‹Bergheim› und sodann die im Bau begriffene Kolonie der Gartenstadt-

genossenschaft. Die Bauten zeichnen sich ausser durch heimische Bauformen durch Anwendung von niedrigen zwei-, höchstens dreigeschossigen Bauten aus. Dazu kommt, dass die ganze Gegend nach der neuen Vorlage der Vorschriften über offene Bebauung in die zweite Bauzone eingereiht wurde, in der höchstens dreigeschossige Gebäude zulässig sind. (...) Die (geplanten) Bauten würden aber auch nach rückwärts überaus störend wirken. Auf den dahinter liegenden Grundstücken darf, wie erwähnt, nur niedrig gebaut werden. Obschon deren Baulage höher ist, würde ihnen durch die beanstandeten Bauten die prachtvolle Aussicht auf Stadt, See und Gebirge völlig verdeckt werden. Auch hierin ist eine Beeinträchtigung des Landschaftsbildes zu erblicken.»[27]

Mit diesem Gutachten hat die Kommission ein Argumentationsmodell geschaffen, das – grundsätzlich – bis heute Gültigkeit hat.[28] Architekt Werner Pfister, der die als vorbildlich erwähnten Siedlungen zusammen mit seinem Bruder Otto entworfen hat, ist als Kommissionsmitglied entschuldigt der Sitzung fern geblieben, damit seine Kollegen unbefangen urteilen können.[29] Die Kolonien «Bergheim» und «Kapf» der Gebrüder Pfister gelten heute als hervorragende Zeugen ihrer Zeit bzw. als Baudenkmäler.[30] Die Betrachtungsweise Werner Pfisters (er ist seit 1910 auch Mitglied des städtischen Baukollegiums) prägt die Kommission noch lange. Hermann Balsiger, der ihn seit 1907 kennt (siehe S. 56–57), würdigt ihn nach seinem Tod 1950 im Jahrbuch vom Zürichsee 1951/52:

«Von 1912 an während 38 Jahren hat Werner Pfister mit einer zugleich kritischen wie schöpferischen Begabung, die ihresgleichen sucht, und einer Hingabe, die wenigen eignet, die oft schwierigen, immer anspruchsvollen Pflichten erfüllt, die einem Architekten erwachsen, den der Regierungsrat zum Mitglied der Heimatschutzkommission ernennt. (...) Ansehen und Einfluss der Kommission, die ursprünglich mit Widerständen zu kämpfen hatte, gewannen natürlich ungemein bei den Gemeindebehörden auf dem Lande, wenn unser Referent mit ihnen in jener unaufdringlichen, zürcherisch-nüchternen Art verkehrte, die Werner Pfister auszeichnete. Und auch die Baulustigen, die er zu beraten hatte, merkten bald, dass er ihre Nöte nicht geringschätzte. So erweckte er mühelos auch ihr Vertrauen. Kein Wunder, dass sich der Erfolg zusehends an die Tätigkeit der Kommission heftete. Kein Wunder auch, dass Werner Pfister bei den Beratungen der Kommission zusehends an Autorität gewann. (...) Nur die Leidenschaft für den Beruf und die innige Verbundenheit mit der Heimat vermögen das gewaltige Opfer an Zeit und Mühe zu erklären. (...) Wohlgeordnet und schön sollte die Heimat wieder werden, wie sie einst gewesen war.»[31]

Die wohlgeordnete und schöne Heimat im Sinne der Pfisterschen Gartenstadt findet man am Zürichsee heute nur in Ansätzen und gewissen Zonen. Städtisch wirkende Bauverdichtung hat in weiten Gebieten um den See seit den 1960er Jahren das Gartenstadtmodell abgelöst. Ruhe und Unauffälligkeit, welche die Kommission 1912 als Massstab für das Bauverhalten in der Landschaft setzte, sind weder damals noch heute Formkriterien: weder für die Bauspekulation noch für den übersteigerten Individualismus im Eigenheimbau. Niedrige Bauweise und grosse Abstände können nicht die Bauordnungen bestimmen, wenn sich

Porträtfoto von Architekt Werner Pfister (1884–1950) zum Nachruf von Hermann Balsiger. Aus: JbZ 1951/52, S. 247.

Porträtfoto von Emil Klöti (1877–1963), Zürcher Stadtrat 1907–1928, Stadtpräsident 1928–1942. Kantonsrat 1908–1911, 1917–1920, Nationalrat 1919–1930, Ständerat 1930–1955. Foto Stadtarchiv Zürich.

möglichst viele am See niederlassen wollen und der Boden möglichst teuer verkauft werden soll. «Gute architektonische Gestaltung» war schon 1912 ein Streitpunkt unter den verschiedenen Generationen, heute gibt es unzählbar viele «Stile». Schon 1912 gab es als «aufdringlich und störend» empfundene Bauten in noch vielfach unbebauter Landschaft, heute finden empfindliche Augen vielleicht eine Grünoase oder einen «guten Bau» unter tausend andern. «Heimische Bauformen» zeichneten damals die Avantgardearchitektur der BSA-Architekten aus, aber schon damals wurden diese von der Spekulationsarchitektur missbraucht – heute wiederholt sich dieses Phänomen.

Damals ist man optimistisch gewesen: Die Städtebau-Ausstellung von 1911 im Kunstgewerbemuseum, welche die Ergebnisse des Berliner Bebauungsplan-Wettbewerbs von 1909 vermittelte und Modelle und Pläne von Kleinwohnungen, Arbeiterkolonien und Gartenstädten zeigte, hat die Meinung gefördert, mit «Planung» und «Städtebau» (zwei seitdem strapazierten Begriffen) sei die Entwicklung in geordnete Bahnen zu leiten. Hermann Balsiger hat die Ausstellung noch als Bausekretär mitorganisiert und für den neuen Bauvorstand Klöti ist sie internationaler Bezugspunkt für seine Absichten in Zürich.[32]

Die Reservatsidee

Balsiger trägt eigene Themenschwerpunkte in die Heimatschutzkommission: Die Seeufer beschäftigen ihn schon lange vor der Gründung des VSLZ 1927. Aus dem Protokoll der 3. Sitzung vom 22. November 1912 geht hervor, dass er sich mit seinem Freund Emil Klöti abgesprochen hat. Die Ufergestaltung sei «eine wertvolle Aufgabe für Künstler». Nach reger Diskussion beschliesst man, «dass eine Zuschrift an die Baudirektion zu Handen des Bauvorstandes I gerichtet wird, dahingehend, die Kommission unterstütze die Absicht der Bauverwaltung, anlässlich des Wettbewerbes für einen Bebauungsplan von Gross-Zürich die Ufergestaltung am Zürichsee zum Gegenstand einer speziellen Aufgabe zu machen».[33] Die Ergebnisse des seit 1911 vorbereiteten, 1915 ausgeschriebenen und 1919 jurierten «Internationalen Wettbewerbs für einen Bebauungsplan der Stadt Zürich und ihrer Vororte» werden als Grundlage für die künftige Baupolitik auf regionalplanerischer Grundlage dienen, die auch zur Eingemeindung von 1934 führt. Zentrale Anliegen der Bauverwaltung unter Stadtrat Klöti und seinen Nachfolgern bis in die 1960er Jahre hinein sind die von Bebauung freigehaltenen Grün-, Erholungs- und Landwirtschaftszonen und die darauf abgestimmten Bau- und Gliederungsformen der Wohnquartiere nach dem Gartenstadt-Modell. Die im Wettbewerb erstprämierten Architekten werden als Chefbeamte die «Ära Klöti» prägen: Hermann Herter (1877–1945) als Stadtbaumeister (1919 bis 1942) und Konrad Hippenmeyer (1880–1940) als Chef des Bebauungsplanbureaus (1919 bis 1940).[34] Die monumentalen neuklassizistischen Entwürfe für die Seeufergestaltung, mit denen Hermann Herter bei der Jurierung

1919 auf sich aufmerksam macht, beeindrucken auch seinen Generationsgenossen Balsiger, weisen sie doch Herter als «Künstlerarchitekt» aus und können Balsigers Vorstellungen eines öffentlichen, mit viel Volk belebten und mit Plastiken geschmückten Küstenstreifens bestärken, wie sie später der VSLZ vertritt. Die Heimatschutzkommission befasst sich schon 1915 mit dem Bauplatz für die Nationalbank am See, den Wettbewerb gewinnt 1916 Herter, aber den zweiten Wettbewerb gewinnen die Gebrüder Pfister und führen den Bau 1919 aus.[35]

An ihrer vierten Sitzung vom 27. Februar 1913 muss sich die Heimatschutzkommission einem wichtigen «Grünzonen-Thema» widmen. Kantonsbaumeister Hermann Fietz regt an,

«es möchte die Heimatschutz-Kommission, in Verbindung mit dem kantonalen Heimatschutz und dem Naturschutzverein, initiativ vorgehen zur Schaffung von Reservationen der stark gefährdeten bewaldeten Tobel längs des Sees. Vor einigen Jahren sei zwischen Zollikon und Goldbach ein solches Tobel radikal abgeholzt worden». Professor Carl Schröter ergänzt, dass diese Tobel «die einzigen Reste ursprünglicher Bewaldung enthalten», sie bieten das Bild einer ursprünglichen Flora.

Auch spricht sich die Kommission «dahin aus, dass das Küsnachter Tobel, als eines der interessantesten Tobel am See, verdiene, dass ein Versuch gemacht werde, dem radikalen Blumenraub durch Ausflügler Einhalt zu tun.»[36]

Wir betrachten heute die Idee des «Reservats» mit besonderer Aufmerksamkeit, denn sie hat sich als eine, wenn nicht *die* Leitidee für alle Natur- und Heimatschutz- wie auch Denkmalschutz- und Planungspolitik erwiesen. Die explosionsartige Ausbreitung der Überbauung und anschliessende Verdichtung lässt von den bisherigen Landwirtschaftsgebieten nur noch Restflächen und von der alten Siedlungs-Bausubstanz nur noch Einzelteile zurück. Diese Reste werden zu Reservaten erklärt, die Schutz geniessen sollen, nachdem auch die Möglichkeiten der Landes- bzw. Raumplanung sich als gering gegenüber dem Bauboom erwiesen haben. Schon 1907 bis 1914 ist als Modell einer unberührten Naturlandschaft der Schweizerische Nationalpark im Unterengadin geschaffen worden. Ebenfalls 1907 hat das Eidgenössische Departement des Innern die Schweizerische Vereinigung für Heimatschutz aufgefordert, eine Statistik anzulegen «über die zur Reservation geeigneten Landesteile, Stadtbilder, Orte, Ruinen, Gebäulichkeiten und Einzelheiten». Auch die Zürichseelandschaft wird berücksichtigt.[37] Zwar ist die Reservatsidee in Bezug auf Waldgebiete wegen der schon früh in die Wege geleiteten Schutzmassnahmen schon besser entwickelt und zeitigt Verwirklichungen[38], aber auch um «jetzt schon bestehende Heimatschutzobjekte» sollten die Gemeinden «eine neutrale Unantastbarkeitszone» schaffen.[39] Sekundarlehrer Otto Wettstein entwirft in seiner Heimatkunde des Kantons Zürich von 1913 gar folgende Vision:

«Das ganze Kantonsgebiet sollte dank der Einsicht seiner Bewohner einen mächtigen Naturschutzpark bilden, in dem kein Stein, kein Wässerlein, kein Hügel, keine Blume, kein Baum, kein Tier unnotwendiger Weise, d.h. ohne dringliche, praktische Rücksichten in seiner natürlichen Schönheit gestört, verändert oder sogar vernichtet werden darf.»[40]

Die Kommission führt den Kampf für die gute Sache über Jahre und Jahrzehnte weiter, da eine solche allgemeine «Einsicht der Bewohner» nicht besteht und jeder Quadratmeter der Uneinsicht abgerungen werden muss. Es werden Jagdschongebiete, Vogelschutzreservate, botanisch-ornithologische Reservate geschaffen. Besonders stolz ist die Kommission auf das Reservat im Gebiet der Altläufe der Limmat unterhalb Dietikon, das vom Regierungsrat mit Beschluss vom 25. Juli 1930 geschaffen worden ist: ein «kostbares Gemeingut (...), naturhaft, unbebaut, von keiner städtischen und keiner landwirtschaftlichen Kultur berührt, ein kleines Paradies wie der Frauenwinkel, nur etwas anderer Art. Da die Stadt und ihre Vororte sich rasch ausdehnen, ist die Erhaltungsfrage eines typischen Auengeländes im Limmattal zu einer dringenden Angelegenheit geworden».[41] Sogar ein spezielles Küchenschellen-Reservat wird geschaffen und für die Wiederbepflanzung von Meliorationsgebieten werden Richtlinien ausgearbeitet. Einzelnen Pflanzen,

Plakat der Natur- und Heimatschutzkommission des Kantons Zürich, 1921, nach Entwurf von Hermann Gattiker (1865–1950). Plakatsammlung des Museums für Gestaltung, Zürich. – Vgl. S. 255, Anm. 43.

besonderen Exemplaren oder ganzen Gattungen gilt die liebevolle Aufmerksamkeit: Seerosen, Enzian, Sonnentau, Trollblume, Efeu, Stechpalme, den Kätzchenblütlern. Eine ganze Reihe ist schon 1909 von der Pflanzenschutzverordnung erfasst worden; 1920 erfolgt erstmals der Aufruf *An die Freunde der Natur*[42] und das neue Mitglied, Kunstmaler Hermann Gattiker (1865–1950), entwirft gleichen Jahres das Werbeplakat für die Kommission, das einen formatfüllenden Baum zeigt[43]: Damit ist der Baum zum Symbol der Kommissionstätigkeit geworden. Pittoreske Baum-Monumente werden nämlich öfters auf ihr Betreiben unter Schutz gestellt, so einzelne Nussbäume, Linden, Eichen, Buchen, Trauerweiden, Bergföhren, Silberpappeln, Zypressen.[44]

Das Gremium wendet seine Sorge aber auch dem Schicksal einzelner Tierarten, wie Störchen, Reihern, Fasanen, Damhirschen, Mufflons und Fischottern zu. ETH-Professor Carl Schröter, ältestes Kommissions-Mitglied und Pionier der Moor-, Wiesen- und Alpenflora-Forschung, aber auch der Seenkunde, ist der Vorkämpfer solcher langwieriger rechtlicher Sicherung des Naturschutz-Gedankens mit dem Blick auf jedes einzelne Pflanzen- und Tierwesen.[45]

Die Seeuferdiskussion 1915:
Grundimpuls für die VSLZ-Gründung

Parallel zur Naturschutztätigkeit entfaltet die Kommission Theorie und Praxis in Sachen Heimatschutz. Beides fliesst zusammen in der Idee der Erhaltung, Zugänglichmachung und Gestaltung der Seeufer. Dazu ergibt sich 1915 Gelegenheit: Die Diskussion in der Kommission über Seeufer und Seeuferwege am Zürichsee kann als Grundimpuls für die 12 Jahre später erfolgte Gründung des VSLZ betrachtet werden.

Die ausführliche Protokollierung der verschiedenen Standpunkte verdankt man dem gewiegten, damals 31-jährigen Verwaltungsjuristen Dr. Hans Peter, der 1929 von der Baudirektion in die Zürcher Kantonalbank wechseln, dem VSLZ aber 1932 bis 1954 als Vorstandsmitglied bzw. seit 1944 als Vizepräsident dienen wird. Sein Cousin väterlicherseits ist Theodor Gut in Stäfa. Die Familien Peter und Gut pflegen gute Beziehungen. So ist Theodor Gut über die Tätigkeit der Kommission und das Engagement Balsigers orientiert und weiss 1927, an wen er sich zwecks Abwehr der Gefahr im Frauenwinkel zu wenden hat.[46]

Balsiger hat 1915 schon bei der Diskussion über den Bau der Nationalbank das Thema der Baumanlagen am See aufgebracht und will es nun ausweiten auf die Frage der Umgestaltung der Quaianlagen. Diese werde, wie Dr. Peter bemerkt, «seit Jahren im Schosse der städtischen Behörden besprochen, sie sei sehr weittragend und sehr schwierig»: Schon 1909 hat Kunstmaler Hermann Gattiker (der 1920 auch Kommissionsmitglied werden wird) in der Städtischen Promenadenkommission Vorschläge über die Umgestaltung des Utoquais gemacht.[47]

Nun erhält die Kommission am 28. April 1915 – ausgehend vom Fall einer beantragten Landanlage in Erlenbach – von der Baudirektion den Auftrag, die Wünschbarkeit von öffentlichen Uferwegen und Anlagen am See sowie die bisherige Bewilligungspraxis für Landanlagen, d.h. «Aufschüttungen vom Ufer in den See hinaus bis zu einer genau bestimmten Grenze», zu beurteilen. Wegen der Wichtigkeit der Sache sollen eingehende Studien gemacht werden. Sekretär Peter wird Fotos von Uferpartien herstellen, die Mitglieder sollen Uferbilder einreichen. Balsiger hat schon vorher zwei Anträge eingereicht, wonach schutzwürdige Uferpartien an Gewässern im ganzen Kanton erfasst, desgleichen verunstaltete beseitigt werden sollen; ferner sollen Kommission und Baudirektion prüfen, ob einheitliche Vorschriften für Uferbebauung und -bepflanzung und für Ruheplätze und Spazierwege am Wasser zu erlassen seien; er wünscht, «dass die Kommission diese Angelegenheit einmal umfassend, d.h. in Bezug auf das ganze Ufer des Zürichsees behandle».

Die Kommission entfaltet eine engagierte, rege Tätigkeit. Sie holt Informationen aus anderen Kantonen und Gutachten ein und schreibt selber solche.[48] Die Voten der Mitglieder in der Sitzung vom 14. Juni 1915 berühren die verschiedenen, bis heute bestehenden Aspekte des Problems. Fietz, Würtenberger und Pfister stellen fest: Ein Bedürfnis für Uferwege bestehe vor allem in Stadtnähe, längs grosser Partien folge bereits die Strasse dem Ufer, ein Weg dem ganzen Ufer entlang würde langweilig wirken, von Strassen in halber Höhe sei die Sicht auf den See und das Landschaftsbild schöner, am rechten Ufer bestehe kaum die Möglichkeit für die Wegerstellung. Trotzdem soll bei allen Bewilligungen für Landanlagen eine Bedingung aufgenommen werden, welche die Weganlage künftig ermöglicht. Solche Landanlagen seien nämlich in der Regel blosse Spekulationsobjekte. Schöne bestehende Partien wie Landhauskomplexe, Anlagen oder Baumgruppen sollen nicht durchschnitten werden und es sollen einzelne neue Werte dieser Art geschaffen werden. «Der Wanderer habe das Bedürfnis, bald am See zu sein, bald sich davon zu entfernen», bemerkt Architekt Werner Pfister, und: «Anderseits sei die Annehmlichkeit, direkt am See zu wohnen, doch auch zu berücksichtigen.» Balsiger entgegnet: Es «sei doch an den Geschmack und die Bedürfnisse kommender Generationen zu denken, welche aus dem Seeufer vielleicht etwas Schöneres zu machen verstehen werden als bis heute die Privaten und Gemeinden (...) so könnte z.B. auch auf eine Tiefe von 80–100 m auf das Uferland eine Art Bann im Hinblick auf spätere Enteignung gelegt, durch Ziehung einer Art ideeller Baulinie oder in ähnlicher Weise den Interessen späterer Generationen heute schon vorgearbeitet werden». Auch in botanischer Hinsicht sei die Erhaltung des Ufers von grosser Bedeutung; Prof. Schröter ergänzt, dass «der Reiz des Ufers in seinen eigenartigen biologischen Bedingungen, in den eigenartigen gegenseitigen Anpassungen von Land- und Wasserformen liege». «Durch die Erstellung von Seeuferwegen könne man die Zürcher erziehen, längs des Sees zu gehen, genau so, wie sie heute auf den Üetliberg und Zürichberg wandern.» Sekretär Dr. Peter bemerkt, dass die Kommission auf Grund der persönlichen Anschauung einen Seeweg wenigstens für bestimmte Partien vorschlagen solle, damit die Behörden schon heute Massnahmen für die Ermöglichung zukünftiger Anlagen treffen können.[49] Am 21. Juni 1915 macht die Kommission vom Zürcher Bellevue aus eine Fahrt im gedeckten Salon-Motorboot der Bootswerft Reichling längs des linken, und nach dem Mittagessen in Rapperswil zurück am rechten Seeufer; mit Augenschein-Aufenthalten in den Parkanlagen Streuli und Huber in Horgen.[50]

Am 26. September 1915 hält Redaktor Dr. Jules Coulin, Basel, an der Generalversammlung der Schweizerischen Heimatschutzvereinigung im Zürcher Rathaus einen Vortrag *Über den Schutz der Seeufer* und es wird eine Resolution in dieser Sache verabschiedet: Die natürlichen Seeufer, die durch zunehmende Verunstaltung bedroht sind, «sollen in ihrer Eigenart geschont und der Bevölkerung in weitem Masse zugänglich gemacht werden». Das Thema bewegt offenbar überall in der Schweiz die Gemüter.[51] Am Tag danach führt die Kommission das Gespräch weiter. In Rittmeyer hat der Vortrag Coulins grosse Bedenken geweckt, weil er sich einseitig für Naturufer ausgesprochen habe und darunter «künstliche Naturufer» à la Zürichhorn und Arboretum (mit «scheinbar natürlich liegengebliebenen Felsblöcken» etc.) verstehe. Architektonisch ausgebildete Teile einer Landschaft: eine Stadt, ein Dorf, ein Landhaus seien auch mit architektonischen Mitteln gegen den See zu begrenzen, geeignet seien Mauern und Treppen, nicht überall seien «zum Schutze des Publikums» Geländer nötig. Das am 19. September 1915 an der Gemeindeabstimmung in Genf verworfene Projekt Charbonnet für den Quai des Eaux Vives sei ein schlechtes Beispiel, weniger wegen der geometrischen Anlage, sondern «wegen der ungeschickten Konzeption: der Quai war zu lang und zu breit und hatte kein bestimmtes Ziel». Balsiger verweist auf den «im Wurf liegenden» (oben erwähnten) Wettbewerb für einen Bebauungsplan für Gross-Zürich – also bis Rüschlikon und Küsnacht, er wird am 1. Dezember 1915 ausgeschrieben werden.

Die NHKZ besucht am 21.6.1915 zwei Parkanlagen in Horgen. Foto des Sekretärs Dr. Hans Peter. StAZ: V I 1. 40. Sichtbar, aber nicht bezeichnet: Bovet, Balsiger, Bühler, Fietz, Pfister, Rittmeyer, Schröter, Usteri, Würtenberger.

Die Insel Ufenau. Pinselzeichnung von Hermann Gattiker (1865–1950), Mitglied der NHKZ 1920–1930. Aus dem 1930 erschienenen *Zürichseebuch* des VSLZ, dem ersten Jahrbuch vom Zürichsee.

«Im Programm sei u. a. die Vorschrift enthalten, dass Bach-, Fluss- und Seeufer möglichst frei zu halten seien.»[52] Die nun auf Balsigers Vorschlag gebildete «Subkommission für die Uferbebauung am Zürichsee» mit Schröter, Rittmeyer, Bühler, Balsiger und Peter kommt am 21. Oktober 1915 zusammen und begibt sich am 17. November 1915 ins Arboretum und ins Zürichhorn: Rittmeyer und Bühler lehnen diese nun bald 30 Jahre alten Anlagen aus den oben zitierten Gründen ab und beteiligen sich weiter an der seit Coulins Vortrag im Zürcher Rathaus andauernden diesbezüglichen Pressefehde. Balsiger, Peter und Schröter sehen die «künstlichen Naturufer» als weiterhin vertretbare Lösungen an. So kommen in der Subkommission zwei Strömungen, «die streng-architektonische und die frei-naturalistische zur Geltung» (Protokoll der Sitzung vom 13. April 1917).

Die Diskussion in Kommission und Presse ist im Zeichen von Gestaltungsvorstellungen geführt worden. Aus der Rückschau erscheint – vor dem Hintergrund des Ersten Weltkriegs – die Auseinandersetzung um das Seeufer mehr noch als Hinweis auf die Bedürfnisse einer sich neu bildenden Gesellschaft.

Als unmittelbares Ergebnis der ausgedehnten Debatte liegt nur das Gutachten vom 22. Oktober 1915 zur Landanlage in Erlenbach (Streitfall Gemeindepräsident Bühler) vor, worin festgehalten wird, dass ein Uferweg gerade in dieser Gemeinde einem Bedürfnis entspreche und zwischen Dampfschiffsteg und Ablegeplatz im Wyden als eine Route von grossem Reiz erstellt werden könnte. «Aus diesen Gründen empfiehlt die Kommission, die in der Landanlage-Konzession enthaltene Bedingung der Abtretung eines Landstreifens für einen Uferweg beizubehalten, damit die Schaffung eines solchen Weges für die Zukunft erleichtert werde.»[53]

In der Sitzung vom 13. April 1917 werden auf Anregung Balsigers, der auch Mitglied der kantonsrätlichen Kommission für die Revision des kantonalen Baugesetzes ist, die von der ZVH am 3. November 1914 zu dieser Revision eingegebenen Postulate besprochen. Wieder setzt sich Balsiger für den Seeuferschutz ein, der im § 4 des neuen Gesetzes geregelt werden sollte, nach diesem seien Gemeinden an Seen und Flüssen berechtigt, besondere Bestimmungen für den Uferschutz zu erlassen. Nach seiner privaten Meinung sollten solche Gemeinden verpflichtet werden, «eine bestimmte Uferzone, welche unter Umständen die ganze Gemeinde umfassen müsste, festzulegen, innerhalb welcher eine besondere Bewilligung für Bauten einzuholen wäre». Sekretär Dr. Peter «bemerkt, dass er beabsichtige, zu § 133 bis einen Zusatz vorzuschlagen, welcher vorsehe, dass für Bauten am Ufer eine ästhetische Überprüfung zu erfolgen habe». Entsprechende Projekte seien vor der baupolizeilichen Behandlung durch die Gemeinden «der vom Regierungsrat bestellten Kommission zur Begutachtung vorzulegen. Diese Kommission kann für die Gestaltung der Ufer auch von sich aus Vorschläge machen»: damit meinte Peter offenbar die Heimatschutzkommission.[54]

Balsiger wird 1918 Präsident des ab 1921 Natur- und Heimatschutzkommission benannten Gremiums, das Seeufer bleibt Thema.
Dem Protokoll der 17. Kommissionssitzung vom 2. Februar 1918 in Bülach entnimmt man folgendes: «Wahl des Präsidenten. Herr Prof. Dr. Bovet ist seit längerer Zeit (d.h. seit der 14. Sitzung am 13. März 1917) als Präsident ausgeschieden; der Vorsitzende, Vizepräsident Prof. Dr. Schröter, verdankt dessen Tätigkeit in der Kommission. Herr Prof. Dr. Schröter erklärt, das Präsidium nicht annehmen zu können. Es wird hierauf vorgeschlagen und einstimmig gewählt Dr. H. Balsiger in Zürich, der sofort den Vorsitz übernimmt.»[55]
Im Jahr nach der Ernennung zum Oberrichter ist Balsiger nun auch Präsident der Kommission. Er beantragt und erhält bewilligt deren Erweiterung auf 11 Mitglieder durch zwei Naturschutz-Sachverständige: 1919 treten Dr. Karl Hescheler (1868–1940), Professor für Zoologie an der Universität, und Oberforstmeister Theodor Weber (1870–1952) in die Kommission ein. Kunstmaler Würtenberger tritt aus und erhält 1920 in Hermann Gattiker (1865–1950) einen Nachfolger. Ingenieur Alexander Trautweiler (1854–1920), Mitglied seit 1917, stirbt schon 1920 und findet 1920 bis 1931 einen Nachfolger in Rudolf Schätti (1858–1948), Oberingenieur und Leiter der Schiffbauabteilung der Firma Escher Wyss und Mitglied des Grossen Stadtrats.[56]

Am 18. Juni 1920 beantragt die Heimatschutzkommission dem Regierungsrat, ihren Namen in Natur- und Heimatschutzkommission des Kantons Zürich abzuändern, was dieser mit RRB vom 29. Januar 1921 vollzieht. Die kantonale Naturschutzkommission, gebildet von der Naturforschenden Gesellschaft, erklärt sich mit dem neuen Namen der staatlichen Kommission einverstanden.[57]

In Sachen Uferschutz am Zürichsee versäumt die Kommission nicht, der Regierung in Landanlage-Fragen weiterhin eine neue Zielsetzung zu empfehlen. Im Zusammenhang mit zwei weiteren privaten Gesuchen in Erlenbach äussert sie sich 1921 im betreffenden Gutachten dahin, «es möchten künftig Landanlagen nur noch von den Gemeinden selbst vorgenommen werden, jedenfalls aber sollte an die Bewilligung der Auffüllung die Bedingung geknüpft werden, dass die Landanlage jederzeit zu öffentlichen Zwecken zurückgenommen werden kann (...) In der Diskussion ist sogar der Vorschlag gemacht worden, es sollten überhaupt keine Landanlagen am Zürichsee mehr bewilligt werden, weil der See ohnehin schon sehr schmal sei»(!).[58]

1926 ergibt sich wieder ein Modellfall, indem der Gemeinderat von Meilen «mit Rücksicht auf die ungünstige ökonomische Lage der Gemeinde» die seit 1909 (offenbar kontinuierlich) erstellte Landanlage im «Horn» zur Erstellung von Privatbauten zu veräussern wünscht. Dabei ist die Bewilligung 1909 nur für öffentliche Zwecke, insbesondere zur Erstellung einer Parkanlage, erteilt und dies 1916 bestätigt worden. Die Kommission ist sich schon grundsätzlich einig, das Ansinnen der Gemeinde abzulehnen. Sekretär

Porträtfoto 1944 von Dr. Hans Peter (1884–1963), Sekretär der NHKZ 1912–1929. Ausschuss-Vorstandsmitglied des VSLZ seit 1932, Vizepräsident 1944–1954, Cousin von Theodor Gut (I); vgl. S. 71. Privatbesitz Lausen BL.

Dr. Peter stellt fest: «Die Zahl der der Öffentlichkeit zugänglichen Grundstücke am See ist nicht gross; im untern Seebecken ist sie so gering, dass die Gemeinden bereits zum Ankauf von privaten Liegenschaften schreiten mussten.» Dann wird noch auf die besonders schöne Lage des Meilemer Horns als Aussichtspunkt mit Blick auf das Alpenpanorama hingewiesen und Prof. Hescheler bemerkt, dass «so viel eher ein natürliches Ufer mit grossem Schilfbestand gefördert werden könne als bei privatem Besitz, was für die Fischerei, die Erhaltung der Vögel u.s.w. von Bedeutung wäre.»[59]

Schutz des Waldes als Landschaftsbestandteil
Aus den Kommissionsprotokollen und Gutachten geht immer wieder klar hervor, dass Landschaftsschutz ein gemeinsames Anliegen der Natur- und Heimatschützer ist, im steten Versuch, den Begriff der Landschaft anschaulich zu machen und zu bildhafter Vorstellung zu entwickeln. Landschaft bedeutet eine Synthese, sie bildet ein Ganzes, das es zu verteidigen gilt. Der Zürichsee ist nicht nur eine Wassermasse und biologische Tatsache, sondern eine landschaftsbildende Mitte, begleitet vom Seeufer, das ein Lebensraum für Pflanzen und Tiere, aber auch ein Erlebnisraum der Anwohner ist. Von hier aus erschliessen sich dem Wanderer stets neue Perspektiven: der Seespiegel in wechselnder Beleuchtung, die Abhänge und Hügelkuppen, die waldige Wand des Üetlibergs, der Blick auf die Alpenkette. Die Kommission verteidigt die Zürichsee-Landschaft als eine Einheit, als die Kernlandschaft des Kantons. Die Wälder sind ein wesentlicher Bestandteil. Schon 1914, bei der Begutachtung der Überbauungspläne der Dolderbahngesellschaft, hat Architekt Werner Pfister erkannt:
«An der ganzen Zürichberglehne ist der Dolderpark die einzige Stelle, wo der Wald eine schwere Silhouette bildet. Dieses ist der einzige schöne Teil der ganzen Silhouette, die Zürich gegen Osten abschliesst. Sonst ist sie schon längst verunstaltet. (...) Dem Fortschreiten der Waldbeseitigung sollte nun unbedingt Halt geboten werden. (...) Die Stadt sollte sich, statt den Wald zurückzudrängen, um den Wald herum entwickeln.»

Sekretär Peter (der das Gutachten entwirft) ergänzt und bestärkt diese Sicht und Präsident Bovet will im Gutachten «dem Stadtrat von Zürich seine Sympathie aussprechen, weil er im Interesse künftiger Generationen einen schweren Kampf aufgenommen habe». Am Schluss des Gutachtens regt die Kommission an, der Regierungsrat möchte dahin wirken, «dass in der näheren und weiteren Umgebung der Stadt Zürich die Waldsäume, wie sie heute bestehen, erhalten bleiben. (...) Der Wald gibt jeder Landschaft ein bestimmtes Gepräge und einen ausgesprochenen Stimmungsgehalt. Und speziell in der Nähe eines ausgedehnten bebauten Gebietes bringt er ein kräftiges ruhiges Moment in die Unruhe der Strassen und Häuser.»[60]

1930 hat die Kommission einen ähnlichen Fall oberhalb der Zürcher Rehalp zu beurteilen, als die Forchstrasse verbreitert werden muss und die Waldkorporation Zollikon aus diesem Anlass gleich zwecks Baulandgewinnung weiterroden und dabei einen Gewinnn von einer Million Franken machen will. Pfister erinnert daran, dass der Stadtrat von Zürich seine schützende Hand über die Wälder hält, und dass Berlin «seine Föhrenwaldungen ängstlich schont und kleinere Siedelungen ausserhalb des Stadtherzens anstrebt». Professor Schröter erwähnt, «dass gegenwärtig in der Nähe der Stadt Amsterdam ein Wald von rund 200 ha künstlich angelegt werde». Die Rodung wurde in der Folge abgelehnt.[61]

Die Zürcher Kantonsregierung zeigt sich hier bereits einsichtiger als im Fall Dolderpark, dessen Rettung nicht ihr, sondern der Hartnäckigkeit der gegen sie prozessierenden Stadt Zürich bzw. Stadtrat Emil Klöti zu verdanken ist.[62]

Schutz der Aussichtspunkte, Planung der Bauzonen

Der Schutz der Wälder bedeutet auch den Schutz der Waldränder. An diesen lassen sich Spazierwege anlegen und von hier aus ist die Aussicht auf die nähere und ferne Landschaft gewährleistet. Stets darauf bedacht sind in der Stadt Zürich Stadtrat Klöti und Konrad Hippenmeyer, Chef des Bebauungsplanbüros. Schon die Verordnung von 1912 nennt als «Schutzgegenstände» unter § 1 d die Aussicht von einem besonders günstig gelegenen Geländepunkt aus und die Beziehung von Aussicht und Landschaft: «Der Schutz erstreckt sich insbesondere (...) auf Aussichtspunkte und Landschaftsbilder.» Diese Bestimmung geht auf das Zivilgesetzbuch von 1907 zurück. Dessen Artikel 702 ermöglicht zum allgemeinen Wohl «die Sicherung der Landschaften und Aussichtspunkte vor Verunstaltung». In der Zürichsee-Landschaft kämpft die Kommission 1924 in Horgen um «das aussichtsreichste Gelände der Gemeinde», die Aussicht von der freien Terrasse (mit Ruhebänken) vor dem Bahnhof Horgen Oberdorf, die durch ein unmittelbar davor projektiertes Werkstattgebäude beeinträchtigt würde. Sekretär Peter ermutigt die Kommission mit dem Hinweis auf die Praxis des Bundesgerichts, indem er darauf hinweist, «dass für die reisenden Einheimischen und die durchfahrenden Fremden der Ausblick vom Zug auf das sanfte Hügelland, die ruhige Seefläche und die stattlichen Dörfer am See eine wohltuende Erholung nach den durchfahrenen Tunnels bringt. Diesen hervorragenden Anblick würde die Baute vernichten. Zweifellos würde das Bundesgericht die Erhaltung eines solchen charakteristischen Landschaftsbildes gutheissen.» Pfister verweist auf das Beispiel Stäfa. Es geht nicht nur um die Erhaltung der Aussicht, sondern auch umgekehrt um die Sicherung von markanten Kulturlandschaftssituationen, die solche Aussicht ermöglichen. In Stäfa hat die Gemeinde den Kirchhügel mit Rebberg freigehalten: «Wenn solche Aussichtspunkte verbaut würden, würden grosse Werte verloren gehen.» Nun ist in Horgen Oberdorf die Umgebung durch ein im Bau befindliches Fabrikgebäude bereits beeinträchtigt, man sollte daher den Aussichtspunkt mit Bäumen markieren, welche auch diesen Hintergrund «etwas dämpfen» würden. Speziell gegen Norden «sollte die Bebauung sorgfältig überwacht werden», wo der Vorsitzende Balsiger «das Landschaftsbild mit dem See, dem gegenüberliegenden fruchtbaren Ufergelände und der ruhig geschwungenen Pfannenstielkette, die sich in schönen Linien bis gegen Zürich zieht und am Milchbuck sich charakteristisch einbuchtet, für sehr schützenswert» hält.[63]

Die Kommission kämpft für ein Landschaftsbild, das sich wandelt, in dem die Überbauung ständig fortschreitet. Bauprojekte sind denn auch «das tägliche Brot» der Kommission, etwa 1927 in Kilchberg und Zollikon, in Gemeinden also, die der expandierenden Stadt Zürich am nächsten liegen.[64] In Zollikon wird die zweite Fassung eines Projekts der Architektin Lux Guyer befürwortet: «Dieses wird ganz gut in seine Umgebung und das Landschaftsbild sich einfügen.» In Kilchberg will die Kommission «vor Abgabe eines Gutachtens durch persönliche Fühlungnahme die Aufstellung eines besseren Projektes anregen», d.h., Architekt Rehfuss «zu einer Reduktion der Bauhöhe veranlassen». Sollte dieser zu keinen Konzessionen bereit sein, soll dem Gemeinderat «der Erlass einer Gemeindebauordnung empfohlen» werden. Diese Bemerkung wirft ein Licht auf die damaligen baurechtlichen Verhältnisse und lässt erahnen, dass in der

Das 1777–1782 erbaute Muraltengut in Zürich-Wollishofen wurde 1924 durch grossen Einsatz Hermann Balsigers, der NHKZ und weiterer Kreise vor dem Abbruch gerettet. Foto Elvira Angstmann 2002.

Kommission, die ständig punktuell Einzelfälle zu begutachten hat, sowohl der Drang nach Planung im modernen Sinne wie auch die Schaffung eines öffentlichen, nicht verwaltungsgebundenen Organes – eben des VSLZ – zu einer Wunschvorstellung werden muss. 1930, im ersten Zürichseebuch des VSLZ, wird in Bezug auf die damals anlaufende Bebauungsplanung von Kilchberg, eine Eingabe des VSLZ an die Direktion der öffentlichen Bauten des Kantons Zürich erwähnt, welche ein positives Echo gehabt hat. Folgender Satz zeigt die Identität der Argumentation von NHKZ und VSLZ: «Es wurde auf die gefährdeten landschaftlichen Schönheiten und darauf hingewiesen, dass bei der zunehmenden Überbauung der Uferhänge in den Nachbargemeinden Zürichs die Schaffung bzw. Freihaltung genügend grosser Grünflächen als unabweisbare Forderung weitsichtiger Bevölkerungspolitik erscheine.»[65] 1931 hält Balsiger fest:

«Nach 1918 setzte mancherorts, namentlich an den Ufern des Zürichsees, kräftige Bautätigkeit ein. 1921 verfasste die Direktion der öffentlichen Bauten auf Veranlassung der Heimatschutzkommission ein Kreisschreiben, das die Gemeinden zum Erlasse von Bauordnungen einlud. Es fand Nachachtung, und in immer zunehmendem Masse machten die Gemeindebehörden Gebrauch von dem Rechte, sich in Fällen, die ihnen zweifelhaft erschienen, bei der kantonalen Kommission Rat zu holen.»

Dreissig Jahre später gibt Architekt Max Werner (1905–1995), damals Leiter des kantonalen Büros für Regionalplanung, im Jahrbuch vom Zürichsee 1958–1959 einen Überblick über den damaligen Rechtsstand im Bauwesen am Zürichsee:

«Es wird ersichtlich, dass neben Zürich, Adliswil und Zollikon, die schon im letzten Jahrhundert – in einer ersten Planungswelle – Anfänge von Bauordnungen aufwiesen, die dann im Jahre 1913 erneuert wurden, in den 1930er Jahren Küsnacht, Kilchberg und Oberrieden sowie rund sechs Jahre später Rüschlikon, Thalwil und Herrliberg sich Bauordnungen zugelegt haben. Eine grössere Welle zwischen 1941 und 1944 erfasste gleich 12 oder die Hälfte der hier aufgeführten Seegemeinden, die zu einem Drittel neu, zu zwei Dritteln an die Revision der Bauordnungen herantraten und mit wechselndem Erfolg bis heute damit fertig geworden sind oder auch nicht. Der Zeitpunkt der Vorprüfung durch den Kanton kann mit dem technischen Abschluss gleichgesetzt werden, worauf in der Regel nochmals drei Jahre verstrichen sind, bis die Genehmigung durch die Gemeindeversammlung stattgefunden hat, während die Genehmigung durch die Oberbehörde dank der Vorprüfung meist im selben Jahr abgeschlossen werden konnte.»[66]

*Schutz der Baudenkmäler,
Beurteilung des «Neuen Bauens»*

Die Baubegutachtungsaufgabe der Kommission erfordert einen Massstab nicht nur in baurechtlicher, sondern auch in ästhetischer und kunstgeschichtlicher Hinsicht. Die Kommission hat sich ab und zu auch zum Schutz von Baudenkmälern zu äussern. Besonders verdienstvoll ist 1924 ihre Aktion zur Rettung von zwei ehemals vorstädtischen bürgerlichen Landsitzen aus dem 18. Jahrhundert auf dem Gebiet der Stadt Zürich. Hermann Balsiger und Stadtrat Emil Klöti sind führend beteiligt. Klöti beschreibt den Ablauf in der Festschrift zum 60. Geburtstag für seinen Freund Balsiger: «Die rasche bauliche Ausdehnung machte aus den beiden Landsitzen nach und nach zwei wertvolle grüne Oasen inmitten der erweiterten Stadt, deren Erhaltung – abgesehen vom geschichtlichen und ästhetischen Wert der Bauwerke – zur Aufgabe einer weitsichtigen Grünflächenpolitik wurde.»[67] Beim Muraltengut in Wollishofen (Abb. S. 78) muss die Seestrasse dem gesteigerten Verkehr angepasst werden. Die Exekutive bevorzugt die Erhaltung und den Strassenausbau zu einer eleganten S-Schleife, eine Opposition und die vorberatende Kommission der Legislative will die Strassenbegradigung, welcher das Gebäude weichen müsste. Die Sektion Heimatschutz der NHKZ (Balsiger, Fietz, Gattiker, Rittmeyer, Schätti, Usteri) beschliesst am 28. Januar 1924, einzugreifen, Stadtrat Klöti begrüsst dies, Regierungsrat und Baudirektor Emil Walter ermächtigt Balsiger dazu. So gelangt das Büro der Kommission (Balsiger und Sekretär Peter) am 4. Februar 1924 mit einem Aufruf an sämtliche Mitglieder des Zürcher Grossen Stadtrats (die Gesamtkommission wird in der Sitzung vom 29. Februar 1924 orientiert). Balsiger als Autor argumentiert stilgeschichtlich, streicht die Seltenheit des Baues für die

Kunstmaler E. G. Rüegg, NHKZ-Mitglied, stellt die Situation vor und nach dem projektierten Bau von Kohlenschuppen beim Muraltengut in Zürich-Wollishofen dar. Aus: Jb 8 (1934), nach S. 62.

Stadt heraus und spricht die Gefühle der Räte an:

«Nur um eine Verkehrsstrasse schnurgerade durchführen zu können, sollte daher in der Stadt Zürich ein wertvolles Bauwerk nicht geopfert werden. Der Einsatz wäre das Ziel nicht wert und die Nachwelt würde uns mit vollem Rechte tadeln (...) Aber nicht nur der Heimatschutz, auch der Naturschutz muss sich für die Erhaltung des Muraltengutes wehren: Steht doch dicht neben dem Haus die schönste Zeder der Schweiz, ein prachtvoll gewachsener, herrlicher Baum, der an Schönheit mit den Zedern des Atlas wetteifert. Sein Stamm hat einen Durchmesser von 1,46 Meter und seine Krone bedeckt auf der freien Seite eine Fläche von 10 Meter Radius.»[68]

Der Aufruf macht «besonders tiefen Eindruck», aber die vorberatende Kommission votiert einstimmig für Begradigung und Abbruch. «In dieser kritischen Situation richteten Dr. Balsiger und 26 Mitunterzeichner aus den Kreisen der Maler, Architekten sowie der Literatur- und Kunstfreunde an den grossen Stadtrat einen letzten Appell.» Nun stimmt die Mehrheit der Legislative für den Antrag der Exekutive und Balsiger ruft auch im Heimatschutz- und im BSA-Organ zur Erhaltung auf und Separatdrucke werden verbreitet. In der Gemeindeabstimmung vom 18. Mai 1924 wird denn auch der Kredit bewilligt.[69]

Ähnliche Aktionen sollen den Beckenhof in Unterstrass retten, sie dienen der Aufklärung des Grossen Stadtrats und der Stimmbürger, welche den Ankauf von Gebäuden und Park durch die Stadt zu bewilligen haben. Balsiger und Klöti gehen aufs Ganze, denn eine Erhaltung allein der Gebäude wäre im Verhältnis zu den Kosten ein minimalistischer Kompromiss. Die Bedeutung der Anlage bzw. die Erhaltung «steht und fällt mit dem Park! Der verleiht dem schlichten, aber vornehmen Gebäude das Cachet des Landhauses. (...) Und umgekehrt fliesst vom Landhaus her immerzu, Tag und Nacht, Sommer und Winter, ein eigenartiger Zauber zurück auf die es umgebende Landschaft, in der jeder Baum, jede Gruppe von Bäumen, jeder Weg, jeder Aussichtspunkt immer wieder auf diese eine Wohnstätte von Menschen eingestellt ist.»[70] Auch die Volksabstimmung über den Kauf des Beckenhofgutes geht am 11. Juli 1926 positiv aus. Balsiger, Klöti, die

Antiquarische Gesellschaft in Zürich (Hans Lehmann, Friedrich Hegi), der Käufer des Muraltengutes Martin Bodmer (1899–1971), NZZ-Feuilleton-Redaktor Hans Trog (1864–1928) und Architekt Johann Albert Freytag (1880–1945), haben koordiniert auf die öffentlichen Lösungen hingearbeitet und verdienen den Titel Pioniere des Zürcher Natur- und Heimatschutzes. «Der Wert solcher Enklaven wird wohl in kommenden Jahrhunderten bei voraussichtlich viel grösseren Bevölkerungen besser erkannt werden, als dies heute der Fall sein kann.»[71] Architekt Freytag restauriert in der Folge beide Bauten; 1935 bis 1945 wird er dem VSLZ als Vorstandsmitglied dienen.

Die Stilentwicklung in der Architektur und das Aufkommen des *Neuen Bauens* mit Flachdach führt auch in der Kommission zu heftigen Diskussionen und zwar schon fünf Jahre vor der Kantonsratsdebatte am 9. Januar 1933 über den Neubau-Komplex der Kantonalen Verwaltung in Zürich, in der das Projekt der Gebrüder Pfister von den Volksvertretern statt der Flachdächer Walmdächer verpasst erhält![72] Die NHKZ führt am 18. Dezember 1927 eine Grundsatzdebatte über Flachdächer durch, als sie das Projekt von Architekt Emanuel Schulthess (1881–1953) für ein Einfamilienhaus an der Zollikerstrasse 43 in Zollikon zu begutachten hat.[73] Architekt Pfister führt aus, «dass es sich um ein Gebäude der neusten Architekturrichtung handelt. (...) Es wird ein nackter kalter Kubus entstehen, mit einer kleinen eingeschnittenen Terrasse.» Es soll toleriert werden, denn «ohne Entwicklung gibt es keinen Aufstieg. An unaufdringlichen Stellen sollte man solche Objekte entstehen lassen.» Balsiger ist der gleichen Meinung und will das Gutachten in den Zeitschriften *WERK* und *Heimatschutz* publizieren: «Die Kommission sollte sich nicht binden lassen an eine Entwicklung, welche neue Strömungen grundsätzlich hemmt.» Kantonsbaumeister Fietz — auch als Heimatschutzvertreter — will hingegen eine andere Lösung mit Dach suchen: Der Zürcher Heimatschutz «ist davon abgekommen, sich schon grundsätzlich zum neuen Stil auszusprechen, er wird eine abwartende Stellung einnehmen.» Das gleiche vertritt Architekt Usteri, seit 20 Jahren Obmann des Zürcher Heimatschutzes: «Bisher wurde die Bodenständigkeit als Grundsatz für die Entscheidungen angenommen.» Kunstmaler Gattiker ist für Diskretion, sein eigenes, 1900 erbautes Haus «hat auch ein flaches Dach, aber er hat es abseits des Dorfes gestellt, wo es nicht sichtbar ist, bevor man vor ihm steht.»[74] Professor Schröter «hält das schiefe Dach für klimatologisch bedingt; das flache Dach ist im Orient am Platz, bei uns aber biologisch unbegründet.» Oberforstmeister Weber sieht im neuen Bauen «eine Strömung wie diejenige des Jugendstiles; man wird später wieder zum alten zurückkommen.» Der Historiker und Universitätsprofessor Friedrich Hegi (1878–1930), Kommissionsmitglied 1926 bis 1930, bestätigt diese Ansicht. Oberingenieur Schätti findet: «Gegenüber einer neuen Strömung muss man vorsichtig sein. Auch in der Technik sind es die Jungen, die neue Ideen bringen.» Schliesslich geht die Kommission auf den Antrag Pfister ein, nachdem Präsident Balsiger den Tenor des Gutachtens bestimmt hat: Die Gemeinde habe keine Schutzbestimmungen für den vorgesehenen Ort erlassen, deshalb sei «die Umgebung des Bauplatzes (...) nicht als schutzwürdig zu betrachten; eine Verunstaltung des Landschafts- oder Dorfbildes trete nicht ein. Obschon das projektierte Haus nicht als gutes Beispiel neuen Bauens zu betrachten sei und als Fremdkörper an jenem Orte wirken werde, bestehe keine rechtliche Möglichkeit, dessen Ausführung zu untersagen.» Zu dieser Argumentation hat Escher 1925 festgestellt:

«Von der durch § 6 der Heimatschutzverordnung von 1912 den Gemeinden eingeräumten Befugnis, Verordnungen zu erlassen zum Schutz des Ortsbildes sowie zum Schutz einzelner Strassen, Plätze und Bauten von geschichtlicher oder ästhetischer Bedeutung haben bisher nur einige wenige Gemeinden am See Gebrauch gemacht, trotzdem sich die Heimatschutzkommission die Mühe nahm, Normalien für solche Verordnungen aufzustellen und diese durch die Baudirektion nebst einem erläuternden Schreiben im Jahre 1921 sämtlichen Gemeinderäten des Kantons zugestellt wurden.»[75]

Hat sich Balsiger 1927 noch durchgesetzt, bricht

Dorfpartie in Gössikon-Zumikon, NHKZ-Ansichtskarte, gezeichnet 1920 vom Zürcher Kantonsbaumeister Hermann Fietz (1869–1931). Incavo-Gravure Brunner & Co, A. G., Zürich. Privatbesitz Zürich.

1929/1930 der Konflikt aus. Das Projekt des Schaffhauser Architekten Karl Scherrer (1892–1970) für ein kleines Einfamilienhaus mit flachem Dach im Rebgelände von Uhwiesen ist vom Gemeinderat abgelehnt worden. Der Bauherr, Sekundarlehrer Frei, rekurriert beim Bezirksrat Andelfingen und die Kommission soll begutachten. Statt des zurückgetretenen Professors Karl Hescheler nimmt der Biologe Dr. Walter Knopfli (1889–1965) als neues Mitglied an der Sitzung teil, sonst sind die Fronten gleich wie 1927. Am 8. Juni 1929 – anwesend sind nur Balsiger, Knopfli (noch als Gast), Rittmeyer, Schätti, Schröter und Weber – wird Zustimmung zum Projekt beschlossen. An der Sitzung vom 28. Juni 1929 wird auf Grund eines Schreibens von Fietz, der den Beschluss bedauert, ein Augenschein angesetzt. Auf dem Bauplatz erscheinen am 7. Juli 1929 drei Gemeinderäte, Architekt Scherrer und der Bauherr Frei, der erklärt, «er werde nur der Gewalt weichen». In der Kommission warnt Balsiger: «Ein Ortschaftsbild darf (...) keine Theaterszenerie sein, jedes Gebäude soll wahrhaft von seiner Zeit zeugen. Dann erst ist das Ortsbild wirklich erfreulich», ferner soll man dem Bauherrn nicht zumuten, etwas ihm nicht Gemässes erstellen zu müssen. Die Abstimmung kehrt aber nun das frühere Verhältnis um: Für das Projekt sind Balsiger, Gattiker und Rittmeyer, dagegen sind Hegi, Schröter, Usteri und Weber. Das Protokoll hält fest, dass sich die Minderheit dem Beschlusse aber nicht unterwerfe und ihren Standpunkt zu Protokoll gebe. In der Sommerferienzeit redigiert Balsiger das Gutachten und lässt es mit Datum vom 29. Juli 1929 ausfertigen. Der umfangreiche Text enthält die von Usteri formulierte Mehrheitsbegründung sowie eine viel ausführlichere Minderheitsbegründung Balsigers, u.a.: «Ohne Ergänzung der Gesetzgebung geht es nicht an, eine ästhetisch neutrale und anspruchslose Bauweise wie die des neuen Bauens im ganzen Kanton (...) zu verbieten, mit der Begründung, sie sei nicht bodenständig. Es könne keinen, die Entwicklung der Baukunst hinderlichen behördlichen Heimatschutz geben, ferner sei der Ortsbildschutz Gemeindesache.» Kantonsbaumeister Fietz ist verärgert, Balsiger ebenso, er rechtfertigt sich am 10. August 1929 in einem Rundschreiben an die Mitglieder, in dem er auf seine und die Kommissionstätigkeit seit 1912 bzw. seit der Übernahme der Präsidentschaft 1918 zurückblickt und die bisherige gute Zusammenarbeit zwischen Baudirektion und Kommission erwähnt. Balsiger ist empört: «Die Zuschrift der Baudirektion vom 1. August 1929 stellt sich der Form nach als eine Einfrage dar, sie enthält aber unmittelbar eine Anklage gegen mich, eine Verzeigung meiner Person bei der Kommission.» Am 8. November 1929 schützt aber der Regierungsrat den Rekurs Frei und ermöglicht so die Ausführung des Projekts Scherrer. Balsiger hält an der Auffassung fest, «nachdem mir vom Obergericht her bekannten Verfahren» müssen auch Minderheitsstandpunkte erwähnt werden können. Die Baudirektion (mit den Worten des Kantonsbaumeisters?) hält eine solche neue Praxis in Gutachten nicht für opportun, denn der Fall Frei habe «mit aller nur wünschbaren Deutlichkeit gezeigt, dass das Ansehen der NHK schweren Schaden leidet, wenn die Kommission nach aussen nicht geschlossen auftritt».[76] Balsiger erkennt einen Grundsatzkonflikt und tritt mit Schreiben vom 17. April 1930 aus der Schweizerischen Vereinigung für Heimatschutz aus. Dem Obmann, Appellationsgerichtspräsident Gerhard Boerlin in Basel, schildert er den Fall: Mit seinem Austritt will er sich offiziell von der als reaktionär betrachteten Strömung in der Vereinigung für Heimatschutz distanzieren.[77]

Das Verhältnis zwischen NHKZ und VSLZ
Mit diesen Hinweisen auf einige Aspekte der Kommissionstätigkeit ist ein unvollständiges und auf den Zürichsee ausgerichtetes Panorama von Balsigers Wirken in und mit der NHKZ gegeben worden. In der Sitzung vom 14. Oktober 1927 referiert er über die am Tag darauf angesetzte Gründung des VSLZ, nachdem die Kommissionsmitglieder verschiedene diesbezügliche Akten eingesehen haben. Das Sitzungsprotokoll ergänzt die auf S. 98–103 dargestellte Gründungsgeschichte:

«Obschon Hurden nicht im Kanton Zürich liegt, nahm sich der Sprechende (Balsiger) mit Rücksicht auf die Schönheit und Einheitlichkeit des Landschaftsbildes zwischen Zürich- und Obersee der Angelegenheit an.» Die Vertreter des Heimatschutzes, der Gemeinden Rapperswil und Freienbach und des Klosters Einsiedeln hätten die Ansicht geäussert, «es sollte eine dauernde Organisation geschaffen werden, welche zum Schutze der ästhetischen Interessen am Seeufer rasch eingreifen könnte und eventl. auch zu einem finanziellen Opfer bereit wäre». Die Gründung steht nun bevor. «Der Vorsitzende hätte den Wunsch, dass die kantonale Natur- und Heimatschutzkommission Mitglied des Verbandes werde und einen Delegierten zur Gründungsversammlung abordnet. Bereits hat die Stadt Zürich ihre Beteiligung und einen Jahresbeitrag von 200.– Franken in Aussicht gestellt; die Kommission sollte ungefähr einen gleichen Betrag in Aussicht nehmen. In der Diskussion weist Oberingenieur Schätti auf den Wettbewerb des Linth-Limmatverbandes über die Schiffbarmachung und Wasserkraftnutzung der Limmat hin. Das als massgebend angenommene Projekt sieht einen Durchstich bei Hurden zwischen dem Zürich- und dem Obersee von 50 m Breite vor, der ungefähr an der Baustelle (des zu verhindernden Projekts) durchgehen würde. (...) Sekretär Dr. Peter hält den projektierten Zweckverband für einen interessanten Versuch, die Idee des Heimatschutzes auf privater

Porträtfoto 1929 des Zürcher Kantonsbaumeisters Hermann Fietz (1869–1931). Privatbesitz Zollikon.

Grundlage wirkungsvoll durchzuführen. Eine politisch getrennte Einheit soll auf diesem Wege wieder zusammengefasst und Mittel für gleichgerichtete Interessen flüssig gemacht werden, welche dem Staate für dieselben Zwecke kaum zur Verfügung gestellt würden. (...) Die Kommission spricht sich einstimmig für das Projekt aus und erachtet den Beitritt der Baudirektion zu dem zu gründenden ‹Verband zum Schutze des Landschaftsbildes am Zürich- und Obersee› als angezeigt. Als Jahresbeitrag wird einem Betrag von Fr. 200.– zu Lasten des Kredites der Heimatschutzkommission zugestimmt. Als Vertreter der Kommission bei der Gründungsversammlung wird Oberingenieur Schätti abgeordnet.»[78]

In der folgenden Tabelle sind die 1927–1999 bestehenden personellen Verbindungen zwischen NHKZ und VSLZ-Vorstand dargestellt:

	NHKZ	VSLZ
Hermann Balsiger	1912–1947	1927–1953
Hans Peter	1912–1929	1932–1954
Rudolf Schätti	1920–1931	1927–1939
Walter Knopfli	1929–1959	1927–1961
Hans Sigg	1929–1970	1951–1975
Heinrich Brockmann	1931–1939	1937–1939
Albert Kölla	1934–1959	1927–1975
Theodor Gut (I)	1947–1953	1927–1953
Walter Roshardt	1955–1966	1943–1959
Theodor Hunziker	1959–1967	1957–1967
Klaus Hagmann	1967–1998	1967–1999
Pit Wyss	1968–2001	1974–1999
Christian Renfer	1975–1977	1975–1976

Hermann Balsiger hat auf einige NHKZ-Mitglieder auch seine Kunst der Menschencharakterisierung verwandt. Die Gedenkrede auf Werner Pfister wurde bereits zitiert (S. 67). Den verstorbenen Kantonsbaumeister Hermann Fietz (1869–1931) hat er 1931 in der Kirche Zollikon gewürdigt. Die Auseinandersetzung von 1929/1930 über das Neue Bauen geistert noch über dem letzten Jahr der Zusammenarbeit und kommt zur Sprache. Der VSLZ veröffentlicht die Rede als Separatdruck aus Theodor Guts *Zürichsee-Zeitung*. Balsiger spricht für die schweizerische und zürcherische Vereinigung für Heimatschutz und die Zürcher NHK.

Fietz hat «seit der Einsetzung der Kommission in leidenschaftlicher Hingabe (...) Seite an Seite mit uns gefochten gegen jede vermeidbare Verunstaltung des Angesichtes der Heimat. (...) Er war die Seele der Heimatschutzvereinigung. Die Ausbreitung des Heimatschutzgedankens und seine feste Verwurzelung im Lande Zürich ist ohne Hermann Fietz ganz undenkbar. (...) In den ersten Jahren nach ihrer Einsetzung erschien das Wirkungsfeld der Kommission ungemein schmal und so unfruchtbar, dass wir selbst gelegentlich die Frage ihrer Existenzberechtigung aufrollten. Wir hatten wenig Arbeit, eine oder zwei Sitzungen im Jahr. Der Spott über die Amtsästhetik, die ästhetische Polizei, die wir ausüben sollten, blieb uns nicht erspart. (...) Doch nach Beendigung des Weltkrieges änderten sich die Dinge. (...). Da gab es denn viel Arbeit für die Mitglieder der Kommission, ganz besonders aber für Hermann Fietz, der überdies durch stille, in keinem Protokoll verurkundete und doch oft überaus mühevolle Beeinflussung (kraft seines Amtes als Kantonsbaumeister) der Kommission ausserordentlich viel Zeit und Mühe ersparte.» Der initiativen Wirksamkeit der Kommission «ist die Rettung des ‹Muraltengutes› und des ‹Beckenhofes› zu verdanken. Auf Anregung aus ihren Kreisen und mit ihrer Hilfe gründete sich 1927 der ‹Verband zum Schutze des Landschaftsbildes am Zürichsee›, der ihre Bestrebungen aufs wirksamste unterstützt. (...)

Hermann Fietz war eines der fähigsten, anregendsten, fleissigsten und einflussreichsten Mitglieder der Kommission. Als Pionier der schweizerischen Heimatschutzbewegung, Vorstandsmitglied schon seit 1908 und führender Kopf der zürcherischen Vereinigung für Heimatschutz war er zur Mitwirkung in unserer Kommission auch berufener als irgend einer von uns. Er kannte Land und Leute wie keiner von uns. Er kannte sie nicht nur, er liebte sie, und diese Liebe zu Land und Leuten gab ihm die Kraft und den Willen, für die Rettung des ländlichen Kulturgutes nachdrücklich, und, wenn es ihm nötig schien, auch rücksichtslos einzutreten. (...) In seinem eher auf die Vergangenheit als in die Zukunft gerichteten Geiste idealisierte Hermann Fietz die bäuerlichen Gestalten, den Acker und Hof und das bäuerliche Wohnhaus. (...) Ihn schmerzte die Wahrnehmung, dass das modische Kleid die alten bäuerlichen Trachten mehr und mehr verdrängte. Er vergass darob, dass die bäuerliche Tracht einstmals als modisches Kleid auf die Landschaft gekommen war. Er suchte Abhilfe, ersann selbst neue Trachten. (...) Der Stadt und ihrem Getriebe war er gründlich abhold, und das Bestreben der Stadt, sich neue, bisher selbständige Gemeinden anzugliedern, war ihm verhasst. Selten sah ich ihn denn auch zufriedener als nach jenem 12. Mai 1929, dem Tag der Verwerfung der Eingemeindungsinitiative. (...) Es gibt keinen irgendwie beachtenswerten Bau auf der Landschaft, kein einigermassen charakteristisches Dorfbild, das er nicht im Lichtbilde festgehalten hätte. (...) Doch die schönsten Bilder der Landschaft hat er selbst gezeichnet. Er war, das muss gesagt werden, ein glänzender Zeichner. (...) Als ich im vergangenen Herbst auf dem Sonnenbühl bei Affoltern a.A. für einige Zeit Erholung suchte, traf ich dort Hermann Fietz. (...) Er liebte das grandiose Panorama, das sich von dort oben dem Auge öffnet. (...) Das ganze grossartige Landschaftsbild mit seinen schwierigen Perspektiven hatte er auf ungezählte Blätter, teils schwarz-weiss in kräftigen, sichern Strichen, teils farbig in pastosen Tönen mit geradezu frommer Liebe hingezeichnet. (...) War es denn nicht das Übermass geleisteter Arbeit, das ihn so früh unserem Kreis entriss? Aber er verstand es nicht zu klagen, wie er es nicht verstand, mit seinen Erfolgen zu prahlen. So sprach er nur selten von seinem Meisterwerk, der Restauration des Schlosses Kyburg (...) Einzig ein stillzufriedenes Lächeln um den Mund verriet, wie stolz er auf sein Werk war.

Es bedarf keiner weiteren Erklärung, dass ein Mann mit der Einstellung des Verstorbenen zur Welt, den Ideen des Neuen Bauens fremd und kalt gegenüberstand. Er sah das Neue Bauen als eine bedauerliche Mode an, die vorübergehe wie so viele andere Stilmoden. Er übersah dabei wohl, dass es in seinen Ausgangspunkten eben doch bestimmt war von der selben Abneigung, dem selben Widerwillen gegenüber dem ewigen Wechsel der Architekturmoden, der uns alle seit dem Jahrhundertende erfüllt und seinerzeit auch die Heimatschutzbewegung hervorgerufen hatte. Nur hatte die Heimatschutzbewegung das Heil in der Flucht zur Bodenständigkeit gesucht. Das neue Bauen aber suchte es in einer grundsätzlichen Abkehr vom Stil an und für sich, wobei freilich ungewollt ein neuer entstand, ein Sprössling aus der Ehe von Beton und Eisen. Doch muss anerkannt werden, dass Hermann Fietz sich redlich bestrebte, eine objektive, sachliche Einstellung auch zum Neuen Bauen zu finden, so dass beispielsweise im vergangenen Jahre nicht ein einziges, im neuzeitlichen Geiste gehaltenes Projekt mehr von unserer Kommission ablehnend begutachtet wurde. Es versteht sich von selbst, dass der

Porträtfoto um 1930 von Oberrichter und NHKZ-Präsident Hermann Balsiger (1876–1953). Graph. Slg. ZB Zürich, Porträtsammlung.

öffentlich geführte Kampf der Meinungen auch in die Beratungen unserer Kommission hineinspielte. Und Hermann Fietz konnte gelegentlich erbittert für seinen Standpunkt fechten. Doch gestattete ihm das Verständnis der Motive des Gegners immer wieder, mit ihm zusammenzuarbeiten und Meinungsverschiedenheiten zurückzustellen. So haben wir ihn auch als Menschen und Kollegen lieben und hochschätzen gelernt. (...) Heute stehen wir mit dem Bewusstsein schweren Verlustes an der Bahre dieses Kämpfers, der treu zu seinem Fähnlein hielt. Hermann Fietz, Sohn der Heimat, wir vergessen Dich nicht!»[79]

Aus dieser, hier stark gekürzten Rede spricht freundschaftliche Anerkennung, gerade aus der Zeichnung eines ganz anderen Charakters. Die beiden Pioniere pflegten je ihre eigene Auffassung von Heimatschutz, sie kannten sich wohl schon bald nach Fietz' Eintritt ins Amt des Kantonsbaumeisters 1896.[80] Die Idealisierung des Bauernstandes sah der städtisch ausgerichtete Charakter Balsigers kritisch, er hatte zwar Sympathie zur Trachtenbewegung, aber aus Distanz.[81] Seine Front war die der Planung, der Ausschöpfung der Möglichkeiten des Baurechts (der entsprechende Passus wurde bereits auf S. 79 zitiert), wo er mit dem Freund Klöti zusammen wirken konnte; dazu gehörte die 1934 doch noch gelungene zweite Eingemeindung Zürichs.[82] Aber Balsiger brauchte die Mitwirkung der Kommission, etwa bei den Aktionen Muraltengut/Beckenhof, darauf war er stolz, wie Fietz stolz auf die Restaurierung der Kyburg war. Den Zeichner Fietz konnte er bewundern, und auch Balsiger trat ab und zu als Fotograf auf.[83]

Auf dem Sonnenbühl Affoltern – in einer Zeit der Krise auch für Balsiger[84] – trafen sich beide. Man kann annehmen, dass sie damals das Kriegsbeil wegen der Affäre über das Gutachten Frei/Uhwiesen noch zur Zeit endgültig begraben haben. Balsigers Definition und geschichtliche Einordnung dieses ungewollt/gewollten neuen Stiles in der Gedenkrede ist meisterlich, dass er sie an der Bahre des Heimatschutz-Mitkämpfers und Kollegen formulierte, zeigt, dass ihm die Distanz zum Konflikt, aber auch die eigene Stellung wichtig war.[85]

Besonderes Interesse verdient der Passus über die Gründung des VSLZ – die hier als Geburt aus dem Schoss der NHKZ dargestellt wird. Carl Schröter hat 1936 den VSLZ «eine Schöpfung von Dr. Balsiger» genannt. Vermutlich hat auch, neben Balsiger und Theodor Gut, des letzteren Cousin, der NHKZ-Sekretär Dr. Hans Peter, die Gründung ideell und politisch-juristisch begleitet.[86]

Peter hat die Kommission 1928 verlassen; sein Nachfolger Dr. Hans Sigg (1898–1984) wird bis 1970, also volle 42 Jahre, in der Kommission verbleiben, bis 1949 als Sekretär. 1930 beruft die NHKZ als Nachfolger Hermann Gattikers dessen einstigen Schüler Ernst Georg Rüegg (1883–1948) und gewinnt damit einen Darsteller der Zürcher Unterländer und Schaffhauser Landschaft, der Gattikers heroische Romantik durch versteckt/offene phantastisch-surreale Art ablöst.

«Für Rüegg war die Landschaft (...) der belebte Ausdruck seiner Liebe zur Heimat. Es darf daher als glückliches Ereignis geschätzt werden, dass ein Kenner des ‹Züribiets› wie kein zweiter, in eine Behörde kam, von der vieles zum Wohl und Wehe der Landschaft abhängt. (...) Allemal, wenn die intime Schönheit der Zürcher Gegend bedroht war, scheute Rüegg keine Mühe, um die entlegensten Dorfwinkel aufzusuchen und sie sich in Ruhe nochmals einzuprägen; dann wehrte er sich mit beredtem Mund gegen die drohende Verschandelung eines Landschaftsbildes. Wenn er aber mit Wort und Schrift in der Kommission nicht durchdrang, dann holte er Pinsel und Farben hervor, malte Beispiel und Gegenbeispiel und stellte anhand des mit dem Herzen Gemalten an der neuen Sitzung seinen alle überzeugenden Antrag.»[87] Vgl. Abb. S. 81.

1934 werden die Pioniere Schröter und Usteri durch den Biologen Professor Konrad Escher (1899–1988) und den BSA-Architekten Albert Kölla (1889–1988) abgelöst.

Im Abstand von einer Woche finden 1939 im Zürcher Neumünster die Abdankungsfeiern für die Kommissionsmitglieder Professor Carl Schröter, «den Altvater des Naturschutzes in der Schweiz» und Professor Heinrich Brockmann statt. Balsiger führt in seiner Gedenkrede aus, wie die Kommission 1931 Brockmann «als prominenten Vertreter des Naturschutzes» zur Wahl vorschlug.

«Dank seiner volkskundlichen Studien und Interessen beherrschte Brockmann zugleich die Probleme des Heimatschutzes. Sein für die Entwicklung der Technik und die Wandlungen der Geschmacksrichtungen offenes Auge gestattete ihm bei aller Liebe für das Hergebrachte nicht, den Begriff des Heimatschutzes in jener überlebten, die wissenschaftlichen Errungenschaften, das künstlerische Empfinden der neuen Zeit und die Bedürfnisse der Gegenwart missachtenden Fassung zu verstehen, die von der Kommission seit ihrer Einsetzung im Jahre 1912 verworfen worden war. Heimatschutz war für die Kommission von jeher Fürsorge für die Fernhaltung von Unkunst, Unsachlichkeit und Unordnung vom Antlitze der Heimat, Erhaltung seiner Schönheit, jedoch nicht ausschliesslich im Sinne der Bewahrung guter Überlieferungen, sondern ebensosehr im Sinne der Mehrung durch künstlerisch und geschmacklich einwandfreie Leistung der Gegenwart. Mit dem Sprechenden war Heinrich Brockmann aus der Studienzeit freundschaftlich verbunden. (...) Dieser mutige Mann mit so sprühendem Geist und aufopferungsfähigem, dienstbereitem Wesen war wie gemacht für unsere Kommission, die von ihren Mitgliedern mühevolle, zuverlässige und hochqualifizierte Arbeit im Dienste der Gemeinde- und Staatsbehörden fordert. Die Synthese von Wissenschaft, Ästhetik und praktischen Fragen sagte ihm ungemein zu (...), seit seinem Eintritte hat er mehr als ein halbes Hundert Referate gehalten. Dazu gehört vor allem sein Referat über ‹Die Bedeutung der natürlichen Ufer des Zürichsees›, das als Gutachten zuhanden des Regierungsrates abgefasst und im Jahresbericht 1934 des ‹Verbandes zum Schutze des Landschaftsbildes am Zürichsee› abgedruckt wurde, heute als Einzeldruck von den zürcherischen Behörden oft benützt wird. Dann gehören dazu seine Referate über die ‹Regulierung des Zürichsees›, (...) den Schutz der Aussicht auf dem Üetliberg und auf anderen Anhöhen; ferner Dutzende von Referaten über Landanlageprojekte usf. (...) Mit besonderer Hingabe setzte sich der Verstorbene ein für die Anlage eines Inventars der Natur- und Baudenkmäler des Kantons. Er hat ausserdem Normalien für Pacht- und Kaufverträge zur Verwendung bei der Schaffung von Reservaten entworfen. (...) 1932 kam das berühmt gewordene ‹Schweizer Bauernhaus› mit 60 trefflichen Federzeichnungen von Pierre Gauchat heraus, ein Standard-Werk, das unerhörten Erfolg hatte. (...) Heinrich Brockmann, Deine Freunde und Kollegen von der zürcherischen Natur- und Heimatschutzkommission, vom Verband zum Schutze des Landschaftsbildes am Zürichsee und vom Schweizerischen Bund für Naturschutz nehmen Abschied von Dir. Es fällt uns schwer. Du wirst uns fehlen.»[88]

Balsiger hat das Doppeltalent Brockmanns für die Mitgliedschaft in NHKZ und VSLZ genützt. Er verliert einen fast gleichaltrigen Freund, von dessen Blutmischung er fasziniert ist, «stammte er doch mütterlicherseits von jenen Friesen eigenen Rechts ab, die sich die Brockmänner nannten», als Student hiess er nach seinen polnischen Ahnen väterlicherseits nämlich noch Henrik Krzymowski, die «Gewandtheit der Rede und eine Eleganz der Redeform liessen an seine Ahnen französischen Geblüts denken». Er erwähnt auch sein Haus, seinen Hof und Garten am Kapfsteig 44 in Zürich (erbaut 1909 von den Gebrüdern Pfister neben ihrer Einfamilienhauskolonie von 1912/13; 1968 leider abgebrochen).[89]

Im gleichen Jahr 1939 treten mit den Architekten Hans Hofmann (1897–1957) und Peter Meyer (1894–1984) zwei künftige NHKZ-Präsidenten ein: Hofmann wird 1947 bis 1957 Balsiger ablösen und selbst 1957 bis 1963 von Meyer abgelöst werden. Hofmann wird 1939 auch Vorstandsmitglied des Schweizer Heimatschutzes; beide wirken an der ETH Z.[90] Der scharfsinnige Peter Meyer hat mit dem Essay *Heimatschutz-Aufgaben* gewissermassen schon 1936 seinen Einstand in die Kommission geleistet. Sein Vorgänger Robert Rittmeyer wird nachträglich, anlässlich seines 80. Geburtstags, von Balsiger im *Jahrbuch vom Zürichsee 1949/50* gewürdigt:

Wie seine Kommissionskollegen Hermann Gattiker und Ernst Georg Rüegg war auch Robert Rittmeyer «ein eifriger, sachkundiger, nie erlahmender Mitarbeiter, stets bereit, als Referent einzuspringen, stets befähigt, den unkundigen Bauherrn in die Gesichtspunkte des Natur- und Heimatschutzes einzuführen, ihm die geeignetere Lösung nahezubringen, ihn zu überzeugen, und stets beglückt, wenn ihm das gelang. Er war ein Künstler und kein Schulmeister: das war die Gewähr seines grossen Erfolges und ist seine Erklärung. Sein aufopferndes Wirken trug mächtig dazu bei, den Gedanken des Natur- und Heimatschutzes bei den Gemeindebehörden und bei der Bevölkerung beachtlich und populär zu machen. Darauf kam in den Jahren des Kampfes alles an.»[91]

Dr. Heinrich Brockmann (1879–1939), Mitglied der NHKZ 1931–1939, Vorstandsmitglied des VSLZ 1937–1939. Zeichnung 1937 von Gregor Rabinovitch (1884–1958). Aus: JbZ 1938, nach S. 74.

Aus Balsigers Voten in der NHKZ und aus seinen Schriften tritt uns sein gemütvolles Wesen entgegen, die Fotos und Zeichnungen, die es von ihm gibt, bestätigen diesen Eindruck. Deshalb sind ihm auch die Menschen zugetan, mit denen er zusammenarbeitet, und zeigen ihm dies auch. Im Juli 1932 erreicht ihn eine Gratulationsadresse der Mitglieder zum zwanzigjährigen Bestehen der Kommission[92], nachdem das Wirken der Kommission bereits 1924 in der Untersuchung *Der Heimatschutz im Kanton Zürich* von Oberrichter Dr. Carl Escher (1868–1942) gewürdigt worden ist.[93] Am 19. September 1936 veranstaltet die Kommission und «ihr Kind», der VSLZ, eine Feier zum 60. Geburtstag Balsigers in der «Luegete» am Etzelhang ob Pfäffikon, «also im Herzen des Verbandsgebietes». Sie «brachte eindrücklich zum Bewusstsein, wieviel es bedeutet, dass eine von Liebe und Leidenschaft zu der Idee des Natur- und Heimatschutzes erfüllte Persönlichkeit die Sache des Verbandes führt».[94] Das Jahrbuch vom Zürichsee 1936 erscheint als Festschrift für Balsiger. NHKZ-Sekretär Hans Sigg beschreibt darin die Arbeit der Kommission:

«Die Kommission hat bis heute über 125 Sitzungen abgehalten und erstattete in den letzten Jahren über 50 Gutachten im Jahr. Ihre Beanspruchung seitens der Behörden nimmt immer noch zu. Das ist nicht zuletzt die Folge einer von jeher glücklichen Zusammensetzung aus angesehenen Architekten, bildenden Künstlern, Historikern, Spezialisten der Naturwissenschaft und der Rechtswissenschaft, vor allem aber auch ihrer mehr belehrenden und erzieherischen Wirksamkeit. Es ist ganz klar, dass von der Leitung sehr viel abhängt. Initiative, verbunden mit einem scharfen Blick für das praktisch Mögliche, zeichnet den heutigen Präsidenten Dr. Balsiger aus. Seiner Leitung ist es zum grossen Teil zu verdanken, dass die Kommission sich heute bei den Behörden und auch in weiten Kreisen höchsten Ansehens erfreut, was Voraussetzung für erspriessliche Arbeit ist.»[95]

Die glückliche Zusammensetzung der Kommission bietet ihren Mitgliedern die Genugtuung, sich in einer ganzheitlichen Welt mit ihrer Vielfalt von Lebensanschauungen zu fühlen. In diesem Sinne ist sie auch Vorbild für die ähnlich vielfältige Zusammensetzung des VSLZ-Vorstandes. Hier fühlt sich der Oberrichter (und Politiker!) Balsiger mehr im Element, als in einer rein politischen oder Fachwelt, was sein Freund Ernst Nobs belegt:

«In welch ehrlicher Entrüstung tobt sich der Zorn aus, wenn der würdige Herr Oberrichter über irgend eine neue kapitale Dummheit daherpoltert: ‹Kommt es denn wirklich nie vor, dass Gemeindebehörden, Regierungen, Gerichtshöfe und selbst ein hoher Bundesrat einstimmig irgendwelchen Blödsinn beschliessen?› »[96]

Anderseits unterlässt es Balsiger auch nicht, den Politikern Lob zu spenden, wenn sie seine Anträge aufnehmen. Im Zusammenhang mit dem Naturschutzreservat im Limmattal 1930 ist es zu der «von vielen herbeigesehnten Stunde gekommen, da der Staat selbst zu durchgreifenden Lösungen, wohlverstanden: zu länger nicht mehr entbehrlichen Lösungen schreitet». So windet Balsiger der Obrigkeit und speziell dem damaligen Baudirektor Rudolf Maurer (1872–1963) ein Kränzchen:

«Es muss hier vorbehaltlos anerkannt werden, dass der Regierungsrat des Kantons Zürich in dieser Richtung vorbildlich und bahnbrechend vorangeht, und es soll auch der Freude darüber Ausdruck gegeben werden, dass der gegenwärtige Direktor der öffentlichen Bauten, Regierungsrat R. Maurer, ein Vertreter der Bauernpartei, sich ganz besonders durch selten feines und inniges Verständnis für den lebendigen Schmuck der Heimat und die Erfordernisse seiner Beschützung auszeichnet.»[97]

Maurers Parteikollege und Nachfolger im Amt als Baudirektor, Paul Corrodi (1892–1964), früherer Oberrichter und VSLZ-Vorstandskollege, ist ein Freund Balsigers (siehe S. 60). Als er 1942, nunmehr 66-jährig, als NHKZ-Präsident zurücktreten will, bittet ihn Corrodi, in diesem Amt zu verbleiben und wiederholt die Bitte nach der gleichlautenden Eingabe der NHKZ-Mitglieder.[98] Balsiger wirkt bis 1947 weiter, auch nachdem er sich 1943 ins Tessin zurückgezogen hat. In diesem Zusammenhang erhält er 1943 eine Würdigung aus parteipolitischer Sicht. Unter dem Titel *Ein Freund Zürichs verlässt unsere Stadt* kommentiert das Zürcher *Volksrecht* sein Wirken. Es spreche für sein hohes Ansehen, «dass Baudirektion und Regierungsrat Balsigers Rücktrittsgesuch nicht angenommen, sondern den Demissionär gebeten haben, sein Amt weiter zu betreuen».⁹⁹ Anlässlich seines 70. Geburtstages schreibt 1951 *Die Tat*:

«Man darf sagen, dass wohl wenige die eigentliche Problematik des Natur- und Heimatschutzes beherrschen wie Dr. Hermann Balsiger – der Sinn für das zu Bewahrende und der Sinn für die berechtigten Ansprüche des fortschreitenden Lebens hat in seinem Wirken einen wohltuenden Ausgleich gefunden. Die Protokolle und Gutachten der kantonalen Natur- und Heimatschutzkommission sind leider der Oeffentlichkeit nicht ohne weiteres zugänglich. Aber wer sich mit seinen Gedanken vertraut machen will, dem stehen die *Jahrbücher vom Zürichsee* offen, denen Dr. Balsiger Jahr für Jahr seine Liebe und Mühe widmet.»¹⁰⁰

Das Wirken Balsigers in der NHKZ ist schon damals nur wenigen bekannt geworden.¹⁰¹ Das ist 1927 sicher auch ein Grund für die Verbandsgründung gewesen: Balsiger hat ein Organ gebraucht, in dem er seine Anliegen direkt an die Öffentlichkeit bringen kann. Diese Funktion erfüllen die Jahresberichte des VSLZ und die *Jahrbücher vom Zürichsee*. Die folgenden Kapitel werden deshalb vor allem das darin enthaltene Material nach Sachgebieten erschliessen.¹⁰²

Zum 70. Geburtstag erhält Balsiger 1946 nochmals ein Widmungsblatt der NHKZ.¹⁰³ Mit Schreiben vom 3. Juli 1947 verabschiedet ihn der Regierungsrat des Kantons Zürich als Mitglied und Präsident der NHKZ:

Der Regierungsrat «möchte als ganz besonderes Verdienst hervorheben, dass Sie es in hervorragendem Masse verstanden haben, die ideellen Forderungen des Natur- und Heimatschutzes mit den materiellen Ansprüchen des Wirtschaftslebens weitgehend in Einklang zu bringen». «Sie haben damit an erster Stelle und mit grossem Erfolg an der Weckung des Verständnisses für Natur- und Heimatschutz in weitesten Kreisen unserer Bevölkerung gearbeitet.»¹⁰⁴

Man möchte offen lassen, ob Balsiger diese trockene obrigkeitliche «Schlussformel» für sein Wirken goutiert hat. Anzunehmen ist aber, dass er mit der Wahl seines Nachfolgers Hans Hofmann, des Chefarchitekten der Landesausstellung 1939 in Zürich, einverstanden gewesen ist. Mit Hofmann hat nun ein undogmatischer Vertreter des Neuen Bauens die Natur- und Heimatschutz-Anliegen vertreten!¹⁰⁵ Zehn Monate vor seinem Tode hat Balsiger 1952 anlässlich der Feier zum 25-jährigen Bestehen des VSLZ das letzte Wort zum Zusammenwirken der beiden Institutionen gesprochen, denn 1952 waren auch gerade 40 Jahre seit der Einsetzung der NHKZ vergangen:

«Kaum einer weiss wie der Sprechende, der dieser Kommission fünfunddreissig Jahre lang angehörte und sie während neunundzwanzig Jahren präsidierte, welche Unsumme opferwilliger Arbeit von den Kommissionsmitgliedern unentgeltlich und freudigen Herzens geleistet wurde. (...) Das war nur möglich, weil die Männer, die in diesem Gremium mitwirkten, die Heimat fest verankert in sich trugen und erfüllt waren von der Erkenntnis, dass der Mensch nicht vom Brot allein lebt. Angesichts der geistigen Wirrsale und Zerklüftung der heutigen Welt wirkte die Mitarbeit im Kreise solcher Männer wahrhaft tröstlich. (...) Derselben Gesinnung aber begegnete ich in Euerem Kreise, verehrte liebe Freunde vom Landschaftsschutzverband. Auch ihr tragt die Heimat in Euch. Die Verbundenheit mit ihr macht Euch wie jene einig und stark. Sie wirkt wie ein Licht, das den Weg durch die dunkle Wirrnis erleuchtet. Manches heute noch fern und unerreichbar scheinende Ziel werdet ihr erreichen und dabei erfahren, was ich erfuhr, nämlich, dass die Zusammenarbeit für eine edle Sache mit Menschen hoher Gesinnung das ganze Leben adelt.»¹⁰⁶

Theodor Gut (I) und seine Gattin Ida Gut-Hulftegger im Seegarten zu ihrer Wohnung im Geschäftshaus der Buchdruckerei Stäfa. Foto um 1950.

Theodor Gut (I) (1890–1953), Verleger und Politiker, und seine Nachkommen

Im ZSL erinnern sich nur noch wenige ältere Mitglieder an die Gründerfigur Hermann Balsiger. Seine Nachkommen sind nicht im Vorstand des ZSL vertreten. Seine Tätigkeit in der Natur- und Heimatschutzkommission des Kantons Zürich wirkt dort wohl nach, aber diese Institution ist auch heute der Öffentlichkeit fast unbekannt.

Hingegen haben sich drei Generationen der Familie Gut seit der Gründung 1927 bis heute im VSLZ bzw. im ZSL engagiert. Das seit dem 1. Oktober 1988 «Zürichsee Medien AG» genannte Familienunternehmen in Stäfa liegt nur wenige Schritte vom Bahnhof entfernt an der Seestrasse 86. In dem 1957, 1968 und 1979 zum heutigen Bestand gewachsenen Komplex ist der 1896 für die «Buchdruckerei Stäfa» erstellte Erstbau erhalten: ein dreistöckiger Kubus von drei mal drei gleichen Achsen mit Mansarddach, der anfänglich strassen- und seewärts mit flachgedeckten Anbauten von drei mal fünf Achsen versehen war. Seit 1902 wird die Firma als Aktiengesellschaft betrieben, Redaktor und Verleger Emil Gull (1860–1929) stellte hier das 1845 von der Lesegesellschaft Stäfa gegründete «Wochenblatt vom Zürichsee» her, die technische Leitung hatte sein Bruder Albert Gull inne; in Küsnacht betrieben die Brüder Gull ein bis 2001 bestehendes Druckerei-Zweiggeschäft. Seit 1907 heisst das Blatt «Zürichsee-Zeitung», seit 1914 erscheint es täglich.

Der junge Theodor Gut (I) (1890–1953) wirkt als Männedörfler Ortskorrespondent der Zürichsee-Zeitung. Seine Familie stammt aus Obfelden. Der Grossvater betrieb dort ein Bauerngütchen, die beiden Söhne bildeten sich zu Notaren aus. Der eine, Johannes Gut (1858–1937), Theodor Guts Vater, amtet 1882 bis 1924 als Notar (Landschreiber) des Kreises Männedorf und ist aktives Mitglied der Demokratischen Partei; seine Frau Louise Peter (geboren 1862) stammt aus Zürich.[1] Theodor absolviert das Seminar Küsnacht und studiert Geschichte an der Universität Zürich, bis er, noch vor dem Abschluss, 1913 in die Redaktion der Zürichsee-Zeitung berufen wird. Er ist kranzgeschmückter Nationalturner und guter Segler. 1914 heiratet er Ida Hulftegger und lässt sich zuerst an der Kreuzstrasse, dann im Kehlhof Stäfa nieder, von wo die Familie 1939 ins Geschäftshaus der Druckerei umsiedelt. Die politische Karriere beginnt er 1920 als Sekretär der Freisinnigen Partei des Kantons Zürich, wird Vizepräsident und 1933 Präsident. Im Nationalrat wirkt er 1935 bis 1946. Zugunsten der Opposition verzichtet er 1943 auf die Bundesratskandidatur und aus gesundheitlichen Gründen 1945 auf ein Regierungsratsmandat. Als Major im Armeestab ist er während des Zweiten Weltkriegs Verbindungsoffizier der Abteilung Presse und Rundfunk zum Bundesrat. Seit 1925 obliegt ihm die Leitung der *Zürichsee-Zeitung* als Chefredaktor, unterstützt von seinem Studienkollegen und Freund Dr. Otto Hess (1893–1979). Nachdem er von der Familie Gull im Laufe der Jahre die Aktienmehrheit erwerben konnte, trägt er seit 1933 als Verwaltungsratspräsident auch die unternehmerische Verantwortung und erweitert, mit Hilfe von Fachschriften-Verleger Eduard Hoffmann-Lang und dessen Sohn Eduard Hoffmann-

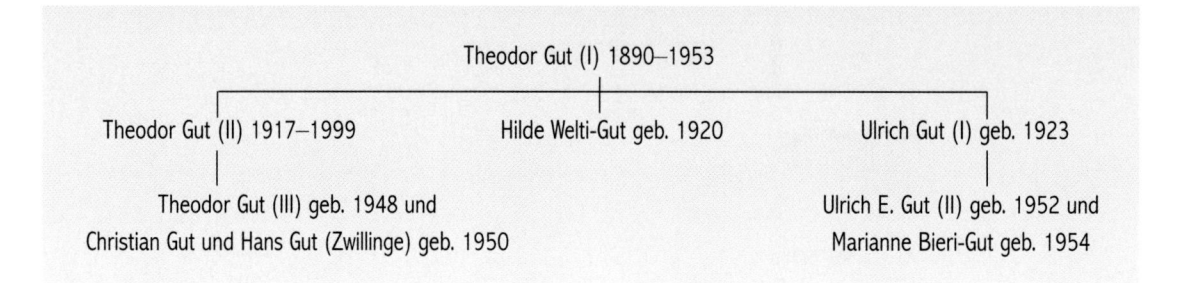

```
                          Theodor Gut (I) 1890–1953
    ┌──────────────────────────┼──────────────────────────┐
Theodor Gut (II) 1917–1999   Hilde Welti-Gut geb. 1920   Ulrich Gut (I) geb. 1923
    │                                                     │
Theodor Gut (III) geb. 1948 und                   Ulrich E. Gut (II) geb. 1952 und
Christian Gut und Hans Gut (Zwillinge) geb. 1950   Marianne Bieri-Gut geb. 1954
```

Künzler den Geschäftsbereich der Druckerei. Mit den beiden Söhnen gründet er 1944 den Th. Gut Verlag Stäfa.[2]

Die zweite und dritte Generation Gut in Stäfa
Theodor Gut (II) (1917–1999) wächst mit der Schwester Hilde (geboren 1920) und dem Bruder Ulrich (geboren 1923) an der Ebnetstrasse 9 in der Stäfner Aussenwacht Kehlhof auf. Nach dem Literargymnasium in Zürich studiert er in Zürich und Paris und schliesst als Doktor iur. ab. Es folgen Gerichtspraxis, Anwaltsexamen, Arbeit in einem Zürcher Anwaltsbüro und Korrespondententätigkeit in London für die *Neue Zürcher Zeitung* und die *Zürichsee-Zeitung*. 1948 tritt er in die Redaktion der ZSZ ein. Nach dem Tod des Vaters 1953 ist er 1953 bis 1987 Chefredaktor und Verleger, Verwaltungsratspräsident der Buchdruckerei Stäfa AG und schliesslich Ehrenpräsident der seit 1988 Zürichsee Medien AG genannten Firma. 1947 heiratet er Lotte Meier. Der überzeugte Liberale ist 1963 bis 1971 freisinniger Kantonsrat und 1967 bis 1979 Nationalrat. Seine bevorzugten Themen sind Aussenpolitik, Kultur- und Bildungsfragen sowie die Beziehungen von Kirche und Staat. Er absolviert ein spätes zusätzliches Theologiestudium an der Universität Zürich. Der Armee dient er als Oberstleutnant der Flabtruppen und als Divisionsrichter.[3]

Ulrich Gut (I) (geboren 1923) macht im väterlichen Betrieb die Setzerlehre und bildet sich in Lausanne und in den USA in einer Zeitungsredaktion weiter. Als ausgezeichnete Segler beteiligen sich die Gebrüder Gut in jungen Jahren an zahlreichen Regatten. 1949 heiratet Ulrich Gut Marianne Schweizer und siedelt nach Küsnacht über. Er ist Gründer und erster Präsident des Rotary-Clubs Meilen. Ende 1948 tritt er in die Buchdruckerei Stäfa ein. Nach dem Tod des Vaters 1953 wird er technischer Leiter, Delegierter und Vizepräsident des Verwaltungsrats sowie Leiter des Zeitschriften- und Buchverlags und führt eine zügige Erneuerung des Betriebs durch.[4]

Sein Sohn Ulrich E. Gut (geboren 1952), Dr. iur., ist 1984 bis 1987 Mitarbeiter im Departementsstab von Bundesrat Leon Schlumpf und wirkt als Zürcher Kantonsrat 1991 bis 1999. 1977 heiratet er Ursula Winterberger, welche 1998 zur Gemeindepräsidentin von Küsnacht ZH gewählt wird. Als Chefredaktor der *Zürichsee-Zeitung* amtet er 1988 bis 1998, ab 1992 ist er auch Verleger und Vizepräsident des Verwaltungsrats der Zürichsee Medien AG und 1997 bis 1998 Präsident und Geschäftsleiter der Zürichsee Presse AG. Seit 1998 betreibt er ein Büro für Geschäftsführung, Beratung und Öffentlichkeitsarbeit in Zürich.[5]

Sein Cousin Christian Gut (geboren 1950), lic. oec. HSG und lic. iur., ist als Direktor der Crédit Suisse in Zürich Leiter der Handelsfinanzierungen. Seit 1978 ist er verheiratet mit Isabel von Schulthess. Als einst sehr aktiver Segler und Schweizermeister liegt ihm als Vorstandsmitglied des ZSL an der nachhaltigen Nutzung des Sees für den Wassersport. Sein Zwillingsbruder Hans, verheiratet mit Isabelle Sarasin, war Verwaltungsratspräsident der Papierfabrik an der Sihl, seither verantwortlich für verschiedene Geschäftsführungs- und Verwaltungsratsmandate.[6] Ihr älterer Bruder Theodor Gut (III) (geboren 1948), dipl. math. ETH und lic. oec. HSG, verheiratet mit Sylvia Kummer, ist seit 1983 Dele-

Die Brüder Theodor Gut (II) (1917–1999), links, und Ulrich Gut (I) (geboren 1923), rechts, bei der Aufrichte des Zeitungsdruck-Zentrums Oetwil DZO im Dezember 1991.

gierter und seit 1991 als Nachfolger seines Vaters Verwaltungsratspräsident der Zürichsee Medien AG.[7]

Das Wirken der Familie Gut im VSLZ und ZSL
Hermann Balsiger als Präsident und Theodor Gut (I) als Vizepräsident amten von der Gründung des Verbandes 1927 bis 1944. 1943 verlegt Balsiger seinen Wohnsitz nach Vernate im Tessin. Als ihn Theodor Gut 1944 als Präsident ablöst, wird Balsiger Ehrenpräsident. Beide sterben im gleichen Jahr 1953, Balsiger am 18. Februar, Gut am 29. August.

«Aus der Freude und Sorge, aus der edeln Leidenschaft für die Heimat am See ist der Schweizerische Staatsmann und Politiker Theodor Gut hervorgegangen. Ich möchte deshalb von ihm als dem Künder der Heimat sprechen», sagt Walter Schneider im Nachruf, der für uns heute ein wichtiger Text zu diesem Thema geworden ist.[8] Der akustische Raum der Heimat wird gebildet durch das vom Verstorbenen geliebte Glockengeläut:

«Glocken sind Wahrzeichen des christlichen Glaubens und der Heimat. Christlicher Glaube und Heimat am See gehören zusammen. Das für uns im Grunde immer gefühlsmässige Erlebnis der Heimat erhält aus dieser Durchdringung mit dem christlichen Glauben der Väter den Inhalt und Gehalt einer klaren geistigen Erbschaft. Die Besinnung des Menschen auf seine ewige Richtung schliesst jede Vergötterung der Natur aus. Blut und Erde bestimmen nicht die Heimat am See. Ihr Antlitz zeigt keine mystischen Züge. Dieses Antlitz ist bestimmt durch den Geist der Geschichte. Dieser Geist aber hat gewiss in Zürich und in der zürcherischen Landschaft seine entscheidende Gestaltung durch die Reformation von Ulrich Zwingli erfahren.»[9]

Acht Jahre nach dem Ende des Zweiten Weltkriegs wird die Distanzierung vom Heimatkult im Dritten Reich in diesem Nachruf deutlich. Auch aus Theodor Guts (I) Reden und Schriften[10] erschliessen sich viele Facetten seines Charakters und seines Wirkens im Zeichen der schweizerischen Auffassung von Heimat. Als wichtiges Motiv wird deutlich: Guts Vater kommt von Obfelden im Knonauer Amt nach Männedorf am Zürichsee, er selbst kommt von Männedorf nach Stäfa und lässt sich im Weiler Kehlhof in dem Haus nieder, wo Regierungsrat Johannes Hegetschweiler wohnte und 1830 die entscheidende Rede am Ustertag hielt.[11] Gut beschreibt die Rückkehr Hegetschweilers aus Uster, der vom greisen

Prototyp des modernen Landhauses am See, besprochen von Theodor Gut (I) in JbZ 1932, S. 150–151: «Seegut» in Feldbach, erbaut 1927–1928 von Albert Kölla für Paul Hermann Burkhard-Auer.

Arzt Johann Caspar Pfenninger, einem Überlebenden aus der Zeit des Stäfner Memorials, begrüsst wird. Pfenninger sagt zu Hegetschweiler, er habe die Geister von 1794/95 gerächt und ausgesöhnt: «So erlauben Sie mir, dass ich Sie dafür küsse und ewig mit Ihnen Freundschaft schliesse. Mit solchen Männern wie Sie muss unsere verlorene Freiheit gerettet und fortan erhalten bleiben.»[12] In dieser Szene kann man ein Modell für den Freundschaftsbund Guts mit dem 14 Jahre älteren Balsiger im VSLZ finden. Spürbar wird aber auch die rückwärts in der Geschichte verankerte Achse Gut–Hegetschweiler–Pfenninger, Ausdruck der aufklärerisch-kämpferisch-liberalen Gesinnungstradition der Stäfner Lesegesellschaft. Chefredaktor Theodor Gut von der «Zürichsee-Zeitung» konnte sich um so mehr wie eine Verkörperung dieser Tradition sehen, als die Gründung der Zeitung 1845 eine Schöpfung der Lesegesellschaft bzw. der gleichen Familien war, die «1794 das Memorial verfassten, in dem die Gleichberechtigung der Landschaft verlangt wurde, (...) und die den Ustertag anregten». Diese Familien waren die Impulsträger «der politischen Erneuerung von Stadt und Landschaft Zürich, Beispiel auch für die Eidgenossenschaft».[13] Die Bewährung in dieser Freiheitstradition ergab sich für Gut durch seine journalistische und politische Arbeit in der Zeitspanne von Aufstieg und Fall der freiheitsfeindlichen und schweizbedrohenden Diktaturen.

Aus den vom Verband herausgegebenen *Jahrbüchern vom Zürichsee*, für die sich Gut als Mitglied der Redaktionskommission und drucktechnischer Hersteller 1930 bis 1953 unermüdlich eingesetzt hat, «werden die geistigen Richtlinien aller Arbeit im Dienst um die Heimat sichtbar».[14] Gut hat sich am ersten dieser Jahrbücher, das 1931 pro 1932 erschien, auch als Autor beteiligt. Er stellt das neuerbaute Schulhaus seiner Wohngemeinde Stäfa vor und erwähnt das Rebhäuschen «am Fusse des schönsten zürcherischen Rebberges, der Sternenhalde», wo 1834 die Sekundarschule eröffnet wurde, die direkt auf den pädagogischen Impuls des Ustertages 1830 zurückgeht. Dieses «Rebenschulhäuschen darf den Anspruch auf Schönheit erheben. Eine beneidenswerte Jugend, die hier zum Lernen zusammenkam, während die Väter an der Halde mit wuchtigen Schlägen des Karstes der Weinrebe das Erdreich bereiteten.»[15] Besagtes Rebhäuschen ist heute Eigentum des Sohnes Ulrich (I) und seiner Gattin Marianne Gut-Schweizer, die es liebevoll pflegen. Im gleichen Jahrbuch zeigt Theodor Gut, wie die Tradition des Landaufenthaltes in der Zürichseegegend im Sinne des VSLZ erneuert werden kann, indem er das neue Haus des Vorstandsmitglieds Paul Hermann Burkhard-Auer, erbaut durch das Vorstandsmitglied Albert Kölla, vorstellt: «So lässt man sich die neue Sachlichkeit gefallen. Das Landhaus ‹Seegut› bei Feldbach fügt sich den soliden selbstsicheren Sitzen, die die beneidenswerten Herren von Zürich im 17. und 18. Jahrhundert vom Seefeld an bis gen Schirmensee hinauf sich erbauten, würdig an.»[16] Noch einmal lässt sich Gut vernehmen. Im 7. Jahresbericht des Verbandes erinnert er an die Stäfner Herbstspiele 1933: «Was wollte man ursprünglich? Die landwirtschaftliche Dorfarbeit, vor allem die des Rebbauern, an einer bescheidenen Messe zeigen und diesem eher wirtschaftlichen Unterfangen durch ein Heimatspiel etwas Glanz verleihen. Was die vierzigtausend auswärtigen Besucher dann aber erlebten, war viel mehr und war aus einem Guss. Ein schönes tüchtiges Dorf bringt sich auf seinem eigenen Boden zur Darstellung, fernab aller spielerischen Effekte und Pointen, gerade so, wie es ist, aus unserem gesegneten Werktag heraus.»[17] Er erkennt die schöne Zusammenarbeit als Ausdruck der Reife aus der freiheitlichen Tradition der Gemeinde, «aus dem tiefsten Bedürfnis heraus zur Gemeinschaft (...) ein Ausdruck der Sehnsucht nach Einheit». Aus der Textpassage über die heilige Verena lässt sich auch herauslesen, warum im Vorstand des VSLZ auf der Basis von Toleranz und integrativem Verstand des Gespanns Gut/Balsiger nicht nur die politische Linke und der Freisinn, sondern auch die Vertreter des Klosters Einsiedeln zusammenarbeiteten: «Woher diese Volkstümlichkeit» der Schutzpatronin Verena «nach vierhundert Jahren Reformation? (...) Massgebend dürfte sein, dass hier Unauslöschbares, auf dem Grund der Volksseele Schlummerndes, seinen gelegentlichen Ausdruck findet, spontan und warm. (...) An Verena erwahrt sich wie am heiligen Franz die Kraft des guten Symbols, und warum schliesslich sollte alles Mystische, aller einfältig-fromme Glaube verbannt werden, nur weil er einen Heiligenschein trägt?»

Theodor Guts Tod am 29. August 1953 ruft «eine mächtige und tiefe Bewegung des Gemüts in der Bürgerschaft seiner engern und weitern Heimat hervor», schreibt sein Freund, Nationalrat und Chefredaktor der NZZ, Willy Bretscher (1897–1992) am Anfang seiner Würdigung.[18]

Theodor Guts Söhne Theodor (II) und Ulrich (I) treten in Beruf, Politik und VSLZ in die Fussstapfen des Vaters. Der Vater hat sich in vielfacher Belastung frühzeitig verbraucht.[19] Die Familie organisiert sich nun so, dass durch Aufteilung der Bereiche und enge Zusammenarbeit die Belastung erträglich wird. Heimatverwurzelung, Heimatliebe und die Befähigung, diese sprachlich zu formulieren, ist den Söhnen wie der Tochter Hilde Welti-Gut eigen.[20] Theodor Gut (II) ist 40 Jahre lang, von 1954 bis 1994, Vizepräsident des VSLZ.

Er lehnte «immer wieder die angebotene Berufung zum Präsidenten ab, damit er und der VSLZ in ihren Entscheidungen frei blieben von auseinanderstrebenden Interessen von Politik, Pressearbeit und Verbandsanliegen».[21] Dank seinem Engagement «hinterlässt er eindrückliche unvergessliche Spuren. Das Wirken für unseren Verband besteht ja nicht nur in der Sorge um Schilf, Ufer, Wasser, Vögel, Bäume und Bauten. In umfassenderem Sinne geht es doch um die Pflege und den Schutz des Kulturraumes, soweit er vom See aus bis zum Horizont überblickt werden kann. Sich für diesen Kulturraum einzusetzen, bedeutete Theodor Gut wohl stets mehr, als nur kommerzielle, technische, juristische, politische oder naturschützerische Probleme zu lösen. Seine vielseitige Begabung, Ausbildung und Erfahrung befähigte ihn in optimaler Weise, im Kampf für unsere Anliegen eine wirkungsvolle Synthese der Einzelaspekte zugunsten des übergeordneten Ganzen – der Kultur unseres Zürichseeraumes herzustellen.»[22]

Als er 1994 zum Ehrenmitglied ernannt wird, wünscht er, dass der VSLZ weiterhin «in Anständigkeit und Beharrlichkeit und mit phrasenlosem Patriotismus wirken möge».

Die Gegenwart: der ZSL

Aus dem Vergleich der Reden und Schriften von Vater und Sohn Theodor Gut I und II geht die Kontinuität in der differenzierten Ausdruckskraft der beiden Politiker und Redaktoren hervor. Speziell interessant sind die Kommentare des Jüngeren über die Veränderungen im Gebiet der weltweiten Kommunikation und der Medien und über die Rolle der Regionalzeitungen.[23] Seine «gepflegten Miniaturen aus der engern Heimat»[24] belegen aber auch den Sinn für den unmittelbaren Lebensraum am See. Das ist der Seegarten, welcher der Druckerei mit der Wohnung des Chefredaktors vorgelagert ist. Ein solch abgeschirmter Grünbezirk am See kann aus der Sicht von der Seestrasse her nicht unbedingt hinter dem Gebäudekomplex der Zürichsee Medien vermutet werden. Vom 63-jährig verstorbenen Vater

Aussicht vom Garten der Druckerei Stäfa. V. l. n. r. Wollerau, Richterswil, Reidholz Wädenswil. Darüber der Höhronen. Foto Elvira Angstmann 2002.

Theodor Gut (I) wird gesagt: «Wie schön wäre es gewesen, wenn er den Augenblick erlebt hätte, da er den Traum verwirklichen durfte, am Ufer seines geliebten Sees, unter den Platanen des ruhevollen Gartens beim Zeitungshaus mit einem Glas weissen Weins zu sitzen und die geplante ‹Geschichte der schweizerischen Neutralität› zu schreiben».[25] Der Sohn Theodor Gut (II) findet immerhin Zeit, in einer Selbstbetrachtung zu schildern, wie der stets beschäftigte Redaktor im Garten seine Pendenzen vergisst und die vielfältigen Blattfarben der Blutbuche und das Krähennest im Wipfel beobachtet, die Frühlingsblumen riecht und der Doppelpatrouille der Wildenten über dem See nachblickt.[26]

Eingeladen von Ulrich Gut (I) und seinem Sohn Ulrich E. Gut (II), dem jetzigen Präsidenten des Zürichsee Landschaftsschutzes[27], erkenne ich bei meinem Besuch am 23. Juli 2001 in diesem Seegarten nicht nur den Erholungsraum für die Druckereiangestellten und den privaten Seekontakt der Familie Gut, sondern recht eigentlich den Wachtposten des Verbandsgründers Theodor Gut (I)! Von der Aussichtswarte am Ufer (Abb. links) geht der Nahblick auf den See und zum gegenüberliegenden Ufer nach Wädenswil, zur Richterswiler Bucht und nach der Bächau. Dahinter steigen die Wiesenhänge gegen Schönenberg, Hütten und die Höfe an, überragt von den waldigen Erhebungen des Höhronen, des Etzels und den Glarneralpen. Stäfa ist das oberste zürcherische Siedlungszentrum am rechten Zürichseeufer, von hier schaut man auf den Grenzort Richterswil am linken Ufer und ins schwyzerische Gebiet. Ulrich E. Gut (II) lenkt die Aufmerksamkeit auf die grosse Grünzone, die sich zwischen Wädenswil und Richterswil von der Waldkuppe Reidholz hinab gegen Mülenen erstreckt. In der Beratung des kantonalen Richtplanes Landschaft im Kantonsrat unterlag vor kurzem die Ausscheidung dieser Zone als Freihaltegebiet mit 74 zu 65 Stimmen. Pressebericht: «Die Gemeinden hätten ohnehin kein Interesse, solche Gebiete zu überbauen, und deshalb hätten sie keine kantonale Einmischung nötig.»[28] Der Zürichsee Landschaftsschutz ZSL hatte sich dagegen vehement für die Freihaltung der letzten grünen Trennstreifen zwischen den Gemeinden am See ausgesprochen.[29]

Damit sind wir mitten im aktuellen Geschehen der Gegenwart. Im Gespräch blicken wir zurück. Ulrich Gut (I) war seit 1954 Mitglied und 1964 bis 1966 Präsident der Redaktionskommission für die Jahrbücher vom Zürichsee.[30] Wir bedauern gemeinsam, dass diese 1930 bis 1966 in 21 Bänden erschienene Publikation nicht weitergeführt wurde. Ein wichtiges Propagandainstrument des VSLZ ging damit verloren. Seine Erinnerungen an Personen und Aktionen sind aber in den vorliegenden Jubiläumsband eingeflossen.[31] Er bestätigt, dass ihm, wie schon Vater und Bruder, die Region Stäfa Modell und «Übungsfeld» für das Wirken im VSLZ war. Er selbst hat sich vehement für den Landschafts- und Denkmalschutz «vor der eigenen Haustüre» eingesetzt, so für den Rebberg an der Sternenhalde, oder für die Häuser Brandschenke und Wiesental und das eigene historische «Rebschulhäuschen».[32] Spezialität des Augenmenschen sind seine neuerdings farbigen Bildreportagen über den Zürichsee und die Zürichseegegend im Laufe der Jahreszeiten und über deren Pflanzen- und Tierwelt[33] sowie ebenso sorgfältig gestaltete Buchpublikationen.[34] Ein eigentlicher Schwerpunkt seiner Tätigkeit ist die Betreuung des Theodor Gut Verlags Stäfa, den er 1944 zusammen mit Vater und Bruder gegründet hat. «Unsere Aufgabe als Verlag sehen wir im Lob unserer Region, unseres Kantons Zürich und der Schweizerischen Eidgenossenschaft. Trotz allem!»[35] Neuerdings hat er das Firmenarchiv und ein Druckmuseum eingerichtet.[36] Ulrich Gut (I) verkörpert heute die Familientradition. Sein Sohn Ulrich E. Gut (II), sein Neffe Christian Gut, der als Nachfolger seines Vaters seit 1994 ebenfalls Vorstandsmitglied des ZSL ist, und dessen beide Brüder führen diese Tradition weiter.

Blick vom Etzel-Kulm auf den «Frauenwinkel», See- und Ufergelände zwischen den Inseln Ufenau und Lützelau, Pfäffikon sowie Hurden auf der Halbinsel. Im Hintergrund der Seedamm und Rapperswil. Foto 1938.

Die Gründung des Verbandes 1927

Anlass zur 1927 erfolgten Gründung des *Verbandes zum Schutze des Landschaftsbildes am Zürichsee* (VSLZ), ist die Gefährdung des sogenannten Frauenwinkels bei Hurden.

Der durch Riedflächen gebildete einzigartige Landschaftsraum ist bereits 1915 von der Regierung des Standes Schwyz zum Schongebiet für Wasser- und Sumpfvögel erklärt worden und der Schweizerische Ornithologische Verein hat dort seither zwecks Schaffung einer Vogel-Zufluchtsstätte mit den Grundeigentümern zahlreiche Verträge abgeschlossen. Am 25. August 1927 berichtet die in Stäfa erscheinende *Zürichsee-Zeitung*, dass am Seeufer im Frauenwinkel der Bau eines Fabrikgebäudes für Weberei-Massenartikel, wahrscheinlich aber für den Bau und die Prüfung von Motoren für Wasserflugzeuge geplant sei.[1] Diese Nachricht beschäftigt auch Theodor Gut (I), den Herausgeber und Chefredaktor der Zeitung. Was tun? Gut greift zum Telefon. Hermann Balsiger, der Angerufene, hat die «Gründungslegende» anlässlich der 25-Jahrfeier des VSLZ (und zehn Monate vor seinem Tode) erzählt:

«An einem heissen Tage im August sitze ich schwitzend im Lesezimmer der Rekurskammer des Obergerichts, um gemeinsam mit zwei andern Richtern die letzten Entscheidungen vor Ferienschluss zu treffen. In der drückenden Schwüle des Arbeitsraumes flüstert mir der Weibel ins Ohr: ‹Sie werden am Telefon verlangt.› Ungehalten über die Störung frage ich mürrisch zurück: ‹Wie heisst der Angeklagte?› Der Weibel erwidert: ‹Sie sind nicht als Richter, sondern als Vorsitzender der kantonalen Natur- und Heimatschutzkommssion angerufen.› Und wirklich, am Telefon vernahm ich die angenehm ausgeglichene Stimme des Heimathüters von Stäfa, die Stimme unseres allverehrten Theodor Gut.» Gut setzt Balsiger die Fakten auseinander und schliesst: «Einige stille schöne Partien am oberen Zürichsee sollten wir uns und den Nachkommen doch unversehrt zu erhalten wissen.»

«Ich erwidere, ich sei gerne bereit, bei einem Initiativkomitee mitzuwirken, obwohl die kantonale zürcherische Natur- und Heimatschutzkommssion auf dem in schwyzerischem Gebiet gelegenen Landstreifen nicht zu handeln habe. (...) Mit diesem Gespräch ist der erste Schritt getan.»[2]

Zur Abwehr des Bauvorhabens verbinden sich nun der 37-jährige Chefredaktor der *Zürichsee-Zeitung* und Sekretär der Freisinnigen Partei des Kantons Zürich, Theodor Gut (I) und der 51-jährige sozialdemokratische Oberrichter Hermann Balsiger. Die erste Konferenz des «Initiativkomitees zur Erhaltung der obern Zürichsee-Landschaft» findet am 10. September 1927 um 15 Uhr im Restaurant «Adler» in Hurden statt. Balsiger hat den Vorsitz, Gut nimmt das Protokoll auf. Weiter nehmen teil: Pater OSB Joachim Gisler, Statthalter des Stiftes Einsiedeln in Pfäffikon; Kantonsrat und Gemeindepräsident Franz Christen, Pfäffikon, Bezirksgerichtsschreiber Dr. iur. Paul Corrodi, Meilen; Dipl. Ing. Paul Hermann Burkhard-Auer, Rapperswil; Dipl. Arch. ETH BSA Albert Kölla, Stäfa. Entschuldigt abwesend sind Fabrikant Heinrich Steinfels-Saurer, Schirmensee und Fabrikant H. Gattiker-Tanner, Präsident des Verkehrsvereins Rapperswil.

Nach einem Augenschein im Ried westlich der Strasse Rapperswil–Pfäffikon stellt das Komitee fest, dass ein «herrliches Stück deutsch-schweizerischer Erde an einem empfindlichen Punkt gefährdet» ist.[3] Der Erhaltung der Uferlandschaft in ihrem Zusammenhang als Gemeingut steht entgegen, dass sie im Hoheitsgebiet

Mit der am 23. Januar 965 ausgestellten Urkunde schenkte Kaiser Otto I. dem Kloster Einsiedeln den «Frauenwinkel», die Ufenau und zugehörige Gebiete. Pergament im Stiftsarchiv Einsiedeln. Foto aus JbZ 1962–1963, S. 108.

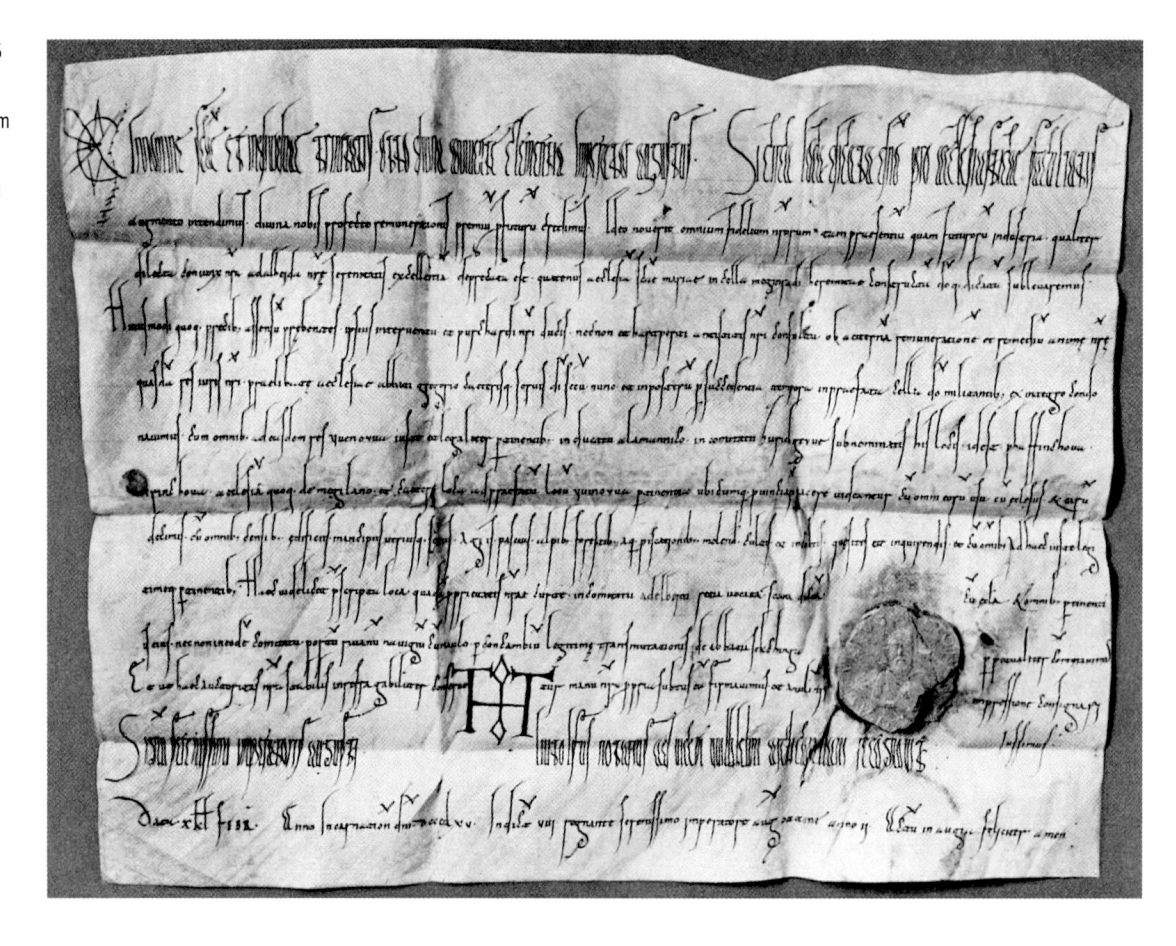

von drei Kantonen mit verschiedenem Recht liegt. Anzustreben sind darum ein Konkordat, allgemein verbindliche Rechtsnormen für Natur- und Landschaftsschutz sowie finanzielle Grundlagen für die Handlungsfähigkeit. Positive Voraussetzung sind die Rechte des Stiftes Einsiedeln, «die sich auf den See, die Fischerei und die Ufer beziehen.»[4] Pater Gysler betont, «dass das Stift jeden Stranddurchbruch im Frauenwinkel rechtlich verhindern könne. Der Strandboden darf nicht verändert werden; das ist die grosse Waffe». Der Frauenwinkel umfasst einen Drittel des Seeanstosses der grossen Gemeinde Freienbach, die beidseits der Siedlung dieses Namens auch Pfäffikon (mit der einsiedlischen Statthalterei im Schloss) sowie Bäch, die Halbinsel Bächau und die Insel Ufenau umfasst. Das Votum des Gemeindepräsidenten von Pfäffikon ist bezeichnend für die Zurückhaltung der Gemeinden im Landschafts- und Naturschutz überhaupt: «Hr. Präsident Christen erblickt im Abwehrwillen des Stifts die beste Garantie für einen Erfolg der Kampagne. Es besteht im übrigen ein § 178 des schwyzerischen Einführungsgesetzes zum ZGB, der den Schutz solcher Landschaften vorsieht, auch die betr. Verordnung ist durchberaten. Gestützt auf § 178 wird der Gemeinderat die Pläne einverlangen können. Nur sollte er positive Anregungen und bezügliche Verlangen von aussen erhalten.» Balsiger fasst 25 Jahre später sein eigenes Engagement als erfahrener (und in Sachen Seeufer teilweise resignierter) VSLZ-Präsident folgendermassen zusammen:

«Am Schlusse der Sitzung setzt der Vorsitzende die Erwägungen auseinander, die ihn zum Antrag bewegen, einen Interkantonalen Zweckverband ins Leben zu rufen. Er sagt: ‹Die Einheit der Landschaft am oberen Zürichsee ist Gemeingut der gesamten Anwohnerschaft aller Uferstrecken. Es gilt daher, öffentliche Interessen wahrzunehmen, die bis anhin arg vernachlässigt wurden. Von den

Naturufern ist, zumal im Kanton Zürich, wenig mehr übriggeblieben. Die verhängnisvolle Landanlagenpolitik dieses Kantons hat sie bis auf einen verschwindenen Rest zerstört. Der Staat hat in das Walten der Natur respektlos eingegriffen. Nun gilt es, zu retten, was noch zu retten ist. Diese Rettung ist keineswegs eine liebhaberische Angelegenheit, sondern eine sozialethische Notwendigkeit. Anbauung und Industrie zusammen haben zudem den See verschmutzt. Kampf also dieser Verunreinigung! Hier oben kommt dazu, dass die Halbinsel Hurden früher oder später aus wasserwirtschaftlichen Gründen durchschnitten wird. Bereits liegen Projekte vor, wonach dieser Durchschnitt in einer gefühllosen, hässlich schiefen Linie gleich hinter Hurden erfolgen würde. Der moderne Verkehr erfordert sodann auch eine rasche und gründliche Verbesserung der Dammbrücke. Daran ist die gesamte Bevölkerung des Zürich- und des Obersees stark interessiert, nicht zuletzt unsere jugendlichen Wanderer. Die Avifauna, die Fauna und mit ihnen die Schilfpartien sowie die Pflanzenwelt der landwärts gelegenen Ufergebiete müssen geschützt werden. Ohne Schwimmvögel und ohne Rieder ist der See tot.›»[5]

Beschlossen werden die sofortige Gründung eines Zweckverbandes und Aufrufe durch Corrodi in der NZZ und Gut in der «Mittelpresse», denn «wirtschaftliche und ideale bzw. öffentliche Interessen decken sich». Das Komitee – mit Unterschrift von Dr. Paul Corrodi – gelangt am 12. September 1929 an den Gemeinderat von Freienbach und bittet diesen dringend, das Bauprojekt des Herrn Kerschbaum in Männedorf sofort provisorisch und nachher definitiv zu untersagen. Das Schreiben enthält eine ausführliche Belehrung über die Rechtsgrundlagen, die dem Gemeinderat solches erlauben: § 702 des Schweizerischen Zivilgesetzbuches, das bereits 15 Jahre in Kraft ist, ferner § 178 des diesbezüglichen schwyzerischen Einführungsgesetzes, welches wiederum die Grundlage bildet für die *Verordnung des Kantons Schwyz betr. den Natur- und Heimatschutz und die Erhaltung von Altertümern und Kunstdenkmälern*, welche damals bereits vom Schwyzer Kantonsrat durchberaten war und noch im gleichen Jahr 1927 am 29. November in Kraft treten wird. Das Komitee verweist nachdrücklich auf Recht und Pflicht der Gemeinden, in Gefährdungsfällen zu handeln. Überdies sei das Projekt «wirtschaftlich durchaus schlecht fundiert» wegen teurer Zuführung der Baumaterialien ab den Bahnhöfen Rapperswil oder Pfäffikon und wegen schlechtem Baugrund. Eine allfällige Ausbeutung von Kies und Sand auf dem Grundstück per Schwimmbagger vom See aus würde das Stift Einsiedeln kategorisch ablehnen, ebenso die Benutzung der Wasserfläche im Frauenwinkel als Versuchsplatz für Wasserflugzeuge. «Der Frauenwinkel ist samt dem Fischereirecht seit der Zeit Kaiser Ottos I. (10. Jahrhundert) Eigentum des Stiftes Einsiedeln, das bisher diesen einzigartigen Erdenfleck von allen Eingriffen zu bewahren wusste und sich allen spekulativen Absichten kategorisch widersetzen wird» (Abb. S 100). Zum Schluss wird auf die wirtschaftlichen Interessen hingewiesen: Das ideale Laichgebiet sei der Fischerei zu erhalten, ebenso die Naturschönheit der Landzunge von Hurden als «Anziehungspunkt für Ausflügler von nah und fern, namentlich aber aus der Stadt Zürich».

Das erweiterte Aktionskomitee spricht sich in der Sitzung vom 29. September 1927 in Rapperswil für die Schaffung eines Verbandes aus.

Die Gründungsversammlung, an der die Satzung (Statuten) angenommen wird, findet am 15. Oktober 1927 im Hotel Schwanen in Rapperswil statt. Artikel 1 der Satzung lautet: «Unter dem Namen: *Verband zum Schutze des Landschaftsbildes am Zürichsee* besteht auf unbeschränkte Dauer eine gemeinnützige Genossenschaft, die sich in erster Linie die Aufgabe stellt, die zur Zeit noch bestehenden Naturufer am Zürichsee mit ihrer Pflanzen- und Tierwelt nach Kräften zu schützen und zu erhalten. Die Genossenschaft verfolgt ferner den Zweck, das Verständnis für die Einheit des Landschaftsbildes am Zürichsee und seinen Ufergebieten zu wecken und zu pflegen und dieses Landschaftsbild den Nachfahren frei von Verunstaltungen irgendwelcher Art zu überliefern.» Seine Zwecke sucht der Verband durch Aufklärung, Bekämpfung von zuwiderlaufenden Projekten, Sammlung und Äufnung von Geldmitteln für den Erwerb von Privatrechten, Erlangung öffentlich-rechtlichen Schutzes, Zusammenarbeit mit anderen zweckgleichen Verbänden zu erfüllen. Sitz des im Handelsregister eingetragenen Verbandes ist Rapperswil. Die

Verlautbarung 1929 über das neue Naturschutzgebiet «Frauenwinkel», das von der Schweizerischen Gesellschaft für Vogelkunde und Vogelschutz betreut wurde.

Mitgliedschaft kann erworben werden von den drei Kantonen Schwyz, St. Gallen und Zürich, ihren im Schutzgebiet liegenden Bezirken, Gemeinden und deren Organen, von hier niedergelassenen öffentlich-rechtlichen Stiftungen, Gesellschaften, Vereinen und Verbänden, «insbesondere von solchen zur Förderung der Fischerei, zum Schutze der Vögel und anderer

Naturschutzgebiet.

Das Riedgelände zwischen Pfäffikon und Hurden, die Ufenau, sowie ein Teil des Frauenwinkels, nämlich die Seebucht zwischen Pfäffikon/Unterdorf-Ufenau-Spitze der Halbinsel Hurden (mit Ausnahme der Lützelau) wird mit Zustimmung der h. Regierung des Kts. Schwyz, des Gemeinderates Freienbach und sämtlicher betreffender Privateigentümer, als Naturschutzgebiet erklärt.

Das Betreten des mit Verbottafeln und rot-weissen Markierungspfählen begrenzten Riedgeländes Pfäffikon-Hurden ist Unbefugten jeweilen vom 1. März bis 31. Juli bei Busse von Fr. 5.— bis Fr. 100.— verboten. Ebenso das Laufenlassen von Hunden. (§ 354 und 355 und ff. C. P. O.).

Bei gleicher Busse und für das ganze Jahr ist verboten: das Baden auf der Ufenau, die Angelfischerei im Schutzgebiet und das Befahren der dichten Schilffelder mit Booten durch Unbefugte, das Abreissen von Pflanzen, das Schneiden oder sonstiges Zerstören von Schilf, sowie jegliches mutwillige Stören der Vögel und Nester im und um das Schutzgebiet. (Bundesgesetz über Jagd und Vogelschutz.).

Das Schutzgebiet (mit Ausnahme des Riedgeländes) ist Teil des Jagdschonreviers Frauenwinkel und steht unter Bewachung.

Naturwissenschaftliche Besucher, die nicht im Besitze einer Legitimationskarte sind, wenden sich an den derzeitigen Wächter, Herrn Fischer Braschler in Hurden.

Für die Schweiz. Gesellschaft für   Der Präsident des Bez.-Gerichts
Vogelkunde und Vogelschutz: Höfe:
Der Präsident: sig. Dr. C. Theiler.
sig. Dr. L. Pittet.

Tiere, zur Erforschung und zum Schutze der Natur, von Heimatschutzvereinigungen, von Gesellschaften, welche Interessen des Motorfahrzeugverkehrs oder des Hotel- und Gastwirtsgewerbes oder des Verkehrs wahrnehmen, oder von solchen, welche sich der Pflege des nautischen Sports widmen, von Vereinen mit gemeinnützigen, geselligen oder künstlerischen Zwecken usf. usf.», ferner «von volljährigen natürlichen Personen jeden Standes, ohne Rücksicht darauf, ob sie im Schutzgebiet niedergelassen seien oder nicht» (Art 6).

Der Vorstand, der aus mindestens 13 Mitgliedern bestehen muss, bildet den ersten Arbeitsausschuss, bestehend aus:
- Präsident Dr. Hermann Balsiger
- Vizepräsident Theodor Gut
- Schreiber Dr. Paul Corrodi,
    Bezirksgerichtsschreiber, Meilen
- Säckelmeister Albert Kölla, Architekt, Wädenswil
- Beisitzer W. E. Blöchlinger, Architekt, Rapperswil

Weitere Vorstandsmitglieder sind:
- Dr. P. Damian Buck, Einsiedeln
- Ingenieur P. H. Burkhard-Auer, Feldbach
- Gemeindepräsident F. Christen, Pfäffikon
- Bezirksammann Dr. Ebnöther, Lachen
- Fabrikant Heinrich Gattiker-Tanner, Rapperswil
- Rechtsanwalt Dr. Hermann Giesker, Zürich
- Rechtsanwalt Dr. A. Gmür, Rapperswil
- Fabrikant E. Graf, Rapperswil
- Dr. iur. K. Guggenheim-Zollikofer, St. Gallen
- Stadtbaumeister Hermann Herter, Zürich
    (für die Bauverwaltung I der Stadt Zürich)
- Kantonsrat Dr. H. Hotz, Lachen
- Kantonsingenieur Karl Keller
    (für die Direktion der öffentlichen Bauten des
    Kantons Zürich)
- Dr. Walter Knopfli, Zürich
- Nationalrat Paul Müller-Schubiger, Schmerikon
- Oberingenieur R. Schätti, Zürich
- Bezirksammann Johann Schmucki, Uznach
- Chefredaktor H. Schulthess, Zürich
- Fabrikant Heinrich Steinfels, Schirmensee.

Fürs erste wird die Gefährdung des Frauenwinkels abgewendet, indem 1927/28 das VSLZ-Mitglied F. Truttmann-Helbling «zum Adler» in Hurden das fragliche Grundstück im Ausmass von rund 10 000 m^2 erwirbt. In der Folge wird es zur landwirtschaftlichen Bewerbung, belastet mit einer von Balsiger redigierten Personaldienstbarkeit, zu reduziertem Preis weiterverkauft. «Diese Personaldienstbarkeit, die erste ihrer Art am Zürich- und am Obersee, bezweckt, die Gefahr der Bebauung für die Zukunft von Ufergrundstücken fernzuhalten. Sie ist für die seitherigen und künftigen Aktionen zum Schutze des Landschaftsbildes vorbildlich geworden.»[6]

Als Hintergrundinformation zum Geschehen kann ein Brief Balsigers dienen, den er am 9. September 1927 an seinen Freund Stadtrat Dr. Emil Klöti, Vorsteher des Bauwesens I der Stadt Zürich richtete [7] – unmittelbar vor der Sitzung des Initiativkomitees am 10. September 1927. Balsigers persönliche Beweggründe und der daraus entstehende Einsatz werden anschaulich:

Der geplante Bau liegt an einer kritischen Stelle des Frauenwinkels, zwischen Ufenau und Lützelau, wo er unerwünscht ist, er zerstört «mit Sicherheit das klassische Landschaftsbild», denn dessen «Charakteristikum besteht in den langen Horizontalen. Diese bewirken, dass die Landschaft frei, weit und tief erscheint, trotz des Bergrahmens. Ich bedaure, dass die SBB sich nicht entschliessen konnten, auf die Hochspannungsleitung über den Damm zu verzichten», die Dringlichkeit der Elektrifizierung über den Ricken gebietet, sie einstweilen hinzunehmen. Ich hoffe aber, dass sie, weil ebenfalls als Horizontale gesehen, nicht gar unerträglich aussieht. Rieduferverleihen dem Landschaftsbild noch besonderen Reiz. Auf der Ostseite der Hurdener Landzunge gewinnt die Firma Helbling von Rapperswil Kies und Sand, sodass förmliche Abgrabung platzgreift. Das Ufer am Obersee ist noch Naturufer, aber Landanschüttungen drohen, wie früher am untern Zürichsee. Einzelne Grundstücke müssen gekauft werden, streckenweise ist ein absolutes Bauverbot erforderlich, andernorts ist eine Bauordnung mit weitgehenden Baubeschränkungen und Kontrolle erforderlich. Das Initiativkomitee (Theodor Gut) verhandelt mit dem Eigentümer, welcher übernächste Woche mit dem Bau beginnen will. Wieder müssen Private für öffentliche Interessen aufkommen!! Und Private müssen ein Konkordat zwischen den Kantonen Schwyz, St. Gallen und Zürich propagieren, weil es im Bund keine Instanz gibt, welche intervenieren und die Beteiligten zu einer Konferenz einladen könnte. Auch wird die Zürcher Regierung die Initiative nicht ergreifen, weil sie gerade die Schwyzer Forderung nach einem Unterhaltsbeitrag für die Seedammstrasse grundsätzlich und kategorisch abgelehnt hat, «obgleich es doch in der Hauptsache Zürcher Automobile sind, welche die Dammstrasse beanspruchen und abnützen». Damit beraubt sie sich auch der Vergrösserung ihrer Einflusszone. Frage: ist es auch der Stadt Zürich gleichgültig, was da oben am See geschieht? Alle Seegemeinden, Zürich und Rapperswil voran, sollten interessiert sein: wegen der Dampfschifffahrt, wegen der Entwicklung des nautischen Sports, wegen dem Bestand der Schwimmvogelwelt.

Würde sich der Zürcher Stadtrat im Initiativkomitee durch Klöti oder ein anderes Mitglied vertreten lassen, fragt Balsiger zum Schluss seinen Freund. Klöti ist für den Vorstand (vorerst) nicht zu gewinnen, ordnet aber immerhin Stadtbaumeister Hermann Herter ab. Die von der Zürcher Kantonsregierung verpasste Einflussmöglichkeit im oberen Seeraum ergreift der Verband selbst. Dass sich «wirtschaftliche und ideale bzw. öffentliche Interessen decken», wie die Initianten erkennen, spiegelt sich in der Formulierung der von Balsiger entworfenen Statuten und in der Zusammensetzung des Vorstandes. Die Voraussetzungen zum Gelingen des Unternehmens liegen aber vor allem in den Charakteren der beiden Gründer Gut und Balsiger. Trotz Altersunterschied und politischer Polarität sind Idealismus und Realitätsbezug eine Verbindung eingegangen, die offensichtlich selten vorkommt – auch in der Schweiz, deren geistig-politische Basis gerade in dieser Verbindung besteht. Unter den Mitgründern ist das Engagemet des ersten Schreibers des Verbandes, des künftigen Zürcher Regierungsrates Dr. Paul Corrodi zu nennen. Er verfasste für die Zeitschrift *Heimatschutz* einen Gründungsbericht, der die verschiedenen rechtlichen Aspekte mit einer poetischen Schilderung der geretteten Landschaft verbindet.[8]

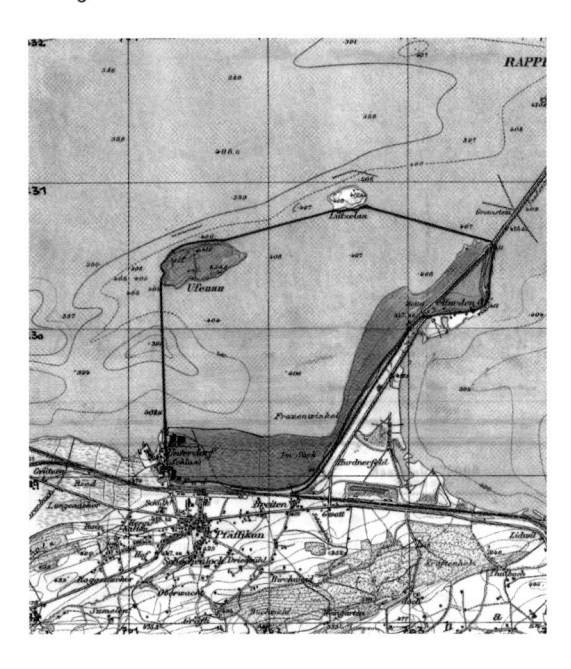

Perimeter des 1929 als Naturschutzgebiet erklärten «Frauenwinkels». Grundlage: Topographischer Atlas der Schweiz, Massstab 1: 25 000. Vgl. Abb. S. 13.

Die Sanierung des Seedammes beschäftigte den VSLZ 1928 bis 1951. Walter Roshardt (1897–1966) («Rdt») widmete seine Zeichnung dem VSLZ und Pater Rudolf Henggeler. Aus JbZ 1945/46, S. 59.

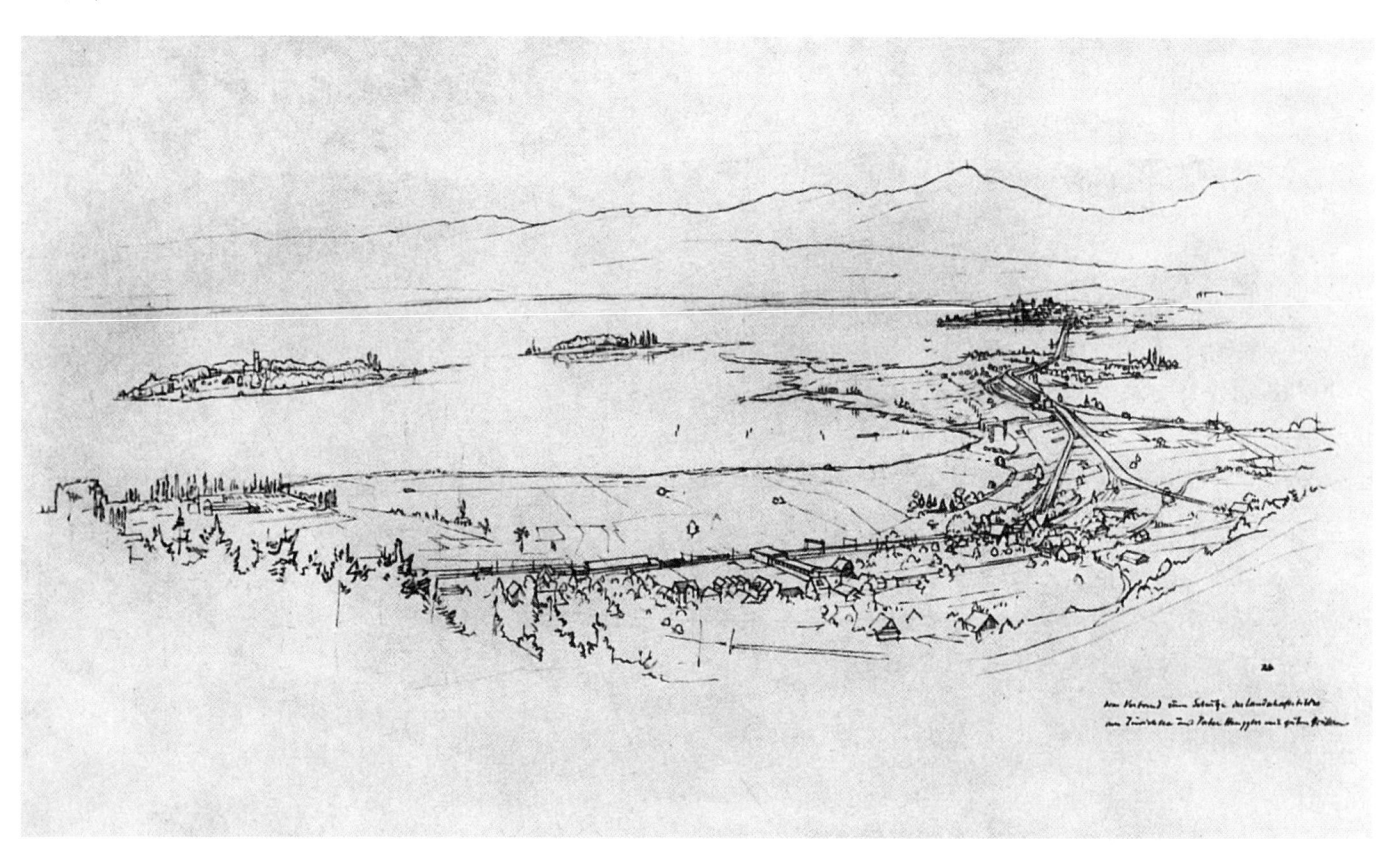

«Seedamm-Frage» und eidgenössische Natur- und Heimatschutz-Gesetzgebung

Anfangs März 1928 publiziert der neugegründete Verband ein Werbeflugblatt über seine Zielsetzung, in dem es heisst: «Da weder die Kantone noch die Gemeinden bisher eine gemeinsame Politik des Uferschutzes betrieben, will der Verband nun eine Zentralstelle dafür sein.»[1] Sofort und besonders intensiv befasst er sich mit dem 1875 bis 1878 erbauten, sanierungsbedürftigen Seedamm Rapperswil–Hurden, dessen südliche Verlängerung an den Frauenwinkel grenzt. Landschaftsschutz bedeutet hier auch Landschaftsgestaltung. Es geht um die ästhetisch einwandfreie Einordnung von Strasse und Bahn. Im Jahresbericht pro 1932[2] wird diese Aufgabe mit differenzierter Argumentation dargestellt. Den Hintergrund der Aktion fasst Balsiger 1952 im Rückblick zusammen:

«Wir haben schon im Zeitpunkte der Gründung unseres Verbandes (...) die Lösung eines gewichtigen Problems der Landes- und Regionalplanung ins Auge gefasst, nämlich die Korrektion des Seedammes sowie der Strasse vom Seedamm über die Halbinsel nach Freienbach, die sich gleichfalls in einem erbärmlichen Zustand befand. Wir waren es, welche für diese dringend nötige Verbesserung der Verkehrsverhältnisse die Initiative ergriffen. Wir waren es, die durch unsere Eingabe an den Bundesrat vom 18. Februar 1933 das Eidgenössische Eisenbahndepartement mobilisierten und damit den entscheidenden Schritt taten, der zur Ausführung des bedeutsamen Werkes führte. Handelte es sich doch unter anderem darum, so rasch als möglich den morschen Zustand der Eisenbahnbrücke, der Todesgefahren in sich barg, zu beseitigen. In Verbindung damit gelang es dann auch, den an sich unvermeidlichen Durchstich durch die Halbinsel dort zu planen und durchzuführen, wo wir ihn im Interesse des Landschaftsbildes haben wollten. (...) Das grosse Werk ist heute vollendet und lobt seinen Meister, aber auch uns, die wir seine vorausschauenden Initianten waren. Wir haben damit bewiesen, dass uns keine Bedürfnisse des gesellschaftlichen Zusammenlebens fremd sind, wenn Verkehrs- und technische Fragen zu lösen sind, vorausgesetzt, dass dabei den Gesichtspunkten des Natur- und Heimatschutzes Rechnung getragen wird.»[3]

Der letzte Satz enthält ungesagt auch die Information, dass Balsiger als Mitglied der kantonalen Verkehrskommission Erfahrungen in der Verkehrspolitik besitzt und sie hier anwendet.[4]

Er hat erkannt, dass hier eine (bis heute dauernde) Konfliktsituation besteht: Die mit Bau- und Verkehrsproblemen verbundenen Natur- und Heimatschutzprobleme im Frauenwinkel Hurden und im Einflussbereich von drei Kantonen sind langfristig nur durch Koordination aller Ebenen zu lösen und notwendig ist auch die Bundesebene. Eine eidgenössische Gesetzgebung über Natur- und Heimatschutz, d.h. ausführende Bestimmungen zum Artikel 702 des Zivilgesetzbuches (siehe S. 64) bestehen noch nicht. Zwar hat schon 1927 Schifffahrtspionier und Nationalrat Rudolf Gelpke (1873–1940), Basel, eine diesbezügliche Motion eingereicht, die aber nicht erfolgreich war. Am 23. Dezember 1931 nimmt dann aber der Rat eine Motion des Gipser- und Malermeisters Hermann Oldani (1891–1953) in Form eines Postulats an.

«Angesichts der Tatsachen, dass die Ufer unserer Seen und Flüsse sowie andere volkshygienische Naturanlagen, wie Wälder etc., immer mehr dem öffentlichen Interesse entzogen werden und dass ihre Benützung und freie Begehung bald unmöglich ist, wird der Bundesrat ersucht, zu prüfen, ob nicht der Entwurf zu einem weitblickenden Naturschutzgesetz einzubringen sei. Bei diesem Anlass dürften auch die Bestimmungen über den Schutz der Fauna und Flora sowie die Frage der Reservationen eine zeitgemässe Anpassung erfahren.»[5]

Der VSLZ publizierte das sog. «Einigungsprojekt» der Ingenieure Frei (Rapperswil) und Meier (Lachen) für die Seedammsanierung in seiner Eingabe an den Bundesrat vom 15.11.1932. Stadtarchiv Zürich: Na 819.

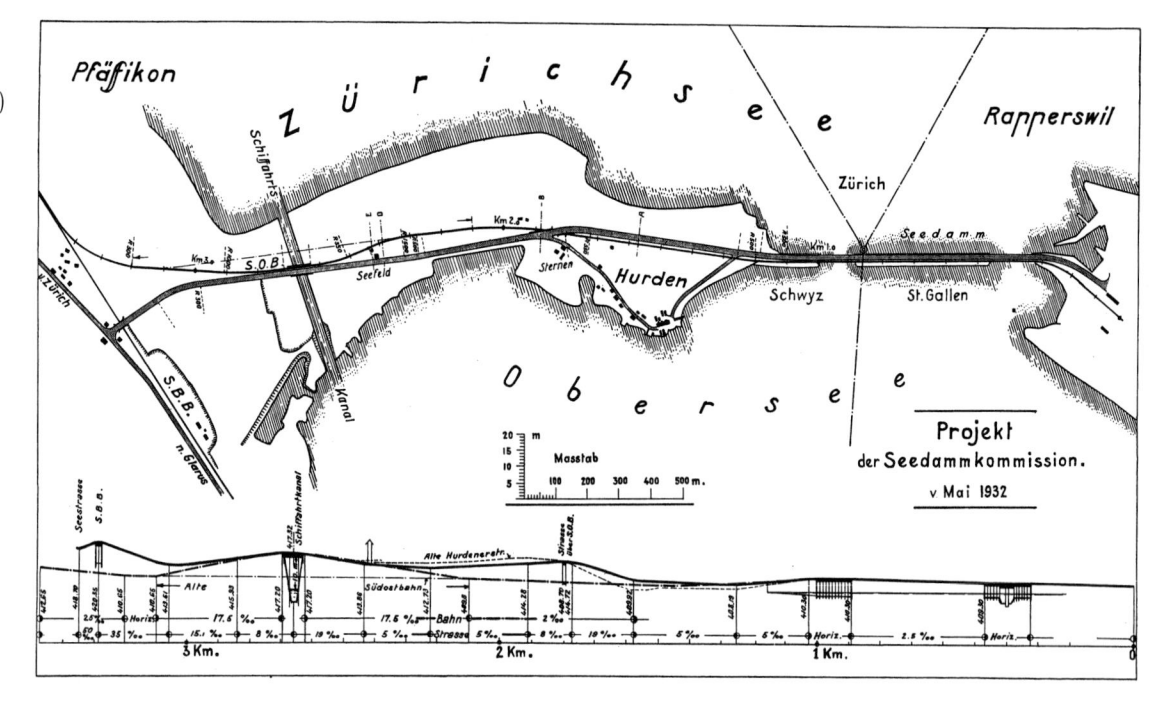

Nun kommt die Sache ins Rollen. Am 27. Februar 1932 beteiligt sich der VSLZ an der vom Schweizerischen Naturschutzbund und vom Schweizer Heimatschutz einberufenen Versammlung in Olten, die eine Kundgebung an den Bundesrat richtet: Es müsse eine Amtsstelle, eine Kommission und ein Bundesgesetz über Natur- und Heimatschutz geschaffen werden.[6] Im Jahresbericht des VSLZ für 1932 weist Balsiger auf die Notwendigkeit hin, dass private Verbände im Natur- und Heimatschutz eine Schrittmacherrolle für Gemeinden, Kantone und Bund erfüllen müssen: Seit der Gründung des VSLZ sind in anderen Kantonen mehrere Uferschutzverbände entstanden, solche sind aber auch am Zuger- und am Vierwaldstättersee nötig.[7] Ein Einsatz des Bundes für national bedeutsame Landschaften ist in Zukunft unerlässlich.[8] Der Kanton Zürich gehe heute anderen Kantonen mit dem guten Beispiel voran, er habe aber gut daran getan, kein besoldetes Natur- und Heimatschutz-Amt zu schaffen, wohl aber die (von Balsiger präsidierte!) Natur- und Heimatschutzkommission.[9] In der Eingabe des VSLZ an den Bundesrat vom 18. Februar 1933 wird um Unterschutzstellung des Frauenwinkels inklusive Inseln Ufe-

nau und Lützelau und des ganzen Seeufers zwischen der Grenze Zürich/Schwyz und der Säge Lidwil durch den Bund ersucht, eine Sachverständigenkommission nach dem Vorbild der NHKZ hätte jede geplante Veränderung zu prüfen.[10] Am 2. Mai 1933 weist Balsiger in Rapperswil vor den vorberatenden Kommissionen des Nationalrats und des Ständerats auf die Notwendigkeit eines eidgenössischen Natur- und Heimatschutzes hin.[11] Seine Vorschläge vom 8. September 1933 zur Ergänzung der Bundesverfassung und zu einem Bundesgesetz werden anlässlich der VSLZ-Generalversammlung von 1933 der Öffentlichkeit bekanntgegeben.[12] Im Frühling 1934 verfasst er dann den grundlegenden Aufsatz *Aufgabe und Organisation des Natur- und Heimatschutzes in der Schweiz*, Beitrag zu den Erörterungen über die Motion Oldani, und den *Vorschlag zu einer Bundesgesetzgebung über Natur- und Heimatschutz* samt Schaffung einer «Eidgenössischen Natur- und Heimatschutzkommission».[13] Die Eingabe wird an der Generalversammlung 1934 des VSLZ verabschiedet und am 14. November 1934 von Balsiger und Theodor Gut (I) persönlich Bundesrat Philipp Etter übergeben.[14] An der vom Eidgenös-

sischen Departement des Innern einberufenen, sehr zahlreich besuchten Konferenz am 13. Mai 1935 beteiligen sich neben den Verbänden neun Kantone, welche eine Koordination auf der Bundesebene für sinnvoll halten. Vor allem die Westschweiz und das Tessin bleiben aber fern; von den Zürichsee-Kantonen stellt sich Zürich positiv, Schwyz hält die kantonale Gesetzgebung für ausreichend, St. Gallen nimmt nicht Stellung.[15]
Bereits 1936 wird nun die Eidgenössische Natur- und Heimatschutzkommission, von der man sich eine koordinierende Rolle verspricht, ins Leben gerufen. Der freisinnige Alt-Bundesrat Heinz Häberlin (1868–1947), Frauenfeld, wird Präsident, aus dem VSLZ nehmen Balsiger und Nationalrat Rudolf Reichling Einsitz, ferner die Präsidenten des Schweizer Heimatschutzes, Dr. Gerhard Boerlin, Basel, und des Naturschutzbundes, Fürsprech Eduard Tenger, Bern.[16]

Der Einfluss auf der Bundesebene ist verstärkt worden, weil Theodor Gut (I) 1935 Nationalrat geworden ist und bis 1946 bleiben wird. Als Präsident der nationalrätlichen Kommission, welche die Bildung eines Organs zur «geistigen Landesverteidigung» vorzuberaten hat, tritt Gut mit Erfolg dafür ein, dass diese mit Bundesbeschluss vom 5. April 1939 gegründete Stiftung Pro Helvetia auch den Natur- und Heimatschutz in ihr Programm aufnimmt.[17] Präsident der Pro Helvetia 1939 bis 1947 ist ebenfalls Alt-Bundesrat Heinz Häberlin und Balsiger ist 1939 bis 1949 Vorsitzender der Gruppe III (Bildende Kunst, Natur- und Heimatschutz, Volkskunde, Mundartpflege).[18]
So darf der VSLZ bzw. das Gespann Balsiger/Gut 1940 mit Recht den Anspruch erheben, auf dem Gebiete des Natur- und Heimatschutzes eidgenössische Pionierarbeit geleistet zu haben. Das vom VSLZ 1937 edierte Gutachten der ENHK über die *Melioration der Linth-Ebene* (verfasst mit massgebendem Anteil seiner Vorstandsmitglieder Balsiger und Knopfli), verteilt an alle Mitglieder der Eidgenössischen Räte, hat sich auch auf die Naturschutz-Gesetzgebung ausgewirkt. Die Arbeit von Prof. Dr. E. Waser über die Verschmutzung des Zürichsees (JbZ 1939/40) ist von grundsätzlicher Bedeutung, auch für das Ausland. Aufklärung und Orientierung des VSLZ gehen an eine Lebensgemeinschaft von 500 000 Menschen. Das Buch über *Naturschutz im Kanton Zürich*, das der VSLZ 1939 gemeinsam mit dem kantonalen Lehrerverein herausgegeben hat und an dem u.a. die NHKZ-Mitglieder Walter Knopfli, Carl Schröter, Hans Sigg und Theodor Weber mitgewirkt haben, ist als beispielhaft auch für andere Kantone wie für die Bundesebene anzusehen: NHKZ-Sekretär Hans Sigg hat darin *Die wichtigsten Erlasse des Bundes und des Kantons Zürich über Natur- und Heimatschutz* zusammengestellt.[19]

Besichtigung der Bauarbeiten am Seedamm am 9. Mai 1942 durch die NHKZ und den Arbeitsausschuss des VSLZ. Beide werden durch Hermann Balsiger (Mitte) präsidiert (vgl. S. 116). Foto aus JbZ 1942, nach S. 246.

Der Umschlag des ersten Jahrbuchs vom Zürichsee wurde von Graphiker Ernst Keller (1891–1968) gestaltet, der 1920 bis 1956 als Lehrer an der Kunstgewerbeschule Zürich wirkte.

Die «Jahrbücher vom Zürichsee»

Die Zusammenarbeit Balsiger/Gut ermöglicht dem VSLZ eine angemessene Publikationstätigkeit (siehe S. 293–294). Die Liebe der beiden Gründer und der Söhne Theodor Guts (I) gilt vor allem dem *Jahrbuch vom Zürichsee*, das über 36 Jahre hinweg dem Verband ein grosses Echo verschafft und als kulturgeschichtliche Quellensammlung und Zeitspiegel bleibenden Wert beanspruchen kann. Gestartet wird 1930 unter dem Namen *Zürichsee-Buch*:

Das Jahrbuch «soll Zeuge sein unserer Liebe zur Heimat und unseres Willens, ihr liebenswertes Naturbild, ihre freie Tier- und Pflanzenwelt zu hegen und gegen willkürliche, unsoziale Eingriffe zu verteidigen. Es soll zum Ausdruck kommen, dass dieses Naturbild von uns als ein des Schutzes bedürftiges, aber auch in hohem Masse würdiges Gemeingut betrachtet wird. Wir sind gewiss, dass es Freunde findet. Wir hoffen, dass es für die Idee werben werde, die uns beseelt.»[1]

Mit solchen einleitenden Worten begleitet Balsiger bis zu seinem Tode jeweils die Bände, letztmals 1952:

Vom Jahrbuch «liegen heute vierzehn Bände vor, bereits eine kleine Bibliothek. Natürlich erörtern wir darin im Hauptabschnitt und unter dem Titel ‹Bild der Heimat› die aktuellen und die Probleme von grundsätzlicher Bedeutung des Natur- und Heimatschutzes, die im Verbandsgebiet der Lösung harren. Doch dann appellieren wir in weiteren Abschnitten auch an alle jene Schichten der Bevölkerung am See, die in der Vergeistigung des Lebens dessen vollendetsten Inhalt erblicken, bei denen wir also am sichersten auf Verständnis für unsere eigenen Anliegen rechnen können. Wir interessieren diese Kreise an unseren Bestrebungen, indem wir *ihr* Wirken auf kulturellem Gebiet verfolgen und unseren Mitgliedern nahebringen. Darum befassen wir uns mit Malern, Bildhauern, Graphikern und Architekten, Dichtern, Schriftstellern und Gelehrten, Pflegern des Volksliedes, des Volkstheaters und der Volkskunde, Pflegern der Mundart, Komponisten und Ausübenden der Musik usf., kurz mit allen jenen in unserer Siedelung wirkenden Kreisen, die durch ihre künstlerische, erzieherische oder wissenschaftliche Tätigkeit unser Leben bereichern. Dieser Kreis von Menschen gehört zu unsern allernächsten geistigen Verwandten, wir bilden mit ihnen zusammen eine geistige Familie, auf deren Verständnis und Sympathie für unsere Forderungen wir bauen dürfen.»[2]

Den endgültigen Titel *Jahrbuch vom Zürichsee* trägt bereits der zweite Band 1932. Die Beiträge, meist von Vorstandsmitgliedern, entsprechen den Verbandszielen: Am wichtigsten ist die Grünflächenpolitik. Der Neugestaltung des Uferbildes wird besondere Aufmerksamkeit geschenkt, die Bedürfnisse der öffentlichen Gesundheitspflege und des Sports sind dafür wegleitend. Der Verband ergreift eine öffentliche Aufgabe für Stadt- und Landbewohner, für die «Hunderttausende von Augenpaaren», welche ihre Heimat betrachten, Zürcher, Schwyzer und St. Galler, die Aufgabe ist der populär gewordene Naturschutz und Heimatschutz, allgemein die Bewahrung des Kulturguts. Ihre Erfüllung muss gegen Amtsschimmel und Spekulation durchgesetzt werden. Bildende Künstler, Dichter und Schriftsteller werden gewürdigt oder kommen selbst zu Wort oder «zu Bild». Graphiker Ernst Keller, Lehrer an der Kunstgewerbeschule Zürich, gestaltet das erste Jahrbuch, später macht der Zeichner Walter Roshardt, ebenfalls Lehrer an dieser Schule, den Umbruch und entwirft den Schutzumschlag.[3]

Bis 1942 besorgt Balsiger und der Arbeitsausschuss des Vorstandes die Redaktion, seither waltet eine eigentliche Redaktionskommission (siehe Liste S. 293),

Der Zeichner Walter Roshardt (1897–1966) porträtierte im März 1949 den NZZ-Redaktor und Schriftsteller Edwin Arnet (1901–1962). Repro in JbZ 1949/50, S. 119.

nach Balsigers Tod 1953 übernimmt Dr. Walther Meier (1898–1982) in Küsnacht[4] das Präsidium. Meier ist 1942 ins Zürcher Verlags- und Druckhaus Conzett & Huber eingetreten, hat dort 1944 den Manesse-Verlag gegründet und betreut die «Manesse-Bibliothek der Weltliteratur» als seine Schöpfung. Der Redaktionskommission der *Jahrbücher vom Zürichsee* ist er bis 1963 ein «begeisterter und begeisternder Präsident», wie ihm sein Nachfolger Ulrich Gut (I) bescheinigt, der 1966 auch die ganze Reihe der 21 Bände würdigt – ungewollt, da dieser Band der letzte ist:

«Wir erkennen (…) heute eine schwere, *neue* Aufgabe. Die Vorkämpfer für den Zürichseeraum, für seine Schönheit, Sauberkeit und kulturellen Werte waren JUNGE. Sie fanden sich, wie es die Verbandschronik weist, rasch zusammen. Heute ist das schwer geworden. Nicht alle Söhne jener Väter wollen demselben Ideal noch dienen; ganz allgemein fehlt es am Nachwuchs. Interesselosigkeit und ein gewisser Defaitismus machen sich breit. ‹Haben sie etwas geholfen und nützen sie überhaupt noch etwas, eure Bestrebungen?» lautet die Frage. Der Arzt kennt sie, diese Fragestellung undankbarer Patienten, die nicht daran denken, wie es vielleicht herausgekommen wäre, *ohne* die sorglich vorgeschriebene Medizin! Unsere Medizin ist und bleibt der Kampf um tätigen Landschaftsschutz, besteht aber auch im Publizieren, im Verbreiten jener Informationen und geistigen Grundlagen, auf denen ein fortschrittlicher, moderner, im innersten Herzen aber leidenschaftlicher Landschaftsschutz beruht.»[5]

Wie schon oben erwähnt (S. 97), führt Ulrich Gut (I) nach der Aufgabe der *Jahrbücher vom Zürichsee* die traditionelle Thematik der Zürichsee-Kultur im Th. Gut Verlag Stäfa, seit 1988 Buchverlag der Zürichsee Medien, weiter. In der Redaktionskommission sitzen fast ausschliesslich gleichzeitige oder kommende Vorstandsmitglieder des VSLZ, u.a. die späteren VSLZ-Präsidenten Gottlieb Lehner und Albert Hauser. Von den übrigen seien, auch als Mitarbeiter an den Jahrbüchern, Peter Ziegler und Edwin Arnet erwähnt. Peter Ziegler (geboren 1937), Prof. Dr. h.c., Lehrer, Schuldidaktiker, gewiegter Historiker, speziell des Zürichsees und von Wädenswil, heute Verlagsleiter des Th. Gut Verlags, Stäfa, beginnt 22-jährig seine Laufbahn als akribischer Wädenswiler Chronist u.a. im *Jahrbuch vom Zürichsee 1960–1961*.[6] Der NZZ-Redaktor und Schriftsteller Edwin Arnet (1901–1962) dankt Balsiger, dass er ihn «zum schönen Werk der *Jahrbücher vom Zürichsee* beigezogen hat». Durch diesen Kontakt verstehe er, warum Balsiger Wertschätzung, ja Liebe genoss, «weshalb auch Leute auf der anderen Seite der politischen Barrière Ihnen sehr zugetan waren.»[7] Durch die Mitwirkung der Dichter und Schriftsteller haben die 23, zwischen 1930 und 1966 erschienenen Jahrbücher ihre besondere Qualität gewonnen. Darin spiegelt sich auch ein spezieller Bereich von Balsigers kulturpolitischer Tätigkeit, nämlich die von ihm angeregte Kunstförderung der Stadt Zürich mit der Ausrichtung eines jährlichen Literaturpreises, der bald mit einem Kunst- und einem Musikpreis abwechselte (siehe S. 59). Die Reden, mit denen die Preisträger gewürdigt werden, sind alle in den Jahrbüchern publiziert. Damit entreisst der Verband diese Preisverleihungen dem Tagesgeschehen und macht sie zu einem Massstab für die Leser. Auch die Freundschaften Balsigers hinterlassen Spuren, so jene mit dem Maler Max Hunziker, dessen Fenster in der Ritterhauskapelle Ürikon farbig abgebildet werden[8], jene mit dem Zeichner-Ehepaar Walter und Pia Roshardt-Meinherz[9], und jene mit dem Dichter Albert Ehrismann.[10] Edwin Arnet als Mitglied der städtischen Literaturkommission würdigt 1948 den Preisträger Traugott Vogel, die Rede wird im Jahrbuch abgedruckt und erhält eine besondere Bedeutung durch ein Porträt Arnets, das Walter Roshardt gezeichnet hat.[11] (Abb. S. 110) Die Künstlerzeichnungen und Gedichte in den Jahrbüchern sind bewusste Mittel der Kulturpflege, die zur Besinnung, zur Einkehr und zum Verweilen anhalten sollen, eine erzieherische Anleitung also zur verfeinerten Sinneswahrnehmung. Das Züritütsch nimmt in den Jahrbüchern einen ansehnlichen Raum ein.[12] Das Gewicht liegt mit Ernst Eschmann, Rudolf Hägni, Hans Hasler sprachlich auf dem zürcherischen Seeabschnitt, doch ist die Mundart am St. Galler-Ufer immerhin mit Pius Rickenmann aus Schmerikon und der Schwyzer Kulturraum mit Meinrad Lienert (1865–1933) vertreten.[13]

Eine besondere Bedeutung hat die Mitarbeit des Dichters Hermann Hiltbrunner (1893–1961), der seit 1935 in Ürikon lebt.[14] «Wer den Blick aus den Fenstern des geräumigen Hauses über die vorgelagerte Rasenfläche hinweg auf das Blau des gerade gegenüber sich auftürmenden Etzels einmal genossen hat, begreift ohne Mühe, was den im Baselland geborenen Berner hier festhielt.»[15] 1942 veröffentlicht er die Gedichtsammlung *Zürichsee* in unverwechselbar hymnischem Ton.

In seinen späteren Essays geht er aber auch vom eigenen Unbehagen aus, das der Leser nachvollziehen kann. Daraus wird ein Zustandsbericht des Gegenwartsmenschen, wenn Hiltbrunner 1956 beschreibt, wie ihm die Idylle seines Wohnsitzes durch den stets zunehmenden Strassenlärm vergällt wird.[16] Er greift dabei ein Gedicht Conrad Ferdinand Meyers auf: «Melde mir die Nachtgeräusche, Muse, die ans Ohr des Schlummerlosen fluten (...).» Meyer, der ebenfalls am Zürichsee lebte, wird von den Jahrbüchern als *der* Zürichsee-Dichter in Erinnerung gerufen.[17] Meyer hat seinerseits dem Ahnherrn aller schreibgewandten Kämpfer an diesem See ein Denkmal gesetzt: «Huttens letzte Tage.»[18] Das Kloster Einsiedeln gab grosszügig Hutten – dem Kämpfer gegen Papst und Katholische Kirche – Obdach auf der Insel Ufenau.[19] Die Bewahrung der Insel und des Frauenwinkels ist die beispielhafte Tat des Klosters, von ihr konnten die Verbandsgründer ausgehen (S. 132 ff.). Die Insel ist der Prototyp eines Reservats, ein überschaubares Landschaftsbild mit exaktem Umriss, mit klarer, lebendiger Grenze, gegeben durch die Begegnung der Elemente Erde und Wasser. Der benachbarte «Frauenwinkel», Hauptkampfplatz des Verbandes, hat nur auf der Seeseite klare Grenzen, um die anderen muss stets gekämpft werden. Auch über den «Frauenwinkel» hat Hiltbrunner geschrieben und dabei deutlich gemacht, woraus die Kämpfer für dieses Schutzgebiet ihre Kraftreserven beziehen[20]: Die menschliche Wahrnehmung hat aus diesem Landstrich eine *Landschaft* gemacht, die Heimat, um die man kämpft.[21]

Hermann Balsiger schätzt Hiltbrunner sehr, er ehrt ihn mit der Ansprache bei der Übergabe des städtischen Literaturpreises 1941 und zitiert des Dichters Worte: «Wenn unser Erlebnis der Landschaft nicht in Andacht mündet, dann ist es nichts. Dann ist es eine Art Unterhaltung, die nicht fördert, eine Art Sentimentalität, die in Wirrnis zurückführt.»[22]

Hiltbrunner dankt dem Literaturförderer Balsiger an seinem siebzigsten Geburtstag 1946:

«Meine erste Begegnung mit Ihnen liegt fünfzehn Jahre zurück. Es war im Obergerichtsgebäude, und als ich Sie verliess, zeigte es sich, dass ich keinen demütigenden Gang getan hatte. Ihre menschlich-warme Art hatte den Zweck meines Besuches in einem freundschaftlichen Zwiegespräch aufgehen lassen. (...) Erlauben Sie mir, dass ich Ihnen die Hand drücke im Namen aller jener Kollegen, denen gleich mir die Freude widerfuhr, auf ihr Bureau gerufen zu werden. Mein Dank sei Ihnen ein Dank aller Dichter und Schriftsteller Zürichs, die durch Ihre stets wache Aufmerksamkeit Förderung und Unterstützung erfahren haben.»[23]

Der VSLZ zog zur Illustrierung seiner Publikationen Künstler bei, hier den Zeichner und Maler Eugen Zeller (1889–1974) in Feldmeilen.

Originalzeichnung von Eug. Zeller

Jahresbericht und Rechnung

1953

Verband zum Schutze des Landschaftsbildes am Zürichsee

Die Publikationen als Spiegel der Verbandstätigkeit

In den Jahrbüchern finden nebeneinander dichterische Interpretation der Landschaft und drastische Schilderung ihrer Gefährdung Platz. Das entspricht der Seelenlage der Gründer, die aus der Begeisterung für den See und aus Entsetzen über seinen Zustand zu handeln begonnen haben. Abgelehnt wird die einseitige Bevorzugung der privaten Interessen in der Landanlagepolitik der Kantone. Gleichzeitig wird für den Gewässerschutz gekämpft, für die Abflussregulierung des Sees und für die Sanierung der Linthebene. Deshalb wird der Naturwissenschafter beigezogen, der Spezialist für Abwasserfragen.[1] Die «Leerfläche» des Sees ist die Mitte der Seelandschaft, die Gesundung der Wassermasse muss deshalb in die Wege geleitet werden. Der See ist der «Lebensspender», wie ihn Eduard Ammann, kantonalzürcherischer Fischerei- und Jagdverwalter, nennt.[2] Entsprechend ist die Bedeutung der Trinkwasserversorgung aus dem See.[3] Den Wasseradern und Kleinseen der Zürichsee-Region gilt ebenfalls die Aufmerksamkeit: Quellen, Bachläufe, Weiher sind Themen[4] und die Schutzverordnungen für Greifensee, Lützelsee, Hüttnersee und Türlersee sind Wegmarken der Zürcher Schutzpolitik und werden entsprechend gefeiert.

Der Popularisierung der Verbandsanliegen dient die Aufnahme von Themen, die den Erholungswert zeigen: Wassersport und Passagierschifffahrt.[5] Der Bau von Strandbädern ist ein Postulat, das der Verband seit seinen Anfängen unterstützt, dienen die Bäder doch der Präsenz weiterer Volksschichten am Seeufer und sind so gewissermassen Stützpunkte in der Rückeroberung dieser Zone für die Öffentlichkeit.[6] Die umfassende Allianz der «Gutgesinnten» über die Parteigrenzen hinweg lässt aber in der Frage der Uferwege auch jene Stimmen vernehmen, welche den Seeanstoss der Privatliegenschaften als Garant für eine ästhetische Uferpflege ansehen. In diesem Sinne unerwartet drastisch äussert sich Eugen Zeller (1889–1974) in Feldmeilen. In der Umfrage der Jahrbuchredaktion «Unsere Maler und der See» 1951 nimmt er auch ein kommendes Problem voraus:

«Es wird viel darüber geklagt, es sei fast das ganze Seeufer Privatbesitz, aber ich habe mich schon oft gefragt, ob nicht gerade deswegen unsere Gestade lieblicher anzusehen seien? Wird doch fast jedem Seegarten seine liebevolle Pflege zuteil. Wie sähe es wohl aus, wenn alles öffentlicher Strand wäre, wenn jedermann nach seinem Belieben hier schalten und walten dürfte! Ich wage es mir nicht auszudenken, wage nicht, mir das Heer von Aufräumern und Wärtern vorzustellen, das nötig wäre, um für Ordnung zu sorgen. Ist es doch schon vorgekommen, dass ich, bevor ich eine Landschaft zu malen begann, die Umgebung meines Standortes von herumliegenden Papierresten säubern, sie zu einem Haufen zusammentragen und in Feuer und Flamme aufgehen lassen musste.»

Aus dem ausführlichen Text Eugen Zellers lässt sich auch die Entstehung seiner surreal genauen Bleistiftzeichnungen verfolgen: «Das Störende lassen wir Maler weg, wollen es wissentlich nicht sehen. Wir wählen den Ausschnitt z.B. einer Landschaft so, dass unser Blickfeld Beeinträchtigendes wegbleibt. Wir verwandeln und übersetzen frei, unserm Suchen und Wollen gemäss: die Weite der Möglichkeiten reicht vom Realistischen bis zur völligen Abstraktion.» Weiter zeigt

Eugen Zeller (1889–1974), Blick vom Horgenberg gegen Zürich, Zeichnung, 1946. Repro in JbZ 1951/52, S. 57.

sich, dass Zeller – analog zum VSLZ-Vorstand – eine genaue Vorstellung hat, wie sich die Bewohner des Zürichseeraums verhalten sollten: «Unsern geliebten See und die ihn umschliessende Landschaft (...) müssen wir wie ein Kleinod hüten. Sie sind gewissermassen unser eigenes Abbild (...).»[7]

Den Gründern Balsiger und Gut, aber auch ihren Nachfolgern bis heute, ist es klar, dass die Besitzverhältnisse am See stabil sind und klassenkämpferische Töne nichts fruchten. Im Gegenteil, es gilt, bei allen Volksschichten an die Vernunft und an das Gefühl zu appellieren und so den Sinn für öffentliche Anliegen und Bedürfnisse erst einmal zu wecken und ihn dann auszubilden.[8] Das wird auch aus sozialdemokratischer Sicht anerkannt, hier allerdings *mit* klassenkämpferischem Hintergrund, wenn das Zürcher *Volksrecht* beim Wegzug Balsigers von Zürich 1943 ausführt:

Die Arbeit Balsigers in NHKZ und VSLZ «hatte eine sehr entschieden gemeinnützige Zielsetzung. Sie hat das Wohl des Ganzen und insbesondere auch dasjenige unserer mittellosen Volksschichten im Auge, die es sich nicht leisten können, sich in irgendein Idyll von einem privaten Herrensitz einzuhegen und sonst in der Abschliessung und Kommerzialisierung der schönsten Landschaftsaspekte einer kapitalistischen Entwicklung freien Lauf zu lassen. Erst eine kommende Zeit wird völlig zu erkennen vermögen, wieviel Unheil und Barbarei dadurch verhindert worden ist, dass im Kanton Zürich diese Arbeit verhältnismässig früh und auf so sachkundige, vorbildliche Weise an Hand genommen worden ist (...) Wenn wir heute den prominentesten unter den zürcherischen Naturschützlern einmal einen Dank abstatten im Namen aller, die die Natur lieben, so wollen wir in diesen Dank auch die Ungenannten einschliessen, die Hermann Balsiger in dieser Arbeit unterstützt und sie damit erst zum Erfolg geführt haben.»[9]

Verbandskultur heisst: handeln aus dem Sinn für die Realitäten. Real ist die politische Präsenz von drei Kantonen am See. Real ist die Tatsache, dass eine zuverlässige Sicherung von Schutzgebieten nur durch den Erwerb des Bodens möglich ist. Daraus ergibt sich die politische Rolle des Verbandes, zu fordern, dass auch der Staat für diese Belange Mittel einsetzt. Der Verband hat auch immer wieder darauf aufmerksam zu machen, dass in Naturschutzgebieten nur eine beschränkte öffentliche Zugänglichkeit möglich ist und spielt daher die Rolle des Anwaltes von Tier und Pflanze. Schon in der Frühzeit des Verbandes und mit seiner Beteiligung ist die Ausgestaltung des Natur- und Heimatschutz-Rechts gefördert worden.[10] Parallel dazu hat sich das Instrumentarium des Planungs- und Baurechts entwickelt: In der Regional- und Landesplanung hat man neue Möglichkeiten gesehen, mit der die Bauordnungen und Zonierungen der Städte auch auf grössere Räume übertragen werden können. Die komplexe rechtliche Begrifflichkeit ist denn auch immer wieder auf die Zielrichtung des Verbandes hin befragt worden: Landschaftsbild, Landschaftsschutz, Landschaftspflege, Landschaftsgestaltung sind die Leitmotive, Grünzonenpolitik der Motor.[11] Auch die Denkmalpflege gehört dazu. Wichtige Zeugen der Baugattungen Kirche, Burg, Bauernhaus und Bürgerhaus sind als wesentliche Bestandteile der Kulturlandschaft zu erhalten.¹² Dass daneben auch «anonyme Architektur» sowie Industrie-, Gewerbe- und Verkehrsbauten das Siedlungsbild mitbestimmen, zeigt 1954 Peter Meyer, Mitglied der NHKZ und deren künftiger Präsident, in seiner kommentieren Fotoreihe *Bilderbogen vom Zürichsee*. Meyer löst damit bewusst die Gegenüberstellungen in früheren Jahrgängen der Zeitschrift *Heimatschutz* ab, mit ihrer Polarisierung von «guten» und «schlechten» Bauten, indem er eine vielschichtige sprachliche Argumentation zur Bewertung entwickelt und auch den zeitgenössischen Wohnungs- und Villenbau am Ufer einbezieht. Köstlich sind die Varianten zu Meyer, welche der Dichter/Zeichner Arnold Kübler (1890–1983) im gleichen Band und der Architekt Jakob Eschenmoser (1908–1993), Mitglied der NHKZ, zehn Jahre später, mit ihren Beschreibungen bringen – aber unter Verwendung der Handzeichnung.[13]

Mit verschiedenen Beiträgen ist schliesslich immer wieder die Seebevölkerung direkt angesprochen, ob es nun um die «Seebuben im sozialen Wandel» in einer Analyse des Verbandspräsidenten Albert Hauser geht[14], um das Wachstum des Siedlungsgebiets, das Landhandwerk, die Landwirtschaft, oder direkt und schicksalshaft: um den entwurzelten Bauern, der sein Land zur Überbauung verkauft.[15] Berichte über Feste und Feiern, Chilbi, Volkstheater, das Parktheater Meilen wie die Freilichtaufführungen vor der Klosterfassade in Einsiedeln halten Lebensfreude und Gemeinschaftswerk fest.[16] Mit dem Chronikteil wird schliesslich eine Möglichkeit geschaffen, aus den Gemeinden direkt berichten zu lassen und diese in ihrem Selbstverständnis zu stärken. Der Sogwirkung der Stadt Zürich ist damit eine Gegenbewegung geschaffen: Die grösseren Ortschaften bieten kulturelle Alternativen, die mittleren und kleinen ermöglichen geruhsamere Lebens- und Wohnmöglichkeiten, aber auch hier ist alles stets im Fluss. Deshalb werden die verschiedenen Wandlungssymptome analysiert.

Die Verwandlung des Lebensraums Zürichsee durch den Menschen bedingt die Verteidigung der «Rechte» der Natur, von Flora und Fauna. Vor allem die Pflanzen- und Vogelwelt erhält wortgewaltige Anwälte, so den Ornithologen Walter Knopfli (1889–1965), ersten Inhaber der Verwaltungsstelle für Naturschutz im Kanton Zürich[17] und seinen Nachfolger Theodor Hunziker[18], dann Prof. Albert Ulrich Däniker (1894–1957)[19] und den Spezialisten für das Rebwerk, Kurt Pfenninger[20], zu denen sich mit dichterischer Kraft der

Forstwissenschafter Karl Alfons Meyer (1883–1969)[21] gesellt. Mit der Entwicklung der naturwissenschaftlichen Disziplinen hat man verfeinerte Argumentationen zum Schutz der Uferzonen, des Seegrundes, der pflanzlichen und tierischen Lebensräume erhalten. Man erkennt aber auch die Schwäche aller Rechtsmöglichkeiten und Wissenschaftsbeweise, wenn diese nicht in beharrlichen Aktionen auf lange Sicht und mit langem Atem durchgesetzt werden.

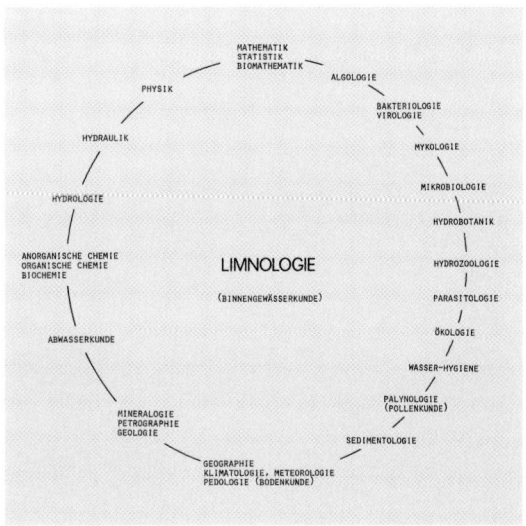

Nachdem das Jahrbuch 1966 aufgegeben worden ist, weil es «nicht mehr ganz in unsere schnellebige Zeit passen» will[22], erfüllt der Verband seither seinen Informationsauftrag[23] durch die Abgabe anderer Publikationen, eigene oder eingekaufte (siehe S. 294). Meist werden die Referate der Generalversammlungen in den Jahresberichten veröffentlicht; siehe dazu die Zeittafel S. 10–53.

Schema zu den Verbindungen der Limnologie mit den anderen Naturwissenschaften. Aus: Eugen A. Thomas, Probleme der Zürcher Limnologie, in: Jb 56 (1982), S. 16–31.

Präsident Dr. Hermann Balsiger (rechts) und VSLZ-Aktuar Dr. Ernst Brändlin am 9. Mai 1942 in Rapperswil. Foto aus JbZ 1942, nach S. 246. Vgl. Abb. S. 107.

Präsidenten und Vorstand 1927–2002

Nach einer ersten, 25 Jahre dauernden Phase von 1927 bis 1952, die von den Gründerpräsidenten Balsiger und Gut dominiert wird, kann man eine zweite Phase von 28 Jahren abgrenzen, die bis 1980 dauert und in der die Präsidenten Gottlieb Lehner und Albert Hauser das Erbe weiterführen. Die folgende dritte Phase hat bisher 22 Jahre gedauert und reicht bis in die Gegenwart, in ihr haben die Präsidenten Fritz Maurer und Arthur Egli geamtet; seit 1996 hat Ulrich E. Gut die Leitung inne.

Am 9. Januar 1944 – Aktuar Ernst Brändlin[1] und Präsident Hermann Balsiger[2] haben Rücktrittsabsichten angemeldet – schreibt Vizepräsident Theodor Gut (I) seinem Cousin Dr. Hans Peter, Vorstands- und Ausschussmitglied seit 1932, den wir auch als ersten NHKZ-Sekretär kennengelernt haben, einen Brief, in dem er u.a. ausführt:

«Ich habe mir gesagt, dass auch ich, der ich genug zu tun habe, nicht *mehr* zu tun hätte als Präsident, sofern ein *tüchtiger* Aktuar zu gewinnen wäre. Und den bekäme ich in der Person meines ehemaligen Redaktionssekretärs G. Lehner, derzeit Chef-Korrektor und Mitarbeiter der NZZ (er stammt aus Männedorf, war 10 Jahre bei mir auf der Druckerei als Sekretär und ist heute sehr angesehen in der NZZ, wo er auch schon für uns wertvolle Artikel geschrieben und freundliche Propaganda gemacht hat). Lehner wäre bereit, unter einem neuen Präsidenten das Aktuariat zu übernehmen. Ferner sagte er mir, dass er fast garantieren wollte dafür, in der jüngern Generation auch einen Quästor zu finden, der ehrenamtlich arbeiten würde.»[3]

Vizepräsident Gut gibt in der Folge, am 25. März 1944, sein Amt an Hans Peter ab und übernimmt von Balsiger die Präsidentschaft. Lehner wird Aktuar und bleibt es bis 1960, seit 1952 parallel zur Präsidentschaft, die er bis zum Tode 1972 ausübt, 20 Jahre lang. Ein neuer Quästor tritt erst 1946 an: Fritz Bertschi bleibt dafür in diesem Amt bis 1990![4]

Gottlieb Lehner (1909–1972) ist Bürger von Männedorf ZH, Gränichen AG und Zürich; der Grossvater war Bauer und Lehrer in Schafisheim und Gränichen.[5] 1917 übersiedelt die Familie von Schafisheim nach Männedorf, wo der Vater Betriebsleiter des gemeindeeigenen Elektrizitätswerks wird. 1928 schliesst Gottlieb Lehner die Kantonale Handelsschule in Zürich mit Diplom ab, es folgen Praxis im Versicherungswesen und Studienaufenthalte in Paris und London. 1932–1942 wirkt er als Sekretär in der Buchdruckerei Stäfa und als Redaktionssekretär der *Zürichsee-Zeitung* bei Theodor Gut (I), der sein grosses Vorbild wird und ihn für das liberale Gedankengut begeistert. Lehner wird denn auch sofort Mitglied der Freisinnigen Junioren Männedorf und später lebenslang der Freisinnig-Demokratischen Partei Männedorf. Früh übernimmt er auch öffentliche Ämter: 1934–1942 ist er Präsident des Gemeindevereins Männedorf, 1938–1942 Mitglied der Schulpflege Männedorf und später des Gemeinderats; er ist auch Vizepräsident des Waisenamtes und Mitglied des Aufsichtsrates des Waisenhauses Bentzelheim Wetzwil. Der Heirat mit Berty Suter (1907–1986) von Männedorf, die mütterlicherseits der Familie Pfrunder, einer Sippe von Ledischiffern und Bauern aus Männedorf entstammt, entspriessen drei Töchter. Parallel verläuft seit 1929 die militärische Karriere; während des Aktivdienstes 1939–1945 führt Hauptmann Lehner die Mitrailleurkompanie IV des Bataillons 63.[6] 1942 wird er Chefkorrektor (Abteilungschef) der *Neuen Zürcher Zeitung* sowie redaktioneller Mitarbeiter und zieht mit der Familie an die Arosastrasse 8 in Zürich 8; 1950–1955 ist er Präsident der Kreisschulpflege Zürichberg (Vollamt); 1949–1956 Präsident der freisinnigen Kreispartei Zürich 8 und Quästor der freisinnigen Kantonalpartei Zürich sowie Mitglied des Büros der Parteileitung. Ab 1954 ist er Mitglied des Zürcher Gemeinderats und Mitglied der GPK. Am 6. Juni 1955 wählt ihn der Zürcher Kantonsrat in

Gottlieb Lehner (1909–1972), VSLZ–Präsident 1952–1972. Foto um 1958.

den Erziehungsrat als Nachfolger von Nationalrat und NZZ-Chefredaktor Willy Bretscher.[7] Seine Karriere krönt Lehner 1955: Er wird Direktor der Genossenschaft «Elektrowirtschaft». Diese «Schweizerische Gesellschaft für Elektrizitätsverwertung» ist eine Public-Relations-Organisation der schweizerischen Elektrizitätserzeuger und -verbraucher. Seit 1964 ist er ferner Präsident der Stiftung Sanatorium Hohenegg Meilen.[8]

Gottlieb Lehner hat eine fast lebenslange Beziehung zum VLSZ: Als der 23-Jährige 1932 in die Buchdruckerei Stäfa eintritt, ist der Verband erst 5-jährig. Durch den verehrten Theodor Gut (I) lernt er dessen Organisation kennen, nach dem Übertritt zur NZZ 1942 berichtet Lehner darin über den Verband bzw. über Themen, die auch diesen bewegen: Seeverschmutzung, Motorbootverkehr etc.[9] Seit 1944 als Aktuar, seit 1946 als Mitglied der Redaktionskommission für die Jahrbücher und seit 1952 als Präsident – bis zum Tode 1972 – ist der VSLZ einer der «fünf grossen Bereiche, denen er neben Familie und Beruf seine Kraft und Liebe geschenkt hat: die Armee, die Schule, die Politik, die Gemeinnützigkeit und der Landschaftsschutz.»[10]

Lehners Tätigkeit fällt in eine Umbruchzeit. Die Mitrailleure der Kompanie IV/63 erlebten ihren Hauptmann Lehner im Aktivdienst 1939–1945 als «charismatisch begabte Führernatur, als Kamerad Nummer eins».[11] Die Atombombe auf Hiroshima am 6. August 1945 veranlasst den alten Hermann Balsiger zu einer Betrachtung über die Atomkraft, welche vielleicht endlich die Fron der Kohlenbergwerke bricht und die Stauseen zu Wasserreservoiren für Dürrezeiten macht. Er erwartet den fernen Tag, «an dem auch das Spinnennetz der elektrischen Hochspannungsleitungen, das sich mehr und mehr über Berge und Täler, über Fluren und durch die Wälder spannt, mit all seinen Masten Altmetall geworden sein wird. Werden wir je das Bild der Heimat in seiner Reinheit wiederschauen?»[12] Lehner setzt sich zur gleichen Zeit mit dem konkreten Fall der Starkstromleitung über den Pfannenstiel auseinander. Der kommende Direktor der «Elektrowirtschaft» versucht – im Sinne Balsigers, den dieses Problem schon 1927 und 1939 bei der Leitungsführung über den Seedamm beschäftigte (siehe S. 103 und 151–152) – mit dem Kompromiss zu leben:

«Der Pfannenstiel ist für die Bewohner der Stadt Zürich, des rechten Seeufers und des Glattales in allen Jahreszeiten beliebtes Ausflugsziel. Gut gepflegte Waldwege und Strassen führen durch Wälder und Wiesen zu Ruheplätzen und prächtigen Aussichtspunkten. Der Pfannenstiel und seine Ausläufer sind in gewisser Beziehung Gemeingut von Stadt und Land geworden, seine Schönheiten möchte niemand missen. (...) Der Ausschuss des VSLZ entzieht sich der Einsicht in die nachgewiesenen wirtschaftlichen Notwendigkeiten nicht, die gebieterisch den Bau der Leitung verlangen. Er kann deshalb nur mit Bedauern Kenntnis nehmen davon, dass eine die Pfannenstiel-Landschaft überhaupt nicht tangierende Lösung ausgeschlossen ist. (...) Er spricht gegenüber den N.O.K. und den E.K.Z. den Wunsch aus, es möchte, wenn die Notlage einmal überwunden ist und Material zur Verfügung steht, nach dem Stand des technischen Fortschrittes (Verkabelung) und im Masse des finanziell Zumutbaren vermehrte Rücksicht genommen werden auf den Schutz der Landschaft auch im Sinn der Korrektur von Beeinträchtigungen, die zurzeit und zufolge ausserordentlicher Umstände leider unvermeidbar gewesen sind.»[13]

Der Bauboom am See der 1950er und 1960er Jahre veranlasste Lehner zu deutlichen Worten (siehe Zeittafel: 1955, 1959, 1960, 1968), so 1959:

Plan zu Gottlieb Lehners Artikel *Landschaftsschutz und Elektrizität*. Eine Starkstromleitung über den Pfannenstiel, in: NZZ, wahrscheinlich 1945.

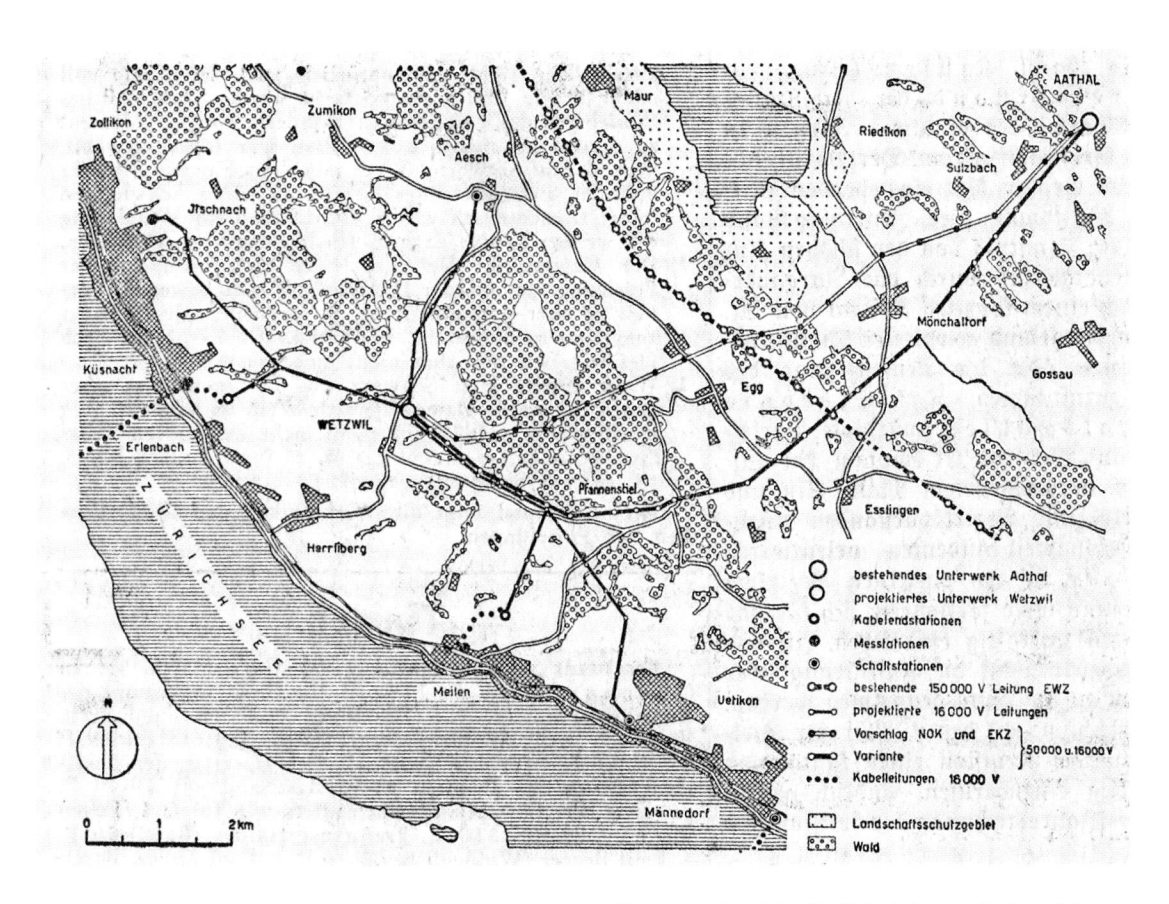

«Es handelt sich um eine *Krise* in einer bisher vernünftigen und mässigen Handänderungs-, Siedelungs- und Bebauungspolitik. Die Krise geht angesicht der verlockenden Gewinne zumeist über die menschliche Widerstandskraft hinaus. Von wirtschaftlichen und rechtlichen Massnahmen ist an sich und einstweilen jedenfalls nicht viel zu erwarten. (...) Umsomehr ist hier ausdrücklich festzustellen, dass jede Handänderung eine *moralische Angelegenheit* grösster Verantwortlichkeit insbesondere der Verkäufer ist. Es geht hier doch um die Heimat. Für die *Gemeinden* aber ist die Zeit zur allerhöchsten Wachsamkeit bei der Überprüfung von Bauprojekten aus solchen Handänderungen gekommen. Unser Verband wird kaum in der Lage sein, gegenüber einer solchen Bewegung machtvoll aufzutreten. Dazu fehlen ihm die finanziellen Mittel.»[14]

Trotzdem handelt Gottlieb Lehner als begeisterter Praktiker in wichtigen «Einzelfällen» und kann die Mittel beschaffen: So gründet er 1950 mit seinem «allerbesten Freund», Vorstandsmitglied Hans Conzett (1915–1996) die Genossenschaft Mönchhof Kilchberg.[15] Bei seiner Arbeit als Erziehungsrat lernt Lehner den damaligen Schulsekretär der Stadt Zürich, Georges Herms kennen und holt ihn zu seiner Entlastung in den Vorstand des VSLZ. Es entwickelt sich eine erfolgreiche Zusammenarbeit, indem Lehner in periodischen Gesprächen die Leitlinien und Aufträge formuliert und Herms als erfahrener Administrator die Organisation und Verwaltung des VSLZ und seiner Veranstaltungen übernimmt. Der wichtigste Fall in Lehners Amtszeit ist das Rosshorn (Zeittafel: 1950, 1967):

«Aus der nie zum Stillstand kommenden Vielfalt der Aktionen – Feuerwehreinsätze die einen, Aufbau die anderen – ragt eine hervor, durch die Gottlieb Lehner unvergessen bleiben wird (...) die unberührte Erhaltung des Rosshorns in Hurden, das mit hohen und wilden Bäumen die Landschaft gegen den Seedamm abschliesst. Eine Servitut, die das Bauen verbot, war nicht zu haben, es blieb nur der kostspielige Kauf. Es brauchte einen Mann wie Gottlieb Lehner, um warten zu können, bis die Situation reif war, um den Entschluss zur Operation zu wagen und um nachher auch das nötige Geld zusammenzubringen. Solche Erfolge sind nicht ohne die beharrliche und initiative Mitarbeit der Vorstandskollegen möglich gewesen. Aber nur neben einem Mann von der Ausstrahlung Gottlieb Lehners setzt sich ein, wer selbst schon übergenug zu tun hat. Nur dem, der die Menschen nicht als Schachfiguren ansieht, sondern sie achtet, wird fruchtbare Loyalität zuteil; nur wer in diesem Geist vorangeht, hat jene Gefolgschaft, über die unser Freund verfügen durfte, hat jene Achtung und Liebe, die bleiben.»[16]

Dieser Text des Vizepräsidenten Theodor Gut (II) aus der Abdankungsrede bezeugt nochmals die menschlichen Qualitäten Lehners, aber auch die Verbundenheit mit der Familie Gut in Stäfa, seinem langjährigen Wirkungsort.[17] Im letzten «Rückblick und Ausblick», den Lehner im letzterschienenen *Jahrbuch 1964–1966* hält, gibt er Einblick in die Arbeitsstruktur des VSLZ seit der Einführung von Sektionen und Regionalpräsidenten 1944/45:

«Die Regionalpräsidenten und ihre lokalen Mitarbeiter in den Dörfern behandeln zudem in enger Fühlungnahme mit dem Arbeitsausschuss des Verbandes, dessen Mitglieder sie sind, selbständig viele regionale Fragen und zeichnen sich vor allem auch im Beobachten und Melden aktueller Landschaftsschutzfragen aus. Durch die sinnvolle Arbeit im Vorstand und im Arbeitsausschuss ist die Koordination der Arbeiten innerhalb des Verbandes für das ganze Seegebiet gewährleistet.» [18]

Am 25. Januar 2002 bin ich mit Frau Heidi Kempin-Lehner in Männedorf zusammengekommen, die unterdessen zur Gemeindepräsidentin gewählt worden ist. Ihrer achtungs- und liebevollen Erinnerung an den Vater und den – verdienstvollerweise archivierten – Dokumenten verdanke ich meine Kenntnis. Nachher schreite ich, auf ihren Hinweis hin, einen der wenigen Fusswege am See ab, die in den rechtsufrigen Zürcher Gemeinden vorhanden sind. Er führt durch eine zusammenhängende Grünzone, die von der Gemeinde Männedorf den privaten Grundbesitzern abgekauft worden ist, von der «Pfrunderhaab» zum «Fischerhüsli». Ich denke, dass diese Politik öffentlicher Wohlfahrt auch in Gottlieb Lehners Sinn gewesen wäre.

Am 28. Januar 2002 bin ich beim Nachfolger Lehners als Präsident, Albert Hauser in Wädenswil, zum selbstgekochten Mittagessen eingeladen, gewissermassen im Nachklang zu seinem neuesten Werk, der kommentierten Herausgabe eines Kochbuchs von 1581.[19] Im Gespräch über den VSLZ sagt Hauser: «Es war nicht immer angenehm. Man wurde angeschossen, bekam anonyme Briefe. Aber die Sektionen bewirkten eine sehr gute föderalistische Struktur. Die Chefbeamten waren wichtige Elemente im Vorstand, sie kamen immer an die Sitzungen. Man hatte eine gegenseitige Wertschätzung füreinander. Der Seeuferweg war immer Thema. Eine Enttäuschung, ja vernichtende Niederlage, ein 100%-iger Reinfall war der Kampf gegen die Belästigung durch Licht in der Nacht: Wenn man als Augenmensch gegen so etwas vorgehen will, hilft niemand mit (vgl. Zeittafel: 1950, 1953, 1961, 1973, 2002). Wichtig waren die Werbung und die Mitgliedschaften der Öffentlichkeit, der Gemeinden etc.» Hauser erinnert sich gern an die Freunde: an seinen immer arbeitsfreudigen Vorgänger Gottlieb Lehner, den bescheidenen, hilfsbereiten Vizepräsidenten Theodor Gut (II), an Quästor Fritz Bertschi, der die internen Kontakte pflegte[20] und an den Administrator Georges Herms. Albert Hauser ist Akademiker. Zum 70. Geburtstag ist er gewürdigt worden:

«All sein Tun ist durchdrungen von einer tiefen Verbundenheit mit diesem Land und seinen Leuten. Die Zuneigung zur Eidgenossenschaft und zur engeren Heimat ist bei ihm alles andere als eine oberflächliche Verherrlichung ihrer Ideale; sie äussert sich im ständigen Bemühen um die Festigung ihrer Fundamente, in der aufbauenden Pflege ihrer Strukturprinzipien und in der Stärkung der Lebenskraft ihrer Bevölkerungsschichten. Sein unermüdlicher Einsatz gilt dem Ausbau der rechtsstaatlichen Demokratie, der

Förderung eines lebendigen Föderalismus, der Aufrechterhaltung sozialer Marktwirtschaft.»²¹

Albert Hauser ist geboren am 21. August 1914 in Wädenswil als Bürger dieser Gemeinde, wo er bis heute wohnhaft geblieben ist. Die Hauser waren Handwerker und Bauern, sie politisierten, aber nicht auf obrigkeitlicher Seite. 1798 formierten ein paar Wädenswiler ein Züglein, an der Spitze ein Hauser als Wilhelm Tell verkleidet, und setzten den Landvogt ab. Albert Hausers Grossvater war Lack- und Farbenkaufmann, dessen Sohn baute das Geschäft aus, das von Albert Hausers Bruder weitergeführt wurde. «Die Gemeinde Wädenswil verdankt Albert Hauser neben vielem anderem den mustergültigen Aufbau des Ortsmuseums ‹Zur hohlen Eich›».²² Nach der Primar- und Sekundarschule in Wädenswil besucht Hauser das Gymnasium in Schiers GR, studiert dann Geschichte und Kunstgeschichte an den Universitäten von Zürich und Paris, mit Abschluss 1938.²³ 1938 ist er in Flawil SG an der Zeitung «Der Volksfreund» tätig, die dreimal wöchentlich, nach einem halben Jahr dann täglich, als «Toggenburger Anzeiger», erscheint. 1939 bis 1944 amtet er als Sekretär der Freisinnig-Demokratischen Partei des Kantons Zürich in Zürich, an der St. Urbangasse. 1941 verheiratet er sich mit Trudi Rebsamen (1914–1996). 1941 trägt das Buch des 27-Jährigen «Das eidgenössische Nationalbewusstsein» «mitten in gefahrvoller Zeit zur Stärkung des helvetischen Staatsgedankens wesentlich bei».²⁴ 1945 bis 1950 amtet Hauser als Sekretär des Zentralverbandes schweizerischer Arbeitgeber-Organisationen und Redaktor von dessen Zeitung, anschliessend ist er Leiter des Schweizerischen Bierbrauervereins, wobei er sich besonders mit kartellpolitischen Fragen zu befassen hat. Er wird Mitglied in permanenten eidgenössischen Kommissionen, u.a. Präsident der eidgenössischen Expertenkommission für die Bergzoneneinteilung. 1956 habilitiert er sich als Privatdozent an der ETHZ für Wirtschaftsgeschichte, 1963 wird er dort Professor, 1965 ausserordentlicher Professor, 1967 Ordinarius für schweizerische Wirtschaftsgeschichte, insbesondere für Geschichte und Soziologie der Land- und Forstwirtschaft; 1979 tritt er altershalber zurück.²⁵

Albert Hauser ist als fruchtbarer Schriftsteller zuerst der Historiker seiner Heimatgemeinde Wädenswil gewesen, vor allem der politischen und gewerblich-industriellen Entwicklung im 19. bis 20. Jahrhundert. In der Folge hat er nach und nach den ganzen Zürichsee, den alten Zürcher Stadtstaat und den gesamtschweizerischen Raum einbezogen und den zeitlichen Rahmen erweitert, so etwa auf die *Schweizerische Wirtschafts- und Sozialgeschichte. Von den Anfängen bis zur Gegenwart* (1961). Vielfältige kulturgeschichtliche Zusammenhänge werden nun behandelt, wie Essen und Trinken, die Bauern, der Wald, Forstgeschichte, Gärten, Volkssage, Kalender, Tod und Begräbnis. Hauptwerke sind die beiden Bände über den Schweizer Alltag vom 15. bis ins 19. Jahrhundert (1987, 1989). Zum Thema Zürichsee sticht sein

Buch über die Halbinsel Au von 1991 hervor.²⁶
Lange bevor er Präsident wird, ist Hauser schon im VSLZ tätig. 1954 wird er von Theodor Gut (II) in die Redaktionskommission der Jahrbücher berufen²⁷, 1963 bis 1972 ist er Sektionsobmann Oberes linkes Zürichseeufer.²⁸ Schon als solcher findet er 1964 deutliche Worte über den Zustand, den er vorgefunden hat:

«Noch ist der Geist der Seebuben nicht ausgestorben; dass er aber bedroht ist, steht für mich ausser Frage. Schrankenloser Individualismus, ein falsch verstandener Liberalismus, Masslosigkeit, Unvernunft und Gleichgültigkeit herrschen zurzeit vor. In einer Epoche beispiellosen Wohlstandes werden tagtäglich irreparable Schäden an Häusern oder an der Landschaft verursacht, ja in vielen Fällen wird die Natur in einer kaum mehr zu überbietenden Weise geschändet. Unserem Verband und allen anderen Institutionen erwachsen Aufgaben, die kaum mehr zu bewältigen sind, weil es da und dort an der Einsicht des Einzelnen zu fehlen

Prof. Dr. Albert Hauser (geboren 1914), VSLZ-Präsident 1972–1980. Selbstbildnis, Pastell 1993.

beginnt. Die sogenannten ‹Naturschützler› stehen nicht mehr hoch im Kurs, verhindern sie doch Manchen, seine profitversprechenden Pläne zu realisieren und stören sie doch die Techniker, ihre Strassen und Hochspannungsleitungen so zu führen, wie sie es am Pult erdacht hatten.»[29]

Den Charakter der erwähnten «Seebuben» im sozialen Wandel der neuesten Zeit hat Hauser schon 1962 in einer grösseren Untersuchung analysiert und damit die Handelnden in einem Geschehen vorgestellt, an dem er selbst teilnimmt:

«Der Ausdruck ‹Seebuben› stammt aus dem 18. Jahrhundert. Er wurde von jenen konservativ-städtischen Kreisen geprägt, die jeder Diskussion mit den auflüpfischen, aufbegehrerischen ländlichen Untertanen abhold waren. Man wollte damit (...) das Verhältnis der väterlichen Obrigkeit zu den noch unmündigen, ja bübischen Kindern ausdrücken. Zu den Merkmalen dieses Typus gehört eine gewisse Angriffigkeit, ein jähes, manchmal leidenschaftliches Temperament, das oft bis zur Reizbarkeit gesteigert erscheint. (...) Der Verfasser dieses Aufsatzes, der zu ihnen (den Seebuben) zählt, ist geneigt, zuzugeben, dass ihnen eine gewisse Aggressivität anhaftet; Angriffslust, Angriffigkeit ist ihnen immer noch eigen, ja, es gibt so etwas wie einen Kult der Grobheit. (...) Die Selbstdisziplinierung gehörte zu den wesentlichen Grundzügen unseres staatlichen Daseins. Sie gehörte immer auch zum Leitbild der Seebuben. Wir alle, der einzelne Bürger oder wenn man so will, das Volk, nicht die Regierungen und Behörden, müssen mit den Schwierigkeiten fertig werden. Wir, die Seebuben von heute und morgen, werden nun zu zeigen und zu beweisen haben, dass auch der intensiv wirtschaftende Mensch als Bürger zu urteilen und zu entscheiden vermag. (...) Was uns aber oft fehlt, ist das Verantwortungsbewusstsein der stummen und in den einen Fällen wehrlosen, in anderen Fällen sich erst viel später rächenden Natur gegenüber. Selbst viele der doch im allgemeinen recht aktiven Seebuben haben sich resigniert damit abgefunden, dass unsere schöne Zürichseelandschaft der Rückversteinerung durch die Menschenhand anheimfällt (...), dass ganze Wälder dem Strassenbau geopfert und dass die Stille restlos zerstört wird. Hier zum Rechten zu sehen und, noch mehr, der Einsicht die praktischen Taten folgen zu lassen, ist die Aufgabe von morgen. Wir können sie niemandem übertragen, sondern müssen sie selbst lösen.»[30]

Aus der hier umrissenen Verantwortung heraus hat Hauser in seinen acht VSLZ-Präsidentenjahren gehandelt. Hauser ist auch ein musischer Mensch. Aus dem Verkaufserlös seiner zeichnerischen und malerischen Tätigkeit hat er dem VSLZ einen Fonds gestiftet und damit die Verbandtradition erneuert, dass im Grunde nur mit Landkauf an gefährdeten Orten Zeichen gesetzt werden können: Modelle, denen andere – auch die Gemeinde und der Staat – nacheifern sollten.[31] Der Verband hat es ihm 1985 mit der Ehrenmitgliedschaft gedankt, Vizepräsident Theodor Gut (II) hat ihn beim Rücktritt 1980 gewürdigt:

«Als Präsident war Albert Hauser ein Meister der politischen Kunst, die mehr möglich macht, als auf den ersten Blick möglich scheint. Diese Kunst war getragen von seinem unverrückbaren Zielbewusstsein; ihm standen und stehen das kraftvoll feste Wort ebenso zu Gebote wie der diplomatische Charme und der versöhnliche Humor. Albert Hauser hat Enttäuschungen nie verschwiegen. Im Temperament ist er ein Stürmertyp, meist musste er Verteidiger sein; der Verband kann ja nur in seltensten Fällen Natur neu machen; er muss verhindern, dass sie verunstaltet wird. Solche Abwehrerfolge sind unter der Führung von Albert Hauser manche erzielt worden. Wer meint, das sei wenig, der kann den Wildwuchs im Wallis oder im Tessin betrachten.»[32]

Am 30. August 2001 treffen sich Albert Hausers Nachfolger Fritz Maurer, der jetzige Präsident Ulrich E. Gut und der Schreibende in Guts Büro in Zürich. Gleich zu Beginn des Gesprächs betont Fritz Maurer die Bedeutung der Landkäufe wegen der Einspracheberechtigung. Er ist der festen Überzeugung, dass man Landbesitzer sein muss, wenn man am See mitreden will. Auch er hat deshalb dem Verband einen solchen zweckgebundenen Fonds gestiftet.[33] «Präsident Hauser und Vizepräsident Gut haben 1975 meine Mitarbeit in ihrem Vorstand gewünscht. Als ehemaliger Ruderer kenne ich die Materie: Einsatz für die Natur, Grün-Probleme. Letztere kenne ich ebenfalls aus der militärischen Berufszeit. Vom Morgen bis zum Abend waren wir Militärs auf dem grünen Feld. 1980, nach fünf Jahren VSLZ-Vorstandszugehörigkeit, wurde mir das «Schilfröhrli»-Präsidium übertragen, welches ich bis 1992 inne hatte. Das Interessegebiet liegt besonders in der Zusammenarbeit mit den Gemeinden am Zürichsee und Obersee in den Kantonen ZH, SG und SZ. Die Gestaltung am Seeufer, Baufragen, Erholungsraum auf dem Wasser, Politik, sind miteinzubeziehen. Ziel ist, den Arbeits-, Wohn- und Erholungsraum am Zürich- und Obersee einer späteren Generation zur Benützung übergeben zu können. Von Anfang an spielte der «Frauenwinkel» mit seiner historischen Bedeutung eine grosse Rolle. Unser Verband besitzt nicht nur Land im Rosshorn, sondern auch im Verlauf der späteren Zeit erweiterte Verträge zur Erhaltung der Landschaft im «Frauenwinkel». So war in den Jahren seit der Gründung unseres Verbandes stets ein Vertreter des Klosters Einsiedeln Mitglied in unserem Vorstand (siehe S. 132 ff.). Ich erinnere mich besonders gut an Pater Thomas Locher, den späteren Statthalter des Stiftes Einsiedeln, der in den Jahren 1975 bis 1993 mit uns zusammen wirkte. Dass das Kloster seit 1993 nicht mehr im Vorstand vertreten ist, bedaure ich persönlich. Vizepräsident Theodor Gut (II), mein rotarischer Freund, war mein politischer und persönlicher Berater (teamplay als Grundsatz), wir ergänzten uns. In Sachen Seeuferweg hat der Vorstand später eine klar andere Meinung eingenommen, als sie seinerzeit der VSLZ-Band «Zürichseeufer 75» vertreten hat: Der Seeuferweg kann nicht konsequent dem Seeufer entlang führen. Am Seeufer sollen einerseits Naturschutzzonen mit Schilf und Wasservögeln bestehen bleiben, andererseits pflegen die Liegenschaftsbesitzer als Ergänzung und auf eigene Kosten den Schilfbestand. Hier fühlte ich mich durch Vorstandsmitglieder wie Hans Weiss, Max Straub und Arthur Armbruster – letztere zwei waren geschätzte kantonale Beamte – unterstützt. Nach eidgenössischem Recht ist Schilf geschützt, ich verweise auch auf private Schilfexperimente wie z. B. in Erlenbach von VSLZ-Mitglied Dr. Ulrich Albers (siehe Zeittafel: 1998 und S. 227). Ältere und jüngere, tüchtige Vorstandsmitglieder arbeiteten in kleinen Gruppen («Komitees») aufgrund ihres Verständnisses an einzelnen Sachfragen und führten diese als Beschluss des Vorstandes praktisch durch. So erreichten unsere Eingaben von der Sache her ein beachtliches Niveau. Im Fall Gubeldorf Jona (siehe S. 131, 204–206) kam es darauf an, zusätzlich neue, ausgebildete und mit dem eidg. Raumplanungsrecht

vertraute Fachleute, über die der Vorstand verfügte, einzusetzen. Insbesondere den Rechtsdienst, mit spezialisiertem Sachverstand, galt es zu verstärken. Wir konnten für diese Aufgabe den späteren Nationalrat Rechtsanwalt Dr. iur. Eugen David für eine mehrjährige Zusammenarbeit gewinnen.»[34]

Fritz Albert Maurer, Zumikon, geboren am 20. Januar 1917 als Bürger von Zürich.[35] Sein Vater war Geschäftsleiter und Mitinhaber der Druckerei Emil Rüegg in Zürich und Zünfter. Auf väterlichen Wunsch erhält der Sohn eine entsprechende graphische Ausbildung. Fritz Maurer besucht die Primar- und Sekundarschule in Zürich. 1932 bis 1936 absolviert er die Kantonale Handelsschule Zürich mit Diplomabschluss. 1936 bis 1945 folgen Ausbildung und Mitarbeit im väterlichen Betrieb mit Erwerb des eidgenössischen Fähigkeitszeugnisses und anschliessender erweiterter graphischer Fachausbildung an der Kunstgewerbeschule in Zürich.

Die militärische Laufbahn beginnt 1936 mit der Infanterie-Rekrutenschule Zürich, 1938 wird Maurer Leutnant. In der Zeit des Aktivdienstes absolviert er 1944 die Zentralschule und wird 1945 Hauptmann der Grenadier-Kp. 37, Inf. Rgt. 37. Dann wirkt er als Instruktions-Offizier auf den Waffenplätzen Bern, Colombier, Liestal

Fritz A. Maurer, (geboren 1917), VSLZ-Präsident 1980–1992. Foto Thea Goldmann, Zürich, 1986.

und Zürich sowie an der Schiessschule Walenstadt. Ebenso erfolgt sein Einsatz als Lehrer in den Offiziers-Schulen und Generalstabs-Kursen. In den Jahren 1953/54 erfolgt eine Abkommandierung an das US Command an General Staff College Fort Leavenworth in USA. 1958–1961 Stabschef F Div 8. Seit 1962 trägt er den Obersten-Grad als Kommandant der Feld-Division 8 mit Sitz in Luzern. Am 19. Dezember 1972 wird er an der Jahreskonferenz der Heereseinheitskommandanten von Bundesrat Rudolf Gnägi verabschiedet, der u.a. ausführt:

«Oberstdivisionär Fritz Maurer ist im Sommer 1945 als 28-jähriger, neu ernannter Infanteriehauptmann und Kommandant einer zürcherischen Grenadierkompanie in die Instruktorenlaufbahn eingetreten. (...) Der Zeitpunkt, kurz nach Beendigung des 2. Weltkriegs, in welchem dieser Schritt erfolgte, mag mit ein Hinweis dafür sein, dass echte Neigung und Idealismus den jungen Mann damals dazu bestimmte, den Soldatenberuf zu ergreifen. Die in der Folge durchlaufene Karriere als Instruktionsoffizier, als Truppenkommandant und als Generalstabsoffizier hat dies vollauf bestätigt. Sie hat am 1. Januar 1965 mit der Beförderung zum Oberstdivisionär und Ernennung zum Kommandanten der Felddivision 8 ihre verdiente Krönung erfahren. Herr Oberstdivisionär Maurer wird nun nach achtjähriger erfolgreicher Kommandoführung an der Spitze seiner Division auf eigenen Wunsch auf Ende dieses Jahres abgelöst.»[36]

«In der Lebensphase ‹Ruhestand› ab 1973 hatte ich völlige Gestaltungsfreiheit – auf mich zukommende Anfragen/Angebote lehnte ich ab. Seit 1942 bin ich Mitglied in der Handball-Sektion des Grasshopper-Clubs. Dort erhielt ich Einblick in die Bedeutung eines zweckmässigen Jugendsportes. Da ich bereits früher an Ruderregatten aktiv teilgenommen hatte, sagte ich 1974 auf eine Anfrage aus der GC-Ruder-Sektion zu, deren Präsident zu sein. Dabei konzentrierte ich mich voll auf das Schüler-Rudern. So konnte ich etwas an den Jugendsport zurückgeben, was ich selbst erlebt hatte. Diese Jugendarbeit beschäftigte mich auf verschiedenen Stufen im Club in den nächsten Jahren. Der Grasshopper-Club mit ca. 4'000 Mitgliedern verlangte grossen Einsatz bis zu meinem Rücktritt als Zentral-Präsident im Jahr 1994, nach 20 Jahren GC-Vorstands-Einsatz.»

Wie bereits dargelegt, gelangten seine rotarischen Freunde Prof. Albert Hauser und Theodor Gut (II) an ihn für die Mitarbeit im «Schilfröhrli-Club». Vorerst fünf Jahre (ab 1975) als Mitglied des Vorstandes mit bedeutungsvollen Aufgaben. Das wird von damaligen Vorstandskollegen im positiven Sinne bestätigt. 1992 verleiht ihm der Verband die Ehrenmitgliedschaft,

Vizepräsident Theodor Gut (II) würdigt sein Wirken und erwähnt den wichtigsten Fall seiner Präsidentschaft, das Gubeldorf-Projekt Jona:

«Selbstverständlich ist es nicht, dass ein hervorragender militärischer Führer und Erzieher – Divisionär Fritz Mauer war das –, auch berufen ist als Fürsprecher der wortlosen Natur. (...) Als Ruderer ist ihm unser See vom frühesten Morgen bis in die Dunkelheit vertraut, dem Brachvogel, der noch in wenigen Exemplaren in der Moorlandschaft Frauenwinkel nistet, möchte er die Störung durch Menschen und Hunde ersparen. (...) Als Präsident verstand es Fritz Maurer, rund um den See die Sektionsobmänner des Verbands und auch manche ungalonierten Mitglieder zu motivieren, damit dem Vorstand Gefährdungen, akute und sich erst abzeichnende, gemeldet wurden. Die Lagekarte, die sich daraus ergab, hatte er im Kopf, besprach sich mit den Mitarbeitern an der Front, nahm selber Augenschein, diskutierte mit den Behörden, entwarf, wenn es nicht anders ging, Eingaben und Rekurse. Oft ging es letztlich darum, nein zu sagen, und dieses Nein auch durchzusetzen. Das war für Fritz Maurer nicht immer angenehm. Er ist ein Mensch des Aufbaus, der Realisationen. (...) Für den Präsidenten und den Vorstand war es eine Freude, für sinnvolle Vorhaben Alternativen oder (...) schonendere Varianten zeigen zu können, es gab aber auch Fälle, wo sich ein Kompromiss verbot. So, als östlich der Zürcher Kantonsgrenze auf Joner Gebiet eine Lagunenlandschaft geplant war, die das natürliche Ufer in beträchtlichem Umfang zerstört hätte. Die Freihaltung jener Grünfläche ist weiterhin ein Ziel des Verbands. Dass er darin wie auch andernorts von gleichgerichteten eidgenössischen und kantonalen Organisationen unterstützt wird, ist ein Verdienst der klaren und klar kommunizierten Zielsetzungen, der Übersicht und auch der Diplomatie von Präsident Maurer.»[37]

Fritz Maurer und Theodor Gut (II) finden im Juristen *Dr. iur. Arthur Egli* (geboren 1928) einen neuen Präsidenten. Egli entstammt einer Bauernfamilie aus dem Limberg-Küsnacht, ist Leiter der Kreditanstalt-Filiale Küsnacht und dort 16 Jahre Mitglied des Gemeinderats gewesen, davon 12 Jahre als Gemeindepräsident sowie 8 Jahre als Präsident der Gemeindepräsidenten-Konferenz des Bezirks Meilen. Von 1982 bis 1990 ist er ausserdem Mitglied und Vizepräsident im Leitenden Ausschuss des Verbandes der Gemeindepräsidenten des Kantons Zürich gewesen. Nach der Wahl in den VSLZ-Vorstand führt er aus, dass «meines Erachtens in erster Linie die Gemeinderäte rund um den See ihre Verantwortung für die Landschaft wahrnehmen müssten. Ich werde deshalb meine Arbeit nicht mit Konfrontation beginnen, sondern aufgrund einer eindeutigen und klaren Haltung versuchen, die Ziele durch Konsens zu erreichen, nicht aber durch bequeme Kompromisse.»[38] Egli hat in den vier Jahren seiner VSLZ-Präsidentschaft die Anliegen des Verbandes mit den Vertretern der Gemeinden am See zur Diskussion gebracht, so an der Gemeindepräsidenten-Konferenz des Bezirks Meilen 1995 und an den VSLZ-Generalversammlungen 1993 und 1996 (Pfäffikon, Rapperswil, Thalwil) und sein Nachfolger hat 1997, 1998 und 2001 diese Bemühungen weitergeführt (Schmerikon, Erlenbach, Zollikon, Küsnacht).[39] Tatsächlich ist die Gemeindeebene als Forum eine noch zuwenig ausgeschöpfte Möglichkeit und es ist deshalb zu bedauern, dass Dr. A. Egli das Präsidium breits 1996 wieder abgegeben hat: Er erachte «den Zeitpunkt für seinen Rücktritt als richtig, da er gegen siebzig rücke und weil verschiedene intensive Geschäfte des VSLZ der letzten Jahre zu Ende geführt werden konnten. Er könne also einem neuen Präsidenten eine relativ bereinigte Situation überlassen».[40]

Auf der Reise um den See konnte ich über die Frage des Engagements der Gemeinden mit Dr. Arthur Egli ein Gespräch führen (S. 229–231).

Der 1996 neu als Präsident gewählte bisherige Vizepräsident *Dr. Ulrich E. Gut* (geboren 1952), ist seit 1975 in verschiedenen Funktionen im VSLZ-Vorstand tätig gewesen. «Er verkörpert die wohlwollende und liberale Tradition der Familie Gut, gehörte doch sein Grossvater zu den Begründern des VSLZ (siehe auch S. 92, 96–97).» In einer kurzen Laudatio ehrt er Dr. Arthur Egli, «der die Geschäfte auf der Grundlage tiefer und genauer Sachkenntnis ruhig und bestimmt vorantrieb. Er hat eindeutige und klare Haltungen erarbeitet. Mit seiner Fähigkeit, andere zum Zug kommen zu lassen, hat er Energien freigesetzt und für ruhige Sachbearbeitung gesorgt. Seine Stärke war ein konstruktiver und weiterführender Dialog.»[41]

In den beiden Gesprächen am 16. Januar und 26. Februar 2002 in seinem Zürcher Büro umreisst mir Dr. U. E. Gut die seitherige Entwicklung.[42] 1996/97 ist der föderalistische Aufbau des Vereins gestärkt worden, indem Dr. Lukas Gschwend (Jona SG) und Dr. Hannes Zehnder (Pfäffikon SZ) zu Vizepräsidenten gewählt worden sind. Sie sind die Vertreter des Raumes Oberer Zürichsee/Obersee. Dort stehen die grossen jetzigen und künftigen Aufgaben des Verbandes an (siehe auch S. 180–213). Die Jahresversammlung 1999 hat die Situation erkennen lassen, die dabei abgegebene Publikation hat sie dokumentiert.[43] Der 2001 eröffnete Holzsteg Rapperswil–Hurden hat die Fortsetzung des Wanderwegs von Hurden nach Pfäffikon zum dringlichen Problem gemacht. Der Weg bringt auch dem Frauenwinkel Veränderungen: Das neue Schutzkonzept soll mit einer breit abgestützten Stiftung durchgesetzt werden (Zeittafel: 2000 und S. 157–158, 168–169). Genau beobachtet wird die Planung des Bootshafens im Gebiet Stampf, Jona (S. 201–203).

Das dreiköpfige Präsidium, mit dem jeder Kanton des Vereinsgebiets an der Vereinsleitung teilhat und so im betreffenden Kanton durch ein Präsidialmitglied vertreten wird, ist in den neuen Statuten von

Dr. iur. Arthur Egli (geboren 1928), VSLZ-Präsident 1992–1996. Foto 2002.

Der ZSL-Vorstand an der Generalversammlung am 8. Juni 2002 in Hombrechtikon. Foto Res Knobel, Wilen. – Hinten v. l. n. r. lic. oec. et iur. Christian Gut, Zürich; Dr. med. Walter Meyer, Schmerikon; Dr. iur. Jürg Sigrist, Zürich; Dr. med. Peter Zwicky, Zürich; Dr. iur. Lukas Gschwend, Jona; Architekt Andreas Pfleghard, Ürikon (Rücktritt 2002). Vorne v. l. n. r. Dr. iur. Hannes Zehnder, Pfäffikon SZ; Kuno Jäggi, Präsident Vogelschutz SZ, Wilen SZ; Cornelia Egli, Finanzplanerin, Maur; Dr. iur. Ulrich E. Gut, Küsnacht; Architektin Elisabeth Lubicz-Steinbrüchel, Zumikon; lic. phil. II Sandra Gloor, Zürich. Nicht anwesend: Gallus Ebneter, Finanzchef, Siebnen; Dr. med. vet. Beat Hauser (Rücktritt 2002); lic. iur. Trix Heberlein-Ruff, Zumikon; Dr. med. vet. Jürg Hohl, Thalwil; Architekt Rolf Limburg, Herrliberg; Landschaftsarchitekt Peter Stünzi, Zürich; Dr. phil. Beat Wartmann, Oberengstringen; Daniel Winter, Biologe, Zürich.

1999 (Art. 9 und 10) festgeschrieben worden, ebenso die Einführung von Zweigsitzen des Vereins in den Kantonen, die einen Vizepräsidenten oder eine Vizepräsidentin stellen (Art. 3 Abs. 2). Ebenso werden nun die Sektionen mit eigenen Anlässen gestärkt und eine jährliche Zweitveranstaltung neben der GV soll aktuelle Themen aufgreifen (siehe Zeittafel: 1997, 1998, 2001).

Mit dem 1999 erfolgten Rücktritt des Aktuars Georges Herms ist eine 37jährige Tätigkeit abgeschlossen worden, die ihre Anfänge noch in der Ära Lehner hatte. Die neue Quästorin seit 2001, Cornelia Egli, schafft hingegen als Tochter von Dr. Arthur Egli eine Verbindung zu den Präsidentschaftsjahren ihres Vaters. Der neue Aktuar Kuno Jäggi, Wilen SZ, Präsident des Vogelschutzes Schwyz und Ausserschwyz, der Zoologe Dr. Beat Wartmann, Zürich, und der Biologe Daniel Winter, Zürich, verstärken die naturwissenschaftliche Sektion im Vorstand. Nationalrätin Trix Heberlein-Ruff, Zumikon, als Nachfolgerin von Ständerätin Vreni Spoerry, übernimmt die traditionelle Rolle, Verbindung zur (grossen) Politik herzustellen. Dr. med. Peter Zwicky, Zürich, hat sich durch seinen Einsatz bei der Bekämpfung der zu voluminösen Überbauung auf dem SBB-Areal am See im Tiefenbrunnen-Zürich empfohlen und ist so als «Vertreter der interessierten Bürgerschaft am See» gewählt worden.

Wie alt Präsident Fritz Maurer betonte, ist das Schilf heute eines der – nach eidgenössischem Recht – bestgeschützten Naturgüter.[44] Der heutige Verein, der sich schon immer und auch heute mit Landschafts-, Ortsbild- und Artenschutz[45] beschäftigt, hat sich deshalb 1998 ein neues Logo gegeben, das ihn vom Übernamen «Schilfröhrliclub» wegbringen soll, zumal das alte nicht einmal Schilf, sondern drei breitblättrige Rohrkolbenstengel (Typha latifolia L.) zeigte, die der

Volksmund «Kanonenputzer» nennt.⁴⁶ Das neue Logo zeigt nun – losgelöst von den einzelnen Schutzzielen – den Wellenwurf eines ins Wasser geworfenen Steins, symbolisiert also Ausstrahlung und Ausbreitung. Gleichzeitig wurde der Name «abgespeckt», statt «Verband zum Schutze des Landschaftsbildes am Zürichsee» VSLZ, lautet er nun «Zürichsee Landschaftsschutz» ZSL.⁴⁷

Der Zürichsee-Raum muss heute, wie schon zur Gründerzeit 1927, als ein Ganzes gesehen werden, die damaligen Probleme sind, in verstärktem Ausmasse, die heutigen: Eine immer weiter sich ausbreitende Überbauung mit all ihren Folgen. Die Bautätigkeit in Jona ist nur ein Beispiel, das verdichtete Bauen in Hanglagen ein speziell auffälliges Form- und Strukturproblem (Zeittafel: 2000, 2001). So ist nach wie vor die Erhaltung der noch verbliebenen Grüninseln ein Primäranliegen des Vereins: In der Auseinandersetzung um den kantonalzürcherischen «Richtplan Landschaft» hat er sich, gestützt auf die Erfahrungen des Präsidenten aus seiner Kantonsratszeit 1991–1999, auf Öffentlichkeits- und Lobbyarbeit vor und während der Beratung im Kantonsrat konzentriert, unter dem Motto «Keine Bandstadt». Der Erfolg war gemischt. Der Angriff auf das Landschaftsschutzgebiet Oberer Zürichsee konnte abgewehrt, die Freihaltegebiete gemäss dem regierungsrätlichen Antrag konnten am rechten, nicht aber am linken Ufer durchgebracht werden (siehe Zeittafel 2001 und S. 207–208).

Wie jeder Verein lebt auch der ZSL aus dem Verhältnis zwischen Vorstand und Mitgliedern. In der Mitgliederzahl drückt sich das öffentliche Anliegen der Vereinstätigkeit aus. Der VSLZ ist mit 218 Mitgliedern im Jahre 1927/28 gestartet, das halbe Tausend hat er 1945 überschritten, 1994 die Tausendergrenze erreicht und heute sind es 930 Mitglieder (siehe S. 290).

Präsidenten und Vizepräsidenten sind Symbolfiguren, aber auch die anderen festen Ämter haben eine wichtige Bedeutung. So übermitteln die Aktuare in den Protokollen nicht nur die Sitzungsbeschlüsse, sondern auch die Vereinsgeschichte.

Ich treffe mich deshalb am 14. Januar 2002 mit *Georges Herms* (geboren 1931) in Kilchberg, dem langjährigen VSLZ-Administrator und Ehrenmitglied seit 1999. Er hat ursprünglich als Lehrer gewirkt und dann das Amt des Zentralsekretärs im Schulamt der Stadt Zürich ausgeübt.⁴⁸ 1961 hat er Gottlieb Lehner kennengelernt, der ihn für den VSLZ gewinnt: 1962 bis 1968 hat er als Sekretär, 1964 bis 1966 in der Redaktionskommission der Jahrbücher und dann 30 Jahre lang, von 1969 bis 1999, als Aktuar gewirkt. Herms erinnert sich an jene schon historischen Zeiten im Zeichen eines ebenfalls bereits historischen Versatzstücks: des Diktaphons, mit dem sich Lehner ausrüstete, um seine vielen Ämter bewältigen zu können, seine Sekretärin hat dann alle diese Texte mit fünf Kopien geschrieben und sie an die Beauftragten und Betroffenen verteilt. In der Rosshorn-Aktion habe Lehner beherzt das Verbandsvermögen eingesetzt, weil er sich nicht für das Giesskannenprinzip, sondern für gezielte Einsätze entschloss; dann sei er unermüdlich gewesen in den Verhandlungen mit dem Landeigentümer, im Ansprechen der Mitglieder und der notwendigen Sponsoren, bis schliesslich die grosse Tat gelang (siehe S. 32 und 120). Herms hat mir auch die vielen Vorstandskollegen, die er erlebte, charakterisiert, und damit eine Art Psychosoziologie dieses Gremiums gegeben: Da gab es die Initiativen, die Selbständigen, die Vorbildlich-Sarkastisch bis Humorvollen, die nach der Sitzung nochmals Zusammensitzenden, die Umgänglich-Freundlichen, Umgänglich-Hilfsbereiten oder sogar Aktiven (trotz hoher Ämter), die Vertreter der höchsten Ebene und die Lokalgrössen, die Einsatzfreudigen, die umgänglichen Repräsentanten, die relativ Aktiven bis «ferner Laufenden», die klassisch delegierenden Souveränen, die charmanten Vertreter der «informellen Ebene»; wichtig waren die aktiven Sektionsobmänner, meist klassische Vertrauensmänner, und die unersetzlichen Präsidentenberater, da gab es einen «Admiral», die Spezialisten für juristische Fragen, die Dezenten und menschlich-feinen, die relativ Bestimmenden, die Bereichernden, die hilfreich-

Der ZSL setzte sich für die Freihaltegebiete am Zürichsee ein. In der Kantonsratsdebatte um den Landschaftsplan im März/April 2001 wurden nur jene am rechten Ufer beibehalten. TA-Grafik RH, in TA, 22. April 2001, S. 23.

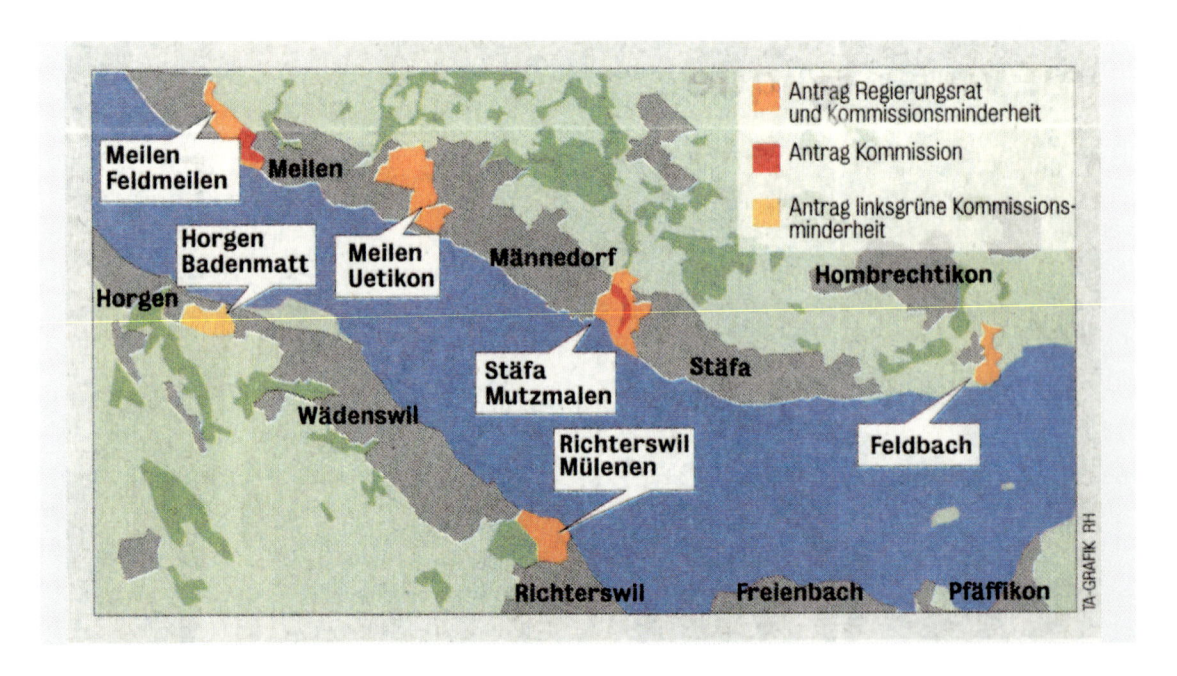

kollegialen oder alternativ-hilfreichen Jungen, es gab jene mit politischer Hausmacht, die Gewichtigen, die verdienstvollen, ja die grossen Persönlichkeiten! Es gab Unterschiede im Kaliber und es gab das Ablösungs- bzw. Nachfolgeprinzip für die Vertreter der für den Verband wichtigen Verwaltungsbeamten, ja geschätzten Fachleute. Kurz: Herms erlebte «ein freies Gremium von Männern», bis 1990 mit der Nationalrätin und heutigen Ständerätin Vreny Spoerri-Toneatti die erste der fünf Frauen unter den bisher total 146 Vorstandsmitgliedern im Vorstand Einsitz nahm (vgl. die Gesamtlisten S. 291–293). Die vielfältige Zusammensetzung des Vorstandes ist bis heute Garant für eine den komplexen Verhältnissen angemessene Verbandspolitik. Folgende Gruppen waren und sind im Vorstand vertreten (Überschneidungen mitgezählt): Architekten (13), Ingenieure (5), Juristen (24), Künstler und Kunsthistoriker (3), Historiker (1), Naturwissenschafter und Ärzte (15), Vertreter des Klosters Einsiedeln (4), der Landwirtschaft bzw. des Weinbaus (2), der Wirtschaft und des Finanz- und Verkehrswesens (24), der Presse (14), des Natur- und Heimatschutzes (10), Chefbeamte aus Gemeinde- und Kantonsverwaltungen (29), Parlamentarier (12), Behörden aus Gemeinde, Bezirk, Militär und Kirche (21).

Bis auf Ausnahmen sind die Arbeits- oder Wohnorte der Vorstandsmitglieder Seegemeinden (mitgezählt wurden auch die Rechnungsrevisoren), den grössten Anteil hat die Stadt Zürich mit 51. Im Kanton Zürich entfallen auf Hombrechtikon 3, auf Oetwil 1, auf Stäfa 10, auf Männedorf 2, auf Meilen 9, auf Herrliberg 1, auf Küsnacht 9, auf Zumikon 2, (auf Baden AG 1), auf Zollikon 5, auf Uitikon 1, auf Bonstetten 1, auf

Kilchberg 6, auf Rüschlikon 1, auf Thalwil 1, auf Horgen 2, auf Wädenswil 6, auf Richterswil 2. Im Kanton Schwyz sind es in Wollerau 3, in Pfäffikon 8, in Lachen 4, in Siebnen 1, in Buttikon 1, in Schwyz 1, im Kanton St. Gallen in Uznach 1, in Schmerikon 3, in Jona 2, in Rapperswil 12, in St. Gallen 3.

Dieser Gang durch die Vorstandsarbeit soll mit einem Rückblick auf das Grundthema «Landschaftsschutz» schliessen. Am 18. Juni 2002 habe ich *Klaus Hagmann*, Landschaftsarchitekt BSLA, geboren 1929, besucht.[49] Er ist 1967 bis 1999 Vorstandsmitglied des VSLZ und 1967 bis 1998 Mitglied der NHKZ gewesen, hat also bis vor kurzem jene traditionelle Verbindung der beiden Gremien verkörpert (siehe S. 84). Hagmann hat zuerst in der Gartenbaufirma, welche sein Vater in den 1930er Jahren in Zürich gründete, gearbeitet. 1958 bis 1965 hat er sich mit der Gattin Silvia in die USA begeben und dort das Studium als Landschaftsarchitekt an der University of Southern California in Los Angeles absolviert und anschliessend praktisch gearbeitet bei Cornell, Bridgers und Troller und beim Planer Victor Gruen (1903–1969). In den USA sind viele Nationalparks als Reservate gesichert worden (siehe S. 69 und Anm. 38). Hagmann hat dort erlebt, wie aus dieser Schutztradition heraus in der sog. Masterplanung immer als Erstes ein Landschaftsplan erstellt wird, in dem die «landschaftliche Substanz» der betreffenden Gegend eingetragen wird. 1965 tritt Hagmann in den Dienst des Kantons Zürich und verbleibt dort bis zur Pensionierung 1998. Im Büro für Regionalplanung arbeitet er zuerst als Kreisplaner (Pfannenstiel, Glatttal, Furttal, Zürich rechts der Limmat) und wird 1967 Nachfolger von Theodor Hunziker[50] im «Büro für Landschaftsschutz», das bis 1954 Fachstelle für Natur- und Heimatschutz geheissen hat. Hunziker ist seinerseits seit 1954 Nachfolger von Walter Knopfli (1889–1965) gewesen, dem bedeutenden Ornithologen und Mitstreiter von Hermann Balsiger im VSLZ.[51] Mit Hagmanns Ernennung zum Chef-Stellvertreter des Amtes für Raumplanung 1972 heisst die Institution nun Fachstelle für Siedlung und Landschaft (neben den Fachstellen für Naturschutz, Verkehr und Versorgung, Wirtschaft und Bevölkerung), aus dem übergeordneten Büro wird das *Amt* für Regionalplanung, das dann 1972 zum Amt für *Raum*planung mutiert.[52] In der von Klaus Hagmann innegehabten Stelle konnten die seit den 1920er Jahren – auch vom VSLZ – erhofften Möglichkeiten der Planung für einen wirksamen Landschaftsschutz durchexerziert werden. So kann man die Wirksamkeit des 1942 von der NHKZ geforderten Instruments nach 60 Jahren überprüfen. Der Biologe Prof. Dr. Konrad Escher (1899–1988) hat 1942 den Antrag der NHKZ an die Baudirektion und zu Handen des Regierungsrats formuliert:

«Der Kanton Zürich möge in Zukunft einen Fachmann für Fragen des Landschaftsschutzes im Hauptamt beschäftigen, (…) einen Landschaftsschutzbeamten, (…) (der) ein mit biologischen Kenntnissen ausgerüsteter und mit der Landschaft des Kantons Zürich verwachsener Mann sein (müsste). (…) Als Verbindungsmann zwischen der Natur- und Heimatschutzkommission und dem Meliorationsamt, den Ämtern der Baudirektion, den Forstbehörden, der Jagd- und Fischereiverwaltung könnte er die Wünsche des Heimatschutzes schon zurzeit der Entstehung der Projekte vorbringen. (…) Er hätte sich dem Schutze bestehender Pflanzungen und der Neuanpflanzungen in meliorierten Gebieten zu widmen. Er würde Vorschläge zur Schaffung von Reservaten und Landschaftsschutzgebieten machen. Ihm würde die Beaufsichtigung der Reservate und Schutzgebiete unterstellt. Er würde die Inventare über geschützte und zu schützende Objekte weiterführen. Die Kommission gestattet sich auch den Hinweis, dass ihr Mitglied, Herr Dr. Knopfli, in vorzüglicher Weise die Ansprüche, die an einen solchen Fachmann des Landschaftsschutzes gestellt werden müssen, erfüllt. Sie beantragt, falls ihrem Antrag entsprochen wird, das genannte Kommissionsmitglied mit dieser Aufgabe zu betrauen.»[53]

Mitten in der Kriegszeit, im Zeichen der «kriegsbedingten Mehranbaumassnahmen» ist die Stelle auf den 1. Dezember 1942 mit Knopfli ins Leben gerufen worden, der in dieser Meliorationszeit auch die davor zu rettenden Riedgebiete zu bezeichnen hatte und der die Verordnungen über den Schutz der Zürcher Kleinseen entworfen hat.[54] Heute ist festzustellen, dass der Begriff Landschaftsschutz im Etat der Zürcher Baudirek-

Der Seeuferweg zwischen Käpfnach-Horgen und Au-Wädenswil wurde 1988–1989 gemeinsam vom Kanton Zürich und den SBB angelegt. Im Hintergrund die Halbinsel Au. Foto Elvira Angstmann 2002.

tion nicht mehr erscheint. Es gibt keine «Fachstelle für Siedlung und Landschaft» mehr im «Amt für Raumordnung und Vermessung», wie es seit 1998 heisst. Lediglich in der Abteilung Orts- und Regionalplanung ist eine Stelle für «Landschaft/Kiesabbau» aufgeführt.[55] Diese Tatsache erfüllt Hagmann mit Sorge, denn der Kampf um die Sache ist ja noch lange nicht vorbei!

Wie könnte man das Verhältnis zwischen VSLZ und kantonaler Verwaltung ausdrücken, frage ich Hagmann. «Den VSLZ braucht es, wenn auf der Regierungsseite niemand da ist, der kommende Gefahren frühzeitig feststellt», antwortet er. Manchmal hätten aber beide Seiten nichts ausrichten können, so, als die Gemeinden die noch nicht überbauten Grundstücke am See als Freihaltezonen hätten ausscheiden sollen (siehe Zeittafel: 1970, 1982), obwohl Regierungsrat Alois Günthard, Zürcher Baudirektor 1967 bis 1977, diesem Anliegen wohlgesinnt war.[56] Der Kanton konnte zwar bei der Bewilligung der Gemeinde-Bauordnungen überprüfen, ob die ausgeschiedenen Bauzonen «zweckmässig» waren. Aber die «Streubauzeiten» dauerten bis 1968, als mit dem neuen kantonalen Wassergesetz die Bauzonen endlich kanalisationsmässig erschlossen sein mussten. Das kantonale Baugesetz von 1893 war ja nur für die Städte Zürich und Winterthur verbindlich, die anderen Gemeinden konnten sich freiwillig unterstellen. Erst mit dem neuen Zürcher Planungs- und Baugesetz (PBG) von 1976 änderten sich die Verhältnisse, nun war endlich, wie der Name sagt, die Planung integriert. Im Kanton St. Gallen hingegen konnten die Zonenpläne per Gemeinderatsbeschluss erlassen werden. Das Verhältnis mit dem für den Landschaftsschutz zuständigen St. Galler Beamten war gut; Dr. Peter Flaad ist dort später erster Kantonsplaner geworden. Zum Hochhaus-Problem am See ist zu sagen, dass Gebäude über sechs Geschosse von ca. 20 m Höhe, eine Spezialbewilligung brauchten, welche die Baudirektion erteilen musste. Hochhäuser über 20 m Höhe erforderten eine Ausnahmebewilligung des Regierungsrates. Dieser führte 1963 auf dem gefrorenen See einen Augenschein zum Hochhausprojekt des Hotels Baur au Lac in Zürich durch und fasste den Grundsatzbeschluss, dass am Zürichsee keine Hochhäuser im Nahbereich des Ufers bewilligt würden. 1971, als Gesundheitsdirektor Bürgi (übrigens Vorstandsmitglied des VSLZ 1951 bis 1980) dem Hochhaus-Projekt für das Spital Männedorf zustimmen wollte, sprach sich der VSLZ dagegen aus. Die Uferwege waren immer ein besonderes Thema. Regierungsrat Günthard wollte den Aushub aus den Autobahn- und S-Bahn-Tunnels vor den Zürcher Abschnitten des Sees aufschütten und dort Seewege erstellen. Die Firma KIBAG interessierte sich für die Transporte, denn sie wollte solchen Aushub vor dem Buchberg aufschütten und dort (so vermutet), wie in Hurden, ein «Klein-Florida» errichten; dagegen hat der VSLZ mit Recht protestiert. Hingegen ist dem Golfplatz, welchen die KIBAG im ehemaligen Kiesabbaugebiet Nuolen durch Aufschüttungen gewonnen hat, zuzustimmen, diese gestaltete Landschaft ist einer Monokultur-Landwirtschaftszone, z.B. mit Mais, vorzuziehen (vgl. S. 196). Der Seeweg Horgen–Käpfnach–Au figurierte nicht im Richtplan der Region. Hagmann setzte sich aber dafür ein und das kantonale Tiefbauamt erhielt den Auftrag zum Bau, der Kanton Zürich war Bauherr, das Land war meist in öffentlichem Besitz. (Abb. S. 130). Die Fortsetzung, der Seeweg Wädenswil–Richterswil wäre ein berechtigtes Postulat! Zu den erfreulichsten Erinnerungen Hagmanns gehört die Sicherung der Halbinsel Au für die Öffentlichkeit: Als im Nagliker Ried an der Westseite eine Yachtwerft mit Bootshafen errichtet werden sollte, erliess der Kanton ein Bauverbot und kaufte, zusammen mit der Familie von Schulthess im Schlossgut, das Land. Das Gut Vorder Au wurde auf Hagmanns Betreiben vom Kanton sofort gekauft, beim Erwerb des Schlossgutes Au hat sich die Gemeinde Wädenswil grosse Verdienste erworben. Bei den jahrelangen Auseinandersetzungen um das Areal der Steinfabrik Pfäffikon unmittelbar neben dem Schutzgebiet «Frauenwinkel» (siehe Zeittafel: 1990) hat sich Hagmann beim Wettbewerb 1994 für die Neuüberbauung zu Wohnzwecken im Namen des VSLZ mit einem eigenen Projekt beteiligt. Bei der Rettungsaktion für den Seegubel Jona 1981 bis 1995 konnten die VSLZ-Vorstandsmitglieder Hagmann und Straub dem Präsidenten Fritz Maurer wertvolle Hintergrund-Informationen liefern und Verbindungen herstellen (vgl. S. 123, 203–206). Als Grundeindruck von diesem Gespräch mit Klaus Hagmann bleibt das Engagement für den Landschaftsschutz in Erinnerung, der kluge Einsatz eines Fachmanns für die gute Sache auf allen politischen Ebenen!

In der Abfolge Knopfli Hunziker Hagmann hat der planungsrechtlich gestützte Landschaftsschutz drei aktive Exponenten hervorgebracht, welche bewiesen haben, dass die Zusammenarbeit zwischen Verwaltungsstellen und unabhängigen Vorkämpfern in gemischten Gremien möglich ist. Seit dem Austritt von Hagmann und anderen Beamten 1998/99 [57] scheint diese Formel in Frage gestellt. Auch sitzt seit 1993 kein Vertreter des Klosters Einsiedeln mehr im Vorstand des ZSL. Sind heute neue Mischungen, neue Formen notwendig, um die anstehenden Aufgaben zu lösen? Am Beispiel «Frauenwinkel» kann diese Frage am Schluss des nächsten Kapitels in einen weiteren Zusammenhang gestellt werden.

Glückwunsch des VSLZ an das Kloster Einsiedeln 1934. Das unterzeichnete Exemplar war 2002 wegen Revisionsarbeiten im Stiftsarchiv unauffindbar.

Zürich, 5. Mai 1934

Seiner Gnaden

Herrn Dr. P. Ignatius Staub, Fürstabt

Einsiedeln

Hochwürdiger Herr Fürstabt!

Der „Verband zum Schutze des Landschaftsbildes am Zürichsee" hat an seiner Generalversammlung zu Pfäffikon am Etzel im Spätjahr 1933 den geschäftsleitenden Ausschuss beauftragt, Ihnen und dem hochwürdigen Konvent zur

Tausendjahrfeier des Stiftes Einsiedeln

die herzlichen Wünsche zu entbieten. In diesen Tagen, da ein Jahrtausend verstrichen ist seit dem Zeitpunkt, als Abt Eberhard die damalige kleine Gemeinde „in illam silvam, que dicebatur silva tenebrosa", zu einem Konvent nach der Regel des Hl. Benedikt umgestaltete, kommen wir diesem Auftrag nach. Wir tun es ebenso mit den Gefühlen tiefer Dankbarkeit wie mit dem Ausdruck froher Hoffnung, dass auf ferne Zeiten die hohe Autorität des Klosters immer wieder auch jenen Zielen zum Segen gereichen möge, die unser Verband darin verfolgt, dass er das durch die Schöpfung geheiligte Antlitz der Heimat schützen und den Nachfahren die Spuren seiner weihevollen Ursprünglichkeit übermitteln will.

Ein gütiges Schicksal hat es so geordnet, dass Ihr Kloster Grundbesitzer ist in einer Gegend, die nicht nur zu den schönsten der Schweiz, sondern zu den hervorragenden Landschaften Europas zu zählen ist: da, wo der türmende Wall der Alpen zur sonnigen Seelandschaft absteigt, im „Winkel Unserer Lieben Frau", mit dem Edelstein der Ufenau, von der ein Zeitgenosse sagt, dass sie schon nicht mehr von dieser Welt sei…

Unser Verband ist sich der Tatsache bewusst, dass diese Landschaft dem Schicksal der Verschandelung im Zeitalter des Materialismus nur deshalb nicht zum Opfer gefallen ist, weil das Stift durch tausend Jahre hindurch unwandelbar deren Ehrwürdigkeit und Schutzwürdigkeit empfunden und Respekt dafür verlangt hat.

Sie hierin zu unterstützen, das Volk aufzuklären, den Kampf zu führen gegen die Zerstörung von dauernden Werten, in Alten und Jungen das Bewusstsein zu erwecken, dass auch ein heimatliches Landschaftsbild Achtung erheischt und verdient — das ist die Idee unseres Verbandes und unserer Arbeit.

Mögen diese kulturellen Ziele auch fernerhin eine wirksame Zusammenarbeit sicherstellen und stets einen starken Rückhalt finden in Aebten und Konvent des Stiftes Einsiedeln, auf dessen vornehme und unbeirrbare Tradition wir bauen, für dessen Zukunft wir die wärmsten Wünsche hegen.

Empfangen Sie, hochgeehrter Herr Fürstabt, mit unserer Gratulation den Ausdruck unserer vorzüglichen Hochachtung und Ergebenheit.

Verband zum Schutze des Landschaftsbildes am Zürichsee

Der Präsident   Der Sekretär

Der «Frauenwinkel» in Freienbach, ein Schutzmodell

Dr. P. Damian Buck (1871–1940), Kloster Einsiedeln, mit Jungfüchsen, war VSLZ-Vorstandsmitglied 1927–1931. Foto aus JbZ 1939/40, nach S. 80.

Auf den Seiten 98 bis 107 ist dargestellt worden, wie durch die Gefährdung des Frauenwinkels 1927 der VSLZ entstanden ist, und wie dieser sich in der Folge der «Seedamm-Frage» angenommen hat. Bis heute ist diese Landschaft das «Kerngebiet» des Verbandes geblieben, dem die besondere Sorge, Liebe und Aufmerksamkeit gilt. Das Jubiläumsjahr 2002 hat eine neue Rechtsform für die Schutzbemühungen gebracht, die im letzten Teil dieses Kapitels vorgestellt wird. Vorgängig soll in verschiedenen Anläufen auf die vielfältigen Aspekte der Entwicklung seit 1927 eingegangen werden.

Die Präsenz des Stiftes Einsiedeln im Frauenwinkel

Eine besondere Rolle spielte schon bei der VSLZ-Gründung das Kloster Einsiedeln, das folgende Persönlichkeiten in den Vorstand abgeordnet hat: Dr. P. Damian Buck (1927–1931), Dr. P. Fidelis Löhrer (1951–1954), Dr. P. Cölestin Merkt (1954–1967), P. Thomas Locher (1975–1993).[1] Auch mit Lochers Vorgänger als Statthalter des Klosters in Pfäffikon, P. Ulrich Kurmann, pflegte der VSLZ gute Beziehungen.[2] In seinem Willen «das durch die Schöpfung geheiligte Antlitz der Heimat» zu schützen, sah sich der VSLZ mit dem Stift Einsiedeln einig und bekräftigte dies in einer gedruckten Glückwunschadresse anlässlich von dessen Tausendjahrfeier 1934 (Abb. S. 132).[3] Aus P. Cölestin Merkts Nachruf auf P. Damian Buck (1871–1940) kann man entnehmen, dass Buck – neben Balsiger und Gut – als dritter Gründervater des VSLZ gelten muss:

Damian Buck erhielt in der Einsiedler Klosterschule wichtige Impulse durch den ausgezeichneten Naturwissenschafter P. Wilhelm Sidler und wirkte nach Gymnasium und Studium an der Universität Fribourg, ab 1902 als Lehrer der Naturgeschichte am Kloster Einsiedeln. «P. Damian war in ganz seltener Weise mit den Eigenschaften eines Lehrers und Naturforschers begabt. (...) Das zeigte sich auf Exkursionen in das frühere Einsiedler Moorland mit all den vielen Seltenheiten und Eigenheiten der Pflanzen- und Tierwelt. Das zeigte sich auf geologischen Fahrten in das klassische Gebiet des Einsiedler Hochtales und bei Spaziergängen, die dem Studium der von ihm besonders geliebten Vogelwelt galten. (...) Der Umgang mit bekannten Professoren der E.T.H., z.B. Albert

Heim, Schröter, Rollier, Jeannet u.a. vertiefte sein Wissen und Können. (...) Ein Lieblingsgebiet war der N a t u r s c h u t z. In unzähligen Artikeln und Vorträgen suchte P. Damian Verständnis zu wecken für die Erhaltung von Tier- und Pflanzenwelt und der Landschaftsbilder, die immer mehr der Vernichtung oder Verunstaltung durch die Technik ausgeliefert sind. (...) Am 20. Dezember 1908 gründete er die Schwyzerische Naturschutzkommission, um die im Kt. Schwyz vorkommenden Schönheiten und Seltenheiten zu schützen und zu wahren. Er war unermüdlich tätig durch Mitarbeit in Gesetzgebung, zahlreiche Eingaben an Behörden, persönliche Verhandlungen, Anlegen von Reservationen. Seiner Einsicht und seinem Eifer verdankt der Frauenwinkel und die Insel Ufenau die Ruhe und Unberührtheit, die nun leider durch den Dammdurchstich gestört werden. Als 1917 an den Ufern des Frauenwinkels eine Karbidfabrik, 1926 eine Imprägnieranstalt für Telephonstangen, 1927 eine Webereiapparatenfabrik erstellt werden sollte, konnte er manchmal noch in letzter Stunde diese Pläne vereiteln. (...) In volkstümlicher Sprache machte er aufmerksam auf des Schöpfers Grösse und Weisheit in seiner belebt und unbelebt geschaffenen Welt. Deshalb gründete er am 2. Dezember 1932 die Schwyzerische Naturforschende Gesellschaft. (...).»[4]

Nicht nur der Frauenwinkel und die Ufenau, sondern auch die Höfe Pfäffikon, Freienbach und Wollerau gelangten im 10. Jahrhundert an das Stift Einsiedeln. Heute noch gehören dem Stift das Schloss Pfäffikon, der dortige Gutsbetrieb, die Insel Ufenau und das Weingut Leutschen oberhalb Freienbach.[5] Die Rechte des Stiftes am Frauenwinkel sind eine solide Basis für die Schutzaktionen des VSLZ. Der Geschichte dieser Rechte wird denn auch in den Publikationen des Verbandes immer wieder nachgegangen, zuerst 1930 durch P. Damian Buck.[6] 1935 beschäftigt die Frage allfälliger Weekendhäuschen im Frauenwinkel den VSLZ und den Gemeinderat von Freienbach (siehe Zeittafel).[7] Ein 1947 eingereichtes Projekt für ein Wochenendhäuschen am Frauenwinkel-Ufer, gegenüber der Lützelau, verweigert der Gemeinderat. Der Liegenschaftseigentümer führt beim Regierungsrat eine Beschwerde. Dr. iur. Josef Fräfel, Rechtsanwalt in Pfäffikon (und Vorstandsmitglied des Verbandes 1934–1963) vertritt die Gemeinde. Seine Untersuchung *Rechtliche Verteidigung des Frauenwinkels* wird *im Jahrbuch vom Zürichsee 1948/49* publiziert; sie fasst die Grundlagen für den Schutz zusammen.[8] Basisgesetz ist die «Verordnung des Kantons Schwyz betr. den Natur- und Heimatschutz und die Erhaltung von Altertümern und Kunstdenkmälern vom 29. November 1927», eine fast wörtliche Nachbildung der analogen Zürcher Verordnung von 1912. Ein Parallelfall im Zusammenhang mit der Greifensee-Schutzverordnung endete mit Bundesgerichtsurteil, das nun Fräfel auch für die Verhätnisse im Frauenwinkel auslegt:

Die Verfassung gewährt wohlerworbene Privatrechte wie die Eigentumsfreiheit nur mit jenem Inhalt, «der sich aus der jeweiligen objektiven Rechtsordnung ergibt». Deshalb steht Eigentumsbeschränkungen im öffentlichen Interesse nichts im Wege und sie geben auch keinen Anspruch auf Ersatz für Vermögenseinbusse. «Der Reiz des Frauenwinkels liegt ja gerade in seiner Unberührtheit, im Fehlen jeder menschlichen Behausung, und man wird es auch heute noch bedauern müssen, dass seinerzeit bei der Erstellung des einzigen Wochenendhauses auf dem Rossthorn der Landschaftsschutz versagt hat. Allein schon der Charakter des Naturschutz-Reservates und das noch immer zu Recht bestehende gerichtliche Verbot des Betretens des Schilfgürtels lässt auch nur ein einziges Wochenendhaus in diesem Gebiet als ganz untragbar erscheinen.» Solches bestätigte das Bundesgericht auch für den Greifensee, weshalb man das Urteil auch für den Frauenwinkel als gültig erachten darf.
Zieht der Eingriff ins Privateigentum eine Entschädigungsfolge nach sich oder nicht? «Ein bereits ausgeübter oder wirtschaftlich verwerteter Gebrauch der Sache, der über jenen Gebrauch hinausginge, der den Grundeigentümern in der Form der landwirtschaftlichen Nutzung ihrer Rieder nach wie vor zusteht, liegt nirgends vor. Noch viel weniger könnte angenommen werden, dass das Bauverbot den Grundeigentümern ein allzu grosses Opfer zumuten würde.» Ja, es tritt «mit sehr grosser Wahrscheinlichkeit überhaupt kein Schaden ein», denn «der Frauenwinkel ist ein rechtliches Kuriosum. Obschon Teil des Zürichsees, ist er doch kein öffentliches Gewässer im strengen Rechtssinne.» Sein Eigentümer ist nicht der Staat, wie bei den öffentlichen Gewässern, sondern das Stift Einsiedeln. «Im Jahre 965 schenkte Kaiser Otto der Grosse dem Stift diesen Teil des Sees, ja noch mehr, auch die Ufenau, Pfäffikon, Ürikon, die Kirche von Meilen, und dies mit allen Nutzungen und Zehnten, darunter auch das Fischereirecht. Wenn das Gebiet im Laufe der Jahrhunderte auch auf den heutigen Frauenwinkel zusammenschrumpfte, so ist das Eigentum des Stiftes daran doch nie bestritten, im Gegenteil immer wieder anerkannt worden. (...) Der Frauenwinkel ist als Liegenschaft in das Grund-

Die Liegenschaft Waid im «Frauenwinkel» ist seit 1949 mit einem Bauverbot belegt. Im Hintergrund die Insel Ufenau. Foto aus JbZ 1949/50, S. 264.

buch der Gemeinde Freienbach aufgenommen. Er besitzt darin ein Grundbuchblatt wie jede andere Liegenschaft. Bei der Aufnahme ins Grundbuch hat sich der Staat lediglich die allgemeinen Hoheitsrechte vorbehalten. Das Recht der freien Schiffahrt ist als privatrechtliche Dienstbarkeit ins Grundbuch eingetragen. Es kann am besten mit einem allgemeinen Fahrrecht über eine Liegenschaft verglichen werden. Die Liegenschaft Frauenwinkel wurde sodann im Zuge der Grundbuchvermessung vermarcht wie jede andere Liegenschaft. (...) Das Kloster kam dabei den Riedbesitzern insofern entgegen, als es eine Vermarchung auf einer für das Kloster ungünstigen, unterdurchschnittlichen Kote von 406 Metern über Meer einwilligte. Allein mit fortschreitender Alluvion (Anschwemmung) wird die Zeit kommen, da die jetzt noch an den See grenzenden Rieder durch einen Ufergürtel vom See getrennt sein werden. (...) Die zuständige Instanz des Klosters Einsiedeln hat dem Verfassers mit allem Nachdruck erklärt, dass das Kloster keinen Wochenendbetrieb im Frauenwinkel wünsche und zur Verhinderung von Wochenendbauten im Interesse des Landschafts-, Natur- und Heimatschutzes fest entschlossen sei, jedem Wochenendhausbesitzer das Betreten der Uferzone unnachsichtig zu verbieten und nötigenfalls diesem Verbot durch Anrufung richterlichen Schutzes Nachachtung zu verschaffen. Damit dürfte die Verwendung von Grundeigentum Dritter für Wochenendhäuschen via facti so gut wie unmöglich gemacht worden sein. Die anstossenden Grundeigentümer erleiden deshalb durch ein behördliches Bauverbot, gestützt auf die Natur- und Heimatschutzverordnung, praktisch auch keinen Schaden, weil unter diesen rechtlichen Verhältnissen keine Nachfrage nach Bauland mehr vorhanden sein wird. Wer an einem See ein Wochenendhäuschen erstellt, wird sich nicht mit der blossen Aussicht begnügen, sondern hat sich bei der Wahl dieser Baustelle vom Wunsche leiten lassen, hier baden zu können, Ruder- und Segelsport zu treiben oder sich gar der Sportfischerei hinzugeben. Nur nebenbei sei bemerkt, dass das Kloster Einsiedeln, dem das alleinige Recht der Fischerei im Frauenwinkel zusteht, die Fischerei verpachtet hat und keine Patente abgibt. Gerade das, was den Bau eines Wochenendhauses am Ufer des Frauenwinkels so verlockend erscheinen lässt, ist also seinem Besitzer durch das Privateigentum des Klosters am Frauenwinkel verwehrt.»

Morgenstimmung gegen Ufenau (rechts), «Frauenwinkel», und Lützelau (links). Foto Elvira Angstmann, August 2002.

Kaufpolitik des Verbands

Im Zusammenhang mit dem oben erwähnten Fall beginnt der Verband 1947 Verhandlungen und schliesst (zusammen mit dem Schweizerischen Bund für Naturschutz) am 1. März 1949 einen Personaldienstbarkeitsvertrag auf unbegrenzte Zeitdauer mit den Geschwistern Feusi «Zum Rössli» in Hurden als den Eigentümern der fraglichen Liegenschaft Waid über eine Riedfläche im Ausmass von rund 58 000 m^2 ab. Darin wird das Bauverbot der Gemeindebehörde Freienbach als rechtsgültig anerkannt. Auch das derzeit bestehende Naturufer darf in seinem bisherigen Zustand nicht verändert werden. Zudem gehen die Eigentümer auf dem höher gelegenen Wiesland im Ausmass von 31 000 m^2 ein totales Bauverbot auf die Dauer von 50 Jahren ein. Der Verband entschädigt sie dafür mit einer einmaligen Pauschalsumme von 18 000.– Franken. Davon werden 15 600.– Franken von befreundeten Organisationen und Privaten getragen.[1] Ferner gelingt es dem Verband, am 17. September 1949 aus einer Erbengemeinschaft in Freienbach ein rund 60 Aren messendes, an den Frauenwinkel anstossendes Riedstück zu 4 000.– Franken käuflich zu erwerben und in Pacht zu geben.[2]

Weitere Schritte folgen. Am 19. Juni 1950 kauft der Verband ein unmittelbar angrenzendes Riedstück von 45 a 72 m^2 für 3 000.– Franken von Frau Gertrud von Wyss-Syz, Burghalden-Richterswil, und gibt es benachbarten Landwirten in Pacht.[3] Ein Jahr später: «In einem am 12. Juli 1951 abgeschlossenen Personaldienstbarkeitsvertrag verpflichtet sich der Eigentümer eines 6 361 m^2 messenden Riedes auf die Dauer von 50 Jahren auf dem Grundstück keinerlei Veränderungen vorzunehmen, die auf das bestehende Landschaftsbild von Einfluss sein können. Auch das derzeit bestehende Naturufer darf in seinem bisherigen Zustand nicht verändert werden. Der Verband leistet für diese Rechtseinräumung 1 800.– Franken.»[4] Die 21. Generalversammlung des Verbandes findet am 28. Juni 1958 auf dem neuen Motorschiff «Glärnisch» statt und führt von Zürich nach Schmerikon und zurück. Bei der Durchfahrt durch die Landzunge von Hurden wird berichtet, dass der Verband seit der Gründung 1927 über 60 000.– Franken ausgegeben habe, «um durch Kauf von ‹wertlosem› Riedland oder durch Errichtung von Servituten Grünflächen und Ausblicke zu erhalten».[5] Diese Sicherungspolitik führte zuletzt 1957 im Rosshorn zum Kauf eines Grundstücks für 16 000.– Franken, kurz und stolz erwähnt im Jahresbericht: «Dieses Riet wird nie überbaut werden.»[6]

An der Jubiläumsversammlung zum 40. Jahr des Bestehens 1967 spricht Präsident Gottlieb Lehner «von einer Krönung unserer Arbeit». Am 28. November 1966 ist nämlich das Grundstück Kat.-Nr. 841, Rosshorn, Hurden im Ausmass von 13 798 m^2, d.h. die Nordspitze der Landzunge, zu einem Preis von 145 000.– Franken in den Besitz des Verbandes übergegangen – «in unmittelbarer Nachbarschaft des ersten Brennpunktes unseres Interesses», d.h. neben dem Fabrikprojekts-Standort, der 1927 Anlass zur Verbandsgründung gegeben hat. In den Dank für Ermunterung und finanzielle Hilfeleistung wird jener anonyme Spender eingeschlossen, «der uns vor 30 Jahren 5 000.– Franken mit der Aufforderung über-

Der grosse Brachvogel findet heute im «Frauenwinkel» den letzten Brutplatz in der Schweiz. Er reagiert aber bei Annäherung von Menschen und Hunden schon auf 300 m mit Flucht. WWF-Bildarchiv.

wies, das Rosshorn in unseren Besitz zu bringen».[7]

In der Abdankungsrede für den Präsidenten wird 1972 erwähnt: «Aus der Vielfalt der Aktivitäten ragt eine hervor, durch die Gottlieb Lehner unvergessen bleiben wird: die unberührte Erhaltung des Rosshorns in Hurden, das mit hohen und wilden Bäumen die Landzunge gegen den Seedamm abschliesst. Eine Servitut, die das Bauen verbot, war nicht zu haben, es blieb nur der kostspielige Kauf. Es brauchte einen Mann wie Gottlieb Lehner, um warten zu können, bis die Situation reif war, um den Entschluss zur Operation zu wagen und um nachher das nötige Geld zusammenzubringen.»[8] Im Berichtsjahr 1977 gelingt es, «zu günstigen Bedingungen eine Parzelle von 2 686 m^2 inmitten der grossen Riedfläche im ‹Sack› im Frauenwinkel zu kaufen. Solche eingestreute Landparzellen ermöglichen es dem VSLZ, bei der Gestaltung des benachbarten Gebietes als Grundbesitzer besonders nachdrücklich mitzureden.»[9] Im Jahresbericht pro 1987 gibt der VSLZ-Vorstand einen Überblick mit Plan über seinen Grundbesitz im Gebiet Frauenwinkel-Rosshorn. Es sind vier Grundstücke von zusammen 40 138 m^2. Ferner lasten Bauverbotsservitute zugunsten des VSLZ auf diversen Grundstücken von zusammen 113 870 m^2. Die Verbandsmitglieder werden aufgerufen, dem Vorstand «Möglichkeiten zum Ankauf von Streuland- und anderen Landparzellen – vor allem in Seenähe – mitzuteilen».[10]

Schutzgesetzgebung für Flora und Fauna

Der Frauenwinkel ist ein Schauplatz der Auseinandersetzung zwischen Mensch, Pflanze und Tier um den angestammten Lebensraum. Der Begriff des «Landschaftsbildes» ist nur ein Element in diesem Kampf. Ornithologische Vereinigungen sind vorangegangen und haben schon früh die «Rechte» der Wasser- und Sumpfvögel vertreten (Zeittafel: 1915, 1929, 1934). Der Ornithologe Dr. Walter Knopfli (1889–1965), NHKZ-Mitglied und Vorstandsmitglied des VSLZ (1927–1961) veröffentlicht 1930 einen Essay: *Der Zürichsee und seine gefiederten Bewohner.*[1] Eine Charakterisierung des Frauenwinkels bietet P. Norbert Flueler 1932 mit der Betrachtung *Im stillen Frauenwinkel.*[2] Im Jahresbericht pro 1940 heisst es: «Um die Beibehaltung des Charakters des Frauenwinkels als Naturschutzreservat bemüht sich nach wie vor ganz besonders unser verdientes Vorstandsmitglied (Architekt) Albert Kölla, Wädenswil.»[3] Im *Jahrbuch vom Zürichsee 1943/44* erscheint der Essay *Winter und Frühling im Frauenwinkel* des Dichters Hermann Hiltbrunner (1893–1961), der gegenüber, in Ürikon wohnt. Er gibt «das Bild dieser friedvollsten aller Buchten», beschreibt eindringlich die Eisbildung im Winter und die Befreiung davon im Frühling, die Mondnächte, die Vogelwelt, die Abendstimmung: «Und wiederum ertönt der seltsame Brachvogelruf, in dem alle Schönheit und Süsse dieser Landschaft Stimme wird.»[4] Die Erwähnung der geologischen «Bildungsgeschichte unserer Landschaft», dieses Tors zum Gebirge, nimmt das Thema wieder auf, das Hiltbrunner bereits 1932 in der Betrachtung *Die Landschaft der Halbinsel Hurden* angeschlagen hatte: Der Raum Rapperswil–Pfäffikon ist ein Alpen-Eintrittstor wie die Gegend von Vevey, Thun, Luzern, Rorschach–Bregenz, die Halbinsel Hurden ist seine Schwelle.[5] Die Poesie der Landschaft im Rosshorn stellte der 1972–1980 als VSLZ-Präsident amtende Historiker Albert Hauser in einer Reihe von Aquarellen dar.[6]

Vor allem aber bemüht sich der VSLZ um die rechtliche Sicherung: Im Jahresbericht pro 1945 wird vermerkt, dass die Gemeinde Freienbach «im neuen Baureglement einen Artikel aufgenommen habe, der verordnet, dass Bauten am Seeufer nicht gegen den Heimatschutz und gegen das Landschaftsbild verstossen dürfen».[7] Auf Betreiben des Verbandes erlässt das Bezirksamt Höfe 1946 ein amtliches Verbot: «Gemäss Art. 44 des Konkordates vom 21. Dezember 1933 der Kantone Zürich, Schwyz und St. Gallen über die Schifffahrt auf dem Zürichsee ist die Geschwindigkeit der Motorboote im Gebiet des Naturreservates Frauenwinkel derart zu beschränken, dass für Fische und Seevögel keine schädigende Störung entsteht, das heisst erfahrungsgemäss auf max. 15 Std./km. – Ebenso ist das Fahren und Rasten in den Schilffeldern durch Boote jeglicher Art untersagt. – Übertretungen dieser Vorschriften werden mit Fr. 3.– bis 150.– gebüsst.» Der VSLZ doppelt in dieser Sache und in Bezug auf den sich ausbreitenden wilden Bade- und Kampierbetrieb im Frauenwinkel 1948 mit einer Presseverlautbarung nach.[8] Die öffentliche Oberseefahrt des Verbandes am 7. September 1946 mit Motorschiff von Richterswil dem Schwyzerufer entlang zur Linthmündung und entlang dem St. Galleruafer zurück zur Ufenau propagiert die Schutzbemühungen in kritischer Betrachtung der Verschandelungen (Wochenendbauten, planlose Baggerungen), wird aber auch als «Feierstunde des Geistes und Gemüts» empfunden.[9]

Dr. med. Fritz Siegfried, Ürikon, zieht 1948 unter dem Titel *Von unsern Naturschutzgebieten und vom Sinn des Naturschutzes* eine Zwischenbilanz in Würdigung der Verdienste der Schweizerischen Gesellschaft für Vogelkunde und Vogelschutz Ala im Frauenwinkel.[10]

«Wie sollte dieses schönste Landschaftsbild an unserem See nicht vor allen andern auffordern zum Schutze vor jeglicher Schändung, vor Profanation und Zerstörung seiner reichen Vogelwelt! (...) Da flötet der Brachvogel, gaukelnden Fluges schwebt der Kiebitz über dem grünenden Ried und im meckernden Balzflug gibt die Bekassine von ihrer Liebeslust Kunde. Gottlob, noch immer wohnen in seinen Schilffeldern Haubentaucher, Wasserhühner, Zwergreiher, Rallen und Rohrsänger, noch immer steht auf seinen Untiefen, steif und gravitätisch der Reiher, gehen schnatternd Stockenten hoch, und stossen die Möwen kreischend auf ihre Beute kleiner Fische. Noch immer tönt vom Horstbaum des Milans klirrendes Balzlied, schweben die Dohlen um den Turm des Kirchleins (auf der Ufenau) und noch immer findet der Vogelkundige in Herbst- und Winterszeit seinen alten Gast, den Kormoran und sein nordisches Entenvolk im bunten Wechsel seiner Arten». Siegfried stellt dann die Frage: Warum schaffen wir überhaupt Naturschutzgebiete. «Warum nehmen wir Naturschützer, wie von einem Dämon besessen, immer wieder alle Mühsal eines unaufhörlichen, aufreibenden Kampfes auf uns, aller Niederlagen und Täuschungen zum Trotz. Denn nichts anderes als Kampf bedeutet heute Naturschutz, Kampf einer reinen hohen Idee gegenüber einer gewaltigen Front rein materieller Interessen und Egoismen aller Art. (...) In unserem Lande ist ein urtümliches freies Tierleben nur noch möglich in Banngebieten und Reservationen, wo allein der gehetzten Kreatur noch die Ruhe gewährt ist. (...) Es fordert aber nicht nur das bedrängte Tier in letzter Stunde unseren Schutz, nein, auch die letzten Reste ursprünglicher, von Nutzung und Zivilisation noch unberührten Winkel heimatlicher Natur mit ihrer von Raffgier bedrohten Flora heischen unsere rettende Tat.»

Im Jahresbericht pro 1967 wird von gesetzgeberischen Vorbereitungen für den Uferschutz im Frauenwinkel berichtet, ein erster Augenschein des Schwyzer Regierungsrats mit den Gemeindebehörden von Freienbach findet statt. «Zwei seenahe Gürtel sind als absolute Schutzzone (ausschliesslich Streuenutzung) und Bauverbotszone (für landwirtschaftliche Nutzung mit Meliorationsbewilligung) entworfen.»[11] Im Jahresbericht pro 1975 kann dann festgestellt werden, dass der Schwyzer Regierungsrat am 24. Juli 1972 eine *Verordnung zum Schutze des Zürichsees* erlassen habe, worin das Seegebiet und seine Ufer als staatlich geschütztes Gebiet erklärt wird. Die Gemeinde Freienbach besitze seit 1971 ein zeitgemässes Baureglement mit Zonenplan (in Revision desjenigen von 1945).[12]

Anlässlich der 51. Jahresversammlung des VSLZ am 17. Juni 1978 in Rapperswil hält Heinrich Schiess, Adetswil, das Referat *Gedanken zum Naturschutz an Zürich- und Obersee*. Schiess nimmt das Thema Fritz Siegfrieds von 1948 auf und würdigt die verschiedenen Grundsatzbeiträge in den *Jahrbüchern vom Zürichsee*. «Naturschutz» wird so definiert:

«Erhaltung der für eine Landschaft charakteristischen Tier- und Pflanzenwelt, mit Schwergewicht auf den seltenen und bedrohten Arten, Erhaltung der für eine Landschaft charakteristischen Lebensräume, mit Schwergewicht auf natürlichen und kulturhistorisch bedingten naturnahen Biotopen.» «Die Veränderungen im Landschaftsbild haben sich auch auf die Stellung ausgewirkt, die den naturnahen Gebieten im Gefüge unserer gesamten Umwelt zukommt. Ihr Aussehen entfernt sich immer mehr vom ‹Durchschnitt› der Landschaft; sie werden dadurch immer mehr ‹etwas Besonderes›, gleichzeitig aber auch immer isolierter und leichter verletzlich.»

Schiess hat 1975/76 im Rahmen einer Diplomarbeit am Zoologischen Institut der Universität Zürich ein Inventar aller Schilfbestände am Zürich- und Obersee erstellt und behandelt vor allem deren Vogelwelt.

Das Schilfröhricht im Frauenwinkel/Üsser Sack ist das grösste (4.9 Hektaren). Hier «wurde ein Schilfhorst des üblicherweise auf Nadelbäumen brütenden Graureihers gefunden, in der Schweiz eine recht ungewöhnliche Erscheinung». Im Frauenwinkel finden sich auch die grössten Riedwiesen am See. «Intakte alte Riedwiesen können bis 70 Pflanzenarten enthalten, von denen viele schöne Blüten tragen. Die meisten sind auf den besonderen Biotop Streuwiese spezialisiert und deswegen selten. Eine davon ist die Iris sibirica, die Sibirische Schwertlilie, andere sind Lungenenzian, Grosser Wiesenknopf, Sumpf-Blattserbse, Spargelerbse, Sumpfwurz und mehrere weitere Orchideenarten. Wo der

Boden sehr nährstoffarm ist – heute bereits ein unbedingt schützenswerter Tatbestand – findet man auch in unseren Riedwiesen Torfmoose, Schnabelbinse, Sonnentau und Wollgräser, also typische ‹Moorpflanzen›». Mehr als die Hälfte der noch erhaltenen 10 bis 15 schweizerischen Brutpaare des Brachvogels lebt in der Zürichseegegend. «Dies erhebt den Brachvogel in die höchste Priorität für die naturschützerische Tätigkeit in unserer Region. Für uns stellt der Brachvogel zugleich auch einen ‹Hinweis› dar auf die grosse Verantwortung für den Schutz seines Lebensraumes, die wir vor den Augen der ganzen Schweiz, wenn nicht des ganzen südlichen Mitteleuropa, tragen.» Aus verschiedenen Gründen ist der Brachvogel auch im Frauenwinkel gefährdet. Überall bedrohen Bootsfahrer und Badelustige an schönen Sommersonntagen die Naturschutzzonen. «Tatsache bleibt, dass der Mensch grundsätzlich ein Störefried ist in der Natur, für die solche Ausflugstage traumatische Erlebnisse sind.»[13]

An der Jahresversammlung 1981 schliesst Jacques Burnand an das Referat Schiess von 1978 an. *Pflege und Unterhalt – die 2. Säule des Naturschutzes* heisst das Thema seiner Ausführungen. «Die Notwendigkeit der Pflege aus der Sicht des Naturschutzes wurde erst ab etwa 1960 deutlich ausgesprochen, wobei der Verband zum Schutze des Landschaftsbildes am Zürichsee eine Pionierrolle spielte. (...) Ideale Verhältnisse für die Pflege bestehen dann, wenn die Bewirtschaftungsform der traditionellen Kulturlandschaft aufrechterhalten wird, das heisst, wenn ein Bauer noch Interesse an der Streu hat und sie selber mäht und wegtransportiert. Entweder tut er dies noch auf seinem eigenen Land oder tut es im Auftrag einer Naturschutzorganisation. Der VSLZ hat beispielsweise dafür gesorgt, dass dies auf seinen Streuwiesen im ‹Frauenwinkel› noch gut funktioniert.»[14] Im Jahresbericht pro 1983 findet sich eine bebilderte Reportage über Pflegearbeiten im eigenen Naturschutzgebiet des VSLZ im Rosshorn, die vom 10. bis 28. Januar 1983 unter der Leitung von M. Willi durch drei Mann des kantonalzürcherischen Amtes für Gewässerschutz durchgeführt wurden. «Es ging bei dieser Aktion vor allem darum, die verbuschten und in den vergangenen Jahrzehnten stark gelichteten Schilfbestände von Gebüsch zu befreien. Ein erster Schritt auf das langfristige Pflegeziel hin, diese an den See grenzende Riedlandschaft möglichst von Büschen und Bäumen zu befreien, um sie für seltene Vogelarten bewohnbar zu machen, konnte mit dieser Aktion getan werden. Vorerst liessen wir aber insbesondere alte Bäume noch stehen, weil sie ebenfalls gefährdeten Spechtarten Brutmöglichkeiten anbieten, die reichlich benutzt werden, wie die Höhlen beweisen. Auch die nicht weniger gefährdeten Baumfledermäuse sind auf solche Höhlen angewiesen, wenn sie überleben sollen.»[15] Auch der Jahresbericht pro 1991 enthält eine solche bebilderte Reportage: «Der Einsatz im letzten Jahr umfasste Entbuschungsarbeiten, Streuschnitt, Uferreinigung und Schilfschnitt und hatte drei Zielsetzungen: Natur- und Vogelschutz und Erhaltung des Landschaftsbildes. Das anfallende Material holte Biobauer Ernst Kunz (Hombrechtikon) zur Weiterverwendung ab. (...) Wir verdanken das Mitwirken von Dr. E. Ramp, Amt für Raumplanung des Kantons Schwyz, und Herrn Meier, Unterhaltschef Naturschutz und Unterhaltsdienst des Kantons Zürich, sowie den grossen persönlichen Einsatz der Equipe Hiestand.»[16]

Im 52. Jahresbericht des Verbandes pro 1978 wird die neue *Verordnung zum Schutz der Seeufer im Kanton Schwyz vom 16. August 1978* im Wortlaut veröffentlicht. Paragraph 9. 2 c hält die Aufhebung der Verordnung zum Schutze des Zürichsees vom 24. Juli 1972 fest, «mit Ausnahme des Gebietes der Gemeinde Freienbach».[17] Der Schwyzer Landammann Dr. Rudolf Sidler geht im nächsten Jahresbericht pro 1979 in seinem Artikel *Landschaftsschutzprobleme eines Landkantons* auch auf den neuformulierten Seeuferschutz ein.[18] 1981 kann «mit aller Dankbarkeit gegenüber dem Regierungsrat des Kantons Schwyz» berichtet werden, dass er die *Verordnung zum Schutze des Frauenwinkels vom 5. Mai 1980* erlassen habe. Gegen *die Überarbeitung der Schutzverordnung Frauenwinkel vom 18. August 1987* erhebt der VSLZ Einsprache, die 1991 abgewiesen wird, worauf er dem Regierungsrat seine Argumente nochmals unterbreitet und am 20. Dezember 1994 die Antwort erhält, «dass auf die Revision (...) verzichtet wird. Damit bleibt die Verordnung vom

Der Zwergtaucher, ein weiterer Bewohner des «Frauenwinkels». WWF-Bildarchiv.

5. Mai 1980 unverändert gültig.» Eingesprochen wurde wegen zu grossen Entgegenkommens gegenüber der Landwirtschaft auf Kosten des Landschaftsschutzes, gegen eine projektierte Badestelle im Schutzgebiet, gegen die Lage eines projektierten Wanderweges, gegen Reitwege und gegen das Betreten des Schutzgebiets im Winter (zwischen 11. November und 19. März) sowie für die Formulierung eines Badeverbots in der Flachwasserzone und die Regelung von Aufsicht, Betreuung und Trägerschaft.[19]

1990 kann berichtet werden, dass die *Kommission für die Inventarisation der Schweizer Landschaften und Naturdenkmäler von nationaler Bedeutung* (KLN), die revidierten Vorschläge des VSLZ für Perimeter-Abgrenzungen von zwei Zonen (Zürichsee bzw. Frauenwinkel und Obersee) angenommen habe, nun müssen diese noch durch den Bundesrat genehmigt und zum BLN-Gebiet erklärt werden. Die Kommission hat die Aufnahme des Frauenwinkels ins Inventar schon am 8. Juli 1960 (!) beschlossen, 1984 und 1986 hat der VSLZ erweiterte Vorschläge gemacht.[20] Basierend auf der von Volk und Ständen am 6. Dezember 1987 angenommenen sog. Rothenthurm-Initiative ist dann vom Bund ein Inventar der Moorlandschaften von besonderer Schönheit und nationaler Bedeutung erarbeitet worden. 1990 beginnt das Vernehmlassungsverfahren zu den Inventaren der Flachmoore und Moorlandschaften. Der VSLZ prüft die Unterlagen und gibt einen Bericht zu Handen der Schweizerischen Stiftung für Landschaftsschutz und Landschaftspflege (SL) und des Schweizerischen Bundes für Naturschutz (SBN) ab. Der Frauenwinkel ist als Moorlandschaft von nationaler Bedeutung (Objekt Nr. 351) vorgesehen.[21] Im Jahresbericht pro 1997 wird festgestellt: «Die grosse Zahl von Geschäften in Pfäffikon und die Bedeutung des Gebietes am Rosshorn entsprechend den Satzungen des VSLZ verlangten eine stärkere Präsenz des Verbandes am Schwyzer Ufer. Nach der entsprechenden personellen Verstärkung der Sektion und des Präsidiums wurde für 1998 eine Aussprache des Vorstandes mit einer Vertretung des Gemeinderats von Freienbach angesetzt». 1999 wird zusammen mit Ala, WWF Schwyz, Pro Natura, Pro Natura Schwyz und dem Schwyzer Kantonalen Vogelschutzverband SKV die Arbeitsgemeinschaft Frauenwinkel gebildet; der VSLZ (seit dem 13. Juni 1998 trägt er den neuen Namen *Zürichsee Landschaftsschutz ZSL*) ist darin mit Peter Stünzi, Kuno Jäggi und Gallus Ebneter vertreten. Die Arbeitsgemeinschaft tritt in Verhandlungen mit den Gemeinde- und Kantonsbehörden und gibt in der Folge der Omniplan AG in Zürich den Auftrag für die Erarbeitung eines neuen Schutzkonzepts Frauenwinkel. Darüber orientiert Martin Weggler, dipl. Zoologe, Orniplan AG, an der ZSL-Generalversammlung am 24. Juni 2000 in Pfäffikon und «deckt schonungslos die Mängel der bisherigen Schutzvorkehrungen und ihrer Durchsetzung auf», anschliessend erfolgen Führungen in drei Gruppen entlang des Frauenwinkels mit dem Referenten und mit Kuno Jäggi und Peter Stünzi. Die Argumente des Referats werden den ZSL-Mitgliedern in der Folge als Broschüre mit farbigen Plänen abgegeben.[22]

Gefährdungen des Schutzgebiets

Die 1978 von Heinrich Schiess festgestellte, oben zitierte Verletzlichkeit der Naturschutzgebiete hat den Verband seit der Gründung beschäftigt. Der «Frauenwinkel» als Tier- und Pflanzen-Refugium grenzt auf allen Seiten an Zonen, die der Mensch intensiv nutzt. 1964 hat sich der VSLZ den Schlussfolgerungen eines Gutachtens der Fischereikommission für den Zürich- und Walensee angeschlossen, das vor der projektierten «Aufschlitzung» des Schifffahrtskanals im Hurdenfeld gewarnt hat – der Durchstich wird trotzdem bewilligt. Die dort mit Kiesabbau beschäftigte Firma verursacht «im Schifffahrtskanal täglich eine starke Trübung (...), die langsam zur Verschlammung des ‹Frauenwinkels› führt. Der Arbeitsausschuss hat deshalb die Gewässerschutzstelle des Kantons Schwyz auf diesen Übelstand aufmerksam gemacht und um Abhilfe ersucht.» Neun Jahre später, 1973, gelangt die Fischereikommission «an die Polizeidirektion des Kantons Schwyz wegen der Verschmutzung des Frauenwinkels als Folge der Kanalöffnung durch die KIBAG». Der VSLZ erinnert an die Warnungen. Unterdessen wird dort nicht mehr Kies abgebaut, ein Privatparadies ist im neuen Binnensee entstanden (siehe unten).[1] 1975 wendet sich der Verband gegen das Projekt eines Segelhafens bei der Badeanstalt Freienbach: «Für die ortsansässige Bevölkerung besteht für eine derart grosse Hafenanlage kein Bedürfnis, nachdem bereits die bestehenden Hafenanlagen in Bäch, Freienbach, Pfäffikon und Hurden mindestens zu 80 % von auswärtigen Schiffsbesitzern belegt sind. Die einzigartige Seebucht des «Frauenwinkels» sollte im Interesse der Öffentlichkeit und der Fischerei im bisherigen Sinne geschützt bleiben und nicht zu einem Rummelplatz werden». Der Schwyzer Regierungsrat lehnt das Projekt 1976 ab.[2] Im Jahresbericht pro 1986 heisst es: «Wiederholt wies der Vorstand auf Probleme hin, für den Fall, dass die Seeufer vollständig für die Öffentlichkeit zugänglich gemacht werden, dabei aber eine allfällige Übernutzung und die Sicherung natürlicher Uferpartien zu wenig beachtet würden. Im Februar 1984 hat der Vorstand deshalb die Gemeinderäte am Zürichsee gebeten, bei der Zonenplanung am Seeufer alle Aspekte zu würdigen und auch Uferabschnitte zu planen, wo die Pflanzen und Vögel für ihr Überleben Priorität vor den Ansprüchen der Menschen geniessen.» Letztere Feststellung ist aus Erfahrungen erwachsen, denn als Veranschaulichung dienen zwei Photos mit der Legende «Frauenwinkel: Badebetrieb im Schutzgebiet».[3]

Acht Jahre lang – 1987 bis 1995 – dauern die Auseinandersetzungen, die der VSLZ (zusammen mit dem Schweizer Bund für Naturschutz und der Schweizerischen Stiftung für Landschaftsschutz) mit Aufsichtsbeschwerde, Einsprachen und Besprechungen um den dreiteiligen Baukomplex des Hotels Seedamm Plaza mit TELECOM-Ausbildungszentrum führt, der ab 1995 in unmittelbarer Nähe des «Frauenwinkels», im «Sack», im Dreieck zwischen zwei Bahnlinien und der Seedammstrasse errichtet wird.[4] Man kommt schliesslich «zu einem vertretbaren Kompromiss», die Schutzorganisationen haben Kontakt mit den Projektbegleitern Hesse, Schwarze und Partner, Zürich. Bau- und Umgebungsgestaltung werden verbessert, aus Grundwasserschutzgründen wird auf ein zweites Untergeschoss verzichtet. Dank einem Landabtausch kann ein Streifen gegen den «Frauenwinkel» einbezogen werden, sodass die Gefahr gebannt wird, dass Bahnbauten als Folge der geplanten zweiten SOB-Spur in das Schutzgebiet eindringen können. Ferner wird der SOB-Übergang aufgehoben (Der VSLZ beobachtet 1995–1997 sowohl die Ausführung der Doppelspur wie den Ersatz der Überführung durch eine Unterführung).[5] Das erste (vom Gemeinderat Freienbach abgelehnte) Projekt mit Kongresszentrum hatte 259 Parkplätze vorgesehen (später auf 290 bis 340 erhöht), beanspruchte 20 000 m^2 im Baurecht abgegebenes, damals landwirtschaftlich genutztes, aber als Gewerbezone eingezontes Land, das der Korporation Pfäffikon gehört, «die statutengemäss primär eine landwirtschaftliche Zielsetzung hat». Der Gemeinderat Freienbach verlangte 1990 eine Umweltverträglichkeitsprüfung.

Durch die Beteiligung der PTT erhielt das Gesamtvolumen die Ausmasse von 95 000 m^3. Der Perimeter des «Objekts 351 Frauenwinkel» des Inventars der Moorlandschaften von nationaler Bedeutung (Abb. S. 154) umfasste ursprünglich auch das fragliche Grundstück! Die ganze Auseinandersetzung gibt zum Überdenken der Tatsache Anlass, welch absolut verschiedene Lebensbereiche im «Frauenwinkel» aufeinanderstossen: der hochtechnisierte Mensch mit Bahnen, Strassen, Hochbauten etc. – und der urtümliche, beschränkt «anpassungsfähige» Bereich von Pflanze und Tier, den wir zwar «Biotop» nennen, aber kaum als Lebenstatsache im Bewusstsein haben.

1990 bezieht der VSLZ Stellung zur geplanten neuen Ufergestaltung in Pfäffikon im Areal nördlich und westlich der Steinfabrik, welche direkt an das Schutzgebiet «Frauenwinkel» grenzt (vgl. S. 167). Hier entsteht dann bis 1998 an der Mündung des Staldenbachs und anschliessend an den Bootshafen und den historischen Kernbezirk mit dem Schloss eine Quaianlage mit regelmässig angeordnetem Baumbestand und Schiffssteg, in prächtiger Aussichtslage auf die Ufenau, ferner eine grosse Grünanlage mit zentraler Rasenfläche, botanischem Garten, grosszügigem Freibad mit Liegewiese, grossen Auto- und Schiffsabstellplätzen. An die Quaianlage schliesst eine begehbare Übergangszone zum Schutzgebiet «Frauenwinkel», die der WWF Schwyz 1997 ausgezeichnet hat.[6] Die Revision der Ortsplanung Freienbach (Öffentliche Auflage 7. Juni bis 8. Juli 1991) ist für den VSLZ hingegen enttäuschend. Wie schon der Kanton 1987 bei der beabsichtigten Revision der Schutzverordnung (siehe oben) ging auch auf Gemeindeebene die Planungsrevision auf Kosten des Landschafts- und Naturraums. Der Vorstand traf sich mit dem Gemeinderat und richtete nachher an diesen eine Einsprache. Der Jahresbericht pro 1991 enthält eine ausführliche Aufstellung über die damals bestehenden Gesetzesgrundlagen und ihre Auswirkungen bzw. Schutzmöglichkeiten für den «Frauenwinkel» sowie die detailliert umschriebenen Gründe, die gegen die revidierte Planung sprechen. Der Gemeinderat lehnt aber «grundsätzlich» sämtliche Anträge ab und weist die Einsprache ab; sie wird in der Folge vom VSLZ an die Schwyzer Regierung weitergezogen, von dieser aber am 20. Oktober 1992 abgewiesen: weil der Verband den Sitz nicht im Kanton Schwyz habe (er ist am Wohnort des Präsidenten); als Besitzer einiger Parzellen im Rosshorn zudem nicht beschwerdeberechtigt sei, weil die Parzellen nicht in unmittelbar nachbarlichem Verhältnis zu den angefochtenen Planungsmassnahmen stünden. Der Vorstand gibt dazu am Anfang des Jahresberichts einen grundsätzlichen Kommentar ab. Wie schon der Fall Seedamm-Hotel/TELECOM-Zentrum gezeigt hat, müssen sich bei Auseinandersetzungen die Partner erst auf eine gemeinsame Sprache einigen. Der Fall Ortsplanung zeigt nochmals im Grossen, dass der Mensch einerseits und etwa der Brachvogel anderseits (mit seiner Verteidigungstruppe VSLZ) ganz verschiedene Auffassungen haben über Status quo und steter «fortschrittlicher Entwicklung» eines Lebensraumes. Die Behörden schützen nicht primär die «Ansprüche» des Brachvogels, sondern befür-

Die Wasserralle lebt im Schilfdickicht des «Frauenwinkels». Foto Schweizer Vogelschutz.

worten die Absichten der hier Niedergelassenen und Tätigen, als da sind: potentiell stark erhöhbare Nutzung eines ehemaligen (und heute noch «provisorisch» so genutzten) Industriebetriebes mit einmaliger Standortgunst (Steinfabrik); Wohn- und Gewerbezone sowie Reservezone als Entwicklungsgebiete (vgl. «Entwicklungsländer») im Seefeld und der Nahumgebung der Schlossanlage Pfäffikon (hier wehrt sich der Denkmalschutz, nicht der Brachvogel!); Landwirtschaftszonen, Umfahrungsstrassen, Wander- und Radwege im Bereich der Moorlandschaft Nr. 351 und der Flachmoore Nrn. 2353 und 2354 von nationaler Bedeutung.[7] 1994 findet ein Wettbewerb über das Areal der erwähnten Steinfabrik statt. Der VSLZ reicht in der Folge einen eigenen Projektvorschlag mit Giebeldächern statt der von allen 100 Teilnehmern gewählten Flachdächer ein (vgl. S. 131). 1995 wird das Areal von der Gemeinde (Uferstreifen) und der Korporation Pfäffikon gekauft. 1997 gelangt der VSLZ an den Gemeinderat, nachdem er von einem hier geplanten Restaurant mit Nachtbetrieb bis in die Morgenstunden Kunde erhalten hatte: «Das könnte nur ein Betrieb sein, der unerwünschte Immissionen bis in das geschützte Gebiet des ‹Frauenwinkels› mit sich bringt.»[8]

1993 teilt der VSLZ seine ablehnende Haltung gegenüber geplanten Wasserski-Slalombojenfeldern in Freienbach und Wangen den Gemeindebehörden schriftlich mit, aber nicht als formelle Einsprache: «Wasserski-Slalomanlagen werden von wenigen Seebenützern verwendet, beanspruchen jedoch eine grosse Seefläche und verursachen eine sehr starke Beunruhigung, vor allem bei den Wasservögeln. (...) Aus fischereilicher und wildbiologischer Sicht dürfen ferner in diesen Regionen keine technischen Eingriffe vorgenommen werden, weil hier eine Naturverlaichung der Fische stattfindet.» Auch auf die Lärmimmissionen wird aufmerksam gemacht. Gemeinde- und Kantonsbehörden lehnen in der Folge das Projekt ab.[9]

Morgenstimmung vor der
Halbinsel Hurden. Foto
Elvira Angstmann,
August 2002.

Das landschaftliche Ganze: die Hurdener Halbinsel

«Die Sicherung des Landschaftsbildes der *Hurdener Halbinsel* ist eine Aufgabe, die, wie sich immer deutlicher zeigt, zu ihrer Lösung bedeutender Mittel, unablässiger Bemühung in Wort und Schrift und des Wohlwollens der Bevölkerung und der Behörden aller drei beteiligten Kantone bedarf, allem voran aber der Treue unserer Mitglieder. Diese Aufgabe steht im Programme unseres Verbandes an erster Stelle. Sie war es ja auch, die zur Gründung unseres Verbandes Veranlassung gegeben hatte. Ihre Bewältigung kann zwar nicht der einzige Zweck unseres Verbandes sein, gewiss, aber sein vornehmster; denn für die Gestaltung des Landschaftsbildes am Zürichsee ist sie entscheidend.»1

Diese Programm-Erklärung des Präsidenten Hermann Balsiger von 1930 zeigt deutlich, dass er den Schutz der Landschaft Frauenwinkel am Nordwestsaum der Halbinsel in einem grösseren Zusammenhang sah – topographisch und politisch. Für die Würdigung der landschaftsräumlichen Zusammenhänge wird der Schriftsteller Hermann Hiltbrunner aufgeboten, der später, wie wir oben (S. 139) sahen, auch den Frauenwinkel selbst dichterisch beschreiben sollte. Hiltbrunner verfasst also das wohl schönste Essay über diese Gegend: *Die Landschaft der Halbinsel Hurden* für den Jahresbericht 1932. Als «nachdenklicher Wanderer» und dann als Ruderer gibt er seine Eindrücke, die sich zu Visionen steigern, wieder. Er rekonstruiert den viermaligen Vorstoss und Rückzug der Gletscher und die vier Stationen des vierten Rückzugs:

«Die vierte und letzte Station des Linthgletschers (...) schuf (...) zwischen dem heutigen Rapperswil und Pfäffikon einen Sonderraum, ähnlich dem, den derselbe Gletscher mit seiner dritten Station für Zürich geschaffen hatte. Dieser Sonderraum wird nicht durch Hügel oder anderweitige markante Geländeformen gebildet, aber er existiert, existiert zunächst mehr seelisch als morphologisch.» Durch die speziellen geologischen Gegebenheiten «wird der Raum zwischen Rapperswil und Pfäffikon wie die Gegend von Vevey, Thun, Luzern oder Rorschach–Bregenz zu einem wahrhaftigen Eintrittstor in die Alpen und der Seedamm und die Halbinsel Hurden ist die Schwelle dieses wunderbaren, weitgeöffneten Tores. (...) Wir fahren mit unserem Boot von Hurden (...) gegen die Säge Lidwil, wo die Geleise der Bundesbahn dem Seeufer entlangführn. Wir denken uns von hier eine Linie nach Rapperswil und eine zweite von Rapperswil nach der Halbinsel Bächau bei Freienbach. Die dritte Linie ist gegeben durch den Schienenstrang der Bundesbahn. Das Ganze bildet ein rechtwinkliges Dreieck. Es umfasst die hohe Pforte des Eintritts in die Alpenwelt, umfasst die Halbinsel Hurden und den Seedamm, die zusammen die verlockende Schwelle dieser Pforte bilden, umfasst endlich den herrlichen Zug der Inseln Lützelau und Ufenau und alle die Untiefen, die zwischen ihnen und der Bächau einerseits und dem Schlosshügel von Rapperswil anderseits liegen: Inseln und Unterwasserklippen, die alle Teile sind jener Rippe, die von der Richterswiler Bucht zum Rapperswiler Schlosshügel streicht. Mitten in diesem Dreieck, diesem wahrhaft paradiesischen Zentrum der Zürichsee-Osthälfte, liegt das Schutzgebiet des Frauenwinkels, in dem Fische und Vögel auf ihre Weise dasein, auf ihre Weise selig sein dürfen. (...) Könnte doch, so denken wir im Weiterfahren, könnte doch dieses wunderbare Reservat des Klosters Einsiedeln über seine abgesteckten Grenzen hinaus auf jenes rechtwinklige Dreieck vergrössert werden.» 2

«Realistischerweise» hat der VSLZ seine Bemühungen auf die Frauenwinkelseite der Hurdener Landzunge konzentriert. Auf der östlichen Lidwilerseite ist anschliessend an den Durchstich der Landzunge eine Art Binnen-Kleinsee entstanden, dessen Ufer dicht mit zweigeschossigen Einzel-, Doppel- und Reiheneinfamilienhäusern bebaut worden sind, in Wiederholung der Verhältnisse im Raum Bäch–Bächau. Dieses Privat-

Der Drosselrohrsänger gehört zu den Bewohnern des «Frauenwinkels». Foto Zeininger, Schweizer Vogelschutz. Vgl. Abb. S. 17 und 48.

paradies geht auf die Anlage des Schifffahrtskanals im Zusammenhang mit dem Seedamm-Neubau 1938–1951 zurück. So wird 1940 berichtet: «Der Umstand, dass der Kanal in abbaufähige Schotterlager zu liegen kommt, brachte es mit sich, dass die Korporation Pfäffikon als Grundeigentümerin den Kanal oberseeseits der Strasse Hurden–Gwatt selbst ausheben liess. Sie erteilte hierzu der KIBAG eine Konzession für die Ausbeutung von Kies und Sand. (...) Der Kanal erhält dadurch mehr den Charakter einer Seebucht, die durch spätere Kiesausbeutungen noch Erweiterungen erfahren wird.»[3] So ist in Hiltbrunners Wunschdreieck tatsächlich eine weitere Schutzzone entstanden: eine solche für privates Wohnen am See.

Sie ist in ihrer Verdichtung ebenso ein Extrem wie die trennende Seedammstrasse mit ihrem Lärm- und Abgasterror. Dies voraussehend, hat der VSLZ schon 1933 seine Stimme erhoben und die Schaffung von Uferwegen propagiert:

«(...) als er vernahm, dass in der Lidwilerbucht Wochenendhäuschen erstellt wurden oder erstellt werden sollten: Mit steigender Besorgnis verfolgt der Freund der Natur (...) die Entwicklung des Grundbesitzes am schwyzerischen Zürichseeufer in den letzten Monaten. Stück um Stück geht aus dem bisherigen Besitz von Landwirten, die das natürliche Ufer schonten und auch den Zugang der Öffentlichkeit mehr oder weniger duldeten, in denjenigen von wohlhabenden ‹Naturfreunden› über, die hier Wochenendhäuschen erstellen, das Ufer beeinträchtigen und vor der Allgemeinheit hermetisch verschliessen.»[4]

1955 kommt ein anderer Schriftsteller aus der Generation Hiltbrunners zum Zug, der uns ein Stimmungsbild aus der Entwicklungsgeschichte dieser Wohnzone vermittelt. Arnold Kübler (1890–1983) schreitet *Rund um den Obersee – zu Fuss*, schreibt und zeichnet. Von Rapperswil herkommend, sagt er zu sich selbst:

«Fort vom Damm! Hinüber zu den Häusern von Hurden, dann längs der Hurdner Bucht weiter zwischen Wiesen und Wochenendhäusern, sehr schönen, sehr teuren, sehr gepflegten, mit gutgeschnittenem Rasen und den letztmodischen Gartenmöbeln für die Strandereroberer. Auf den restlichen Wiesenstücken sind die Bauern am Heuen. Sogar der vielzitierte, eigentumsbewusste Bauer hat sich, hat seine eigenen Buben, durch seine teuren Verkäufe oder Verpachtungen, vom Wasserspiel des Ufers wegschieben lassen. Väter und Grossväter der Jüngsten haben aus ihrer Stube kommend vormals ihr Wasser vor sich gehabt, ihr Boot oder ihr Bad vor der Haustüre. Jetzt stossen die Nachkommen auf den Zaun des Häuschen-Ansiedlers, der sie abweist. Neue Häuschen und Häuser sind auf jedem freien Uferstück dieser Gegend im Enstehen begriffen. Viele Verdiener unserer blühenden Wirtschaft reissen sich darum, allen andern ein Seeuferstück, jeden Anblick eines solchen in letzter Stunde noch zu entreissen, ihren Verbotszaun aufzustellen, etwas Schönes, wie sie meinen, für sich zu bauen, wobei im Ganzen nichts Schönes, sondern nur ein Siedlungsstückwerk herauskommt, dem alle ursprüngliche Landschaftsschönheit und -wahrheit abhanden gekommen ist.»[5]

An der Jahresversammlung vom 10. Oktober 1959 sieht sich der VSLZ ob dieser Verhältnisse zu einer Resolution veranlasst. Er stellt fest:

«(...) dass die Landzunge von Hurden durch die heutige Baukonjunktur in ihrem landschaftlich reizvollen Zustand und damit auch in ihrer Flora und Fauna aufs schwerste gefährdet ist». «Es geht uns im übrigen – und zwar am ganzen See – auch darum, mit allem Nachdruck darauf hinzuweisen, dass die ‹Quadratmeter-Kaufs- und Verkaufskrankheit› viele vernünftige Mitbürger verblendet, schöpferisches Bauen durch ‹spekulative Hauderei› ersetzt, Ausnützung vor Benützung stellt. Dem Augenblicke leben ist oft höchstes Sein. Verantwortung und Pflichbewusstsein gegenüber der Gesellschaft und der Landschaft weichen vor Prozenten und Beton.»[6]

Den negativen Höhepunkt dieser Entwicklung hätte das Projekt gebracht, von dem wir 1966 hören: «In erfolgreicher Zusammenarbeit des VSLZ mit den Gemeindebehörden konnte der Bau eines überdimensionierten Hochhauses auf der Liegenschaft zum Sternen in Hurden verhindert werden. Ein derartiger Baukörper hätte das Landschaftsbild ohne Zweifel sehr stark gestört und die zarte Silhouette der Landzunge von Hurden zwischen Zürichsee und Obersee hart unterbrochen.» Diese Bemerkung erinnert an die Empfehlung des VSLZ für eine blendungsfreie Beleuchtung des Seedamms 1950: «Mit Nachdruck machten wir darauf aufmerksam, dass die Landzunge von Hurden als stille ruhige Landschaft keine Beleuchtung erhalten sollte, um die Wirkung von abendlichen Stimmungen nicht zu stören.»[7]

Vom Projekt einer ausländischen Firma, das in der Folge zurückgezogen wurde, erfahren wir im Jahresbericht 1965: «Bedenkliche Folgen hätte das Projekt haben können, am oberen Zürichsee bei Hurden ein grosses Motorbootzentrum mit Bootshäusern für 400 Motorboote zu erstellen. Der VSLZ verfolgte die Entwicklung aufmerksam, doch wurde er nicht zum Eingreifen gezwungen, fanden doch die Auseinandersetzungen innerhalb der Schwyzer Sektion statt. Der Justizdirektor des Kantons Schwyz, Herr Regierungsrat Dr. ab Iberg, schob mit der ausdrücklichen Erklärung, dass er alles unternehmen werde, damit dieses Wassersportzentrum nicht zustande komme, alle Befürchtungen eindeutig beiseite, wofür wir ihm herzlich danken.»[8]

Schilfbestand am Rosshorn bei Hurden. Links die Insel Lützelau. Foto Elvira Angstmann, August 2002.

Der neue, 2001 eröffnete Holzsteg Rapperswil–Hurden. Im Hintergrund Rapperswil und Bachtel. Foto Elvira Angstmann, August 2002.

Seebrücke und Seedamm

Wie auf den Seiten 104 bis 107 beschrieben, ist die Geschichte des Verbandes in den ersten sieben Jahren mit der «Seedamm-Frage» verknüpft.[1] Der VSLZ benützt dieses Thema als Diskussionsgrundlage, um auf der Ebene der drei Kantone Schwyz, St. Gallen und Zürich sowie jener des Bundes Einfluss zu gewinnen und eine eidgenössische Natur- und Heimatschutz-Gesetzgebung veranlassen zu können. Das Schutzgebiet Frauenwinkel ist dabei der Prüfstein, der an die Seedammprojektierung gelegt wird. Was er unter Landschaftsgestaltung versteht, führt der VSLZ an diesem Beispiel im Jahresbericht pro 1932 vor: In seiner Eingabe vom 15. Februar 1932 an den Bundesrat sind die Kriterien in 9 Punkte gefasst:

«1. Der Eingriff in die Natur soll so unauffällig und schonend als möglich geschehen.
2. Ein bestehender Zustand soll durch Neubau von Verkehrsanlagen nicht verschlimmert, sondern entsprechend dem gesteigerten Verantwortungsgefühl unserer Zeit für ästhetische Forderungen nach Möglichkeit verbessert werden.
3. Möglichst ruhige und klare Linienführung sowohl in der Horizontal- als in der Vertikalprojektion ist anzustreben.
4. Der Ausblick vom Obersee und den anliegenden Uferpartien (Hurden) gegen den Untersee und umgekehrt (vom Untersee mit den Inseln gegen den Obersee) soll nach Möglichkeit freier werden.
5. Der Blick von der Strasse und der Kanalbrücke aus seeauf- und -abwärts sowohl auf die Wasserfläche, als auch auf die Ufer, soll nicht durch benachbarte Dämme oder andere bauliche Anlagen behindert werden. In vermindertem Masse gilt diese Forderung auch von der Bahn aus.
6. Bahn und Strasse sollen sich möglichst dem Terrain anschmiegen.
7. Kulturland soll durch die Verkehrsanlagen nicht ohne Not seinem Zwecke entfremdet oder zerstört werden.
8. Die im Frauenwinkel nistenden Vögel sollen durch die neuen Verkehrsanlagen so wenig als möglich gestört werden.
9. Vorbeugende Massnahmen für die Bebauung von Hurden.»[2]

Im Jahresbericht 1937 meldet der VSLZ den unmittelbar bevorstehenden Umbau des Seedammes nach dem sog. Einigungsprojekt der beteiligten Kantone und der SOB vom Mai 1932, das auch einen Schifffahrtskanal durch die Hurdener Landzunge umfasst (Abb. S. 106). Neben dem Bahntrassee verläuft die Betonstrasse, flankiert von einem Radfahrstreifen und einem Gehweg. Der VSLZ werde darüber wachen, «dass die im Zusammenhang mit der eidgenössischen und den kantonalen sowie stadtzürcherischen Subventionen stipulierten Massnahmen zum Schutze des Landschaftsbildes nicht nur Theorie bleiben».[3] 1938 wird der Vertrag abgeschlossen und die Bauarbeiten beginnen. Der VSLZ wünscht einen niedrigeren Strassendamm und setzt das auch durch; dann regt er bei der Generaldirektion der SBB an, «im Interesse des Landschaftsbildes von einer Wiederaufrichtung von Leitungsmasten abzusehen und die Hochspannungsleitungen in den See zu verlegen (ein Anliegen das Hermann Balsiger schon bei der Gründung des Verbandes 1927 beschäftigt hat, wie auf S. 103 aus dem Brief an Emil Klöti zitiert worden ist); der Verband arbeitet im Januar 1939 zu dieser Frage ein Gutachten zu Handen der Eidgenössischen Natur- und Heimatschutzkommission aus (Balsiger ist Mitglied der Kommission!). Die SBB habe die Verkabelung um 1930 wegen noch nicht gelöster technischer Voraussetzungen abgelehnt und die Hochspannungsleitung, bestehend aus sieben 18 m hohen Vollmasten und drei Gittermasten «unter Protest» errichtet. 1939 sind die technischen Probleme gelöst (so hat das EKZ ein Hochspannungskabel quer durch den See von Erlenbach nach Thalwil verlegt), es ist lediglich die Frage der Mehrkosten zu lösen. Zudem soll nun mit der Elektrifikation der SOB zusätzlich eine Fahrleitung auf den Damm zu stehen kommen, was das Bild noch mehr belasten wird. Die von der SBB angebotene Variante, die Hochspannungsleitung 70 m vom Damm entfernt im Obersee zu errichten, bezeichnet Balsiger als «Ungeheuerlichkeit». Der VSLZ wird in seinem Anliegen von den drei beteiligten Kantonen unterstützt. So kann die Folgerung des Gutachtens kurz sein:

«Die Pflicht der SBB zur Kabellegung und unser Recht, sie zu fordern, ist einwandfrei klar.» Das Gutachten schliesst mit einem Crescendo: «Seien wir uns bewusst: es gibt keine gewaltigere Mahnung zur eidgenössischen Besinnung und zur Landesverteidigung als die Schönheit unserer Landschaft. Dass wir sie unser Eigen nennen dürfen, das verdanken wir dem Schwert und dem Gebet der Väter, ihrem Glauben und Vertrauen auf eigene Kraft. Dies aber bleibt Kindespflicht: es darf uns kein Preis zu hoch sein, der Heimat das Antlitz zu wahren, darauf Gottes Segen so sichtbar ruht.»

Der Jahresbericht 1939 kann den Erfolg melden: ENHK-Präsident Dr. Heinz Häberlin, alt Bundesrat, hat beim Eidg. Departement des Innern interveniert.[4] Die Arbeiten verzögern sich durch die Kriegsverhältnisse. Hermann Balsiger veranlasst eine ganztägige Begehung durch die NHKZ unter Führung von Linthingenieur J. Meier, Lachen, am 9. Mai 1942, an der auch der Arbeitsausschuss des VSLZ teilnimmt (Abb. S. 107).[5] Beigezogen wird Gartenarchitekt Gustav Ammann (1886–1955) in Zürich, der dann im *Jahrbuch vom Zürichsee 1944/45* über *Die Bepflanzung der Seedammstrasse Pfäffikon–Hurden* berichtet. Wenn man an die 9 Punkte der VSLZ-Eingabe von 1932 denkt, ist die Bilanz ernüchternd. Ammann erwähnt zuerst in allen Einzelheiten die ausgeführten Massnahmen (Pflanzung von Hecken, Büschen und Bäumen), um zu schliessen:

«Solche eminent wichtige Arbeiten im Hinblick auf das Landschaftsbild erforderten eigentlich eine *rechtzeitige Mitarbeit* und sorgfältige Vorbereitung aller landschaftsbildenden Faktoren durch einen Landschaftsgestalter. Was hier nachträglich noch geschaffen werden konnte, wirkt in der grosszügigen und herrlichen Landschaft wie ein Pflästerchen, um die *gröbsten* Schönheitsfehler zu maskieren. (...) Der Eingriff dieses grossen Werkes in das Landschaftsbild ist ein *gewaltiger* und jedermann wird bereits einsehen, dass hier in Sachen Landschaftsgestaltung noch ein Mehreres erforderlich wäre. Es ist eine *wunderbare* Landschaft (...) und die klaffende Wunde wird ohne menschliche Hilfe allzulange offen bleiben und nicht vernarben können.»[6]

Ein besonderer Eingriff ist der neue Schifffahrtskanal, der die Drehbrücke des alten Dammes ersetzt. Er «sieht noch sehr kahl aus, während wir heute bei jedem technischen Werke in der Landschaft draussen verlangen müssen, dass es sich, ohne sichtbare Wunden zu hinterlassen, einfüge in das Ganze». «Eine heute noch ungelöste Frage um den neuen Kanal bildet die vom Kloster Einsiedeln befürchtete Schädigung des Fischbestandes im Frauenwinkel durch den Zufluss von kaltem Wasser aus dem Obersee und dem Schifffahrtsbetrieb.»[7]

Tiefbau-Ingenieur Walter Leuzinger (1908–1991), späterer Kantonaler Strasseninspektor und Sektionsobmann des VSLZ am Schwyzer Ufer 1944–1982, beschreibt 1944 den Verlauf des Wanderwegs von der Bahnstation Pfäffikon längs des Frauenwinkels zum neuen Kanaldurchstich:

«Am Kanal verläuft der Weg parallel zum eingedämmten Wasser unter der Bahn- und Strassenbrücke auf die Obersee-Seite und auf ausgebauter Steilrampe steigt man mühelos auf die grosse Kanalbrücke. Von hier aus steht dem Wanderer das Trottoir des Seedammes zur Verfügung (...).» Der heutige Wanderer, dem der «Wanderweg» auf dem Trottoir längs der Autorennstrecke als eine Zumutung erscheint, nimmt zur Kenntnis, dass schon 1944 Abhilfe geplant war: «Ein Projekt sieht nun aber unmittelbar nach der Brücke wiederum den Abstieg ans Kanalwasser und die Durchquerung der Riedlandschaft unterhalb der Südostbahn vom Durchstich bis zum Rosshorn vor. Dieser

Am 6. April 2001 wurde der neue Holzsteg Rapperswil–Hurden eröffnet. Die Fortsetzung dieser Fussgängerverbindung als Wanderweg bis nach Pfäffikon SZ ist in Projektierung. Foto Res Knobel, WWF Schwyz.

Feldweg darf nicht ein Wunsch bleiben, sondern im Anschluss an die Seedammbauten muss die baldige Verwirklichung angestrebt werden.»[8] Im Zusammenhang mit dem am 6. April 2001 eröffneten neuen Holzsteg Rapperswil–Hurden in der Nachfolge der alten, von 1360 bis 1878 bestehenden Seebrücke[9] ist diese Fortsetzung des Fussweges von Hurden nach Pfäffikon besonders aktuell geworden. Die Planung des neuen Steges taucht im Jahresbericht pro 1969 zum ersten Mal auf. Der VSLZ nimmt eine positive Grundhaltung zu diesem Projekt ein, übermittelt aber der «Seebrugg-Konferenz» vom 30. Oktober 1980 die klare Stellungnahme, dass — zur Abnahme der erwarteten Fussgänger über die Brücke — einer Wegführung auf der Nordwestseite der Hurdener Halbinsel durch das Schutzgebiet Rosshorn nicht zugestimmt werden könne. Schliesslich beteiligt sich der ZSL ab 1999 in der Arbeitsgruppe bzw. in der Stiftung «Frauenwinkel» an der Projektierung der Linienführung des Wanderweges Rapperswil–Pfäffikon. Dieser wird als «Jakobsweg» beschildert, in Erinnerung an den Verlauf der alten Pilgerwegroute.[10]

Objekt 351, «Frauenwinkel», im Inventar der Moorlandschaften von nat. Bedeutung. Die kreuzschraffierten Abschnitte wurden 1992 als Konfliktzonen aus dem Perimeter entfernt. Plan WWF Schwyz.

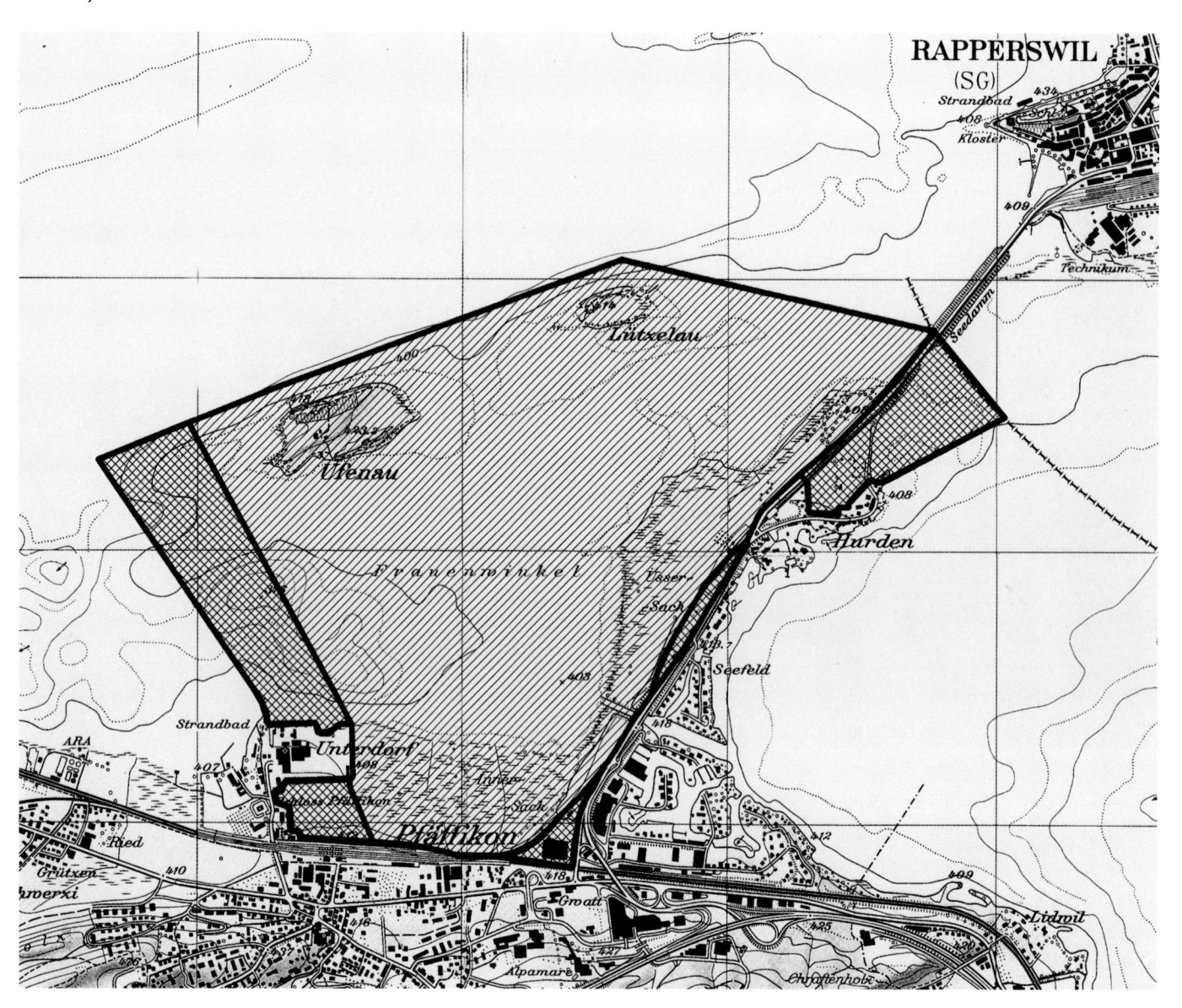

Haubentaucher bewohnen die Gewässer des «Frauenwinkels». Foto Meyers, WWF-Bildarchiv.

Die Inseln Ufenau und Lützelau

Die dem Frauenwinkel vorgelagerte Insel Ufenau gehört ebenfalls seit 965 dem Kloster Einsiedeln. Die Rechtseinheit von Ufersaum, Seeraum und Insel wird auch immer als landschaftliche Einheit verstanden.
Durch die vier Bauten – zwei kirchliche und zwei profane – erscheint die Ufenau als Prototyp einer Kulturlandschaft – der VSLZ vermittelt immer wieder Berichte über deren Vergangenheit und die illustren Bewohner.[1] Durch die Zurückhaltung des Klosters ist die Insel als Idealfall eines Reservats erhalten geblieben: «Sonntag den 7. Juni 1857 landete zum erstenmal ein Dampfschiff mit Ausflüglern. P. Basilius Oberholzer, der 1859 Statthalter in Pfäffikon wurde, nahm sich mit besonderer Sorgfalt der Insel an. Schon ihm raunte man in die Ohren, auf der Insel ein modern eingerichtetes Hotel zu erstellen. Er und das Stift gingen nicht auf den Gedanken ein.»[2] 1931 berichtet der VSLZ, «dass die Nachbarinsel Lützelau (die im Besitz der Ortsgemeinde Rapperswil steht) schon seit Jahren den Badefreudigen als reizender Badeort dient und seit einiger Zeit nun der neue Pächter, der Verkehrsverein Rapperswil, es sich angelegen sein lässt, den zunehmenden Badebetrieb in Bahnen zu leiten, die der Stille und Schönheit der Landschaft und den allgemeinen Anforderungen Rechnung tragen». 1973 gelangt der VSLZ an die Eigentümerin: «Die Lützelau sollte nicht noch stärker genutzt werden, damit die Natur nicht Schaden leidet.»[3] 1931 hat das Stift Einsiedeln «dagegen Stellung genommen, dass die Ufenau als neuzeitlicher Badestrand benützt werde». Der Arbeitsausschuss des VSLZ «anerbietet sich, in der Presse nachhaltig dafür einzutreten, dass die Öffentlichkeit von sich aus das Badeverbot respektiere», und eine aufklärende Einsendung unter dem Titel «Die Ufenau ist kein Badestrand!» erscheint in der gesamten Presse der Seegegend mit Einschluss der Stadt Zürich. Die am westlichen Ufersaum der Insel bereits eingelassenen Pfosten für einen Stacheldrahtzaun werden wieder entfernt. Im Juli 1948 und 1950 versendet der VSLZ wiederum Verlautbarungen an die Presse des Zürichsee-Gebiets: «So verlockend manchem die Gelegenheit vorkommen mag, muss er zur Kenntnis nehmen, dass weder die Ufenau noch die Ufer des Frauenwinkels Badestrand und Kampiergebiet sind.»[4]

Hinter dem Uferschutz-
gebiet «Frauenwinkel»
erhebt sich die neue Kulisse
von Pfäffikon. Im Hinter-
grund rechts der Etzel.
Foto Elvira Angstmann,
August 2002.

Rückblick und Ausblick

Seit 1927 hat sich der VSLZ bzw. seit 1998 der ZSL für den «Frauenwinkel» eingesetzt. Einzelne Persönlichkeiten haben sich dabei besonders ausgezeichnet, es sind Dr. P. Damian Buck und Albert Kölla genannt worden. Walter Leuzinger (1908–1991), Tiefbauingenieur, kantonalschwyzerischer Strasseninspektor, Gemeinderat in Freienbach und Kantonsrat,[1] siedelt 1932 von Schwyz nach Pfäffikon über und richtet sein Augenmerk auf den Schutz des «Frauenwinkels», sodass ihm 50 Jahre später, bei seinem Rücktritt aus dem Vorstand 1982, bescheinigt wird: «Mit Genugtuung kann er heute in diesem Gebiet spazieren und feststellen, was alles dank seiner Hilfe und seiner Initiative nicht gebaut, nicht verbaut und nicht zerstört wurde.»[2] Nach der Schaffung von Sektionen übernimmt er als Obmann jene des schwyzerischen Zürichsee-Ufers und leitet sie 1944 bis 1982. Der Briefwechsel Leuzingers mit VSLZ-Präsident Theodor Gut (I) betrifft «immer das, was man als Kristallisationspunkt unseres Verbandes bezeichnen könnte: den Frauenwinkel». Der «realistische Idealist» Leuzinger handelt 1949 den oben (S. 137) erwähnten Servitutsvertrag über die Liegenschaft Feusi aus, der ein totales Bauverbot auf rund 9 Hektaren brachte, und ihm sind auch verschiedene Landkäufe zu verdanken: «Solche eingestreuten Landparzellen ermöglichen es dem VSLZ, bei der Gestaltung des benachbarten Gebietes als Grundbesitzer nachdrücklich mitzureden.» So redete hier der Verband «meistens mit der Stimme von Walter Leuzinger», wurde bei der Verleihung der Ehrenmitgliedschaft bemerkt, sein liebenswürdiger Glarner Humor, der «jedem Bösewicht und Gegenspieler doch noch eine spätere Besserung zumutet», werde fehlen.[3] Speziellen Einsatz für den «Frauenwinkel» leisten im VSLZ bzw. ZSL seither Landschaftsarchitekt Peter Stünzi (seit 1983) und Aktuar Kuno Jäggi (seit 1999) sowie Leuzingers Nachfolger als Sektionsobmänner: Wendelin Fuchs (1983–1994), Gallus Ebneter (1994–1999) und Dr. iur. Hannes Zehnder (seit 1997, seit 1999 auch ZSL-Vizepräsident).

Am 25. Januar 2002 bin ich mit Peter Stünzi (geboren 1946) zusammengekommen.[4] Er hat 1973 bis 1978 bei der Pro Natura gearbeitet und ist dort für die Naturschutzgebiete in der ganzen Schweiz verantwortlich gewesen. Mit der Betreuung des Kaltbrunner Rieds hat er sich dem Zürichsee genähert, durch seine Tätigkeit in der Fachstelle Naturschutz des Kantons Schwyz hat er den See erreicht, an dem er einige Schutzverordnungen entworfen hat, so jene für den «Frauenwinkel» und das Nuoler Ried und er hat sich mit jenen für das Lachner Aahorn und die Bätzimatt befasst. 1978 bis 2000 hat er das Gartenbau- bzw. das Gartenbau- und Landwirtschaftsamt der Stadt Zürich geleitet. Wie er 1983 VSLZ-Vorstandsmitglied wird, hat im VSLZ unter Präsident Fritz Maurer bereits eine neue Gewichtung der biologischen Anliegen eingesetzt, die sich positiv auf den «Frauenwinkel» auswirkt. Die Situation ist allerdings alarmierend. Der «Frauenwinkel» ist in einer Zeit, da immer weniger Brutgebiete übrigbleiben, ein Stützpunkt unter den «Minimallebensräumen» für bestimmte Vogelarten. Es ist deshalb nötig gewesen, dass die Naturschutzkräfte in der im Dezember 2001 gegründeten «Stiftung

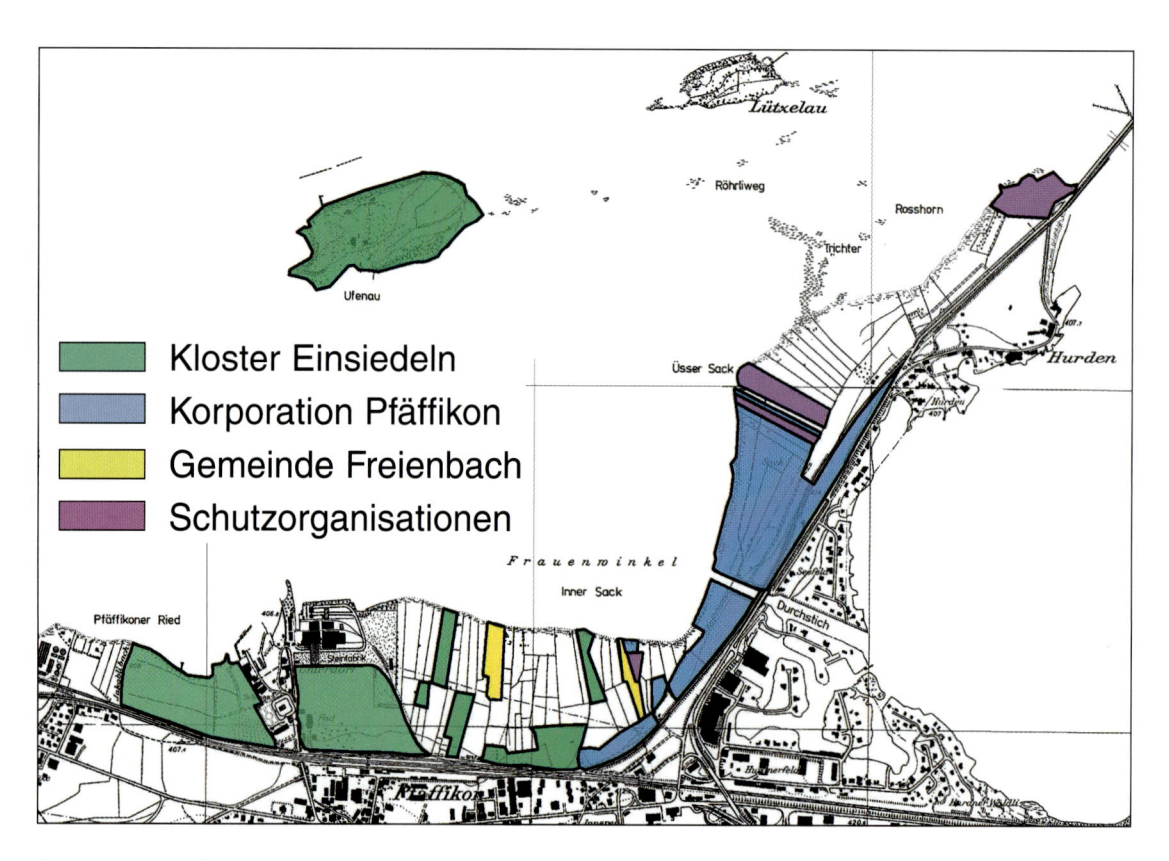

Besitzverhältnisse im Schutzgebiet, Plan der Stiftung «Frauenwinkel».

- Kloster Einsiedeln
- Korporation Pfäffikon
- Gemeinde Freienbach
- Schutzorganisationen

Frauenwinkel» gebündelt werden konnten. In dem von Christa Glauser, Dietikon (Schweizer Vogelschutz/Ala) präsidierten Stiftungsrat ist der VSLZ mit Gallus Ebneter, Kuno Jäggi und Peter Stünzi (Vizepräsident) vertreten. Stünzi empfiehlt mir, mit Res Knobel, ZSL-Mitglied und Geschäftsführer der Stiftung, Kontakt aufzunehmen.

Res Knobel (geboren 1955), Wilen SZ, Schüler von P. Johannes Heim, dem «Vater des Nuoler Riedes» (siehe S. 192 ff.) am Kollegium Nuolen, ist Sekundarlehrer und Ökoberater, hat 1991 bis 1994 den WWF Schwyz präsidiert und ist heute für dessen Zeitschrift «Schwyzer Panda» verantwortlich.[5] In globalistischen Zeiten geht nun also der ZSL, zusammen mit noch älteren schweizerischen Natur- und Vogelschutz-Vereinigungen, eine Symbiose mit der Schwyzer Sektion der internationalen Naturschutzorganisation World Wide Fund for Nature (WWF) ein. Oder, um eine neue Tierfabel zu erfinden: «Wie der Panda-Bär Brachvogel und Kiebitz beschützt.» Nachdem ich mich mit Knobel getroffen hatte, arbeiten wir die «Frauenwinkel»-Geschichte auf, ich habe sie bis an die Gegenwart herangeführt und Knobel zieht sie im folgenden bis zum heutigen Tag weiter. Thematische Überschneidungen kommen vor, sollen aber als Verschränkung des Geschehens aus verschiedener Sichtweise verstanden werden![6]

«Frauenwinkel» 1976 bis 2002
Res Knobel

Die erste Schutzverordnung: Ein mutiger Start verkommt zum Papiertiger. Vom Zweiten Weltkrieg bis in die 1970er-Jahre hinein ist es gelungen, das Landschaftsbild weitgehend zu erhalten. Gleichzeitig musste man, auf Grund der intensiver werdenden Landwirtschaft, einen schleichenden, aber massiven Verlust an Riedland feststellen. Mit einer Verordnung wollte man diese Tendenz stoppen. Das Naturvorranggebiet sollte auch gegen den wachsenden Siedlungsdruck und die immer zahlreicheren Badetouristen Grenzen setzen. In rekordverdächtigem Tempo wurden im Auftrag des damaligen Regierungsrates Dr. Rudolf Sidler Feldaufnahmen vorgenommen. Gestützt auf diese Kartierungen erliess der Schwyzer Regierungsrat am 5. Mai 1980 die ersten Verordnungen für die Naturschutzgebiete «Frauenwinkel», «Nuoler Ried», «Lachner Aahorn», «Bätzimatt» und «Sägel». Dieser erste Schritt war mutig, doch wurde er erst nach gewaltigen, schmerzlichen Abstrichen und Kompromissen rechtskräftig.

Die Landwirtschaft fühlt sich übergangen. Die Verordnung selbst war zeitgemäss. Eine Entschädigung der Landwirte für Mindernutzen sah sie allerdings nicht vor, weil man davon ausging, dass die bisherige Nutzung gewährleistet bleibe und somit auch nicht mit Ertragseinbussen zu rechnen sei. Für zahlreiche Landwirte lag diese Verordnung quer zu ihrem politischen Verständnis – mischte sich doch plötzlich der Staat auf ihrem eigenen Grund und Boden ein und verbot gleichzeitig, weiteres Riedland zu intensivieren. Als sie von Berufskollegen aus den Nachbarkantonen erfuhren, dass es dort sogenannte Bewirtschaftungsbeiträge gäbe, und dass Ähnliches im Kanton Schwyz nicht geplant war, wuchs der Ärger.

Der Vollzug bleibt aus. Seitens der Regierung spürte man den Unmut und blieb in Sachen Vollzug sehr zurückhaltend. Diese Naturschutzgebiete liegen weit weg vom Hauptort Schwyz. Deshalb war kaum mit Kontrollen und einer Aufsicht zu rechnen: Das sprach sich schnell herum. So versteht es sich leicht, dass trotz Schutzverordnung die Intensivlandwirtschaft immer mehr gegen den See vordrang, und dass dadurch hektarenweise Riedland verschwand. Da auch der politische Wille fehlte, die landwirtschaftlichen Ertragsausfälle bei Rückführungsflächen ordentlich zu entschädigen, stieg der Zorn der Landwirte. So lässt sich rückblickend manche Trotzreaktion erklären. Damit verkam die Schutzverordnung zum Papiertiger, denn jede Verordnung ist nur soviel wert, wie der politische Wille, sie auch zu vollziehen.

Ein misslungener Rettungsversuch. Die Schutzorganisationen wurden in Sachen Vollzug mehrmals in Schwyz vorstellig, ohne dass sich wirklich etwas bewegte. Die Missstände wurden offensichtlich: Immer mehr Erholungssuchende verteilten sich während der wärmeren Monate über die Kernzonen des Naturschutzgebietes, die Zahl der streunenden Hunde wuchs zusehends.

Arithmetik verhindert Naturschutz. Regierungsrat Marcel Kürzi wollte 1987 mit einer Bearbeitung der Achtziger-Schutzverordnung etwas Ordnung in den «Frauenwinkel» bringen. Die Schutzorganisationen (Pro Natura Schwyz, Schwyzer Kantonaler Vogelschutzverband, VSLZ, WWF Schwyz) waren ebenfalls in die vorbereitende Arbeitsgruppe eingeladen – wenn auch zahlenmässig stark untervertreten. Bei strittigen Punkten kam es zu Abstimmungen und die Naturschutzanliegen blieben aus arithmetischen Gründen auf der Strecke. Die massiven Einwände, welche an der öffentlichen Orientierungsversammlung gegen den Naturschutz, die Schutzorganisationen und ihre Delegierten erhoben wurden, wirkten langfristig. Der Druck auf Regierungsrat Marcel Kürzi wuchs: Auf der einen Seite verlangten die Schutzorganisationen ein Ende der illegalen Intensivierungen und die Umsetzung der Rückführungen sowie eine straffe Besucherlenkung. Andererseits nützte man auf Seiten der Landwirtschaft die Gelegenheit, nicht nur gegen die wenigen kleinen Verbesserungen Sturm zu laufen, sondern gleichzeitig der rechtsgültigen Schutzverordnung noch die Zähne zu ziehen. Und so verschwand die Überarbeitung – von allen Seiten bekämpft – in der Schublade und die Missstände blieben.

Die «Rothenthurm-Initiative»... Praktisch parallel ging es einem weiteren Naturschutzgebiet, dem Rothenthurmer Hochmoor, mit einem riesigen Waffenplatzprojekt an den Kragen. Hier zeigten sich die zuständigen kantonalen Behörden besonders militärfreundlich, entschieden gegen den Naturschutz und provozierten damit die nationale «Rothenthurm-Initiative» für den Schutz von Mooren und Moorlandschaften von nationaler Bedeutung. Je näher der Abstimmungstermin kam, desto gereizter wurde die Stimmung. Die Annahme der Initiative 1987 schlug im Kanton Schwyz denn auch wie eine Bombe ein. *...und ihre Folgen.* Die klare Willenskundgebung der Mehrheit der Schweizer Bevölkerung vermochte die Schwyzer Politprominenz und die Chefbeamten nicht zu überzeugen. Mit Stolz auf die eigenen Naturschönheiten hätte man auf den eidgenössischen Rückhalt bauen können und versuchen müssen, die Bauern für die nationale Aufgabe zu gewinnen, nicht zuletzt mit gerechten Entschädigungen. Statt dessen setzte man die vorhandenen Ressourcen lieber dafür ein, mit politischem Druck Moorbiotopen und Moorlandschaften die nationale Bedeutung abzusprechen oder die Gebiete zumindest zu verkleinern. Erst verschiedene klare Bundesgerichtsentscheide brachten wieder etwas Ordnung ins Ressort Naturschutz.

Der Naturschutz im Wandel. Seit Beginn des Jahrhunderts und bis weit in die 1970er Jahre hinein war der Natur- und Landschaftsschutz eine patriotische Aufgabe von wenigen engagierten Einzelpersonen aus Politik, Religion, Wirtschaft und Militär. Die Fäden waren intern gut gesponnen und hielten über alle politischen Parteigrenzen hinweg bis ins weit entfernte Bundes-Bern. Die Erfolge dieser eingeschworenen Truppe dürfen sich aus landschaftlicher Sicht sehen lassen. Gegen die schleichende Zerstörung durch die Intensivlandwirtschaft und den zunehmenden Erholungsdruck war man aber beinahe machtlos. Die Zeiten, da man gemeinsam mit Gemeinderäten, Gemeindepräsidenten und Regierungsräten bei der Eidgenössischen Natur- und Heimatschutzkommission (ENHK, vgl. S. 151–152) erfolgreich vorstellig wurde, waren vorbei. Ebenso gehörten die Zeiten der Vergangenheit an, da die Behörden selbstständig zum Wohle des «Frauenwinkels» und der Allgemeinheit Fabrikprojekte, Hochhäuser und ganze Überbauungen aus eigenem Antrieb bekämpften und die Schutzorganisationen dabei um Unterstützung baten. In einer Zeit der Hochkonjunktur wurde ein Engagement zu Gunsten von Natur und Landschaft für Prominente zudem unschicklicher. Damit nahm auch das Durchsetzungsvermögen der machtpolitisch geschrumpften Vorstände in den Organisationen merklich ab. Seit der Rothenthurm-Abstimmung können sich die Schutzorganisationen auf die von Volk und Parlament verabschiedeten Gesetze und Verordnungen berufen. Die Einsprache-Legitimationen sind aber, je nach Sitz und Tätigkeitsgebiet, von Verband zu Verband verschieden. In der Zeit von VSLZ-Präsident Fritz Maurer entstand ein enger Kontakt zwischen der Pro Natura Schwyz, dem WWF Schwyz, der Schweizerischen Stiftung für Landschaftsschutz und dem VSLZ. So ergänzten sich die Beschwerdelegitimationen der kantonalen Organisationen mit den guten Kontakten, Beziehungen und der jahrzehntelangen Erfahrung des VSLZ. Zusätzlich suchte man nach neuen Arbeitsmethoden und Strategien. So wurde einerseits die politische Mitarbeit in einzelnen Parteien und Kommissionen angestrebt. Dadurch wuchs der Einfluss der lokal verankerten Natur- und Umweltschutzfreunde. Plötzlich bekam der Naturschutz bekannte Gesichter und Namen. Die Akzeptanz stieg und das Argument der fremden «Vögte» aus Bern und Zürich stach weniger. Bis man damit aber echte Erfolge verbuchen konnte, musste sich diese Zusammenarbeit bei verschiedenen Grossprojekten zuerst bilden und dann auch noch bewähren.

Der Grossangriff auf den «Frauenwinkel». – Erstens: Die Landwirtschaft. Der andauernde Siedlungsdruck und der damit verbundene lukrative Verkauf von Bauland vergrösserte den landwirtschaftlichen Druck auf den «Frauenwinkel» deutlich. So kam es vor, dass Wiesen um den Hof eingezont und versilbert wurden, der Pächter aber musste den landwirtschaftlichen Betrieb mit allen möglichen, weit vom Hof entfernten, zusammengepachteten Parzellen aufrecht erhalten. Die praktisch inexistente kantonale Aufsicht lud geradezu ein, weitere Riedparzellen zu intensivieren.

Zweitens: Grossüberbauung in der Moorlandschaft. Als 1987 ein gigantisches Hotel-, Kongress- und Ausbildungszentrum im sogenannten «Bermuda-Dreieck» zwischen «Frauenwinkel», Seedamm- und Churerstrasse geplant wurde, regte sich quer durch die ganze Gemeinde Widerstand. Das rasante Wachstum von Pfäffikon löste nicht nur in Sachen Verkehr, sondern auch bezüglich Landschaft und Natur grosse Bedenken aus (Abb. S. 156). In kurzer Zeit wurde die «Frauenwinkel-Initiative» mit 806 Unterschriften eingereicht. Sie wollte mit einer Rückzonung in die Landwirtschaftszone einer weiteren Verschlimmerung der Verkehrsmisere und einer zusätzlichen Belastung des Naturschutzgebietes entgegenwirken. Der Handels- und Gewerbeverein verlangte darauf mit 833 Unterschriften vom Gemeinderat, dass dieser genügend Gewerbeland ausscheiden und sichern solle. Als einzige politische Partei stand die SP voll hinter der «Frauenwinkel-Initiative», wenn es auch in der CVP eine starke Minderheit dafür gab. Ein einmaliger Abstimmungskampf mit massiven Einsätzen wurde lanciert. Der Gemeinderat empfahl – vor allem auf Grund der ihm unsicher erscheinenden Rechtslage betreffend Entschädigungsforderungen bei einer Rückzonung – die «Frauenwinkel-Initiative» abzulehnen. Trotz dieser Bedenken und obwohl einzig die SP die JA-Parole gefasst hatte, kam es zu einem knappen Abstimmungsresultat. Mit einer sehr hohen Stimmbeteiligung von über 40 % signalisierten 1346 (46 %) Bürgerinnen und Bürger mit ihrem Ja, dass sie mit der aktuellen Entwicklung in der Gemeinde nicht mehr einverstanden waren.

Der Streit war damit aber noch nicht vorbei, er ging nur in die nächste Runde. Die revidierte Ortsplanung wurde am 7. Juli 1991 aufgelegt. Darauf gingen 75 Einsprachen ein. Darunter auch das Begehren der Schutzorganisationen, das besagte «Bermuda-Dreieck» sei

Die sibirische Schwertlilie (Iris sibirica L.) blüht im «Frauenwinkel» und im Nuoler Ried (vgl. S. 194). Foto Res Knobel, WWF-Bildarchiv.

Konfliktkarten. Zeichnungen der Omniplan AG, Zürich, 1999. Repros aus der Broschüre Frauenwinkel Pfäffikon SZ des ZSL, Nachlese zur GV 2000.

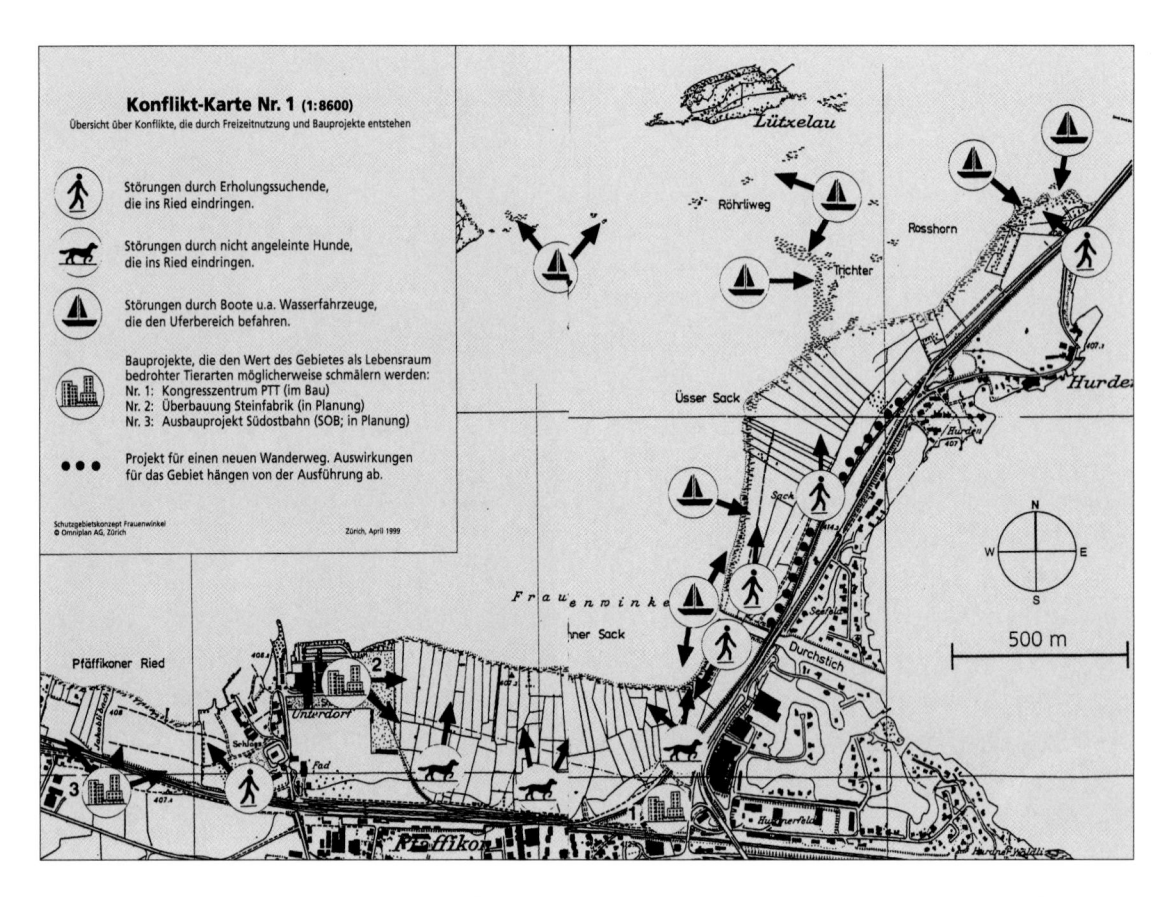

der Landwirtschaftszone zuzuweisen. Diese Einsprache wurde vom Gemeinderat am 16. Juli 1992 abgewiesen. Dagegen reichten die Schutzorganisationen (auf Grund der fehlenden Einsprachebefugnis des VSLZ wurden die juristischen Schritte vom WWF Schwyz und von Pro Natura Schwyz in enger Zusammenarbeit mit dem VSLZ und der Schweizerischen Stiftung für Landschaftsschutz geführt) beim Regierungsrat Beschwerde ein, weil diese Parzelle inzwischen innerhalb der potenziellen Moorlandschaft von nationaler Bedeutung lag. Der Regierungsrat beantragte darauf gegenüber BUWAL und Bundesrat, die Moorlandschaft zu verkleinern – insbesondere um das «Bermuda-Dreieck» – und lehnte die Beschwerde ab. In der Begründung hiess es, die Natur- und Landschaftsschutzinteressen könnten im Zusammenhang mit dem Gestaltungsplan geprüft werden (Abb. S. 154). Als auch im Gestaltungsplan die Interessen der Schutzorganisationen kaum Berücksichtigung fanden, mussten wiederum die Juristen bemüht werden: Einsprache beim Gemeinderat, Ablehnung der Einsprache, Beschwerde beim Regierungsrat, Ablehnung der Beschwerde und auch die Verwaltungsbeschwerde gegen den Regierungsratsentscheid beim Verwaltungsgericht

Konflikt-Karte Nr. 2 (1:8600)

Übersicht über Konflikte, die durch die landwirtschaftliche Nutzungsintensität entstehen. Die Angaben zur Intensivierung basieren auf Erhebungen von 1993, diejenigen zu den Gehölzen stammen aus dem Winter 96/97.

Störungen durch zu intensive landwirtschaftliche Nutzung:

- Flächen, die 1986 als Ried bzw. Fettwiese mit Riedarten, 1993 aber als Fettwiese mit Riedarten bzw. Fettwiese eingestuft wurden.
- Flächen, auf denen der Nährstoffeintrag aus der Umgebung sichtbar ist.

Punktuelle Verdrängung der Riedvegetation und potentielle Beeinträchtigung von bodenbrütenden Vögeln durch aufkommende Gehölze:
Orte, an denen die vorhandenen Gebüsche und Gebüschgruppen sowie ein Teil der Einzelbäume entfernt werden sollen. Empfindlich ist insbesondere der Röhrichtsaum.

Schutzgebietskonzept Frauenwinkel
© Omniplan AG, Zürich   Zürich, April 1999

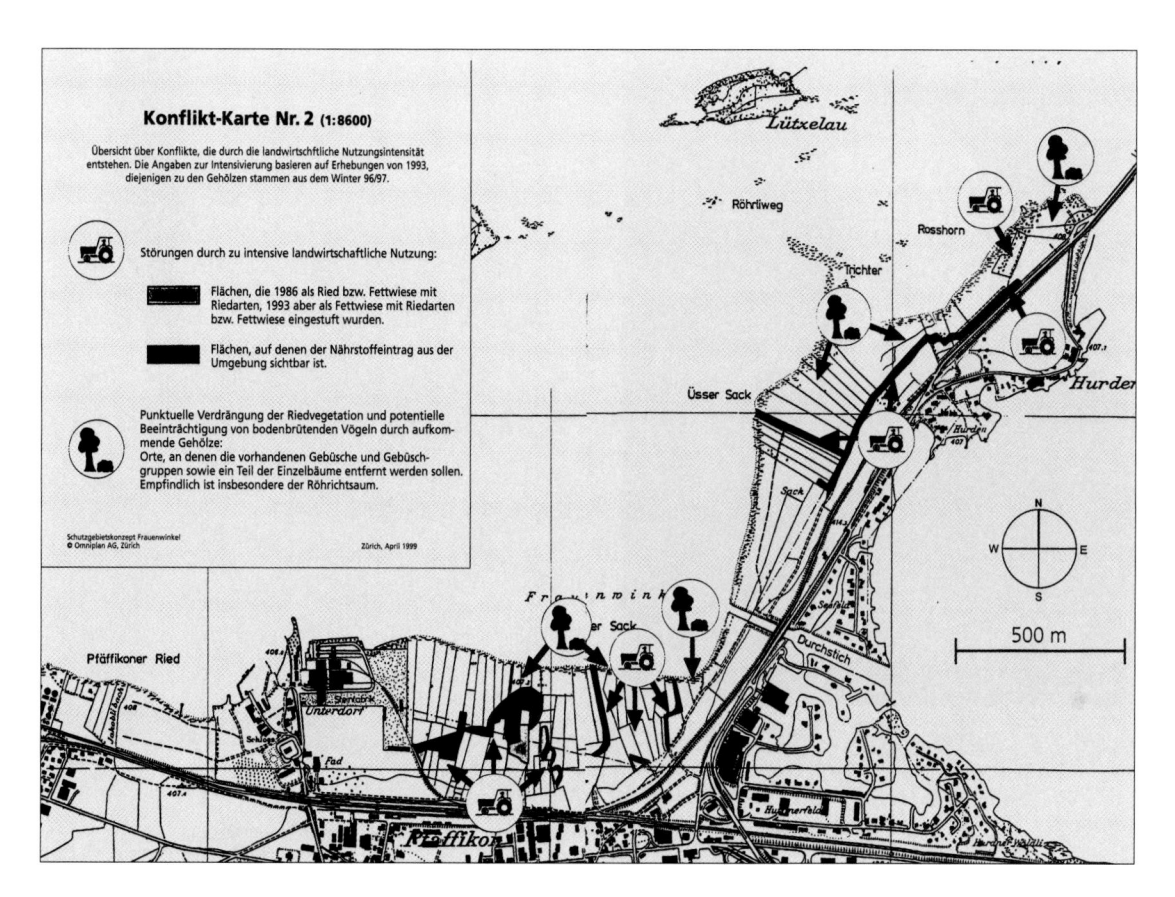

folgten Schlag auf Schlag. Die gleichzeitig von den Schutzorganisationen angebotene Problemlösung durch Verhandlungen wurde darauf von der Bauherrschaft angenommen und die Verwaltungsbeschwerde konnte sistiert werden. Am 16. August 1993 kam es zur Unterzeichnung eines Vergleichs mit folgenden Schwerpunkten: Verzicht auf die Attika-Geschosse – Gestaltung der Umgebung gemäss anerkanntem Fachmann – Aufhebung des Bahnüberganges – 70 Meter breiter, ökologischer Ausgleich nordwestlich des Geleises – Rückzug der Beschwerde – Kostenaufteilung. Zwei Tage später bestätigte das Verwaltungsgericht diesen Vergleich und schrieb die Beschwerde am Protokoll ab. In den folgenden Jahren wurde jedoch diese Vereinbarung bezüglich des ökologischen Ausgleichs von der Bauherrschaft nicht eingehalten, was unter anderem auch zum regierungsrätlich eingeleiteten Masterplanverfahren führte.

Drittens: «Grossüberbauung Steinfabrikareal» direkt neben der Kernzone. Seit 1898 gehört die Steinfabrik (80 000 m²) nördlich des Bahnhofs mit ihrem auffallenden und landschaftsbeeinträchtigenden Industriegelände (ehemals Ried) zur Nachbarschaft des heutigen Naturschutzgebietes «Frauenwinkel». Im

Der Grosse Moorbläuling (links) und der Kleine Moorbläuling (rechts) sind auf die Flora der Riedwiesen angewiesen (vgl. Text S. 194). Foto Krebs, WWF-Bildarchiv.

Herbst 1990 wurde bekannt, dass die Steinfabrik im Falle einer zugestandenen, «sinnvollen» Umnutzung des Areals ihren Betrieb in Pfäffikon schliessen und die Produktion nach Schmerikon verlegen möchte. Die bisherigen Emissionen aus diesem Industriegelände waren relativ gering, wenn man vom Landschaftsbild absieht. Schlagartig drohte aber eine dramatische Änderung für den «Frauenwinkel» bei einer Umzonung: 800 bis 1 200 neue Einwohner mit Hunderten von Hunden und Katzen auf der Nachbarparzelle wären ohne entsprechende flankierende Massnahmen das sichere Ende für alle Bodenbrüter im angrenzenden Flachmoor, auch für den äusserst seltenen grossen Brachvogel, gewesen. Der Gemeinderat hatte, nicht zuletzt auf Grund der Erfahrungen aus der «Frauenwinkel-Initiative», bereits in den Vorverhandlungen öffentliche Aspekte wie Seezugang, Erschliessung, Umwelt, Wohnungsbau im Rahmen des Wohnbau- und Eigentums-Förderungsgesetzes, Land für die Gemeinde sowie Bau- und Gestaltungsvorschriften analysiert und Lösungsansätze ausgehandelt. Im offiziellen Mitwirkungsverfahren äusserten sich die Schutzorganisationen detailliert zur Problematik und forderten teilweise sogar eine Auszonung. Die Sozialdemokratische Partei Freienbach lancierte die «Steinfabrik-Initiative», mit dem Ziel, vor der Umzonung weitere Abklärungen zu treffen (öko-juristisches Gutachten, öffentlicher SIA-Planungswettbewerb mit Auflagen gemäss Abklärungen). Bei einer späteren Umzonung hätten die Ergebnisse von Abklärungen und Wettbewerb zwingend eingehalten werden müssen. Am 25. April 1991 wurde die «Steinfabrik-Initiative» mit 501 Ja zu 1 861 Nein abgelehnt.

Bei der bald folgenden Ortsplanung erhoben die Schutzorganisationen gegen die gesamte Vorlage Einsprache, welche vom Gemeinderat abgewiesen wurde. Die Beschwerde an den Regierungsrat hatte ebenfalls keinen Erfolg. Erst die Verwaltungsbeschwerde an das Verwaltungsgericht brachte (trotz Abweisung) einen gewissen Fortschritt. Die nachfolgenden Zitate aus dem Verwaltungsgerichtsentscheid zeigen, dass das Problem erkannt wurde, und dass im Gestaltungsplan einige Rahmenbedingungen eingehalten werden müssen:

«Die Steinfabrik ist unschön, der Ersatz insofern eine Chance. – Nutzung im bisherigen Rahmen gestattet. – Kein sanfter Übergang vom Baugebiet in die Naturschutzzone möglich. – Die Pufferzone muss für Menschen möglichst unüberwindbar sein. – Der ‹Frauenwinkel› ist kein Naherholungsraum, sondern ein Naturschutzgebiet, wo Fauna und Flora ihre Ruhe haben sollten. – Keine Trampelpfade und Stege im Übergangsbereich. – Die Überbauung Steinfabrik muss den Landschaftsschutz berücksichtigen. – Auf das Naturschutzgebiet und die Moorlandschaft ist gebührend Rücksicht zu nehmen.»

Gestützt auf diesen Verwaltungsgerichtsentscheid boten die Schutzorganisationen der Bauherrschaft Verhandlungen an, damit die Moor- und Moorlandschaftsaspekte frühzeitig in die Planung einfliessen konnten und sich somit beim Quartiergestaltungsplan und bei der Bauausschreibung weitere juristische Verfahren erübrigten. In verschiedenen Besprechungen konnten so Optimierungen eingebracht werden. Ein Ideenwettbewerb brachte allerdings nicht die allseitig erhofften, innovativen Lösungen. Der Verkauf des gesamten Areals an die Korporation Pfäffikon führte dann zu einer völlig neuen Situation, fühlten sich doch die neuen Besitzer nicht an die Zugeständnisse der ehemaligen Steinfabrikbesitzer gebunden. Verschiedene Übergangsnutzungen des Steinfabrikareals, welche gegenüber der angestammten Nutzung erheblich mehr Emissionen mit sich brachten, konnten die Schutzorganisationen entweder durch Einsprachen abwenden oder durch Verhandlungen mässigen. Ein Lösungsweg, welcher sowohl dem Moor- als auch dem Moorlandschaftsschutz Rechnung trägt, konnte allerdings erst im bereits angesprochenen Masterplanverfahren gefunden werden.

Viertens: Wilde Baderei und frei laufende Hunde. Mit der Bevölkerungszunahme erfreute sich der «Frauenwinkel» ständig zunehmender Beliebtheit als Naherholungsgebiet. Dabei wurden die Grenzen gegenüber dem Naturschutzgebiet weitgehend ignoriert: Badetouristen und Hunde tummelten sich frei in den empfindlichen Kernzonen, weil von niemandem die Naturschutzvorschriften konsequent durchgesetzt wurden. Darunter haben besonders die empfindlichen Bodenbrüter zu leiden. Wenn die Eltern beim Brüten gestört werden, verlassen sie die Brut. Bei deren längerer Abwesenheit erkalten die Eier und sterben ab. Die Eltern geben nach mehreren erfolglosen Bruten das Brutgebiet auf. Frei laufende Hunde können selber Brutvögel reissen. Viel öfter legen sie aber im Ried Spuren und leiten so nächtliche Räuber, wie Fuchs und Marder, an das Nest.

Fünftens: Internationale Radroute durch den «Frauenwinkel». Gemäss Zeitungsberichten vom 28. Januar 1998 hob der Gemeinderat das allgemeine Fahrverbot auf dem Kanalweg durch den «Frauenwinkel» auf und ermöglichte damit die Aufnahme des beliebten Spazierweges in das 3 300 km zählende internationale Radroutenkonzept. Ohne ordentliches Bewilligungsverfahren kam das Naturschutzgebiet so über Nacht zu neuen Störungen. Erneut mussten die Schutzorganisationen juristische Mittel (dieses Mal gegen die Erschliessungsplanung) ergreifen. In diesem Verfahren gelang es, die neue Störungsquelle aus der Moorlandschaft hinaus und wieder auf die dafür vorgesehene Strasse zu bringen, was natürlich auf dem Kanalweg spazierende ältere Leute und Familien mit kleinen Kindern ebenfalls zu schätzen wussten.

Sechstens: Fortsetzung des Holzsteges als Weg durch den «Frauenwinkel»? Mit der raschen Realisierung des Holzsteges von Rapperswil nach Hurden musste (erneut) auch eine Fortsetzung der Wanderroute nach Pfäffikon geplant werden. Anfänglich hätte der Weg, ab Sternenkreuzung in Hurden, durch das Naturschutzgebiet führen sollen. Die Schutzorganisationen zeigten die klare Rechtslage auf, welche keine neuen Beeinträchtigungen erlaubt. Das geplante Vorhaben war nicht moorschutzverträglich und folglich auch nicht bewilligungsfähig. Eine definitive Lösung wurde erst am runden Tisch im Zusammenhang mit dem Masterplanverfahren gefunden.

Dazwischen etwas Erfreuliches: Die neue Seeanlage Pfäffikon. Gemäss Ortsplanung kam

Morgen am Obersee. Vor dem Einschnitt des Wägitals das Nuoler Ried. Foto Elvira Angstmann, August 2002.

mit der Umzonung des Steinfabrikareals ein 20 Meter breiter Streifen Seeufer in die öffentliche Zone. In kurzer Zeit ist unter Mitwirkung von Vertretern der Schutzorganisationen die multifunktionale Seeanlage Pfäffikon entstanden (vgl. S. 144). Dazu gehört ein Kiesplatz, welcher für verschiedene Aktivitäten, wie Ausstellungen und Feste, Raum bietet. Von hier führt eine landschaftsgärtnerisch geprägte Seepromenade in einen immer extensiver und naturnaher genutzten Teil über, der schliesslich mit einem Steg durch neugeschaffene Flachwasserbereiche bei einem Aussichtsturm mit Blick auf den «Frauenwinkel» endet. Aus einer ehemaligen öden Betonfläche ist eine naturnahe Freizeitanlage entstanden. Hier können sich die Besucher nicht nur bei einem Spaziergang erholen — es gibt auch Natur zum Bestaunen, Anfassen und Beobachten, sowie zum Kennen- und Schätzenlernen: Ein Lichtblick in den für Naturschutzbelange relativ düsteren Jahren!

Die Schutzorganisationen schlagen gemeinsam Alarm. Die Intensivierung seitens der Landwirtschaft hielt an, wenn auch mit der Einführung von Bewirtschaftungsbeiträgen und dank zahlreicher Einsätze von Schutzorganisationen und Schulklassen wenigstens die Verbuschung erfolgreich bekämpft werden konnte. Der illegale Badetourismus nahm trotz neuer, naturnaher und sehr grosszügiger Badeanlagen im Dorf weiter zu. Immer mehr Erholungssuchende spazieren im «Frauenwinkel» und lassen dabei trotz Leinenzwang ihren Hunden freien Lauf, was für viele am Boden brütende Vögel — wie oben ausgeführt — den Verlust der Gelege bedeutet. Der Vollzug liess seit 1980 auf sich warten — eine Aufsicht war praktisch inexistent oder wirkungslos. Der ständig wachsende Druck aus dem Siedlungsraum und durch die neuen, gewaltigen Bauvorhaben am Rand der Kernzone verschlechterten die Verhältnisse so weit, dass das einmalige und mehrfach geschützte Naturjuwel «Frauenwinkel» in seiner Existenz und Bedeutung ernsthaft in Frage gestellt war. Positiv muss allerdings erwähnt werden, wie die Seepolizei die Schutzzonen, die Uferabstände und die Geschwindigkeitsbeschränkung auf der Wasserseite seit vielen Jahren konsequent durchsetzt.

Die genannten Tatsachen schweissten die Schutzorganisationen noch enger zusammen (und dies wird zur künftigen Erfolgsstrategie werden). Auf Anstoss der Ala nahm eine «Arbeitsgruppe Frauenwinkel» aus je einem Vertreter von Ala, Pro Natura Schwyz, Schwyzer Kantonalem Vogelschutzverband, WWF und ZSL die Arbeit auf. Auf Kosten dieser Organisationen erstellte ein Fachbüro ein «Schutzkonzept Frauenwinkel» mit detaillierter Ist-Analyse und einen Konflikt- und Optimierungsplan. Die Resultate wurden dem zuständigen Regierungsrat Dr. Fritz Huwyler und seinen Beamten präsentiert. Huwyler erklärte danach den «Frauenwinkel» zur «Chefsache» und versprach Abhilfe.

Der Masterplan bringt Lösungen. Wenig später lud Huwyler alle beteiligten Parteien (Gemeinde, Kloster Einsiedeln, Korporation Pfäffikon, Landwirte, Schutzorganisationen und Eigentümer Seedamm Plaza) an einen runden Tisch ein. In verschiedenen Arbeitsgruppen suchte man für die anstehenden Probleme nach Lösungen. Nach mehreren harten Verhandlungen unterschrieben alle Beteiligten den sogenannten «Letter of Intent», eine gemeinsame Absichtserklärung, wie die Probleme im «Frauenwinkel» gelöst werden sollten. Im Laufe der Beratungen drängte sich eine Neufassung der Schutzverordnung mit folgenden Problemlösungen auf: — *Steinfabrik*: Zwischen dem Baugebiet und dem Naturschutzgebiet ist ein für Mensch und Tier unüberwindbarer Riegel vorgesehen, der aus einem 30 Meter breiten Wassergraben in der Bauzone und einem anschliessenden, ca. 20 Meter breiten Flachwasserbereich auf Seiten des Naturschutzgebietes besteht. Zusätzlich soll eine Einfamilienhausreihe längs dieses Wassergrabens die Emissionen aus der Überbauung aufhalten. Die dadurch verlorene Ausnützung darf in den hinteren Teil des zu überbauenden Steinfabrikareals übertragen werden. — *Hotel Seedamm Plaza*: Die Bauherrschaft kann die Bauauflage in Bezug auf die vereinbarten ökologischen Ausgleichsflächen innert nützlicher Frist nicht umsetzen. Es wird vereinbart, dass sie diese Pflicht an eine zu gründende «Stiftung Frauenwinkel» überträgt und das dafür notwendige Areal sowie die damals budgetierten finanziellen Mittel für die Umsetzung bereitstellt. – *Pilgerweg:* Die Gemeinde und die Schutzorganisationen einigen sich auf eine optimierte Linienführung. Das neue Projekt bietet dem Wanderer Rastmöglichkeiten und neue attraktive Plätze und Stellen, wo die Natur hautnah beobachtet und erlebt werden kann, ohne dass empfindliche Naturschutzkernzonen gestört werden. Bauliche Massnahmen sorgen dafür, dass die Kernzonen keine neuen Störungen erleiden. Trotzdem bleibt ein neuer Weg am Rande eines empfindlichen Naturschutzgebietes ein schädlicher Eingriff und eine Mehrbelastung, welche nur mit ökologischen Ausgleichsmassnahmen bewilligungsfähig wird. Aus diesem Grund möchte die Gemeinde in enger Zusammenarbeit mit den Schutzorganisationen dafür benachbarte Parzellen ökologisch aufwerten, Uferpartien renaturieren und der Bevölkerung bei der alten Badestelle einen Seezugang erhalten, welcher – statt zum Baden – zum Verweilen und Beobachten einlädt. – *Pufferzonen:* Die intensive Landwirtschaft beeinträchtigt die Riedvegetation auch indirekt und über grössere Distanzen durch das Ausbringen von Dünger. Um diese negativen Auswirkungen in den Griff zu bekommen, scheidet der Kanton Pufferzonen gemäss BUWAL-Pufferzonenschlüssel aus und will gewisse intensivierte Parzellen in Naturschutzzonen zurückführen, so wie es eigentlich schon in der alten Schutzverordnung aus dem Jahre 1980 vorgesehen war.

Von der Arbeitsgruppe zur «Stiftung Frauenwinkel». Während des Masterplanverfahrens kam ein Prozess in Gesprächs- und Konfliktkultur in Gang. Da aber der Schutz des «Frauenwinkels» auch über Jahre und Jahrzehnte eine Aufgabe sein wird und grössere finanzielle Aufwendungen nötig sein werden, regte Regierungsrat Dr. Fritz Huwyler die Gründung einer Stiftung an. Die «Arbeitsgruppe Frauenwinkel» gründete so nach intensiven Vorarbeiten am 20. November 2001 auf dem Notariat in Wollerau die «Stiftung Frauenwinkel». *Organisation und Trägerschaft:* Anlässlich der ersten Sitzung vom 6. März 2002 wurde die Stiftung durch die Aufnahme weiterer Stiftungsräte breit abgestützt. Es sind nun folgende Organisationen und Körperschaften vertreten: Ala, Bewirtschafter, Gemeinde Freienbach, Gewerbe und Wirtschaft, Pro Natura Schwyz, Schweizer Vogelschutz (SVS), Schwyzer Kantonaler Vogelschutzverband (SKV), WWF Schwyz und Zürichsee Landschaftsschutz (ZSL). Sitz der Stiftung ist Freienbach. Der Stiftungsrat besteht aus:

Christa Glauser, Präsidentin (SVS/Ala); Peter Stünzi, Vizepräsident (ZSL); Robert Bachmann (WWF Schwyz); Gallus Ebneter (ZSL); Michael Erhardt (Pro Natura); Markus Feusi (freies Mitglied); Walo Frischknecht (alt Gemeinderat von Freienbach, Gastwirt); Josef Häcki (Kloster Einsiedeln); Werner Herrmann (Vizepräsident des Gemeinderates Freienbach); Kuno Jäggi (SKV/ZSL); Ruedi Müller (Pro Natura); Guntram Stamm (WWF Schwyz). Res Knobel, Geschäftsführer (WWF Schwyz). Adresse der Geschäftsstelle: Stiftung «Frauenwinkel», Eulenweg 29a, 8832 Wilen.

Die Ziele der Stiftung: Förderung und ungeschmälerte Erhaltung des Naturschutzgebietes «Frauenwinkel», wie es die nationalen und internationalen Verpflichtungen und die gesetzlichen Vorgaben verlangen. – Grosszügige und dauernde ökologische Optimierung des Gebietes, Vernetzung mit umliegenden naturnahen Strukturen und den übrigen Feuchtgebieten am Obersee und deren ökologische Optimierung. – Aktives Engagement bei der Optimierung von Pflege, Gestaltung, Aufsicht und Erfolgskontrolle. Förderung attraktiver naturschutzverträglicher Naturbeobachtungs- und Besucherangebote sowie einer optimalen Besucherlenkung. – Förderung permanenter Information und Betreuung der Erholungssuchenden, der Bewirtschafter und weiterer Nutzer des Gebietes. – Pflege eines regelmässigen Gedankenaustausches mit allen Interessenten und

Regelmässige Arbeitseinsätze der Kantonsschule Pfäffikon im «Frauenwinkel» verhindern die Verbuschung des Rieds. Foto Res Knobel, WWF-Bildarchiv.

Partnern im «Frauenwinkel». – Die Stiftung koordiniert und begutachtet alle Vorhaben im Schutz- und Einflussbereich des Gebietes für ihre Organisationen und Interessengruppen.

Arbeitsaufnahme und Zukunftsaussichten:
An einer Medienkonferenz wurde die Stiftung am 9. April 2002 öffentlich lanciert.[1] Parallel laufen die letzten Verhandlungen in Sachen Seedamm Plaza, die Projektbegleitung Doppelspurausbau SOB und Pilgerweg. Bis Ende der Vegetationsperiode 2002 sollte auch ein bewilligungsfähiges Projekt für den ökologischen Ausgleich Seedamm Plaza vorliegen. In den nächsten Jahren wird dem Stiftungsrat die Arbeit sicherlich nicht ausgehen, auch wenn er durch einen zu 20 Prozent angestellten Geschäftsführer professionell unterstützt wird.

Nach Art und Entstehung ist diese Stiftung im Kanton Schwyz einmalig. Die breite Abstützung ist ein gutes Vorzeichen für die notwendige Akzeptanz in der Bevölkerung. In nächster Zeit steht viel Arbeit an. Um all die Projekte zu Gunsten des «Frauenwinkels» in nützlicher Frist umzusetzen, braucht es auch die Unterstützung der öffentlichen Hand, nimmt doch die Stiftung weitgehend Aufgaben des Kantons wahr. Einige finanzielle Mittel sind als Stiftungskapital notwendig, damit man mittelfristig von den Zinsen leben und Projekte umsetzen kann. Das Masterplanverfahren ist für Problemlösungen am runden Tisch beispielhaft und das Resultat dürfte auch den Kanton Schwyz motivieren, diese Strategie bei weiteren Schutzobjekten anzuwenden, an denen es dem Kanton bekanntlich nicht mangelt.

Die Option einer möglichen Ausdehnung der Stiftungstätigkeit auf den ganzen Obersee drückt den Wunsch aus, dass der Elan und die fruchtbare Zusammenarbeit auch auf die dortigen Schutzgebiete überschwappen möge. Die breite Abstützung zeigt deutlich, dass der Naturschutzgedanke von der Bevölkerung getragen wird. Bevölkerung, Kanton, Gemeinde, Institutionen und Organisationen werden sich aber auch finanziell engagieren müssen.

Der Wanderweg vom Horgenberg nach Horgen unterquert die Autobahn. Foto Elvira Angstmann 2002. Der Wanderer von heute hat seine Piste, das Auto die seine.

Eine Reise um den Zürichsee im Jahre 2002

Vorbemerkung: Der Wanderer

Zu Beginn der Rundreise überdenken wir das bisher Vernommene. Der VSLZ hat 1927 eine Aufgabe übernommen, die vorher noch nicht formuliert war. Es ging darum, ein Bewusstsein zu schaffen für den vom See gebildeten Landschaftsraum und ihn als Einheit zu empfinden. Der «Frauenwinkel», dessen Gefährdung Gründungsanlass wurde, ist eine markante Geländesituation, die von der Stadt Zürich und von Stäfa aus beobachtet wurde, die aber auch seit fast 1000 Jahren gehütet worden war als besonders geschätzter Seebesitz des weitab liegenden Klosters Einsiedeln. Die Uferlandschaft des «Frauenwinkels» in ihrer Unberührtheit erschien als kostbarer, bergender Hintergrund, gewissermassen als die Muschel für die zwei Inselperlen Ufenau und Lützelau. Die ganze Konstellation bildete, von Zürich aus gesehen, die gegensätzliche Ergänzung am oberen Seeende zur stets wachsenden Stadt am unteren Ende. Hier oben war noch urtümliche Natur, hier konnte man sich zurückbesinnen auf die Zeiten, da die ersten Siedler das Ufer betraten. Rapperswil mit seiner malerischen Silhouette am anderen Ende des Seeüberganges ergänzte das Naturbild mit einem Geschichtsbild: In ihm spiegelte sich das Mittelalter und erinnerte an Zeiten, in denen auch Zürich noch seine festumrissene, überblickbare Gestalt besass.

Die Gefährdung dieser Idylle löste 1927 einen Verteidigungsimpuls in Zürich (Balsiger) und in Stäfa (Gut) aus, der beim Einsiedler Naturschutzpionier Dr. P. Damian Buck offene Ohren finden musste. In der näheren und weiteren Umgebung: in Pfäffikon, Lachen, Uznach, Schmerikon, Rapperswil, Feldbach, Schirmensee, Meilen und Wädenswil fanden sich sofort Verbündete; schliesslich verstärkten weitere Zürcher und ein St. Galler die erste Vorstandsmannschaft. Das Alarm-Telefongespräch Gut-Balsiger im August 1927 löste also bereits die konzentrischen Kreise im Wasser aus, welche das neue ZSL-Signet von 1998 evoziert.

Der Zürichsee als Thema ständiger Aufmerksamkeit und Bemühung war damit entdeckt. Das Bewusstsein des geographisch-kulturellen Zusammenhangs war allerdings nicht neu.[1] Neu war nun die Angst, einen Besitz wieder zu verlieren, der eben erst erobert worden war: «Der ganze See» als Lebensraum einer modernen, technikgeprägten, stets wachsenden Bevölkerung, die dank neuer Verkehrsmittel überall die ländlich grünen Ufer als Wohnsitz beanspruchte. Diese Ufer, schon lange von wohlhabenden Stadtbürgern als Landaufenthalt geschätzt, wurden von Besuchern gerühmt und schon im empfindsamen 18. Jahrhundert als ein zusammenhängender Garten bezeichnet. Mit dem modernen Tourismus seit den 1770er Jahren entstanden auch Bildfolgen und Beschreibungen, die alle Seegemeinden erfassten.[2] Die Generation der VSLZ-Gründer war mit Gottlieb Binder (1876–1937) daran beteiligt, in der Folge wurde Binder zum Historiker des «ganzen Sees».[3] Sein Buch *Zur Kulturgeschichte des Zürichsees* von 1937

«benötigt trotz der Unvollständigkeit weder eine Begründung noch gar Rechtfertigung, da (diese Heimatkunde) ihre Entstehung einer Liebe zur Heimat verdankt, die gefährdetes Gut zu bergen trachtet. (...) Der Verfasser ging auch den Urkunden Gottes nach in Berg und Tal, in Dorf und Hof, im Bestreben, offenen Sinnes all die

Schönheiten und geistige Wertbeständigkeit der Welt, wie sie sich in Natur- und Menschenleben zeigt, zu erfassen und mit innerer Anteilnahme darzustellen.»[4]

Seither sind dem «ganzen See» verschiedene Werke gewidmet worden[5], die Reihe der *Jahrbücher vom Zürichsee* des VSLZ von 1930 bis 1966 (siehe S. 108–115) bleibt aber unübertroffen.

Der Autor wandelt auf eigenen Spuren, wenn er *Zürichseeufer 75* erwähnt, das der VSLZ 1975 herausgegeben hat. Rudolf Schilling und ich haben damals den Text geschrieben, Ernst Liniger (1941–1992) fotografierte. Wir machten *Eine Bestandesaufnahme auf Grund der Provisorischen Schutzgebiete gemäss Bundesbeschluss über dringliche Massnahmen auf dem Gebiete der Raumplanung vom 17. März 1972*. Der von Liniger illustrierte Inventarteil führte, von Zürich ausgehend, rund um den See. Die flankierenden Teile behandelten den *Landschafts- und Ortsbildschutz am Zürichsee* und brachten einen *Ausblick in die Zukunft*. Unsere Diagnose war pessimistisch, die Prognose für die Zukunft auch nicht viel optimistischer. Wir beurteilten das Zeitalter der Planung, das ziemlich genau mit dem Bestehen des VSLZ übereinstimmt, als einer Illusion verfallen. Auch der VSLZ habe an die Möglichkeiten der Planung geglaubt und die Verwirklichung hoffnungsvoll immer wieder in die Zukunft verlegt. Wir verbargen unsere Enttäuschung darüber nicht: Die Zürichseelandschaft sei «ausverkauft», Schuld daran trage die Bauspekulation, «jedes Baugespann in den wenigen verbliebenen Wiesen erregt Übelkeitsgefühle». In Bezug auf die Rettung von Baudenkmälern durch Umnutzung waren wir zuversichtlicher, lagen doch schon viele geglückte Beispiele vor. In einem eigenen Kapitel wurde das zentrale Postulat des VSLZ in der Ära Balsiger/Gut wieder aufgenommen: *Private oder öffentliche Zürichseeufer*. «Eine Uferbaulinie rund um den See würde den Gemeinden (...) die Möglichkeit verschaffen, einen zusammenhängenden Uferstreifen nach und nach zu erwerben.»[6] Dieser Satz erinnert an die Seeuferdiskussion der NHKZ von 1915 (siehe S. 70–74). Das neue zürcherische Planungs- und Baugesetz von 1975, aber schon die Vorbehalte in den Konzessionen für die vielen, seit 1850 vorgenommenen Uferaufschüttungen (§ 74 des zürcherischen Wassergesetzes) würden solche und andere Landschafts-Sicherungsmassnahmen im Interesse der Öffentlichkeit ermöglichen.

Unterdessen sind immer wieder Seeuferwegstücke entstanden (siehe S. 120, 131), aber die im Kanton Zürich auf einem Regierungsratsbeschluss von 1983 basierende Uferwegplanung ist bis heute nicht wesentlich vorangekommen.[7] Die Auswirkungen des «Dringlichen Bundesbeschlusses» von 1972 und des in der Nachfolge 1979 erlassenen Bundesgesetzes über die Raumplanung können heute, nach 27 Jahren, beurteilt werden. Unsere bittere Kritik in *Zürichseeufer 75* müssen wir Autoren nicht zurücknehmen, aber zugeben, dass auch wir planungsgläubig waren. Der heute ZSL genannte VSLZ hat aber immer noch die Aufgabe, Impulse zu geben und am Ball zu bleiben, der «ganze See» ist immer noch zuerst eine Bewusstseinsfrage. Aus dem Bewusstsein der Aufgabe entstehen die vielen kleinen Schritte, die hier möglich sind. 75 Jahre sind aus dieser Perspektive noch keine lange Zeitspanne – und die von den Gründern übernommene Aufgabe bleibt bestehen.

Für unsere Rundreise um den See im Jahr 2002 finden wir eine Figur, die als Vorbild dienen kann. Sie schwebte auch den VSLZ-Pionieren vor, als sie ihr Postulat eines durchgehenden Uferweges formulierten. Es ist «der Wanderer», der im 20. Jahrhundert zwar neu eingekleidet wurde, trotzdem aber der alte blieb! Der Wanderer bewegt sich (seit Jahrhunderten) zu Fuss und jeweils so weit, wie er mit seinen Kräften kommt. Er braucht seine Füsse, seinen Verstand und seine Augen, er schaut um sich, weil er etwas sehen will. Ausgerüstet ist er heute mit dem Taschenbüchlein von Walter Appenzeller, *Auf Wanderwegen rund um Zürich*, das der ZSL 1999 seinen Mitgliedern als Jahresgabe überreicht hat; Herausgeber sind die «Zürcher Wanderwege» ZAW.[8] Weiter hat der Wanderer die *Wanderkarte Kanton Zürich 1 : 50 000, Blatt Süd* bei sich, auf welcher der «ganze See» von Schmerikon bis Zürich Platz gefunden hat.⁹ Die Karte ist ebenfalls unter Mitarbeit der ZAW herausgegeben worden und zeigt auf der Basis der Landeskarte der Schweiz ein dichtes, rot eingetragenes Wanderwegnetz. Die Vereinigung «Zürcher Wanderwege» ZAW hiess früher «Zürcher Arbeitsgemeinschaft für Wanderwege». Der Gründer hat in den Jahrbüchern des VSLZ in ausgezeichnet klarer Weise über ihre Entstehung und Entwicklung berichtet und die Bewegung in weitere Zusammenhänge gestellt, dabei hat er auch die Anlage verschiedener Wege am See genau beschrieben¹⁰ und ist auf das rechtlich-politische Problem des Seeanstosses bzw. auf die Frage «privat-öffentlich» in sehr erhellender Weise eingegangen.¹¹ Es ist Johann Jakob Ess (1889–1968), Vorstandsmitglied des VSLZ 1957 bis 1959 als Vertreter der Zürcherischen Vereinigung für Heimatschutz. Der Bauernsohn aus dem thurgauischen Neuwilen, ausgebildet im Seminar Kreuzlingen, wirkte 1908 bis 1911 an der Gesamtschule in Niederneunforn TG und dann als Sekundarlehrer von 1914 bis 1924 in Wald ZH und 1924 bis 1955 in Meilen. Auch war er Vorstandsmitglied im Verkehrs- und Verschönerungsverein Meilen. Am 1. November 1933 gründete er mit Gleichgesinnten die ZAW, «nachdem an der Jahresversammlung der Schweizerischen Jugendherbergen im Sommer 1933 der Plan, die Wanderwege zu markieren, zum erstenmal vor die Öffentlichkeit gebracht wurde»¹² und war lebenslänglich der äusserst aktive Geschäftsführer und Propagator der Arbeitsgemeinschaft. Im Dezember 1934 wurde bereits die schweizerische Dachorganisation SAW gegründet.¹³ Die Wanderbewegung begann schon um 1900 in Deutschland.¹⁴ Ess hingegen wollte «zurück zur Natur», berief sich auf Rousseau und die Auswirkungen von dessen Schriften, «am Zürichsee besonders in den Kreisen um den Idylldichter Salomon Gessner».¹⁵ Als Praktiker von heute paktierte er aber mit den Automobilisten:

«Diejenigen Bevölkerungskreise, die scheinbar ganz andere Ziele verfolgen, die Automobilisten, die zwei Jahrzehnte lang mit den Fussgängern in Fehde gelegen hatten, arbeiteten von Anfang an bewusst und gern mit uns zusammen, von der Erkenntnis gemeinsamer Interessen ausgehend. Schon die erste Werbeschrift konnte sie in die Worte fassen: Dem Auto die Strassen, dem Wanderer die stillen Wege.»¹⁶

Heute erscheint das gelb (und rotweiss im Gebirge) beschilderte Schweizer Wanderwegnetz als Selbstverständlichkeit, umso mehr, als 1979 auch ein Fuss- und Wanderweg-Artikel in die Bundesverfassung aufgenommen worden ist.¹⁷ Im Hinblick auf die Veränderung der Landschaft stellt man fest, dass der Wanderer nun gleich dem Automobilisten auf Pisten, auf ein Netz festgelegt ist. In diesem Sinne ist er ebenfalls Produkt der Entmischung des einstigen «ganzen Menschen», wie er vor der Industrialisierung bestand. Das sah auch Ess, aber er wollte als verantwortungsbewusster Pädagoge nicht in jammernder Feststellung der Tatsachen verharren, sondern einen ergänzenden und ausgleichenden Status zum Automobilisten, ja: *des* Automobilisten schaffen (*Der Automobilist als Wanderer, 1959*¹⁸). Ess, fast gleich alt wie Le Corbusier (1887–1965), humanisierte so dessen städtebauliche Ideen, die er in *Urbanisme*, Paris 1925, vertrat, als da sind: Funktionentrennung von Wohnen, Arbeiten, Erholung (Grünflächen) und Verkehr (Strasse als Verkehrsmaschine), Hochhausbebauung in den Stadtzentren. Die von Corbusier mitverfassten Thesen des ersten der CIAM (Congrès Internationaux d'Architecture moderne) von 1928 enthielten u. a. die Sätze: «Die Verkehrsregelung hat die zeitliche und örtliche Folge aller Funktionen des Gemeinschaftslebens zu umfassen. Die wachsende Intensität dieser Lebensfunktionen (...) zieht die wachsende Diktatur des Verkehrs unumgänglich nach sich.»¹⁹ In diesem Lichte spiegelt die Geschichte des 1927 gegründeten VSLZ die internationale Entwicklung und wandelt sie ab: Der ZSL will 2002 keine (ununterbrochene) Bandstadt um den See (S. 127) – sie ist auf weiten Strecken schon da –, er verurteilte schon deren Anfänge nach Corbusiers Muster, obwohl er sich allfällige Vorteile des Hochhauses hatte vorrechnen lassen

Zürcher See. Radierung um 1610/13 von Matthäus Merian (1593–1650). Der Zürichsee als unverdorbenes Gelände mit Uferweg. Der Wanderer in der Barockzeit.

(Abbildungen S. 27, 32), auch die Autobahn als Ausdruck der «wachsenden Diktatur des Verkehrs», wie sie Corbusier als selbstverständlich angesehen hat, empfindet der Verband (mit Recht) als ungeheuren Eingriff in die Seelandschaft (Abb. S. 30, 243).

Theodor Gut (I) traf 1949 den Schriftsteller Ernst Wiechert (1887–1950) (Abb. S. 24). Der ostpreussische Dichter verbrachte auf dem Rütihof in Ürikon die letzten beiden Jahre seines Lebens. Schon die Titel seiner Bücher *Hirtennovelle* (1935) und *Das einfache Leben* (1939) waren ein Gegenprogramm zur Zeittendenz. «Wer in einer solchen Zeit, statt ein neues Programm auszurufen, die Fahne der Menschlichkeit hoch hält, der tut genug.»[20] Wiechert bezog auf dem Rütihof ein Refugium, nachdem er 1947 im benachbarten Stäfa eine Rede auf Goethe gehalten hatte, der sich 150 Jahre vorher dort aufhielt und das Dorf genau beschrieb:

«Lage desselben am See, fast eine Stunde lang. Häuser durch die Besitzungen getrennt. Kultur im höchsten Grade. Einige Landbuchten vom See herein mit fruchtbarem Erdreich gegen die Hügel, die Hügel selbst fruchtbar. (...) Die Fläche des Sees und das jenseitige Ufer, heitere Ortschaften daran hingezogen und bis an die steilern Höhen die Abhänge soviel als möglich genutzt (...) eine unendliche Welt, die man übersieht.»[21]

Wiechert fand 1947 die von Goethe charakterisierte, landwirtschaftlich genutzte, unendlich/übersichtliche Welt noch vor. Sie wurde damals vom VSLZ verteidigt, sie wird es heute. Was Goethe von Stäfa aus auf dem jenseitigen Ufer sah, ist heute eine zu schützende Grünzone (siehe S. 96). Die Grünzone, das Reservat, der «ganze See» als Reservatsidee: Die Reservat-Tendenz lässt sich aus der Geschichte des VSLZ herauslesen. Nicht nur im «Frauenwinkel» besonders krass, sondern in allen Aktionen von Natur- und Heimatschutz seit 1900, ist die Bemühung spürbar, Stücke (einer schöneren Welt) als Reservate aus der allgemeinen Verfügbarkeit und Spekulation auszuklammern und zu sichern (S. 68–70).

Für den Historiker dauert zum Glück kein Zustand ewig, mit etwas Fantasie kann er sich sogar in der heutigen unendlich/übersichtlichen Welt am Zürichsee als Wanderer fortbewegen, ohne überall Zonen und Reservate zu sehen. Angesichts der starren Struktur der Autobahn mit ihren fliegenden Geschossen (Abb. S. 243), besinnt er sich auf langsamere Bewegungen, denkt an Hermann Hiltbrunners Entstehungsgeschichte des Zürichsees im VSLZ-Jahrbuch 1932:

« (...) Mehrere Male, viermal, wie man annimmt, ist das Alpeneis vorstossend, anschwellend und höher wachsend durch diese Wannen gedrungen, bis es sich jeweils überm ganzen Mittelland zum fast lückenlosen Inlandeise schloss, viermal auch bewegte es sich, unter einem klimatischen Rückzugsbefehl abschmelzend und schwindend, durch dieselben Becken – die nun daliegen, als wären sie hinterbliebene, geschmolzene Tal-Gletscher.»[22]

Solcherart in einen geruhsameren Rhythmus gekommen, denkt er sich in die Fliessgeschwindigkeit der alpinen Urströme ein, in den Arm des Urrheins in der Talrinne Seez–Walensee–Zürichsee–Limmat, wie ihn das Naturschutzbuch des VSLZ von 1939 abbildet.[23] Er folgt den vielen Bachläufen, die in den See münden, wie es das Jahrbuch von 1944/45 zeigt.[24] Er versetzt sich in die Vision des Burgenforschers Emil Stauber (1869–1952), Lehrer in Zürich-Wollishofen, der in den Jahrbüchern in drei Folgen über den Burgenkranz am Zürichsee berichtete und eine nicht unumstrittene Verkehrstheorie für das ritterliche Mittelalter entwickelte:

«Zur zahlreichen Gruppe der niedern Dienstmannen gehörten die Männer, die sich dem Verkehrsdienst zu widmen hatten; ihnen lag es ob, den Verkehr auf den Strassen, Flüssen und Seen, dessen Schutz den hohen Adeligen und den Klöstern zustand, zu

Alte Landstrasse bei Meilen, Gemälde von Fritz Deringer (1903–1950), Uetikon, aus Jb 8 (1934). Der Wanderer in der Rebberg-Landschaft der 1930er Jahre.

überwachen und zu sichern, vermutlich auch für den Unterhalt der Strassen zu sorgen und Zölle und Weggelder zu beziehen. Diesen niedern Dienstleuten stellte der Herr einen Turm zur Verfügung, dessen Gestalt sich von den übrigen Wohnbauten deutlich abhob und den Diener eines hohen Herrn markierte.»[25]

Der Verkehr fand also schon früher nicht nur auf dem Wasser statt, sondern auch längs der Ufer. Und hier finden wir denn auch den «Wanderer» (Abb. S. 174), der auf einem schmalen Weg dem Wasser folgt, ganz wie es sich Balsiger 1915 in der NHKZ und später im VSLZ vorgestellt haben mag. Es gab ihn also einmal, den Seeuferweg – vor der Anlage der Seestrasse in den 1830er Jahren. In einer Radierung hat ihn um 1610/13 der junge Zeichner Matthäus Merian (1593–1650) dargestellt, der in Zürich Schüler Dietrich Meyers war und so als Augenzeuge gelten kann. Mit geschultertem Stock schreitet der Wanderer fürbass, im Schatten eines Gebäudes (ist es einer jener von Stauber erwähnten Türme?) folgt ihm ein Reiter. Im Vordergrund beweisen der tätige Zeichner und der untätig Ruhende, dass man schon in der Barockzeit die Zürichseeufer als Landschaftsmotiv wie auch als Naherholungszone zu schätzen wusste.

Dreihundertzwanzig Jahre später finden wir den «Wanderer» wieder auf einer farbigen Reproduktion im 8. Jahresbericht des VSLZ pro 1934 (Abb. S. 175). Fritz Deringer (1903–1950), Uetikon, malte die *Alte Landstrasse bei Meilen* bei dunstigem Wetter im Frühling. Die Bildelemente sind ähnlich wie bei Merian, nur sind wir hier über dem See in den Reben auf der

Johann Balthasar Bullinger (1713–1793), *Ab dem Schnabelberg gegen Rapperschweil*, Radierung um 1770. Graph. Slg. ZB Zürich, Repro in JbZ 1936, nach S. 88.

alten Überlandstrasse, die schon im 18. Jahrhundert ausgebaut wurde. Verlässt uns der Wanderer bei Merian, kommt er uns nun entgegen, beide Mal nimmt er fast die Bildmitte ein und die Landschaft bezieht sich offensichtlich auf ihn, er entdeckt sie, er nimmt sie in sich auf, sie nimmt ihn in sich auf, ein spannungsvolles Gleichgewicht ist erreicht.[26]

Bevor uns das Kamera-Auge der Fotografin Elvira Angstmann auf der Reise um den See begleitet, wollen wir uns den «ganzen See» vor der Erfindung der Fotografie mit dem Zeichner-Auge von Johann Balthasar Bullinger (1713–1793) einprägen. Seine schöne quadratische Vedute ist 1770 veröffentlicht und im Jahrbuch des VSLZ wieder abgebildet worden.[27] Der leere Standplatz im Vordergrund lädt uns zum Rundblick *Ab dem Schnabelberg gegen Rapperschweil* ein. Wir befinden uns bei den kaum noch sichtbaren Ruinen der Schnabelburg auf dem Albisgrat. Der Platz dient als Hochwacht, wir sehen aber keinen Feind, sondern lauter Natur. Der Baum gibt uns Halt und zieht gleichzeitig das Auge in die Höhe, ins Gewölk. Von dort fällt der Blick auf Alpen, Voralpen, sanfte, seebegleitende Hügel und schliesslich auf einen dichten Bestand von Baumwipfeln. Ein paar Bäume am untern Bildrand und ein Busch geleiten uns wieder zum Ausgangspunkt zurück. Im Mittelgrund ist der See als weisse Fläche ausgespart. Hier dürfen wir verweilen und erkennen die Halbinsel Au, die in den Seespiegel eingreift. Die Winzigkeit zweier Segelschiffe und die Inseln Ufenau und Lützelau beleben ihn, eine feine Brückenlinie verbindet die Hurdener Halbinsel und Rapperswil. Das Vertraute erscheint seltsam unwirklich, fast abstrakt, aber der «ganze See» findet im Quadrat Platz. Danken wir dem Zeichner: Erst durch ihn ist diese Landschaft entstanden, sie geht in uns ein, sie nimmt uns auf. Doch Bullinger vererbt uns die Aufgabe. Nun muss unser Auge den «ganzen See», das Landschaftsbild immer wieder neu schaffen – gerade wegen und trotz all der Eingriffe unseres Jahrhunderts.

Hermann Balsiger wies 1952 auf die Austauschbewegung aus geistiger Verwandtschaft zwischen der Tätigkeit des VSLZ und den in den *Jahrbüchern vom Zürichsee* präsenten Künstlern aller Gattungen hin (S. 109). Im vorangehenden Jahrbuch hatte eine Reihe von Malern auf die Frage nach ihrem Verhältnis zur Seelandschaft geantwortet.[28] Weniger ihre Antworten als ihre gemalten Werke sprechen noch heute zu uns. Der VSLZ hat wesentlich dazu beigetragen, dass wir ein Bewusstsein für die Notwendigkeit der Augenerziehung durch die Kunst gewonnen haben: Die rings um den See wirkenden Künstler haben uns die Landschaft sehen gelehrt. Deshalb wird auch ihre Tätigkeit in unsere Rundreise einbezogen. Die Bildhauer haben eine Sonderstellung. Balsiger hat sich sehr für ihre Förderung eingesetzt, die internationale Plastikausstellung längs der Seeufer in der Stadt Zürich 1931 war ihm ein Beweis für die Notwendigkeit öffentlicher Kunst.[29] Der Dichter Albin Zollinger (1895–1941) hat mit seinem Doppelroman *Pfannenstiel/Bohnenblust* (1940/1941) die Stadt Zürich und den Berg am rechten Seeufer zum Schauplatz von Künstlerschicksalen gemacht: *Pfannenstiel* ist *Die Geschichte eines Bildhauers*, der sich an diesem Berg einrichtet, in *Bohnenblust oder die Erzieher* sind eigene Erfahrungen des Lehrers Zollinger eingeflossen und die Schauplätze wechseln an den Nordosthang des Pfannenstiels, ins

Glatttal und ins Oberland.[30] Wie Hiltbrunner, muss man auch Zollinger beiziehen, wenn man die literarische Landschaftsdarstellung der Zeitspanne kennenlernen will, in welcher der VSLZ wirksam geworden ist. Zollinger hat zudem die Figur des «Wanderers» in seinen Roman einbezogen und dessen Schicksal jenem des sesshaft gewordenen Bildhauers gegenübergestellt. Dass der Wanderer Seume heisst, darf uns interessieren. Zollinger hat den Namen vom Dichter Johann Gottfried Seume (1763–1810) entliehen, der im «Wanderer-Stammbaum» durch die geistvollen Beschreibungen seiner Fussreisen nach Sizilien, Russland, Finnland und Schweden einen bedeutsamen Platz einnimmt.[31] Zollingers «Bergroman» kann man den Roman *Riedland* (1938) von Kurt Guggenheim (1896–1983) gegenüberstellen, der im sumpfigen Tiefland des obern Zürichsees und der Linthebene spielt.[32] Unter diesen künstlerischen Gestaltern der Seelandschaft darf der in Erlenbach niedergelassene Kartograf Eduard Imhof (1895–1986) nicht fehlen, das beweist seine Darstellung des Sees (Abb. S. 178–179).[33] Für die bildlichen Verdeutlichungen der Reise um den See habe ich die Hilfe der Fotografin Elvira Angstmann in Männedorf beansprucht[34], wir begaben uns gemeinsam an verschiedene Standorte, um uns «einzuschauen».

Wie war die Reise zu gliedern? Anzuschliessen war an das Kapitel über den «Frauenwinkel», das Herzstück des VSLZ/ZSL. In dieser Gegend war zu beginnen, mit dem Ziel, die beiden unterschiedlichen See-Teile einander gegenüberzustellen. Wiederum half Hermann Hiltbrunner. Sein mehrfach erwähnter Essay (S. 147, 174) *Die Landschaft der Halbinsel Hurden* (1932) und ein weiterer: *Der Zürichsee im Raum und in der Zeit* (1933) bringen Einsichten; Hiltbrunner gewann sie auf einer Seefahrt Zürich–Rapperswil:

«Oberhalb der Halbinsel Au ist es, als beführen wir einen andern, neuen See, einen grössern, weitern, hellern (...) Woher diese veränderten, diese beträchtlich erweiterten Verhältnisse (...)? Nun, die Albiswand ist abgesunken und gleichzeitig vom See abgerückt, die Pfannenstiel-Lehne hat sich dem See zwar genähert, aber auch sie sinkt zusehends und ungeheuer ebenmässig ab – ab in jenes seltsame Terrassenland, das von Männedorf an bis hinauf nach Schmerikon die Ufer und das nördliche Hinterland des Sees bildet. Auch auf dem linken, südlichen Ufer herrschen diese Terrassen, wenn sie auch nicht so deutlich im Lichte zu liegen pflegen. Der Zug des Hohen Ronen und des Hohen Etzels ersetzen zwar in diesem Raume die Albiswand, aber diese beiden Bergzüge halten sich mehr abseits, als jene. Das Nordufer dagegen ist völlig wandlos, erscheint als grosse, niedrig gelegene Ebene, zu der die Terrassen wie niedrige Treppenstufen hinaufführen. Diese weitgestreckte Senke zwischen Pfannenstiel und Bachtel ist es, die die Offenheit und Weite der Landschaft am mittleren Zürichsee ausmacht. (...) Wir haben erkannt, dass es einen mittlern Zürichsee gibt, der dem obern weit ähnlicher ist, als der nordwestlichen Hälfte des untern, die sozusagen nur mehr eine Bucht oder ein vorgestreckter Arm des mittlern und obern ist. Der mittlere und obere See gehören zusammen. Der mittlere teilt mit dem obern die Weiträumigkeit und jene Helle, die schon Goethe aufgefallen ist. Auch er liegt noch in der geheimnisvollen Zone der föhnigen Aufheiterungen.»

«Was für den Anwohner ungewiss und für den Reisenden problematisch ist, wird durch die Vogelschau vom Etzel klar: von der Linie Halbinsel Au nach Männedorf am nördlichen Ufer ist der See ein anderer See. Er ist zwar weiterhin in Molasse gebettet, aber von dieser Linie an aufwärts ist die Molasse anders geformt (...) Mitten in diesem mittlern Zürichsee erkennen wir nun auch jene Knickung oder Biegung, durch die das ganze Zürichseebecken eine mondsichelartige Krümmung erreicht. Es ist eine Art Angelpunkt, eine geheime Achse zwischen Stäfa-Kehlhof und der Bucht von Richterswil. Von dieser Linie an aufwärts verläuft das Seebecken westöstlich, unterhalb dieses Wendepunktes aber südost-nordwestlich. Die Längsachse des ganzen Sees wird also in diesem Abschnitt um einen halben rechten Winkel gedreht. Wer nichts von einem mittleren Zürichsee wissen will, muss zunächst aus diesem Grunde den obern Zürichsee zwischen Stäfa und Bucht Richterswil beginnen lassen.»[35]

Wir halten uns an diesen Vorschlag – den Hiltbrunner und auch die moderne Geologie noch weiter begründen[36] –, den Obersee an der Linie Richterswil/Stäfa beginnen zu lassen. Zwei Rundgänge sind also zu machen: Von Richterswil um den Obersee nach Stäfa sowie von Männedorf um den Zürichsee nach Wädenswil. Beide Mal findet man sich so in der Halbzeit der Wanderung an einem See-Ende, zuerst in Schmerikon/Uznach, das zweite Mal in Zürich. Am Schluss sind wir wieder am Ausgangspunkt.

Der Zürichsee. Ausschnitt aus der Schulkarte des Kantons Zürich, bearbeitet von Prof. Dr. h.c. Eduard Imhof (1895–1986), Massstab 1 : 150 000 (hier verkleinert), Art. Institut Orell Füssli A.G., Zürich 1963.

Ottikon
Weisslingen
Wildberg
Wila
Dussnang
Fischingen
Tannegg
Theilingen
Madetswil
Illnau
Russikon
Volketswil
Fehraltorf
Sternenberg
Hörnli
Pfäffikon
Hittnau
Bauma
Wellenau
Uster
Oberuster
Pfäffiker See
Auslikon
Seegräben
Robenhsn.
Adetswil
Tannen
Fischenthal
Bäretswil
Schnebelhorn
Wetzikon
Kempten
Hüttkopf
Tösstock
Mönchaltorf
Gossau
Hinwil
Bachtel
Allmen
Egg
Grüningen
Dürnten
Wald
Oetwil a.S.
Bubikon
Goldingen
Rüti
Hombrechtikon
Männedorf
Stäfa
Feldbach
Eschenbach
Rapperswil
Jona
Schmerikon
Uznach
Obersee
Buechberg
Tuggen
Lachen
Wangen
Freienbach
Pfäffikon
Altendorf
Galgenen
Feusisberg
Etzel
Siebnen
Schübelbach
Stöcklichrüz
Stockberg
Biberbrugg

Uferweg Rapperswil–Schmerikon, zwischen Bollingen und Oberbollingen. Foto Elvira Angstmann, August 2002.

**Von Richterswil
um den Obersee nach Stäfa**

Der Bericht Knopfli/Labhart 1961. Der Entschluss, nach Vorgaben aus Dichtung und Geologie den Obersee für unsere Reise an der Linie Richterswil/Stäfa beginnen zu lassen – diese Linie bezeichnet auch die maximale Breite des Sees, 3.85 km – wird durch den VSLZ-Pionier Dr. Walter Knopfli bestätigt, welcher in dem so definierten Obersee-Gebiet eine pragmatisch-ideelle Schutzplanung entwickelte. Der leider vergessene und nie publizierte Bericht mit Planunterlage (Abb. S. 182–183) wurde 1961 abgeliefert und trägt den Titel *Vorschläge zur Erhaltung der landschaftlichen und biologischen Eigenarten des Obersees und der angrenzenden Partien des Zürichsees*. Der Arbeitsausschuss des VSLZ hatte am 21. November 1955 beschlossen, auf eigene Kosten den Entwurf zu einer Seeuferschutzverordnung ausarbeiten zu lassen und sein Mitglied Dr. Walter Knopfli (1889–1965) sowie Architekt Heinrich Labhart (1890–1961) damit betraut, «weil beide als frühere Mitarbeiter des Bureaus für Regionalplanung des Kantons Zürich mit Fragen des Landschafts- und Naturschutzes sowie der Regionalplanung vertraut sind und sich über die Zürichseelandschaft, die zu ihrer engeren Heimat gehört, gut auskennen». Knopfli verfasste den Bericht, «der einem Gutachten gleichkommt» und darin speziell die Beurteilung der landschaftlichen und biologischen Werte, Labhart befasste sich mit Baufragen und der Erhaltung schutzwürdiger Gebäude und entwarf den Schutzzonenplan.[1] Auf den Begehungen wurden die beiden öfters durch die VSLZ-Sektionspräsidenten Walter Leuzinger (SZ) und Hans Tschudi (SG) begleitet, auch wirkte VSLZ-Vorstandsmitglied Architekt Albert Kölla «als vorzüglicher Kenner des Zürichseegebietes» auf Anfrage mit. Der Verordnungsentwurf war so abgefasst, dass er sowohl als gemeinsamer Erlass der Regierungen der Kantone Zürich, Schwyz und St. Gallen wie als Grundlage für kantonale Erlasse, ja sogar für solche der einzelnen Gemeinden hätte dienen können. Diese offene Form ergab sich aus der langen Erfahrung des VSLZ und der beiden Gutachter: Man sah die Schwierigkeiten voraus, wollte aber trotzdem ein Modell schaffen, weil «die Angelegenheit von dringender Natur» war.[2] Knopflis Erfahrungen beim Erlass von Schutzverordnungen für Kleinseen im Kanton Zürich sind spürbar (siehe S.113, 129), der Bericht will keine Landschaftsschilderung, sondern ein Nachschlagewerk für Behördemitglieder, Regierungs- und Gemeinderäte, aber auch für VSLZ-Mitglieder sein.

Planungsberichte gehören zur Gattung der utopischen Literatur. Sie setzen gleichdenkende Ausführungsorgane voraus und im vorliegenden Falle auch ein Kontrollorgan (den VSLZ!), das die zur Durchführung der Vorschläge ausersehenen Politiker stets aufmerksam beobachtet und bei Nichthandeln bestürmt. Knopfli wie Labhart waren Verwaltungsbeamte, sie beherrschten ihr Handwerk: Der Bericht ist aber auch ein Dokument des Humanismus in seiner Verteidigung der Lebensbereiche von Tier und Pflanze am Ufer.

Das bearbeitete Gebiet setzt sich politisch aus Anteilen dreier Kantone zusammen. Am Anfang und am Schluss der ost- und wieder westwärts verlaufenden Rundreise sind wir im Kanton Zürich (Richterswil, Hombrechtikon,

Zonenplan zum Uferschutz am Obersee und Zürichsee. Beilage zum Bericht Knopfli/Labhart 1961 im Auftrag des VSLZ. Grundlage: Top. Atlas, Mst. 1:25 000 (verkl.).

Stäfa), am Südufer des Sees sind wir im Kanton Schwyz (Wollerau, Freienbach mit Pfäffikon und Hurden, Altendorf, Lachen, Wangen, Tuggen), und am Nordufer im Kanton St. Gallen (Schmerikon, Jona, Rapperswil).

In Pfäffikon sind wir versucht, das Schiff nach der Ufenau zu besteigen oder den Wanderweg längs des Schutzgebietes Frauenwinkel einzuschlagen, um dann über den Holzsteg nach Rapperswil zu gelangen: Wir verweisen auf das Kapitel 3, wo auch die gegenwärtige Planung des noch fehlenden Wegstücks in Hurden erwähnt wird (S. 153, 165).

Konflikte mit Kiesfirmen. Durch den 1951 eröffneten Durchstich der Hurdener Landzunge fahren nicht nur die Passagierschiffe, sondern auch die Ledischiffe der Kies- und Steinfirmen, die vorher jeweils das Öffnen der Drehbrücke im Seedamm abwarten mussten. Mit den Vertretern dieses alten Gewerbes geriet der VSLZ bis 1950 (siehe Zeittafel) immer wieder in Konflikt, denn diese sind die grössten Uferveränderer im 20. Jahrhundert, man lese z.B. den bitteren Bericht von Aktuar Ernst Brändlin im *Jahrbuch 1942* und den Grundsatzartikel im *Jahrbuch 1956–1957*, den Eduard Ammann, Fischerei- und Jagdverwalter des Kantons Zürich und VSLZ-Vorstandsmitglied schrieb.[3]

Heute erfolgt die Kiesgewinnung am Obersee allerdings in seenahen Landgruben, der Transport aber immer noch auf dem See zu den Umschlagstellen in Schmerikon, Hurden, Meilen, Wädenswil, Stäfa, Zürich-Wollishofen und Zürich-Tiefenbrunnen. Die Firma KIBAG Bäch entstand 1926 aus der Fusion der Firmen Gebr. Gassmann, Bäch, und Robert Helbling, Schmerikon. Zur KIBAG-Gruppe gehören heute eine ganze Reihe von Tochtergesellschaften in den Geschäftsbereichen Kies und Beton, Tiefbau, Strassenbau und Wasserbau. Die Zentrale des Seebetriebs mit Schiffswerft, Hafen und Reparaturwerkstätten befindet sich in Bäch. «Hauptwerk der Kiesaufbereitung bleibt Nuolen, wo heute an Land abgebaut und das Material mit einer Förderbandanlage zur Aufbereitung und zum Verlad direkt zum Nuoler Hafen transportiert wird.» Grösstes Ledischiff auf den Schweizerseen ist der «Saturn» der Firma KIBAG, Bäch, mit Ladevolumen von 800 Tonnen (50 bis 70 Lastwagenladungen).[4] 1970 übernahm die KIBAG auch das frühere Kieswerk Zürich-Tiefenbrunnen, zu dem sich 1932 die Ledischiffbesitzer Guggenbühl, Inderbitzin, Wunderli und Zehnder zusammengeschlossen hatten. Westlich der Linthmündung in den Obersee unterhält die KIBAG seit 1991 auf einer Insel, welche von der Ausbaggerung der Westhälfte des Riedgebiets «Bätzimatt» übriggeblieben ist, ihr von Arnold Kriech eingerichtetes Museum der Kies- und Sandgewinnung in den 1930er und 1940er Jahren, ein eindrückliches Industriedenkmal[5] (vgl. Abb. S. 197).

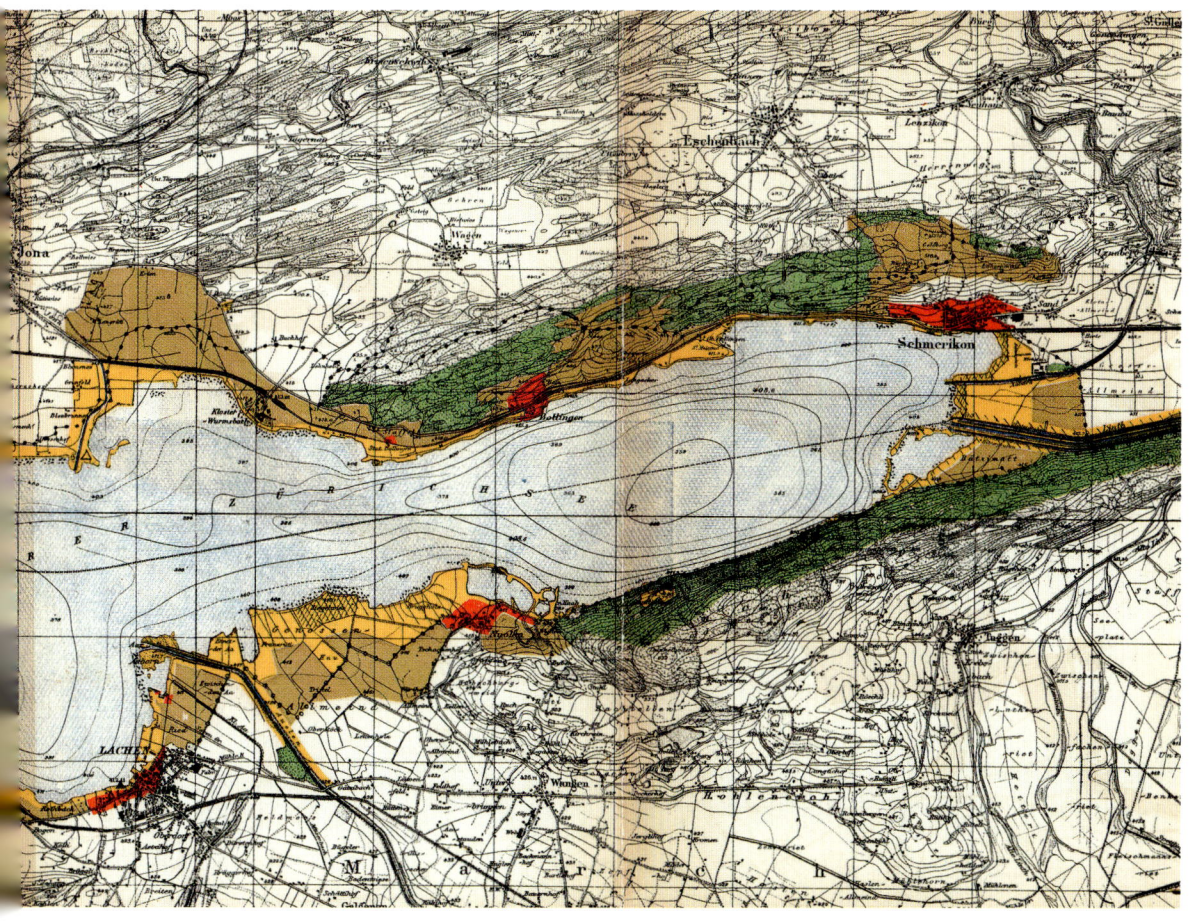

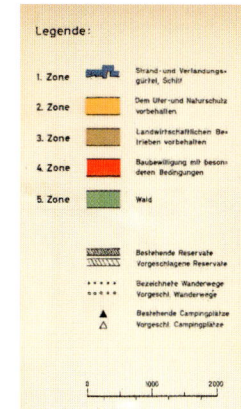

Johann Müller-Gassmann (1889–1962) arbeitete zuerst in der erwähnten, 1926 in der KIBAG aufgegangenen Schmeriker Firma Helbling und gründete 1929 einen eigenen Betrieb, die heutige Firma Johann Müller AG in Schmerikon (JMS), die sich auch dem Erd- und Spezialtiefbau widmet. Kies wird von ihr heute nicht mehr aus dem Zürichsee, sondern aus den Gruben bei Gommiswald und Ernetschwil ob Uznach sowie aus dem Walensee gewonnen. Im 1965 erstellten Kieswerk Grinau an einem Seitenkanal der Linth wird das Material verarbeitet und in die Ledischiffe abgefüllt.[6]

Die Bedeutung des Schilfs. Walter Knopfli geht auf die Siedlungsentwicklung ein und bedauert die weitgehende Unzugänglichkeit der privat gewordenen Ufer:

«Aus dem einst von natürlichen Strandufern und herrlichen Verlandungsbeständen umgebenen See droht mit der Zeit ein teichartiges Grossgebilde inmitten einer gärtnerischen Parkanlage zu entstehen. An Stelle der dem See eigentümlichen Ufer- und Riedflora ist in solchen Abschnitten eine durch Menschenhand eingefügte Gartenblumenwelt getreten. Sorgsam gepflegte Rasen von einheitlich grüner Farbe ersetzen urwüchsige Riedflächen, die einst durch ihren Blütenreichtum und ihre Vielfarbigkeit das Auge eines jeden Naturfreundes fesselten. Die Röhricht-, Riedland- und Strandgehölz bewohnenden Vogelarten, die zum Bild einer noch nicht umgestalteten Seelandschaft gehören, und die mit ihrem Gesang und ihren oft geisterhaft erklingenden Balzlauten Stimmung in dasselbe bringen, müssen mit der Zerstörung ihrer Nist- und Zufluchtsstätten aus der Gegend verschwinden.»[7]

Im folgenden hebt er die Bedeutung der Schilfbestände hervor:

«Auf dem rechten zürcherischen Ufer sind ausgedehnte Riedlandstreifen mit vorgelagerten Schilfgürteln nur noch im st. gallischen Grenzgebiet, im Abschnitt Schirmensee–Feldbach, Gemeinde Hombrechtikon, vorhanden. Ihre Einbeziehung in den vorgeschlagenen Schutzzonenplan ist deshalb gegeben. (...) Der Regierungsrat des Kantons Zürich hat durch Beschluss vom 18. März 1943 die Schilfbestände des Zürichsees unter Schutz gestellt. Gestützt darauf, erlässt die Direktion der öffentlichen Bauten alle Jahre vor Beginn der Badesaison in der in den Ufergemeinden verbreiteten Presse Bekanntmachungen, wonach ein Betreten, Befahren und Beschädigen der Schilfbestände verboten ist. Überdies knüpft die Baudirektion an die Bewilligung von Bauten im öffentlichen Seegebiet die Bedingung, dass stehender Schilf nicht zerstört werden darf, oder, wenn eine Vernichtung nicht zu umgehen ist, dass eine Wiederanpflanzung im gleichen Umfang zu erfolgen habe. Ferner hat sie sich zum Ziel gesetzt, durch sinngemässe Pflege eher wieder eine Ausbreitung des Schilfes zu erreichen.»[8]

Das Wiederanpflanzungsgebot für Schilf erinnert an den Waldschutz nach der eidgenössischen Gesetzgebung (S. 64, 76–77) und verweist damit auf die Dringlichkeit der Massnahme im Jahre 1943. Der VSLZ hat dann an den Jahresversammlungen 1978, 1979 und 1982 und auf der Schifffahrt 1983 das Thema Schilf wieder aufgenommen (siehe Zeittafel) und die reichen Schilfbestände am Obersee (Abb. S. 202) den kärglichen Resten am untern Seeteil (eine Ausnahme bildet nur die Halbinsel Au) auf Plänen gegenübergestellt.[9] Der Verband nahm dabei Kenntnis von den Forschungen an der 1977 in Kilchberg eröffneten Hydrobiologisch-limnologischen Station der Universität Zürich (Abb. S. 38, vgl. S. 238).[10]

Nationale Bedeutung der Landschaft. Knopfli kam 1961 zum Schluss: «Die Landschaft des Obersees und der anschliessenden Partien unterhalb des Hurdener Dammes ist so einzigartig, dass ihr ein grösserer Wert als bloss ein regionaler zukommt. Sie hat den Rang einer Landschaft von nationaler Bedeutung.»[11] Um diese Einstufung bemühte sich der VSLZ in der Folge. Seit 1959 entstand das *Inventar der zu erhaltenden Landschaften und Naturdenkmäler von nationaler Bedeutung* als sog. KLN-Inventar, welches 1977 vom BLN-Inventar abgelöst bzw. vom Bundesrat in Kraft gesetzt wurde.[12] Dieses Bundesinventar enthielt aber mit den Objekten 1405 (Frauenwinkel–Ufenau–Lützelau, Abb. S. 51) und 1406 (Nuoler Ried) nur zwei Teilstücke der Oberseegegend. Der VSLZ hatte schon 1933 beim Bundesrat einen integralen Schutz des mittleren und oberen Zürichsees angestrebt.[13] Nun erneuerte er die Bemühungen in dieser Richtung: 1985 prüfte die ENHK den Vorschlag eines BLN-Objekts Oberer Zürichsee/Obersee am Ort (Treffpunkt Feusisberg, Fahrt ins Gelände)[14], für Varianten gelangte man 1986 an die Kantonsregierungen (siehe Zeittafel: 1984).

1996 wurde denn auch das BLN-Objekt 1406 revidiert, es umschreibt nun als «Zürcher Obersee» nicht mehr nur das Nuolener Ried, sondern fast den ganzen unbebauten Seeuferbereich östlich der Linie Lachen–Jona auf Gemeindegebiet von Lachen SZ, Tuggen SZ, Wangen SZ, Eschenbach SG, Jona SG und Schmerikon SG (Abb. S. 185). Die Bedeutung wird folgendermassen umschrieben:

«Seelandschaft mit grossen Flächen naturnaher Uferbereiche (ehemalige Verlandungszonen). Schichtrippenlandschaft der subalpinen Molasse. Vor allem ornithologisch bedeutsame Feuchtgebiete mit Austauschbeziehungen zwischen den einzelnene Teilen und mit den benachbarten Gebieten Frauenwinkel und Kaltbrunnerriet. Beachtliche Kiebitzkolonie im Nuoler Ried. Wertvolle Kulturlandschaftselemente (Zisterzienserkloster Wurmsbach, Kapelle St. Meinrad, Schloss Grinau).»[15]

Für den westlich anschliessenden Teil bis zur Linie Richterswil/Stäfa ist der lange Atem des heutigen ZSL noch immer nötig, wir kommen im Raum Seegubel-Feldbach darauf zurück (S. 204–208).

Die fünf Zonen von Knopfli/Labhart. Im Vorschlag eines ideellen Zonenplans scheiden Knopfli/Labhart fünf Zonentypen aus (Abbildungslegende S. 183), die sich vom Ufer aus hintereinander staffeln. Der ersten Zone, dem Strand- und Verlandungsgürtel (schwarz gepunktet im Blau des Sees) mit Schilf-, Binsen- und Seerosenbeständen, folgt die zweite, eine Ufer- und Naturschutzzone (gelb) mit Sumpfwiesen, entstanden in fortschreitendem Verlandungsprozess aus der ersten:

Die Sumpfwiesen «haben zwar, vielleicht abgesehen von einzelnen schmalen seewärtigen Gürteln, nicht mehr ihr urtümliches Vegetationsgepräge, sondern sind aus Seggenfluren und stark versumpften Gebüschwaldungen durch menschliche Eingriffe in ertragreiche Streuewiesen (Besenrieder) umgewandelt und als solche durch sinngemässe Bewirtschaftung Jahrhunderte hindurch erhalten worden. In dieser langen Zeit hat sich unter gleichbleibenden Faktoren ein biologisches Gleichgewicht einer Lebensgemeinschaft ausbilden und sich behaupten können, die aus interessanten Tier- und Pflanzenformen besteht.»[16]

Das Streueland in dieser Zone darf nicht mit Ablagerungen überdeckt oder durch Vernachlässigung des periodischen Schnittes einer Strauchüberwucherung überlassen werden; zu erhalten sind aber einzelne landschaftsbestimmende Bäume, Baum- und Strauchgruppen. Wasserläufe werden durch beidseitige Landstreifen einbezogen. Die Zone enthält auch am See gelegene öffentliche Parkanlagen, Wanderwege, Sport- und Spielplätze sowie Strandbadanlagen. Hier bestehende Wohn- und Weekendbauten sollen nicht mehr vermehrt werden.[17]

Perimeter (roter Eintrag) des BLN-Objekts Nr. 1406, Zürcher Obersee, 1996. Grundlage: Landeskarte. Mst. 1 : 50 000 (verkl.).

Die dritte Zone (braun) ist landwirtschaftlichen Betrieben vorbehalten, diesem Wiesland verdankt das Bild seine Weiträumigkeit. Es dient aber auch als Übergangszone zwischen dem Riedland und der Bauzone. Die Pflanzen- und Kleintierwelt des Riedlandes würde Schaden nehmen durch fortwährendes Betreten von Seiten der Anwohnerschaft:

«Gerade das Allmeindgebiet zwischen der Wägitaler-Aa und der Ortschaft Nuolen ist ein klassisches Beispiel dafür, dass ein blosser Riedlandstreifen nicht genügt, um den zu Naturdenkmälern gewordenen Kiebitzen und Brachvögeln eine Erhaltungsstätte in unserem Lande zu sichern. Vielmehr bedürften diese beiden Vogelarten für eine dauernde Ansiedlung (…) einer weiträumigen Landschaft, wobei diese zum Teil auch aus Acker- und Wiesland bestehen kann.»[18]

Durch die Erklärung zur Landwirtschaftszone wird auch eine zonenfremde Bebauung in Waldnähe und damit «eine Unruhe im Landschaftsbild» und «eine Verarmung der Fauna und Flora im Wald-Randgürtel» ver-

Blick vom Hornareal Richterswil gegen den Pfannenstiel. Foto Elvira Angstmann, August 2002.

hindert.[19] Neueröffnungen von Kieswerken und Steinbrüchen bedürfen künftig einer Bewilligung, «wobei aber keineswegs die Absicht besteht, diesem lebenswichtigen Gewerbe (...) unüberwindliche Schwierigkeiten in den Weg zu legen». Die Arbeiten sollen aber «unter weitestgehender Schonung des Landschaftsbildes vorgenommen werden, (...) nach Beendigung des Eingriffes (sollen) keine hässlichen Wunden zurückbleiben».

Als Enklaven in dieser Zone können die durch Eintrag im Grundbuch gesicherten Rebbergreservate Lattenberg, Sternenhalde und Risi-Ürikon im Gemeindegebiet von Stäfa gelten.[20]

Bauliche Entwicklung und ihre Beurteilung am Beispiel Richterswil-Wollerau-Freienbach. In der vierten Zone (rot) sollen Baubewilligungen nur mit besonderen Bedingungen erteilt werden. Im Kerngebiet von Lachen, Schmerikon, Rapperswil und Stäfa muss auf das bestehende Orts- und Strassenbild Rücksicht genommen werden, «wobei besonders darauf zu achten ist, dass keine Bauten aus dem Rahmen des Gesamtbildes fallen». Es wurden auch Geländeabschnitte einbezogen, die sich «für die Erstellung von aufgelockerten Wohnsiedlungen vorzüglich eignen», so der Abhang an der Bucht von Richterswil/Wollerau, wo damals erst wenige Bauten bestanden.

Heute ist er überbaut (Abb. S. 188) und man kann sich fragen, ob das Ergebnis Knopfli/Labharts Kriterien standhalten würde. Diese hatten nämlich schon damals zur angrenzenden Besiedlung erklärt: «Bei Bäch und Freienbach mussten grössere Abschnitte aus dem Geltungsbereich des beantragten Schutzgebietes ausgeschieden werden, weil in Anbetracht ihres gegenwärtigen Zustandes eine Behandlung als schutzwürdige Gebiete nicht zu verantworten wäre.»[21] Der Plan weist also hier gewissermassen ein (nicht gefärbtes) Loch auf, durch welches man aus der Idealität der Uferschutz-Zonierung in eine rauhe Wirklichkeit schaut. Den nicht schutzwürdigen Zustand von 1961 — weiterentwickelt zum heutigen Zustand — nahm ich am 3. Februar und 22. April 2002 in Augenschein und zwar als Wanderer vom Bahnhof Richterswil aus, dem See entlang, nach Freienbach. Zuerst allerdings begab ich mich zur Seeuferanlage Hornareal. Sie «wurde für alle als naturnaher Freiraum geschaffen» meldet die Orientierungstafel. Das dreieckige Hornareal ist 1837 bis 1979 industriell genutzt, 1976 vom Kanton Zürich erworben und 1987 bis 1991 zur heutigen Grünanlage umgestaltet worden. Erhalten blieben der schöne Baumbestand und zwei klassizistische Bauten von 1844 und 1855, welche nun als Jugendherberge dienen, ferner ein Shedbau, der zur Bootseinstellhalle geworden ist. Als Gutachter bei der Planung wirkten u.a. NHKZ und KDKZ mit, an der Verwirklichung waren lokale, regionale und kantonale Instanzen (die kantonale Projektgruppe Seeuferplanung und die Denkmalpflege) beteiligt, und auch der Sektionsobmann des VSLZ, Dr. Beat Hauser, wurde beigezogen (Zeittafel: 1976).[22] Es ist eine erfreuliche Anlage entstanden, welche die Abriegelung der ehemaligen Seefront der Gemeinde durch Strasse und Bahn ausgleicht. Erlaubt sind im Horn das Betreten und Beliegen der Rasenflächen, das Spielen, Baden, Surfen (am Nordwestufer), Grillieren auf den Feuerstellen, verboten ist das Campieren, gesperrt ist das Areal für Fahrzeuge (absolut) und für Hunde (vom Mai bis September). Die Foto auf S. 186 zeigt auch die Weiträumigkeit der Seefläche und die wohltätige Wirkung des dunstigen Wetters, welches die starke Bebauung am Gegenufer im blauen Gesamtton integriert, sodass man eine schöne «Gesamtansicht» des Pfannenstiels vor sich hat, der eine flache, langgestreckte Pyramide bildet. Anschliessend an den linken Bildrand hat man sich die historische Baugruppe der Mühlenen zu denken, im Grüngebiet zwischen Richterswil und Wädenswil, wo immer noch der Seeuferweg fehlt! Im Horn sind mehrere Postulate aus der Frühzeit der NHKZ und des VSLZ erfüllt worden, sodass man feststellen kann, wie sich beharrlich vertretene Anliegen langfristig auch verwirklichen. Was heute hier selbstverständlich wirkt, ist das Ergebnis eines Bewusstseinsprozesses auch von Verwaltung und Behörden: Das Areal musste vom Staat Zürich erworben und der Kauf verantwortet werden. Das Horn ist eine einzigartige Aussichtskanzel in der weiten Bucht, man sieht Bächau und Ufenau, Etzel, Bachtel und Alpen. Der Blick geht von hier auch auf den Abhang, wo Knopfli/Labhart «aufgelockerte Wohnsiedlungen» vorsahen (Abb. S. 188). Sie wurden erstellt, ihr «Stil» entspricht dem eben vorbeifahrenden Motorschiff Helvetia, es ist der jetzt schon 70 Jahre lang übliche Kubismus mit Flachdächern. Die Anordnung ist aber nicht locker sondern gedrängt, vielfach sind Terrassen- oder Treppensiedlungen entstanden, wofür sich der steile Hang eignet. Die Bucht erscheint heute als dicht besetzte Wohn-Arena mit Seeblick, geradezu als Modell für den auch schon 100 Jahre andauernden Trend, sich am See niederzulassen. Wir verlassen nun das Horn und können die teilweise renovierte, teilweise neugebaute Seefront im Richterswiler Kerngebiet, mit Postüberbauung und neugestalteter Bahnhofanlage (das alte Aufnahmegebäude wurde renoviert) in Augenschein nehmen. Die neben den Bahngeleisen verlaufende Strasse wurde als Umfahrungsstrasse ausgebaut, die es erlaubt, «den Dorfkern vom Durchgangsverkehr zu befreien, so dass schrittweise eine ausgedehnte Fussgängerzone verwirklicht werden könnte». Die ganze Planung war als «Beispiel für eine mustergültige Schutzverwirklichung» im

Blick von der Seeuferanlage Hornareal gegen Bahnhof Richterswil und Neuquartiere Richterswil und Wollerau. Foto Elvira Angstmann, August 2002.

Denkmalpflege- und Heimatschutzjahr 1975 gestartet worden[23] und entspricht sicher auch den Vorstellungen, die Knopfli/Labhart 1961 vom Ortsbildschutz hatten. Nun gewinnt der Wanderer, vorbei an Kastanienallee, Strandbad und Bootshafen, den Ortsausgang und darf auf dem schmalen Ufersaum (sogar mit Schilfbestand) zwischen Bahn und See bis Bäch weiterstreben. Dieser 1930 bis 1931, zusammen mit dem 2. Bahngeleise erstellte «Strandweg – einer der ersten am See – verdient Erwähnung und Anerkennung, ebenso das Entgegenkommen und Verständnis der SBB», meldete der VSLZ 1932. Bald darauf, im Mai 1933, war er an den Schwyzer Regierungsrat gelangt mit dem Konzept eines durchgehenden Uferweges von Pfäffikon über Grinau und die Linthmündung nach Schmerikon, das durch die damals einsetzende Tendenz zum Weekendhäuschen-Bau an den Schwyzer Seeufern gefährdet war.[24]

Noch hat man – auf Gemeindeboden Wollerau – Seesicht, doch schon verbarrikadiert sich eine private Uferbesitzung (=Besetzung) hinter Bretterwänden und raubt uns den Blick. Doch ist es mit dem Seeweg in Bäch ohnehin aus, die Wanderkarte verweist ihre Benützer weit hangaufwärts. Der hartnäckige Wanderer darf natürlich auf dem Trottoir der Seestrasse weitergehen, wo er Bushaltestellen zur Kenntnis nimmt, sich vom Autolärm bedrängt fühlt und die ungeschützten Velofahrer bewundert, die sich, ohne PS, im Verkehrsterror offenbar nicht beirren lassen (bis er bemerkt, dass den Bikern ein kleines Kabel Sound in die Ohren leitet, welcher sie von der Umwelt isoliert). Ich bin dann den ganzen Ufersaum der langgestreckten, erst 1848 entstandenen Gemeinde Freienbach bis Hurden weiter abgeschritten, von der Siedlung Freienbach an auch wieder auf Wanderwegen, manchmal ermuntert durch kleine Grün- und auch winters geöffnete Badeanlagen. Im Ganzen aber ist hier ein Paradies des Privatbesitzes am und ob dem See[25], das Weekendhaus, die Villa, das Landhaus, die Wohnresidenz bestimmen das Bild, alles ist durchwegs aufs Auto ausgerichtet und der Autokultur entspricht die Bootskultur. In den grossen Schaufenstern einer solchen Werft sind Yachten ausgestellt: «Capri Super Deluxe», Jahrgang 1987 oder 1985, «Caprino Deluxe», Jahrgang 1986, Preise zwischen 35 000.– und 100 000.– Franken. Der ältere Wanderer fühlt sich schon von Capri-Stimmung und ganzjährigem jugendlichem Ferientaumel gepackt. Die Architektur

entspricht dieser Stimmung, sie gibt sich südlich oder nördlich, westlich oder östlich ferienmässig und zeugt so von den diesbezüglichen Erfahrungen der Bewohner und der Architekten, sie ist international und auch örtlich inspiriert, sie bietet alles und konzipiert alles, nicht nur flache Dächer. Sie begibt sich in alle Länder und Zeiten und holt sich, was die Stilkunde, die Kunstgeschichte, die Bau- und Wohnzeitschrift zeigen, was die Mode und die Tendenz gerade will und was deshalb auch gefällt. Das Auge des Wanderers kommt ins Ausverkaufsflimmern. Da erinnert er sich: Peter Meyer, der berühmte Kunsthistoriker und NHKZ-Präsident begab sich im Frühjahr 1955 auf eine Rundfahrt, zur Beschreibung und Taxierung der Architektur am Seeufer, mit von der Partie war Hochbauamtsfotograf Max Weiss, «die Kantonspolizei hatte ihr amtliches Motorboot samt Bemannung zur Verfügung gestellt». Weiss fotografierte, Meyer liess sein scharfes Basler Auge schweifen und zückte seine gefürchtete Feder, der *Bilderbogen vom Zürichsee* erschien im nächsten VSLZ-Jahrbuch:

«Der Gesamteindruck: fast überraschend viel Positives im einzelnen, doch eine Überlastung mit Bauten im ganzen (...) Absolut notwendig ist die Erhaltung der noch vorhandenen alten Zürich-

Die vorbildliche Architektur des «Zürichseehauses». Aus dem von Peter Meyer kommentierten Bilderbogen, in: JbZ 1954–1955, S. 70–83.

seehäuser (Abb. S. 189), denn an ihnen haftet trotz allen Neubauten der bauliche Charakter der Landschaft, sie prägen das Bild der Heimat. So nett die Neubauten oft sind – ihr Volumen ist zu klein, als dass ihre Gesamtheit mehr als ein Gewimmel geistreicher Nettigkeiten bilden würde, eine Art gepflegter Schrebergärtenlandschaft. Der Ausdruck gelassener Würde ist unserer Zeit aus vielen Gründen bis auf weiteres versagt – damit haben wir uns abzufinden und die Konsequenzen zu ziehen.»[26]

Peter Meyer hat fast alle der 39 publizierten Abbildungen kommentiert, äusserst differenziert, nur bei dreien wurde es schon ihm zu bunt und er schrieb nur noch: «Dies hingegen (...)». So haben wir uns also abzufinden und die Konsequenzen zu ziehen. Die alten Zürichseehäuser bestimmen unterdessen nur noch vereinzelt den Charakter der Landschaft (Abb. S. 189). Das Volumen der Neubauten ist heute meist gewaltig. Die Schrebergärtenlandschaft ist international geworden. Knopfli hat sich 1961 beim Kommentar zum Schutzplan vielleicht an die Diskussion in der NHKZ im Jahre 1929 erinnert (siehe S. 81), die er als Neumitglied erlebte: neues Bauen mit Flachdach ja oder nein, als Hermann Balsiger donnerte: «Ein Ortschaftsbild darf keine Theaterszenerie sein, jedes Gebäude soll wahrhaft von seiner Zeit zeugen.» Diese Zeitgenossenschaft ist in Freienbach (aber auch anderswo am Zürichsee) sicherlich gewahrt – aber man könnte das meiste ebenso gut als Theaterszenerie bezeichnen. Man will sich und seine Behausung zeigen, fühlt sich auf der Bühne und setzt sich in Szene.

«Learning from Las Vegas». Nun hat uns 1979 ein zu schätzender Architekt, Robert Venturi (geb. 1925), in USA mit den Schriften *Complexity and Contradiction in Architecture* (1966) und *Learning from Las Vegas* (1972) [27] den Star gestochen für die Beurteilung solcher Verhältnisse und Dr. Stanislaus von Moos, wie einst Dr. Peter Meyer Professor für Kunstgeschichte an der Universität Zürich, hat sich um die Verbreitung von Venturis Botschaft verdient gemacht.[28] Amerika ist heute überall, jede Siedlung in der Welt hat die Tendenz zur Streubauweise, wie das Vergnügungs- und Spielbabylon Las Vegas in der Wüste von Nevada mit seinem «Strip», der einstigen Dorfstrasse. Also ist «Las Vegas» überall, auch längs der Seestrasse in Freienbach (dessen Fraktion Hurden wird im Volksmund übrigens als «Klein California», Wollerau als Klein-Hollywood bezeichnet). Architektur muss, nach Venturi, «unrein», also mehrschichtig zum Anschauen und Empfinden sein.[29]

Wir hatten in den 1960er Jahren, sagt Venturi, «ein freudiges Gefühl der Entdeckung in Las Vegas, ganz ähnlich jenem, das wir ein Jahrzehnt früher in Rom gekannt hatten. (...) ‹Las Vegas› ist als äquivalent mit expansivem städtischem Wachstum und Streubauweise (‹sprawl›) schlechthin zu verstehen. Wichtig ist die Rolle der Zeichen und Bilder: In der Landschaft des Autozeitalters wiegt eben ein Abbild tausend ‹reine› Formen auf. (...) Unsere gegenwärtige Definition lautet: Architektur ist ein Gehäuse mit Dekoration darauf.» Dies «setzt die grundsätzliche Annahme des Funktionalismus voraus, nicht dessen Ablehnung, sondern dessen Intensivierung zum Zwecke seiner Beibehaltung». «Die Einführung von heidnisch-klassischen Säulenordnungen im Florenz des 15. Jahrhunderts muss bei den spätmittelalterlichen Kritikern eine ähnliche Reaktion ausgelöst haben, wie heute der ‹krasse Materialismus unserer Massengesellschaft›, der in der kommerziellen Architektur unserer Zeit zum Ausdruck kommt, bei unseren orthodoxen Kritikern.» «Eine für unsere Landschaft zeitgemässe Ausdrucksweise wird durch ein weniger formales und stärker symbolisches Medium zustande kommen – vielleicht durch Kombination von Zeichen, Skulptur und Neonreklame, welche dekorativ und bildhaft wirken.»[30]

Der Architekt muss sich um eine Qualität der Umwelt bemühen, in der ein gewisses Mass an Widersprüchen, an optischem Durcheinander Platz findet, und wir müssen uns diese Sicht der Dinge zu eigen machen, um es überhaupt optisch auszuhalten: dann sehen wir plötzlich in dem, was uns Chaos schien, einen neuen Kosmos. «Wenn man schon aus Hunderten von Automodellen auslesen kann, warum denn nicht aus ebenso vielen Architekturen?»[31] Das denkt nun beruhigt auch der Wanderer auf dem Trottoir, an dem diese Autoarchitekturen vorbeiflitzen. Ob all dem Neuesten, das er sieht (mit der Vorstellung «Las Vegas» verbindet sich ihm auch das Seedamm-Center, das Alpamare und das Seedamm-Plaza mit seinem gerade eröffneten Spielcasino), soll aber das noch vorhandene Alte nicht vergessen werden.

Das Schloss Pfäffikon entstand aus dem Turm des 13. Jahrhunderts. Foto Elvira Angstmann, August 2002.

So in Bäch, hinter dem Werkplatz der J. und A. Kuster AG Steinbrüche: die Abbaustelle im Sandstein des Abhangs, eine «vernarbte Wunde», eine gewaltige, geometrisch exakt geschnittene Arena, teilweise überwachsen, uralt, heute erscheinend als Landschaftsskulptur, als ungewollte «land-art».[32] Oder in Pfäffikon das Schloss (Abbildung oben): ein mächtiger, unter dem Einsiedler Abt Anselm von Schwanden im 13. Jahrhundert errichteter Turm, dessen Dach 1839 ein Belvedere aufgesetzt worden ist. Der rings umlaufende und später fast ganz aufgefüllte Wassergraben wurde 1988 wiederhergestellt. Die Kapelle von 1588 barockisierte man 1780 bis 1785, die langgestreckte Stiftsstatthalterei mit Krüppelwalmdach entstand 1760. Dieser Aussenposten des Klosters Einsiedeln hat für uns heute die selbstverständliche Allüre eines Baudenkmals. Knopfli/Labhart färbten die das Schloss säumende Bebauung (den klösterlichen Gutsbetrieb und die ehemalige Steinfabrik) als mögliche Bauzone rot ein und umgaben das Ganze mit der gelben Farbe der Ufer- und Naturschutzzone. Der Wanderer steht vor dem Schloss und stellt sich vor, dass diesem historischen Monument, damit es als solches wirken kann, seine grüne Umgebung allseitig erhalten bleiben muss. Als Gegenstück zum Schloss beherrscht das Rathaus der Hofleute-Korporation aus dem 15. Jahrhundert – ein breitgelagerter Bau mit Walmdach, ebenfalls 1988 renoviert – die historische Seehaabe.[33] Im Bericht Knopfli/Labhart weiter blätternd, lese ich die Passage über die restriktiven Bedingungen für Reklamen in den Ortsbildschutzzonen. Deren Aufmachung «soll immerhin so sein, dass durch sie das Orts- bzw. das Landschaftsbild nicht verunstaltet wird. Deshalb sind z.B. Leuchtreklamen, denen eine Wirkung auf grosse Distanz zugedacht ist, nicht zuzulassen.»[34] Heimatschutz, NHKZ und VSLZ/ZSL haben stets die «Reklameauswüchse» bekämpft. Man beachte: Das ist nun ziemlich genau das Gegenteil von Venturis *Learning from Las Vegas*, wenn er sagt:

«Erst wenn man die Gebäulichkeiten als Symbole im Raum sieht, gewinnt die Landschaft Qualität und Bedeutung. Und erst wenn überhaupt keine Gebäude mehr erkennbar sind, nämlich nachts, wenn man praktisch nur die hellleuchtenden Reklamezeichen sieht, hat man den ‹Strip› in seinem transparentesten Zustand vor sich.»[35]

Ein Streit wie der auf den Seiten 81 bis 83 geschilderte von 1929 um das Neue Bauen ist auch um «Las Vegas» zu führen (oder ist, noch nicht unter diesem Titel, im VSLZ/ZSL wohl bereits geführt worden?).

Zur fünften, grüngefärbten Waldzone bemerkt Knopfli:

«Wohl ist der Bestand des Waldes durch das eidgenössische Forstgesetz aus dem Jahre 1902 einigermassen gesichert, aber diese Sicherung genügt nicht, um bei all den heutigen Eingriffen in die Landschaft den Waldbestand einer Gegend in seiner gegenwärtigen Verteilung zu erhalten. (...) Den Waldungen gleichzustellen sind Kleingehölze an Böschungen, in alten Steinbrüchen oder an anderen Stellen, wo solche von landschaftlicher oder biologischer Bedeutung sind, sowie längs der Wasserläufe. Die Kleingehölze sollten, weil sie das Bild der Hänge und Talebenen weitgehend bestimmen und wichtige Erhaltungsstätten buschnistender Singvögel und anderer nützlicher Kleintiere sind, eines besonderen Schutzes teilhaftig werden.» Zu dieser Kategorie werden auch Einzelbäume und erratische Blöcke gerechnet.[36]

Der Pionier P. Johannes Heim und seine Nachfolger. Folgende Bemerkung Knopflis könnte als Motto über seinem ganzen Bericht stehen: «Die dem Zürichseetal angestammte Tier- und Pflanzenwelt kann ihm unter den heutigen Verhältnissen nur durch Schaffung von Reservaten dauernd gesichert werden.»[37] In der Zone 2 ist «grundsätzlich ein Ufersaum von durchschnittlich 30 m Tiefe (...) von einer weiteren Bebauung freizuhalten».[38]

Knopfli hat bereits 1961 eine kombinierte Aktion verschiedener Verbände vorgeschlagen, wie sie sich bei der Bildung der Stiftung «Frauenwinkel» bewährte (S. 168).[39] Am 25. Juni 2002 führten mich Res Knobel, Geschäftsführer der Stiftung «Frauenwinkel» (siehe S. 158), und sein WWF-Kollege Bernd Strasser «von Ried zu Ried»: Lachner Aahorn, Nuolerried, Bätzimatt, Schmeriker Allmeind, Joner Allmeind, Stampf.[40] Ich wollte wissen, wie die beiden die künftige Zusammenarbeit von ZSL und WWF sehen und erfahre etwas WWF-Geschichte zur Einführung. 1975 wurde die WWF-Sektion Linth gegründet, welche den Kanton Glarus, die st. gallischen Bezirke See und Gaster sowie die Schwyzer Bezirke March, Höfe und Einsiedeln umfasst. Bernd Strasser (geb. 1938), Maschinenschlosser und Werkzeugmacher, aus Voitsberg im Braunkohlegebiet der Steiermark stammend und seit über 30 Jahren in Jona lebend, präsidierte tatkräftig-zupackend die Sektion. Eine kleine, aber stets wachsende Anzahl von Mitgliedern startete mit Pflegemassnahmen für Areale, die von der Landwirtschaft nicht mehr genutzt wurden und daher zu verbuschen oder gar zu verwalden drohten. Man setzte sich u.a. bei Seeuferputzeten, im Amphibienschutz, bei der Riedpflege oder der Renaturierung von Bächen ein, pflanzte Hecken und erstellte neue Biotope. Heute werden mit Kantonen und Gemeinden Verträge zum Unterhalt von Gebieten abgeschlossen, die «Aktivisten» setzen Ferien und Freizeit dafür ein, enge Kontakte mit Landwirtschaft und Forstwesen bestehen. Militär, Zivilschutz, Gemeindearbeiter, Bauern, Vereine, Schulen und Arbeitslose (z. B. 34 Personen an der Seeuferputzete 1993 zwischen Bollingen und Rapperswil) machen mit.[41] 1991 wurden kantonale Sektionen gegründet, weil das bisher betreute Gebiet zu gross ist. So entstand der WWF Schwyz, der im Jahre 2 000 um 3 000 Mitglieder zählte und die ersten 25 Jahre seines Bestehens feierte, indem er auf Oberseefahrt die Naturschutzgebiete von einem KIBAG-Schiff aus in Augenschein nahm. Res Knobel, seit 1982 im Vorstand und 1991 bis 1994 als Präsident tätig, erläuterte die Situation. «Der WWF Schwyz engagiert sich vor allem in den Naturschutzgebieten ‹Frauenwinkel›, Bätzimatt, Aahorn, Nuolerried. Die wichtigsten Arbeiten sind: bergen und entsorgen von Schwemmholz, entbuschen, Unterhalt der Gräben und mähen der schwer zugänglichen Riedparzellen.»[42] Die Zusammenarbeit mit verwandten Organisationen war von Anfang an gut. Heute hat der WWF als jüngste, aber stosskräftige Institution am meisten Mitglieder und grosse Erfahrung aus stetem praktischem Einsatz. Die Pro Natura (als Schweizerischer Naturschutzbund 1909 gegründet) verfügt dagegen über die längste fachliche Erfahrung, und der ZSL hat sich, wie geschildert, eine spezifische vielfältige Einsatzstruktur aufgebaut und sich grössere finanzielle Mittel verschafft.

Knobel hat noch das Bild vor sich, wie der grossgewachsene alt Bundesrat Fritz Honegger, VSLZ-Vorstandsmitglied, in angeregtem Gespräch neben dem kleingewachsenen Pater Johannes Heim (1909–1991) einherschritt. Heim wirkte seit 1935 am Kollegium Nuolen: Knobel ist einer seiner Schüler und hat von diesem «Vater des Nuoler Rieds» Lehrer- und Naturschutz-Impulse erhalten.[43] Heim hat «sein» Ried in den Publikationen des VSLZ bekannt gemacht. Es liegt zwischen Lachen und Nuolen am Seeufer, ist durch beidseitige Kiesbaggerungen bei Nuolen und am Lachner Aahorn bedrängt worden und gehört der Genossame (=Allmeingenossenschaft) Wangen; früher wurde es auch Wangener Ried genannt. Auf Heims «Initiative hin wurde 1948 der Natur- und Vogelschutzverein Wangen gegründet (später Pro Buechberg), der mit jungen Genossenbürgern in seinen Reihen einiges bei der Genossame bewirkte».[44] Im VSLZ-Jahrbuch 1948/49 würdigte Heim sämtliche blühenden Pflanzen des Rieds und sämtliche Vogelarten, besonders den Kiebitz und den Brachvogel, dann die besondere Deltazone der Wägitaler-Aa bei Lachen («Lachner Horn») «ein Eldorado für Strandläufer und Regenpfeifer».

Wer hat Interesse an diesem Fleck Erde, fragt Heim und antwortet: «Eine etwas heikle Angelegenheit! Der einheimische Bauer ist Viehzüchter. Er hat das Riedgras und das Schilf von jeher als Streue genutzt. (...) Die durch den Krieg bedingte Melioration entsumpfte den Grossteil des Landes, so dass heute nur noch der fünfzigste Teil vorhanden ist. Damit haben manche Vögel und Pflanzen das ihnen zukommende Wachstumsmilieu verloren und müssen abwandern oder eingehen. Dies trat dann in der Folge ein. (...) Ein anderer negativer Interessent ist der Baggerindustrielle. Er braucht Sand und Geröll. Das brachten die Linth und die Aa. Auf dieser Unterlage befindet sich das Streueland. Daraus erwachsen jeweils verschiedene Komplikationen, die zu Missverständnissen und anderem mehr führen.»

Zum Schluss ruft Heim dann zum Schutz des verbliebenen Riedteiles auf, der VSLZ und andere Verbände setzen sich ein, die Genossame zeige (neuerdings) Verständnis.[45] Bald darauf kann dann Heim berichten,

«dass die Genossame Wangen einen Grossteil ihres Riedrestes am Zürichsee unter Naturschutz gestellt hat. Das Gebiet besteht aus der sog. Ziegelwiese und hat eine Fläche von ca. 100 000 m^2. In dem für Pflanzen- und Vogelschutz recht günstigen Areal befinden

P. Johannes Heim (1909–1991), «Vater des Nuoler Rieds».

sich vorzugsweise die Brutstätten für Kiebitz und Brachvogel. Ein Schilfufer flankiert die Nordseite und beherbergt die Rohrsänger.»[46]

Im Jahr darauf beschreibt Heim das Lachner Horn mit seiner eigenartigen Pflanzenwelt: vom Seeufer, vom Flussufer und jener, die der Fluss anschwemmte (vor Jahren hatte sogar die Alpenrose Fuss gefasst):

«Der Reichtum der Durchzugsvögel ist es, der dieses Gebiet so überaus wertvoll macht. Gründe, weshalb das Lachner Horn ein Lieblingsaufenthalt durchziehender Vögel wurde, sind insbesondere die Bodengestaltung und das Bodenmaterial sowie die zentrale Lage in bezug auf die sog. Zugstrassen. (...) In drei grossen Trupps zogen die Kampfläufer in den Rastplatz ein. Rotschenkel waren den ganzen April und Mai hindurch anzutreffen. Die Artenzahl verdichtete sich gegen Ende Mai derart, dass diese Tage wahre Erlebnisse sind und ein ganzes Jahr angestrengtesten Beobachtungsdienstes belohnen. Ein solcher Tag war ohne Zweifel im Jahre 1949 der unvergessliche 22. Mai. Mein Hauptbeobachter Otto Appert hat diesen Tag etwa so geschildert: «Fast könnte man meinen, die Vögel Europas hätten sich heute, 22. Mai, zu einem internationalen Kongress am Delta der Wägitaler Aa zusammengefunden. Dieser Ort muss ihren Ansprüchen auf einen günstigen Tagungsplatz und gute Flugverbindungen zugesagt haben. Noch nie zeigten sich hier so viele fremde Gäste.»[47]

In einer Anmerkung teilt der VSLZ mit, dass er Schritte zur Schaffung eines Reservats am Delta eingeleitet und Mittel für die Fortsetzung von Heims Beobachtungen bereitgestellt habe. Schon bald kann Heim mitteilen, dass die Genossame Wangen am 27. Januar 1951 einer Vergrösserung des Schutzgebiets in der Ziegelwies um ca. 20 000 m² angrenzende Riedfläche zugestimmt habe, was vor allem der Iris sibirica (Sibirische Schwertlilie) zugute kommt, aber auch einer Leucoium vernum-Kolonie (Märzenglöckchen) sowie dem weissen Hahnenfuss und dem weissen Germer.[48] 1952 widmet Heim einen ausführlichen Text den Nuolener Kiebitzen und ihrem Zugverhalten (Abb. S. 34).[49]

1963 wird das Nuoler Ried ins Inventar der Landschaften von nationaler Bedeutung aufgenommen und die Pro Buechberg kann 1967 mit der Genossame Wangen Pachtverträge im Sinne des Naturschutzes abschliessen: Die Abgeltung wird aus einem Legat des 1965 verstorbenen Walter Knopfli bezahlt![50] 1981 und 1984 ist das Nuoler Ried Gegenstand von VSLZ-Jahresversammlungen unter Beteiligung des Schwyzer Justizdirektors und des Planungschefs (siehe Zeittafel). Heim kann den Erlass der kantonalen Schutzverordnung vom 5. Mai 1980 für die wiederum vergrösserte Reservatfläche Nuoler Ried mitteilen. Wieder schildert er die vielfältige Pflanzenwelt, erwähnt u.a. 17 Orchideenarten und schildert eine Symbiose zwischen Pflanze und Schmetterling:

«Der grosse Wiesenknopf (Sanguisorba officinalis) gibt dem Moorbläuling (Maculinea argus) Existenzmöglichkeit. Denn die Raupe lebt ausschliesslich von den unpaarig gefiederten Blättern des Wiesenknopfs mit seinen länglichen, dunkelbraunroten Köpfchen, die an die Blütenstände des Männertreu (Nigritella nigra) erinnern. Es ist bekannt, dass die Raupen der Maculinea eine ‹Honigdrüse› am Hinterleib entwickeln, für die sich wiederum die Ameisen der Gattung Myrmica interessieren. Sie tragen den willkommenen Zuckerspender sogar in ihr Nest, füttern ihn liebevoll, während er, von den Ameisen unbemerkt, von ihren Larven lebt. Die Raupe verpuppt sich im Ameisennest, und der Bläuling verlässt sofort nach dem Schlüpfen das Nest.» (Abb. S. 164–165)[51]

Er beschreibt ausführlich die Sibirische Schwertlilie (Abb. S. 161) und das Pfeifengras und berichtet, wie bisher 1 233 Jungkiebitze beringt wurden, woraufhin Rückmeldungen aus Belgien, Frankreich, Spanien, Italien und Marokko erfolgten. Der Schilfgürtel muss gepflegt werden, sonst verursacht das Treibholz kahle Stellen.

«Zurzeit erobert sich der Schilf (Phragmites communis) (neues) Gebiet auf eigenartige Weise. Befindet sich in der unmittelbaren Nähe günstiges Erdreich, so legt sich ein zuerst aufrechtstehender Halm zu Boden und wächst bis 15 m in die Länge, wobei jeder Knoten einen Wurzelansatz bildet, der einen neuen Spross ermöglicht. (...) Als Pufferzone übernimmt eine südlich angelagerte Schafweide eine wichtige Rolle. Übrigens hüpft seit einigen Jahren die Schafstelze (Motacilla flava) zwischen den Schafen umher, Krähen reiten auf ihnen und suchen in der Wolle nach Ungeziefer. Mit Vorliebe führen Kiebitze ihre Kücken in diese Weide, weil Schafe sehr viel Ungeziefer anziehen, was ja die Hauptnahrung der Kiebitze ausmacht.»[52]

Schliesslich erwähnt er, dass neuerdings bis zu 84 Exemplare des Brachvogels, Alt- und Jungvögel, über den Winter in der Landwirtschafts- oder Neuriedzone verbleiben und nur bei hohem und gefrorenem Schnee das Areal verlassen. Die 1980 verordneten Schutz-

funden. Eine aktuelle Untersuchung zeigt auch eine beinahe sensationelle Artenvielfalt bei den Libellen. Die gezielte Ausmagerung von Wiesen wird mit der Pflanzenvielfalt in kurzer Zeit auch eine weitere Steigerung in der Insekten- und Vogelvielfalt mit sich bringen. Der Golfpark Nuolen ist nicht nur landschaftlich einmalig gelegen, er ist dank seiner Spazierwege zu einem beliebten Naherholungsgebiet geworden und immer mehr Nicht-Golfer kehren im 19. Loch bei herrlicher Seesicht ein und lassen sich kulinarisch verwöhnen.»[57]

Der Golfpark Nuolen ist ein schlagender Beweis für die Zusammenarbeit von Umweltschutz und Kiesindustrie aus gemeinsamer Sicht der Landschaft. Es war ein langer Weg vom Einsatz des VSLZ zur Erhaltung der Allee zwischen Bad Nuolen und Schifflände (Zeittafel: 1930), die zehn Jahre später trotzdem dem Kiesabbau zum Opfer fiel[58], bis zur Vereinbarung des Kantons Schwyz und den Kieswerken über Abbauplanung und Ufergestaltung (Zeittafel: 1950) und schliesslich von 1950 bis heute. An einem weiteren gemeinsamen Thema wird seit 1985/86 gearbeitet. Es geht um den Bootshafen der KIBAG und die Badeanlage Nuolen am See. Die Projektierung ging von einer Beanspruchung des Nuoler Rieds aus, VSLZ, WWF und Naturschutzbund wehrten sich dagegen[59] Der im Jahr 2000 angenommene Zonenplan Nuolen-See sieht auch eine Einfamilienhauszone für gehobene Ansprüche vor (Zeittafel: 1999). Heute spricht Res Knobel von einer guten Zusammenarbeit mit der KIBAG bei der Anlage des «Yachthafens Kiebitz».[60] Durch Landabtausch werden Aufwertungen möglich, Kernbereiche des Naturschutzgebietes werden vom Erholungsdruck entlastet und durch Besucherlenkung beruhigt. Dazu wird das ehemalige betriebseigene Strandbad der KIBAG auf der durch Baggerung entstandenen Halbinsel zur öffentlichen Anlage umgestaltet. Was der Mensch zudem noch für die Vögel tut: Er hat sog. Brutplattformen aus Holz im See gebaut, sie werden benützt!

Naturreservate und Siedlungsdynamik. Neuerdings ist auch der schon lange angestrebte Seeuferweg längs des Buechbergs, von Nuolen nach Grinau, wieder im Gespräch. 1970 wurde bekannt, dass die KIBAG hier eine «Erholungslandschaft» auf einem 100 bis 150 m breiten geschütteten Landstrefen vor dem Naturufer anlegen wolle.[61] Der WWF verteidigt heute das Ufer am Buechberg als Bestandteil eines «rechtmässig ausgeschiedenen Wasservogelreservats von nationaler Bedeutung»: Das betrifft das 1997 vom Bundesrat festgelegte BLN-Objekt «Zürcher Obersee» (Abb. S. 185). Die «regionale Waldplanung» sieht hingegen eine Waldstrasse für Holztransporte am Ufer vor und der WWF beobachtet auch illegale Rodungen, Meliorationen, Terrainverschiebungen und Hütten für Ferien- und Weekendbetrieb.[62] Der alte Konflikt in einer neuen Variation!

Im Mündungsgebiet der Linth und am ersten Abschnitt des Obersees liegen sich zwei bewaldete nordost-südwest gerichtete Hügelzüge gegenüber, die beide durch ein Netz von Wanderwegen erschlossen sind. Auf der St. Galler Seite ist der Zug Döltsch–Bannwald–Chloschterwald–Oberwald nur ein Teil des sich nördlich fortsetzenden geologischen Systems, auf der Schwyzerseite ist der Buechberg ein Solitär (er hat allerdings eine Entsprechung im Benkner Büchel, der ehemaligen Insel im «Tuggener See».[63] Steil abfallend gegen den See, strahlt der waldige Buechberg Urtümlichkeit aus (Abb. S. 199), P. Johannes Heim hat ihm ein geologisch-poetisches Porträt gewidmet.[64] Während man hier am See bis heute nur einen oft unterbrochenen, nicht unterhaltenen, schmalen Pfad findet – keinen Wanderweg – ist es hingegen seit 1974 möglich, auf der nördlichen Seeseite, von Schmerikon bis

Baggersee «Bätzimatt» bei Schmerikon, Foto Kant. Hochbauamt Zürich, 28.11.1956. Aus Bericht Knopfli/Labhart 1961.

Naturschutzgebiet «Bätzimatt» vor dem Buechberg. Foto Elvira Angstmann, August 2002.

Rapperswil, auf einem systematisch angelegten, bequemen Uferweg fürbass zu schreiten. Seine Entstehung ist vom Wandervater Johann Jakob Ess genau beschrieben worden![65] Wer hier wandert, begreift, dass es gerade den Reiz dieses Seeteils ausmacht, dass er den Buechberg auf der anderen Seeseite nur optisch abtasten kann, dass dort niemand anlegen soll, damit die Vögel, Reiher und andere, ungestört bleiben. In der Guntliweid am Buechberg wird seit langem ein Sandsteinbruch betrieben, das soll der einzige Eingriff bleiben.[66]

Die Schwyzer Umweltschutzorganisationen üben ihre Tätigkeit in einer Zeit aus, die mit der Gründungszeit des VSLZ in den ersten Jahren nach 1927 vergleichbar ist. Die Gründer sahen sich mit den Folgen der Zürcher Stadtentwicklung konfrontiert. Heute spricht man am Obersee von Siedlungsdruck. Nicht nur der Weekendbetrieb, sondern auch die Siedlungen drängen an den See. So sind die Ried-, wie die Waldgebiete am See unschätzbar. 75 Jahre ununterbrochene VSLZ-Aufmerksamkeit wird heute durch 25 Jahre WWF-Tätigkeit sekundiert und ergänzt.

Für den letzten Abschnitt am Südufer des Obersees folgen wir dem vom WWF Schwyz in seiner Jubiläums-

Der bewaldete Buechberg am Oberen Zürichsee. Foto Elvira Angstmann, August 2002.

broschüre empfohlenen Wanderweg über den Buechberg. Aus der Routenbeschreibung entnehmen wir, dass im Riedgebiet-«Bätzimatt» an einer ausgebaggerten Bucht (Abb. S. 198), das 1989 Generalversammlungs-Thema des VSLZ war (S. 43/45), «seit 1999 schottische Hochlandrinder als ‹Riedpfleger› eingesetzt werden. Sie sind sehr robust, sinken weniger ein und fressen auch die zähen Riedgräser; dadurch helfen sie mit, die Verbuschung zu verhindern.» [67]
Zwischen Buechberg-Fuss und dreifach parallel geführtem Kanalsystem (Linthkanal, Alte Linth, Steinenbach/Böschkanal) verläuft nun der Weg bis zum Turm Grinau aus dem Anfang des 13. Jahrhunderts, mit dem «Schwyz 1437 einen strategisch wichtigen Punkt im Ausgreifen nach Nordosten in die Hand bekommen» hatte. [68]

Die Linie Grinau–Steinenbach–Uznach kann für uns als Grenzlinie für das hier behandelte Gebiet, als östliches Gegenstück zur Linie Richterswil–Stäfa betrachtet werden. Wenigstens zu erwähnen ist aber trotzdem die südlich anschliessende Linthebene mit ihren Reservaten, um welche sich der VSLZ in Gutachten und mit Publikationen bemüht hat [69] und wo 1977 das Kaltbrunner Riet als BLN-Objekt 1416 bestimmt worden

Blick auf Uznach, den Buechberg (links) und den Obersee. Foto Elvira Angstmann, August 2002.

ist. Auch der WWF Schwyz bewegt sich mit seiner Absichtserklärung zur Linthregion in dieser Tradition.⁷⁰

Seeanfang und St. Galler Ufer. Wenn der Wanderer heute – nunmehr im Kanton St. Gallen angelangt – vom Anstieg zur Rickenstrasse über Uznach nach dem Obersee blickt, erkennt er, dass dieser Punkt eine ähnliche Funktion als Wachtposten für die Landschaftsschützer einnehmen muss (Abb. S. 200), wie der Druckereigarten in Stäfa für Theodor Gut (I). In Uznach hatte der VSLZ denn auch mit Bezirksammann Johann Schmucki einen Mitstreiter der ersten Stunde,

der von 1927 bis 1969 im Vorstand waltete.⁷¹ Direkt am See liegt aber Schmerikon, dessen «ursprüngliches Ortsbild (...) unverfälschter Art» Knopfli unbedingt bewahren wollte⁷²: Damals spiegelte das Ortsbild von Schmerikon noch fast unverfälscht das 19. Jahrhundert. Anlässlich der Generalversammlung 1999 (S. 50) in Schmerikon und der anschliessenden Exkursionsfahrt *Von der Linthmündung zum Seedamm* gab der ZSL aber eine Broschüre mit diesem Titel ab, welche den Anlass als Momentaufnahme der heutigen Schutzprobleme dokumentiert.⁷³ So kann die publizierte Seeuferplanung des Kantons St. Gallen von 1997 (Abb.

rechts) mit dem entsprechenden Schutzplan von Knopfli/Labhart 1961 verglichen werden: Sie ist dynamisch-pragmatisch, indem sie «Erholung» und «Durchmischung» gleichberechtigt neben Natur und die traditionellen Nutzungen Siedlung und Gewerbe stellt. Die kantonale Planung sollte nicht zu detailliert sein, Differenzen mit den Gemeinden wurden bereinigt. Eine möglichst breite und flache Übergangszone vom Wasser zum Land soll Tieren und Pflanzen Lebensraum bieten. Die Flachwasserzonen sollen mit Bojen vor eindringendem Bootsverkehr geschützt werden (Ausnahmen für die Berufsfischerei sind vorgesehen). Geeignete Uferabschnitte sollen zu «attraktiven Erholungsbereichen für die verschiedensten Freizeitaktivitäten» aufgewertet werden. Die Bootsliegeplätze sollen aber nicht vermehrt werden, da die Bootsdichte am Zürichsee im schweizerischen Vergleich mit Abstand die höchste ist. In den Mischzonen sollen Kleinleberäume erhalten und neugeschaffen werden, die Nutzung (auch die landwirtschaftliche) soll extensiv sein. «Im Seeuferbereich können keine neuen Bauzonen ausgeschieden werden. Die Erstellung eines Seeuferweges ab Gemeindegrenze Kempraten bis zur Kantonsgrenze bei Feldbach ist mittelfristig zu verwirklichen.»[74] In 8 Stationen wurden auf der Exkursion bestehende Probleme aufgezeigt:

1/2. Schmeriker Bucht/Aabach- und Linthmündung, Bätzimatt. Der im Unterlauf kanalisierte Aabach, der sein Wasser aus einem weitverzweigten grossflächigen System bezieht, sorgt für eine schrittweise Verlandung, Schilfgürtel und Übergangszone haben sich im Bereich Hafen und Badanstalt zurückgebildet; es wurden Schilfschutz- und Uferstabilisierungs-Massnahmen ergriffen (Buhnen und Lahnungen, Schilfsoden-Pflanzungen) und ein Konzept zur gelenkten Deltaentwicklung erarbeitet; die hier brütende Vogelwelt wurde inventarisiert und beurteilt.[75]

3/4. Schmerikon, Bollingen, Oberbollingen, Stafflen: In Oberbollingen liegen sich die Bootswerft Helbling und die Kapelle St. Meinrad von 1628 in einer Bucht gegenüber. Zur Auseinandersetzung über die Erweiterung der Bootswerft zwischen 1978 und 1994 (Abb. S. 42) werden die Ergebnisse festgehalten: Bessere Eingliederung der Gebäudekörper und Anlagen in die Uferlandschaft, Reduktion des Gebäudevolumens, Rückbau von 25 Bootsplätzen im Hafen West, Gestaltung einer neuen Flachwasserzone.[76] Der Weiler Bollingen soll in seiner äusseren Gestalt erhalten bleiben und eine Baulandreserve ausgeschieden werden; die Einzonung (eines viel kleineren als bisher vorgesehenen Gebiets) soll aber erst bei Bedarf erfolgen. Demgegenüber hatten Knopfli/Labhart 1961 noch eine gegenüber der bestehenden Siedlung überdimensionierte Bauzone vorgesehen (Abb. 183). Im Gebiet Stafflen ist der Felssporn mit der auslaufenden Molasserippe als eigentliches Geotop von besonderem Reiz.[77] Der Campingplatz in unmittelbarer Ufernähe soll aus landschaftlichen und Gewässerschutzgründen ins Hinterland verlegt und konzentriert werden.

5/6. Bucht von Wurmsbach, Jonamündung, «Stampf». «Der Uferabschnitt westlich des Klosters Wurmsbach hat in der Bewertung im Rahmen der kantonalen Seeuferplanung den höchsten Wert erhalten. Dies ist mit der grossen Ausdehnung der nahezu störungsfreien

Von der Linthmündung zum Seedamm, Exkursionsführer des ZSL 1999. Plan des Kant. Planungsamtes St. Gallen.

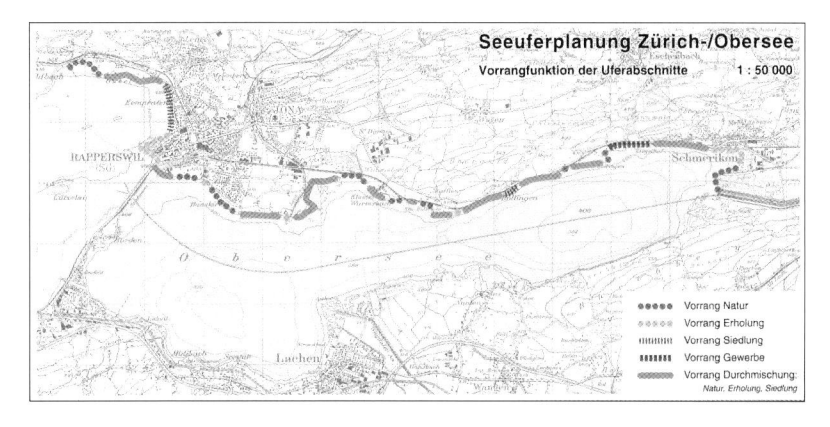

Schilfbestand westlich des Klosters Wurmsbach. Blick gegen den «Stampf» am Jonadelta..Im Hintergrund der Etzel. Foto Elvira Angstmann, August 2002.

Flachwasserbereiche zu begründen, aufgewertet durch das landseitig anschliessende, national bedeutsame Flachmoor in der Joner Allmeind.» (Abb. S. 202). Auf einer Insel vor der Stampf-Bucht haben eine Hundertschaft Kormorane einen Schlafbaum besetzt. Der Linthkanal, wo die Kormorane zu fischen pflegen, sollte revitalisiert werden: «Die Fische brauchen mehr Unterstände, dann haben sie (und die Fischer) den Kormoran nicht zu fürchten.» Das Ufergebiet und die Joner Allmeind dient als Rastplatz für 54 Arten von Zugvögeln. In der Deltalandschaft der Jona ist durch die grossflächigen Kiesbaggerungen zwischen 1920 und 1960 ein Verlust von 25 ha natürlicher Uferzone mit landseitig anschliessendem Flachmoor entstanden. Seit 1995 wird hier die Erweiterung der Hafenanlage (der einzigen der Gemeinde Jona) unter Mitwirkung von Gemeinde, Eigentümerin KIBAG und ZSL geplant. Geprüft wird eine Ableitung der (seit 1900 begradigten und hart verbauten) Jona in die östliche Bucht, wodurch der Fluss mit seinem Geschiebe die Baggerbucht wieder auffüllen könnte, auch soll der Jona-Altlauf aufgewertet werden.[78] Die Zonierung als durchmischtes Gebiet sollte die grossen Aufgaben die sich im Nebeneinander von Badeanlage, Sportplätzen, Bootshafen, Parkplätzen und Naturschutzgebieten stellt, gewährleisten!

7/8. Lido Rapperswil, Heilig Hüsli. «Das Busskircher Riet weist als Flachmoor von nationaler Bedeutung einen Bestand von echtem Schilfröhricht (Schilf, das dauernd im Wasser steht) von über einer Hektare auf. Zusammen mit dem westlich angrenzenden Schilfbestand beim Kinderzoo in derselben Grösse sind hier die dichtesten und flächenmässig bedeutendsten Schilfufer am St. Gallischen Obersee anzutreffen.» Wie im «Frauenwinkel» besteht hier das Problem in der unmittelbaren Nachbarschaft von Naturschutzgebiet und Siedlung. Auch hier sind durch Brutplattformen und Flosse die Flussseeschwalbe und die Lachmöve wieder heimisch geworden. Die untiefen Stellen beim Heilighüsli wurden durch die Schüttung einer Kiesinsel als Ruhplatz für Watvögel und Brutplatz für Lachmöve

und Flussregenpfeifer ergänzt.[79] In Rapperswil angekommen, fühlen wir uns in der dreieckig in den See vorstossenden mittelalterlichen Siedlung recht eigentlich in der Mitte des Obersegebiets. Das gibt Gelegenheit, zwei Worte über Kulturlandschaft und Baudenkmäler zu sagen, denen sich der VSLZ neben den Naturufern ebenfalls widmet. Zum Glück ist er auf

diesem Gebiet entlastet worden durch das Aufkommen der modernen Denkmalpflege in den drei Anliegerkantonen des Sees. In Rapperswil wohnte der Kunsthistoriker Dr. Bernhard Anderes (1934–1998), der 1966 bis 1987 im VSLZ-Vorstand mitwirkte.[80] In *Zürichseeufer 75* konnte sein Einsatz für die Rosenstadt dargestellt werden.[81] «Sein Leben war ein unablässiges Engagement für das kulturelle Erbe des Kantons»:[82] das konnte man im Gespräch in seiner Denkwerkstatt an der Hintergasse erleben, in einem faustischen «gotischen Gewölbe», gefüllt mit Büchern. Eine von ihm publizierte Vedute des Zürcher Zeichners und Kupferstechers Franz Hegi (1774–1850) scheint mir passend, um an ihn zu erinnern (Abb. oben). Vor dem Rapperswiler Brückentor und Schutzgatterturm wird die fragile, geländerlose Holzbrücke über den See von vier Wanderern beschritten, im Vordergrund zieht ein Fischer seinen Weidling ans schilfige Ufer. Oder ist es vielmehr Charon, der seinen Nachen bereitmacht, um die Schatten über die Unterweltströme zu führen. Tapfer schritt der frühverstorbene Bernhard Anderes in seinen letzten Jahren über die schwankende Lebensbrücke, wie diese Wanderer auf Hegis Zeichnung. Er hat die Kunstdenkmäler des st. gallischen Bezirkes

Rapperswil. Brückentor und hölzerne Seebrücke. Zeichnung von Franz Hegi (1774–1850), aus JbZ 1962–1963, S. 135.

See beschrieben, speziell die Orte Rapperswil, Schmerikon und Uznach, in kenntnisreicher Würdigung.[83] Nicht minder akribisch hat ennet dem See Dr. Albert Jörger einen entsprechenden Band über den Schwyzer Bezirk March verfasst, mit den hier erwähnten Orten Lachen, Wangen mit Nuolen, und Tuggen mit dem Buechberg.[84] In einem ersten Anlauf ist die March aber schon von Linus Birchler (1893–1967) dargestellt worden, im ersten Band der schwarzgebundenen Kunstdenkmäler-Reihe überhaupt, er erschien 1927, im Gründungsjahr des VSLZ.[85] Birchler stellte Kunstdenkmäler am See, vor allem Kirchen und Kapellen, auch in den VSLZ-Jahrbüchern vor, seine *Stilkunde rund um den Zürichsee* ist ein Vorläufer und Gegenstück zur oben erwähnten Rundreise von Peter Meyer (Abb. S. 189).[86] Heute bedeutet die Rettung jedes Baues durch die Erhebung zum Baudenkmal die Schaffung eines Zeit-Reservats, wie die entsprechenden Naturschutz-Zonen Raumreservate sind!

Kampf um die Freihaltung des Gubels. Schon früh galt die Aufmerksamkeit des VSLZ der Freihaltung des Seeufers in der weiten Seebucht zwischen Rapperswil und Feldbach, wo seit dem 18. Jahrhundert in sehr lockerer Anordnung lediglich einige Landhäuser und Villen entstanden waren.[87] Das Gebiet ist das nördliche Gegenstück zum «Frauenwinkel» (Abb. S. 205). Die weitgehend erhaltene, naturnahe Landschaft im Raum Feldbacherhorn–Goldenberg–Höcklistein–Fuchsenberg–Seegubel ist von besonderer Schönheit und Schutzwürdigkeit (Abb. S. 206). 1929 wehrt sich der VSLZ gegen die Erstellung einer Weekendhäuschen-Kolonie im Seegubel zugunsten eines allfällig zu bauenden Landhauses. 1932 verhindert er, zusammen mit der Heimatschutzsektion St. Gallen, durch einen Rekurs beim Regierungsrat gegen die Baubewilligung des Gemeinderats von Jona, wieder im Seegubel, den Bau von 13 Häuserblöcken.[88] 1980 wird die aussichtsreiche Besitzung Höcklistein von der Gemeinde Jona gekauft und der Grünzone zugewiesen. Anschliessend opponiert der VSLZ (zusammen mit dem SBN, der Schweizerischen Stiftung für Landschaftsschutz und dem sanktgallisch-appenzellischen Naturschutzbund) während 14 Jahren (1981 bis 1995) gegen die durch ein Konsortium geplante, etwa sieben Hektaren umfassende Grossüberbauung Gubeldorf Jona. Im Gebiet Fuchsenberg wäre die Siedlung in städtischer Dichte rund um künstliche, ausgebaggerte Lagunen angeordnet worden (Grosshafen mit 180 Bootsplätzen). Der VSLZ-Vorstand begründet seine ablehnende Haltung in stetem mündlichem und schriftlichem Kontakt mit Vertretern der Gemeindeverwaltung und des Gemeinderates von Jona, mit der kantonalen Verwaltung und dem St. Galler Regierungsrat sowie der Öffentlichkeit (Pressekonferenzen am 28. Oktober 1982 und 18. November 1984). Zusammen mit andern 11 Einsprechern ficht er zuerst das Projekt für den Bootshafen an, das dann auch vom St. Galler Bau- und vom Volkswirtschaftsdepartement 1983 abgelehnt wird.[89] Da damit der ebenfalls bekämpfte Gestaltungsplan hinfällig wird, überarbeitet die Bauherrschaft das Projekt. Am 14. Juni 1984 erwirbt die Bürgerversammlung von Jona eine Parzelle des fraglichen Gebietes zum Zwecke der teilweisen Aus- und Umzonung bzw. Schaffung einer Grünzone. An Alternativstudien für eine teilweise Überbauung beteiligte sich der VSLZ 1984 finanziell. Er spricht aber gegen den «Überbauungsplan Zürcherstrasse Süd» ein und fordert die Auszonung, mit der reellen Chance grundsätzlicher Entschädigungslosigkeit.
Nach der Ablehnung der Einsprache durch die Gemeinde rekurriert der VSLZ 1985 an das kantonale Baudepartement. Der Rekurs wird 1986 wegen Überarbeitung des Projekts sistiert. «Im Inventar zum Gesamtplan Natur- und Heimatschutz (Entwurf des St. Galler Regierungsrates vom Februar 1987) wird das Gebiet Fuchsenberg–Höcklistein als Landschaftsschutzgebiet bezeichnet (...) das die einzige noch verbliebene, kaum beeinträchtigte Natur- und Kulturlandschaft traditioneller Art am rechten Zürichseeufer ist (Teil der unverbauten Feldbacher Bucht).» Der VSLZ ersucht den Gemeinderat von Jona am 25. September

Die VSLZ-Einsatzgebiete «Frauenwinkel» (unten) und «Fuchsenberg–Seegubel» (oben) liegen sich gegenüber. Ausschnitt aus der Landeskarte der Schweiz, Mst. 1 : 25 000, Blätter 1132 und 1112, 1998.

Blick gegen «Fuchsenberg–Seegubel». Im Hintergrund der Rebberg unter dem Landhaus «Höcklistein». Foto Elvira Angstmann, August 2002.

1987, alle notwendigen Schritte zur Verwirklichung des Schutzgebietes in die Wege zu leiten. Für das Projektgebiet Zürcherstrasse Süd sind keine Erschliessungsmassnahmen getroffen worden; 1988 wird wegen allfälliger Entschädigungsforderungen abgeklärt, ob das durch die geplante Kanalisationsleitung Gubel–Höcklistein der Fall sein könnte. 1988 und 1989 wendet sich der VSLZ an die Mitglieder der grossrätlichen Kommission, die mit sehr knappem Mehr den VSLZ-Antrag ablehnt. Am 27. September 1989 beschliesst der St. Galler Grosse Rat, das Gebiet Gubelwinkel im kantonalen Richtplan nicht als Landschaftsschutzgebiet zu bezeichnen, Hauptargument ist, dass es sich um eingezontes Land handle. «Dieses Argument ist indessen nicht stichhaltig, weil der Zonenplan der Gemeinde Jona diesbezüglich aus den 1960-er Jahren stammt und eine Anpassung an das RPG bisher unterblieben ist. Altrechtliche Einzonungen haben indessen nach der bundesgerichtlichen Rechtsprechung vor den Grundsätzen des RPG zurückzutreten».[90] Der VSLZ gelangt deshalb sofort an das Bundesamt für Raumplanung mit dem Ersuchen, Massnahmen gegen die unmittelbare Gefährdung zu verfügen (Art. 37 Abs. 1 RPG), was am 17. Oktober

1989 abgelehnt wird: Eine Situation der unmittelbaren Gefährdung bestehe, wenn die ordentlichen Rechtsmittel zur Wahrung entgegenstehender Interessen ausgeschöpft seien, was hier nicht der Fall sei. Mit Beschluss vom 16. Oktober 1990 verlangt der Bundesrat aber Ergänzungen zum St. Galler Richtplan: «Gemeinde und Kanton sollen zumindest ein Teilgebiet im Gubelwinkel zusätzlich der Landschaftsschutzzone zuweisen» und mit den vom Kanton Zürich in der Feldbacherbucht getroffenen Schutzvorkehren abstimmen. Damit ist glücklicherweise vom Bundesrat ein klares Signal gesetzt worden.» An der Einigungsverhandlung vom 17. November 1992 wird festgelegt, dass nun das Planungsamt des Kantons St. Gallen mit der Zürcher Baudirektion Verbindung aufnehmen werde. 1993 steht das Geschäft bei der St. Galler kantonalen Verwaltung in Bearbeitung; 1994 erklärte der St. Galler Regierungsrat den westlichen Teil des Überbauungsgebietes im Fuchsenberg, also das an das zürcherische Schutzgebiet von Feldbach angrenzende Gelände zwischen der Seestrasse und dem See, zum Landschaftsschutzgebiet von kantonaler Bedeutung: (der Gemeinderat Jona hatte bereits im Dezember 1993 im Konzeptentwurf zur Ortsplanungsrevision eine Rücknahme des Baugebiets in Aussicht genommen). 1995 wird das kritische Gebiet weitgehend dem Nicht-Baugebiet zugeteilt: «Der Vorstand schaut den Vorschlag des Gemeinderats als gute Lösung an. Natürlich hätten wir Freude gehabt, wenn die Grenze des Baugebiets noch etwas mehr Richtung Rapperswil verschoben wäre. Trotzdem stehen wir jetzt hinter dem Plan und der Vorstand beschliesst, keinen Rekurs gegen den Zonenplan zu erheben».[91]

Die Landschaftsplan-Debatte im Zürcher Kantonsrat 2001. Was der VSLZ im Kampf um den Seegubel auf dem st. gallischen Boden der Gemeinde Jona für die Öffentlichkeit unbemerkt durchgefochten hat, spielt der Zürcher Kantonsrat für den anschliessenden Landschaftsabschnitt auf dem Boden von Feldbach in der Gemeinde Hombrechtikon auf Planungsebene sechs Jahre später weiter (Zeittafel: 2001.) Nach Artikel 9, Absatz 2 RPG sind Richtpläne zu überprüfen, wenn sich die Verhältnisse geändert haben oder sich neue Aufgaben stellen. Der Teilrichtplan Landschaft oder Landschaftsplan des Kantons Zürich muss nach Vorliegen des Naturschutz-Gesamtkonzepts und verschiedener unterdessen vorgenommener Gesetzesänderungen überprüft werden.[92] Am 26. März und 2. April 2001 berät der Zürcher Kantonsrat die regierungsrätliche Vorlage. Die Landschaft erhält erstmals eine differenzierte, selbständige Stellung. Der Hauptteil der 1730 Quatratkilometer Kantonsfläche wird damit als selbständiger Wert unter dem Titel «Landschaftsplan» erfasst, nämlich der bisher als «übriges» Kantonsgebiet bezeichnete Teil. Landwirtschaftsgebiet, Wald und Gewässer werden in fünf Zonen aufgeteilt.[93] In der Debatte stimmen SVP, FDP und CVP grundsätzlich gegen das ganze Konzept. SP, EVP und Grüne verteidigen es.[94] Die Siedlungsfläche hat gegenüber der landwirtschaftlichen Nutzfläche markant zugenommen.[95] Aus biologischer Sicht braucht es mehr «Naturschutzinseln», die besser vernetzt sein müssen, denn neben Verkehrssträngen durchqueren Strom- und Gasleitungen – sichtbar und unsichtbar – die Landschaft, Kies wird abgebaut und Schutt abgelagert.

«Landschaft ist von Kulturgeschichte geprägt, und sie ist Identifikationsraum: Landschaft ist Heimat.»[96] Die Bewohner wollen sich erholen, Sport treiben und sich an der Landschaft freuen. Der Freiheit der Grundeigentümer steht die Verantwortung der Gesellschaft für den Lebensraum gegenüber. «Darauf muss wohlverstandener *Gemeinsinn* pochen.»[97] Das ist der traditionelle, vom VSLZ/ZSL seit 1927 ausgetragene Konflikt. Bei den 12 umstrittenen Landschaftsschutzgebieten wird in 11 Fällen eine Vergrösserung vom Rat abgelehnt. «Einzige Ausnahme: Am oberen Zürichsee ist der Seeanstoss der Gemeinde Hombrechtikon im Gebiet Schirmensee-Feldbach gegen den Willen von SVP und FDP-Mehrheit mit 70 zu 63 Stimmen (dank der Stimmen der FDP) unter Schutz gestellt worden.

Die 1719 erbaute Trotte beim Oberhaus in Feldbach. Federzeichnung von Victor Wildhaber. Aus: Albert Bühler, Stilles Ufer, Stäfa 1934, S. 105.

Das Gebiet wird als einzigartige Drei-Kantone-Landschaft bezeichnet. Die Vertreter des oberen Zürichsees wehrten sich vergebens gegen die Unterschutzstellung. ‹Andere Gemeinden haben ihre Ufer mit Luxusvillen und Bootshäfen zugepflästert, Hombrechtikon hat sein Gebiet freiwillig intakt gelassen›, sagte Ueli Kübler (SVP, Männedorf). ‹Deshalb sei es ein Affront und ein Vertrauensentzug gegenüber Hombrechtikon, wenn der Kanton die Schutzbemühungen der Gemeinde mit kantonalen Vorschriften desavouiere.› Unverständlich war für EVP-Kantonsrat Thomas Müller, Stäfa, die Kehrtwendung des Gemeinderates von Hombrechtikon um das Freihaltegebiet Feldbach. Noch in der öffentlichen Auflage habe die Behörde die Festlegung begrüsst, jetzt aber wende sie sich dagegen.»[98]
Die beiden Auseinandersetzungen um die Freihaltung der grossen Bucht zwischen Rapperswil und Feldbach müssen zusammengesehen werden als «klassisches» Muster. Sowohl auf der Ebene kantonaler (st. gallischer wie zürcherischer) planerischer Verwaltungstätigkeit wie auf der Regierungs- und Parlamentsebene einerseits und auf dem konkreten Boden der Eigentümerschaft und der Gemeindeverwaltung geht es um Interessen. Die Kämpfer für Freihaltung, Natur und ein Bewusstsein für grössere Zeiträume brauchen genauso juristischen Einsatz und finanzielle Mittel wie die bauwilligen Bodenbesitzer. Sowohl vom Gewässer- und Uferschutz wie vom Bau- und Planungsbereich her war das bestehende Recht anzuwenden und zu verteidigen. Nicht zuletzt aber waren auch Personenbeziehungen einzusetzen: Die traditionell auf solche Konfliktfälle ausgerichtete Vorstandszusammensetzung des VSLZ bewährte sich auch hier.

Die gegen Überbauung verteidigte Bucht steht weitgehend in Privatbesitz. Die baugeschichtlich interessanten Landhäuser sind von Bernhard Anderes gewürdigt worden.[99] Der VSLZ führte die um 1930 stattgehabte Verwandlung der Chemischen Fabrik Seegubel in einen «bodenständigen Zürichsee-Landsitz (…) durch einen aktiven Freund des Heimatschutzgedankens und Mitglied unseres Verbandes» vor[100], nachdem er schon den Landhausneubau «Seegut» in Feldbach seiner Vorstandsmitglieder Kölla und Burkhard gewürdigt hatte (S. 94).

Der Wanderer kann die schöne Bucht nicht von einem Uferweg, aber von einem Höhenweg aus erleben, der ihn von der Bahnstation Kempraten längs der Krete der ersten Geländeterrasse bis nach Stäfa bringt[101] und überschreitet so unbemerkt die st. gallisch/zürcherische Kantonsgrenze. Hombrechtikon[102] liegt rückwärtig auf der Höhe über dem See, sein Gemeindegebiet reicht bis an den See. Ein schöner landschaftlicher Zusammenhang reicht vom 1983 erlassene BLN-Objekt Lützelsee–Seeweidsee–Uetziker Riet[103] über das Tobel des Feld- oder Wildbaches, Ausfluss des Lützelsees, bis zum Feldbacher Horn, das dieser Bach gebildet hat. Der Weiler Feldbach, bestehend aus fünf grossen Barockbauten aus dem 17. und

18. Jahrhundert, ist seit 1500 Sitz der Familie Bühler.¹⁰⁴ Albert Bühler im 1743 erstellten «Oberhaus» mit Trottgebäude (Abb. links) und Scheune pflegt mit Gattin und Familie sowohl die Bauten wie den verpachteten Bauernbetrieb. Das Wohnhaus ist ein Museum bäuerlich-herrschaftlicher Ausstattung und von Gebrauchsgegenständen vom 17. Jahrhundert bis zur Gegenwart, alles aus Bühlerschem Familienbesitz. Bereits sein Vater, Hauptmann Albert Bühler (1885–1961), Kulturingenieur und Landwirt, VSLZ-Vorstandsmitglied 1937–1953 (Abb. rechts),¹⁰⁵ hatte einen besonderen Sinn nicht nur für Haus, Hof, Ort und Landwirtschaft, sondern vor allem für die Natursituation. Diese Ganzheit feierte er in seinem Büchlein *Stilles Ufer* von 1934 ¹⁰⁶ und wandelte sie mit seinen humorvoll-geistreichen Essays in den *Jahrbüchern vom Zürichsee* ab. ¹⁰⁷ Er war «Initiant der so segensreichen, frühzeitigen Heimatschutzverordnung unserer Gemeinde», bemühte sich, zusammen mit VSLZ und NHKZ, dass der Bestand von 50 Pappeln beidseits des Feldbaches bei der Mündung und am Seeufer, sowie die riesige Eibe im Feld (sie ist erst durch den «Lothar»-Sturm zerstört worden) unter kantonalen Schutz kamen. ¹⁰⁸ Sein JbZ-Bericht *Die Quadratmeter-Krankheit* von 1946 schildert aus psychologischer, finanzieller und gesellschaftlicher Sicht die Auflösung eines Bauernbetriebs am Zürichsee und den seelischen Zerfall seiner Inhaber: «Die Stadt wächst immer weiter, systematisch, unerbittlich und frisst weiterhin wertvolles Kulturland. (...) Die grösste, über viele Jahrzehnte sich erstreckende Bauernvertreibung, die wir in der Schweiz kennen, hat sich in der Umgebung von Zürich und am Zürichsee abgespielt.» Diese Sätze beleuchten Basis und Hintergrund der grossen Landschaftsveränderung aus der Sicht des Bauern, der ausgeharrt hat. ¹⁰⁹

Albert Bühler war einer der Hüter der Feldbacher Bucht, gleich Ingenieur Paul Hermann Burkhard-Auer (1895–1963) im «Seegut» Feldbach (Abb. S. 94), und Fabrikant Heinrich Steinfels-Saurer (1866–1941) im nachbarlichen Schirmensee, beide VSLZ-Gründungs-Vorstandsmitglieder 1927 bis 1963 bzw. bis 1941. ¹¹⁰ Vier Bauten des 16. bis 18. Jahrhunderts stehen in Schirmensee, die Schifflände wurde 1954 von der Gemeinde übernommen und, zusammen mit VSLZ und Kanton, restauriert, damit «ist einer der schönsten Plätze am Zürichsee der Öffentlichkeit erschlossen worden».¹¹¹ In Schirmensee, wie vorher in Feldbach, hat der Wanderer Gelegenheit gehabt, ans Seeufer zu gelangen, nun hat er das Westende der weiten Bucht mit dem flachen Ufergelände erreicht und verlässt diesen Schauplatz von Spekulationen und Kämpfen.¹¹² Schon auf dem Gemeindegebiet von Stäfa, kann er entweder am Fuss (in der Seeanlage neben der Strasse) oder auf der Krete des steilen rebenbesetzten «Risirain» weitergehen. Erst im Ortsteil Ürikon wird das Ufer wieder flacher.

Die Ritterhäuser in Ürikon/Die Rebbaugemeinde Stäfa. Die Baugruppe der Ritterhäuser mit Kapelle verdient eine besondere Erwähnung, weil an ihrer Rettung VSLZ-Vorstandsmitglieder beteiligt waren. Am 26. Juni 1943 wurde die Ritterhaus-Vereinigung Ürikon-Stäfa gegründet.¹¹³ Präsident wurde

Albert Bühler (1885–1961), Landwirt im Oberhaus Feldbach, VSLZ-Vorstandsmitglied 1937–1953. Porträtfoto um 1945, Privatbesitz.

Die Ritterhäuser in Ürikon, restauriert seit 1945 von den Architekten Albert Kölla, Otto und Andreas Pfleghard und Hans Senn. Foto Elvira Angstmann, August 2002.

ZSZ-Redaktor Dr. Otto Hess (1893–1979), Aktuar Dr. Theodor Gut (II). Als Vertreter des VSLZ im Vorstand wirkte Architekt Albert Kölla (1889–1988). Vorstandsmitglied war auch der Historiker Prof. Dr. Hans Georg Wirz (1885–1972), Nachkomme der Einsiedler Ammänner Wirz, welche die Baugruppe um 1500 erstellten. Im Sommer 1941 hatte die vom Gemeinderat angerufene Baudirektion des Kantons Zürich von der NHKZ ein Gutachten erstatten lassen. In der Folge kaufte die Gemeinde das Grundstück, um künftige Beeinträchtigungen zu verhindern und förderte damit die Bestrebungen zu Erhaltung, Erwerb und Restaurierung des Ensembles.[114] Renovation der um 1500 neugebauten Kapelle 1945–1946 unter Leitung von Albert Kölla.[115] Aussenrenovation des 1531 erbauten «Ritterhauses» 1951–1952 durch Albert Kölla; Renovation der Ritterstube und Wiedereinbau der 1906 vom SLM erworbenen Deckenbalken durch Otto Pfleghard 1962–1963, mit Einbau eines blau-weissen Nehracher-Ofens; Restaurierung der Wirzenstube 1976 und Einbau eines Nehracherofens von 1780.[116] Erwerb des 1492 neugebauten Hauses «Burgstall» 1945/54/63; Restaurierung der Ammännerstube 1967 und Wiedereinbau der Deckenbalken von 1492 aus dem Viktoria- und Albert-Museum in London und eines Nehracher-Ofens von 1745 aus Stäfa unter Leitung von Andreas Pfleghard; Aussen- und Innenrestaurierung 1974–1975 und 1979–1980 unter Leitung von Hans Senn.[117] 1946 wurde ein Teil des umgebenden Geländes vom Kanton erworben, damit es unverbaut bleibt. Hofbrunnen aus Zürcher Muschelkalk, datiert 1821, ehemals vor dem Wirtshaus Traube in Rorbas, aufgestellt 1962.[118] Die von 1943 bis heute publizierten Jahresberichte enthalten Beiträge zur Bau- und Restaurierungsgeschichte und allgemein ortsgeschichtliche Beiträge.[119]

Die intensive Betreuung des Ensembles durch die bis heute tätige Vereinigung ist eine ausserordentliche Leistung, die verglichen werden kann mit dem Einsatz des VSLZ/ZSL für das Naturschutzgebiet «Frauenwinkel». Theodor Gut (II) besorgte als Aktuar die chronikalische Berichterstattung von 1943 bis 1959 und wirkte weiter im Vorstand bis 1968. Architekt Albert Kölla (Abb. rechts) gehörte 1943 bis 1980 dem Vorstand an und nahm die ersten Restaurierungsarbeiten vor (siehe oben). Seines langjährigen Einsatzes nicht nur für die Ritterhäuser seiner Heimatgemeinde, sondern auch seiner VSLZ-Tätigkeit von 1927 bis 1975 soll an dieser Stelle gedacht werden![120] Architekt Otto H. Pfleghard (1900–1964), in Ürikon niedergelassen, Vorstandsmitglied 1961 bis 1964, war bis in seine letzten Lebenstage mit Restaurierungsarbeiten an Kapelle und «Ritterhaus» beschäftigt. Es folgte ihm 1964 sein Sohn Andreas Pfleghard (geb. 1933) als Restaurator, Vorstandsmitglied und Präsident seit 1985, der 1972 auch in den VSLZ-Vorstand eintrat und ihm bis 2002 treu blieb.[121] 1970 war er in die Kantonale Denkmalpflege eingetreten, wo er 1982 Leiter – als Nachfolger von Dr. Walter Drack – wurde. Sein Nachfolger wiederum, Dr. Christian Renfer (geb. 1943), Kunsthistoriker und Bauernhausforscher, war 1975–1976 auch VSLZ-Vorstands-Mitglied.[122] Die Denkmalpflege als eines der wichtigen Anliegen des VSLZ fand so in Stäfa mit dem Wirken von Gut, Kölla und Pfleghard einen frühen und dauernden Übungsplatz. Mit Führungen und einer Bildreportage zeigte Andreas Pfleghard 1983 die *Denkmalpflege in der Gemeinde am Beispiel von Stäfa*.[123] Die Reportage ist, am sehr anschaulichen Beispiel seiner Wohngemeinde, ein Bekenntnis zur Sache und eine wertvolle Zusammenfassung der finanziellen und gesetzlichen Voraussetzungen in einem noch jungen Zweig behördlicher

Architekt Albert Kölla (1889–1988) von Stäfa, mit Gattin, um 1930. Er war VSLZ-Vorstandsmitglied von 1927 bis 1975.

Tätigkeit auf Gemeinde- und Kantonsebene:

«Das Baudenkmal und das historische Ortsbild ist ein Stück Heimat, das unseren Lebensraum bestimmt. Beide gehören zu unserer Landschaft, sind sie doch immer harmonisch mit ihr verbunden, als ob sie aus ihr herausgewachsen seien.»[124]

Im Kehlhof-Stäfa, auf dem von einem Bach gebildeten Delta im See, steht die grossbürgerliche, 1906 erbaute Villa «Sunneschy». Eine Genossenschaft, an der sich auch der VSLZ beteiligte (Zeittafel: 1951), rettete das Baudenkmal, das 1978 von der Gemeinde erworben und 1999–2001 restauriert wurde. Es stellt ein besonders gutes Beispiel der Umwandlung und Umnutzung einer repräsentativen Privatliegenschaft für öffentliche Zwecke dar. Der grosse Seeanstoss wurde schon bald als Camping- und Badeplatz genutzt. Zu Verwaltungs- und kulturellen Zwecken dient das Haus in frühem Heimatstil bzw. im Stil der «nationalen

Das Rebberg- und Landschaftsschutzgebiet Buechhalden–Lattenberg–Mutzmalen in Stäfa. Foto Elvira Angstmann, August 2002.

Romantik». Es ist ein Werk der 1898 bis 1925 bestehenden Architektenfirma Pfleghard & Haefeli, an der Otto Pfleghard (1869–1958), Grossvater von Andreas Pfleghard, beteiligt war.[125]

Im Kehlhof befindet sich auch das Rebheimwesen «Zur Mühle», das Rudolf Reichling (1890–1977) 1917 vom Vater übernommen hatte: «Das Gut, durch das ansteigende Terrain mehrfach zerrissen, umfasst Viehhaltung mit eigener Nachzucht, Tafelobstbau, Ackerbau, Rebbau und Waldwirtschaft, und bedingt dadurch eine äusserst komplizierte und anspruchsvolle Pflege.»[126]

Reichling, der mit Hermann Balsiger 1936 in die neugegründete ENHK gewählt wurde, war VSLZ-Vorstandsmitglied 1937 bis 1969. Aktiver Landwirt wie Albert Bühler in Feldbach, war Reichling zudem Politiker auf Gemeinde-, Kantons- und Bundesebene: Stäfner Gemeinderat, Mitgründer der Zürcher Bauernpartei 1917, aus der 1918 die Schweizerische Bauern-, Gewerbe- und Bürgerpartei hervorging (BGB, heute SVP), Kantonsrat seit 1923, Nationalrat 1929–1963, Präsident des Schweizerischen Bauernverbandes 1949–1961:[127]

«Seine Weitsichtigkeit zeigte sich auch in seinem Einstehen für einen vernünftigen Landschaftsschutz – hier ging er mit dem guten Beispiel voran –, als die Raumplanung noch unbekannt war, und es für diese Werte Mut und nicht nur Schlagworte brauchte. (...) Wie manchem Rebbauern ermöglichte die Arbeit in seinen geliebten Reben auch Rudolf Reichling ein Abschweifen der Gedanken in die Politik und die ihn beschäftigenden Fragen, und das Rebwerk wird ihm auch zu ihrer Lösung Anregungen vermittelt haben.»[128]

Diese Gedenkworte schrieb Kurt Pfenninger (geb. 1927), von und in Stäfa, Stäfner Gemeinderat 1962 bis 1978, Kantonalzürcherischer Rebbaukommissär 1961 bis 1992, VSLZ-Vorstandsmitglied 1966–1996. Pfenninger hat sich in den VSLZ-Publikationen ausführlich über den Rebbau am Zürichsee geäussert.[129] Damit setzte er die Tradition fort, die Reichling begann und vor allem der Üriker Rebbauernsohn Dr. Hans Hasler (1877–1954) pflegte. Der VSLZ gab 1942 Haslers Schrift *Von Räben und vom Wii* heraus, die dieser mit *Schiff und Schifflüt* 1936 begonnen und mit *Fischerei* 1940 fortgesetzt hatte. Diese drei *Bilder vom Zürisee* dokumentieren die gefährdeten Gewerbe der Seegegend in träfer Mundartformulierung.[130]

Der Rebbau samt der Architektur der Rebbauernhäuser war in früheren Jahrhunderten das wichtigste landschaftsprägende Element am Zürichsee samt Obersee und Limmattal:

«Ja, am Zürichsee, wo die Rebe im unteren Teil auf einige markante Lagen zurückgedrängt wurde und in der grössten zürcherischen Rebgemeinde Stäfa noch 40 Hektaren bestockt, bringen die Reben Ruhe in die Landschaft, zwischen die sich immer weiter ausdehnenden und leider auch hässlicher werdenden Wohnbauten.»[131]

Im Frühjahr 1969 wurde heftig um die dauernde Erhaltung der vier Reblagen Lattenberg, Batterie-Kirchbühl, Sternenhalde und Risi-Ürikon diskutiert, die 1961 als entschädigungspflichtige Freihaltezonen ausgeschieden worden waren. Drei Rebberge sollten erhalten bleiben, aber die sieben Hektaren grosse Sternenhalde, «eine der prächtigsten und markantesten Qualitätsreblagen in der Ostschweiz» wollte die Mehrheit des Gemeinderats der Bauzone zuweisen, weil er guten Steuerzahlern mehr Wert beimass als dem Anliegen des Reb- und Landschaftsschutzes. Die Stimmberechtigten an der Gemeindeversammlung in der Kirche entschieden sich aber für die Erhaltung aller vier Reblagen, die Eigentümer verzichteten auf einen Teil der Entschädigung, der Bund als ein Eigentümer verzichtete ganz darauf und der Kanton sprach einen namhaften Beitrag:

«Der Entscheid der Stäfner Gemeindeversammlung war eine der ersten Manifestationen für die Erhaltung und den Schutz der Landschaft! Die Erhaltung eines einmaligen Landschaftsbildes hatte gegen den Materialismus unserer Zeit eindeutig gewonnen. Dieser historische Entscheid fand weit über Stäfa hinaus grosse Beachtung. Ideelle Werte wurden höher bewertet als gute Steuerzahler und Materialismus. Er leitete eine neue Einstellung zur Landschaft, unserer Heimat, ein.»[132]

«Gemeinden und Kanton erwächst hier eine wichtige Aufgabe, sie müssen den Rebbauern helfen, die geschlossenen Reblagen zu erhalten, denn den Reben kommt in den Bestrebungen zur Schaffung von Grün- und Landwirtschaftszonen innerhalb der Landes- und Regionalplanung am Zürichsee eine äusserst wichtige Aufgabe zu. Warum sollte das im Interesse der Freihaltung von den Gemeinden gekaufte ehemalige Rebland nicht wieder mit Reben bepflanzt werden? Dies wäre ein positiver Beitrag an den so vielgepriesenen Heimatschutz. Würde es nicht allen Seegemeinden gut anstehen, wenn sie wie Zollikon, Küsnacht, Meilen und Stäfa eigene Reben besitzen würden?»[133]

1980 ist durch Andres M. Altwegg *Die Erhaltung der Rebberge als planerische Aufgabe* ausführlich begründet und in den Zusammenhang der Rebgeschichte am See seit 1850 gestellt worden.[134]

Der Wanderer begibt sich in den nordwestlichsten Teil von Stäfa. Das wunderbare, rebenbesetzte Landschafts-Amphitheater von Lattenberg und Buechhalden samt dem Weiler Mutzmalen ist in der Landschaftsplan-Debatte des Kantonsrats 2001 als Freihaltezone festgesetzt worden (Abb. S. 212). Dieses Gebiet ist ein einzigartiges Reservat, das stellvertretend für die ganze Zürichsee-Kulturlandschaft steht. Hier ist zu erleben, wie es am See im 18. und 19. Jahrhundert und noch bis in die 1920er Jahre fast überall aussah! Am See findet man hier eine Strecke Strandweg, das Strandbad und die Fischzuchtanstalt als positive Errungenschaften des 20. Jahrhunderts.[135]

Die Heimatstil-Baugruppe «Hohenegg» ob Meilen, erbaut 1912 von den Architekten Rittmeyer & Furrer als Asyl für Gemütskranke. Foto Elvira Angstmann, August 2002.

**Von Männedorf um den Zürichsee
nach Wädenswil**

Der landschaftliche Rahmen. Das Seebecken verläuft nun in Richtung Nordwesten. Mit der Halbinsel Au nähert sich das linke Ufer dem rechten, über dem, von 628 m über Stäfa, der Pfannenstiel bis auf 851 m Höhe ansteigt. Dieser breite Rücken prägt das rechte Ufer. Über die Stufen Küsnachter- und Zollikerberg sinkt er wieder ab bis zum 701 m hohen Lorenchopf auf dem Adlisberg und zum 676 m hohen Zürichberg im Gebiet der Stadt Zürich.

Von 535 m bei Sihlbrugg steigt die Albiskette bis auf die 909 m des Albishorns und begleitet, mehr oder weniger die Höhe haltend, das linke Ufer, bis sie von den 870 m des Üetliberggipfels über der Stadt Zürich bis auf 442 m bei Urdorf/Schlieren abfällt. Südlich umflossen von der Sihl, breitet sich über Wädenswil der Wädenswiler Berg aus, eine «Hochebene», die sich über Hütten und Schönenberg bis Hirzel auf 768 m erhebt. Immer begleitet von der Sihl, verengt sie sich zum Horgenberg und Zimmerberg, und fällt, immer schmaler werdend, bis zum Äntlisberg mit 524 m in Zürich-Wollishofen ab.

Wenn man am untern Zürichsee von Landschaftsschutz spricht, ist dieser beidseitige «Bergrahmen» zu berücksichtigen. Er ermöglicht Landschaftsbilder, in welche sich die stets zunehmende Bebauung im Einzugsgebiet der Grossstadt immer noch einfügt. Zwar ist die Sichtweise im Jahre 2002 nicht mehr jene des VSLZ-Gründungsjahres 1927, aber das Problem ist das gleiche. Es gilt, die grossen Linien der Landschaft zu sehen und zu erhalten. Kaum im Bewusstsein ist die Tatsache, dass die Perimeter von drei Objekten des Bundesinventars der Landschaften und Naturdenkmäler von nationaler Bedeutung (BLN) grosse Teile des erwähnten linksufrigen Rahmens umfassen, ja diese noch in einen weiteren Zusammenhang verankern. Das Objekt 1306 Albiskette–Reppischtal (festgesetzt 1983) umfasst die ganze Albiskette, den Sihlwald und das Türlerseegebiet, das Objekt 1307 Glaziallandschaft zwischen Lorzentobel und Sihl mit Höhronenkette (festgesetzt 1993) umfasst eine «voralpine Flusslandschaft von ursprünglicher Schönheit und die grossartigste Moränenlandschaft der Schweiz», mit Hochmooren und Flachmooren, den Höllgrotten und dem Baarburgplateau mit prähistorischen Wohnplätzen, und ist «wichtiges Quellgebiet für die Wasserversorgung der Stadt Zürich und des Kantons Zug». Das Objekt 1308, Moorlandschaft Rothenthurm–Altmatt–Biberbrugg (festgesetzt 1983), umfasst das durch die Volksabstimmung von 1987 bekanntgewordene Hochtal der Biber.[1] Mit der Landschaftsinitiative 2002 der Zürcher Umweltorganisationen (Zeittafel: 2002) soll der Schutz der Zürcher BLN-Objekte auf kantonaler Ebene gesichert und diese auch erweitert werden, so im Raume Hirzelhöhe.[2] Die drei BLN-Objekte und die Initiative sind Ausdruck eines grossräumigen Schutzgedankens, der vor allem unberührte und geologisch-biologisch interessante Gebiete erfasst. Deshalb figuriert auf dem rechten Seeufer der Pfannenstiel nicht als BLN-Objekt. Oder fast nicht, denn der Pfluegstein ob Erlenbach (Gemeindegebiet Herrliberg) erscheint als Objekt 1419 (festgesetzt 1983), dieser gewaltige erratische Block von rund

«Wegweiser aus der Kriegszeit» (zum Pfannenstiel), Abbildung zu J. J. Ess, Wanderwege am Zürichsee, in: JbZ 1942, nach S. 69.

1000 m³ Inhalt ist als «eindrucksvolles Zeugnis der ehemaligen Ausdehnung des Linthgletschers» samt seiner nähern Umgebung nun Naturdenkmal von nationaler Bedeutung geworden.³

Das Pfannenstielgebiet. Gerade weil der Pfannenstiel nicht im BLN vorkommt, macht der Wanderer hier auf ihn aufmerksam. Pfannenstielgebiet ist im weiteren Sinn alles, was zwischen Seeufer, Oetwil, Greifensee und Zürichberg liegt (Abb. S. 178–179). Auf der breiten Bergflanke, in Meilen, wirkte der Wanderpionier Johann Jakob Ess (siehe S. 173). Seine 1933 gegründete Zürcher Arbeitsgemeinschaft für Wanderwege hat naturgemäss hier ihr erstes Übungsgebiet gefunden:

«Zunächst nahm der Zürcher Vorstand die Markierung eines Netzes von etwa einem Dutzend Hauptrouten in Aussicht, die strahlenförmig von der Hauptstadt auf die umliegende Landschaft hinausführen. (...) Für die Zürichseegegend wurden im Jahre 1935 die beiden Routen Zürich–Rehalp–Waltikon–Forch–Pfannenstiel–Gibisnüt–Mühlehölzli–Lützelsee–Schwesternrain–Rapperswil und Zürich–Wollishofen–Kilchberg–Etzliberg–Horgenberg–Hirzel mit den gelben Wegweisern und rhombenförmigen Wegmarken versehen. 1939 erfolgte die durchgehende Bearbeitung der Gemeinde Meilen. Dann setzte der Kriegsausbruch unserer Tätigkeit ein jähes Ende. Die Mitarbeiter wurden als Wehrmänner eingezogen und die Wegweiser aus Gründen der Landessicherheit in Magazinen verstaut. (...) In erster Linie wurde nun das Routennetz ergänzt und seine Markierung für die Friedenszeit vorbereitet. Dieses Vorgehen fand seine planmässige Auswirkung zunächst auf das Wandergebiet Meilen, das nunmehr ein Verzeichnis von 31 Routen aufweist, von denen 26 die Bezirksbezeichnung M erhalten; 2 kommen vom Gebiet Zürich (Z) herein, 1 von Uster (U), und 2 überschreiten nach kurzer Strecke die Grenze des Oberlandes (O). Das Rückgrat dieses Netzes bildet die ursprünglich schon markierte Route über den Pfannenstiel.»⁴

Der Pfannenstiel-Wegweiser aus der Kriegszeit (Abb. links) ist uns heute ein humoristisches Symbol für die Ess'sche Wanderfreudigkeit und das Wegnetz Ausdruck seiner Wandersystematik. Zur Kriegszeit schrieb Albin Zollinger als sein letztes und wohl bedeutendstes Werk den Doppelroman *Pfannenstiel/ Bohnenblust*, der auf S. 176–177 bereits erwähnt wurde. Der Dichterfreund Ludwig Hohl hat die Entstehung im VSLZ-Jahrbuch 1942 dargestellt.⁵ Die Anziehungskraft des Berges Pfannenstiel auf den Bildhauer Martin Stapfer ist ein Element der Romanhandlung, ein Motiv ist die Wanderlust des Malerfreundes Hansen, genannt Seume, welcher der Niederlassungsabsicht Stapfers am Pfannenstiel widerspricht:

«Wer wird sich denn Häuser bauen, auf der Durchfahrt durchs Menschenleben (...) Wen reut nicht die Zeit dazu, wo er sich umtun kann in dem schlüsselfertigen Hause der Welt! Ich will meine Beine bewegen, seine Wolkenräume erwandern; es ist eine Lust an sich, Schritte zu machen, tausend, hunderttausend, die Strassen gehen dir ein wie Wein und die Fernen als ein Rausch. Was denkst du, wie oft mir mein Wanderpuls das Blut um und um gejagt hat! Von allen Winden durchlüftet, in Regen aller Schrägen gestriegelt, führt es auch nicht ein Stäubchen Hypochondrie mehr (...).»⁶

Romanhandlung und Landschaftsdarstellung sind eins:

«In Laubwald stufte der Berg sich zum Pfannenstiel an, Giebel blickten daraus hervor, Pferde weideten zwischen Hägen, die Brunnen strömten, der steile Käsbissenturm des Kirchleins wuchs aus Nussbaumkronen empor. Das unter den Himmel erhobene Land mit Fuhrwerken, Steinhaufen, Korn und Kraut und Feuerteichen, Kirschen, Mohn und Levkojen, Katzen, Wegweisern, Streuschobern, Landstrassen lag auf eine wonnige Weise zugleich

Die 1905–1906 erbaute Villa Alma in Männedorf wurde samt der grossen Parkanlage 1971 von der Gemeinde und vom Kanton Zürich erworben. Foto Elvira Angstmann, August 2002.

ausserhalb und zutiefst in der Welt. (...) Er nahm den Fusspfad talwärts. Der Weg ging zwischen Hügeln mit Laubwald durch eine fast englische Landschaft auf die sanfte Schwelle hinaus, in welcher der Pfannenstiel endete. Hier suchte er seinen Winkel, auf der Hinterseite der Welt, lehnte sich dem Berg an den Rücken und staunte in das Vertraute, den Wasserraum voll Gewölk, vor dem sich der Ufersaum zierlich mit Pfählen und Molen abzeichnete. Er blickte in den Himmel der Tiefe, das Abbild und sein Geheimnis. Was vulkanisch von den Höhen qualmte, hing in der Umkehrung lächelnd in einem veilchenen Hauche, den die Wildente mit der Brust aufpflügte. Eine Fuge in Formen und Farben rollte ihm vor den Augen. Der Mittag zog Schattenregister, entrückte den Wohllaut unmerkbar, Grau in Grau schmolz die zinnerne Orgel, und ein Wind stieg herauf aus dem Schilfe.»[7]

Wir sollen die dichterische Sicht zur Kenntnis und in unser Weltbild aufnehmen, war die Absicht der VSLZ-Gründer Balsiger und Gut (S. 110–111). Wir tun dies und steigen nun vom Pfannenstiel ab nach Männedorf, zu optischer Übung. Elvira Angstmann, die Fotografin, ist hier niedergelassen und mit Auto, Velo oder Schiff aufgebrochen, um die Seeuferreise mit Bildern zu begleiten. Bei der Auswahl haben wir über die Gänge und Reisen gesprochen, die das Auge auf den Fotografien macht, um der Aufforderung zum Sehen Genüge zu tun, zu der auf S. 175–176 aufgefordert worden ist. Unser Auge muss das Landschaftsbild immer neu schaffen!

Die seit 1818 gewachsene Anlage der Chemischen Fabrik Uetikon erstreckt sich über 500 m am Seeufer. Foto Elvira Angstmann, August 2002.

Von Männedorf und Uetikon über Oetwil nach Meilen. «Denkmalpflege heisst nicht nur Bauten konservieren, sondern auch Überlieferungen erhalten», schreibt Peter Baumgartner am Anfang seiner ausführlichen Würdigung der Villa Alma in Männedorf (Abb. S. 217).[8] Parallel zu den heute verschwundenen Lederwerken Staub auf der Bergseite der Seestrasse erstreckt sich ein grosser Park, in dem die 1905–1906 von den Architekten Kuder & Müller in Zürich für Emil Staub (1867–1929) und Alma Staub-Terlinden (1883–1970) erbaute Villa steht. Staub wünschte sich einen «Bau in englischem Styl im Genre Rüegg-Honegger»[9], womit die 1897 erbaute Villa Egli an der Höschgasse 4 in Zürich gemeint ist, die heute in öffentlichem Besitz steht. Über einer umfangreichen Terrainaufschüttung erheben sich die Sandsteinfassaden der reichgegliederten neugotischen Villa Alma über einem Granitsockel, eine besondere dekorative Wirkung ergeben die Sturzbögen aus rotem Ackerstein über den Fenstern. 1971 erwarb die Gemeinde Männedorf die Liegenschaft; der Kanton Zürich beteiligte sich mit der Hälfte der Kaufsumme, die dem Natur- und Heimatschutzfonds entnommen wurde. Das Haus wird seither als Privataltersheim genutzt, 1984 bis 1987 erfolgte eine sorgfältige Restaurierung des Äussern von Villa und Bootshaus und bis 1993 auch die Rekonstruktion der Pergola am See. Der Park ist öffentlich zugänglich und weist einen gärtnerisch gestalteten Seeweg auf. [10] Die Villa Alma ist eine der schönsten Anlagen des 20. Jahrhunderts am See. Auch das Innere ist sehr gut erhalten. Zum eigentlichen Kulturdenkmal, zur Erinnerungsstätte, wird das Haus durch das Wirken des Komponisten Othmar Schoeck (1886–1957), der, mit der Familie Staub befreundet, sich mehrmals hierher zurückzog. Im Turmzimmer an der Südostecke entstanden zwischen 1946 und 1953 verschiedene Werke, z.B. im Frühling 1946 der Liederzyklus «Das stille Leuchten» nach Gedichten von Conrad Ferdinand Meyer. Die Uraufführung der Zyklen fand meist in der mit Mahagoni ausgekleideten zentralen Treppenhalle der Villa statt. Schoeck am Flügel begleitete seine Gattin, die Sängerin Hilde Bartscher. [11] Neben den Bauernhäusern sind die Landsitze und Villen die historischen baulichen «Stützpunkte» der Kulturlandschaft am See. Schon 1930 veröffentlichte Gottlieb Binder (siehe S. 171–172) *Altzürcherische Familiensitze als Stätten der Erinnerung* und eröffnete damit die Forschung über diese Hauptbaugattungen. [12] Die wichtigsten Beispiele am See sind im VSLZ-Band *Zürichseeufer 75* gewürdigt worden. Männedorf hat mit dem Seeweg südlich der Schifflände (S. 120) [13] und dem Alma-Park den öffentlichen Uferzugang stark vergrössert. Der Wanderer strebt deshalb befriedigt weiter und einer speziellen Uferbesetzung zu: der Chemischen Fabrik Uetikon (CFU).

Die 1818 von den Gebrüdern Schnorf gegründete und bis heute auf über 500 m Länge gewachsene Anlage nimmt zwei Drittel des Seeanstosses von Uetikon ein – er ist ohnehin der schmalste von allen Gemeinden am See (Abb. S. 218). Das Uferbild der Gemeinde wird architektonisch von der Fabrik und drei Fabrikantenvillen am Abhang bestimmt und zudem vom Landwirtschaftsgebiet zwischen Fabrik und höhergelegenem Dorfkern, das der CFU gehört. Gemeindepräsident Albert Steiger erklärte 1986: «Als moralische Gegenleistung dafür, dass wir auf den Seeanstoss verzichten müssen, erwarten wir, dass dieses Gebiet grün bleibt.» Damals wollte man aber auch den «regionalen» Seeuferweg direkt am Wasser vor der Fabrik erstellen [14], wie mancher andere Abschnitt blieb er bis heute ungebaut. Der Fabrikbetrieb ist nicht nur optisch, sondern auch als Arbeitsplatz und gemeindepolitisch-gesellschaftlich symbiotisch mit der Gemeinde verbunden. [15] Kultur- und industriegeschichtlich ist die Fabrikanlage als landesweit ältester Chemiebetrieb von hohem Interesse. So erstellte denn auch die Denkmalpflegekommission des Kantons Zürich 1989 ein ausführliches Gutachten [16] über den Wert der Anlage. Gesamterscheinung und etliche Einzelteile wurden als schutzwürdig erkannt. Die Baudirektion folgte allerdings dem Kommissionsantrag auf Unterschutzstellung aus finanzpolitischen Gründen nicht. Der bereits zitierte Architekt und Architekturhistoriker Peter Meyer (S. 189) kommentierte aber schon 1955 die Foto der Fabrik folgendermassen:

«Hässlich? Der See soll nicht nur Erholungsplatz der Städter sein, sondern seinen ganzen Wirklichkeitsgehalt als Arbeitsstätte behalten, darum sind einzelne, scharf begrenzte Fabrikareale nicht nur erträglich, sondern als Gegensätze zu den parkartigen Uferstrichen geradezu schön. (...) Die elementaren geometrischen Formen, Prisma, Zylinder, Kugel usw. haben ihren eigenen Reiz.» [17]

Ebenfalls 1986 wurde bekannt, dass Architekt und Bildhauer Hannes Strebel aus eigenem Antrieb «Vorstudien für eine Umnutzung der Fabrik in ein Wohn-, Arbeits-, Kultur- und Freizeitzentrum mit 200 Wohnungen und 500 Arbeitsplätzen erarbeitet» habe. [18]

Das Problem bleibt bestehen, aber der Wanderer verlässt diesen Ort, sinnend und rüstig, wie er von Fritz Deringer (1903–1950) dargestellt worden ist (Abb. S. 175). Dieser Zeichner und Maler wurde 1903 als Sohn von Frieda Deringer-Schnorf und Chemiker Johann Deringer in Uetikon geboren, wo er 1933 heiratete und ein Haus mit Atelier an der Kappelweidstrasse baute. Er wurde bekannt als Illustrator von Zeitungsartikeln und Büchern – über 150 Zeichnungen für die NZZ im Zeitraum 1935 bis 1950! [19] «Deringers Werk ist

Federzeichnung von Fritz Deringer (1903–1950) zur Ansprache Die Heimat des Zürichsee-Bauern von Hermann Hiltbrunner, in: JbZ 1940/41, S. 103.

der Kulturlandschaft verpflichtet, diesem nie auszuschöpfenden Wirkgefüge von Natur und Mensch.»[20] Er liebte die Baumgärten, die Gehöfte und Bäume, Wiesen und Wege am Abhang des Pfannenstiels in Uetikon, Männedorf und Meilen (Abb. unten). Als Maler ist er der Meister des atmosphärischen Kolorits der Seegegend, aber auch des grossväterlichen Weinlandes.

Mit seinem Auge lernen wir die Zürcher Landschaft sehen und die Gestalt der Bäume erkennen.[21] Jeder Mensch hat aber eigene Augen, jeder Künstler schafft sich eine eigene optische Wirklichkeit.
Die nun folgende Wanderung von Uetikon nach Oetwil ist ebenfalls eine Zeitreise, sie gilt der Erinnerung an die Malerin Helen Dahm (1878–1968). In Zürich und München ausgebildet, lebte sie zusammen mit der Archäologin Else Strantz aus Berlin 1913 bis 1919 in Zürich und 1919 bis 1932 im Dörfli Oetwil am See in einem Bauernhaus, das ihr von einem Freund und Sammler geschenkt worden war. 1938 verkaufte sie es und lebte 1938/39 in Indien. Nach krankheitsbedingter Rückkehr liess sie sich wieder in Oetwil nieder, in einem anderen Bauernhaus in der Aegertenwies, wo sie bis zum Tod allein lebte. Sie wurde 1953 Ehrenbürgerin der Gemeinde und erhielt Unterstützung und Förderung durch einen treuen Freundeskreis.
Ihre Landschaftsmalerei entstand aus der Nahsicht und dem Jahreslauf, die Themen sind: Winter, Blumen – Riesenkerbel (Abb. rechts), Sonnenblumen, Hyazinthen, Lilien, Iris – Gärten, Bäume, der Berg, Hähne, Hühner, Rehe, Katzen, Stillleben, Häuser. Aber sie malte auch Mutter und Kind, religiöse Themen: Engel, Einzug Christi in Jerusalem in vielen Varianten, Christophorus.
In den letzten Jahren entstanden «konkrete» Arbeiten. Helen Dahm sagte: «Künstler sein heisst nicht allein Talent haben, Künstler sein heisst aushalten, durchhalten, in einsamen Raum gestellt sein und die Angst, die Stille, die Zweifel ertragen (...) Es ist Gnade, dass ich nicht versunken bin.»[22] 1954 wurde ihr der Kunstpreis der Stadt Zürich verliehen:

Helen Dahm «will nie die Natur abbilden – sie will ausdrücken, was sie vor der Natur empfindet; stets gestaltet sie auf Grund einer geistigen Schau und schöpft dabei aus dem reichen Schatze innerer Bilder, den sie von Eindrücken der Natur, aber auch aus Träumen und Visionen in sich aufgenommen hat. Das befähigt sie ja auch, über alles Zufällige der einzelnen Erscheinung hinaus Typisches zu gestalten und ihren Bildern eine geheimnisvolle Symbolik zu verleihen.»[23]

Helen Dahm, Generationsgenossin Balsigers, ist 25 Jahre vor Fritz Deringer geboren und stirbt 18 Jahre nach ihm. Seine Gehöftbilder halten die letzte Phase einer vergehenden bäuerlichen Welt in einem unschätzbaren Rückblick fest. Helen Dahm hat sich in Bauernhäusern eingenistet und diese mit ihrem Wesen durchdrungen. Ihr zweites und letztes Bauernwohnhaus ist deshalb eine einzigartige Gedenkstätte geworden, Teil der Oetwiler Landschaft, und für diese ebenso bedeutsam wie die von Ernst Ludwig Kirchner bewohnten Davoser Bauernhäuser.[24] Die künstlerische Verwandlung des Bauernhauses durch Deringer und Helen Dahm ergänzt Albin Zollingers 1933 veröffentlichtes Gedicht:[25]

DAS BAUERNHAUS

Über den Hügel gelagert
Mit frommen Kühen,
Im Regen und Winde gemagert,
In seines Alters Mühen.

Dämmert es durch Holunder
Süss von der Last der Streue,
Feurig Gebälk wie Zunder
Glüht in der Rebenbläue.

Goldene Augen, scheinen
Die Fenster durch bucklig Gehänge
Der Sonnenblumen, wie Leinen
Leuchten die weiten Gänge.

Die Bohnengewinde ringeln
Sich über den Stickeln wie Nattern,
Der Zuber funkelt mit Kringeln
In den Spalieren und Gattern.

Der Brunnenstrahl fällt bleiern
Und klingt wie auf dem Grunde
Von Wurzeln und von Weihern
Mit dem Gewölk im Bunde.

Helen Dahm (1878–1968), Kerbel, 1953. Abbildung in JbZ 1954–1955, S. 147, zur Würdigung Helen Dahms von Robert Lejeune.

Und glost es von der Stille,
Knackt auf dem Herd die Flamme:
Ein Korn in seiner Fülle,
Der Hahn mit seinem Kamme

Reckt sich, steht ungeheuer,
Hält eine schlimme Wache,
Und Pestilenz und Feuer
Und Krieg steht auf dem Dache.

Aus dieser künstlerischen und poetischen Darstellung der bäuerlichen Welt gelangen wir nun, der Pfannenstielflanke entlang, an einen Kreten-Aussichtspunkt ob Meilen, zwischen Vorrain und Unot, der nicht an einer Wanderroute liegt, aber doch gefunden wurde. Von hier aus geht der Blick in zwei Welten: einerseits nach der Geländeterrasse, auf der wir stehen (Abb. S. 214), anderseits nach der «Allmend», die unter uns liegt (Abb. S. 222). Zuerst schauen wir nach der Baugruppe «Hohenegg», welche die Architekten Rittmeyer & Furrer 1912 als Asyl für Gemütskranke errichteten.[26] Man erinnert sich an Hermann Balsigers Würdigung des NHKZ-Mitglieds Robert Rittmeyer (S. 87). Ritt-

Blick auf die Bebauung der Allmend Meilen, mit Oberstufenschul- und Sportanlage. Foto Elvira Angstmann, August 2002.

meyer ist einer der wichtigsten Architekten des frühen Zürcher Heimatstils. Das Ensemble «Hohenegg» hat schon einen heimatlich klingenden Namen, und es ist wohl eines der repräsentativsten Beispiele eines freistehenden Baues in der Landschaft, wie ihn die NHKZ 1912 (in ihrem Gründungsjahr!) empfehlen konnte. Die starke Gliederung des Ganzen, das Auf und Ab der steilen Giebeldächer – sie sind dem «Zürichseehaus» nachempfunden –, das Ziegelrot der Dächer zum Grün der Wiesen und Kartoffelfelder, Bäume und Baumgruppen: Das ist landschaftsintegriertes Bauen. Die Fotografin freut sich, dass (statt parkierender Autos) marschierende Kühe das Bild vervollkommnen. Nun geht der Blick talwärts, wir sehen eine 90 Jahre «jüngere» Landschaft. Dieses Bild ist nicht in einem Satz zu charakterisieren. Aber die Augustsonne strahlt, die Schweizerfahne ist aufgezogen und auch hier ist Heimat. See und Gegenhang mit hochgelegener Bewaldung verbinden sich mit der Waldwand der Albiskette. Die Bebauung ist zwar ausgedehnt, aber sie wird vom Wiesen- und Waldgrün noch aufgenommen. Vor dem Seeblau hebt sich der Meilemer Kirchturm ab und lokalisiert das Ganze. Die Bebauung im Mittelgrund erscheint auf den ersten Blick heterogen, aber das zentrale Sportfeld erzeugt Weite und Grosszügigkeit in Neu-Meilen. Dank der hohen Beleuchtungs-

Blick von der Habüelstrasse in Herrliberg: Die Rebberge weichen der Bebauung! Foto Elvira Angstmann, August 2002.

masten können wir uns auch das Nachtbild vorstellen. Die grossen Wohnblöcke zeigen allerlei stilistische Etappen der letzten 20 Jahre, nachdem das Flachdach der Oberstufen-Schulanlage Ormis von 1962–1964 nicht mehr wegweisend war – bei der Bewilligung 1962 war scharfe Kritik zu hören, weil die Bauordnung 1949 in den Kernzonen nur Sattel- und Walmdächer zuliess![27] Am linken Bildrand ist die neueste Phase des heimatlichen Steildachs zu sehen. Die Diskussion im ZSL über besser oder weniger gut in der hier sichtbaren Architektur würde zu keinem Ergebnis führen. Die Fotografin hat ein Bild komponiert, das die Probleme von heute zeigt. Wir alle aber haben uns ein eigenes Bild zu machen, das die Verschiedenartigkeit der Bauten zusammenbringt! Ein Blick in die VSLZ-Jahrbücher kann die Geschichte der baulichen Entwicklung etwas klären: Die Bauordnung mit Zonenplan von 1949 wurde 1951 vom Regierungsrat genehmigt. Vier Parzellen auf der «Allmend» dürfen überbaut werden, weil sie von der Gemeinde als Grünzone vorgesehen waren und das kantonale Baugesetz keine Ermächtigung der Gemeinden zur Ausscheidung von unüberbaubaren Zonen enthalte. Dabei stützte sich die Regierung auf die Praxis des Bundesgerichts in Bezug auf die Rechtmässigkeit der Schaffung von Grünzonen. Diese waren als Planungsmittel noch nicht möglich (man erinnert sich an die auf S. 207 geschilderte Debatte über die Freihaltegebiete im Jahre 2001, nachdem sie nun rechtlich möglich sind!). So waren 1951 nur die in öffentlichem Besitz befindlichen und die auf die Natur- und Heimatschutzgesetzgebung abgestützten Freihaltezonen rechtens, nämlich «die für das Landschaftsbild ausserordentlich wichtigen Abhänge im Gebiet der Chorherren-Seehalde und am Allmendrain mit ihren charakteristischen und weitherum sichtbaren Rebbergen sowie der malerische Eingang zum Tobel des Dorfbaches». [28]

Ein Abstecher an den See soll daran erinnern, dass Meilen eine repräsentative historische Seefront besitzt, dominiert von der Kirche. Die VSLZ-Jahrbücher dokumentieren das Geschehen seit der Korrektion der Seestrasse (Abb. S. 19). Kantonsingenieur Karl Keller (1879–1956), eines der Gründungs-Vorstandsmitglieder (1929–1944)[29] erläuterte 1932 die Notwendigkeit des Ausbaus dieser Verkehrsader:

«Die durch das Automobil gegebene Freizügigkeit hat das Wohnen von den Fesseln der alten Verkehrsmittel befreit. Die Reize der Zürichseelandschaft sind wieder entdeckt worden. Es entstehen an den Ufern und sonnigen Hängen zu beiden Seiten des Sees neue Wohnstätten, nicht mehr dicht zusammengedrängt, sondern zerstreut, in Fluren und Wälder gebettet und meistens auch in Formen gebaut, die die Umgebung nicht stören. Das Automobil führt der Zürichseegegend nicht nur Menschen zu, denen es vergönnt ist, sich da fest niederzulassen, sondern auch eine grosse Zahl solcher, Einheimische und Fremde, denen es auf Spazierfahrten oder auf der Durchreise nur kurze Zeit möglich ist, die Pracht der Seeufer zu geniessen.» [30]

Keller hat einen Schlüsseltext zur Verkehrs- und Siedlungsgeschichte der Seeufer geschrieben. Streubauweise und Vergnügungsfahrten sind seither Probleme geworden. Als Kantonsingenieur war er optimistisch, sein Generationsgenosse Balsiger ebenso. Gemeinsam würde man die Probleme lösen. Die VSLZ-Gründer haben uns beides vererbt: Probleme und Optimismus.

Der Zürcher Regierungsrat beschloss 1927, die Seestrassen an beiden Ufern zu korrigieren «und sie mit einer Fahrbahn von 8 m, einem seeseitigen Trottoir von mindestens 3 m und einem bergseitigen von 2.5 m Breite auszubauen. Als kleinster Kurvenhalbmesser wurden 100 m festgesetzt». [31] Mit Optimismus werden auch die «Rückwirkungen auf die Gegend» angegangen. Unter dem Titel «Das Landschaftsbild» werden gestalterische Massnahmen geschildert:

«Staat und Gemeinden im Verein mit den Organisationen, die sich den Schutz der Heimat zur Pflicht machen, haben auch hier dafür gesorgt, dass für zerstörtes Heimatgut Neues geschaffen werde: Zugänglichkeit zum See, öffentliche Landanlagen und öffentliche Gehwege. Besonders am rechten Seeufer ist es möglich, mit dem Ausbau der Seestrasse auf längere Strecken erweiterte, mit Baumzeilen versehene Gehwege von sechs und mehr Metern Breite längs des Seeufers zu erstellen. Oft führen diese Gehwege an neuen, kleineren oder grösseren öffentlichen Landanlagen vorbei. (...) Auch in Feldmeilen war es möglich, auf einer längeren Strecke die Seestrasse am Seeufer zu führen.» [32]

Die Strasse wird für den Automobilisten verbreitert, die Wanderer erhalten bequeme Gehwege daneben, beide Kategorien freuen sich an der Seenähe.

Im Kern von Meilen ist «die glückliche Anpassung des Kirchen-Chores an die neuen Verhältnisse dem feinen Kunstsinn von Kantonsbaumeister Dr. h. c. Hermann Fietz sel. zu verdanken». An der Löwenhaabe wird die Gemeinde «an Stelle des unansehnlichen Wartehäuschens ein neues und besseres erstellen und auch die Landanlage vor der Kirche in würdiger Weise umgestalten.

Wünschenswert wäre nur noch, dass die Verbindung der Wetzikon–Meilen-Bahn vom Bahnhof Meilen zur Dampfschiffstation aufgehoben würde, da sie lediglich ein unnützes Verkehrshindernis ist». Heute würde sich wohl eine Gehbehinderten-Lobby für diese Verbindung von der Schiffs- zur Bahnstation einsetzen. Erst 1954 hören wir wieder von dieser Anlage. [33]

Den Ideenwettbewerb gewann Gartenarchitekt BSG Pierre Zbinden (1913–1981), künftiger Garteninspektor der Stadt Zürich 1956–1978, VSLZ-Vorstandsmitglied 1963–1981[34], die NHKZ wirkte beratend mit, die 1955 eröffnete Anlage wurde benützt «und wäre ohne den störenden Lärm vom ständig wachsenden Verkehr auf der Seestrasse ein idealer Ruheplatz.» [35]

Bootshaab beim Friedhof in Erlenbach. Foto Elvira Angstmann, August 2002.

Von Herrliberg nach Erlenbach. Wir verlassen die Meilemer Seefront und nehmen den Weg über einigen Reblagen am See zur Kirche Herrliberg. Dort müsste man auf die grosse Verkehrsplanung der 1950er bis zum Ende der 1960er Jahre eingehen.[36] Der Augenschein ergibt aber, dass die gigantische Baustelle seither mit Bäumen bestanden ist, und dass somit auch die Wunden der Empörung vernarbt sind. An der Bergstrasse in Herrliberg zeigen wir als «Genrebild» ein weiteres Beispiel heutiger Bebauung (Abb. S. 223). Diesmal sollen nicht die geschützten Rebhänge im historischen «Schipfgut» am See gezeigt werden, welchen in Erlenbach der ebenfalls geschützte Rebhang am «Turmgut» antwortet.[37] Jene Reservate müssen nämlich die unaufhaltsame Überbauung weiterer Hanglagen ausgleichen. Der erfreuliche Rebhangschutz, wie er in Stäfa erwähnt werden konnte, betrifft fast immer die vorderste Front am See. Im «Hinterland» wird die Veränderung weniger sichtbar. Deshalb einmal ein Bild aus solchen Gegenden: Die Reben weichen der Bebauung. Ein Dokument der Wandlung – oder der Koexistenz.

Der Wanderer bleibt in Hanglage und findet auf der Wanderkarte einen Höhenweg Richtung Kittenmühle. Beim «Biswind» könnte er nach links zum «Pfluegstein» abschwenken, den wir oben erwähnten. Wir wollen hier

Albert Pfister (1884–1978), Zürichsee von Erlenbach aus. Öl auf Leinwand, 56 x 78 cm, undatiert. Aus dem Katalog der Ausstellung im Erlengut Erlenbach 1989.

aber lieber nochmals eines Vertreters der Augenerziehung gedenken, eines bedeutenden Malers. Albert Pfister (1884–1978) ist in Stäfa geboren, wo sein Vater eine Sennerei beim Wasserfall des Dorfbaches betrieb [38], die Mutter stammte aus Männedorf. 1905 bis 1910 lebte er in Paris und Algier, 1912 in Tanger, beeindruckt von Seurat, Matisse und Vlaminck. Er «malt schon ab 1905 expressionistisch und gehört somit damals zur künstlerischen Avantgarde der Schweiz». [39]

Viele Jahrzehnte lebte er am Zürichsee, vor allem in Erlenbach, in der Atelierwohnstatt im «Schüürli» am Tobelrand beim Weg nach dem «Biswind». Seit 1948 hatte er sein Atelier an der Lerchenbergstrasse 125, in einem ehemaligen Ladenlokal. Er war ein scharfsinniger und leidenschaftlicher Vermittler seiner Gedankengänge über Malerei an Malschüler und Kollegen und «ein theoretisierender Praktiker, seine ‹Theorie› war eine systematische Lehre der Farbe und des Bildbaus, die er dank ausgeprägtem didaktischem Talent seit Beginn der 1930er Jahre einem immer grösser gewordenen Kreis von Schülern vermittelte». Er liebte die Gedichte von Hermann Hiltbrunner. Pfisters Tochter berichtet:

«Abseits des Weges, der von Erlenbach Richtung Herrliberger ‹Biswind› führt, inmitten von Äckern und Wiesen, umgeben von Apfel- und Birnbäumen, stand das ‹Schüürli›, das mein Vater (…) als Atelier und Wohnstatt gemietet hatte. Dichtes Brombeergeflecht umrankte das kleine Gebäude, welches zusammen mit den wilden Kirschbäumen eine vollkommene, märchenhafte Einheit bildete. Vom ‹Schüürli›-Atelier aus tat sich ein unvergleichlich weiter Blick über den Zürichsee auf, der von Zürich bis zur Biegung des Sees und weiter in die Berge reichte. Vor dem ‹Schüürli› hatte er mit Steinen eine Feuerstelle errichtet und aus Brettern einen Tisch und eine Bank gezimmert. Ein Holunderbusch schützte das Feuer vor dem Wind und verströmte seinen eigenartigen Geruch, wenn der Rauch sich in seinen Zweigen verfing (…). Im Winter wurde der kleine Atelierraum mit einem Petrolofen beheizt. Im ‹Schüürli›-Atelier lebte mein Vater in völliger Harmonie mit der Natur. In mondhellen Nächten beglückte ihn der Anblick äsender Rehe vor seinem Fenster, im Dach wohnten Hornissen, und ein Marder genoss die Gastfreundschaft des Menschen – oder war es umgekehrt? Die Vögel aller Arten liebte er sehr und hielt mich dazu an, auf ihren Gesang zu achten. Manchmal ergötzte er sich an den Klängen virtuosen Klavierspiels, die der Wind über das Erlenbacher Tobel zu ihm hinübertrug. Als einziger Luxus gönnte er sich ein Grammophon, das man mit einer Kurbel aufziehen musste. Er hatte eine Vorliebe für Musik von Brahms, die er ‹Götterschnurr› nannte, jedoch auch für Klassik von Beethoven und Volkslieder.» [40]

«Zürichsee von Erlenbach aus» heisst Pfisters undatiertes Bild (Abb. S. 226) vom Aussichtsweg in der Nähe seines «Schüürli» aus. Es ist wohl die Lehre darin enthalten, wie auch wir die Welt sehen sollen: Der hohe Himmel und der See, der Pflanzenbewuchs und ein Gehöft, alles auf das Wesentliche der reinen Farbe beschränkt – oder vielmehr erweitert. Das «moderne» Landschaftselement ist die Strasse: wie ein Peitschenhieb fährt sie vom Vorder- in den Mittelgrund, aber sie ist «im Bild». In vielen Bildern Pfisters kommt eine solche Strasse vor, sie ist immer Zeitsignatur, «Erschliessung» der Landschaft, ohne Menschen, aber «Tat» der Menschen.

Vom «Biswind» her findet jeder Wanderer die «Kittenmühle», und von dort den Weg durch das Erlenbacher Tobel abwärts mit dem Bach zum See. Der Wasserfall im Tobel war schon im 18. Jahrhundert berühmt und wurde in vielen Darstellungen verbreitet. In unserer Zeit sind die Tobelrouten Primärwanderrouten. [41]

Ähnlich wie in Meilen steht in der Nähe von Bachmündung und Schifflände in Erlenbach die Kirche am Ufer, hier aber vom Friedhof begleitet und nicht durch die Seestrasse vom Wasser getrennt. Im Unterschied auch zur erwähnten Seeanlage in Meilen befindet sich hier eine Ruhezone im Verborgenen, die vor allem den Einheimischen bekannt ist. Sie ist dem Friedhof vorgelagert und liegt an der kleinen Schiffshaab (Abb. S. 225). Gezeigt wird hier das Idyll, um auf die vielen Kleinanlagen am See aufmerksam zu machen. Sie werden nicht von einem Wanderer nach langem Gehen erreicht, sondern sind Naherholungs-Kleinzonen, um das auf Planerdeutsch auszudrücken. Gegenüber dem Friedhof-Eingang, bergwärts, nach der Überquerung der Seestrasse mit wenigen Schritten zu erreichen, liegt das «Erlengut», ein bürgerliches Landhaus des

18./19. Jahrhunderts, das 1992 bis 1994, zwanzig Jahre nach dem Erwerb durch die Gemeinde, sorgfältig restauriert und für öffentliche Nutzung eingerichtet wurde. Von hier kann man auch über die Schulhausstrasse zum 1924–1925 erbauten «Turmgut» aufsteigen, das neuerdings von Gemeinde und Kanton erworben und unter Schutz gestellt worden ist, der Rebhang unter dem Turmgut wurde schon 1986 als regionale Freihaltezone bezeichnet, 1993 durch den Kanton Zürich erworben und an die Gemeinde abgetreten, die den Rebbetrieb sicherstellt.[42] Neben öffentlichen Massnahmen soll auch die private Schutztätigkeit hier erwähnt werden. Der ZSL stellte sie bereits vor (Zeittafel: 1998): In der Liegenschaft Wüeri in Erlenbach ist in nunmehr 20 Jahren die Renaturierung eines Stücks Seeufer mit Erfolg durchgeführt worden. Eine solche muss so eingerichtet werden, «dass die Natur selber weiterarbeitet». Jungschilf erweiterte sich bei schwankendem Wasserspiegel selbständig. An das Röhricht grenzt eine Übergangszone mit Brombeeren und Winden, die in eine zu bewirtschaftende Feuchtwiese übergeht. Eine Mahd jährlich ist nötig, allenfalls auch alle zwei bis drei Jahre alternierend. Die 40 bis 50 botanischen Arten, die hier nun neu wieder vorkommen, tragen ebenso zur Biodiversität bei wie Insekten, Röhrichtvögel und später auch röhrichtbewohnende Säuger.[43] Es ist damit ein Modellfall entstanden, ein alternatives Vorbild für «Naturgärten» am See statt Rasen mit üblichem Zubehör! Damit ist an der Erlenbacher Uferstrecke, wo sich schon 1915 und 1921 die NHKZ intensiv mit dem Seeufer beschäftigte (S. 74, 75), der VSLZ 1930 die Unterschutzstellung der noch vorhandenen Schilfbestände bei der Regierung anregte und 1931 die Gemeinde eine Quaianlage errichten wollte[44], ein zukunftsträchtiges Beispiel für Uferschutz gegeben worden.

Ein Besuch in Küsnacht. Der Wanderer besteigt an der Schiffländi Erlenbach das Schiff, das ihn nach Küsnacht bringt. Eine Foto im VSLZ-Jahresbericht 1990 zeigt Küsnacht vom See aus: «Intaktes Beispiel einer lockeren, durchgrünten Bebauung».[45] Er sieht nun in Wirklichkeit, wie die Bewaldung des Küsnachter Tobels wohltuend in das Dorfbild eingreift und strebt deshalb sofort bachaufwärts, von der Grünanlage im Mündungsdelta durch das Dorfkerngebiet, bis der Bach vom Wald aufgenommen wird. An dieser Stelle bleibt er stehen und blickt durch das Bachbett zurück, seewärts (Abb. S. 229). Hermann Hiltbrunner, der schon etliche Male zitierte Gewährsmann, hat im Jahrbuch 1944/45 eine schöne Studie veröffentlicht: Die *Landschaft Küsnacht–Erlenbach*. Die beiden Tobelbäche bestimmten auch seine Route, aber in umgekehrter Reihenfolge der meinigen. So kommt er mir entgegen und bleibt ebenfalls hier stehen:

«Wie nun der Bach sein Fressgebiet verlässt, in sein Ablagerungsgebiet eintritt und im Eigenen fliesst, ist es, als übergösse er sein breites Delta mit Häusern, mit Häusern voraus und nach beiden Seiten, mit Häusern rechts bis Goldbach, mit Häusern links bis Erlenbach. Und ich beuge mich über das Geländer zum Bach und sage: Dies ist Dein letztes Zauberstücklein, aber nicht Dein schlechtestes! Welches aber ist Dein bestes: die Eisorgel, der Eisvogel, die Wasseramsel? Oder der Lerchensporn hier und das cymbelblättrige Leinkraut über Deinen Ufersteinen? Doch er hört mich nicht mehr. Er will zum See, wie alle die Menschen, die hier Wohnung genommen haben: er will nach Hause, wie alle die hier Häuser haben.»[46]

Hört man in diesem Text das Vorbild? Heute kann man alle Literatur im Taschenbuch mittragen, also wird auch der Wanderer Goethes Gedichte aufschlagen und auf der langen Tobelwegstrecke «Mahomets Gesang» rezitieren. Hiltbrunner aber ergänzt sein Bachgespräch: «Unter diesem bald völlig geschlossenen, bald leicht geöffneten Laubdach, dessen Schatten nie Dunkelheit verbreitet, mischen sich die Vogelstimmen den Stimmen der Wasser. Fragende Drosselrufe und helle Amsellieder tönen herab, vom Wasser herauf aber rufen die, die unsern Augen sichtbar sind: die Bergstelzen und die Wasseramseln, der Zaunkönig und der Eisvogel.»[47] Die Foto des Bachbetts will auf die schönsten Naturachsen vom See zum Berg verweisen und auf die Tatsache, dass Hiltbrunners Text offenbar ein Auftragswerk des VSLZ war, denn im gleichen Jahrbuch

Blick seewärts ins Bett des Küsnachter Tobelbaches, beim Eintritt ins Dorfgebiet. Foto Elvira Angstmann, August 2002.

erschien die grosse Regionalplanungsstudie *Landschaftsschutz am Zürichsee* des Architekten Ernst F. Burckhardt (1900–1958) in der die in den See mündenden Bachläufe die Grundlage für eine naturnahe Siedlungsentwicklung bildeten (Abb. S. 23).[48] Der Wanderer fühlt sich durch die musische Publikations- und Aufklärungspraxis des VSLZ einmal mehr bestärkt, seine assoziationsreiche Reise in diesem Sinne fortzusetzen. (So sei noch nachgetragen, dass sich in der grossen ehemaligen Fabrik am Tobeleingang das Atelier des Malers Balz Baechi, geb. 1937, befindet, der sich vom Bachbett inspirieren lässt.). Zurück zur Planung. Theo Hunziker (vgl. S. 115, 129) hat

15 Jahre nach Burckhardt das Thema systematisiert: *Anregungen zur Praxis des Landschaftsschutzes am Zürichsee*. Da heisst es lapidar:

«Tobel sind nicht allein vom Gewässerschutz aus ungeschmälert zu erhalten. Sie bilden überdies mit fortschreitender Überbauung wertvolle Trennzonen zwischen einzelnen Siedlungsbereichen und können durch Wanderwege im Tobel oder an dessen Rand der Erholung dienstbar gemacht werden.» (Abb. S. 230)[49]

Im Küsnachterberg, beim Wiserholz, tauche ich aus dem Tobel auf und melde mich im Weiler Limberg bei Dr. Arthur Egli (geboren 1928), VSLZ-Präsident 1992–1996 (vgl. S. 124–125).[50] Das Gespräch am 21. August 2002 kreist um die Stellung der Gemein-

Küsnachter Tobel mit Wanderer, Abbildung zu Theo Hunziker, Landschaftsschutz (...), aus: JbZ 1960–1961, S. 26.

den im Landschaftsschutz, ausgehend von der Debatte um den Landschaftsplan im Jahre 2001 (siehe S. 207). Limberg erweist sich als bestens geeigneter Ort, das Beispiel Küsnacht zu verstehen, denn hier, im Zentrum des Küsnachterbergs, betreut die Familie Egli seit mindestens drei Generationen ihren Bauernbetrieb.

Arthur Egli erwähnt seinen Grossvater (geboren 1864), seinen Vater (geboren 1894). Seine beiden Brüder haben den Hof in der Folge übernommen. Alle drei sind heute nach wie vor auf dem Limberg präsent und dem landwirtschaftlichen Geschehen nahe geblieben.

Arthur Egli ist Jurist geworden und schon früh in den Dienst der Kreditanstalt getreten, 1973 wechselte er von der Filiale Rathausplatz Zürich nach Küsnacht und leitetete die hiesige Filiale bis 1991. Schon 1964 hat er für seine Familie ein Wohnhaus neben dem alten Bauernhaus errichtet, das jetzt zum «Stöckli» geworden ist. 1974 ist er in den Gemeinderat eingetreten und hat diesen 1978 bis 1990 präsidiert. In jenen Jahren war es noch möglich, gleichzeitig Bankfilialleiter und Gemeindepräsident zu sein. Arthur Egli überblickt die bauliche Entwicklung der Gemeinde seit 1945. Die gerade in den ersten Nachkriegsjahren geborenen Bauernsöhne auf dem Küsnachterberg entschlossen sich zum Glück, ihre Betriebe weiterzuführen, als sich in den 1960er Jahren die Frage stellte, ob auch hier oben ein neuer Siedlungsschwerpunkt entstehen sollte. Damals wurde eine Überbauungsstudie für ca. 6 000 Einwohner für die Geländemulde zwischen den Weilern Wangen und Chaltenstein gemacht, die reformierte und die katholische Gemeinde erwarben bereits Land für neue Kirchen. Davon wurde aber abgesehen und die Expansion auf das Gebiet der Forch, nördlich der damals erstellten neuen Forchstrasse, beschränkt. Wer den seit 1995 gültigen Zonenplan von Küsnacht betrachtet, kann staunen: Die ganze Bergzone, gegliedert durch den Tobelbach und die vier Weiler Chaltenstein, Wangen, Limberg und Schmalzgrueb, sowie westlich und östlich gerahmt durch grosse Wälder, ist «kantonale Landwirtschaftszone nach § 36 PBG».[51] Die Weiler sind als Kernzonen in ihrem heutigen Bestand gesichert, können sich also nicht ausdehnen. Der Wert dieser grün gebliebenen Zone zeichnet sich noch deutlicher ab, wenn man sie mit dem nördlich anschliessenden, ebenfalls west-östlich verlaufenden, zusammenhängenden Wohngürtel Itschnach–Zumikon–Äsch (Maur) vergleicht, der sich dann über Waltikon–Zollikerberg–Zollikon noch erweitert und mit Witikon in die Stadt Zürich übergeht. Bei dieser – auf Karte und Augenschein gestützten – Beschreibung merkt man aufs neue, dass für die Darstellung des Verhältnisses zwischen überbautem und unüberbautem Boden bzw. zwischen Siedlungszonen und Grünzonen keine überkommenen poetischen Landschaftsbegriffe zur Verfügung stehen. Die Landwirtschaftszone Küsnachterberg mit 32 Betrieben – davon 15 ackerbauliche und 17 mit insgesamt 350 Kühen – kann aber noch als «Kulturlandschaft» gelten, im alten Sinne der landwirtschaftlichen Bodenbestellungs- und Baukultur, auch wenn sich im einzelnen Bodenbearbeitungsmethoden und Baustil (in den Weilern) geändert haben.

Der Küsnachterberg ist aber auch ein «Reservat» im besten Sinne, und das verdient als Erfolg der Planung festgehalten zu werden. Arthur Egli schildert mir die Vorgeschichte des heutigen Zustandes, wie er sich im Küsnachter Zonenplan für das ganze Gemeindegebiet darstellt, und verweist auf die, von den Stimmberechtigten bekräftigte Planungs- und Landkaufpolitik des

Gemeinderats seit den 1940er Jahren, welche auch für den Gemeindeteil Dorf «Grünraum und Wohnlichkeit» anstrebte. 1948 schuf die Gemeinde das Rebreservat Heslibach an der Grenze gegen Erlenbach, an welches sich zudem die Landwirtschaftszone Hesligen bergwärts anschliesst. Am See wurden Baudenkmäler und Grundstücke zur Uferfreihaltung erworben. [52] Schon von 1927 bzw. 1950 stammen Bauordnung und Zonenplan; sie wurden 1975 ganz überarbeitet und sicherten das Leitbild eines «bevorzugten Wohngebiets mit dörflichem oder villenartigem Charakter». Bereits 1974 war eine 74.6 Hektaren umfassende Freihaltezone festgelegt worden. Diese gliedert das obere Siedlungsgebiet mit zusammenhängenden Landschaftskammern samt Spazierwegen und folgt mit 30 m breiten Streifen den Waldrändern. So wurde vor allem zwischen Tobelwald und Zollikerwald die Grünverbindung mit Schübelweiher und Rumensee gesichert. [53] Die Voraussetzungen dieser positiven Entwicklung können in den VSLZ-Publikationen nachgeschlagen werden, speziell die Landkaufpolitik [54], aber auch natürliche Gegebenheiten, Eigenart, Entwicklung, Planung und Ortsgestaltung, Erhaltung von Dorfkern und Baudenkmälern, Gemeindechronik 1951 sowie frühe Infrastruktureinrichtungen wie Strandbad und Kläranlage. [55]

Alt Gemeinde- und VSLZ-Präsident Dr. Arthur Egli bezeichnet sich selbst als Mensch des Ausgleichs: Aus der besonnenen Haltung des Bauernsprösslings heraus hat er sich in der Gemeinde für die hier beschriebene planerische Entwicklung eingesetzt, welche in einem steten Aufklärungs- und Entscheidungsprozess von der Bevölkerung getragen wurde. Egli erwähnt auch das diesbezügliche Engagement von VSLZ-Vorstandsmitglied Klaus Hagmann als Küsnachter Gemeinderat (siehe S. 129–131). Für die künftige ZSL-Arbeit ist die Periode Egli und das Wissen um die Bedeutung der Gemeindeebene eine wichtige Erfahrung. Im Bewusstsein dieser 60jährigen Planungsgeschichte verlasse ich den gastfreundlichen Limberg und wandere über Schmalzgrub und Itschnach nach dem Rumensee. [56] Von dort nehme ich den Weg durch den Wald und stehe bald am Waldrand im Zolliker Gemeindegebiet.

Von Zollikon nach Zürich. Die Abb. S. 232 zeigt die Aussicht von hier, von der Zolliker Allmend, hoch über Zollikon. Dessen Kirchturm – einst dem Zürcher Fraumünster nachgestaltet – hat heute im Grossstadtkontinuum Zürich die wichtige Rolle, «Zollikon» zu lokalisieren. Das abgeerntete Kornfeld hingegen symbolisiert die ländliche Vergangenheit der Gemeinde. Die Freihaltung der Allmend wird im VSLZ-Jahresbericht 1941/42 als besonderes Verdienst des Gemeindepräsidenten hervorgehoben. [57] Das war Dr. iur. Ernst Utzinger (1885–1967), VSLZ-Vorstandsmitglied von 1934 bis 1962. [58] Utzinger stellte 1942 in seiner Betrachtung *Neue kommunalpolitische Bestrebungen in Zollikon* [59] Bauordnung und Zonenplan in einen grösseren Zusammenhang. Notwendig in der damaligen Kriegszeit waren die Bemerkungen über die Souveränität der Gemeinden, welche im nahen Ausland systematisch beschränkt, ja aufgehoben wurden. Eine Bauordnung war schon 1913/19 erlassen worden, der Bebauungsplan von 1931/32 ging auf einen Wettbewerb zurück. 1942 sollte nun ein weiterer Wettbewerb einen neuen Bebauungsplan ergeben: Es sollten Bau-, Schutz- und Erholungszonen ausgeschieden werden. Utzinger diente dem VSLZ auch als Sektionsobmann Unteres rechtes Zürichsee-Ufer von 1943 bis 1960. Seine Nachfolge als Vorstandsmitglied und Sektionsobmann übernahm 1960 bis 1994 sein Schwiegersohn, Architekt Werner Blumer (geboren 1926), der auch als Restaurator historischer Bauten in der Gemeinde (Reformierte Kirche, Landhaus Traubenberg am See, Ortsmuseum Felsengrund) und auswärts in Erinnerung geblieben ist. [60] Die von Blumer fortgesetzten Chronik-Berichte in den Jahrbüchern widerspiegeln die anhaltende rasante Bauentwicklung im Sog der Grossstadt Zürich, den «Ausverkauf» der freien Bauplätze im Dorfgebiet und die Verlagerung der Bautätigkeit in den Zollikerberg. [61] 1960 konnte er

Blick von der Allmend auf Zollikon, See und linkes Ufer. Foto Elvira Angstmann, August 2002.

berichten, dass endlich eine neue Bauordnung die bestehende überholte von 1913/19 ersetzen würde, nachdem jene von 1948 vom Regierungsrat nicht in Kraft gesetzt worden war, «weil die vorgesehene Grünzone keine gesetzliche Grundlage besitze». [62] Dieser Konflikt ist schon im Fall Meilen erwähnt worden (siehe S. 223). Wenn wir auf der Allmend Zollikon stehen, erinnern wir uns an Ernst Utzinger, der diese Grünzone durch vorsorgliche Landkaufpolitik schon gesichert hatte, als sie noch nicht gesetzmässig war. In diesem Sinn reiht sich Utzinger unter die Landschaftsschutzpioniere, seine Politik an jene von Küsnacht, die Politik des VSLZ an jene der Gemeinden. Schliesslich würdigte der Wanderpionier Johann Jakob Ess am 70. Geburtstag Utzingers dessen Verdienste als Präsident der Zürcherischen Arbeitsgemeinschaft für Wanderwege seit 1940. Utzinger sei ein «leidenschaftlicher Wanderer». [63] Im Jahresbericht 1990 zeigte der VSLZ eine Foto von Zollikon vom See aus mit der Legende: «Baugebiet hoher Dichte ohne massstäbliche Dissonanzen» [64] (Abb. S. 44). Zollikon ist bereits dicht genug und fast bis an den Waldrand hinauf bebaut, ein Bestand von grossen Bäumen in den Gärten fällt auf. Damit ist der Überbauungszustand der Stadt Zürich erreicht, ohne dass aber Zollikon eingemeindet worden wäre. Dagegen hat es sich, wie Kilchberg, 1929 erfolgreich gewehrt. Als leidenschaftlicher Wanderer aus der Generation von Ess hat sich Utzinger dafür eingesetzt, dass man an den Waldrändern in der Agglomeration Zürich noch Distanz zum Baugebiet gewinnen kann. Damit hat er die Landpolitik der Stadt Zürich aufgenommen: Dafür steht unsere Foto von Zollikon. Pioniere wie Ess und Utzinger haben uns die Wanderleidenschaft vererbt, im Stadtgebiet ist neuerdings der Begriff des «Stadtwanderers» geprägt worden [65], denn man bewegt sich ja immer mehr durch Stadtlandschaften und die Grüngebiete sind, wie wir erlebt haben, «Zonen» und «Reservate».

Beim Übertritt ins Stadtgebiet von Zürich stellt sich nun die Frage, welche Route zu wählen ist, um wieder ans andere Seeufer zu kommen. Wir könnten von der Zolliker Allmend aus uns weiterhin an die Waldränder auf den Höhen halten und so die Stadt grossräumig umgehen. Diese Route ermöglichten Stadtrat und Bauvorstand Emil Klöti (1877–1963) und seine Administration durch zielgerichtete Landkauf- und Grünpolitik in den Jahren zwischen 1910 und 1942. Balsiger und sein Freund Klöti, wie dessen Chefbeamte, Stadtbaumeister Hermann Herter (1877–1945), VSLZ-Vorstandsmitglied 1927–1942 [66], und der Leiter des Bebauungsplan-Büros, Konrad Hippenmeyer (1880–1940) [67], haben sich in solchen planerischen Absichten stets ergänzt und bestätigt (siehe S. 57, 68). Erst nach seinem Rücktritt als Stadtpräsident trat Klöti 1943 in den VSLZ-Vorstand ein und verblieb bis 1953. [68] Nach dem Rücktritt als Ständerat 1955 übernahm er 1958 noch das Präsidium des neugegründeten Vereins «Regionalplanung von Zürich und Umgebung», der seine lebenslänglichen Bestrebungen in eine neue Form überführte. [69] Paul Schmid-Ammann (1900–1984), Chefredaktor des «Volksrechts», VSLZ-Vorstandsmitglied 1957 bis 1974 [70], hat Klötis Biografie verfasst und überliefert vom Politiker ohne Privatleben Klöti, dass dieser Erholung suchte «auf Wanderungen über die bewaldeten und besonnten Hügel der Pfannenstiel- und Albiskette. Landschaft, Pflanzen und Tiere erfreuten sein Herz, und allen Bestrebungen, die Schönheiten der Natur zu erhalten, lieh er seine Unterstützung». [71] So würden wir Klöti begegnen, der sein Wanderer- und Planercredo in einem detailreichen ausführlichen Rechenschaftsbericht im VSLZ-Jahrbuch 1942 dargestellt hat: *Der Schutz der Wälder und Aussichtspunkte im Gebiete der Stadt Zürich*. [72]

Von der Zolliker Allmend sind wir unterdessen an der Endstation Rehalp der Zürcher Tramlinie 11 angelangt, wo auch die Forchbahn, die das Pfannenstielgebiet als Wohnlage erschlossen hat, ins städtische Schienennetz einfährt. Von hier aus könnten wir längs des Wehrenbachs zum Zürichhorn absteigen und in die städtischen Seequaianlagen gelangen. [73] Wir wählen aber weder diesen noch den Waldrandweg ennet dem Bach nach Eierbrecht–Sonnenberg–Dolder, sondern durchwandern den Friedhof Enzenbühl, der nach Plan des eben erwähnten Bebauungsplan-Chefs Hippenmeyer 1933–1934 als Landschaftspark erweitert wurde. [74] Friedhofanlagen gehörten zum «Programm» der VSLZ-Gründer, da sie intensive Landschaftsgestaltung erlauben. [75] Im Parkbild des Enzenbühl spielt auch der Baumbestand am Nebelbach mit, der ausserhalb des Friedhofs an seiner Flanke fliesst. Wir streben nun zur Psychiatrischen Klinik Burghölzli: Der namengebende bewaldete Hügel, der im Stadtlandschaftsbild von Zürich eine bedeutende Rolle spielt (Abb. S. 62), ist mit einem Wegnetz durchzogen, das auch an seinen südwestlichen Waldrand führt, unter dem ein Rebberg neu angelegt worden ist. Dem Zürcher nicht bewusst oder bekannt ist die Tatsache, dass dieser Wald nach Anmeldung betreten werden kann! Nordwestlich an den Burghölzlihügel grenzt die Weinegg, wo die Quartierbevölkerung um die Erhaltung eines der letzten Bauernbetriebe auf Stadtgebiet kämpft. Das ist ein Beispiel für die Schwierigkeiten bei der Umsetzung der «Lokalen Agenda 21» (LA 21) des Erdgipfels von Rio de Janeiro 1992, nach welcher die Gemeinden «nachhaltige Entwicklung» im Interesse der kommenden Generationen zu sichern haben! Gleich anschliessend dehnt sich das als grossräumiger Naturpark gestaltete Areal des Neuen Botanischen Gartens Zürich aus. [76] Nachher überqueren wir den Wehrenbach und sind nochmals versucht, ihm zu folgen, wir wählen aber die Zollikerstrasse stadteinwärts, an der wir zwei öffentlich zugängliche Villen-Parkanlagen in Stadtbesitz besuchen: den Seeburg-Park (Nr. 60) und den Park der Villa Bleuler (Nr. 32). Die Zollikerstrasse mündet nun in den Kreuzplatz, wir folgen der Kreuzbühlstrasse abwärts, von der wir über den neugestalteten Bahnhof Stadelhofen in die Olgastrasse gelangen: Hier sind wir im Hügelbereich der Hohen Promenade mit erhaltenswertem Gebäude- und Grünbestand, welcher durch Volksabstimmung 1984 mit einer Kernzone geschützt wurde. [77] Die ganze

Untere Rämistrasse und Bellevue in Zürich gegen den Üetliberg. Foto Elvira Angstmann, August 2002.

bisherige Stadtwanderung hat sich im Bereich des hügeligen Endmoränenverlaufes abgespielt.[78] Nun sind wir im Stadtzentrum angekommen und blicken von der Höhe des Fusswegs längs der Hohen Promenade über der Rämistrasse Richtung Bellevue (Abb. links). Die Steilwand des Üetlibergs prägt auch das Stadtinnere, vielfältiger Baubestand rahmt die «Strassenschlucht» im Zug des ehemaligen mittelalterlichen Stadtgrabens. Am linken Bildrand das grosse barocke Stadtpalais «Zum Garten», rechts die historische Häuserzeile des «Rämiquartiers», welches dem Hügel der Winkelwiese, dem letzten Ausläufer des Moränenzugs, folgt. Die Rämistrasse in der Verlängerung der Einfallachse von Winterthur her führt zum Bellevue am See, wo auch der ganze Längsverkehr von beiden Ufern über die Quaibrücke strömt und sich mischt. Auf der Foto ist aus Architektur und Naturhintergrund ein Stadtlandschaftsbild komponiert. Das ist das Gegenbild zum Seeanfang bei Schmerikon/Uznach. Der dortigen Lintheinmündung entspricht hier der Limmatausfluss. Der VSLZ hat sich 1936 um *Die Abflussregulierung des Zürichsees* bemüht und das NHKZ-Gutachten über die dabei entstehenden Veränderungen im Stadt- und Landschaftsbild am See publiziert. Das Regulierwehr am Drahtschmiedli, neben dem Zusammenfluss von Sihl und Limmat, wurde erst 1951 in Betrieb genommen. Die Leser des Gutachtens werden über die Bedeutung der Veränderung und den früheren Zustand ins Bild gesetzt, der weitgehend aus dem Bewusstsein verschwunden ist: tieferer Wasserspiegel und strömendes Wasser im Bereich des Platzspitzes, ehemalige Mühlenbauten im Wasser an den Mühlestegen zwischen Rudolf Brun- und Bahnhofbrücke.[79] Sonst hat der VSLZ wohl stadtgeschichtliche Untersuchungen publiziert[80], sich aber selten zu Problemfällen geäussert, etwa 1935 in einer – vergeblichen – Einsprache für die Erhaltung des 1811 erbauten klassizistischen Stadthauses «Schönenhof» an der Rämistrasse, dem sich auch Heimatschutz und Antiquarische Gesellschaft anschlossen, der Nachfolgebau ist als dritter von links auf Abb. S. 234 zu sehen.[81]

Über Sanierung und Schutz der Zürcher Altstadt äusserte sich 1952 im VSLZ-Jahrbuch Stadtbaumeister Albert Heinrich Steiner[82], zehn Jahre später nahm Dr. Martin Schlappner (1919–1999), Obmann des Zürcher Heimatschutzes und VSLZ-Vorstandsmitglied 1959 bis 1974[83], das Thema wieder auf.[84]

Auf der Quaibrücke erlebt der Wanderer vor sich den Schwall des Wassers, den See, kaum widersteht er dem Verlangen, sich am Bürkliplatz per Schiff zu entfernen, denn eine gewisse Wandermüdigkeit stellt sich nun ein. Auf der Bürkliterrasse steht seit 1952 die Plastik «Ganymed» von Hermann Hubacher.[85] Wir erinnern uns, dass sich Hermann Balsiger sehr für die Förderung der Bildhauer einsetzte, die internationale Plastikausstellung längs der Seeufer in der Stadt Zürich 1931 war ihm ein Beweis für die Notwendigkeit öffentlicher Kunst.[86] Im Arboretum erinnert sich der Wanderer, der nun zum Stadtspaziergänger geworden ist, dass hier Hermann Balsiger seine ersten prägenden Seeufererlebnisse hatte, und dass 1915 in der NHKZ ein Ästhetenstreit um die ganzen Quaianlagen von 1881–1887 stattfand (S. 63, 74). Darüber darf nicht vergessen werden, dass mit diesen öffentlich zugänglichen Anlagen die Flussstadt Zürich den Schritt an den See gemacht hatte. Die breite Seepromenade ist heute selbstverständlich, musste aber gegen eine Bahnlinienplanung längs der Ufer durchgesetzt werden. Zudem hatte die Stadt mit den noch nicht mit ihr vereinigten Gemeinden Riesbach und Enge zusammenzuarbeiten.[87] Das war für die Stadt ein grosser Schritt, er führte von der mittelalterlichen Grünanlage auf dem Lindenhof und den regelmässigen Barockanlagen des 18. Jahrhunderts im Platzspitz, auf der Hohen Promenade und im Zürichhorn weg zur grossstädtischen Flanier- und Bildungszone.[88] Hier ist auch das Vorbild für den Drang zu suchen, den ganzen See mit Uferwegen zu umgeben. Schon vor dem See waren die Wälder entdeckt worden: Seit 1873/85 erschliesst der «Verschönerungsverein Zürich» Zürichberg und Üetliberg und dehnt seine Tätigkeit immer weiter aus.

Auch der VSLZ kümmerte sich um den Üetliberg als Aussichtspunkt und Erholungsgebiet (Zeittafel: 1934)[89] und berichtete über die Stadtwaldungen, den Lehrwald der ETH und das kantonale Pflanzenschutzgebiet am Üetliberg, ja überhaupt über die *Wälder rund um den Zürichsee.*[90]

Auch auf dem linken Ufer sind ehemalige grosse private Parkanlagen öffentlich geworden, so ist man vom Arboretum aus schnell im Belvoir- und im Rieterpark, wir besuchen vor allem das anschliessende Muraltengut, dessen Rettung auf S. 78–80 beschrieben worden ist.[91] An das Strandbad schliesst eine ebensobreite grossräumige Parkzone am See, ihr vorgelagert ist die künstliche «Saffa-Insel». Nun folgt die unkonventionelle Ufererhaltung und -gestaltung der 1970er und 1980er Jahre: Über Stützen verläuft der Fussgängerweg im Bereich der Schiffswerft und führt zur «Roten Fabrik», dem alternativen Freizeitzentrum am See.

Von Zürich nach Kilchberg, Rüschlikon und Thalwil. Mit dem Wissen, dass bald einmal der durchgehende Seeweg noch vor der Stadtgrenze sein Ende findet, strebt der Wanderer lieber bergwärts: Er unterquert die Bahnlinie und steigt zur alten Kirche Wollishofen auf. Hier erhält er nun die Möglichkeit, auf der Höhe der Moräne, einem langgestreckten Hügelrücken über dem See, ein gutes Stück vorwärts zu kommen. 1935 bis 1936 wurde hier die neue Kirche Wollishofen als Quartierdominante auf den abgerundeten Anfang des Höhenzuges gesetzt. «Auf der Egg» heisst der Weg, den man hier einschlagen und mit etwas Geschick, Stadtplan und Wanderkarte fortsetzen kann.[92] Zuerst erfreut den Wanderer der «Schipferhof», den die Stadt hier einem Biobetrieb verpachtet hat. Mutterkühe weiden auf einem Areal, das als grüne Zunge von der Höhe über die Kilchbergstrasse weg bis zur Bahnlinie hinab reicht. Das Thema ist bereits bei der Weinegg auf der rechtsufrigen Moräne aufgenommen worden: Landschaftsschutz hat spätestens heute nicht mehr allein ästhetische Bedeutung. Zum dritten Hof im Agglomerationsgebiet der Stadt, bei dem diese Argumentation fällig ist, gelangen wir nun auf Kilchberger Boden. Es ist das Hofgut Stocken an der Stockenstrasse, in Gemeindebesitz, ein grosser Milchbetrieb.[93] Solche Höfe sind die Zellen der Kulturlandschaft: Primäranschauungsunterricht für Schulen, auf denen stets die neuesten Erkenntnisse über den Stand der Dinge in Sachen Mensch und Natur verbreitet werden sollten.

Wir besuchen die Kirche von Kilchberg, ein Baudenkmal, berühmt geworden durch Conrad Ferdinand Meyers Gedicht.[94] Nach Süden schliesst der grosse Friedhofbereich an. Der Blick geht über die regelmässige Einteilung der Gräberfelder ins freie Land (Abb. S. 237). Die flache Geländemulde war Gegenstand einer der ersten Demarchen des VSLZ, im Einverständnis mit dem Besitzer. Im Bebauungsplanentwurf der Gemeinde waren 1929

«zwei Quartierstrassen vorgesehen, die sich durch die ganze Länge dieses Wiesentales ziehen sollten. Man denke sich dieses ganze Gebiet in Bauparzellen zerstückelt und Einfamilienhäuschen über den Grund verstreut bis zur Friedhofmauer heran! Damit hätte Kilchberg seinen schönsten Aussichtspunkt eingebüsst und mit ihm auch die nahe Stadt, die allsonntäglich ihre Ausflügler und Spaziergänger dahin sendet.»[95]

Die kantonale Baudirektion folgte der Aufforderung, die beiden Erschliessungsstrassen nicht zu bewilligen. Bis heute ist die grüne Hochfläche unbebaut erhalten geblieben. Hier oben ist die Formation der Landschaft grossräumig erlebbar: Der Blick erreicht nicht nur den Seespiegel, sondern auch die Albiskette, die Gestalt des Moränenrückens ist zu spüren. Das Gleichgewicht, welches die Foto suggeriert, ist allerdings labil. Nicht sichtbar ist die dem rechten Bildrand nahe Autobahn, nicht sichtbar sind die recht voluminösen Neubauten ausserhalb des linken Bildrandes. An den Rändern des Reservats wurde und wird gebaut — der Kran zeigt es an. Das grüne Gelände geht links in das Brölberg-Gut, mit klassizistischem geschütztem Wohnhaus über, das an Conrad Ferdinand Meyers Landgut angrenzt. Dieses ist als Erinnerungsstätte ein in öffentlichem Besitz

Blick vom Friedhof Kilchberg gegen «Chilchmoos-Ghei». Foto Elvira Angstmann, August 2002.

befindliches Schutzobjekt und beherbergt neben dem Arbeitszimmer des Dichters die ortsgeschichtliche Sammlung. Die talseitige Flanke der beiden Landgüter an der Alten Landstrasse wurde 1947 über 400 m von der Gemeinde als unverbaute herrliche Aussichtlage gesichert.[96] Von der Kulturlandschaft auf der Höhe ist in Kilchberg ein Abstecher an den See zu machen. In dem 1959/65 von der Gemeinde erworbenen Naville-Park steht eines der typischen bürgerlichen Landhäuser des 18. Jahrhunderts. Dort wurde am 7. Juli 1977 die Hydrobiologisch-limnologische Station, Bestandteil des Instituts für Pflanzenbiologie der Universität Zürich eröffnet, welche vom VSLZ an der Jahresversammlung 1982 besucht worden ist (S. 38, 40). Das moderne Forschungsinstitut im Baudenkmal in der Erholungszone am See ist eine interessante Kombination. Im Erdgeschoss wird mit Algenreinkulturen in Seewasser gearbeitet, das mit einer eigenen Wasserfassung heraufgepumpt werden kann. Die Algen werden teils dem Tageslicht, teils einem geeigneten Kunstlicht ausgesetzt; Lichtschränke erlauben Versuche bei verschiedenen Temperaturen.[97] Am nächsten Tag kehrt der Wanderer zur Kirche Kilchberg zurück, die per Bus vom Zürcher Bürkliplatz rasch zu erreichen ist. Er empfiehlt diese Rückkehr, damit dort auf der Höhenroute studiert wird, was eine Autobahn

Park «Im Grüene» in Rüschlikon. Foto Elvira Angstmann, August 2002.

im Siedlungsgebiet bedeutet! Dabei ist 1942 ein *Ideenwettbewerb zur baulichen und landschaftlichen Ausgestaltung der Gemeinde Rüschlikon* durchgeführt worden, dessen Ergebnis das VSLZ-Jahrbuch veröffentlichte: welch ideale Grün- und Siedlungsplanung auf dem Gemeindegebiet, das sich vom See bis zur Sihl erstreckt.[98] Und nun diese Autobahnschneise... Der Wanderer beruhigt sich nur langsam, wenn er zudem an eine noch ältere Idylle denkt: an das vom 16. bis ins 19. Jahrhundert besuchte «Nidelbad» (heute Krankenheim) und an den barocken «Turbenberg», Säumerstrasse 43–47, wo Johannes Brahms im Sommer 1874 komponierte («Der herrliche Ausblick auf See und Gebirge und die vielen Wanderungen durch wiesen- und waldgrüne, von Drosselschlag und Bachrauschen belebte Welt der nördlichen Zimmerbergkette regten Brahms zu höchster Schaffensfreude an.») Im gleichen Haus führte der Maler Hermann Gattiker (1865–1950) ab 1899 eine Schule für Landschaftsmalerei![99] Gattiker ist als Mitglied der NHKZ vorgestellt worden (S. 70–71, 75).[100] «Von ihm ausser seinem zeichnerischen Oeuvre auch noch ein lebendiges Werk zu besitzen, dürfen wir uns ganz besonders glücklich schätzen, weil es nun allgemein zugänglich geworden und zudem sehr nahe an des Künstlers Heim gelegen ist.» Das Zitat stammt von Gartenarchitekt

Gustav Ammann (1886–1955), Gattikers lebendiges Werk ist der Park «Im Grüene» auf Boden der Gemeinde Rüschlikon, den wir nun erreichen (Abb. rechts, er ist 1930 bis 1932 nach seinen Plänen für den Wirtschaftspionier Gottlieb Duttweiler (1888–1962) angelegt worden. Das Strohdachhaus (Abb. links) entstand 1933, 1940 bis 1942 folgte ein Steinhaus. Ammann hat eine schöne Beschreibung der 1947 als Stiftung an den Migros-Genossenschaftsbund übergegangenen öffentlichen Anlage gegeben:

«Sie lehnt sich in der Hauptsache an die Vegetation der vorhandenen Umgebung an, weiss aber die Blicke auf See und Berge grosszügig zu fassen. Sie ist künstlerisch ausserordentlich fein abgewogen in Baumschlag und Massenverteilung, aber auch in der Geländegestaltung. (...) So wurde ein grosser Weiher ausgehoben und die Erdmassen an der Nordgrenze gegen das Langhaldenhölzli als natürlicher Abschluss gegen Norden angeböscht. (...) Man kann hier eben nicht nur spazierengehen, sondern man lässt sich einen Liegestuhl oder ein Feldstühli geben, sucht dann am Waldsaum, mitten in einer Wiese oder auf der grossen Terrasse einen Platz und beginnt wie in den grossen Londoner Parks ein freies Leben in der Natur zu führen, richtig auszuruhen. Für die Kinder ist ein eigenes Paradies geschaffen worden. (...) Mit diesem Park hat der Stifter den Weg gewiesen, wie man dem Volk die Natur zurückgeben kann, die es in den Städten zusehends verliert.» [101]

Der Wanderer erfrischt sich noch im grossen Schwimmbad und bewundert das Alpenpanorama, «wie es wohl nur noch von der Luegete ob Pfäffikon aus wieder so grossartig erscheint. Im Vordergrund ruht Thalwil um seinen Kirchhügel, dessen Turm die Seefläche zweiteilt.» Nach Thalwil geht denn auch unser Weg, aber wir bleiben auf der Höhe und finden mit Hilfe der Wanderkarte die Route unter der Autobahn hindurch nach Gattikon-Langnau. Schon nach der ersten Strassenkurve am Abhang gegen das Sihltal stehen wir vor dem Gattiker Weiher (Abb. S. 240): der Landschaftsrahmen enthält auch die Albiskette ennet dem Sihltal aus der Nahsicht. Der Weiher, der sein Wasser vom Chrebsbach aus dem langgestreckten Landforst erhält, diente der 1805 gegründeten Baumwollspinnerei Gattikon in der Nähe der Mühle, 1834 bis 1835 wurde zusätzlich weiter oben im Wald der Neu- oder Waldweiher angelegt, heute stehen beide im Eigentum der Gemeinde Thalwil. Der VSLZ publizierte Untersuchungen über das hier heimische Blässhuhn und die Erdkröte. [102] Die beiden Weiher haben ihre industrielle Bedeutung längst verloren, sind aber – sowohl aus unserer Sicht, wie aus jener von Blässhuhn und Erdkröte – wertvolle Lebens- und Landschaftsbereiche geworden.

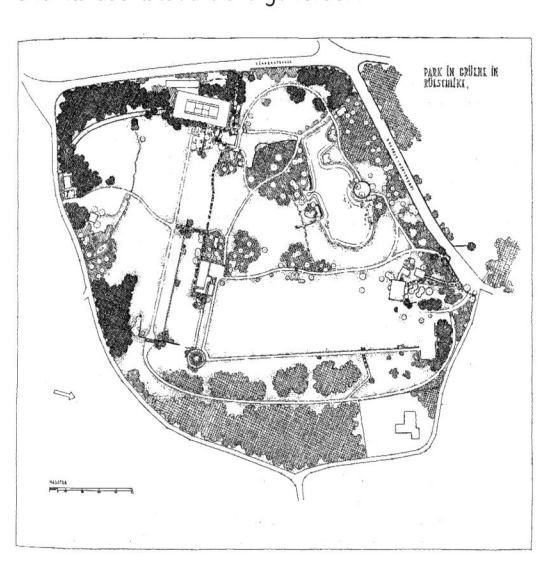

Park «Im Grüene» in Rüschlikon. Situationsplan aus: JbZ 1949/50, S. 87.

Das Porträt der Gemeinde, die nach dem See und nach dem Sihltal gerichtet ist, hat Hermann Hiltbrunner in seinem Essay *Die zwei Gesichter Thalwils* entworfen: «Wenige Gemeinden sehen ihren Boden in so weitausholender Weise Gegensätzliches in Einen Atem nehmen. Und Thalwil hat es verstanden, diese zwei Welten durch ein- und dieselbe Strasse schwungvoll zu verbinden.» [103] Für den VSLZ stellte sich die Frage, ob sein Aktionsbereich gegenüber dem Sihltal eine Grenze haben solle. [104] 1950 ergab sich eine klare Situation, als die Vereinigung «Pro Sihltal» gegründet wurde. Initiant und stets aktiver Förderer war Ingenieur Erwin Stirnemann (1885–1970), der vorher als Stadtrat von Zürich 1935 bis 1946 das Bauamt I geleitet hatte. Die Vereinigung gab sich ein ähnliches Programm wie der VSLZ:

«Landschaftsschutz durch Planung, Heimatschutz, Ausbau und Pflege des Strassen- und Wegnetzes, Förderung des Verkehrs, Erhöhung der Sicherheit der Fussgänger und aller ‹Sihltalfahrer›, sowie Förderung aller kulturellen Probleme, besonders die Pflege der bildenden Künste (...).» [105]

Gattiker Weiher zwischen Thalwil und Langnau. Foto Elvira Angstmann, August 2002.

Sie entfaltete in der Folge eine kontinuierliche Publikationstätigkeit, nachdem sie bereits 1947 *Das Buch vom Sihltal*, verfasst vom Schriftsteller Gottlieb Heinrich Heer, herausgegeben hat. Selten hatte eine Zürcher Landschaft eine derart schöne Monographie erhalten: Der inspirierte Text verbindet sich nahtlos mit den Federzeichnungen von Fritz Deringer (vgl. S. 220). [106]

Oberrieden: Die Seestrasse. Der Wanderer schlendert im schattigen Landforst dem Waldweiher entlang, da erfasst ihn ein romantischer Schauder und er möchte wieder einmal den freien Seespiegel aus der Nähe sehen. So unterquert er die Autobahn und steigt gegen Oberrieden ab. Nachdem er den Wald verlassen hat, sieht er mit Erstaunen noch unüberbautes Land über dem Dorf, in dem er nicht verweilt, sondern zum Tischenloo an der Grenze Thalwil/Oberrieden eilt. Das dortige Kleinanläglein am See gewährt ihm Gastrecht [107], aber weiter kann er in Oberrieden nicht, denn im Jahresbericht des VSLZ pro 1988 hiess es:

«Einmal mehr musste der Vorstand sehr kritisch zum Projekt eines sicher gut gemeinten Seeweges Stellung nehmen. Vor den Häusern Seestrasse 57 bis 61 in Oberrieden sollte ein 150 m langer Steg im Wasser errichtet werden. Natürlich sind Seewege grundsätzlich entlang dem Seeufer anzulegen. Dieser Grundsatz gilt aber nur, wenn die örtlichen Verhältnisse es zulassen. (...) Der Steg würde in einer Wassertiefe von 1.50 m stehen. Da sah der Vorstand eine unverhältnismässige Kunstbaute entstehen, die zudem 2 m vor der Uferlinie angelegt, die unberührte Vegetation der Uferlandschaft beeinträchtigen würde. Zudem soll dieser Abschnitt einer der wenigen noch verbleibenden Laichplätze im Bereich des überbauten Seeufers sein. Der Vorstand betrachtete es deshalb als Gebot des Tier- und Naturschutzes, auf diesen Steg zu verzichten, und empfahl, den Seeweg oberhalb der unmittelbaren Seeliegenschaften anzulegen.» [108]

Mit Recht hat der Mensch hier zugunsten der Natur verzichtet. Mit Recht hat im Tischenloo auch der Automensch auf die Tabula rasa durch den Strassenausbau verzichtet, dessen Projekt auf Seite 36 zu sehen ist. In der oben unter Meilen erwähnten Ausbauphase der beiden Seestrassen ist um 1930 durch den Kanton bereits «die unübersichtliche Strecke im Tischenloo Oberrieden» unter Abbruch dreier Gebäude begradigt worden. [109] Warum der Wanderer dies erzählt? Weil es auch zur Kulturgeschichte der Seeufer gehört. Und weil man in Oberrieden besonders gut erleben kann, wie die 1834–1844 neu angelegte Seestrasse auch eine neue Bebauung nach sich zog, die heute bereits Denkmalcharakter hat. [110] Unter Abwandlung der auf Seite 189–192 gemachten Erörterungen über die Beurteilung heutiger Bebauung, zeigen wir hier ein biedermeierliches Las Vegas in Oberrieden (Abb. S. 242). Zwar einheimisch zurückhaltend, ohne amerikanische Ausmasse, aber dennoch symbolträchtig. Im Zentrum der 1837 erbaute Gasthof Sternen. In ihm haben wir heute nicht nur einen wohlproportionierten klassizistischen Kubus zu sehen, sondern das «Bild» des Postkutschenzeitalters. Entsprechend der damaligen Bauweise ist das Gebäude solid und behäbig, auch vermag sein Mass, seine Ausstrahlung mühelos die Foto zu dominieren. Die Zeichen des Autozeitalters hingegen, die roten Schnellwagen, die Tankstelle, die englischen Anrufe Tamoil und Dunlop, die runde Verkehrstafel, die weissen und gelben Streifen auf der Fahrbahn, der Asphaltbelag: Sie sind alle vergänglicher, aber nicht weniger sprechend. Auch die Wohnblocks hinter der Tankstelle haben ihre Aussage. Man achte auf den Winkel der Dachschräge und die Fenster im Vergleich mit dem Biedermeier-Gasthof. Ihr Bildcharakter heisst «1950», was je nach Alter des Betrachters verschiedenes bedeuten kann, jedenfalls aber ist «1950» noch viel weniger festgelegt und definiert als «1837». Diese Betrachtung hat den Wanderer beruhigt. Weil er das Bild versteht, das hier fotografisch festgehalten ist, vermag er sogar auf dem Trottoir weiter zu wandern. Er fühlt sich ganz im 21. Jahrhundert – zuhause! Venturis «Las Vegas» ist ihm nun nicht mehr Orts- sondern Stilbegriff, Stil im Sinne von Zeichen und Bild.

Horgenberg. So erreicht der Trottoirwanderer schliesslich Horgen und gelangt auf einem Seeuferweg bis nach Käpfnach. Dort strebt er bergwärts, dem

Seestrasse Oberrieden mit Gasthof «Sternen». Foto Elvira Angstmann, August 2002.

Lauf des Aabaches folgend, über Arn nach der Hanegg, auf der Hochebene über Horgen. Das ist kein übliches Wanderziel, sondern ein Geländepunkt, von dem aus die Foto auf Seite 243 komponiert werden kann. Die Autobahn als Bestandteil der Landschaft ist zu würdigen. Seit ihrer Eröffnung 1966 (Abb. S. 30) hat sie Zeit gehabt, ein solcher Bestandteil zu werden. Ähnlich wie es, schon in längerer Tradition, die Starkstromleitung im Vordergrund geschafft hat. Nein, geschafft haben wir es, diese «Infrastrukturen» als unsere Welt zu begreifen. An der Seestrasse in Oberrieden konnte der Wanderer, vom Trottoir aus, sich ein Bild der Strasse machen. Von der Autobahn ist er verbannt, seine Gefährdung wäre zu gross. Der Automobilist fährt oder wird gefahren, er hat sich dazu innig verbunden mit einer Maschine. Beim Fahren sieht er die Landschaft an sich vorbeiziehen – mehr als Schleier denn als Film, wie es der Eisenbahnreisende erlebt. Auch dieser wird in den kommenden, noch schneller fahrenden Zügen wieder etwas anderes erleben. «Landschaft» ist nicht mehr jene von einst, denkt der Wanderer, so wie er nicht mehr der Wanderer von einst ist. Er wird sich eine ganz andere Sichtweise aneignen müssen, die zu schildern hier noch gar nicht möglich ist.

Der Horgenberg und das anschliessende Gebiet von Hirzel, Schönenberg und Hütten ist ein klassisches

Blick von der Hanegg Horgen gegen die Autobahn A 3. Foto Elvira Angstmann, August 2002.

Wanderland. Der VSLZ berichtete über die Unterschutzstellungen der Moorgebiete, des Hüttnersees und der hügelkrönenden Linden.[111] In dieser Gegend haben sich Maler niedergelassen – Landschaftsmaler. Mit ihren Augen wurde die Landschaft hier oben gesehen und kann sie noch gesehen werden. Reinhold Kündig (1888–1985) lebte 1916 bis 1920 in Baldern auf dem Üetliberg und 1920 bis 1937 in Hirzel, wo er durch Vermittlung von Eugen Zeller ein Haus in der Spreuermühle gefunden hatte. 1937 baute ihm Architekt Heinrich Bräm ein Haus an den Ateliertrakt, welcher eine ehemalige Sanitätsbaracke war, übernommen vom Malerfreund Ernst Morgenthaler. Hier lebte er mit seiner Frau Hedwig, Schwester des Malerfreundes Hermann Huber (1888–1967) im «Jägerhaus» Sihlbrugg. 1908 hatte Kündig an Huber geschrieben: «Schau, wie der Ruysdael einen Bach macht, da ist keine Figur mehr nötig, um das zu sagen, was der Bach sagt; der Beschauer ist die Figur selbst.»[112] 1939 hatte der VSLZ sein Ölbild «Dunstiger Maitag» (Abb. S. 244) im Rahmen der Betrachtung *Zürcher Landschaften in der Malerei* von Marcel Fischer publiziert.[113] Kündig pflegte eine unverwechselbar pastose Malweise. Ganz anders Fritz Zbinden (1896–1968), der in Wüeribach auf dem Horgenberg lebte (Abb. S. 245).[114] Zbinden arbeitete aus der Leuchtkraft der Farbe heraus.

Reinhold Kündig (1888–1985), «Dunstiger Maitag», Öl, aus NS 1939, S. 52.

Am 7. April 2002 machten der Wanderer und seine Frau in Wüeribach einen Besuch bei Fritz Zbindens Sohn Dr. Nicolas Zbinden und bei Renate Mauerhofer. Das Atelierhaus lehnt sich an einen Hügel, an den Wänden hängen die Bilder von Vater und Sohn. Die Himmellandschaften mit der Sonne waren für meinen Vater wichtig, sagt Nicolas Zbinden, sie bedeuten die Wiederentdeckung der Sonne. Unter der Dachschräge sehen wir die gefüllten Bilder-Lager. Er berichtet über den Vater:

«Der werdende Maler musste zunächst eine Lehre in der väterlichen Druckerei am Rheinsprung in Basel absolvieren. Cuno Amiet verhalf ihm dazu, künstlerisch und existentiell auf eigenen Füssen zu stehen! 1920 zog er nach Florenz, weil er die Technik und spiritualisierte Auffassung der Farbe bei den Künstlern der italienischen Renaissance und des Barock studieren wollte. Fritz Zbinden hatte schon sehr früh durch die Anthroposophie Rudolf Steiners eine moderne geistige Schulung kennen gelernt, in der er durch sein ganzes Leben hindurch sehr stark arbeitete, und die in allen Lebenssituationen die Grundlage für sein künstlerisches und menschliches Wirken wurde. Von Florenz aus machte er mit Curt Englert, dem Historiker und späteren Gründer der Rudolf Steiner Schule Zürich, eine Fusswanderung über Arrezzo, Ravenna, Siena, Assisi und den Lago Trasimeno bis nach Rom, wo er sich ein Atelier einrichtete. 1922 bis 1932 hatte er ein Atelier im Bois Colombe, Paris. Fritz Zbinden war sein ganzes Leben unterwegs zum spirituellen Wesen der Farben und der Schöpfung. 1925 heiratete er die Malerin Hélène Amande, die sich sehr früh von der damaligen abstrakten Malerei wieder abwandte und später den grössten Teil ihrer abstrakten Bilder vernichtet hat. Die beiden Künstler entschlossen sich, in die Schweiz zurück zu kehren. An einem Sonntag nahm der Arzt Hans Werner Zbinden seinen Maler-Bruder im Auto auf den Horgenberg mit, weil da zwei Lehrer der unlängst gegründeten Rudolf Steiner Schule Zürich günstig im Oberhof ein Bauernhaus mit einigem Umschwung hatten erwerben können. Es war ein klarer Föhntag, man sah die Schneeberge wie gestochen, und dazu als Vordergrund die Hügel des Zimmerbergs, den Etzel, die Höhronen, das Sihltal und die Rigi, den Zugerberg und die Albiskette. Diese weite Landschaft mit ihrer Farbigkeit und ihrer grosszügigen Tektonik traf Fritz Zbinden wie ein geistiger Blitzschlag. Der Landwirt Schärer machte es möglich, dass die Malerfamilie auf dem Horgenberg ansässig wurde. Sie bauten in der Folge mit Hilfe des Architekten Kaj Fülscher ein einfaches Atelierflachdachhaus mit einem grossen Gemüsegarten ringsum, von dem sie in den Krisen- und Kriegszeiten vorwiegend leben mussten. Fritz Zbinden entwickelt sich malerisch von der tonigen Valeurmalerei seiner Pariser Zeit Schritt für Schritt zu einer leuchtenden Farbigkeit, die aber das Licht der Spiritualität überall verrät. Viele Jahre lang war er Mitglied der Kantonalen Kunstkommission und setzte sich im Vorstand der Zürcher GSMBA und in der Leitung der Ausstellung Zürich-Land viele Jahre für das künstlerische Schaffen im Kanton und weit darüber hinaus ein. Hélène Amande-Zbinden sagte: «Ich bin aus der tonigen Atmosphäre von Paris mitten in die grüne «Spinatlandschaft» auf dem Horgenberg versetzt worden.» Aber sie liebte, wie Fritz Zbinden, «diese starke Grünheit und die direkte Intensität der Schweizer Landschaft».[115]

Nicolas Zbinden ist Archäologe, Lehrer und Maler.[116] Zusammen mit anderen Persönlichkeiten hat er 1994 die gemeinnützige «Stiftung Künstler vom Zimmerberg und Zürichsee» gegründet.[117] Sie übernimmt Werke, schafft Dokumentationen und veranstaltet Vorträge und Ausstellungen. Solche finden seit 1994 in der Villa Seerose in Horgen, 2002 auch am Sitz der Dow Europe in Horgen statt. «Kunstfrühling am Zürichsee» ist das Motto.[118] Nicolas Zbinden will, dass die Künstler des Zürichsees, die uns die Landschaft sehen lehren, nicht vergessen werden. Damit hat er ein wichtiges Anliegen der VSLZ-Gründer aufgenommen und führt es weiter, obwohl er die Schwierigkeiten kennt. Er denkt an ein eigenes Museum mit Ausstellungsmöglichkeit in der Region. Einige Maler sind hier vorgestellt worden, mit der Absicht, ihre Rolle in der Sicht der Landschaft deutlich zu machen. Der Wanderer und seine Frau verabschieden sich von Nicolas Zbinden und Renate Mauerhofer in der Freude, dass die beiden eine solche Aufgabe erfüllen.

Fritz Zbinden (1896–1968), Horgenberg im Frühling, Ei-Öl-Tempera. Privatbesitz, Repro «Stiftung Künstler vom Zimmerberg und Zürichsee».

Von Horgen nach Wädenswil: Die Halbinsel Au. Von Wüeribach führt ein steiler Wanderweg nach Horgen hinab, der die Autobahn unterquert (Abb. S. 168). Dort wiederholt der Wanderer seinen Gang von Horgen nach Käpfnach, denn das ist die erste Etappe des längsten Seewegstücks, das am Zürcher Ufer besteht. Die zweite Etappe, vom Rietli bis zur Gemeindegrenze zu Wädenswil, bei der Einmündung des Meilibachs, ist die jüngste. Man kann sie als Bikerin befahren (Abb. S. 130) oder als Fussgänger begehen. Der VSLZ-Vorstand diskutierte über diesen Abschnitt und publizierte die unterschiedlichen Argumente.[119] Ursprünglich sollte der 20 m über dem Seespiegel, oberhalb von Bahn und Strasse verlaufende sogenannte Pappelweg die Lücke schliessen. Aber die fällige Sanierung der Bahntrasseemauer eröffnete die Möglichkeit, an den See zu gelangen. Klaus Hagmann hat über die planerischen Hintergründe berichtet (S. 131):

«Das Landschaftsarchitekturbüro Stern und Partner setzte sich zum Ziel, eine abwechslungsreiche, naturnahe Uferzone mit Lebensraum für Kleinlebewesen zu schaffen: Einem 2 m breiten Weg wurden diverse kleine, mit Schilf und Rohrkolben besiedelte Lagunen und mit einheimischen Sträuchern und Bäumen bepflanzte Halbinseln im Flachwasserbereich vorgelagert. Der Weg und die von der Trasseemauer bis über 12 Meter in den See hinausragenden Landvorsprünge wurden gegen das Wasser zu mit Blockwurf abgestützt. Trasseemauer und ihr aufgesetzte 40 cm hohe Immissionsschutzwände sollen von Efeu überwuchert werden.»[120]

Der isolierte Pappelweg, obwohl erholsamer als der Seeweg neben der Bahnlinie, werde wenig begangen, hiess es, und die Koexistenz von Fussgängern, Bikern und Mopedfahrern, von Hunden und Wasservögeln sei problematisch. Trotzdem ist der Weg 1989 gebaut worden. Der Wanderer stand hier am 2. Februar 2002 im Bann der weiten Seewasserfläche und der hohen Himmelskuppel und sah, wie Schilf, Erlen und Weiden seither gewachsen sind. Unbehelligt gelangte er nach Naglikon, wo ein gepflegtes Landhaus der 1920er Jahre am See liegt und sechsstöckige Wohnblöcke der 1960er Jahre hinter der Seestrasse am Abhang stehen. Als Wanderer geniesst man die Gegensätze, denn man fühlt sich frei wie Zollingers Seume (S. 216). Es folgt eine Beach-Volleyball-Anlage.

Nun aber geht der schmale Uferstreifen fast plötzlich in die Breite der Halbinsel über und man betritt das paradiesische Areal des Schlossgutes Au. Schon vorher hat man es wie eine unzugängliche Fata Morgana aus dem See aufsteigen sehen (Abb. S. 247), aber seit 1989 gehört es dem Kanton Zürich und ist öffentlich zugänglich.[121] Damit sind jahrzehntelange Bemühungen zu einem guten Abschluss gekommen. Die Au ist durch Erinnerungen mit der Geschichte des VSLZ verbunden. Hermann Balsigers zweite Gattin Mentona Moser stammte aus dem Schlossgut (S. 57), VSLZ-Präsident Albert Hauser (S. 121) hat die Geschichte der Halbinsel geschrieben.[122] Ihre Rettung als Kulturlandschaft geschah 1911, als der Eigentümer des 1865/66 erbauten Hotels auf der Hügelkuppe Konkurs machte und das zugehörige Land überbaut werden sollte. Bierbrauer Fritz Weber (1870–1955) in Wädenswil, der auch Verwaltungsrat der Zürcher Dampfbootgesellschaft war, gründete das Au-Konsortium «mit dem Zweck, die Au im Interesse des Fremdenverkehrs am Zürichsee als einen dem Publikum zugänglichen Ausflugsort zu erhalten».[123] Das Schloss Au wurde 1928/29 für den Maschineningenieur und Bankier Hans von Schulthess Rechberg-Bodmer (1885–1951) erbaut, der ausführende Architekt war Johann Albert Freytag (1880–1945), VSLZ-Vorstandsmitglied 1935–1945. Schon 1924 war der Bauernhof neugebaut worden. 1951 bis 1973 bepflanzte die Obst- und Weinbaufachschule Wädenswil den Südhang mit Reben, in der Scheune daneben wurde 1978 das Weinbau-Museum eröffnet.[124] 1973 kaufte der Kanton Zürich das sog. Simon-Gut (Abb. S. 37) und eröffnete darin 1977 ein Schulungszentrum. 1976 wurde vor dem Bauernhaus auf der Hügelkuppe ein Muster-Bauerngarten nach Angaben von Prof. Albert Hauser angelegt.[125] 1980 erliess der Zürcher Regierungsrat das Inventar der Natur- und Landschaftsschutzobjekte von überkommunaler Bedeutung, das auf der Au das Nagliker Ried, das Auried und

Blick vom Uferweg Horgen–Wädenswil auf die Halbinsel Au. Foto Elvira Angstmann, August 2002.

den Ausee und die Seerieder unterhalb Mittel-Ort und bei Vorder-Au umfasst. Die Halbinsel ist durch ein Wegnetz erschlossen: Schlosspark, Wald, Ausee, Rebberg können erlebt werden: Die Au ist wirklich «ein Glücksfall». Der VSLZ und die NHKZ bemühten sich 1929 um eine Bauordnung für die Au, als ein privates Bauprojekt an der Austrasse ausgeschrieben wurde [126], der VSLZ berichtete über Arrondierungen des öffentlichen Besitzes. [127] Mitglieder der Familie Weber wirkten im VSLZ-Vorstand mit: Gemeindepräsident Dr. Walter Weber von 1931 bis 1959 und Paul W. Weber (1924–1996) von 1968 bis 1996. [128] Der Wanderer verlässt die Au und legt vergnügt den Uferweg nach Wädenswil zurück, dessen Überbauung 1924 vom Au-Konsortium verhindert und 1931 beim Bau des zweiten Geleises parallel zu diesem gebaut worden ist. [129] Im Bahnhof Wädenswil sieht man ihn die S-Bahn nach Zürich besteigen.

Anhang

Anmerkungen

Einführung – Text Seiten 8–9.

1 JbZ 1952/53, S. 2.
2 Benutzt wurden 2000–2002 die VSLZ/ZSL-Archivbestände bei Präsident Dr. Ulrich E. Gut, Zürich, Aktuar Kuno Jäggi, Wilen bei Wollerau SZ und bei Ulrich Gut (I), Küsnacht/Stäfa. Jahresberichte und diverse Dokumente befinden sich im Staatsarchiv Zürich: III Ei 1.1 c sowie III MMb 6/2.
3 JbZ 1947/48, S. IX.

Hermann Balsiger (1876–1953), Oberrichter und Kulturpolitiker – Text Seiten 54–61.

1 Vgl. Theodor Gut, Reden und Schriften, hg. von Fritz Hunziker, mit Einleitung von Nationalrat Willy Bretscher, Chefredaktor der NZZ, Zürich und Stäfa 1954. – Zu Klöti siehe Anm. 21. – Zu Balsiger siehe die Dokumentation S. 288–290. – Die wichtigsten Würdigungen Balsigers verdankt man seinem Freund Ernst Nobs, vor allem: E. N., Dr. Hermann Balsiger †. Mit Porträtzeichnung von Ernst E. Schlatter: JbZ 1952/53, S. 117–126; Zitat S. 122.
2 HBLS 5 (1929), S. 738. – Ernst Nobs, Alt Obergerichtspräsident Dr. Hermann Balsiger gestorben, VR 19.2.1953, S. 1. – Hermann Balsigers Vater Eduard verfasste die Lebensbeschreibung seines Schwiegervaters: Eduard Balsiger, Hans Rudolf Rüegg. Lebensbild eines schweizerischen Schulmannes und Patrioten, zugleich ein Beitrag zur Geschichte des Volksschulwesens, Zürich 1896: H. R. Rüegg «verkörpert zu einem guten Teil die Geschichte des schweizerischen Volksschulwesens der letzten fünf Jahrzehnte» (S. VIII). Rüegg ist Sohn eines Kleinbauern und Heimwebers, Bürger von Ramsberg-Turbenthal ZH. Ausbildung und erste Wirksamkeit am Seminar Küsnacht ZH 1848–1856; Direktor und Hauptlehrer am Lehrerseminar St. Gallen 1856–1860, Seminardirektor in Münchenbuchsee 1860–1880, Professor für Pädagogik an der Universität Bern 1870–1893 und Gemeinderat (Schuldirektor) der Stadt Bern 1888–1890, Bernischer Verfassungsrat 1883–1884. Verfasser pädagogischer Schriften; seine Liedersammlungen erlebten mehrere Auflagen. – Porträt Rüeggs in JbZ 1951/52, S. 349. – Genealogische Angaben verdanke ich Hermann Balsigers Enkel Roger Nicholas Balsiger (geb. 1943), Kilchberg bzw. Max Ulrich Balsiger (geb. 1924), Meikirch BE, Sohn von Hermanns Bruder Dr. iur. Werner Balsiger (1889–1969), erstem Chef der Bundespolizei.
3 Hermann Balsiger, Brief aus meiner Reblaube («Himmelsleiterli»), in: JbZ 1946/47, S. 151–156; Zitat S. 155 – Zu Eduard Balsiger vgl. auch Schweizerisches Zeitgenossen-Lexikon, Bern 1921, S. 27–28. – HBLS 1 (1921), S. 551. – Nobs 1943, wie Anm. 47. – Nobs 1953 wie Anm. 2.
4 Zitate aus: Hermann Balsiger, Zum Geleit, in: NS 1939, S 7–9. – H. Balsiger, Vorwort zu JbZ 1944/45, S. IX–XI. – An die gemeinsame Schulzeit in Mariaberg-Rorschach um 1885–1890 erinnert sich in einem Schreiben an Balsiger vom 7.7.1946 sein Jugendfreund und Klassenkamerad Eugen Ernst aus Winterthur und beschreibt Balsigers Eltern sowie sein eigenes Leben; er wurde Lehrer an der Metallarbeiterschule Winterthur. N HB 2.
5 F(ritz) H(eeb), Hermann Balsiger (zum 70. Geburtstag), VR, Zürich, 23.9.1946. – Balsigers Mutter war eine Cousine von Johann Jakob Treichler. Zu dessen politischem Werdegang von ganz links nach rechts vgl. etwa Anton Largiadèr, Geschichte von Stadt und Landschaft Zürich, Bd. 2, Erlenbach-Zürich 1945, S. 184–185: Treichler «hatte wegen seiner kommunistischen und sozialistischen Umtriebe den Kanton Zürich 1846 verlassen müssen. 1849 kehrte er wieder zurück und stieg nun, nachdem er eine bedeutende politische Wandlung durchgemacht hatte, in der Stufenleiter der Ämter empor; er wurde Grossratsmitglied (1850–1905), Nationalrat (1852–1870) und 1856 (bis 1869) Regierungsrat unter dem ‹System› Alfred Eschers». – Treichler war ursprünglich Lehrer. Seminarkollege und Lehrer Hans Rudolf Rüegg (vgl. Anm. 2), schreibt: Treichler «war bis an sein Lebensende einer meiner treuesten und intimsten Freunde»: Willibald Klinke, Iso Keller, Johann Jakob Treichler. Ein Lebensbild, hg. von Adolf Streuli, alt Regierungsrat, Zürich 1947, S. 41–42. – 1851–1852 gründete Treichler zusammen mit Karl Bürkli den Konsumvereins Zürich, in der Folge war er auch Zeitungsverleger und Rechtsanwalt; Verfassungsrat 1868–1869, Oberrichter 1869–1871, Professor der Rechte an Universität und Polytechnikum in Zürich 1872–1906. – HBLS 7 (1934), S. 42. – Vgl. auch Franz Wirth, Johann Jakob Treichler und die soziale Bewegung im Kanton Zürich (Basler Beiträge zur Geschichtswissenschaft, Bd. 144), Basel und Frankfurt a. M. 1981.
6 Nobs 1943, wie Anm. 47. – Nobs 1953, wie Anm. 2. – Balsiger war auf Betreiben der Stiefmutter seiner Jugendgeliebten Jeanne Rouge vom Vater nach Neuenburg versetzt worden. Vgl. Jeanne Dingler-Rouge 1938 an Balsiger und Antwortbrief: N HB 2. – Balsiger schloss 1903 als Dr. iuris utriusque ab. Dissertation: «Kassation und Kassationsgericht im Kanton Zürich». – Zum Parteieintritt vgl. Ilse Schiel in Moser 1985, wie Anm. 23, S. 252: Bei der «Sozialdemokratischen Partei der Schweiz handelte es sich um eine reformistische Partei, die erstmals 1870 gegründet worden war, 1888 einen zweiten Aufschwung erlebte und sich schliesslich 1901 mit dem bürgerlich-opportunistischen, klassenversöhnlerischen Grütliverein vereinigt

hatte. Angesichts dieses politischen Profils der Partei war es auch kein Zufall, dass die Masse der unteren Staatsbeamten, so auch Mentona Mosers Mann (von 1909–1917), Dr. Hermann Balsiger, der als Sekretär des Bauwesens der Stadt Zürich tätig war, der Sozialdemokratischen Partei angehörte.»

7   Bürgeretat Zürich, Zürich 1911, S. 39. – Vgl. die Schilderung eines Studentenballs in: Hermann Balsiger, Brief aus meiner Reblaube, JbZ 1946/47, S. 153–156. – Auch der sozialdemokratische Parteigenosse Dr. med. und Stadtrat Friedrich Ehrismann (1842–1915) und der Kommunist Dr. med. Fritz Brupbacher (1874–1945) heirateten Studentinnen aus Polen bzw. Russland.

8   «Heiri Wyss» ist Balsigers hochverehrter Chef und späterer Freund; er wird später Oberrichter. – F(ritz) H(eeb), Hermann Balsiger (zum 70. Geburtstag), VR, Zürich, 23.9.1946. – Vgl. die Schilderung einer Sitzung mit Wyss und seinen Chefbeamten in: Balsiger 1946/47, wie Anm. 7, S. 152–153, 156. – Ansprache des Herrn Oberrichter Dr. Hermann Balsiger (im Krematorium Zürich am 3.5.1928), in: Heinrich Wyss 16. August 1854 – 1. Mai 1928, Zürich 1928, S. 9–24.

9   Heeb 1946, wie Anm. 8: «Damals war es, dass Balsiger die Ideen eines modernen Natur- und Heimatschutzes in sich aufnahm, in deren Dienst er dann sein eigentliches Lebenswerk vollbrachte. Der praktische Anschauungsunterricht, den ihm seine Tätigkeit im Bauamt bot, zusammen mit der reichen künstlerischen Veranlagung, (...) haben ihn diese Pionierarbeit für eine früher missachtete und verkannte Tätigkeit vollbringen heissen.»

10 Zum Heimatschutz vgl. Ernst Leisi, Heimatschutz, in: HBLS 4 (1927), S. 127–128. – NS 1939, S. 312. – Albert Knoepfli, Heimatschutz und verwandte Strömungen um 1900, in: Schweizerische Denkmalpflege. Geschichte und Doktrinen, Zürich 1972, S. 45. – Hanspeter Rebsamen, Stadt und Städtebau in der Schweiz 1850–1920. Entwicklungslinien und Schwerpunkte, in: INSA 1 (1984), S. 55–77; v.a. S. 67. – Zur Zürcher Sektion: – Zürcherische Vereinigung für Heimatschutz. Sektion der Schweizerischen Vereinigung für Heimatschutz, Geschäftsberichte 1906 ff. – Carl Escher, Der Heimatschutz im Kanton Zürich, Njbl. zum Besten des Waisenhauses in Zürich, Zürich 1925, S. 31. – Pit Wyss, Heimatschutz im Kanton Zürich 1905–1980 (mit Liste der Vorstandsmitglieder in diesem Zeitraum), in: De Bott, Informationsblatt des ZVH, Nr. 7, Sommer 1980.

11 Zum Naturschutz vgl. NS 1939, S. 291, 312–313, 328–331 (Literaturangaben). – W. Vischer, Naturschutz in der Schweiz, Basel 1946. – INSA 2 (1986), Basel, S. 36–37, 48, 51: «Im Schoss der Naturforschenden Gesellschaft der Schweiz wird 1906 die Kommission für die Erhaltung von Naturdenkmälern und prähistorischen Stätten gebildet. Den Vorsitz hat der Basler Naturforscher Paul Sarasin (1856–1926). Mit dem Hauptziel der Schaffung eines Schweizerischen Nationalparks im Unterengadin wird in der Folge 1909 der Schweizerische Bund für Naturschutz mit Zentralstelle in Basel gegründet; Sekretär ist der Bündner Stephan Brunies (1877–1953).» – Stefan Bachmann, Zwischen Patriotismus und Wissenschaft. Die schweizerischen Naturschutzpioniere (1900–1938), Zürich 1999.

12 Mentona Moser, Ich habe gelebt. Nachwort von Roger Nicholas Balsiger, Zürich 1986, S. 107.

13 Nobs 1953, wie Anm. 2. Vgl. auch Heeb 1946 und F(ritz) H(eeb), † Dr. Hermann Balsiger, in: 75 Jahre Lebensmittelverein Zürich, Beilage zur «Genossenschaft», Nr. 9, 28.2.1953; leicht gekürzt auch in: Verband Schweizerischer Konsumvereine, Februar 1953.

14 Dominique von Burg, Gebrüder Pfister. Architektur für Zürich 1907–1950, Sulgen/Zürich 2000 (Sonderband der Zürcher Denkmalpflege); zum BSA S. 44; zum St. Annahof S. 58–66, 169–174, 276. – Balsiger hatte Architekt Werner Pfister kennengelernt, als er städtischer Bausekretär war. Ich «hatte in dieser Eigenschaft das Protokoll mehrerer Schulhauskommissionen und des städtischen Baukollegiums zu führen. Werner Pfister vertrat vor der Baukommission für die Schulhausgruppe an der Limmatstrasse die Firma Gebrüder Pfister, die 1907 den Wettbewerb der Projekte gewonnen hatte. (...) Und bald darauf wählte der Stadtrat den erst Sechsundzwanzigjährigen zum Mitglied des Baukollegiums (1910), d. i. die Versammlung der erlesensten Berater in allen grossen Baufragen der Stadt.» – H. Balsiger, Architekt Werner Pfister †, in: JbZ 1951/52, S. 245–248, Zitat S. 245. Siehe auch unten S. 66–68.

15 Wie Anm. 13. – Für Fresken an den Aussenseiten des St. Annahofs erging ein Auftrag an Ferdinand Hodler, der aber nur einige Skizzen machte. Auf Anregung der Architekten schuf auch der Maler Ernst Georg Rüegg (1883–1948) vier Entwürfe. Die Ausführung unterblieb. Moser 1986, wie Anm. 12, S. 119–120, 122. – Ernst Rüegg, Ernst Georg Rüegg. Leben und Schaffen, Zürich 1950, S. 49–51. – Ernst Rüegg, Ernst Georg Rüegg. Sein Werk, seine Familie und seine Zeit, Zürich 1983, S. 48–50.

16 Vgl. die Abbildungen in WERK 11 (1915), S. 25–33 (zu: Bloesch, Der St. Annahof in Zürich) und in von Burg, wie Anm. 14, S. 19, 65, 166, 173, 174.

17 «Bis an die Bahnhofstrasse reicht der Genossenschaftspalast des Lebensmittelvereins St. Annahof (am 15. November 1913 eröffnet).»: Salomon Zurlinden, Hundert Jahre. Bilder aus der Geschichte der Stadt Zürich in der Zeit von 1814–1914, Bd. 2, Zürich 1915, S. 396 im Kapitel Das Stadtbild 1914.

18 Adolf Reinle, Zeichensprache der Architektur. Symbol, Darstellung und Brauch in der Baukunst des Mittelalters und der Neuzeit, Zürich und München 1976.

19 Das BSA-Archiv (mit den Anmeldeblättern der Mitglieder) befindet sich im Archiv gta in der ETHZ. Über die Gründer selbst ist aber leider keine Dokumentation erhalten. Auch fehlt bis heute eine Geschichte des BSA.

20 Balsiger war 1928–1942 nochmals Mitglied des Grossen Stadtrats (seit 1934 Gemeinderat genannt) und präsidierte ihn vom 22.12.1933 bis 8.5.1935 in 36 Sitzungen während des «Frontenfrühlings». Vgl. seine Ansprache am 8.5.1935 bei Abgabe der Präsidialfunktion (an RA Dr. Poltéra). N HB 3.

21 Am 29.10.1930 äussert sich Balsiger gegenüber Dr. Paul Corrodi (1892–1964) in Bezug auf Klötis und seine eigene Karriere: «Mein lieber Freund Klöti ist ein ganz und gar unkünstlerisches Verwaltungsgenie.» Er hatte einen Lump als Chef und schleppte die Baudirektion bzw. den Karren durch den Bach: «Alle Welt sprach von ihm.» Mein Vorgesetzter, der städtische Bauherr Wyss hingegen, war ein hervorragender Magistrat, was ich (Balsiger) auch tat, «niemand sprach von mir». Schreiben in N HB 1. – Hermann Balsiger et. al., Zum 60. Geburtstag des Genossen Dr. Emil Klöti, Stadtpräsident von Zürich, 17.10.1937. Mit Beiträgen von Hermann Balsiger («Lieber Klöti», S. 5–9); K. Killer; Ernst Nobs; Johannes Huber, St. Gallen; Robert Bratschi; Robert Grimm; Hans Oprecht; Friedrich Adler, Brüssel;

Friedrich Heeb, Zürich 1937. – Abschiedsadresse des Stadtrats von Zürich an Dr. Emil Klöti, 1.6.1942 (StadtA ZH: Nc 56). – Vom Politisieren, Regieren und Planen. Eine kleine Festgabe zum 85. Geburtstag von Dr. Emil Klöti, a. Zürcher Stadtpräsident und Ständerat. Mit Beiträgen von Paul Meierhans, Willi Spühler, Willi Rohner, Max Weber, Walter Thomann, H. Häusermann, Rudolf Stüdeli, Otto Glaus, Hans Aregger, vervielfältigtes Typoskript, Zürich 1962. – Dr. Emil Klöti 1877–1963 Stadtpräsident von Zürich und Mitglied des Ständerates, hg. vom Stadtrat Zürich, Zürich 1963. Mit den Trauerfeier-Ansprachen von Pfr. Erwin Sutz, Stadtpräsident Emil Landolt und Bundesrichter Werner Stocker. – Paul Schmid-Ammann, Emil Klöti. Stadtpräsident von Zürich. Ein schweizerischer Staatsmann, Zürich 1965. – Paul Schmid-Ammann, Emil Klöti zum Gedächtnis, in: JbZ 1964–1966, S. 79–83.

22 1908 fanden im Kunstgewerbemuseum Ausstellungen über «Die Gartenstadtbewegung» und «Das Einfamilienhaus» statt. Vgl. Zürcher Wochenchronik, Zürich 1908, S. 37: «Im Anschluss an die sehr anregende Ausstellung der Gartenstadt-Bewegung hält Fräulein Mentona Moser morgen Sonntag Vormittag 11 Uhr im Vortragsaal des Kunstgewerbemuseums einen Vortrag über die Gartenstadt, und Sonntag den 9. Februar vormittags 11 Uhr im gleichen Lokal Hr. Stadtbaumeister Fissler einen solchen über englische Arbeiterkolonien.» INSA Zürich NA 2001, S. 19.

23 Hermann Balsigers Bruder Werner Balsiger (1889–1969), später Dr. iur., Chef der Bundespolizei, notiert 1909 in seinem Tagebuch: Die Proporzbewegung «ist mir sympathisch deshalb, weil durch den Proporz die einseitige Machtstellung der Freisinnigen und Freimaurer gebrochen wird. Die sozialdemokratische Partei muss unbedingt an die Herrschaft gelangen, um die schönen Reformen durchführen zu können. Mein Bruder Hermann glaubt zwar, die Zeit zu ihrer Herrschaft sei noch nicht da; die genossenschaftliche Organisation muss noch weiter arbeiten und Ertrag haben, um viel Positives zeigen zu können. Dann erst kommt der grosse Umschlag, der da ganz sicher kommen wird. Die soziale Frage wird durch das technische Erfindungsvermögen des Menschen ihre materialistische Lösung finden». Im gleichen Jahr ist Werner zur Hochzeit Hermanns auf Schloss Au eingeladen und erlebt von Zürich dorthin seine erste Autofahrt. «Jetzt, wo mein Bruder eine Millionärin geheiratet hat, vergessen die Frauen den Sozialdemokraten und bewundern an ihm die gute Nase. Gemein!» Werner Balsiger, Tagebuch, Eintragungen vom 12. und 17. Februar 1909. – Das Tagebuch befindet sich im Besitz seines Sohns Max Gustav Balsiger, geb. 1924, Meikirch BE; die Vermittlung der Zitate verdanke ich Roger Nicholas Balsiger, siehe unten. – Mentona Moser, Unter den Dächern von Morcote. Meine Lebensgeschichte, Institut für Marxismus-Leninismus beim ZK der SED. Hg. und mit einem Nachwort versehen von Ilse Schiel, Dietz Verlag Berlin 1985. Sehr nützlich sind das umfangreiche Nachwort, die Zeittafel («Lebensdaten»), die Literaturzusammenstellung und das Personenverzeichnis. – Schweizer Ausgabe: Mentona Moser, Ich habe gelebt. Nachwort von Roger Nicholas Balsiger, Zürich 1986. Über Hermann Balsiger vor allem S. 107–136. Die Memoiren entstanden 1933–1939. Mentonas Enkel fasst im Nachwort die Periode 1939–1971 zusammen und entwirft die Lebensbilder der Eltern und Geschwister; der Grossvater Hermann Balsiger wird aus familiärer Sicht dargestellt: S. 288–290. Vgl. Anm. 55.

24 Moser 1986, wie Anm. 23, S. 113.

25 Fanny Moser liess das Schloss Au 1888/89 umbauen. Ihre Tochter schreibt: «Ein Heim im eigentlichen Sinn war die Au nie für mich gewesen, trotzdem liebte ich das wundervolle Fleckchen Erde.» – Moser 1986, wie Anm. 23, S. 68. Zur Au äussert sie sich auch S. 39–49, 52, 66, 68–69, 95–97, 108–110, 113, 125, 158, 184, 189, 276, 278, 295.

26 Moser 1986, wie Anm. 23, S. 30.

27 Moser 1986, wie Anm. 23, S. 127.

28 Moser 1986, wie Anm. 23, S. 195–201, 205–214, 258.

29 Moser 1986, S. 204–244, 215–230.

30 Moser 1986, wie Anm. 23, S. 229, 257.

31 Moser 1986, wie Anm. 23, S. 245–258.

32 Moser 1986, wie Anm. 23. Naturliebe und naturwissenschaftliche Studien: S. 19–20, 41–42, 56, 60–61, 63, 68–69. 135. – Zum 1935 entstandenen Tierbuch: S. 219, 248, 257. – Mentona Moser, Lernt sie kennen. Mit Holzschnitten von Remi Nüesch St. Gallen, Zürich, Büchergilde Gutenberg 1941. Im Nachwort richtet sie Dankesworte an den Zürcher Zoologen Dr. Walter Knopfli: «Mit unendlicher Geduld hat er alle Angaben geprüft und, unter Verwertung der neuesten Forschungsergebnisse, Ergänzungen und Korrekturen angebracht.» Der Ornithologe Knopfli, Mitglied der NHKZ, gehörte dem Vorstand des VSLZ von der Gründung 1927 bis 1961 an. – Im 1938 gebildeten Patronatskomitee für die 1924 in Berlin gegründete und 1933 in Zürich neugegründete Büchergilde Gutenberg sassen u. a. Balsiger und Klöti. Huonker 1985, S. 170.

33 Vgl. den Brief Balsigers an Emil Klöti am 5.5.1929 in N HB 1. Thema sind die «Nobs-Thesen» über die Regierungsbeteiligung der Sozialdemokraten und die Stellungnahme zu Militär- und Landesverteidigungsfragen. «Die sozialdemokratische Arbeiterbewegung muss revolutionär bleiben: denn bald diktieren uns sonst die Kommunisten das Gesetz des Handelns.»

34 Wie Anm. 13. – Moser 1986, wie Anm. 23, S. 135.

35 Ernst Nobs, Begegnungen mit Hermann Balsiger, mit Porträtskizze Balsigers von H(anni) Bay, in: JbZ 1936 (Festgabe zum 60. Geburtstag Balsigers), S. 125–129. – H. Balsiger, Hoher Gast (=Schwalbenschwanz), VR, Zürich, 27.7.1921 (unter dem Pseudonym «Corylus»), Nachdruck in JbZ 1952/53, S. 205–206, mit Kommentar von Ernst Nobs und Zeichnung von Pia Roshardt. – Gratulationsbrief von Ernst Nobs an Balsiger am 25. Oktober 1951 in N HB 2. – 1919 wird Nobs Nationalrat und 1935 Zürcher Regierungsrat, 1942 Nachfolger Klötis als Zürcher Stadtpräsident, 1944–1951 Bundesrat.

36 Paul Corrodi, in: JbZ 1946/47, S. 163–164. (Festgabe zum 70. Geburtstag Balsigers). – Balsiger war Vizepräsident des Zürcher Obergerichtes 1931–1935, Präsident 1936–1938. 1938 wurde das neue Anwaltsgesetz (Revision des vorgehenden von 1898), Werk Hermann Balsigers, in der Volksabstimmung mit grosser Mehrheit angenommen: Heeb 1946, wie Anm. 8. Nobs 1953, wie Anm. 2. – Zitat Jakob Heusser an der Abdankung, vgl. Abschiedsfeier für Dr. Hermann Balsiger, Volksrecht 23.2.1953 sowie n., Trauerfeier für Dr. Hermann Balsiger, NZZ Nr. 45, 23.2.1953. – Vgl. Jakob Heusser, zitiert in Nobs 1952/53, wie Anm. 1, S. 123–124: Oberrichter Balsigers «Verhandlungsleitung war in Ansehung der bei uns üblichen äusseren Formlosigkeit (jeweils) von einer eindrucksvoll würdigen Feierlichkeit». – Zitat in Nobs 1953, wie Anm. 2.

37 «Als Präsident des Obergerichts (...) befasste er sich besonders sorgfältig mit den damals schon aktuellen baulichen Problemen. (...) In die Zeit seiner Präsidentschaft fällt die Herstellung der baulichen Verbindung zwischen dem ehemaligen Obmannamt und dem früheren Obergerichtsgebäude sowie die Schaffung eines neuen Gerichtssaales für die Zivilkammern und neuer Kanzleiräume im Westflügel des Obmannamtes.» Jakob Heusser, zitiert von Nobs 1952/53, wie Anm. 1, S. 123–124.

38 Nobs 1943, wie Anm. 47, S. 5. – Einweihung des Kongresshauses Zürich. Rede des Präsidenten des Stiftungsrates Dr. Hermann Balsiger am 3. Mai 1939. Photos vom Autor, Swissair, Hans Finsler, Rudolf Steiger, in: Jb VSLZ 1938, S. 81–91, 107; vgl. JbZ 1939/40, S. 70.

39 Nobs 1943, wie Anm. 47, S. 5.

40 1916 Bildung der Atelierkommission mit Balsiger, 1917–1918 Bau nach Plan von Stadtbaumeister Friedrich Fissler. Daniel Kurz, Friedrich Fissler, wie S. 255, Anm. 34, S. 30–31.

41 Nobs 1943, wie Anm. 47, S. 6–7. – Balsiger reichte am 26.11. bzw. 11.12.1929 im grossen Stadtrat von Zürich die Anregung für einen städtischen Kredit zur Förderung der Literatur zum Andenken an Salomon Gessner im Jahr des 200. Geburtstags ein und referierte im Rat am 12.3.1930 (nach der Weisung des Stadtrats vom 11.1.1930). Unterlagen in N HB 3. – Schreiben von Ernst Nobs an Balsiger vom 15. Juni 1943 betr. Abschiedsfeier; Bedauern, dass Balsiger wegen des Umzugs nach Vernate als Präsident der Literaturkommission zurückgetreten ist). – Erster Literaturpreisträger war 1932 C. G. Jung. – Gustav Huonker, Zürich. Menschen, Geschichten und Bilder 1914 bis 1945, Zürich, Unionsverlag 1985, S. 67–74.
Literatur: Balsiger war mit dem Dichter Albert Ehrismann (1908–1998) befreundet, welcher erster Nutzniesser der von Balsiger 1930 in die Wege geleiteten Salomon Gessner-Stiftung wurde, die als Vorläufer des städtischen Literaturkredits betrachtet werden kann. Ehrismann erhielt auch den von Balsiger 1930 initiierten städtischen Literaturpreis, aber erst 1978 (!) – Briefe in N HB 2: Emil Klöti an Balsiger am 18.2.1929 betr. Literaturförderung und Ehrismann; Ehrismann am 28.12.1929 an Balsiger, mit Beilage seiner Novelle «Die Spinne» vom Oktober 1929; (Briefwechsel Balsiger/Ehrismann 1930 im Bes. des Enkels R. N. Balsiger, Kilchberg); Ehrismann am 3.4.1932 aus Meilen, Seestrasse 411, an Balsiger, mit Beilage der Gedichte «Vom kleinen Mädchen, das Einkäufe machte» und «Von den kleinen zu verlierenden Dingen». – Der Schriftsteller Felix Moeschlin, Uerikon am See, dankt am 8. Januar 1930 Balsiger, der ihm im «Storchen Klub» seligen Andenkens die Bekanntschaft Muttatulis und anderer Persönlichkeiten vermittelte. Dankt B. für Artikel im «Volksrecht» und Aktion zur Schriftsteller-Förderung. (N HB 2); Huonker 1985, S. 70–71. – Redaktor Hans Ott (vulgo Peter Laub) an Balsiger am 8. Januar 1930. Ott ist wegen politischer Umtriebe lebenslänglich aus Deutschland ausgewiesen worden. Dankt B. für «Volksrecht»-Artikel. (N HB 2) – Balsiger am 14. Februar 1930 an Stadtrat SP, Bernhard Kaufmann, Vorsteher des Finanzwesens: Er setzt sich (wie der Lesezirkel Hottingen) für einen Salomon Gessner-Gedenkraum im Forsthaus Sihlwald ein (1930 ist der 200. Geburtstag Gessners), in den andern Räumen des für Wohnzwecke ohnehin nicht geeigneten Hauses könnte ein Sommer-Ferienheim für Kinder eingerichtet werden. Der erzkonservative ZB-Direktor Hermann Escher ist dagegen, weil die ZB kein Material in den Gedenkraum ausleihen wolle (was nach B. gar nicht nötig sei). (N HB 1). – Der Schriftsteller Jakob Bührer sendet mit Schreiben vom 22. Juli und 18. Oktober 1930 Balsiger sein neues Stück «Kaufmann von Zürich», das im Zementmilieu spielt. Das Schauspielhaus Zürich wagt aus Rücksicht auf sein Publikum die Aufführung nicht (die Uraufführung fand in St. Gallen statt). Bührers Marionettenspiel «Hansjoggel als Verkehrspolizist» wurde vom Kunstgewerbemuseum abgelehnt (N HB 2). – Dr. Karl Naef, Sekretär des Schweiz. Schriftstellervereins, Sehr verehrter, lieber Herr Dr. Balsiger, in: JbZ 1936, S. 130–131). – Hermann Hiltbrunner, Uerikon, dankt am 18. November 1941 Balsiger, der Literaturkommission, dem Stadtrat und Stadtpräsident Klöti für die Verleihung des Literaturpreises (N HB 2). Hermann Balsiger, Rede bei der Übergabe des Literaturpreises der Stadt Zürich (1941) an Hermann Hiltbrunner, in: JbZ 1942, S. 132–138. – Hermann Hiltbrunner dankt Balsiger, in: JbZ 1946/47, S. 170. – Guido Calgari, Hermann Balsiger, uomo e umanista, in: JbZ 1946/47, S. 167–168. – Balsiger war auch Mitglied der Kommissionen für Musik und für bildende Kunst. Erster Musikpreisträger war 1943 Othmar Schoeck, erster Kunstpreisträger 1944 Hermann Hubacher. – Wa. Ka. Buchmann, Öffentliche Kunstpflege der Stadt Zürich, in: JbZ 1947/48, S. 237–251. – Malerei: Hans Ganz (1890–1957), Dichter, Schriftsteller, Komponist, Maler, Zeichner, widmet Balsiger und Gemahlin zwei Aquarelle (Frauengesichter) (N HB 18). – 1928 bis 1943 war Balsiger Vertreter der Stadt im Vorstand der Zürcher Kunstgesellschaft und sass in deren Sammlungskommission. Nobs 1943, wie Anm. 47, S. 5. – Sigismund Righini, Sehr geehrter Herr Präsident (der Zürcher Kunstgesellschaft), in: JbZ 1936, S. 131–132. (Festgabe zum 60. Geburtstag Balsigers). – Seit 1927 setzte sich Balsiger für den Maler Max Hunziker (1901–1976) ein. Siehe dazu Briefe in N HB 1 und 2. Die Mutter des Malers, Rotwandstrasse 39, Zürich, dankt Balsiger am 28.3.1927 für die Besprechung einer Ausstellung ihres Sohnes (wohl im «Volksrecht»): «Max liebt Sie wie ein Kind seinen Vater.» N HB 2. Balsiger (oder seine Frau Elisabeth) schreibt am 13.9.1933 an Hunziker in Paris: Er solle sich um einen Ankauf durch die Stadt Zürich bewerben (ein Kredit für Zürcher Künstler, «die das Geld nötig haben», sei gesprochen worden) und solle dafür auch Max Gubler und Max Hegetschweiler in Paris auffordern. Balsiger schreibt am 10.1.1937 an Regierungspräsident R. Maurer und setzt sich für den Ankauf eines Werks von Max Hunziker durch den Staat ein, z.B. «Triftalp» oder «Schlafender Hirte», er sähe ein solches Werk gern in einem der grossen Sitzungssäle im Obergericht. Hunziker habe bis am 16.1.1937 eine Ausstellung in seinem billigen Atelier im Obergeschoss eines Hinterhauses am Hirschengraben 80, einem alten Werkstattbau. Max Hunziker, Langwies GR, sendet am 24.1.1939 Balsiger die Druckabzüge seiner Zeichnungen zu einer Ausgabe des «Jürg Jenatsch» von C. F. Meyer. Anregung Balsigers im Grossen Stadtrat betr. Unterstützung notleidender Künstler am 19. Febduar 1932. Weisung des Stadtrats am 14. Mai 1932 (N HB 3). – Dora Hauth, Malerin, Zürich 6, an Balsiger am 23. Mai 1932. Entschuldigt sich, dass sie Porträt-Auftrag Hermann Greulich nicht erfüllte und fragt B. an für sein Porträt, es wären 2 Sitzungen à 1 bis 2 Stunden notwendig. (N HB 2). – Musik: Volkmar Andreae dank Balsiger mit Schreiben vom 12. August und 20. November 1938 (oder 1948?) für

seinen Einsatz im Zürcher Musikleben (N HB 2) vgl. Porträtskizze Balsiger von H(anni) Bay in Nobs 1936 (wieder abgebildet im Volksrecht 1943, 1946, 1953).

42 Bürgerbuch der Stadt Zürich 1926, Zürich 1927, S. 74.

43 Abschied von Elisabeth Balsiger-Tobler 1896–1943 (Bürgerin von Eggersriet SG). Trauerfeier im Krematorium der Stadt Zürich, am Dienstag, den 13. Januar 1943. Ansprachen von Stadtpräsident Ernst Nobs (S. 7–20), Rektor Dr. O. Fischer (S. 21–27), Rechtsanwalt Dr. Max Eberli (S. 29–31). Nekrologe von Dr. E. L. Bähler (S. 33–37), Emmi Bloch (S. 39–40). Photographien, Broschüre, StadtA ZH: Nd Balsiger. Zitate von Ernst Nobs S. 15, 17. Das Original der Porträtzeichnung von Walter Roshardt (S. 41) wurde Balsiger vom Künstler geschenkt: Pinselzeichnung Frauenporträt mit Aussicht auf südliche Landschaft mit Widmung «in Gedenken an den guten Weggefährten, Februar 1943» und Gedicht von R. M. Rilke. – W. Roshardt widmete Elisabeth Tobler am 4.7.1918 seine Litho «Es Maitli». Beide Originale in N HB 18.

44 * (Sternchen), Ein Freund Zürichs verlässt unsere Stadt, VR 24.6.1943. – Vgl. auch Heeb 1946, wie Anm. 8 und Nobs 1953, wie Anm. 2. Vgl. die Rede Balsigers zum Gedenken der Revolutionen vom 18.3.1848 und vom 18.3.1871 an der vom Bildungsausschuss veranstalteten Feier am 17.3.1929 im Weissen Saal des Volkshauses Zürich mit Chor, Sprechchor, Klavier und Violine. Autograph in N HB 3.

45 Bähler 1943, wie Anm. 43, S. 36.

46 Jb 10 (1936), S. 78. – JbZ 1936 (Festschrift zum 60. Geburtstag Balsigers), S. 6 (Widmung), S. 9–10 (Glückwunsch des Verbandes zum 60. Geburtstag, mit Porträtphoto Balsigers), S. 12–13 (Verdienste um die NHK des Kantons Zürich), S. 14–21 (Verdienste um die Rettung von Beckenhof und Muraltengut in Zürich). S. 125–129 (Ernst Nobs, Begegnungen mit Hermann Balsiger, mit Porträtskizze Balsigers von H(anni) Bay), S. 130–131 (Glückwunsch von Karl Naef, Sekretär des schweiz. Schriftstellervereins), S. 131–132 (Glückwunsch von Sigismund Righini im Namen der Zürcher Künstlerschaft). – Die Glückwunschadresse der Aufsichtskommission der Gewerbeschule Zürich im N HB 6. – Zahlreiche Gratulationsschreiben im N HB 3, u.a. von Alfred Altherr; von den Nationalräten Bircher, Theodor Gut und Ernst Nobs aus dem Parlament; von den Zürcher Stadträten J. Briner und E. Stirnemann; von Fritz Enderlin; Carl Fischer; Friedrich Wilhelm Fissler, alt Stadtbaumeister von Zürich; Valentin Gitermann; Heinz Häberlin, Präsident der ENHK; Konrad Hippenmeyer; Riccardo Jagmetti; Albert Kölla, Architekt; Anton Largiadèr; Peter Meyer, Redaktion WERK: Sehr schöner, anerkennender Brief; Richard von Muralt, ZVH; J. de Praetere; Max Pulver; Gregor Rabinovitch; Ferdinand Rieser; Willy Spühler; Egidius Streiff, SWB; Eduard Tenger, Einigen; Maria Weese; Dr. jur Max Wolff.

47 Schreiben von Nobs an Balsiger vom 15. Juni 1943 betr. Abschiedsfeier: Bedauern, dass Balsiger wegen des Umzugs nach Vernate als Präsident der Literaturkommission zurückgetreten ist. N HB 3. – Abschiedsbrief des Stadtrats vom 18. Juni 1943: Balsiger wird entlassen aus der Präsidentschaft der Literaturkommission, als Mitglied der Kunst- und Musikkommission, als Vertreter des Stadtrats im Stiftungsrat Tonhalle-Kongresshaus, aus dem Vorstand der Zürcher Kunstgesellschaft. N HB 3. – Stadtpräsident Ernst Nobs, Dr. Hermann Balsiger. Ansprache anlässlich seines Rücktrittes aus den ihm von der Stadt Zürich übertragenen Ämtern im Zunfthaus zur Zimmerleuten (in Zürich), Ende Juni 1943. Typoskript. StadtA ZH: Na 1204. – Das Bekenntnis Balsigers zu Zürich zitiert von Nobs 1952/53, wie Anm. 1, S. 125.

48 Zur privaten Feier vgl.: Justin, Dank an einen Richter. Zum siebzigsten Geburtstag von Dr. Hermann Balsiger, Weltwoche, Zürich Nr. 673, 4.10.1946. – Glückwunschadresse des Stadtrats von Zürich vom 24. September 1946. N HB 3.

49 Gemeinschaft und Persönlichkeit. Hermann Balsiger zu seinem siebzigsten Geburtstag, in JbZ 1946/47, S. 157–171: (S. 159). Grussadressen von Berthold Neidhart (S. 161), Theodor Gut (S. 162–163), Paul Corrodi (S. 163–164), Stadtpräsident Dr. A. Lüchinger (S. 164–165), Ernst Nobs (S. 165–166), Guido Calgari (S. 167–168), Eduard Tenger (S. 168–169), Hermann Hiltbrunner (S. 170), Hans Schumacher (Regenrune, Gedicht, S. 171). Das Original der auf S. 159 reproduzierten Porträtzeichnung von Walter Roshardt befindet sich im N HB 106: Passepartout und Mappe, bez. HB. Widmung: «Lieber Hermann, Die Blumen und Bäume und stillen Ufer können Dir nicht mit Worten für Deine treue Fürsorge danken. Lass mich es für sie – unsere schweigsamen Gefährten – tun und Dir dazu von Herzen alles Gute wünschen. Dein Walter Roshardt. Der Verband zum Schutze des Landschaftsbildes am Zürichsee seinem Freunde zum 70sten Geburtstage.» – Im N HB 18 befindet sich das Widmungsblatt: «Dem verdienten Präsidenten der Zürcherischen Natur- und Heimatschutz-Kommission, Herrn Dr. iur. Hermann Balsiger zu seinem 70. Geburtstag. Der Direktor der öffentlichen Bauten des Kantons Zürich: (Paul) Corrodi. Die Mitglieder der Natur- und Heimatschutz-Kommission des Kantons Zürich: H(ans) Hofmann, Albert Kölla, Werner Pfister, H(ans) Peter, W(alter) Knopfli, H(einrich) Grossmann, E(rnst) G(eorg) Rüegg, H(an)s Kägi, (Hans Erich) Marty, Kantonsing.; K(onrad) Escher, Peter Meyer, H(ans) Sigg, Sekretär. Zürich, den 24. September 1946.» Dazu Aquarell Türkenbund von P(ia) R(oshardt). – Im N HB 3 Gratulationsschreiben, u.a. von Paul Adolf Brenner, Emil Klöti, Albert Kölla, Adolf Ribi, Robert Rittmeyer, von der ZHV (Obmann-Stellvertreter E(duard) Briner, Schreiber Wiesendanger): betont wird die Zusammenarbeit von NHKZ, ZVH und VSLZ.

50 Im NH B 2 u.a. Schreiben von Ernst Nobs und Theodor Gut. Edwin Arnet, NZZ-Redaktor und Schriftsteller dankt Balsiger, dass er ihn «zum schönen Werk der Jahrbücher vom Zürichsee beigezogen hat». Durch diesen Kontakt versteht Arnet, warum Balsiger Wertschätzung, ja Liebe genoss, «weshalb auch Leute auf der anderen Seite der politischen Barriere Ihnen sehr zugetan waren».

51 Paul Corrodi gestorben, ZSZ 23.1.1964, Nr. 19. – Berthold Neidhart, Oberrichter, Zum Gedenken an Dr. Paul Corrodi, NZN 25.1.1964, Nr. 21. – Corrodi über Balsiger in JbZ 1946/47, S. 163–164 (Festgabe zum 70. Geburtstag). – Gratulationsschreiben Corrodis vom 21. September 1951 im N HB 2. – Balsiger befand sich 1930 in ärztlicher Behandlung (vgl. Brief vom 17. April 1930 an Gerhard Boerlin. N HB 1) und hielt sich im Sanatorium Sonnenbühl in Affoltern am Albis auf. Paul Corrodi schreibt Balsiger dorthin am 27. Oktober 1930 (N HB 2), Balsiger antwortet am 29. und 30. Oktober 1930 (N HB 1): Ich bin in einer persönlich kritischen Situation, «in der ich wie in einer Sackgasse stecke». Das Richteramt hat Balsiger verbraucht, ermüdet, komplett ausgepumpt. Deshalb ist er zur Kur hier. Konflikt zwischen seinem künstlerisch-schöpferischen Charakter und seinem

Amt. Er setzt sich aber gern für kulturelle Aufgaben ein, «die mir zur Lösung anvertraut sind». Politiker stehen allem Künstlerischen fremd gegenüber. «Ein Mensch meiner Art erlebt Romane, ob er will oder nicht. Auch sein Schicksal folgt einem Gesetze, das er nicht geschaffen, das er aber auch nicht ausschalten kann. Und Romane sind Katastrophen.» Daneben ist er tätig auf den Gebieten der bildenden Kunst, des Kunstgewerbes, der Literatur, der musikalischen Kultur, aller Kultur. Die Parteigenossen «wissen nicht und können nicht wissen, wer ich bin. Nur die Katastrophe kann meine Konflikte lösen. Sie wird alle auf einmal und für immer lösen.» «Ich bleibe (aber) dabei, dass das Amt des Richters das einzig königliche in der Demokratie geblieben ist.» Corrodi schlägt vor: «Was könnten Sie z.B. als (kantonaler) Baudirektor leisten. Die Regierungsräte sind alle Nullen ausser Hafner!» Balsiger: Ich wurde immer übergangen. Parteigenossen wurden Stadträte (Gschwend, Bernhard Kaufmann, Jean Briner, Jakob Baumann). Bei der Portierung von Klöti als Bundesrat wurde ich (von bürgerlicher Seite!) angefragt, ob ich Stadtpräsident werde. – Siehe auch Anm. 21. – Interessant in diesem Zusammenhang auch das Schreiben von Dr. iur. Emil Hilfiker, RA, Talacker 11, vom 9. Juli 1929: Er sendet Balsiger auf seinen Wunsch die drei Dialoge Platos über Seelenwanderung. N HB 2.

52 Vgl. Anm. 35.
53 Nobs 1943, wie Anm. 43, S. 8.
54 Nobs 1953, wie Anm. 2. Nobs 1952/53, wie Anm. 1, S. 122. Vgl. Balsiger JbZ 1946/47, wie Anm. 7, S. 151.
55 Moser 1986, wie Anm. 23, S. 135.
56 Moser 1986, wie Anm. 23. Über den Gatten Hermann Balsiger vor allem S. 107–136. Die Tochter Annamaria, genannt Amrey (1909–1999) erhielt eine Balletausbildung in Berlin: S. 117–118, 120, 125, 177–178, 184, 243, 244. – Der Sohn Edouard (1911–1966) erkrankte im zweiten Altersjahr und litt zeitlebens an einer Spondilitis (Rückenmarktuberkulose), er absolvierte die Schule für Photo und Film in Berlin als Schüler des Photographen Sasha Stone und kehrte mit der Mutter 1933 in die Schweiz zurück: S. 118–123, 127, 137–13, 141–143, 155–157, 162, 170–171, 187, 189, 197, 223, 227, 228, 233–235, 245, 247, 258.
57 Roger Nicholas Balsiger in Moser 1986, wie Anm. 23, S. 288–290.
58 Neben den erwähnten bekleidete Balsiger noch viele andere Ämter, so war er Mitglied der kantonalen Verkehrskommission, der Promenadenkommission der Stadt Zürich und der Strassenbenennungskommission (1927 bis 1943). Zu letzterer vgl. den Briefwechsel in N HB 1 und 3, 1–10 um Balsigers Vorschläge für Wegbezeichnung («Fuchspass» etc.) in den Käferbergwaldungen in Zürich, die trotz groteskem Hin und Her verwirklicht wurden. – Ferner war Balsiger Initiant und Präsident der 1937 gegründeten Gesellschaft zur Förderung des Blumenschmuckes in der Stadt Zürich. Vgl. H. Balsiger in: Freunde (Vorwort) zu JbZ 1950/51, S. XIV–XV. – Er war auch Mitglied der Kommission für die Volksvorstellungen des Zürcher Stadttheaters und Präsident der Gemeinnützigen Stiftung Dr. Birchersches Volkssanatorium Zürich. – Zur Mitgliedschaft im Stiftungsrat der «Pro Helvetia» siehe S. 107.
59 Balsiger 1937, wie Anm. 21, S. 5–9. Balsigers Beitrag erschien zuerst an Klötis Geburtstag am 17.10.1937 im «Volksrecht». Er spricht den alten Freund mit «Lieber Klöti» an und versichert dem ledig Gebliebenen: «Ach, ich hätte noch hundert andere Fragen an Dich zu stellen, Dich ewig Beschäftigten, ewig Einsamen.» Balsiger, der selbst gern als Bauherr wirkte, weist Bauvorstand und Stadtpräsident Klöti seinen Platz in der Geschichte zu; wie in den Zeiten des Ancien Régime «ward der Stadt Zürich wieder einmal ein richtiger Bauherr («Bauherr» war damals der Amtstitel) geschenkt (...). In Dir hat die Stadt wieder einmal einen Bürgermeister von Format erhalten. (...) Aus dem bescheidenen jungen Doktor (der Frühzeit) ist die mutige kleine Exzellenz mit der grossen Autorität geworden, die Du heute bist.» Vgl. Schmid-Ammann, wie Anm. 21, S. 307–308: «Klein von Gestalt, haftete an Klöti etwas von der reserviert freundlichen Art eines wirklichen Grandseigneurs.»
60 Nobs 1943, wie Anm. 47, S. 8.

Hermann Balsiger und die Natur- und Heimatschutzkommission des Kantons Zürich – Text Seiten 62–89.

1 Balsiger anlässlich der Abschiedsfeier, welche der Stadtrat von Zürich Ende Juni 1943 im Zunfthaus zur Zimmerleuten veranstaltete, zitiert von Ernst Nobs in: E. N., Dr. Hermann Balsiger †. Mit Porträtzeichnung von Ernst E. Schlatter: JbZ 1952/53, S. 117–126; Zitat S. 125.
2 INSA Zürich, NA 2001, S. 190 (Orellistrasse 21), S. 195–196 (Quaianlagen). – Roman G. Schönauer, Von der Stadt am Fluss zur Stadt am See. 100 Jahre Zürcher Quaianlagen, hg. vom Stadtrat, Zürich 1987.
3 Walser verwertete die Eindrücke seiner in Zürich verbrachten Jahre 1896–1898, 1902–1903, 1904–1905. Vgl. Hanspeter Rebsamen, Ein Dichter in der Landschaft um 1907. Variationen über Robert Walser und den Heimatschutz. In: Festschrift Walter Drack zu seinem 60. Geburtstag, hg. von Karl Stüber und Andreas Zürcher, Verlag Th. Gut + Co., Stäfa 1977, S. 295–306. – Zum Naturgefühl der Zeit vgl. auch: Hanspeter Rebsamen, Zürich total 1890–1919. Ein Jugendbild im Jugendstil. Mit Farbphotos von Marco A. Frangi. Tagesanzeiger-Magazin, Nr. 46, 19.11.1977, S. 16–34.
4 Robert Imholz, Die Zuständigkeiten des Bundes auf dem Gebiete des Natur- und Heimatschutzes, Diss. Universität Zürich, Zürich 1975, S. 20. – Walther Schoenichen, Naturschutz, Heimatschutz. Ihre Begründung durch Ernst Rudorff, Hugo Conwentz und ihre Vorläufer, Stuttgart 1954.
5 Heinrich Giesker, Der rechtliche Heimatschutz in der Schweiz. Darstellung des Denkmalschutzes, Kunstschutzes, Naturschutzes und Heimatschutzes im engern Sinn, unter Berücksichtigung der Geschichte und des Auslandes. Inauguraldissertation der staatswissenschaftlichen Fakultät der Universität Zürich, Zürich 1910. – Dr. iur. Hermann Giesker, Rechtsanwalt (ein Verwandter?) setzt die Bemühungen des früh an der Grippe Verstorbenen fort: er wird 1927 (bis 1933) Obmann der Zürcherischen Vereinigung für Heimatschutz und gleichen Jahres Vorstandsmitglied des neugegründeten VSLZ. – Jb VSLZ 1/2 pro 1927, S. 11; 28 pro 1954, S. 11. – Vgl. auch Carl Albert Wieland, Der Denkmal- und Heimatschutz in der Gesetzgebung der Gegenwart, Basel 1905. – Dr. iur. C. A. Wieland (1864–1936) war 1905–1935 ord. Professor für schweiz. Privatrecht an der Universität Basel und Appellationsrichter, ferner Mitglied der Expertenkommissionen zur Vorbereitung des ZGB. HBLS 7 (1934), S. 520. SLex 7 (1948), Sp. 1356. – Theodor Bühler, Der Natur- und Heimatschutz nach schweizerischen Rechten, Zürich 1973.
6 Giesker 1910, wie Anm. 5, S. 138–139.

7 Giesker 1910, wie Anm. 5, S. 98–99. – Vgl. Escher 1925, wie Anm. 18, S. 3. – Imholz 1975, wie Anm. 4, S. 21: «Heimatschutz war der Sammelbegriff für Denkmal-, Natur- und Landschaftsschutz. Mit dem Ausdruck Heimat waren die Vorstellungen über die heimatlichen Schönheiten insgesamt verbunden, unabhängig davon, ob es sich um Objekte der Natur oder um Kulturschöpfungen handelte. In der Gesetzgebung hat sich jedoch der Ausdruck ‹Natur- und Heimatschutz› eingebürgert, welcher heute noch üblich ist.» Vgl. auch S. 23–24. – Zum Landschaftsschutz vgl. speziell: Paul Hirt (geb. 1900), Der polizeiliche Schutz des Landschaftsbildes, dargestellt auf der Grundlage der kantonalen Einführungsgesetze zum ZGB, Diss. rechts- und staatswissenschaftliche Fak. Univ. Zürich, genehmigt auf Antrag von Prof. Dr. Fritz Fleiner, Brugg 1927. – Walter Knopfli, Natur- und Landschaftsschutz im schweizerischen Mittelland und seine Zielsetzung, Zürich, Separatdruck aus NZZ Nr. 2937, 2945, 2992, 3013, 3058, Oktober 1957, mit Kapitel Gesetzliche Verankerung des Natur- und Landschaftsschutzes. – Hans Weiss, Die friedliche Zerstörung der Landschaft und Ansätze zu ihrer Rettung in der Schweiz, Zürich 1981. Im Anhang einige für den Landschaftsschutz wichtige bundesrechtliche Gesetzesbestimmungen im Wortlaut, aus: BG über den Natur- und Heimatschutz vom 1.7.1966; BG betr. Die eidg. Oberaufsicht über die Forstpolizei vom 11.10.1902; BG über die Raumplanung vom 22.6.1979; BG über die Förderung der Landwirtschaft und die Erhaltung des Bauernstandes (Landwirtschaftsgesetz) vom 1.10.1953; BG über den Schutz der Gewässer gegen Verunreinigung (Gewässerschutzgesetz) vom 8.10.1971; BG über die Nutzbarmachung der Wasserkräfte vom 22.12.1916; BG über die Nationalstrassen vom 8.3.1960; Verordnung über die Konzessionierung von Luftseilbahnen (Luftseilbahnkonzessionsverordnung) vom 8.11.1978.

8 Giesker 1910, wie Anm. 5, S. 110, 131–132.

9 Giesker 1910, wie Anm. 5, S. 164–166.

10 Imholz 1975, wie Anm. 4, S. 32, 144–146. Art. 24 der Bundesverfassung beschränkte ursprünglich die Oberaufsicht des Bundes über die Wasserbau- und Forstpolizei auf das Hochgebirge; 1897 wurde sie auf das gesamte Territorium der Schweiz ausgedehnt. Art. 31, Abs. 1 FPG verbietet die Verminderung der Waldfläche in der Schweiz. Siehe auch S. 38–39, 66–69. – NS 1939, S. 290. – In Bezug auf die Schwierigkeit, die Walderhaltung auch durchzusetzen, siehe Klöti, wie Anm. 62.

11 Giesker 1910, wie Anm. 5, S. 204–208, 338–339. – Durch das seit 1.1.1912 in Kraft stehende Zivilgesetzbuch (ZGB) wurde das Privatrecht in der Schweiz einheitlich kodifiziert. SLex Bd. 7 (1948), Sp. 1608.

12 Giesker 1910, wie Anm. 5, S. 229–328.

13 Giesker 1910, wie Anm. 5, S. 289. – Man erinnert sich, dass Balsiger in der Stadt als Bausekretär (1905–1910) und sein Freund Klöti in gleicher Funktion in der kantonalen Baudirektion (1902–1907) tätig waren. Vgl. S. 57 dieses Buches.

14 Giesker 1910, wie Anm. 5, S. 329 ff. Dazu Imholz 1975, wie Anm. 4, S. 36.

15 Ernst Nobs, Alt Obergerichtspräsident Dr. Hermann Balsiger gestorben, VR 19.2.1953, S. 1.

16 H. Balsiger, Freunde (Vorwort), in: JbZ 1946/47, S. XII. – Congrès international d'Art Public à Bruxelles, du 8 au 12 octobre 1910. La Législation du Canton de Zurich en matière de protection des sites et des monuments. Rapport présenté par H. R. Balsiger, docteur en droit, délégué de la ville de Zurich. Broschüre von 13 Seiten, Stadt A Z: Na 275. – 1920 regt Balsiger in der Heimatschutzkommission an, einen internationalen Heimatschutzkongress in der Schweiz abzuhalten (Protokoll der Sitzung vom 18.6.1920, S. 3–4. StAZ V I 1. 4). – 1924 will er in Paris die Akten der Kongresse von 1909 (Paris), 1910 (Brüssel) und 1923 (Paris) studieren. Schreiben Balsigers an Regierungsrat Emil Walter vom 12.7.1924, Gesuch um Finanzierung einer Studienreise. StAZ V I 1. 5. – Zum Naturschutzkongress vgl. NS 1939, S. 289.

17 Werner Balsiger, Tagebuch, Eintragung vom 23. November 1910. – Das Tagebuch befindet sich im Besitz seines Sohns Max Gustav Balsiger, geb. 1924, Meikirch BE; die Vermittlung des Zitats verdanke ich Roger Nicholas Balsiger, Kilchberg.

18 StAZ V I 1. 1 ff. Akten der Heimatschutzkommission (seit 1921 Natur- und Heimatschutzkommission). – Carl Escher, Der Heimatschutz im Kanton Zürich, Njbl. zum Besten des Waisenhauses in Zürich, Zürich 1925 (I Begriff und Aufgaben des Heimatschutzes. II Der staatliche Heimatschutz; A Gesetze und Verordnungen. B Verwaltungsakte. III Bestrebungen und Erfolge der Zürcherischen Vereinigung für Heimatschutz und der Natur- und Heimatschutzkommission. A Einleitung. B Naturschutz. C Schutz des Landschafts- und Ortsbildes. D Schutz von Baudenkmälern. E Propaganda). – Hans Sigg, Die wichtigsten Erlasse des Bundes und des Kantons Zürich über Natur- und Heimatschutz, in NS 1939, S. 294–301. – Thomas Müller, Heimatschutz als staatliche Aufgabe. Die Schaffung der kantonalen Heimatschutzkommission 1912. Frühe Aufgaben der Heimatschutzkommission, in: Das öffentliche Bauwesen in Zürich. Zweiter Teil: Das kantonale Bauamt 1896–1958 (Kleine Schriften zur Zürcher Denkmalpflege, Heft 5), Zürich und Egg 2001, S. 54–59.

19 StAZ V I 1. 1. – Die Kommission bestand aus «in der Sache interessierten Amtsstellen (Dr. Emil Fehr, Baudirektionssekretär; Stadtrat Dr. Emil Klöti, Zürich; Stadtrat Alexander Isler, Winterthur) sowie Vertretern des Heimatschutzes (Prof. Ernest Bovet, Vizepräsident der Schweiz. Vereinigung für Heimatschutz) und der Verschönerungsvereine (für Zürich: Dr. Konrad Escher; für Winterthur: Dr. A. Hablützel)» sowie Dr. Eugen Grossmann (1879–1963), Vorsteher der Zentralstelle des Schweizerischen Städteverbandes (als Aktuar) und Prof. Dr. Carl Schröter. Den Vorsitz hatte Regierungsrat Dr. Gustav Keller (1867–1932).

20 StAZ V I 1. 1. – Für den Fall einer Nichtannahme der Wahl waren noch folgende Ersatzpersonen vorgesehen: Prof. Dr. Albert Heim, Zürich; Prof. Dr. ETHZ Martin Rickli, Zürich; Architekt Johann Rudolf Streiff, Zürich; Architekt Johannes Meier, Wetzikon. RR-Prot. Nrn. 1024 vom 7.6.1912 und 1141 vom 31.5.1912. – Zu Würtenberger siehe Anm. 53.

21 StAZ V I 1. 1. – RRB Nr. 1275 vom 22.6.1912. – Escher 1925, wie Anm. 18, S. 31–32.

22 StAZ V I 1. 1. – HK- Prot, 1. (konstituierende) Sitzung vom 5.7.1912.

23 Zitiert aus HK-Prot. wie Anm. 22. – Vgl. die vom RR am 24.6.1915 und 22.6.1918 erlassenen Reglemente über die Behandlung von Naturkörpern und Altertümern im Kanton Zürich. Escher 1925, wie Anm. 18, S. 9–10.

24 StAZ V I 1. 1. – Nach: Regulativ betreffend die Einsetzung und

Tätigkeit der Heimatschutzkommission, vom 31.5.1912. – Escher 1925, wie Anm. 18, S. 6.

25 HK-Prot., wie Anm. 22.

26 StAZ V I 1. 1. – HK-Prot. der 2. Sitzung vom 6.9.1912. – Zur Reklamebekämpfung durch NHKZ und ZVH: Escher 1925, wie Anm. 18, S. 43–44.

27 HK-GA Heer, Witikonerstrasse, Zürich, vom 25.9.1912, in: HK-Prot., wie Anm. 26. – Escher 1925, wie Anm. 18, S. 35–36.

28 Der Autor, selbst Mitglied der Kommission in den Jahren 1967–1974, kann bezeugen, dass damals noch die gleiche Sichtweise und sprachliche Ausdrucksweise in Fragen von Einordnung und Gestaltung herrschte, auch wenn der Heimatstil von 1912 unterdessen durch andere Stilformen abgelöst worden war.

29 HK-Prot., wie Anm. 26.

30 Vgl. Dominique von Burg, Gebrüder Pfister. Architektur für Zürich 1907–1950, Sulgen/Zürich 2000 (Sonderband der Zürcher Denkmalpflege); S. 20, 51, 104 (Anm. 3 und 4).

31 Hermann Balsiger, Architekt Werner Pfister †, in: JbZ 1951/52, S. 245–248.

32 Kurz 2000, wie Anm. 34, S. 35. – INSA Zürich NA 2001, S. 20, 77.

33 StAZ V I 1. 1. – HK-Prot. der 3. Sitzung vom 22.11.1912. BD-Prot. vom 4.1.1913: Der Vorstand des Bauwesens I (Klöti) wird von der Anregung der Kommission unterrichtet; er antwortet am 14.1.1913 bejahend; er habe schon die gleichlautende Anregung der Ortsgruppe Zürich des SIA vom 7.12.1912 positiv beantwortet. – Escher 1925, wie Anm. 18, S. 38.

34 INSA Zürich NA 2001, S. 74–81. – Daniel Kurz, Zürich als Grossstadt seit der Stadtvereinigung 1893 und Daniel Kurz, Friedrich Fissler, Zürcher Stadtbaumeister 1907–1919. Christine Morra-Barrelet, Hermann Herter, Zürcher Stadtbaumeister 1919–1942. Ruedi Weidmann, Albert H. Steiner, Zürcher Stadtbaumeister 1943–1957. In: Das öffentliche Bauwesen in Zürich. Vierter Teil: Das städtische Bauamt 1907–1957 (Kleine Schriften zur Zürcher Denkmalpflege, Heft 7), Zürich und Egg 2000. V. a. S. 34–37, 47–55, 84, 109.

35 Zu Herters Entwürfen vgl. etwa: Das städtische Bauamt, wie Anm. 34, Abb. S. 48. – StAZ V I 1. 1. HK-Prot. der 9. Sitzung vom 11.3.1915. – Zur Nationalbank: INSA Zürich NA 2001, S. 129–130 sowie von Burg, wie Anm. 30.

36 StAZ V I 1. 1. – HK-Prot. der 4. Sitzung vom 27.21913.

37 Die von Kantonsbaumeister Hermann Fietz und Architekt Prof. Robert Rittmeyer zusammengestellte Liste enthielt die Halbinsel Au, die Dorfstrasse und die Gebäudegruppe Bocken in Horgen, die Burgruine Wädenswil, den Weiler Feldbach, in Meilen den Weiler Burg und das Haus Wunderli; die Landhäuser Grünenhof und Mariafeld in Meilen und Zieglerhof in Männedorf; eine stattliche Buchengruppe beim Bahnhof Uetikon, das Dorfbild von Küsnacht, den Sihlwald bzw. das ganze Sihltal; in Zürich u.a. die Hohe Promenade, den Platzspitz, einzelne Teile des Üetlibergs und des Zürichbergs. Geschäftsbericht 1908 der ZVH, S. 7–11.

38 R. Glutz, Kreisförster in Solothurn, Urwald-Reservate in der Schweiz. Zeitschrift Heimatschutz 3 (1908), Heft 7, S. 49–51 (mit einer kleinen Geschichte der Waldreservate in den USA, England, Frankreich, Deutschland und Österreich). – Escher 1925, wie Anm. 18, S. 7–8, 33–34 (Jagd- und Pflanzen-Schongebiet Tössstock, RRB vom 10.8.1912). – Carl Schröter, Der Werdegang des Schweizerischen Nationalparkes als Totalreservation und die Organisation seiner wissenschaftlichen Untersuchung, Denkschriften der Schweiz. Naturforschenden Gesellschaft 55 (1920).

39 Geschäftsbericht 1913–1915 der ZVH, S. 12. – Rebsamen, Variationen, 1977, wie Anm. 3, S. 303–304.

40 Otto Wettstein, Heimatkunde des Kantons Zürich. Darstellung von Land und Volk, Zürich 1913, S. 23. – Zu Otto Wettstein (geb. 1883) vgl. HBLS 7 (1934), S. 504.

41 Hermann Balsiger, Urkunden zürcherischen Naturschutzes, Die staatliche Reservation im Limmattal in: JbZ 1932, S. 29–46, Photos von Bildhauer Rudolf Wening. Zitate S. 36, 42, 44. – Nach NS 1939, S. 314, wurde das Reservat 1932 geschaffen und 1934/35 erweitert.

42 Escher 1925, wie Anm. 18, S. 6–8, 32–33. – Der Aufruf *An die Freunde der Natur* erfolgte jeweils im Frühling als Verlautbarung der Kantonalen Baudirektion bzw. der Kantonalen Heimatschutzkommission, erstmals am 20.4.1920 im Amtsblatt, und wurde an die gesamte Presse im Kanton versandt. Er machte auf die Kant. Pflanzenschutzverordnung vom 3.8.1909 (ergänzt 1914, 1921, 1922) aufmerksam. «Auch das massenhafte Pflücken der Kätzchenblütler ist, im besonderen Interesse der Bienenzucht, verboten.» Weitere Aufrufe mit variiertem Text erfolgten 1921, Mai 1922, Februar 1925, 1926. StAZ: V I 1. 5, 1. 6. – NS 1939, S. 313.

43 Das Werbeplakat für die Kommission, entworfen von Hermann Gattiker, gedruckt 1921 von J. E. Wolfensberger, Zürich, in einer Auflage von 2000 Stück, wurde auch mit 15 «offiziellen» Plakattafeln auf Kantonsgebiet aufgestellt. Es wies kein Kantonswappen auf, damit es auch für andere Kantone oder Vereinigungen verwendbar war. StAZ V I. 5. – Hermann Balsiger, Naturschutz-Plakat, in: «Heimatschutz» 16 (1921), Nr. 4, S. 85–86: «Gattikers leitender Gedanke war, den Baum, der festgewurzelt in der heimatlichen Erde, stark und wuchtig dasteht und seine ernste Sprache spricht, als bleibende Naturschutzmarke zu zeichnen, d.h. als ein Bild, das sich dem Beschauer leicht einprägt und immer wieder verwendet werden kann. Ein steter Mahner und Warner!» – Escher 1925, wie Anm. 18, S. 56. – Gattiker wurde 1920 zum Kommissionsmitglied gewählt, als Nachfolger des Ende 1919 ausgetretenen Ernst Würtenberger. Gleichzeitig trat Oberingenieur Rudolf Schätti, Zürich, in die Kommission ein.

44 Escher 1925, wie Anm. 18, S. 34–35. – Vgl. Verzeichnis 1925 der gemäss Natur- und Heimatschutz-Verordnung vom 9. 5. 1912 amtlich geschützten Objekte im Kanton Zürich. Es enthält 15 Objekte, lauter Bäume, u.a. «Riesiger Efeu an einer Fichte in Gattikon-Thalwil» (GRB vom 11.7.1914), Dörfli-Linde in Oerlikon (GRB vom 26.3.1917), Grosser Nussbaum an der Obern Hegibachstrasse in Zürich 7 (Verfügung Bauvorstand I vom 15.1.1924). – Heinrich Brockmann, Walter Knopfli, A. Schaufelberger, Carl Schröter, Katalog der Naturschutzobjekte (im Kanton Zürich), in NS 1939, S. 302–311. Enthält Zoologische Reservate und Schutzgebiete, Wildschongebiete, Baumbestände, Bäume und Baumgruppen, Botanische Seltenheiten, Prähistorie und Geschichte, Findlinge, Quellen.

45 Carl Schröter, Naturschutzbestrebungen im Kanton Zürich. Nach einem Vortrag, gehalten in Winterthur an der Landsgemeinde 1936 des Schweizerischen Bundes für Naturschutz, in: NS 1939, S. 289–293. – G. Huber-Pestalozzi, Prof. Carl Schröter † und seine Beziehungen zur Seenkunde. Gleichzeitig ein historischer Ausschnitt

aus der regionalen Limnologie der Schweiz. Sonderdruck aus dem Archiv für Hydrobiologie, Stuttgart, 35 (1939), Heft 4, S. 655–694. Der Naturschutz-Pionier war eine «optisch eingestellte Persönlichkeit», der sich in Zeichnungen, tausenden von Diapositiven und auch mit dem Mittel des Films ausdrückte. Aus der Bibliographie: Schwebeflora unserer Seen (1896), Burgunderblut im Zürichsee (1899), Plankton des Zürichsees (1901), Stichwort im Artikel Zürichsee, GLS 6 (1910), S. 815–818. Von seinem Schüler Walter Bally: Der obere Zürichsee, Archiv für Hydrobiologie, wie oben, 1907. – Eduard Rübel, Carl Schröter 1855–1939, Njbl. 1940 des Waisenhauses, Zürich, S. 45: Schröter war Mitglied der 1906 gegründeten Schweiz. Naturschutzkommission bis 1920 und Präsident der Zürcherischen Naturschutzkommission 1924–1939. – Heinrich Grossmann, Prof. Schröter und Prof. Brockmann zum Gedenken, in: JbZ 1947/48, S. 207–208. – Du, Schweiz. Monatsschrift, Zürich, 14 (1954), Nr. 2. Botanik von Zürich aus. – Stefan Bachmann, Zwischen Patriotismus und Wissenschaft. Die schweizerischen Naturschutzpioniere (1900–1938), Zürich 1999.

46 Freundliche Mitteilungen von Ulrich Gut (I), Küsnacht und Maja Steinmann-Peter, Lausen BL, Tochter von Hans Peter, 2002. – Dr. Hans Peter (1884–1963) war 1929–1950 als Vizedirektor der Hypothekarabteilung am Hauptsitz der Zürcher Kantonalbank in Zürich tätig. – 59. und 81. Rechenschaftsbericht der Zürcher Kantonalbank, S. 34 bzw. S. 40.

47 Der Sekretär des Bauwesens I der Stadt Zürich, Beda Enderli, übermittelte Dr. Hans Peter die Vorschläge Gattikers «Umgestaltung des Utoquais» vom November 1909 (alternierende Anordnung von Bäumen und Bänken an der Uferlinie statt hinter dem Promenadenweg, Kastanien statt der bestehenden Bäume, Brüstungsmauern statt Geländer, bessere Bänke und Kleinbauten, keine Rasenflächen) sowie die Protokolle der Promenadenkommission vom 20.9., 11.10. und 15.11.1909, vom 7.2.1910, 23.2. und 3.3.1911 über die Umgestaltung des Utoquais und die Anlage des künftigen Mythenquais, mit Vorschlägen Gattikers für einen Binnensee am Mythenquai! StAZ V I. 40.

48 Tavernay berichtet auch über ähnliche Bewegungen in Genf und Neuenburg und Prof. Carl Schröter über den Bodansweg längs des Bodensees für die Zollwache, der von Privaten offen gehalten werden müsse. Das Projekt über die Umgestaltung der Quaianlage Brienz wird am 16.10.1915 in Umlauf gesetzt. – StAZ V I 1. 2. HK-Prot. der 9. Sitzung vom 11.3.1915. – Unterlagen in StAZ V I 1. 40 (Natur- und Heimatschutzkommission, Einzelfälle und Diverses: Seeuferbebauung, Seewege und Anlagen 1913–1921, Protokolle der Subkommission, Zeitungsberichte, Photos). – Petition und Kommissionsbericht an den Grossen Rat des Kantons Waadt betr. den Schutz der Seeufer. Schrift des waadtländischen Heimatschutz-Präsidenten Prof. A. Tavernay: Wer soll die Nutzniessung der Seeufer haben?. – Gutachten: Carl Schröter, Einige Gedanken über den Schutz der Seeufer, 25.5.1915. Tiefbauamt des Kantons Zürich, gez. X. B., Uferschutz am Zürichsee, Kolorierter Plan über Uferverbauungen: Mauern, Steinpflästerungen, Steinschüttungen. Dr. Eugen Baumann, Zürich, Über den Uferschutz mit künstlicher Uferbepflanzung am Bodensee, 5.9.1915. Albert Heim, Geologisches Gutachten, 30.9.1915. Gartenarchitekt R. Froebel, Schutz der Seeufer, Oktober 1915. Prof. ETH Z Dr. J. W. Fehlmann, Zollikon, Der Einfluss der Ufergestaltung auf die Fischerei im Zürichsee, 1.10.1915. Robert Rittmeyer, Schutz der Seeufer, 3.10.1915 (publiziert in NZZ, vgl. Anm. 53); Beilage: 37 Ansichtskarten von Seeufermotiven, mit handschr. Bemerkungen. Carl Schröter, Entwurf eines Programmes für die Begutachtung der Seeuferfrage, 5.10.1915. Richard Bühler, Heimatschutz und Seeuferschutz, 5.10.1915. Stadtgärtner Gottfried Friedrich Rothpletz, Zürich, Über gärtnerische Gestaltung der Seeufer, 6.10.1915. Prof. Dr. Heinrich Wegelin, Frauenfeld, Die thurgauischen Seeufer, Bemerkungen, 8.10.1915. Dr. Hans Peter, Rechtliches zur Seeuferfrage, 15.10.1915. Dr. Hans Peter, Behandlung der Landanlagen, Anträge, 20.10.1915.

49 StAZ V I 1. 2 HK-Prot. der 10. Sitzung vom 14.6.1915, Geschäft II. Seeuferweg. – Zu den schönsten Jugenderinnerungen von Präsident Bovet gehören Wanderungen am Ufer des Genfersees, «auch dort bestehen Strassen in halber Höhe, wie z.B. die Route des Montes de Lavaux, mit herrlichem Ausblick». Architekt Usteri «verweist auf den schönen langen Strandweg von Locarno am castello di ferro vorbei gegen Gordola, und auf den neuen künstlich angelegten Seeweg von Spiez bis Faulensee».

50 Stenonotizen und 17 Photobogen von Dr. Hans Peter von der Fahrt. StAZ: V I 1. 40. – Zu den Villen Streuli (Hüni, Seegartenstrasse 45) und Huber («Seerose») vgl. Kunstführer durch die Schweiz, Bd. 1, Wabern 1971, S. 799.

51 Züricher Post, 27.9.1915, Nr. 370. NZZ, 28.9.1915, Nr. 1282. – Regierungsrat Dr. Oscar Wettstein (1866–1952), Erziehungsdirektor, vertrat den Kanton Zürich. – Coulins Vortrag wurde überarbeitet publiziert: Jules Coulin, Schutz der Seeufer, in: Heimatschutz 10 (1915), Nrn. 10 und 11, S. 113, 145 ff., 161 ff. Sekretär Dr. Peter lieferte dazu Unterlagen und eigene Photos.

52 StAZ V I 1. 2 HK-Prot. der 12. Sitzung vom 27.9.1915, Geschäft II. Seeuferfrage. – Zum Bebauungswettbewerb vgl. INSA Zürich NA 2001, S. 76–80. – Balsiger war als Mitglied des Grossen Stadtrats (1915–1919) offenbar auch Mitglied von dessen vorberatender Kommission für diesen Wettbewerb. – Zur Abstimmung in Genf: Journal de Genève, 15.9.1915; NZZ, 21.9.1915, Nr. 1243. Unterlagen wie Anm. 48.

53 Escher 1925, wie Anm. 18, S. 3840. – Schröter schlug folgende Direktiven vor (vgl. HK-Prot. der 12. Sitzung vom 27.9.1915): «1. Zu lösende Vorfragen: Gesetzliche Grundlagen, Enquête über die bestehenden Servituten und den unentgeltlichen Rückfall von Landanlagen an den Staat, Bestimmungen über die Verminderung der Schilfbestände. 2. Gutachten eines Fischereisachverständigen über den Einfluss der Ufergestaltung auf die Fischerei, eventuell Gutachten eines Geologen über die Möglichkeit der Erstellung von Landanlagen. 3. Darstellung des jetzigen Zustandes nach Ufertypen. a) Naturufer, Schilfbestände. b) Mauern, wie Quai-, Garten-, Reben-, Eisenbahn- und Strassenmauern. c) Architekturen wie Fassaden von Wohnhäusern, Fabriken. d) Ablagerungsplätze, Schwemm- und Waschhalden. e) Landungsstege, Badanstalten, Bootshäuser. 4. Aufstellung der Prinzipien der Um- und Ausgestaltung und der Neuschaffung. 5. Gemeindeweise Konkurrenzausschreibungen, um über die Ufergestaltung nach Gemeinden Klarheit zu bekommen.» — Pressefehde (nach Unterlagen wie Anm. 48): Robert Rittmeyer, Schutz der Seeufer, NZZ, 12.10.1915, Nr. 1359 (Replik auf Coulins Vortrag; vgl. Anm. 48). Hans Trog (?), Von Seeufern und Quais, NZZ, 28.11.1915,

Nr. 1611. Samuel Guyer, Über Gartenkunst und Heimatschutz. Zur Besprechung von Marie Louise Gotheins Geschichte der Gartenkunst, 2 Bde, Jena 1914; NZZ, 28., 29., 30.12.1915, Nrn. 1803, 1809, 1815, 1817. Jules Coulin, Gartenkunst und Heimatschutz, NZZ, 8.1.1916, Nr. 35. Samuel Guyer, Gartenkunst und Heimatschutz. Zur Entgegnung Dr. J. Coulins, NZZ, 30.1.1916, Nr. 156. Seen und Flüsse, NZZ, 18.6.1916, Nr. 973. Richard Bühler, Robert Rittmeyer, Seeuferschutz, in: Heimatschutz 11 (1916), Nr. 3. H. Hagenbach, Zur Frage Seeuferschutz, in: Heimatschutz 11 (1916), Nr. 5, S. 77–79. – Vgl. auch Richard Bühler, Über Gartenkunst, SB 1912, Heft 21, 18.10.1912. – Carl Schröter, Führer durch die Quaianlagen Zürich, Zürich 1934. – An einer friedlichen Auseinandersetzung, wie sie in der Kommission gepflegt wurde, sind im gleichen Jahr 1915 drei ihrer Mitglieder beteiligt: Ernst Würtenberger malt den Vorstand des Winterthurer Kunstvereins, es erscheinen darauf Robert Rittmeyer und Richard Bühler. Vgl. INSA Winterthur, NF 2001, Abb. S. 29. – Zu Würtenberger vgl. SKL 3 (1913), S. 526; 4 (1917), S. 459, 702–703. – HBLS 7 (1934), S. 596. – Ernst Würtenberger, Zeichnung, Holzschnitt und Illustration, Basel 1919. – Das Werden eines Malers. Erinnerungen von Ernst Würtenberger, Heidelberg 1936. – Das graphische Werk von Ernst Würtenberger. Bearbeitet von Franzsepp Würtenberger, Schriften der Staatlichen Kunsthalle Karlsruhe, Heft 1, Karlsruhe 1938. – W. stammte aus Steisslingen (Baden), lebte seit 1902 in Zürich und wurde 1921 als Professor an die Badische Landeskunstschule nach Karlsruhe berufen.

54 StAZ V I 1. 3 HK-Prot. der 15. Sitzung vom 13.4.1917, vgl. auch jenes der 14. Sitzung vom 13.3.1917. – Escher 1925, wie Anm. 18, S. 39.

55 Balsiger hatte, in Abwesenheit von Präsident und Vizepräsident, bereits an der 15. und 16. Sitzung vom 13.4. und 23.5.1917 den Vorsitz innegehabt. Zum Präsidenten wurde er von den Mitgliedern Schröter, Bühler, Pfister, Rittmeyer, Trautweiler und Peter (einstimmig) gewählt, die Mitglieder Usteri, Fietz und Würtenberger waren abwesend.

56 Alle Kommissionsmitglieder wurden mit RRB vom 31.5.1923 neu gewählt für die Amtsdauer 1923–1926, nämlich Balsiger, Bühler, Fietz, Gattiker, Hescheler, Pfister, Rittmeyer, Schätti, Schröter, Usteri, Weber. - Vgl. Escher 1925, wie Anm. 18, S. 31–32.

57 StAZ V I 1.4 und 1.5 HK-Prot. bzw. NHK-Prot. der 21. Sitzung vom 18.6.1920 und der 25. Sitzung vom 16.9.1921; RRB Nr. 234 vom 29.1.1921. Schon die Verordnung vom 9. Mai 1912 sprach von Natur- und Heimatschutz und die Kommission hat «von Anfang an (...) auch Gutachten über Fragen des Naturschutzes abgegeben und später auch ausschliesslich Naturschutzfragen in Betracht gezogen». Von Anfang an standen ihr dafür Professor Schröter, seit 1919 stehen ihr auch Professor Hescheler und Oberforstmeister Weber als Mitglieder zur Verfügung. In der Folge hat sie sich in eine Sektion für Heimatschutz und eine solche für Naturschutz aufgeteilt.

58 StAZ V I 1. 5 NHK-Prot. der 25. Sitzung vom 16.9.1921 und beigedrucktes Gutachten vom 29.10.1921.

59 StAZ V I 1. 6 NHK-Prot. der 36. Sitzung vom 27.8.1926.

60 StAZ V I 1. 1 NHK-Prot. der 5. und 6. Sitzung vom 22.1. und 19.2.1914; im Anhang des letzteren Gutachten Dolderpark vom 20.2.1914.

61 StAZ V I 1. 8 NHK-Prot. der 62., 63. und 67. Sitzung vom 4.4. (S. 12), 3.6. (S. 6–8) und 12.12.1930 (S. 2).

62 Emil Klöti, Der Schutz der Wälder und der Aussichtspunkte im Gebiete der Stadt Zürich, in: JbZ 1942, S. 3–30.

63 StAZ V I 1. 5 NHK-Prot. der 30. Sitzung vom 5.12.1924, S. 1–3.

64 StAZ V I 1. 6 NHK-Prot. der Sitzungen vom 8.6.1927 (S. 3–4), 15.6.1927 (S. 1–2), 14.10.1927, S. 5–6), 1.2.1928 (S. 2–3).

65 Jahresbericht des VSLZ pro 1929 in: ZsB 1930, S. 51. – Hermann Balsiger, Gedenkrede Fietz, wie Anm. 79. – Escher 1925, wie Anm. 18, S. 37–38.

66 Max Werner, Bebauungspläne am Zürichsee, in: JbZ 1958–1959, S. 219–238, Zitat S. 224.

67 Die beiden ehemaligen Landsitze figurierten schon in einer grössern Anzahl Projekten des Bebauungsplanwettbewerbs 1915–1918 als bleibende Parkanlagen. – Emil Klöti, Die Rettung des Muraltengutes und des Beckenhofes in Zürich, in: JbZ 1936, S. 14–21.

68 StAZ V I 1. 5 NHK-Prot. der Sitzung vom 29.2.1924, S. 2. – Natur- & Heimatschutzkommission des Kantons Zürich, Zürich, den 4. Februar 1924. An den Grossen Stadtrat von Zürich! Sig. Natur- & Heimatschutzkommission des Kantons Zürich, Der Präsident: Dr. H. Balsiger. Der Sekretär: Dr. H. Peter. (Betr. Erhaltung des Muraltenguts in Zürich. Autor: Hermann Balsiger). StAZ VIII 166. – Vgl. JbZ 1936, S. 12–13. – Bereits haben sich die Antiquarische Gesellschaft, die ZVH und der BSA in Eingaben an den Stadtrat und den Grossen Stadtrat gewandt, der BSA wird seine Generalversammlung 1935 im geretteten Gebäude abhalten, vgl. WERK 22 (1935), Nr. 6, S. 178.

69 Klöti, wie Anm. 68, S. 16–17. – Erhaltung des Muraltenguts in Zürich, Appell von H. Balsiger und 26 Mitunterzeichnern aus Maler-, Architekten, Literatur- und Kunstfreunden an den Grossen Stadtrat, 1924. – Vgl. JbZ 1936, S. 13. – Das Muraltengut in Zürich, WERK, 11 (1924), Heft 5, S. 115–122; auch Separatdruck. – Vgl. JbZ 1936, S. 17 und WERK 15 (1928), S. 312–322.

70 Zwei Denkmäler zürcherischer Baukunst, in: Heimatschutz, Basel, 19 (1924), Heft 4, S. 43–46, 49–67. Unter dem Titel Der Beckenhof. Ein Zürcher Baudenkmal, auch erschienen als «um acht Bilder und Vignetten erweiterter Sonderdruck», Basel, Heimatschutz-Verlag (Frobenius A.G.) 1924 (Zitat S. 15). Vgl. JbZ 1936, S. 20. – Vom Beckenhof, mit Fotos des Verfassers, Zürcher Theater-, Konzert- und Fremdenblatt, Zürich 1924, Nrn. 9 und 10. auch Separatdruck.

71 * in: VR 24.6.1943. – Nach der Abstimmung über die Verkehrslösung mit Erhaltung des Muraltenguts erwarb der Schriftsteller und Sammler Martin Bodmer (der spätere Schöpfer der Biblioteca Bodmeriana in Cologny GE) das Muraltengut. Damit war aus finanzpolitischer Sicht die Voraussetzung gegeben, den Erwerb des ganzen Beckenhofgutes durch die Stadt anzustreben. Nachdem man zuerst die Verwaltung des Stadtkreises 6 im Beckenhof unterbringen wollte, wurden schliesslich die Gebäude dem Pestalozzianum zur Verfügung gestellt und der Park öffentlich zugänglich gemacht. Auch das Muraltengut wurde 1944 von der Stadt erworben und dient seither für Empfänge und Ausstellungen, der Park dient ebenfalls der Öffentlichkeit. – Akten Beckenhof und Muraltengut in StAZ: V I 1. 6. Akten Beckenhof im StAZ: V Bc 51 Akten des Stadtpräsidenten, Allgemeines, Nr. 9: Beckenhof, Nutzung, Optionen, 1924–1931. – Escher 1925, wie Anm. 18, S. 54.

72 Müller 2001, wie Anm. 18, S. 93. – Von Burg, wie Anm. 30.

73 StAZ V I 1. 6 Akten sowie NHK-Prot. der Sitzung vom 18.12.1927, S. 1–7.

74 Vgl. Kunstführer durch die Schweiz, Bd. 1, Wabern 1971, S. 796:

«Rüschlikon, Langhaldenstrasse 1. Ehem. Atelier des Kunstmalers Hermann Gattiker. Erb. 1900 nach Plänen des Künstlers, umgeb. um 1930. Stark gegliederter kubischer Flachdachbau, an der Fassade farbiger Mosaikfries». – Vgl. Anm. 87.

75 Escher 1925, wie Anm. 18, S. 10–11. – Im Oktober 1924 legte der Zürcher Stadtrat dem Grossen Stadtrat Vorschriften zum Schutze des Stadt- und Landschaftsbildes vor, die, datiert vom 18.2.1925, im gleihen Jahr der NHKZ zur Prüfung vorlagen. Sie wurden vom Grossen Stadtrat am 12.12.1928 nochmals abgeändert und mit RRB Nr. 991 vom 16.5.1929 genehmigt. StAZ V I 1. 5 und 1.7 (NHKZ-Prot. vom 8.6.1929).

76 Zum Fall Frei vgl. StAZ: V I 1.7 (Geschäft Nr. 1800) und V I 1. 8 (Geschäft Nr. 655) der NHK sowie Sitzungsprotokolle der NHK vom 8.6.1929 (Balsiger erwähnt, dass sich der Schaffhauser Heimatschutz mit einem ähnlichen Haus der Firma Scherrer & Meyer in Buchthalen einverstanden erklärt habe und verweist auf den ausgezeichneten Artikel «Krisis der modernen Architektur» von Peter Meyer in der SBZ. Protokollführer ist stellvertretend der jetzige Kantonalbank-Vizedirektor Dr. H. Peter); vom 28.6., 5.7., 15.10., 20.12.1929. 4.4.1930 (Erklärung des erkrankten Präs. Balsiger. Erläuterung der Rechtslage durch Sekretär Dr. Hans Sigg: In den Rekursschriften an den RR «wird die Kommission in einer Art und Weise angegriffen, die als sehr respektlos und unsachlich bezeichnet werden darf».) – Zuschrift von RR Maurer bzw. Dir. sekretär Frey an die NHK vom 1.8.1929 (Art der Berichterstattung hat nicht wenig überrascht und befremdet. Die Angelegenheit soll in der Kommission besprochen werden) – Rundschreiben Balsigers (16-seitiges «Memorial») an die NHK-Mitglieder vom 10.8.1929, mit Begleitbrief an RR Maurer. – Baute Lehrer Frei in Uhwiesen. Zur Rekursbeantwortung. Stellungnahme von Kantonsbaumeister H. Fietz vom 12.10.1929 (StAZ: V II 171). – RRB vom 8.11.1929. Rekursbeantwortung Frei; schützt den Rekurrenten (sollte im Schweiz. Zentralblatt für Staats- und Gemeindeverwaltung, Januar 1930 erscheinen). – Zuschrift Balsiger an die Baudirektion vom 27.12.1929. – Baudirektionsprotokoll vom 18.3.1930. Zuschrift an die NHK. – Zuschrift Balsigers an die Baudirektion vom 20.3.1930. – Zuschrift der NHK (Vizepräsident Schröter anstelle des erkrankten Präsidenten Balsiger) an die Baudirektion: Die Kommission erachtet die Angelegenheit als erledigt. – Presseartikel: Andelfinger Zeitung, 6.12.1929, E. M., Der Kasten und der Rebberg. Volksblatt aus dem Bezirk Andelfingen, 6.12.1929, Lokales, Uhwiesen; 10.12.1929, Handwerker- und Gewerbeverein des Bezirks Andelfingen. Bericht über Diavortrag von Robert Rittmeyer über «Neues Bauen und Heimatschutz» in Stammheim.

77 Boerlin fragt am 25.4.1930 nach den Gründen für den Austritt. B. antwortet am 30.4.1930. Briefwechsel im N HB 1.

78 StAZ V I 1. 6 NHK-Prot. der Sitzung vom 14.10.1927.

79 Gedenkrede auf Herrn Dr. h. c. Hermann Fietz, zürcher. Kantonsbaumeister, geb. 30. April 1869, gest. 24. Januar 1931. Rede des Präsidenten der Kant. Natur- und Heimatschutzkommission, Oberrichter Dr. Hermann Balsiger, gehalten an der Abdankungsfeier 27. Jan. 1931 in der Kirche Zollikon, Verband zum Schutze des Landschaftsbildes am Zürichsee, Separatdruck aus der «Zürichsee-Zeitung».

80 Müller 2001, wie Anm. 18.

81 H. Balsiger, Die Trachten des Zürichbietes im Jahre 1925, mit Fotos des Verfassers, Heimatschutz- Verlag Frobenius A.G., Basel 1925. «Veranlassung, dem Gegenstande näher zu treten, gab mir eine, an mich als Vorsitzenden der Kant. Heimatschutzkommission gerichtete Eingabe aus bäuerlichem Kreise.» (S. 1) «Die ist also, nachdem ich mich etwas eingehender mit der Trachtenfrage befasst habe, mein Standpunkt: Pietät den geschichtlichen und den in Gebrauch stehenden Volkstrachten gegenüber, aber keine Experimente mit sogenannten neuen Trachten.» (S. 16)

82 Morra-Barrelet 2000, wie Anm. 34, S. 49–54.

83 Siehe Bibliographie Balsiger.

84 Siehe S. 60.

85 Zur Beurteilung des «Neuen Bauens» vgl. auch V I 1. 7 HK-Prot. der Sitzungen vom 1.2.1928 (SWB, ZVH und NHKZ besuchen die Ausstellung Neues Bauen im Kunstgewerbemuseum Zürich am 27.1.1928); vom 20.12.1929 (Flachdachprojekt Rüegg in Höngg von Arch. Schneebeli, Zug); vom 3.6., 28.7. und 4.8.1930 (Flachdachprojekt Ing. H. Knecht, Feldmeilen, am See); vom 3.6.1930 (Grundsatzdiskussion, auch in Bezug auf Landanlagen. NHK-GA vom 11.7.1930); vom 28.7.1930 (Flachdachprojekt von Arch. Otto Hans, Erlenbach/Herrliberg; GA-Entwurf Pfister ca. 25.7.1930. Flachdachprojekt Tanzlehrer Traber, «Föhrenburg», Kapf, Erlenbach).

86 Zitat Schröter in NS 1939, S. 291. – Vgl. auch Anm. 46.

87 Ernst Rüegg, Ernst Georg Rüegg. Sein Werk, seine Familie und seine Zeit, Zürich 1983, Zitat S. 93. Siehe auch KLS, S. 817–819. Paul Corrodi, Ernst Georg Rüegg 1883–1948, Njbl. Zürcher Kunstgesellschaft, Zürich 1949. Ernst Georg Rüegg. Leben und Schaffen, Zürich 1950. Ernst Georg Rüegg, 1883–1948, Ausstellungskatalog Helmhaus Zürich, Zürich 1984. – JbZ 1932, S. 30, Zeichnungen S. 12 und 71. Jb 7 (1933), Zeichnungen S. 7, nach 62. JbZ 1946/47, S. 28. JbZ 1948/49, S. 1 (Porträt Rüegg von H. Sturzenegger), S. 131–140 (Nachruf von Wilhelm Wartmann). – E. G. Rüegg, Die Landschaft im Kanton Zürich, NZZ Nr. 2163, 1931. – Rüegg war u.a. Schüler Gattikers und wurde auf Vorschlag Würtenbergers 1916 Lehrer an der Kunstgewerbeschule Zürich (bis 1948). – Schreiben im N HB 2: Ernst Georg Rüegg, Meilen, Hohenegg, lädt Balsiger am 7.8.1943 zur Feier seines 60. Geburtstages am 22.8.1943 ein. Zugesagt haben bereits RR Corrodi, Stadtpräs. Nobs, Maler Karl Hügin, Hermann Häberli(n), sein Bruder Walter C. Rüegg, RR Sturzenegger, Schaffhausen, alle mit Gattinnen. – Paul Corrodi schickt am 12.1.1949 Balsiger in Vernate seine Monographie über Rüegg (siehe oben) und bittet Balsiger, sich seinen Verehrern in Zürich wieder einmal zu zeigen.
Zu Hermann Gattiker siehe SKL 1 (1905), S. 549–550; 4 (1917), S. 169. – KLS 20. Jahrhundert, 1958–1967, S. 334–335. Er war Sohn eines Gärtners; 1899–1902 Lehrer für Landschaftszeichnen an der Kunstgewerbeschule Zürich, ab 1899 in Rüschlikon ansässig und Haupt einer Künstlerkolonie, entwarf dort den 1930–1932 angelegten, seit 1947 öffentlich zugänglichen «Park im Grüene» für Gottlieb Duttweiler; vgl. Anm. 74.

88 Prof. Dr. Heinrich Brockmann, Nachruf, in: JbZ 1938, S. 74–80 (Porträtzeichnung von Gregor Rabinovitch).

89 Von Burg wie Anm. 30, S. 274.

90 Zu Hofmann und Meyer vgl. INSA Zürich NA 2001, S. 51–54. – Siehe auch Anm. 105.

91 JbZ 1949/50, S. 201–202. Balsiger weist auch auf Rittmeyers Buch:

Bauwerk, Bäume, Busch und Blumen, Elgg 1942, hin. Zu Rittmeyers Aufklärungsarbeit siehe oben, Anm. 76 (Schluss). – Peter Meyer, Heimatschutz-Aufgaben, in JbZ 1936, S. 29–40.

92 N HB 18. Gratulationsadresse der Mitglieder der Natur- und Heimatschutzkommission des Kantons Zürich an Hermann Balsiger, Präsident, Zürich, im Juli 1932. Die Kommission arbeitet seit 20 Jahren, B., von Anfang an dabei, ist seit 14 Jahren Präsident. Unterschriften von H. Grossmann, W. Knopfli, A. Largiadèr, Werner Pfister, R. Rittmeyer, E. G. Rüegg, C. Schröter, E. Usteri-Faesi, Th. Weber, Oberforstmeister; Hans Wiesmann, H. Sigg, Dr. Paul Meyer (?). Dazu: orange aquarellierte und kolorierte Federzeichnung von Ernst Georg Rüegg «Die Landschaft huldigt dem Präsidenten der kantonalen Natur- und Heimatschutz-Kommission»: Wanderer, Kinder, Landvolk, Frauen mit Trauben in Uferlandschaft, Regenbogen (farbig), Dorf, Kapelle (Obersee?). Das Ganze in pergamentgesäumter Kartonmappe. – Vgl. auch N (= Berthold Neidhart), 25 Jahre Natur- und Heimatschutzkommission, NZZ Nr. 1216, 5.7.1937 (nach NS 1939, S. 329).
93 Escher wie Anm. 18.
94 JbZ 1936, S. 78.
95 Hans Sigg, Die Natur- und Heimatschutzkommission des Kantons Zürich, in: JbZ 1936, S. 11–13, Zitat S. 13. – Vgl. NS 1939, S. 290.
96 Ernst Nobs, Begegnungen mit Hermann Balsiger, in: JbZ 1936, S. 125–129, Zitat S. 126.
97 Balsiger 1932, wie Anm. 41, S. 30. – Vgl. NS 1939, S. 290.
98 N HB 2. Schreiben Corrodis an Balsiger vom 24.3.1942. Im Februar bat er ihn telefonisch, das Amt des NHK-Präsidenten noch nicht niederzulegen. Heute, nach Eingabe der NHKZ-Mitglieder (Erstunterzeichner: Prof. Dr. Konrad Escher), wiederholt er seine Bitte. – Vgl. Corrodi über Balsiger in: JbZ 1946/47, S. 163–164.
99 (*), VR 24.6.1943.
100 TAT, Zürich, 24.9.1951.
101 Die im Staatsarchiv aufbewahrten Protokolle und Gutachten der Kommission sind seit Escher 1925 erstmals wieder von Müller 2001 (für beide vgl. Anm. 18) und für den vorliegenden Text ausführlich ausgewertet worden.
102 Archiv VSLZ/ZSL, siehe S. 108–115.
103 Im N HB 18 befindet sich das Widmungsblatt: «Dem verdienten Präsidenten der Zürcherischen Natur- und Heimatschutz-Kommission, Herrn Dr. iur Hermann Balsiger zu seinem 70. Geburtstag. Der Direktor der öffentlichen Bauten des Kantons Zürich: (Paul) Corrodi. Die Mitglieder der Natur- und Heimatschutz-Kommission des Kantons Zürich: H(ans) Hofmann, Albert Kölla, Werner Pfister, H(ans) Peter, W(alter) Knopfli, H(einrich) Grossmann, E(rnst) G(eorg) Rüegg, H(an)s Kägi; (Hans Erich) Marty, Kantonsing.; K(onrad) Escher, Peter Meyer, H(ans) Sigg, Sekretär. Zürich, den 24. September 1946.» Dazu Aquarell Türkenbund von P(ia) R(oshardt). – Im N HB 3 Gratulationsschreiben der ZHV (Obmann-Stellvertreter E(duard) Briner, Schreiber Wiesendanger), worin die Zusammenarbeit von NHKZ, ZVH und VSLZ betont wird.
104 Schreiben in N HB 3, signiert von RR Henggeler.
105 Hans Hofmann-Stolz 1897–1957. Architekt, Dr. h. c., Professor an der ETH in Zürich, Privatdruck 1940. Die NHKZ gedachte seiner an der Abdankung: «Er wusste zwischen den sich oft widersprechenden Wünschen der Bauherren und Architekten einerseits und der Rücksicht auf schützenswerte Orts- und Landschaftsbilder anderseits geschickt und verständnisvoll zu vermitteln, ohne den grundsätzlichen Standpunkt preiszugeben.» Die NHKZ-Mitglieder waren «ihrem Präsidenten in herzlicher Freundschaft verbunden und beklagen nun sein Hinscheiden». Der Obmann des Schweizer Heimatschutzes formulierte: Mit seinem Eintritt in den SVH-Vorstand 1939 wollte Hofmann «sichtbar bekunden, dass auch die Erhaltung und Pflege des historischen Baugutes unseres Landes ein verpflichtendes Anliegen sei. Darüber hinaus öffnete er seinen im Heimatschutz tätigen Freunden die Augen für die im neuen Bauen liegenden Möglichkeiten, die er ihnen nicht zuletzt an seinen eigenen Werken verständlich machte. Seinem still-überzeugenden Einfluss ist es weitgehend zuzuschreiben, dass die Männer des Heimatschutzes die neue Baukunst heute ebenso bejahen wie die einstige. Der Heimatschutz hat in Hans Hofmann einen seiner geistigen Erneuerer verloren». – Vgl. auch Peter Meyer, Architekt Hans Hofmann. Zum 60. Geburtstag (8. April), NZZ 8.4.1957, Nr. 1010. – Linus Birchler, Zum Tode des Landi-Architekten Hans Hofmann, NZN, 28.12.1957. – Siehe auch Anm. 90.
106 Hermann Balsiger, Verehrte, liebe Freunde!, in: JbZ 1952/53, S. XIV–4; Zitat S. 4.

Theodor Gut (I) (1890–1953), Verleger und Politiker, und seine Nachkommen – Text Seiten 90–97.

1 Der Druck- und Verlagsort Stäfa. Vom «Volksfreund» zum «Wochenblatt» und zur «Zürichsee-Zeitung», in: Hans Frey, Peter Ziegler, Stäfa (Ortsgeschichte), Bd. 2, Stäfa 1969, S. 394–401. – Theodor Gut (II), Vom «Wochenblatt» zur Tageszeitung und zur Zürichsee Medien AG, in: Jubiläumsbeilage 150 Jahre Zürichsee-Zeitung 5. Januar 1995. – Landschreiber Johannes Gut-Peter, a. Notar des Kreises Männedorf, geboren 19. April 1858, gestorben 11. April 1937, Nekrolog von tg (= Theodor Gut), Privatdruck Stäfa 1937. Zu Johannes Guts Parteifreunden gehörten Fritz Scheuchzer, Salomon Angst, Bundesrat Forrer, Theodor Curti, Albert Locher.
2 Gedenkworte von Walter Schneider-Mousson, in: Jb 27 (1953), S. 3–4. – Erinnerungen an Theodor Gut (I) 1890–1953, in: JbZ 1954–1955, S. 13–15 (Nachruf von Walter Schneider), S. 16–18 (Nachruf von Theodor jun. und Ulrich Gut). – VR Zürich 31.8.1953 (Nekrolog). – NZZ 31.8.1953 (Nekrolog von Willy Bretscher). – Sigmund Widmer, Josua Dürst, Die Entwicklung der «Zürichsee-Zeitung» unter Theodor (I), und Theodor (II) Gut; Ulrich (I) Gut, in: Jubiläumsbeilage, wie Anm. 1.
3 Er erhält die höchste Auszeichnung bei einem Preisausschreiben der Theologischen Fakultät Zürich, an dem er anonym teilnimmt. – Arnold Fisch (ehemaliger Bundeshausredaktor der «Zürichsee-Zeitung») (Hg), «Auf den Spuren des Zeitgeschehens». Dem Journalisten und Politiker Theodor Gut (II) zum 65. Geburtstag. 18. Mai 1982, Privatdruck. Wie die Erinnerungsschrift für seinen Vater (vgl. Anm. 10) enthält sie vor allem Zeitungsartikel, Reden und Nationalratsreferate sowie eine Zeittafel zur Biographie. – Werner Meyer, Laudatio auf T.G., in Jb 68 (1994), S. 12–14. Nachrufe in Jb 72 (1998), S. 11; ZSZ 1.3.1999 (Luzi Bernet, Josua Dürst, Sebastian Leicht, Eva Schroeder); NZZ 2.3.1999, S. 47 (Alfred Cattani); TA 2.3.1999, S. 22 (Hans Georg Lüchinger).
4 Erweiterungsbau 1957; technische Revolution in den 1960er und 1970er Jahren: Umstellung von Blei- auf Foto- und Computersatz und

von Rotations- auf Offsetmaschinen. Übernahme des Zeitschriftenverlags von den Verlegern Hoffmann. Zusammenarbeit mit dem «Allgemeinen Anzeiger vom Zürichsee» in Wädenswil ab 1969 und der «Grenzpost am Zürichsee» in Richterswil ab 1971. 1989 bis 1993 Erstellung des Zeitungsdruck-Zentrums Oetwil DZO zusammen mit der «Linth», Gasser & Co., in Rapperswil, dem sich 1990 die Verlage des «Zürcher Unterländers» und «Zürcher Oberländers» anschlossen. 1983 Gründung von Radio Zürisee. 1992 Fusion mit der Druckerei Orell Füssli in Zürich zu den ZSD Zürichsee Druckereien AG Stäfa, Umbau und Renovation des Gebäudekomplexes in Stäfa bis 1995. 1993 Minderheitsbeteiligung an der Orell Füssli Kartographie AG in Zürich. Leitung des Buchverlags Gut, Stäfa. Journalistische Tätigkeit für die «Zürichsee-Zeitung»: Fotoreportagen. – Peter Ziegler (Hg.), Die Saat geht auf. Eine Festschrift zum 70. Geburtstag von Ulrich (I) Gut, Buchdrucker, Verleger, Unternehmer (am 5. Januar 1993), Privatdruck, Stäfa 1992.

5   TA 11.4.1998, S. 15 (Hans Rudolf Weinmann). – Ulrich E. Gut, Aspekte des Liberalismus in der politischen Praxis, Stäfa 1994. Jb 50 (1976), S. 2. Jb 58 (1984), S. 5. Jb 63 (1989), S. 5. Jb 64 (1990), S. 3–4, 20–35. Jb 68 (1994), S. 7.
6   Zu Christian Gut: Jb 68 (1994), S. 8.
7   Wie Anm. 1. Vgl. auch: Theodor Gut (III), Wachstum und Konsolidierung. Zürichsee Medien AG in den achtziger und neunziger Jahren. Jubiläumsbeilage 1995, wie Anm. 1.
8   Erinnerungen an Theodor Gut (I), wie Anm. 2, S. 13–15.
9   Vgl. auch Conrad Ferdinand Meyers Gedicht «Requiem», in: CFM, Sämtliche Werke. Historisch-kritische Ausgabe, Band 1, Bern 1963, S. 85.
10 Theodor Gut (I), Reden und Schriften, hg. von Fritz Hunziker, mit Einleitung von Nationalrat Willy Bretscher, Chefredaktor der NZZ, Zürich und Stäfa 1954.
11 Hilde Welti-Gut, Der Kehlhof, in: Ziegler, Die Saat geht auf, wie Anm. 4, S. 9–15. – Ulrich Gut (I), Stäfner Kehlhof-Haab sorgsam saniert. ZSZ 5.4.1989, S. 131. – Vgl. Arnold Egli, Hans Frey, Karl U. Kramer, Christoph Mörgeli: Dr. Johannes Hegetschweiler 1789–1839, Stäfa 1989.
12 Theodor Gut, Gruss einem freisinnigen Parteitag in Stäfa, in: ZSZ, 28.6.1952. Wieder abgedruckt in Reden und Schriften, wie Anm. 9, S. 241–243.
13 Wie Anm. 1.
14 Erinnerungen an Theodor Gut (I), wie Anm. 2, S. 15. – Zum JbZ vgl. Paul Corrodi in: Jb 5 (1931, S. 16–17 und S. 108–115 dieses Buches.
15 Theodor Gut, Ein neues Schulhaus in Stäfa. JbZ 1932, S. 59–60.
16 Theodor Gut, Ein Landhaus am oberen Zürichsee. JbZ 1932, S. 150–151.
17 Theodor Gut, Stäfner Herbstspiele. Jb 7 (1933), S. 30–34. – Vgl. Walter Giger, Stäfner Herbstspiele, in JbZ 1956–1957, S. 261–262.
18 Willy Bretscher, Zur Erinnerung an Theodor Gut (I), In: T.G., Reden und Schriften, wie Anm. 10, S. 7–34.
19 Theodor Gut bemerkt am Schluss eines Briefes an Hermann Balsiger vom 18. Januar 1945 (VSLZ-Archiv Stäfa): «Wenn ich jetzt dann nicht ein paar Tage weg kann, wird man mich wahrscheinlich in ein Sanatorium bringen müssen.»
20 Vgl. Anm. 11. – Hilde Welti-Gut, Ledischiffe auf dem Zürichsee, Stäfa 1974, 1978 (Mit Nachdruck von Hans Hasler, Alti Bilder vom Zürisee, Schiff und Schifflüüt). – Hilde Welti-Gut, Reben und Wein am Zürichsee, Stäfa 1976. – Über Hilde Welti-Gut vgl. Theodor Gut (II) in: Festschrift Ulrich (I) Gut 1992, wie Anm. 4, S. 18. Hilde Gut durchlief in der Druckerei Stäfa die Lehre als Verlagskauffrau und wirkte schon während ihrer Ausbildung als Sekretärin des Vaters Theodor Gut (I); von 1972 bis 1994 war sie Mitglied der Redaktion der ZSZ. – Vgl. auch Festschrift Theodor Gut (II) 1982, wie Anm. 3, S. 148–149.
21 Nachruf Theodor Gut (II) in Jb 72 (1998), S. 11.
22 Werner Meyer, Laudatio auf Theodor Gut (II), in Jb 68 (1994), S. 12–14. – Wie Anm. 21.
23 Festschrift Theodor Gut (II) 1982, wie Anm. 3, S. 204–213.
24 Festschrift Theodor Gut (II) 1982, wie Anm. 3, S. 225.
25 Willy Bretscher, in: Theodor Gut (I), Reden und Schriften, wie Anm. 10, S. 34. Bretscher schreibt statt «Geschichte der schweizerischen Neutralität» unverbindlicher: «Memoiren». Korrektur durch Ulrich Gut (I). – Vgl. Ulrich Gut (I), Denkmalpflege im kleinen. Nur ein Gartenhäuschen, ZSZ 22.3.1978, S. 15; Dietrich Woessners Rosengärtlein, ZSZ 17.7.1992, S. 22.
26 Theodor Gut (II), Buch der Natur, in: Festschrift Theodor Gut (II) 1982, wie Anm. 3, S. 228.
27 Ulrich E. Gut war 1975 bis 1981 und 1985 bis 1989 Suppleant sowie 1981 bis 1984 Rechnungsrevisor, Vorstandsmitglied 1976 bis 1981 und seit 1989. Vizepräsident 1994 bis 1996, Leiter der Arbeitsgruppe Verdichtetes Bauen, Präsident seit 1996.
28 TA 3.4.2001, S. 24.
29 TA 22.3.2001, S. 23.
30 Ulrich Gut, Die Jahrbücher, in JbZ 1964/66, S. XV–XVIII.
31 Ulrich Gut, Nachrufe für Fritz Hunziker (ZSZ 14.7.1960), für Walter Roshardt (ZSZ 6.9.1966), für Linus Birchler (ZSZ 3.1.1967). Zum Rücktritt von P. Ulrich Kurmann als Statthalter des Klosters Einsiedeln (ZSZ 14.8.1992).
32 Die Stäfner Sternenhalde. Bauplatz für wenige oder Erholungsraum für alle? Aufruf z.H. der Abstimmung über die Freihaltung an der Gemeindeversammlung am 28.3.1969, unterzeichnet von 48 Persönlichkeiten, u.a. Theodor Gut (II) und Ulrich Gut (I)., Stäfa, Buchdruckerei Stäfa AG/ZSZ 1969. Dokumentation über die Kampagne 1969 für die Erhaltung der Sternenhalde und weiterer Stäfner Rebberge im Weinbaumuseum Au-Wädenswil sowie im Besitz von alt Rebbaukommissär Kurt Pfenninger, Stäfa. Freundliche Mitteilung von K. Pfenninger 2002. – Ulrich Gut, Die «Brandschenke» zu Stäfa soll abgebrochen werden. Ein Hilferuf, ZSZ 14.4.1956 und 29.5.1956. Das stattliche Zürichseehaus war zeitweise Wohnsitz von Heinrich Meyer, Freund Goethes, der ihn hier besuchte. Der Abbruch konnte nicht verhindert werden. Die für solche überkommunal einzustufende Baudenkmäler und Erinnerungsstätten zuständige kantonale Denkmalpflegestelle wurde erst 1958 geschaffen! – Das Haus Wiesental in Stäfa wurde von der Personalvorsorgestiftung der Zürichsee Medien erworben und restauriert und der Betrieb des Quartierrestaurants sichergestellt. Vgl. Ulrich Gut (I) in ZSZ 18.12.1991, S. 17; 17.11.1992, S. 13. – Zum Rebhaus der Familie Gut vgl. Anm. 15.
33 Ulrich Gut (I), Bildreportagen in der ZSZ. See und Seelandschaft: Karfreitag 1970; 13.6.1987; 4.4.1992, S. 15; 14.4.1992, S. 15; 18.9.1992, S. 14; 26.10.1992, S. 10; 1.12.1992, S. 12; 31.3.1993;

9.2.1994, S. 6; 17.5.1994, S. 13; 1.3.1997, S. 16; 2.2.1998, S. 17; 26.3.1998, S. 23; 7.4.1998, S. 17; 23.10.1999, S. 14. – Pflanzenwelt: 19.5.1992, S. 15 (Blust); 17.7.1992, S. 22 (Rosengärtlein); 29.9.1992, S. 22 (Bauerngarten); 3.5.1993, S. 12 (Chriesibluescht); 25.6.1993, S. 12 (Chriesiglück); 28.12.1993, S. 10 (Kirsch); 1.12.1994 (Brennen). – Tierwelt: 18.9.1980, S. 18 (Kormorane); 23.4.1992, S. 19 (Schwäne).

34 Ulrich Gut, Peter Ziegler, Ufnau, die Klosterinsel im Zürichsee, Fotos von Ernst Liniger, Stäfa 1971 (4 Aufl. bis 1983). – Dieselben: Ufnau, Kurzbeschrieb. Stäfa 1972. – Dieselben, hg. P. Leo Helbling OSB, Ufnau – Die Klosterinsel im Zürichsee, Kleiner Führer, Stäfa 1986. – Ulrich Gut, Zwischen Linth und Limmat, Illustriert von Walter Kägi, Stäfa 1975.

35 Ulrich Gut, Th. Gut Verlag, ZSZ 1998. – Verschiedene Verlagsprospekte, zuletzt: Bücher aus dem Th. Gut Verlag. Buchverlag der Zürichsee Medien AG. Gesamtverzeichnis 2001/2002. – Ulrich Gut, Th. Gut Verlag. Chronologische Liste aller Publikationen seit der Gründung 1944 bis und mit 1999, PC-Ausdruck.

36 Ulrich Gut (I), Das Firmenarchiv und ein Druckmuseum. Umrisse der Firmengeschichte – Marksteine und Personen (die ersten 157 Jahre seit 1844). Zürichsee Medien AG (vormals Buchdruckerei Stäfa AG). Verlag der «Zürichsee-Zeitung», gegründet 1844, Stäfa 2001 (Privatdruck).

Die Gründung des Verbandes 1927 – Text Seiten 98–103.

1 Zum Frauenwinkel allgemein und zur Gründungsgeschichte: Die projektierte Fabrikanlage bei Hurden. ZSZ, 25. August 1927, Nr. 197. – Jb 1/2 (1927–1928), S. 3–5, 28–29. – Dr. Paul Corrodi, Meilen, Die Hurdener Landschaft und der Verband zum Schutze des Landschaftsbildes am Zürichsee, in: Heimatschutz 23 (1928), Nr. 1; auch Separatabzug. – ZSb 1930, S. 4–5. – Frauenwinkel, Inseln und Rapperswil, Photo von J. Gaberell: Jb 4 (1930), nach S. 174. – JbZ 1932, S. 8, 33 und Plan S. 66. – JbZ 1949/50, S. 263–268. – JbZ 1952/53, S. XIV–1. – Vom Frauenwinkel, in: Jb 49 (1975), S. 3–4. – Albert Hauser, Fünfzig Jahre Verband zum Schutze des Landschaftsbildes am Zürichsee, in: Jb 51 (1977), S. 16–19.

2 Hermann Balsiger, Verehrte, liebe Freunde!, in: JbZ 1952/53, S. XIV–4; Zitat S. XIII–XV.

3 Protokoll der 1. Konferenz des Initiativkomitees zur Erhaltung der obern Zürichsee-Landschaft, geführt vom Tagesaktuar Theodor Gut, Typoskript. ZSL-Archiv Zürich.

4 Verwiesen wird auf P. Odilo Ringholz O.S.B., Vom heiligen Meinrad bis zum Jahre 1526, Einsiedeln/ Waldshut/ Köln 1904 (Geschichte des fürstlichen Benediktinerstiftes U. L. F. von Einsiedeln, seiner Wallfahrt, Propsteien, Pfarreien und übrigen Besitzungen. Mit besonderer Berücksichtigung der Kultur-, Rechts- und Wirtschaftsgeschichte 1), S. 10.

5 Wie Anm. 2, S. XVI–1. – Vgl. auch Jb 6 (1932), S. 8: «Wertvollstes Gemeingut ist unwiederbringlich verloren gegangen, am untern Zürichsee insbesondere. Zum Teil trägt der Staat Zürich mit der unbeschränkten Erteilung von Konzessionen für Landanlagen Schuld daran. Er gab das schlechte Beispiel, das Gelüsten auch in obern Seeufergebieten rief.»

6 Wie Anm. 2, S. 1–2. – Vgl. JbZ 1949/50, S. 265–266. – Der Kaufvertrag zwischen dem VSLZ und dem Eigentümer Truttmann über ein Stück Riet im Rosshorn wurde am 26.10.1927 im Notariat des Kreises Höfe abgeschlossen. Ein Originalexemplar liegt in den NHKZ-Akten im Staatsarchiv Zürich, weil – falls der VSLZ sich auflösen würde – der Kanton Zürich und die Stadt Rapperswil als Rechtsnachfolger der Dienstbarkeit bestimmt wurden. StAZ V I 1. 7, Geschäft Nr. 108.

7 N HB 1. – Dr. iur. Emil Klöti (1877–1963), Vorsteher des städtischen Bauwesens I 1910 bis 1928, Zürcher Stadtpräsident 1928 bis 1942, Ständerat 1930 bis 1955, war Vorstandsmitglied des VSLZ 1943 bis 1953. Jb 17 (1943), S. 12. Jb 28 (1954), S. 11.

8 Corrodi 1928, wie Anm. 1.

«Seedamm-Frage» und eidgenössische Natur- und Heimatschutz-Gesetzgebung – Text Seiten 104–107.

1 VSLZ 1928.

2 Jb 6 (1932), S. 11–20.

3 Wie Anm. 3, S. 2–3. – Am 29. April 1928 organisiert der VSLZ eine öffentliche Volksversammlung in Rapperswil über die Notwendigkeit der Instandstellung des Seedamms, an welcher eine Resolution gutgeheissen und ein Aktionskomitee mit VSLZ-Vorstandsmitglied Dr. A. Gmür, Rapperswil als Präsident gebildet wird. Kantonsingenieur Altwegg, St. Gallen, und seine Kollegen der Kantone Schwyz und Zürich arbeiten ein Sanierungsprojekt aus, desgleichen die Kies- und Baggerwerke AG KIBAG, Pfäffikon SZ (Ingenieur Waldvogel), welches auch einen Schifffahrtsdurchstich bei Hurden vorsieht. Das Komitee und der VSLZ organisieren sodann am 16. März 1929 eine interkantonale Tagung unter Teilnahme von Behörde- und Verwaltungsmitgliedern der drei Kantone und des Bundes sowie von Fachleuten. Die Seedamm-Angelegenheit (Strassenkorrektur, Erstellung eines schiffbaren Kanals vom oberen zum unteren Zürichsee, Wahrung des Landschaftscharakters beim Frauenwinkel) wird als von eidgenössischer Bedeutung erachtet. Deshalb reicht der VSLZ am 22. September 1929 in Bern Bundespräsident Haab und dem Departement des Innern eine Denkschrift. Das Eidg. Eisenbahndepartement veranstaltet darauf am 7. November 1929 eine Konferenz der beteiligten Behörden und Verbände im Rathaus Rapperswil. Resolution: Es soll ein Projekt auf der Grundlage der Vorschläge der Kibag ausgearbeitet werden. Das Eidg. Dep. des Innern weist 1930 die Angelegenheit an die drei beteiligten Kantone zurück, worauf am 26. Februar 1930 deren Baudirektoren, das Eidg. Oberbauinspektorat und das Eidg. Eisenbahndep. in Rapperswil zusammenkommen. Bildung einer interkantonalen Kommission (Vorort: St. Gallen, Baudirektoren, Präs. Linthkommission, Südostbahn, Gemeinden Rapperswil, Freienbach), welche die Ingenieure Frei (Rapperswil) und Meier (im Lachen) mit der Ausarbeitung eines generellen Projekts beauftragen. Dieses wird am 12.9.1931 an einer Konferenz in Rapperswil besprochen (VSLZ, SVH, SBN, Aktionskomitee Seedamm) und die positiven und negativen Aspekte herausgeschält und dem privaten Projekt von Ing. Waldvogel, Wollerau (VSLZ-Vorstandsmitglied seit 13.9.1930) gegenübergestellt. Ein Dreierkollegium aus VSLZ-Vorstandsmitgliedern (Keller, Burkhard-Auer, Kölla) wird mit der Weiterbearbeitung betraut, deren Bericht vom 13.1.1932. Die Ingenieure Frei und Meier überarbeiten ihr Projekt zum sog. «Einigungsprojekt». Der VSLZ wägt in der Eingabe an den Bundesrat vom 15.11.1932 (Stadt A ZH: Na 819) dieses Projekt und sein Projekt Waldvogel in ausführlicher differenzierter Argumentation gegeneinan-

der ab (vgl. SBZ 102 (1933), Nr. 2); an der GV vom 17.12.1932 wird beschlossen, auf eine weitere Verteidigung des Projekts Waldvogel zu verzichten, aber an Vorbehalten gegenüber dem Einigungsprojekt festzuhalten. Diese Vorbehalte werden 1932/1933 dem Bundesrat zur Kenntnis gebracht.

4 Die Mitgliedschaft geht aus StAZ V I 1.1–1.5. (HKZ-Akten) hervor, konnte aber nicht abgeklärt werden.

5 Jb 6 (1932), S. 31; Zitat Jb 7 (1933), S. 45. – Hermann Oldani, geboren in Zürich-Enge, trat mit 15 Jahren in die Sozialdemokratische Partei ein, 1917–1932 betreute er das Fürsorgewesen in Burgdorf BE, 1932–1934 wirkte er als Arbeitersekretär in Basel, 1934–1941 als Sekretär der Arbeiterunion in Winterthur und seit 1941 als Zentralsekretär des Schweiz. Bau- und Holzarbeiterverbandes. Vorstandsmitglied der Gipser- und Malergenossenschaft Zürich, Mitgründer der Wohnbaugenossenschaft ASIG, Mitglied der Naturfreunde. Nationalrat ab 1931 (?) und ab 1946, Zürcher Kantonsrat ab 1935, Mitarbeiter des «Volksrechts» und der «Winterthurer AZ». – HBLS Suppl. (1934), S. 128. Trauerfeier für Nationalrat Oldani, TA, 23.10.1953. Die Trauerfeier für Hermann Oldani, VR, 23.10.1953.

6 Jb 6(1932), S. 31–32.

7 Jb 6 (1932), S. 8. – Zum Uferschutzverband Thuner- und Brienzersee vgl. JbZ 1952/53, S. 3–4.

8 Jb 7 (1933), S. 11.

9 Jb 6 (1932), S. 8–9.

10 Jb 7 (1933), S. 36–37, 41. – Vgl. Der VSLZ an den Hohen Bundesrat, Bern, 18. Februar 1933. Der Eingabe lag bei: Hermann Hiltbrunner, Die Landschaft der Halbinsel Hurden, Separatdruck aus Jb 6 (1932), S. 45–53. Wahrscheinlich lag auch der Separatabzug aus Heimatschutz 23 (1928), Nr. 1 bei: Corrodi, wie S. 261, Spalte links, Anm. 1. – Protokoll der Sachverständigen-Konferenz vom 3. Juni 1933 im Adler, Hurden. VSLZ/Dr. Hermann Balsiger, Vorschlag zu einem Übereinkommen der Kantone St. Gallen, Schwyz und Zürich über den Schutz der Natur und des Landschaftsbildes am Zürichsee, 18. Juni 1933. Alles in: StAZ III Ei 1.1 c.

11 Jb 7 (1933), S. 44.

12 Jb 7 (1933), S. 44–50.

13 Jb 7 (1933), S. 3–19. – Die Kommission als «Sachverständigen-Kollegium» nach dem Muster der von Balsiger präsidierten Zürcher NHK würde zu Handen der Bundesbehörden Anträge und Gutachten auf den Gebieten von Unterschutzstellungen, Gewässerschutz, Reklamewesen, Jagd- und Vogelschutz, Fischerei, elektrischen Anlagen, Motorfahrzeugverkehr, Zwangsenteignung, Wasserwerkkonzessionen, Expropriationen für elektrische Leitungen, Gewässerkorrektionen, Projekten für Hotelbauten, Bahntrassees, Kraftwerkprojekten und Bauten des Bundes verfassen. Damit sind kommende Umweltprobleme vorausgesehen, wie Gewässerverschmutzung, Verkehrslawinen und Kraftwerkbau (Sihlsee, Rheinau). Auch zu Staatsverträgen und Abkommen über den internationalen Natur- und Heimatschutz soll die Kommission Antrag stellen.

14 Jb 8 (1934), S. 57–58. – Gedruckte Fassung der Eingabe (Stadt A Z: Na 71): «Herrn Bundesrat Dr. Philipp Etter, Chef des Eidgen. Departementes des Innern, Bern, Zürich und Stäfa, 1. November 1934, Verband zum Schutze des Landschaftsbildes am Zürichsee: Der Präsident: Dr. Hermann Balsiger. Der Vizepräsident: Theodor Gut. Der Sekretär: Dr. Berthold Neidhart. (S. 1–16) Vorschlag zu einer Bundesgesetzgebung über Natur- und Heimatschutz. Meilen, den 26. Mai 1934. Im Auftrag der Generalversammlung des Verbandes zum Schutze des Landschaftsbildes am Zürichsee: Der Präsident: Dr. Hermann Balsiger. Der Sekretär: Dr. Berthold Neidhart.» (S. 17–20)

15 Jb 9 (1935), S. 16–21.

16 Jb 9 (1935), S. 21 – Jb 10 (1936), S. 76–77. – Schreiben von alt Bundesrat Heinz Häberlin, Frauenfeld, an Balsiger am 21.7.1938, 17.1.1940 (Die Stadt Zürich hat Sekretariatsräume für Pro Helvetia offeriert), 12.9.1940, 10.10.1941, 27.6.1943, 24.11.1945.

17 Schreiben des VSLZ-Sekretärs am 1.2.1940 an Dr. Pfähler, Präsident des SBN, sich bei der Arbeitsgemeinschaft Pro Helvetia um eine jährliche Subvention zur Subventionierung der VSLZ-Publikationen einzusetzen VSLZ-Archiv, Stäfa. – Vgl. Theodor Gut (I), Geistige Landesverteidigung (Eintretensreferat als Berichterstatter der nationalrätlichen Kommission im Nationalrat am 23.3.1939 über die bundesrätliche «Botschaft über die Organisation und die Aufgaben der schweizerischen Kulturwahrung und Kulturwerbung») in: Theodor Gut (I), Reden und Schriften, hg. von Fritz Hunziker, mit Einleitung von Nationalrat Willy Bretscher, Chefredaktor der NZZ, Zürich und Stäfa 1954, S. 149–157.

18 JbZ 1952/53, S. 124. – H. Balsiger, Pro Helvetia und der Heimatschutz, in: JbZ 1945/46, S. 117–124. – Heinrich Gutersohn, Landesplanung – Landschaftspflege (Tagung der Eidg. Natur- und Heimatschutzkammer der Stiftung Pro Helvetia), in: JbZ 1949/50, S. 43–56. – Vgl. auch Verzeichnis der privaten und staatlichen Vereinigungen und Institutionen für Heimat-, Natur-, Kunstdenkmälerschutz und Landesplanung, hg. von der PRO HELVETIA ZÜRICH 1949. – Prof. Dr. Hans Huber, Die rechtlichen Grundlagen des Natur- und Heimatschutzes, in: Kulturpolitik in der Schweiz. Förderung der Kultur durch Kantone und Gemeinden, hg. von der Stiftung Pro Helvetia, Zürich 1954, S. 191–205. – Erster Präsident des leitenden Ausschusses der Pro Helvetia und Vorsitzender der Gruppe VII (Förderung des akademischen Nachwuchses) war der Genfer alt Staatsrat Paul Lachenal (*1884). Vgl. JbZ 46/47, S. 166 (Glückwünsche Lachenals zu Balsigers 70. Geburtstag). Lachenal entlässt Balsiger am 3.12.1949 mit Bedauern aus der Pro Helvetia, Schreiben im N HB 2. – Ernst Laur (1896–1968), Geschäftsführer der SVH 1934–1966 und Gründer des Schweizer Heimatwerks, Zürich, teilt Balsiger am 20.9.1950 mit, dass er zu seinem Nachfolger als Leiter der Gruppe Natur- und Heimatschutz gewählt worden sei. Am 19.10.1951 gratuliert Laur Balsiger zum 75. Geburtstag mit einem schönen Brief über Heimatschutz ohne Engstirnigkeit. Schreiben im N HB 2.

19 Schreiben des VSLZ-Sekretärs am 1.2.1940, wie Anm. 17. Der Verband ist aus interkantonalen Bedürfnissen heraus gegründet worden, erhebt aber den Anspruch auf dem Gebiete des Natur- und Heimatschutzes eidgenössische Pionierarbeit geleistet zu haben. Das geht aus der Eingabe des VSLZ vom 26. Mai 1934 an den Chef des Eidg. Departementes des Innern hervor, in dem er die Notwendigkeit einer bundesgesetzlichen Regelung dieser Fragen, den Vorschlag eines entsprechenden Bundesgesetzes und die Einsetzung der ENHK postulierte. Die unterdessen erfolgte Ernennung der Kommission «dürfte wesentlich auf diesen Impuls zurückgegangen sein».

Die «Jahrbücher vom Zürichsee» – Text Seiten 108–111.

1 ZSb 1930, S. 7. – Das Erscheinen des 1. Jahrbuches vom Zürichsee

wurde im 5. Jahresbericht des Verbandes für 1931, S. 16–17 geschildert und die Besprechung von Peter Meyer in WERK, Nr. 4/1932 zitiert. Aus der Bemerkung von Dr. Paul Corrodi ist die Zusammenarbeit Balsiger/Gut zu entnehmen: «Neben der Initiative unseres mutigen und ideenreichen Verbandsvorsitzenden verdankt das Jahrbuch seine Entstehung vor allem der kein Opfer an Zeit und Mühe scheuenden Arbeitsfreude des Vizepräsidenten, Redaktor Theodor Gut.»

2   JbZ 1952/53, S. 3.

3   Vgl. Brief von Theodor Gut an Hermann Balsiger vom 7.7.1945, VSLZ-Archiv Stäfa. — Gedruckt wurden die Publikationen des VSLZ von der Buchdruckerei Stäfa AG, geleitet bis zum Tod 1953 von Theodor Gut (I); die JbZ 1942, 1943/44 und 1944/45 wurden im Max Niehans Verlag Zürich herausgegeben, vom JbZ 1944/45 an erschienen sie im neugegründeten Gut-Verlag Stäfa. Vgl. Brief von Theodor Gut, Stäfa, an Verleger Ed. Hoffmann, Zürich, am 14.9.1945; VSLZ-Archiv, Stäfa. — Im Brief von Theodor Gut an den Zürcher Stadtrat zwecks Subvention vom 6.1.1944 wird Verdienst und Aufbau des JbZ geschildert, im Brief vom 24.11.1944 an Regierungspräsident Paul Corrodi die finanziellen Sorgen (der VSLZ hatte einen ersten Beitrag von 30 000.– Franken aus dem Kantonalen Lotteriefonds erhalten, aber keinen zweiten). — Zum JbZ vgl. auch Jb 19 (1946), S. 3–5. JbZ 1947/48, S. 259–273 (Bibliographie des VSLZ 1929–1946). Jb 24 (1950), S. 4–5. Jb 26 (1952), S. 5–6. Jb 27 (1953), S. 7. Jb 31 (1957), S. 2. JbZ 1964–1966, S. XV-XVIII, 1-2; 415–435 (Register 1930–1966, verfasst von Georges Herms).

4   Erwin Jaeckle, Dr. Walther Meier, in: Manesse Almanach auf das 40. Verlagsjahr, hg. von Werner G. Zimmermann und Federico Hindermann, Manesse Verlag Zürich 1984, S. 473–499, vgl. dort auch S. 5–9 und 528. Meier stammte aus Wädenswil, war zuerst im Orell Füssli Verlag Zürich tätig, 1929–1932 in der Redaktion der Zeitschrift «Atlantis» von Martin Hürlimann in Berlin; 1932–1942 war er Redaktor der «Neuen Schweizer Rundschau». — Von Balsigers Arbeit an den Jahrbüchern zeugen folgende Dokumente aus den letzten Jahren im VSLZ-Archiv Stäfa: Notizbuch «Jahrbuch vom Zürichsee 1946/47». Notizen über Inhalt, Artikel, Adressen der Autoren etc., Jahrbuch-Notizen pro 1947/48 und 1948/49. Beiliegend Karte aus Holland an Balsiger, von seiner Tochter Amrey, mit Grüssen auch von Herbert, 12.9.1949. Vgl. 1953. — Brief Balsigers an Hans Baumann, Bahnhofstrasse 22, Herisau (Durchschlag) betr. «Jahrbuch vom Zürichsee»: bittet um einen finanziellen Beitrag wegen Papierverteuerung um 40 %. Der Brief zeigt, wie wichtig Balsiger das Jahrbuch war. — Notizbuch bez. 1953. Betrifft das «Jahrbuch vom Zürichsee» (Artikel, Autoren).

5   Ulrich Gut (I), Die Jahrbücher, in: JbZ 1964–1966, S. XV–XVIII, Zitat S. XVII-XVIII.

6   Myriam Käser, Geschichte und Geschichten. Wädenswil: Zu Besuch beim Historiker Peter Ziegler, in: ZSZ Linkes Ufer, 2.8.2000, S. 3. – Peter Ziegler, Wädenswil (Chronik vom See), in: JbZ 1960–1961, S. 290–297; JbZ 1962–1963, S. 269–290; JbZ 1964–1966, S. 380–404. — P.Z., Wie Neuzugezogene orientiert werden, in: JbZ 1964–1966, S. 195–201. — P.Z., Heimatkundliches Schrifttum aus dem Zürichseegebiet, in: JbZ 1964–1966, S. 287–301. — P.Z., Kulturraum Zürichsee. 5000 Jahre Geschichte in Bildern und Dokumenten, Stäfa 1998. — P.Z., Leben am Zürichsee, illustriert von Reto Schneider, Stäfa 1999. — P.Z., Damals am See, Kleine Schriften aus der Region, Heft 1, Stäfa 2001.

7   Gratulationsschreiben Arnets vom 24.9.1951 zu Balsigers 75. Geburtstag im N HB 2. — Beiträge von Edwin Arnet in den Jahrbüchern: Kritische Notizen zum Schweizerfilm, in: JbZ 1942, S. 168–173. — Zirkus Knie, Versuch einer Kurzmonographie, in: JbZ 1943/44, S. 154–169. — Das Palais Henneberg, in: JbZ 1948/49, S. 97–100. — Rede zur Übergabe des Literaturpreises der Stadt Zürich an Traugott Vogel, in: JbZ 1949/50, S. 117–126, mit Porträt Arnets von Walter Roshardt (S. 119). — Emil Stauber †, in: JbZ 1952/53, S. 127–129. — Zu Arnet vgl. auch Anm. 9.

8   Zu Max Hunziker: Farbige Abbildungen je vor Titelblatt: JbZ 1951/52 (Standesscheibe Zürich); JbZ 1952/53 (Standesscheibe Glarus) und S. 155, 211; JbZ 1964–1966 (Fenster in der Ritterhauskapelle Uerikon), vgl. dazu auch Jürg Fierz, Die Glasgemälde in der Ritterhauskapelle Uerikon, in: JbZ 1950/51, S. 80–84. — Vgl. auch S. 251, Anm. 41, Spalte rechts.

9   Zeichnungen von Pia Roshardt: JbZ 1951/52, S. 71–81. JbZ 1951/52, S. 69–85. JbZ 1964–1966, S. 99–114. — Walter Roshardt (1897–1966), Zeichner, Graphiker, Lehrer an der Kunstgewerbeschule Zürich 1926–1965, Zürich, VM 1943–1959, A 1943–1947. Jb 17 (1943), S. 12. Jb 33 (1959), S. 10. Jb 34 (1960), S. 10. — W. R., Zu einer Zeichnung JbZ 1932, S. 160. JbZ 1942, S. 150 (Zeichnung). JbZ 1944/45, S. 157 (Zeichnung Bauernhaus «Käsbisse» ob Wollerau). JbZ 1945/46, S. VII (Zeichnung Flötende Frau), 59 und 62 (Zeichnungen Frauenwinkel). JbZ 1946/47, S. 159 (Porträt Hermann Balsiger). JbZ 1948/49, S. 113 (Zeichnung Kostümstudie). JbZ 1949/50, S. 119 (Porträt Edwin Arnet). JbZ 1951/52, S. 27–33 (Zeichnungen Zürifäscht 1951), 68 (Zeichnung Bucht von Feldbach), 337 (Zeichnung Rebhäuschen), 455 (Zeichnung Bucht von Feldbach und Frauenwinkel). JbZ 1952/53, S. 133 (Zeichnung Dame am Spinett). — Ulrich Gut (I), Walter Roshardt, Kunstmaler und Graphiker, gestorben, ZSZ 6.9.1966. — Ulrich Gut (I), Unsere beiden Verfasser und In memoriam Walter Roshardt, in: Albert Ehrismann, Die unheiligen Heiligen drei Könige; Edwin Arnet, Weihnachtslegende vom überfahrenen Hündchen; Federzeichnungen und teilweise unvollendete Bleistiftstudien von Walter Roshardt †, Stäfa 1966 (Vierzehntes, und letztes, von Roshardt illustriertes Weihnachtsbüchlein der Buchdruckereien Stäfa AG und Küsnacht).

10 Gedichte von Albert Ehrismann: JbZ 1932, S. 77. JbZ 46/47, S. 150. JbZ 1952/53, S. 223–224. JbZ 1962–1963, S. 264. — Vgl. auch Anm. 9, S. 251, Anm. 41, Spalte links, und Huonker 1985, S. 90–94 etc.

11 Edwin Arnet, Traugott Vogel, wie Anm. 7.

12 Züritüütsch: JbZ 1945/46; JbZ 46/47 (Heu schlitte); JbZ 47/48 (Fritz Brunner, E glungni Wett; Hans Hasler, E brouscht; Eugen Dieth, Zur Züri Fible vom Traugott Vogel); JbZ 1948/49 (Hägni, Eschmann, Brunner, Hasler); JbZ 1950/51 (Hans Hasler); JbZ 1951/52 (Vogel, Hägni, Fritz Brunner, Hans Hasler, Johannes Honegger: grundsätzliche Bemerkungen zum Thema; Boesch: Übersicht Mundartdichter am Zürichsee); JbZ 1952/53 (Fritz Brunner, Vogel, Ehrismann); JbZ 1954–1955 (Amalie Halter, Hägni, Locher–Werling); JbZ 1960–1961 (W. Höhn, Mys Seeli).

13 Pius Rickenmann, Gedichte: JbZ 1949/50; JbZ 1950/51, S. 138, 164 (Schilf); JbZ 1962–1963, S. 133; JbZ 1962–1963, S. 222, 301; JbZ 1964–1966, S. 221. — Zu Meinrad Lienert: ZSb 1930, S. 36–37. —

M. L., Meine Beziehungen zum Zürichsee, in: JbZ 1932, S. 144–149. – M. L., Gedichte: An den Zürichsee, in: JbZ 1932, S. 13; Am Zürichsee im Mai, in: JbZ 1951/52, S. 381.

14 Übergabe des Literaturpreises der Stadt Zürich an Hermann Hiltbrunner. Ansprache des Präsidenten der Städtischen Literaturkommission Dr. Hermann Balsiger, in JbZ 1942, S. 132–138. – Prof. Dr. H(ans) Guggenbühl, Hermann Hiltbrunner und der Zürichsee, in: JbZ 1962–1963, S. 216–221. – Arnold Egli, Hermann Hiltbrunner 1893–1961, in: Jb 1976 der Ritterhaus-Vereinigung Ürikon-Stäfa, S. 11–37. – Hermann Hiltbrunner, Beiträge in den Jahresberichten und Jahrbüchern: Die Landschaft der Halbinsel Hurden, in: Jb 6 (1932), S. 45–53. – Die Heimat des Zürichsee-Bauern, in JbZ 1940/41, S. 97–113. – Die zwei Gesichter Thalwils, in: JbZ 1942, S. 96–104. – Winter und Frühling im Frauenwinkel, in: JbZ 1943/44, S. 91–98. – Die Landschaft Küsnacht-Erlenbach, in: JbZ 1944/45, S. 36–46. – Gedichte: Die Heimat, Novemberland, in: JbZ 1946/47, S. 50, 51. – Zum siebzigsten Geburtstag von Hermann Balsiger, in: JbZ 1946/47, S. 170. – Im Juli seines Lebens. Zum Tode von Fritz Deringer, in: JbZ 1951/52, S. 249–253. – Das Zeitalter des Lärms, in: JbZ 1956–1957, S. 234–237.

15 H. Guggenbühl, wie Anm. 14, S. 216.

16 Hermann Hiltbrunner, Das Zeitalter des Lärms, in: JbZ 1956–1957, S. 234–237.

17 Zu Conrad Ferdinand Meyer vgl. ZSb 1930, S. 34–35 (Meyer als Seeanwohner und Kenner). JbZ 1942, S. 222–223. JbZ 1943/44, S. 177. JbZ 1947/48. JbZ 1948/49 (Zum 50. Todestag). JbZ 1956–1957 (Das Meyer-Haus Seehof in Küsnacht). JbZ 1958–1959 (Eine Rede v. C. F. M., Porträt von Wilhelm Füssli). JbZ 1960–1961 (Meyers Wangensbach-Zeit in Küsnacht).

18 Conrad Ferdinand Meyer, Huttens letzte Tage. Eine Dichtung. CFM, Sämtliche Werke, Bd. 8, Bern 1970.

19 Hans Gustav Keller, Ulrich von Huttens Tod auf der Ufenau, in: JbZ 1948/49, S. 199–206. – Linus Birchler, Ulrich von Hutten und ein gallorömischer Tempel auf der Ufenau, in: JbZ 1958–1959, S. 59–79. – Dr. P. Leo Helbling, Am Grabe Ulrichs von Hutten, in: JbZ 1958–1959, S. 81–83. – Peter Vogelsanger, Ansprache (am Grabe Ulrichs von Hutten), in: JbZ 1958–1959, S. 83–86.

20 Hiltbrunner Hermann, Die Landschaft der Halbinsel Hurden, in: Jb 6 (1932), S. 45–53.

21 Balsiger scheut sich nicht, den Heimatwert der Landschaft – wenige Monate vor Kriegsausbruch – dramatisch zugespitzt als Argument in einem Gutachten gegen Landschaftsverschandelung aufzuzeigen. Vgl. S. 151–152.

22 Übergabe des Literaturpreises der Stadt Zürich an Hermann Hiltbrunner. Ansprache des Präsidenten der Städtischen Literaturkommission Dr. Hermann Balsiger, in JbZ 1942, S. 132–138. Zitat S. 138.

23 Hermann Hiltbrunner, Zum siebzigsten Geburtstag von Hermann Balsiger, in: JbZ 1946/47, S. 170.

Die Publikationen als Spiegel der Verbandstätigkeit – Text Seiten 112–115.

1 Landanlagen, Auffüllungen: Jb 1/2 (1927), S. 9. Jb 3 (1929), S. 56. Jb 6 (1932), S. 8. Jb 7 (1933), S. 39– 41. Grundsätzliche Überlegungen zu den Landanlagen, in: Heinrich Brockmann, Die Bedeutung der natürlichen Ufer des Zürichsees, in: Jb 8 (1934), S. 7–8. – JbZ 1943/44, S. 227; JbZ 1944/45, S. 10. Landanlage in Obermeilen mit Verlade-Anlage, in: Jb 7 (1933), S. 55–58. Landanlage in der Bucht von Lidwil, in: Jb 8 (1934), S. 60. – Sicherheit von Uferbauten: JbZ 1949/50. – Uferrutschungen in Küsnacht: JbZ 1954–1955, S. 251–252.
Gewässerschutz: Verunreinigung des Zürichsees: Jb 1/2 (1927), S. 8. Jb 10 (1936), S. 16, 21. Notwendigkeit des Baues von Kläranlagen, in: Albert Kölla, Das Uferbild (des Zürichsees; betr. Veränderungen durch die 1936 geplante Zürichseeregulierung) Jb 10 (1936), S. 32–34. W. Gonzenbach, Wissenschaftliche Erforschung des Zürichsees in den Jahren 1929–1933 (betr. Verunreinigung durch Abwasser), hg. von der Wasserversorgung der Stadt Zürich Jb 10 (1936), S. 69. Für eine Bundesgesetzgebung Jb 7 (1933), S. 14. Bestandteil der vom VSLZ vorgeschlagenen Erweiterung des Art. 23 bis der Bundesverfassung und des vorgeschlagenen Bundesgesetzes (Art. 2, 7 b, c): Jb 7 (1933), S. 16–17, 47. Vgl. Art. 4 h des «Vorschlags zu einem Übereinkommen der Kantone St. Gallen, Schwyz und Zürich über den Schutz der Natur und des Landschaftsbildes am Zürichsee» 1933: Jb 7 (1933), S. 39–41. Vgl. Art. 75 des Übereinkommens zwischen den Kantonen Zürich, Schwyz und St. Gallen über die Regelung der Schiffahrt auf dem Zürichsee 1933 (Ausbringung von Russ und Schlacken, Öl, Fett, Stroh, Holz, Sand, Steinschroppen etc. aus Schiffen) Jb 7 (1933), S. 43–44. Heinrich Brockmann, Die Bedeutung der natürlichen Ufer des Zürichsees. II. Die Bedeutung der Naturufer für die Reinhaltung des Sees Jb 8 (1934), S. 14–21. E. Waser, E. Wieser, E. A. Thomas, Der Reinheitsgrad der Zuflüsse des Zürcher Obersees, 1943, hg. vom VSLZ. Vgl. Jb 17 (1943), S. 8–9. – Eduard Ammann, Der Zürichsee als Lebensspender, in: JbZ 1948/49 (Geologie, Wasser, Flora, Fauna. Kiesabbau). – E. A. Thomas, Der Zürichsee, sein Wasser und sein Boden, in: JbZ 1956–1957. Zur Binnengewässerkunde (Limnologie) vgl. JbZ 1948/49 (Jaag); Jb 56 (1982) (Thomas). Hydrobiologisch-limnologische Station der Universität in Kilchberg: Jb 56 (1982; Schanz). Kurt Hanselmann, Naturschutz unter Wasser: Wie die Vorgänge im Seeboden das Geschehen im See regulieren, sowie Seesanierungen dienen der Wiederherstellung von aquatischen Lebensräumen, in: Jb 66 (1992). – Zur Abwasser-Reinigung JbZ 1938 (Waser, Bachofner, Nobs, GV-Voten); JbZ 1939/40; JbZ 1942; JbZ 1943/44; JbZ 1944/45 Gewässerschutz, Postulat NR Zigerli): JbZ 1945/46 (Bachofner); JbZ 1947/48 (Bachofner); JbZ 1948/49 (Wuhrmann); JbZ 1950/51 (Ammann); JbZ 1952/53, S. 5, 229 (Bachofner); JbZ 1956–1957 (Bärlocher); JbZ 1960–1961 (Heusser, Honegger); JbZ 1960–1961, S. 222–225 (Kläranlage Küsnacht/Erlenbach); JbZ 1962–1963, S. 258 (Resolution des VSLZ); JbZ 1962–1963, S. 294–296 (Kläranlage Mühlenen Richterswil); JbZ 1964–1966 (Woker, Übersicht).
Ablussregulierung: H. Bertschi, Die Abflussregulierung des Zürichsees: Jb 10 (1936), S. 7–15. Wehranlage Platzspitz Zürich, Neubau-Projekt 1928–1935 von Oberingenieur H. Bertschi: Jb 10 (1936), S. 13–15, 19–20, 27. – Linthkorrektion 1805–1816: Jb 10 (1936), S. 8, 17. Erhard Ruoss, Die Vollendung des Werkes Eschers von der Linth: Jb 10 (1936), S. 37–40.

2 Eduard Ammann (1905–1983), Dipl. Forsting. ETHZ, Fischerei- und Jagdverwalter des Kantons Zürich 1940–1971, VM 1943– vor 1954. Jb 17 (1943), S. 12. Jb 28 (1954), S. 11. Beiträge: Die neue Fisch-

zuchtanlage in Rörlenen bei Stäfa und ihre Bedeutung für die Fischerei im Zürichsee, in: JbZ 1943/44, S. 219–236. Von der Treibnetzfischerei, in: JbZ 1944/45, S. 244–246. Der Zürichsee als Lebensspender, in: JbZ 1948/49, S. 5–34. – Kampf der Verunreinigung der Gewässer – Die Verpflichtung unserer Generation, in: JbZ 1950/51, S. 175–189. Bagger- und Kieswaschbetriebe im Obersee in ihren Beziehungen zu den Schutzbestrebungen am See, in: JbZ 1956–1957, S. 217–228. Aktuelles aus der Sicht des Fischerei- und Jagdverwalters, in: JbZ 1964–1966, S. 115–124. – Zu E. A. vgl. ZSZ 24.12.1965, Nr. 301; 27.7.1971, Nr. 171; 12.1.1984, Nr. 9; NZZ 2.8.1971, Nr. 354; 12.1.1984, Nr. 9; Zürbieter 11.1.1984, Nr. 8.

3   Der Zürichsee als Trinkwasserspeicher: Jb 62 (1988). – Wasserwerke: Horgen etc.: JbZ 1956–1957, S. 246–249. Thalwil/Rüschlikon/Kilchberg: JbZ 1950/51; JbZ 1964–1966, S. XXX. Zürich II: JbZ 1960–1961. Gruppenwasserversorgung Zürcher Oberland: Jb 62 (1988). – Wasserversorgung Uetikon/Männedorf/Stäfa, JbZ 1946/47.

4   Vergessene Heilquellen am Zürichsee, in: JbZ 1956–1957. – Bachläufe am Zürichsee: JbZ 1943/44, S. 225. JbZ 1944/45, S. 19, 25. Erlenbachertobel: JbZ 1962–1963 (2 x). Küsnachtertobel: JbZ 1947/48, S. 53 (Modell), 80 (Diego Valeri). – Weiher und Seen: Verbände zum See- und Flussuferschutz sind für den Bielersee, für die Aareufer, den Thunersee, Brienzersee, Hallwylersee entstanden, nötig wären sie auch am Zuger- und Vierwaldstättersee: Jb 6 (1932), S. 8–9; Jb 7 (1933), S. 61. – Bedeutung des Seeuferschutzes, u.a. am Oberen Zürichsee, Silser- und anderen Engadinerseen, Zuger-, Vierwaldstätter- und Hallwilersee: Jb 7 (1933), S. 11–12. – Silsersee, Türlersee, Pfäffikersee: Jb 8 (1934), S. 5. Bieler-, Thuner- und Brienzersee: Jb 8 (1934). – Vereinigung zum Schutze des Landschaftsbildes am Türlersee, gegründet 1934: Jb 8 (1934), S. 66. – Bergweiher Horgen: JbZ 1960–1961, S. 303–304. Gattikerweiher Thalwil: JbZ 1958–1959, S. 46–55 (Blässhuhn). JbZ 1962–1963 (Erdkröten). – Greifensee: Jagdschongebiet: Jb 3 (1929), S. 57; Jb 7 (1933), S. 9; Schutzverordnung: JbZ 1944/45; Uferschutz: Jb 7 (1933), S. 9–10; JbZ 1936, S. 12; Verband zum Schutze des Greifensees VSG, gegr. 1929: Jb 3 (1929), S. 60.; Jb 4 (1930), S. 187–188; Jb 6 (1932), S. 8. – Hüttnersee, Schutzverordnung: JbZ 1945/46; JbZ 1960–1961 (W. Höhn, Mys Seeli). – Lützelsee: JbZ 1945/46 (Bühler). – Nussbaumerseen: Jb 18 (1944), S. 6. – Rumensee: JbZ 1952/53 (Däniker). – Vereinigung zum Schutze des Landschaftsbildes am Türlersee, gegründet 1934: Jb 8 (1934), S. 66. – Waldweiher Thalwil: JbZ 1960–1961, S. 310–311; JbZ 1962–1963 (Erdkröten).

5   Wassersport auf dem Zürichsee: JbZ 1952/53. Fragen des Wassersports: JbZ 1960–1961. Vergleich von Hafenanlagen am Zürichsee: Jb 55 (1981). Uferweg und Bootshafen «im Loch», Zürich-Riesbach: Jb 59 (1985).
Bäder in Zürich: JbZ 1946/47 (Seeufergestaltung). Hautkrankheit beim Baden: JbZ 1954–1955. Schwimmerin, Gedicht, Rychner JbZ 1943/44. Strandbäd er: Lattenberg Stäfa: JbZ 1964–1966, S. 350–351. Seerose Horgen: JbZ 1956–1957, S. 249–253. Sonnenfeld, Männedorf: JbZ 1943/44, S. 200. Tiefenbrunnen, Zürich: JbZ 1954–1955. Uferweg und Bootshafen «im Loch», Zürich-Riesbach: Jb 59 (1985).
Schifffahrt: Einsiedler Pilgerschiffahrt auf dem Zürichsee: JbZ 1951/52. MS Glärnisch: JbZ 1954–1955. MS Limmat, Abschied von der Helvetia: JbZ 1958–1959. MS Linth: JbZ 1952/53. MS Säntis: JbZ 1956–1957. Regelung der Schiffahrt: JbZ 1952/53. Rechte: JbZ 1958–1959, S. 215–216. Sicherheit: JbZ 1960–1961. Schmerikoner Schiffahrt: JbZ 1948/49. Zürichsee-Schiffahrt im Wandel der Zeiten: JbZ 1962–1963. Lebenslauf eines Dampfschiffs, Gedicht, Ehrismann: JbZ 1962–1963, S. 264.

6   Bad Schmerikon im 19. Jahrhundert: JbZ 1932, S. 163–171, 73. Badeanlagen als öffentliches Anliegen: JbZ 1932, S. 8–9. Jb 7 (1933), S. 7. H. Hotz, Das Küsnachter Strandbad: JbZ 1932, S. 130–134. Sonnenbad Oberrieden verdrängt Schilfbestand: Jb 5 (1931), S. 12. Spielplätze am See: JbZ 1954–1955.

7   Eugen Zeller, Feldmeilen, in: Unsere Maler und der See, JbZ 1951/52, S. 55–60, Zitate S. 58, 59, 60; Zeichnung S. 57: Blick vom Horgenberg gegen Zürich, 1946 (auch auf Jb 25 (1951). – Weitere Zeichnungen von Zeller in JbZ 1946/47, S. 23 (Hof Guldenen auf dem Pfannenstiel); JbZ 1950/5 , S. IX (Schwabach Meilen); JbZ 1952/53, S. 263 (Frühling am Zürichsee 1948; auch auf Jb 27 (1953) sowie in Ernst Eschmann, Der schöne Kanton Zürich. Ein Wander- und Landschaftsbuch, Leipzig und Zürich 1935 sowie in Fritz Hunziker, Vom Zürichsee. Gesicht, Gestalten, Geschehen, Stäfa 1955. – Zu Zeller vgl. KLS 1958–1967, S. 1088–1089. H. Griot, M. Huber, Eugen Zeller, Zeichnungen, Gemälde, Zürich 1946. – Zeller absolvierte 1905–1907 die Kunstgewerbeschule Zürich und 1909–1914 ein Architekturstudium an der ETHZ, seit 1915 freier Künstler. Lehrtätigkeit an der Kunstgewerbeschule Zürich 1932–1934 und am Lehrerseminar Küsnacht 1935–1947.

8   Zum Stichwort Öffentlichkeit: Abtretung von Privatrechten und Zwangsenteignung als Bestandteile des vom VSLZ vorgeschlagenen Bundesgesetzes (Art. 3): Jb 7 (1933), S. 17. – Allgemeingut (Bedeutung der Naturufer als Allgemeingut): Jb 8 (1934), S. 21–22. – Gemeingut, Gemeinwohl: JbZ 1932, S. 8–9; Jb 6 (1932), S. 8; Jb 7 (1933), S. 7; Jb 8 (1934), S. 5. – Gemeinschaft: Jb 7 (1933), S. 30–34. – Öffentliche Gesundheitspflege: JbZ 1932, S. 8–9. Öffentliche Kunst (Plastikausstellung in Zürich 1931): JbZ 1932, S. 156–159. – Goldenberg-Gut, erworben von der Stadt Zürich für die Öffentlichkeit: Jb 3 (1929), S. 53–55. Konzessionserteilung für Landanlagen durch die Kantone ist nicht im Interesse des Gemeinwohls: Jb 6 (1932), S. 8. Jb 7 (1933), S. 50. Jb 62 (1988), S. 8: Allgemeine Bedingungen für Seebauten und Bauten auf Landanlagen der Direktion der öffentlichen Bauten des Kantons Zürich vom 27. Februar 1948/Stand 1. Juni 1982 (Wortlaut). – Landerwerb im öffentlichen Interesse auf dem Üetliberg zwecks Nichtüberbauung: Jb 8 (1934), S. 28, 30. – Natur als (kulturelles) Gemeingut: ZSb 1930, S. 6–7; JbZ 1932, S. 30. – Einfriedungen: Seesichtbehindernde Gartenmauern an der Seestrasse: Jb 5 (1931), S. 19; Jb 6 (1932), S. 24–25. – Sozial-kulturelles Interesse an der Erhaltung der Grünflächen: JbZ 1932, S. 7–8, 32. – Volksgemeinschaft: JbZ 1932, S. 30, 158: Jb 7 (1933), S.7. – Zugänglichkeit der Seeufer: Jb 3 (1929), S. 56; JbZ 1932, S. 8–9. Jb 5 (1931), S. 8. Jb 7 (1933), S. 50. Jb 8 (1934), S. 22; Jb 10 (1936), S. 73–74. – Zugänglichkeit des Üetlibergs: Karl Huber, Sekundarlehrer, Gemeinderat, Zürich, Die Bestrebungen zur Erhaltung des Üetlibergs als eines dem Volke und den Naturfreunden zugänglichen Aussichtspunktes und Erholungsgebietes (i.Z. mit Hubers Interpellation im Zürcher Gemeinderat 1933): Jb 8 (1934), S. 26–37.

9 * (Sternchen), Ein Freund Zürichs verlässt unsere Stadt, Volksrecht, Zürich, 24.6.1943.

10 Siehe S. 105–107.

11 Landschaftsbild: Verordnung des Kantons Schwyz betr. den Natur- und Heimatschutz und die Erhaltung von Altertümern und Kunstdenkmälern (§ 1. Orts- und Landschaftsbilder) von 1927: Jb 9 (1935), S. 11. – Landschaftsbestandteile: ZSb 1930, S. 6–7. – Landschaftseigenschaften: Werte, Reize, Lieblichkeit, Augenweide, Wunderland, Schönheit: Jb 3 (1929), S. 50 (Paul Corrodi); ZSb 1930, S. 3, 5 (H. Balsiger). – Chaotisches Uferbild, unorganisch, unordentlich: JbZ 1932, S. 8–9 (H. Balsiger). Von Werden und Eigenart der Zürichsee-Landschaft: JbZ 1960–1961 (Arnold Gubler). Anbauwerk und Landschaftsschutz: JbZ 1943/44. – Die Landschaft Küsnacht-Erlenbach: JbZ 1944/45 (Hiltbrunner). – Strassenbau in der Landschaft: JbZ 1946/47 (Arch. Hans Hofmann NHKZ). – Zürichsee-Landschaften: JbZ 1952/53 (Nobs, mit eigenen Zeichnungen). Hermann Hiltbrunner, Zürichsee – Natur und Mensch: JbZ 1954–1955. Jahreszeiten überm See: JbZ 1956–1957. – Einführungsworte von Fritz A. Maurer an der GV des VSLZ 1988 über Landschaftsbild, Landschaftsschutz, Zustand der Gewässer und Schilf, ursprüngliche Naturlandschaft: Jb 62 (1988).
Landschaftsgestaltung: Beim Lattenberg Stäfa 1929 (Hermann Herter): Jb 3 (1929), S. 55 ff. Neue Ufergestaltung als öffentliche Aufgabe: JbZ 1932, S. 8–10. Seeufergestaltung in Zürich: Quaianlagen 1882–1888, Wettbewerb 1927: JbZ 1932, S. 18. – Landschaftspflege: Arbeitsgemeinschaft für Landschaftspflege: JbZ 1946/47 (Knopfli). – Landesplanung – Landschaftspflege: JbZ 1949/50 (Gutersohn). – Hans Weiss, Sekretär der Schweizerischen Stiftung für Landschaftsschutz und Landschaftspflege, Feldmeilen, VM 1975–1978: Jb 48 (1974), S. 12; Jb 49 (1975), S. 5, 15; Jb 50 (1976), S. 2; Jb 52 (1978), S. 3. – Landschaftsrat. Vorschlag 1933: Jb 7 (1934), S. 41. – Landschaftsschutz: Vorschlag Balsiger 1933 für einen Art. 25 bis BV: «Der Bund ist befugt, Landschaften und Aussichtspunkte, sowie Natur- und Baudenkmäler, deren Erhaltung im nationalen Interesse liegt, seinem Schutz zu unterstellen» sowie Vorschlag Balsiger, eine Expertenkommission dafür einzusetzen: Jb 7 (1934), S. 44–45; Bereinigte Fassung: Jb 7 (1934), S. 47. – Heinrich Brockmann, Die Bedeutung der Naturufer als Schmuck der Landschaft und als Allgemeingut: Jb 8 (1935), S. 21–22. – Aussichtspunkte, Aussichtsschutz: Allgemein: Jb 8 (1935), S. 5; Jb 7 (1934), S. 16–17, 39–41, 44–45, 47. Zürich, Kirchhügel Witikon, Sonnenberg und Zürichberg: Jb 7 (1934) S. 10. Üetliberg: Jb 8 (1935), S. 26–37, 60–61. – Anregungen zur Praxis des L. am Zürichsee: JbZ 1960–1961 (Hunziker, Zuppinger. Rechtsgrundlagen, Bilderbogen); JbZ 1949/50, S. 53–56 (Däniker). – L. am Zürichsee: JbZ 1944/45 (E. F. Burckhardt, grundsätzlich). – L. am St. Galler Ufer: JbZ 47/48. – Landschaftsschutz und Elektrizitätsversorgung: JbZ 1954–1955 (H. Wüger). – Natur- und L. schutz im Kt. ZH: JbZ 1944/45 (GA NHKZ, grundsätzlich). – Vom L. am Schwyzer Ufer: Jb 51 (1977) und Jb 52 (1978) (Leuzinger, Seeufer-Schutzverordnung SZ 1978). – KLN/BLN-Inventar: Jb 63 (1989). – Bedrängter Landschaftsschutz in einer Zeit des Vorrangs ökonomischer und sozialer Aufgaben: Jb 72 (1998) (RR Hofmann, 70 Jahre VSLZ).

12 Baudenkmäler als Bestandteil der vom VSLZ vorgeschlagenen Erweiterung des Art. 23 bis der Bundesverfassung und des vorgeschlagenen Bundesgesetzes (Art. 2 und 3): Jb 7 (1934), S. 16–17. – Vorschlag Balsiger 1933 für einen Art. 25 bis BV: «Der Bund ist befugt, Landschaften und Aussichtspunkte, sowie Natur- und Baudenkmäler, deren Erhaltung im nationalen Interesse liegt, seinem Schutz zu unterstellen» sowie Vorschlag Balsiger, eine Expertenkommission dafür einzusetzen: Jb 7 (1934), S. 44–45; bereinigte Fassung: S. 47. – Heinrich Brockmann, Der Zürichsee und die March, Lichtbildervortrag 1933: Jb 7 (1934), S. 62 (Geologie, Pflanzengeographie, Landwirtschaft, Haus- und Wohnhaustypen). – Rechtsufrige Seestrasse und Schutzobjekte: JbZ 1964–1966 (Eschenmoser).

13 Peter Meyer, Bilderbogen vom Zürichsee, in: JbZ 1954–1955, S. 70–83. – Arnold Kübler, Rund um den Obersee – zu Fuss, in: JbZ 1954–1955, S. 98–112. – Jakob Eschenmoser, Auf der alten Landstrasse von Zollikon nach Feldbach, in: JbZ 1964–1966, S. 39–75.

14 Albert Hauser, Die Seebuben im sozialen Wandel. Struktur und Strukturänderungen der Zürichseebevölkerung in neuester Zeit, in: JbZ 1962–1963, S. 193–215.

15 Albert Bühler, Die Quadratmeter-Krankheit, in: JbZ 1946/47, S. 93–98.

16 Feste, Feiern, Brauchtum: Theodor Gut, Stäfner Herbstspiele, in: JbZ 1933, S. 30–34. – Fest des Zürichsees 1947. in: JbZ 1948/49. Küsnachter Dorffest, in: JbZ 1958–1959, S. 280–283 und JbZ 1962–1963, S. 340–34. – Rapperswil 500 Jahre im Bund, in: JbZ 1958–1959. – Drei Tausendjahrfeiern (Meilen, Uerikon, Pfäffikon), in: JbZ 1964–1966. – Chilbi im Dorf, in: JbZ 1952/53. Theater: JbZ 1939/40 (Eberle). – JbZ 1942 (Humms Puppentheater, Lindtberg: Faust). – JbZ 1945/46 (Humm). – JbZ 1948/49 (Laientheater am Oberen Zürichsee). – JbZ 1951/52 (Calderons Groses Welttheater in Einsiedeln, Fraefel). – JbZ 1951/52 (Volkstheater am Zürichsee). – JbZ 1956–1957, S. 261–262 (Stäfner Herbstspiele). – JbZ 1960–1961 (Parktheater Meilen). – JbZ 1964–1966 (Kunstpreis 1964, Theo Otto). – Film: JbZ 1942 (Arnet). – JbZ 1946/47 (Clerc: La dernière chance).

17 Zu Walter Knopfli siehe S. 129 und Anm. 51.

18 Zu Theodor Hunziker siehe S. 129 und Anm. 50.

19 Dr. Albert Ulrich Däniker (1894–1957), Prof. für Botanik Univ. Zürich und Dir. des Botan. Gartens, Zürich, VM 1951–1958. Jb 26 (1952), S. 10. Jb 28 (1954), S. 11. Jb 31 (1957), S. 6. – Vgl. E. Schmid, A. U. D., NZZ Nr. 1274, 2.5.1957. – Aufsätze: Die Bedeutung der ökologischen Zusammenhänge für die Meliorationen, in: JbZ 1943/44, S. 27–45. Bäume in Landschaft und Park am Zürichsee, in: JbZ 1947/48, S. 3–29. Die natürlichen Gegebenheiten und die Eigenart eines Seedorfes (Küsnacht-Zch), in: JbZ 1948/49, S. 51–61. Votum zum Landschaftsschutz, in JbZ 1949/50, S. 53–56. Über das Schilf, S. 68–73. Ufervegetation und See, in: JbZ 1951/52, S. 61–67. Der Rumensee, in: JbZ 1952/53, S. 49–59. Die Bepflanzung der Au-Kuppe als Beispiel einer Landschaftsgestaltungs-Aufgabe, in: JbZ 1954–1955, S. 64–69; Die städtebauliche Bedeutung des Botanischen Gartens, S. 215–223. – Zu Däniker siehe NZZ 30.4. und 2.5.1957, Nrn. 1245 und 1274 (Nachruf von E. Schmid); TA 4.5.1957, Nr. 104 (Trauerfeier).

20 Kurt Pfenninger, Kantonaler Rebbaukommissär, Stäfa, VM 1966–1996: Jb 40 (1966), S. 6. Jb 50 (1976), S. 2. Jb 70 (1996), S. 7. – Beiträge: Reben und Wein am Zürichsee, in: JbZ 1962–1963,

S. 11–42. Das gesegnete Weinjahr 1964 am Zürichsee, in: JbZ 1964–1966, S. 180–193. Weinbau am Zürichsee, in: Jb 62 (1988), S. 35–41. – Vgl. S. 213 und Anm. 29.
21 Karl Alfons Meyer, Von Kampf und Streit unter Bäumen, in: JbZ 1962–1963, S. 78–87. – Zu Meyer vgl. Franz Xaver Erni, Der Wald als Kulturgut. Ein Beitrag zu Werk und Persönlichkeit des Forstwissenschafters und Literaten Karl Alfons Meyer (1883–1969). Jahresgabe des Verschönerungsvereins Zürich, Heft 2, 1980.
22 Jb 49 (1975), S. 2.
23 Statuten Art. 2, Ziff. 5, revidiert 1999.

Präsidenten und Vorstand 1927–2002 – Text Seiten 116–131.

1 Ernst Braendlin stirbt am 3.11.1944; siehe Jb 18 (1944), S. 10–11 (Auszug aus dem Nekrolog von Theodor Gut (I) in: ZSZ, 4.11.1944); S. 12 (Ernst Brändlin, Die Pappel, Gedicht). – Ernst Brändlin, Nachtritt zum Obersee, in: JbZ 1939/40, S. 61–63; Die Stadt und der Obersee, in: JbZ 1942, S. 54–57; Von Wundern und Pappeln bei Feldbach, in: JbZ 1943/44, S. 46–49; Alte Geschichten vom Meienberg, in: JbZ 1944/45, S. 103–108.
2 Balsiger hatte bereits 1933 zugunsten eines Präsidenten aus den Kantonen St. Gallen oder Schwyz zurücktreten wollen, Gut bewog ihn aber zum Bleiben. 1936 und 1946 huldigte der Verband Balsiger zum 60. bzw. 70. Geburtstag in den Jahrbüchern. Der Tod im gleichen Jahr 1953 verhinderte die Freunde Balsiger und Gut, dort Abschied voneinander zu nehmen, so wurden sie von Vorstandsfreunden gewürdigt.
3 Kopie des Schreibens von Theodor Gut (I), Stäfa, 9.1.1944, an Dr. Hans Peter, Vizedirektor der Zürcher Kantonalbank, Bahnhofstrasse, Zürich; VSLZ-Archiv, Stäfa.
4 Fritz Bertschi, Direktor der Dolder-Verwaltungs AG, Zürich, VM 1946–1990, Rechnungsführer VSLZ, Ehrenmitglied VSLZ 1990. Jb. 21 (1947), S. 16. Jb 50 (1976), S. 2. Jb 64 (1990), S. 5.
5 Karl Kistler, Gottlieb Lehner sechzigjährig, in: NZZ, Nr. 229, 16.4.1969. – Heinrich Burkhardt, Gottlieb Lehner zum 60. Geburtstag, ZSZ 16.4.1969. – So denken Erziehungsräte über die Schulen. Antwort auf 4 von der Zeitung gestellte Fragen, TA 12.6.1971, S. 45. – Theodor Gut, Gottlieb Lehner gestorben, Zürichsee-Zeitung, 9.5.1972. – J. P. Specker, Solothurn, Erinnerungen an Hauptmann Gottlieb Lehner. Von einem ehemaligen Mitrailleur, wohl ZSZ, April 1972. – Mitr. Josef-Peter Specker, Gottlieb Lehner (1909–1972) zum Andenken, in: Unsere Kompanie. Mitr. Kp. IV/63 im Aktivdienst 1944, Bd. 3, o.O. 1989, S. 5–6. – Zu Gottlieb Lehner ferner: Jb 18 (1944), S. 10–11. Jb 20 (1946), S. 24. Jb 35 (1961), S. 10. Jb 24 (1950), S. 18. Jb 29 (1955), S. 13. Jb 45 (1971), S. 4–6 (Nekrolog von Theodor Gut (II)). – G. L. ist Verfasser der Jb 18 (1944), 19 (1945), 20 (1946), 21 (1947), 22 (1948), 23 (1949), 24 (1950). – G. L. als Autor in den JbZ: Kampf dem Lärm auf dem Zürichsee, in: JbZ 1944/45, S. 247–253. Tätigkeit im Gelände (Jahresrückblick auf 1947), in: JbZ 1948/49, S. 378–384. Tätigkeit im Gelände (Jahresrückblick auf 1948), in: JbZ 1949/50, S. 269–276. Tätigkeit im Gelände (Jahresrückblick auf 1949), in: JbZ 1950/51, S. 218–226. Tätigkeit im Gelände (Jahresrückblick auf 1950), in: JbZ 1951/52, S. 443–453. – Rückblick und Ausblick, in: JbZ 1964–1966, S. XI–XV.
6 Militärkollegen sind der spätere Zürcher Stadtrat Edwin Frech als Feldweibel, (in einem späteren Dienst) Grenadieroffizier bzw. Stadtrat Heinrich Burkhardt. Später führt Lehner eine Auszugskompanie und dann das Landwehrbataillon 157 und ist in manchen Manövern «ein brillanter Informationschef des 4. Armeekorps», ferner ist er Mitglied des Divisionsgerichts, 1951 wird er Major.
7 Als Erziehungsrat ist Lehner auch Präsident der Lehrmittelkommission seit 1955 und der Aufsichtskommissionen der Kantonsschulen Zürcher Oberland (seit 1963) und Bülach (seit 1971) und des Technikums Winterthur (seit 1959).
8 Nach Anm. 5.
9 G. Lehner als NZZ-Autor: Aktive Verteidigung der Demokratie. Jugend, Staat und Parteien, in: NZZ, 27.6.1943, auch Sep. druck. – Fragen des Zürcher Vorortsverkehrs. Die Doppelspur am rechten Zürichseeufer, in: NZZ, Nrn. 175 und 176, 30.1.1945, auch Sep. druck. – Leichtfertige Kritik an der schweizerischen Armee, in: NZZ, Nrn. 1369 und 1374, 10./11.9.1945, auch Sep. druck. – Weitere NZZ-Artikel von Lehner (Kürzel: lr.) zum Zürichsee in seinem eigenen Klebeband mit Zeitungsausschnitten aus den Jahren 1943–1945, meist nicht datiert: Seegemeinden und Dampfschifffahrt. – Der Zürichsee in Gefahr (Gewässerverschmutzung). – Rettet den Zürichsee! (zum Buch des kantonalen Fischerei- und Jagdverwalters Eduard Ammann, Die Verunreinigung des Zürichsees und die Fischereiwirtschaft, hg. von der Finanzdirektion des Kantons Zürich, Vorwort von RR Dr. Hans Streuli, NZZ, Nr. 67, 12.1.1943, Bl. 4. – Die Verunreinigung des Zürichsees. Die Stellung der Seegemeinden. – Der Kampf gegen die Verunreinigung der Gewässer. – Die Sofortmassnahmen zur Reinhaltung des Zürichsees. – Der Motorbootverkehr auf dem Zürichsee. – Die Schifffahrt auf dem Zürichsee. NZZ, Nr. 199, 1943. – Die Schifffahrt auf dem Zürichsee II. – Elektrische Strassenbahn Wetzikon–Meilen AG. (41. Gesch.ber. pro 1943). – Verband zum Schutze des Landschaftsbildes am Zürichsee. – Verkehrsfragen des Zürichseegebietes (Jahresbericht 1943 des Verbandes der Verkehrsvereine am Zürichsee u. U.). – Fragen des Zürcher Vorortsverkehrs. Doppelspur am rechten Zürichseeufer? NZZ 16.6.1944, Nr. 1022, Bl. 5. – Für die Errichtung der Doppelspur am rechten Zürichseeufer. – Zürichsee-Fähre Horgen–Meilen AG. (Gesch.ber. 1941 und 1942, GV am 1.7.1944). – Das Bezirksgebäude Meilen. Zur Volksabstimmung vom 10. September (Projekt von Dr. H. Fietz, Zollikon). – Fragen des Zürcher Vorortsverkehrs. Die Doppelspur am rechten Zürichseeufer I und II., NZZ, 30.1.1945, Nrn. 175 und 177 (Handelsteil). – Der Zürichsee als Trinkwasserquelle. – Landschaftsschutz am Zürichsee, NZZ 1945. – Landschaftsschutz und Elektrizitätsversorgung. Eine Starkstromleitung über den Pfannenstiel.
10 Heinrich Burkhardt, Gottlieb Lehner zum 60. Geburtstag, ZSZ, 16.4.1969.
11 Specker 1972, wie Anm. 5: «Gottlieb Lehner war eine charismatisch begabte Führernatur, unser Kamerad Nummer eins, und ohne jeglichen Obrigkeits- oder Uniformdünkel. (...) Für gewöhnliche Soldaten bedeutet es oft eine stille (und dringend benötigte) Genugtuung, wie Godi Lehner seine Tonart in Gesprächen mit Kadern und Nichtkadern zu nuancieren wusste. Dabei war er, ohne jegliche Streberbetriebsamkeit, ein Vorbild an Pflichterfüllung. Seine Tagesordnungen, Appelle, seine Ansprachen und spontanen Äusserungen, mit heller, fröhlicher Stimme zu hören, trugen seinen unverwechselbaren Freundeston.» – Vgl. auch Unsere Kompanie. Mitr. Kp. IV/63 im Aktivdienst, Bd. 1 1939, Stäfa 1941. Mit Vorwort und der

Betrachtung «Kameradschaft» (S. 87) des Kommandanten Hptm Lehner. – Unsere Kompanie. Mitr. Kp. IV/63 im Aktivdienst, Bd. 2 1940–1943, Zürich, NZZ, 1944. Verfasst von Kompanie-Angehörigen, zusammengestellt von Gfr. Hans Behrmann. Zahlreiche Beiträge von Kp. Kdt. Gottlieb Lehner. – Unsere Kompanie. Mitr. Kp. IV/63 im Aktivdienst, Bd. 3 1944, o. O. 1989.

12 Hermann Balsiger, Freunde (Vorwort), in: JbZ 1945/46, S. IX–XI.

13 Landschaftsschutz und Elektrizitätsversorgung. Eine Starkstromleitung über den Pfannenstiel, NZZ, wahrscheinlich 1945; in Lehners Klebeband, vgl. Anm. 9.

14 Arbeitsausschuss des VSLZ, in: Jb 33 (1959), S. 4.

15 Aussagen von G. Lehners Tochter Heidi Kempin-Lehner, Männedorf, am 25. Januar 2002. – Vgl. Zeittafel: 1950. – Zum Hinschied von Hans Conzett, in: ZB, 12. April 1996, Nr. 15, S. 2. Dr. iur H. Conzett war Inhaber des Manesse Verlags Conzett & Huber, Zürich, Nationalrat 1951–1971, dessen Präsident 1967/68, Parteipräsident und Fraktionschef BGB, Gründungsvater der SVP 1971 (Zusammenschluss BGB und Bündner Demokraten; im Kanton Zürich schlossen sich die Demokraten – mit Ausnahmen – der FDP an); seit 1959 schweizerischer Delegationschef im Verwaltungsrat der UNICEF, Präsident 1974–1988. Mitglied des Rotary-Clubs.

16 Dank an unseren verstorbenen Präsidenten Gottlieb Lehner. Ansprache des Vizepräsidenten, Dr. Thedor Gut (II), anlässlich der Trauerfeier vom 12. Mai 1972 in der protestantischen Kirche Männedorf, in: Jb 45 (1971), S. 4–6.

17 G. Lehner starb am 7. Mai 1972 im Kreisspital Männedorf. Todesanzeigen in der ZSZ und am 10. Mai im TA. Trauerfeier am 12. Mai, 14.00 Uhr in der reformierten Kirche Männedorf. Ansprachen von Pfr. L. von Orelli, RR Dr. A. Gilgen, NR Dr. Theodor Gut (II). Musikalische Umrahmung von K. Nater und vom Männerchor Männedorf.

18 Gottlieb Lehner, Rückblick und Ausblick, in: JbZ 1964–1966, S. XI–XV. Zitat S. XIII.

19 Albert Hauser, «Gebts uber tisch warm für gest». Das Kochbuch von 1581 aus dem Stockalperarchiv, Brig 2001 (mit Sara Galle, Albert Hausers Enkelin).

20 Zu Fritz Bertschi siehe Anm. 4.

21 Mit Waldschritten gemessen. Land und Leute der alten und neuen Schweiz. Auswahl aus seinen Abhandlungen, Aufsätzen und Vorträgen. Festgabe zum 70. Geburtstag. Mit Bibliographie der Veröffentlichungen von Albert Hauser, hg. von Arthur Meyer-Hayoz und Gerhard Winterberger, Zürich und München 1984. Zitat S. 8.

22 Wie Anm. 21, S. 9. Hauser verfasste auch verschiedene Beiträge in der Reihe «Texte des Museums».

23 Dr. phil. 1938 an der Universität Zürich bei Prof. Ernst Gagliardi, Hauptfach Schweizergeschichte. Dissertation an der Universität Zürich: A.H., Der Bockenkrieg. Ein Aufstand des Zürcher Landvolkes im Jahre 1804, Zürich 1938.

24 Wie Anm. 21, S. 8. – A.H., Das eidgenössische Nationalbewusstsein. Sein, Werden und Wandel, Zürich 1941 (Vgl. Nochmals: Grundzüge des Schweizerischen Nationalbewusstseins, in: Schweizer Monatshefte, Heft 8, 8.11.1964).

25 1993 erhält Hauser den Kulturpreis der Johann Wolfgang von Goethe-Stiftung. 1994 wird er Korrespondierendes Mitglied des Forschungsinstituts für die Geschichte des Alpenraums. – 1965–1975 war er Mitglied der Denkmalpflegekommission des Kantons Zürich.

26 Albert Hauser, Verzeichnis seiner Schriften: Der Bockenkrieg. Ein Aufstand des Zürcher Landvolkes im Jahre 1804, Diss. phil. Universität Zürich, Zürich 1938. – Das eidgenössische Nationalbewusstsein. Sein, Werden und Wandel, Zürich 1941 (Vgl. Nochmals: Grundzüge des Schweizerischen Nationalbewusstseins, in: Schweizer Monatshefte, Heft 8, 8.11.1964). – Hundert Jahre Handwerker und Gewerbeverein Wädenswil 1855–1955, Wädenswil 1955. – Die wirtschaftliche und soziale Entwicklung eines Bauerndorfes zur Industrie-Gemeinde. Wirtschaftsgeschichte der zürcherischen Gemeinde Wädenswil, Wädenswil 1956. Besprochen von Walter Giger in: JbZ 1956–1957, S. 167–168. – Aus der Geschichte der Stärkefabrik Blattmann & Co., Wädenswil (Jubiläumsschrift), Wädenswil 1956. – Zur Geschichte der Kinderarbeit in der Schweiz, Schriftenreihe ETH Nr. 94, Zürich 1956. – Der Hopfenanbau in der Schweiz, Zürich 1956. – Geschichte der Brauerei Weber in Wädenswil (Jubiläumsschrift), Wädenswil 1957. – Schweizerische Wirtschafts- und Sozialgeschichte. Von den Anfängen bis zur Gegenwart, Zürich 1961. – Vom Essen und Trinken im alten Zürich, Zürich 1961, 1963, 1971. – Wald und Feld in der alten Schweiz. Beiträge zur schweizerischen Agrar- und Forstgeschichte, Zürich 1972. – Bauernregeln. Eine schweizerische Sammlung mit Erläuterungen, Zürich 1973, 3. Aufl. 1981. Bauerngärten der Schweiz. Ursprünge, Entwicklung und Bedeutung, Zürich und München 1976. – Wer Bäume pflanzt, der wird den Himmel gewinnen. Gedanken und Leitideen von Karl Albrecht Kasthofer. Eine Anthologie zum 200. Geburtstag des schweizerischen Forstpioniers (zusammen mit H. M. Keller, A. Schuler, J. Ph. Schütz, A. Speich, G. Viglezio, E. Wullschleger), Birmensdorf 1977. – Waldgeister und Holzfäller. Der Wald in der schweizerischen Volkssage, Zürich und München 1980. – Glück im Haus. Ein immerwährender Kalender mit Lebensweisheiten, Rezepten und Sprüchen, Zürich und München 1982. – Mit Waldschritten gemessen. Land und Leute der alten und neuen Schweiz. Auswahl aus Albert Hausers Abhandlungen, Aufsätzen und Vorträgen. Festgabe zum 70. Geburtstag. Mit Bibliographie der Veröffentlichungen von Albert Hauser, hg. von Arthur Meyer-Hayoz und Gerhard Winterberger, Zürich und München 1984. – Was für ein Leben. Schweizer Alltag vom 15. bis 18. Jahrhundert, Zürich 1987. – Das Neue kommt. Schweizer Alltag im 19. Jahrhundert, Zürich 1989. – Halbinsel Au – ein Glücksfall. Menschen, Kultur und Landschaft, Zürich 1991. (Vgl. Jb 65 (1991), S. 8). – Alte Volkskunst am Zürichsee, Zürich 1992. – Von den letzten Dingen. Tod, Begräbnis und Friedhöfe in der Schweiz 1700–1990, Zürich 1994. – Land und Leute am Zürichsee. Bilder von Albert Hauser. Mit einem Vorwort von Adolf Reinle, Stäfa 1994. – «Gebts uber tisch warm für gest». Das Kochbuch von 1581 aus dem Stockalperarchiv, Brig 2001 (mit Sara Galle, Albert Hausers Enkelin).

27 Albert Hauser als Autor in den JbZ: Zur Geschichte der Halbinsel Au, in: JbZ 1954–1955, S. 53–56. – Die Seebuben im sozialen Wandel. Struktur und Strukturänderungen der Zürichseebevölkerung in neuester Zeit, in: JbZ 1962–1963, S. 193–215. (Vgl. auch: Die Seebuben – Zur Charakterisierung eines Volksschlages, NZZ, 19.1.1964, Nr. 750. Wieder abgedruckt in: Mit Waldschritten gemessen, 1984, siehe Anm. 26). – Das obere linke Ufer von Oberrieden bis Richterswil, in: JbZ 1964–1966, S. XXXI–XXXII.

28 Nachfolger als Sektionsobmann Oberes Linkes Ufer ist 1972–2002 sein Neffe, Dr. med. vet. Beat Hauser, Wädenswil.

29 Albert Hauser, Das obere linke Ufer ...., wie Anm. 27.
30 Albert Hauser, Die Seebuben ..., wie Anm. 27 (JbZ).
31 Land und Leute am Zürichsee. Bilder von Albert Hauser. Mit einem Vorwort von Adolf Reinle, Stäfa 1994. – Die zeichnerische und malerische Tätigkeit begann Hauser um 1949. Mentor war der Maler Paul Bodmer (1886–1983) in Zollikon. Hauser «will nicht als Berufskünstler ‹Kunstwerke› schaffen, sondern er nähert sich als Privatmensch den Geheimnissen künstlerischen Gestaltens. Dadurch gewinnt er mehr als jeder, der über Kunstgeschichte schreibt oder Bücher darüber liest, einen konkreten Zugang zur Sache». (Reinle, S. 7) «Der Historiker Hauser über den Maler Hauser»: Die Landschaft fesselte mich immer, «genauer und ganz konkret gesagt, unsere Zürichseelandschaft (...) Der Obersee liegt vor der grossartigen Kulisse der Berge. Weiche, sanfte Linien bestimmen das Bild im mittleren und unteren Teil des Sees. Leider ist diese Landschaft von uns allen arg malträtiert worden. Aber trotz der Häuserhaufen und des lärmigen Verkehrs findet man immer noch stille Winkel, so etwa in den Wäldern des Wädenswiler Berges, auf der Halbinsel Au oder am Hüttnersee.» (S. 12). «Was alles bietet (...) der Zürichsee, der im Morgenlicht die Blässe des Himmels empfängt! Von blassen rosa bis hauchdünnen, leicht zitronengelben Andeutungen gibt es alle Übergänge. Dank seiner andeutenden Impulse gibt das Aquarell die Möglichkeit, das alles auszudrücken.» (S. 15). – Verschnaufpausen findet Hauser auch «beim Fischen drüben an der Sihl und am einsamen Hüttnersee und beim Musizieren – er spielt mit Vorliebe Bach auf seinem Spinett». (Meyer-Hayoz/Winterberger 1984, wie Anm. 26, S. 9).
32 Jb 54 (1980), S. 4. – A. Hauser in den Jahresberichten: Jb 37 (1963), S. 10 (Prof. Dr. Albert Hauser-Fonds). Jb 38 (1964), S. 6. Jb 46 (1972), S. 11. Jb 50 (1976), S. 2–3. Jb 51 (1977), S. 1, 16–19 (A.H., Fünfzig Jahre Verband zum Schutze des Landschaftsbildes am Zürichsee). Jb 58 (1984), S. 20–27 (Die Stiftung Prof. Dr. Albert Hauser). Jb 59 (1985), S. 3, 17 (Ernennung zum Ehrenmitglied). Jb 64 (1990), S. 15.
33 F. Maurer in den Jahresberichten: Jb 49 (1975), S. 5. Jb 50 (1976), S. 2. Jb 54 (1980), S. 4–5. Jb 62 (1988). Jb 65 (1991) S. 3. – Jb 66 (1992), S. 4–5, 11–12 (Theodor Gut (II), Zum Rücktritt von Fritz Maurer).
34 Dr. iur. Eugen David (*3.9.1945), Rechtsanwalt, von Amden, in St. Gallen, CVP, Gemeinderat 1972–1980, Kantonsrat 1980–1988, Nationalrat 1987–1999, Ständerat seit 1999, Verw.ratspräsident HELSANA, Stiftungsrat Pestalozzi-Weltstiftung, Zürich; Präsident des Fonds Landschaft Schweiz FLS, Mitglied der Kommission für Umwelt, Raumplanung und Energie des Ständerats, do. für Wissenschaft, Bildung und Kultur.
35 Biografische Angaben nach Notizen bei der Besprechung am 30.8.2001 und nach Maurers Zusammenstellung über seine Tätigkeit vom 15.11.2001. Schreiben von F. M. an den Autor vom 5.9.2001. – Fritz Maurers Onkel war Chefredaktor des «Zofinger Tagblatts» und Vater der Kunsthistoriker Hans Maurer und Prof. Emil Maurer (Universität Zürich).
36 Zitat nach Notizen Maurer, Anm. 34.
37 Theodor Gut (II) 1992, wie Anm. 33.
38 Jb 66 (1992), S. 4.
39 Vgl. die entsprechenden Jahre in der Zeittafel.
40 Jb 70 (1996), S. 6–7.
41 Wie Anm. 40.
42 VSLZ/ZSL, Präsidium von Ulrich E. Gut (gewählt 1996), Exposé vom 26.2.2002.
43 Lukas Gschwend, Thomas Oesch, Kurt Anderegg, Von der Linthmündung zum Seedamm. Eine Exkursion entlang des St. Gallischen Zürich-/Obersees, hg. vom ZSL, Küsnacht 1999.
44 Schilf ist nicht als Pflanzengattung sondern als Teil der Ufervegetation geschützt. Siehe: Bundesgesetz über den Natur- und Heimatschutz vom 1.7.1966, 3. Abschnitt, Art. 21 (Fassung gemäss Art. 66 Ziff. 1 des Umweltschutzgesetzes vom 7. Okt. 1983, in Kraft seit 1. Jan. 1985): «1 Die Ufervegetation (Schilf- und Binsenbestände, Auenvegetationen sowie andere natürliche Pflanzengesellschaften im Uferbereich) darf weder gerodet noch überschüttet noch auf andere Weise zum Absterben gebracht werden. 2: Soweit es die Verhältnisse erlauben, sorgen die Kantone dafür, dass dort, wo sie fehlt, Ufervegetation angelegt wird oder zumindest die Voraussetzungen für deren Gedeihen geschaffen werden.» (Eingefügt durch Art. 75 Ziff 2 des Gewässerschutzgesetzes vom 24. Jan. 1991. Fassung gemäss Ziff. 1 des BG vom 24. März 1995, in Kraft seit 1. Febr. 1996)
45 Zum Artenschutz siehe die Einsprache gegen das Hafenprojekt Christoffel, Feldmeilen. Zeittafel: 1998.
46 Zum Rohrkolben vgl. Elias Landolt, Geschützte Pflanzen im Kanton Zürich, hg. vom Zürcherischen Naturschutzbund, Zürich 1966, S. 17.
47 Wie Anm. 42, S. 1–2. Die neuen Statuten zeigen auch die sprachliche Gleichberechtigung der Frauen und bringen den Nachvollzug der Entwicklung seit 1967, wonach keine Jahrbücher mehr, sondern eigene oder eingekaufte Publikationen abgegeben werden (Art. 2 Ziff. 5, Art. 10 Ziff. 2 Abs. 4). Siehe auch S. 293–294.
48 Herms arbeitet auch als Kunstmaler und hat 2000 ein Lehrmittel für die AKAD Zürich fertiggestellt: G. H., Bildnerisches Gestalten als Grundlagenfach.
49 Klaus Hagmann, seit 1968 Küsnacht, dort Gemeinderat 1974–1986. Er lebt seit 1999 in Stein am Rhein. VM VSLZ 1967–1999. – Jb 41 (1967), S. 6. Jb 50 (1976), S. 2. Jb 73 (1999), S. 4. – K. H., Der Zürichsee wäre die schönste Erholungszone unseres Kantons, Januar 1978, Typoskript. – Raumplanung im Kanton Zürich, was bringt die Zukunft?, Juni 1987, Typoskript. – Landschaftsschutz (CH und ZH), Vortrag, gehalten am internationalen Forum über naturnahen Wasserbau, am 4./5.10.1993 in Kochi, Japan, 1993, Typoskript. – Änderung des Gesetzes über die Finanzierung von Massnahmen für den Natur und Heimatschutz und für Erholungsgebiete. Zur Abstimmung im Kanton Zürich am 22.9.1996, Typoskript. – Der Autor dankt Klaus und Silvia Hagmann in Stein am Rhein für das aufschlussreiche Gespräch samt Bewirtung und für die Besichtigung von Baudenkmälern. Klaus Hagmann hat die Renovation der dortigen katholischen Kirche als Präsident der Baukommission begleitet. Vgl. K. H., Die Herz-Jesu-Kirche von Stein am Rhein, hg. vom Kirchenstand Stein am Rhein-Hemishofen, o.D. (1999). – Der Autor ist mit Klaus Hagmann seit der gemeinsamen Tätigkeit (1967–1974) in der NHKZ bekannt.
50 Hunziker wird nach dem Erlass des Bundesgesetzes für Natur- und Heimatschutz (BGNH) 1966 nach Bern als Sektionschef für Natur- und Heimatschutz bei Bundesrat Tschudi berufen. – Hunziker war VM VSLZ 1957–1967. Jb 31 (1957), S. 11. Jb 41 (1967), S. 6. – Theo Hunziker und W. Zuppinger, Anregungen zur Praxis des Landschafts-

schutzes am Zürichsee, in: JbZ 1960–1961, S. 11–36. – Theo Hunziker, Aufbau und Tätigkeit der Fachstelle für Landschaftsschutz des Kantons Zürich. Referat vor der erweiterten Konsultativen Kommission des SBN am 10.11.1962 in Bern, mit Ergänzung auf den Stand 1.12.1963. Typoskript im Bes. Klaus Hagmann, Stein am Rhein.

51 Dr. Walter Knopfli (1889–1965), Zürich, war vorher Fachlehrer für Biologie an der Kantonsschule und Mitarbeiter des Zoologischen Instituts der Universität. 1910 war er Mitgründer der Schweizerischen Gesellschaft für Vogelkunde und Vogelschutz, später Präsident des Zürcherischen Kantonalverbandes für Ornithologie, Mitglied der NHKZ, VM VSLZ 1927–1961. – Diethelm Zimmermann, Ein Jubilar (zum 60. Geburtstag von W. K.), in: NZZ, 11.2.1949, Nr. 293; R. Bl., Zum Tod von Dr. Walter Knopfli, in: NZZ, 23.2.1965, Nr. 754. – Walter Knopfli, Natur- und Landschaftsschutz im schweizerischen Mittelland und seine Zielsetzung, Zürich, Separatdruck aus NZZ Nr. 2937, 2945, 2992, 3013, 3058, Oktober 1957. – Knopfli entwarf die Verordnungen über das Neeracherried (1956) und über den Greifensee, Türlersee, Hüttnersee, Pfäffikersee, der Rheinhalde Dachsen, des Albispasses und der Forch. (siehe dazu auch S.113, Anm. 4). – Jb 1/2 (1927), S. 8, 11. Jb 7 (1934), S. 38. Jb 8 (1935), S. 7. Jb 9 (1936), S. 19, 22. Jb 33 (1959), S. 11. Jb 34 (1960), S. 10, 11. Jb 35 (1961), S.10. – Augenschein mit Hermann Balsiger in der Kantonalen Vogelschutz-Reservation im Limmattal: JbZ 1932, S. 34 ff., 42. – Zur Schlusslieferung XIX von W. K. in Die Vögel der Schweiz, in: JbZ 1956–1957, S. 168–169. – Aufsätze: W. K., Der Zürichsee und seine gefiederten Bewohner, in: ZSb 1930, S. 16–21. Gegen das Projekt einer Flugmotorenfabrik im Ried Lachen, in: Schweiz. Blätter für Naturschutz, November- und Dezemberheft 1930 : Jb 4 (1930), S.180. Seltene Zürichseegäste im Winter 1930/31, in: JbZ 1932, S. 152–155. Der Zürichsee als Schongebiet für Wasservögel, Gutachten: Jb 9 (1935), S. 7. JbZ 1936, S. 48–64. Vogelwelt und Reservate (i. Z. mit der Melioration der Lintheebene), in: Jb 10 (1936), S. 50–54. Naturschutz und Initiative zur Wiedereinführung der Patentjagd, in: Jb 10 (1936), S. 59–68. Pappellallee im Feldbacher Horn, in: JbZ 1946/47, S. 27–29. Arbeitsgemeinschaft für Landschaftspflege, in: JbZ 1946/47, S. 241–245. Wiedergestaltete Landschaften, in: JbZ 1948/49, S. 313–327. Die Vogelwelt des Zürichsees und ihre Erhaltungsgebiete, in: JbZ 1950/51, S. 3–24. Das Chruzelenmoos bei Hirzel, in JbZ 1951/52, S. 86–98. Wie der Zürichsee zu seinen Schwänen kam, in: JbZ 1952/53, S. 60–65.

52 Hagmann wird gleichzeitig Fachkoordinator und Stellvertreter des Amtschefs Rolf Meyer-von Gonzenbach. – Die 1942 geschaffene Stelle für Natur- und Heimatschutz wurde in das ebenfalls 1942 gebildete Büro für Regionalplanung integriert, das zuerst von Architekt Max Werner (1905–1995) geleitet wurde. Werners Nachfolger waren Hans Aregger, Rolf Meyer-von Gonzenbach, Dr. iur. Hans Reinhard, Dr. Christian Gabathuler. – Vgl. Max Werner, Die Geschichte der Landesplanung in der deutschen Schweiz – so wie ich sie erlebt habe, in: DISP (Dokumente und Informationen zur Schweizerischen Orts-, Regional- und Landesplanung), Institut für Orts-, Regional- und Landesplanung ETH Zürich, Nr. 56, Januar 1980, S. 34–41. – Thomas Müller, Die Anfänge der zürcherischen Regionalplanung, in: Das öffentliche Bauwesen in Zürich. Zweiter Teil: Das kantonale Bauamt 1896–1958 (Kleine Schriften zur Zürcher Denkmalpflege, Heft 5), Zürich und Egg 2001, S. 126–129.

53 Natur- und Heimatschutz-Kommission des Kantons Zürich. Antrag Prof. Dr. Escher vom 18. Januar 1942. An die Direktion der öffentlichen Bauten des Kantons Zürich. Freundlich vermittelt durch Klaus Hagmann.

54 Siehe Anm. 51.

55 Heute befindet sich die Fachstelle Naturschutz, geleitet von Fritz Hirt, im Amt für Landschaft und Natur in der Volkswirtschaftsdirektion und ist damit im Bereich Landwirtschaft integriert. – Hagmanns Nachfolger im ARV, Felix Blindenbacher (und Vorstandsmitglied VSLZ von 1993 bis 1998), ist heute Kreisplaner für die Städte Winterthur und Zürich.

56 Günthard stammte aus einer Bauernfamilie in Adliswil. Er selbst hatte dort als Gemeindepräsident für die Freihaltung des Albishangs als Grünzone gesorgt.

57 Seeweg Horgen Käpfnach–Meilibach, in: Jb 64 (1990), S. 7–12. – Der Bau war schon 1930/32 geplant, vgl. S. 277, Anm. 24. – Die Strecke Au–Wädenswil wurde schon 1924 vom Au-Konsortium für einen Uferweg gesichert: JbZ 1948/49, S. 250.

58 Beim Eintritt in den VSLZ-Vorstand 1967 traf Hagmann dort eine ganze Reihe von Beamten-Kollegen (vgl. Liste S. 291–293): Bächler, Leuzinger, Hösli, Wasserfallen, Herms, Walter Hauser, Zbinden, Pfenninger; es folgten Müller, Renfer, Walter Rüegg, Max Weber, Nauer, Stünzi, Hans Rudolf Rüegg und Grieder. Hagmann selbst schlug Armbruster, Straub, Vetterli und Blindenbacher vor. – Als 1998 Willy Vetterli austrat, folgten ihm auch Felix Blindenbacher und Max Straub; Hagmann blieb noch bis 1999.

Die Präsenz des Stiftes Einsiedeln – Text Seiten 132–136.

1 Zum Frauenwinkel allgemein und zur Gründungsgeschichte vgl. S. 261, Anm.1, Spalte links. – Vorstandsmitglieder VSLZ, abgeordnet vom Stift Einsiedeln: Dr. P. Damian Buck (1871–1940) OSB., Einsiedeln, Botaniker, VM 1927–1931 («für das Stift Einsiedeln und den Herrn Fürstabt, Einsiedeln»). Jb 1/2, (1927–1928), S. 11. Jb 14 (1940), S. 160. JbZ 1939/40, S. 81–83: vgl. Anm. 3. D. B., Das Stift Einsiedeln und der «Frauenwinkel», in: ZSb 1930, S. 9–15. – Dr. P. Fidelis Löhrer OSB, Pfäffikon, VM 1951–vor 1954. Jb 26 (1952), S. 10. Jb 28 (1954), S. 11. – Dr. P. Cölestin Merkt OSB, Einsiedeln, VM 1954–1967. Jb 28 (1954), S. 11. Jb 40 (1966), S. 11. Jb 41 (1967), S. 11. JbZ 1939/40. Vgl. Anm. 4. – P. Thomas Locher OSB, Direktor der Kantonalen Landwirtschaftlichen Schule Pfäffikon SZ, VM 1975–1993. Jb 48 (1974), S. 12. Jb 49 (1975), S. 5. Jb 50 (1976), S. 2.

2 Ulrich Gut (I), Ein Leben für das Kloster Einsiedeln (Zum Rücktritt von P. Ulrich Kurmann, geb. 1920, als Statthalter des Klosters in Pfäffikon), ZSZ 14.8.1992. – P. Ulrich Kurmann, Ufnau – Ort der Kultur, in: Jb 61 (1987), S. 18–24.

3 Die Glückwunschadresse befindet sich im Archiv des Klosters Einsiedeln und im ZSL-Archiv Stäfa.

4 Buck doktorierte bei Prof. Westermeier in Fribourg 1902 mit einer anatomisch-physiologischen Dissertation über die Spaltöffnungen und das Durchlüftungssystem verschiedener Pflanzen. P. Cölestin Merkt, Dr. P. Damian Buck OSB, 3. Oktober 1871 – 25. September 1940, in: JbZ 1939/40, S. 81–83.

5 P. Rudolf Henggeler OSB, Einsiedeln und das Zürichseegebiet, in: Jb 7 (1933), S. 20–29. – P. Rudolf Henggeler, Die Einsiedler Ämter am Zürichsee (mit 2 Zeichnungen vom Frauenwinkel von Walter

Roshardt), in: JbZ 1945/46, S. 52–63 (eine weitere Zeichnung Roshardts in: JbZ 1951/52, S. 455) – P. Rudolf Henggeler, Die Dorfgenossenschaften der Höfe, in: JbZ 1954–1955, S. 113–128. – P. Albert Huber OSB, Der Hof Pfäffikon, in: JbZ 1947/48. S. 30–39. – P. Rudolf Henggeler, Der Turm zu Pfäffikon, in: JbZ 1943/44, S. 50–58. – P. Rudolf Henggeler, Die Schlosswaldungen zu Pfäffikon, in: JbZ 1947/48, S. 129–140. – Alois Suter, 965 Phaffinchova – Pfäffikon SZ 1965, in: JbZ 1964–1966, S. 264–267. – Vgl. auch Abt Benno Gut, Zürich und Einsiedeln, in: JbZ 1951/52, S. 9–16. – P. Rudolf Henggeler, Die Einsiedler Pilgerschiffahrt auf dem Zürichsee, in: JbZ 1951/52, S. 166–173.

6   Dr. P. Damian Buck, Das Stift Einsiedeln und der «Frauenwinkel», in: ZSb 1930, S. 9–15. Vgl. P. Norbert Flueler, Im stillen Frauenwinkel, in: JbZ 1932, S. 61–71 (m. Abb). – Jb 7 (1933), S. 26. – P. Thaddäus Zingg OSB, Das Vermächtnis eines Kaisers. Kaiserurkunde Ottos I vom 23. Januar 965, in: JbZ 1962–1963, S. 108–113.

7   Schutz des Frauenwinkels, in: Jb 9 (1935), S. 10–16. – Ziegler 1998, S. 20–21, 26–27.

8   Josef Fraefel, Rechtliche Verteidigung des Frauenwinkels, in: JbZ 1948/49, S. 358–366. – Vgl. Jb 50 (1976), S. 9. Zur Vermarchung des Frauenwinkels siehe auch JbZ 1932, S. 64–65 und Jb 7 (1933), S. 52. – Ziegler 1998, S. 74–75.

Kaufpolitik des Verbands – Text Seiten 137–138.

1   Walter Leuzinger, Aktiver Landschaftsschutz am Ufer des Frauenwinkels, in: JbZ 1949/50, S. 263–268. – Walter Leuzinger, Vermehrter Schutz des Frauenwinkels und der Landzunge Hurden, in: Jb 23 (1949), S. 4–5; gleichlautend: Gottlieb Lehner, Tätigkeit im Gelände, in: JbZ 1950/51, S. 219–220. – Jb 25 (1951), S. 5. – Walter Leuzinger, Die Liegenschaft Waid in Hurden, in: Jb 50 (1976), S. 14–18 (mit Plan).

2   Jb 23 (1949), S. 5. – Jb 25 (1951), S. 5.

3   Jb 24 (1950), S. 5–6, 8, 14. – Jb 25 (1951), S. 5.

4   Jb 25 (1951), S. 5.

5   Jb 32 (1958), S. 6.

6   Jb 31 (1957), S. 5. – Vgl. auch Jb 26 (1952), S. 7 und Jb 27 (1953), S. 6.

7   Grosser Landkauf im Rosshorn, in: Jb 40 (1966), S. 4–5 und Jb 41 (1967), S. 4, 9. Vgl. auch Jb 34 (1960), S. 4. Jb 35 (1961), S. 4–5. Jb 37 (1963), S. 4. Jb 49 (1975), S. 11–12 (Brand des kleinen Holzhauses auf der VSLZ-Liegenschaft Rosshorn; kein Wiederaufbau). – Über die Landkäufe im südwestlich anschliessenden Abschnitt der Halbinsel Hurden durch die Firma Inselpark siehe Zeitschrift Bilanz, Februar 2001, S. 94 (Projekt Inselpark).

8   Dank an unseren verstorbenen Präsidenten Gottlieb Lehner. Ansprache des Vizepräsidenten, Dr. Th. Gut, anlässlich der Trauerfeier vom 12. Mai 1972 in der protestantischen Kirche Männedorf. In: Jb 45 (1972), S. 4–6.

9   Kauf einer Riedparzelle im Sack, in: Jb 51 (1977), S. 8.

10 Revision der Verordnung zum Schutze des Frauenwinkels vom 5.5.1980, in: Jb 61 (1987), S. 6–8.

Schutzgesetzgebung für Flora und Fauna – Text Seiten 139–142.

1   Walter Knopfli, Der Zürichsee und seine gefiederten Bewohner, in: ZSb 1930, S. 16–21. – Zum Schutzgebiet «Frauenwinkel» siehe: Die Reservate der «Ala» (Schweizerische Gesellschaft für Vogelkunde und Vogelschutz), in: Der Ornithologische Beobachter, Beiheft 7, 1988. – Erwin Leupi (ANL Arbeitsgemeinschaft Naturschutz und Landschaftspflege AG, Aarau), Frauenwinkel 1986, Vegetationskartierung im Auftrag der Ala. – Heinrich Schiess, Die Vogelwelt des Frauenwinkels, in: Berichte der Schwyzerischen Naturforschenden Gesellschaft, Heft 7, 1987. – Claudio Lotti, Bestandesaufnahme der Vogelwelt im Frauenwinkel, Männedorf 1987.

2   P. Norbert Flueler, Im stillen Frauenwinkel, in: JbZ 1932, S. 61–71 (m. Abb.)

3   Jb 14 (1940), S. 159.

4   Hermann Hiltbrunner, Winter und Frühling im Frauenwinkel, in: JbZ 1943/44, S. 91–98.

5   Hermann Hiltbrunner, Die Landschaft der Halbinsel Hurden, in: Jb 6 (1932), S. 45–53. – Vgl. Jb 7 (1933), S. 36–37.

6   Vorfrühling im Rosshorn, Aquarelle von Albert Hauser, in: Jb 58 (1984), S. 20–23 und Umschlag.

7   Jb 19 (1945), S. 8.

8   Jb 20 (1946), S. 11. Jb 21 (1947), S. 8. Jb 22 (1948), S. 7. JbZ 1948/49, S. 379.

9   Jb 20 (1946), S. 11–12. Der Artikel über das «landschaftliche Kleinod Obersee» von VSLZ-Aktuar Gottlieb Lehner in der Saisonbeilage der NZZ wurde als Sonderdruck den Mitgliedern der VSLZ-Sektion Schwyzer Ufer verteilt.

10 F. Siegfried, Von unsern Naturschutzgebieten und vom Sinn des Naturschutzes, in: JbZ 1947/48, S. 124–128. – Zur Schweizerischen Gesellschaft für Vogelkunde und Vogelschutz Ala vgl. Jb 3 (1929), S. 47. Jb 4 (1930), S. 180. Jb 7 (1933), S. 37. Jb 8 (1934), S. 66. Jb 10 (1936), S. 58.

11 Jb 41 (1967), S. 4–5.

12 Vom Frauenwinkel, in: Jb 49 (1975), S. 3–4.

13 Heinrich Schiess, Gedanken zum Naturschutz an Zürich- und Obersee, in: Jb 52 (1978), S. 11–37.

14 Jacques Burnand, Pflege und Unterhalt – die 2. Säule des Naturschutzes, in: Jb 55 (1981), S. 12–26.

15 Pflegearbeiten im Naturschutzgebiet Rosshorn, in: Jb 57 (1983), S. 7–8, 27–30.

16 Rosshorn Hurden, in: Jb 65 (1991), S. 15–17. – (Abb. 46).

17 Walter Leuzinger, Vom Landschaftsschutz am Schwyzer Ufer. Verordnung zum Schutz der Seeufer im Kanton Schwyz vom 16.8.1978, in: Jb 52 (1978), S. 38–40.

18 Landammann Dr. Rudolf Sidler, Schwyz, Landschaftsschutzprobleme eines Landkantons, in: Jb 53 (1979), S. 79–86.

19 b 54 (1980), S. 9. – Revision der Verordnung zum Schutze des Frauenwinkels vom 5.5.1980, in: Jb 61 (1987), S. 6–8. – Jb 65 (1991), S. 18. – Jb 69 (1995), S. 14.

20 Jb 36 (1962), S. 4. Jb 49 (1975), S. 4. Jb 50 (1976), S. 15 (Plan). – Aufnahme der Landschaft am Oberen Zürichsee in das BLN-Inventar, in: Jb 61 (1987), S. 4–6. Jb 63 (1989), S.12, 37–45. Jb 65 (1991), S. 11. – Das BLN-Objekt Nr. 1406, Nuoloner Ried, vom Bundesrat festgesetzt 1977, wurde 1996 revidiert bzw. erweitert als Zürcher Obersee. Vgl. (auch zu KLN und BLN allgemein) S. 276, Anm. 12.

21 Inventar der Moore und Moorlandschaften von nationaler Bedeutung, in: Jb 65 (1991), S. 9–10 und Jb 66 (1992), S. 6–7.

22 Jb 71 (1997), S. 10. Jb 72 (1998), S. 9. Jb 73 (1999), S. 3, 6. Jb 74 (2000) S. 5. – Frauenwinkel Pfäffikon Schwyz. Zürichsee Landschaftsschutz ZSL, November 2000 (Broschüre zu Handen der Mitglieder).

Gefährdungen des Schutzgebiets – Text Seiten 143–146.

1 Jb 38 (1964), S. 5–6. Jb 39 (1965), S. 6. Jb 46 (1973), S. 6. Jb 57 (1983), S. 26.
2 Jb 49 (1975), S. 10. Jb 50 (1976), S. 9.
3 Das Seeufer als Erholungs- und Lebensraum, in: Jb 60 (1986), S. 10–11.
4 Hotel Seedamm/Telecom-Ausbildungszentrum, in: Jb 61 (1987), S. 11–12. Jb 62 (1988), S. 14–15. Jb 64 (1990), S. 14. Jb 65 (1991), S. 12, 13–14. Jb 66 (1992), S. 5–6. Jb 67 (1993), S. 5–6. Jb 68 (1994), S. 8–9. Jb 69 (1995), S. 12. – Hotel und Kongresszentrum Seedamm in Pfäffikon SZ. Bericht zur Umweltverträglichkeit. Bearbeitung: Dr. H. Wanner AG, St. Gallen, November 1990 (VSLZ-Archiv, Zürich).
5 Jb 69 (1995), S. 13–14. Jb 71 (1997), S. 11. – Vgl. auch den vom VSLZ bekämpften «forstwirtschaftlichen Bewirtschaftungsweg» der SBB im Ostbereich des Hurdnerwäldlis, Pfäffikon: Jb 73 (1999), S. 7.
6 Jb 64 (1990), S. 15–16. Jb 71 (1997), S. 11.
7 Erhaltung der Uferlandschaft im Frauenwinkel/ Revision der Ortsplanung Freienbach, in: Jb 65 (1991), S. 10–13. Jb 66 (1992), S. 5–6.
8 Jb 68 (1994), S. 11. Jb 69 (1995), S. 13. Jb 70 (1996), S. 14. Jb 71 (1997), S. 11.
9 Jb 67 (1993), S. 7. Jb 68 (1994), S. 10.

Das landschaftliche Ganze: Die Hurdener Halbinsel – Text Seiten 147–150.

1 Hermann Balsiger, An die Freunde des Zürichsees, in: ZSb 1930, S. 4.
2 Hermann Hiltbrunner, Die Landschaft der Halbinsel Hurden, in: Jb 6 (1932), S. 45–53. Ein Separatdruck des Aufsatzes wurde der Eingabe des VSLZ an den Hohen Bundesrat, Bern, 18. Februar 1933, beigelegt. Vgl. S. 262, Anm. 10. – Vgl. Jb 7 (1933), S. 36–37. – Zur Geologie vgl. auch Eugen Halter, Die Bucht von Kempraten, in: JbZ 1946/47, S. 175–194, v.a. S. 176–180; sowie Arnold Gubler, Von Werden und Eigenart der Zürichsee-Landschaft, in: JbZ 1960–1961, S. 39–42. – Zur Geschichte von Hurden siehe Paul Corrodi, Die drei Kreuze auf dem Hurdenfeld, in: JbZ 1947/48, S. 46–50. – Hurden, in: Adolf Ribi, Die Namen der Ortschaften am Zürichsee, 2. Teil: Zürich und das linke Ufer, in: JbZ 1947/48, S. 164.
3 JbZ 1939/40, S. 24. Jb 39 (1965), S. 6. – Vgl. Zürichseeufer 75, S. 98–101. – Vgl. auch Ed. Ammann, Bagger- und Kieswaschbetriebe im Obersee in ihren Beziehungen zu den Schutzbestrebungen am See, in: JbZ 1956–1957, S. 217–228.
4 Jb 7 (1933), S. 50. Jb 8 (1934), S. 58–60.
5 Arnold Kübler, Rund um den Obersee – Zu Fuss. Mit Zeichnungen des Verfassers, in: JbZ 1954–1955, S. 98–112, Zitat S. 110.
6 Jb 33 (1959), S. 3. Jb 34 (1960), S. 4. Jb 35 (1961), S. 4–5.
7 JbZ 1964–1966, S. XX. – Jb 24 (1950), S. 10. – Ferner werden ein Hotelprojekt in Hurden und ein Neubau beim Hotel Adler in Hurden erwähnt, aber nicht weiter erläutert in: Jb 45 (1972), S. 8 und Jb 53 (1979), S. 7.
8 Jb 39 (1965), S. 4–5. – Vgl. auch JbZ 1964–1966, S. XX–XXI.

Seebrücke und Seedamm – Text Seiten 151–154.

1 Jb 1/2 (1927/1928), S. 6–8, 23–30 (mit Planabb. und Vogelschauansicht). – Jb 3 (1929), S. 38–47. Jb 4 (1930), S. 173–176. Jb 5 (1931), S. 3–6. Jb 6 (1932), S. 11–21. – Verkehrssituation im topographischen Zusammenhang (Hermann Hiltbrunner), in: Jb 6 (1932), S. 49. JbZ 1932, S. 63–64 (Seedamm-Bau 1875 durch die Zürichsee-Gotthardbahn-Gesellschaft). – Jb 7 (1933), S. 35–42. – Kantonsingenieur Reichlin, Schwyz, Der gegenwärtige Stand der Seedammkorrektion, Referat 1933, in: Jb 7 (1933), S. 62. Jb 8 (1934), S. 57. Jb 9 (1935), S. 3–4. Jb 10 (1936), S. 71.
2 Jb 6 (1932), S. 11–20. Jb 9 (1935), S. 3–4. – In der Junisession 1933 wird das offizielle Projekt von der Bundesversammlung genehmigt, wobei der Artikel 6 der Vorlage in dem Sinn verschärft wird, als das Departement des Innern mit den Kantonen Zürich, St. Gallen und Schwyz Schutzmassnahmen vorzusehen habe. Für die Erarbeitungen der Grundlagen beruft der VSLZ auf den 3.6.1933 eine Sachverständigenkonferenz nach Hurden ein (Balsiger, Brockmann, Christen, Helbling, Knopfli, Kölla, Laur, Maag, Siegfried, Sibler, Neidhardt), welche den «Vorschlag zu einem Übereinkommen der Kantone St. Gallen, Schwyz und Zürich über den Schutz der Natur und des Landschaftsbildes am Zürichsee» verabschiedet, der am 28.6.1933 dem Vorsteher des Eidg. Dep. des Innern eingereicht wird. Dieser postuliert die Bildung von Sachverständigenkollegien in den Kantonen St. Gallen und Schwyz nach dem Muster der NHKZ, die drei Kommissionen bilden den Landschaftsrat, der sich einmal pro Jahr trifft (die interkantonale Seedammkommission und das Baudepartement des Kantons St. Gallen sprechen sich 1936 dagegen, die neugebildete ENHK – mit Balsiger als Mitglied – spricht sich dafür aus). Auf Antrag des VSLZ wurde die Vorlage des Zürcher Regierungsrates an den Kantonsrat über die Beitragsleistung des Kantons Zürich an die Kosten des Umbaus des Seedamms vom 23.5.1934 am 3.5.1935 nach Voten der Kantonsräte Bernhard Kaufmann, Stadtrat von Zürich, sowie Architekt Otto Pfleghard, um einen Zusatz ergänzt, der dem Regierungsrat die Wahrung der öffentlichen Interessen an der Erhaltung des Landschaftsbildes und des Naturschutzes beim Vertragsabschluss mit den beteiligten Kantonen zur Pflicht macht.
3 Jb 11 (1937), S. 92.
4 Jb 12 (1938). – JbZ 1938, S. 50–54, 94–95. – JbZ 1939/40, S. 71–72.
5 J. Meier, dipl. Ing., Lachen, Seedamm-Umbau bei Rapperswil, in: JbZ 1939/40, S. 19–25 (mit Fotos). – E. Frei, Stand der Bauarbeiten am Seedamm-Umbau, Juni 1942, in: JbZ 1942, S. 245–247 (mit Fotos). – Jb 17 (1943), S. 9–10.
6 Gustav Ammann, Landschaftspflege um den Zürichsee, in: JbZ 1939/40, S. 7–14 (Seedamm: S. 13). – Gustav Ammann, Die Bepflanzung der Seedammstrasse Pfäffikon–Hurden, in: JbZ 1944/45, S. 49–51. – Vgl. auch Jb 15/16 (1941–1942), S. 4. – JbZ 1942, S. 247. – Jb 17 (1943), S. 9–10.
7 JbZ 1944/45, S. 51. – JbZ 1939/40, S. 25. – Ziegler 1998, S. 148–149. – Vgl. auch Jb 46 (1973), S. 6.
8 Walter Leuzinger, Wanderwege am Schwyzer Ufer des Zürichsees, in: JbZ 1944/45, S. 199–200. – Zu den Verdiensten Leuzingers um die Erhaltung des Frauenwinkels siehe Jb 56 (1982), S. 3–4.
9 Zur alten Seebrücke Rapperswil–Hurden siehe ZSb 1930, S. 12 (m.

drei Abb.). – JbZ 1932, S. 68–70. – JbZ 1947/48, Abb. nach S. 8. – Ulrich Bräker, Die Rapperswiler Brücke, in: JbZ 1948/49, S. 215. – Pius Rickenmann, Heilighüsli bei Rapperswil (Gedicht), in: JbZ 1949/50, S. 92. – JbZ 1951/52, S. 169 (Abb.). – Alfons Curti, Das Heilighüsli im Zürichsee bei Rapperswil, in: JbZ 1956–1957, S. 36. – Ziegler 1998, S. 148.

10 Jb 43 (1969), S. 5. – Ferner: Jb 49 (1975), S. 10. Jb 51 (1977), S. 9. Jb 52 (1978), S. 42. Jb 54 (1980), S. 8–9. Jb 55 (1981), S. 5. Jb 57 (1983), S. 8. Jb 59 (1985), S. 11. Jb 60 (1986), S. 3. Jb 71 (1997), S. 7–8. Jb 73 (1999), S. 8.

Die Inseln Ufenau und Lützelau – Text Seite 155.

1 P. Norbert Flueler, Im stillen Frauenwinkel, in: JbZ 1932, S. 61–71 (m. Abb). – P. Rudolf Henggeler OSB, Einsiedeln, Die Sendung der Ufnau (Adalrich, Reginlind, Hutten), in: Jb 6 (1932), S. 37–43, vgl. S. 52 (Hiltbrunner). – Beinhaus auf der Ufnau, in: Jb 8 (1934), S. 59. – Hans Hasler, Peeter und Paul uf der Ufnau (mit Zeichnung von Otto Baumberger), in: JbZ 1944/45, S. 101–105. – Diego Valeri, Ufenau, in: JbZ 1947/48, S. 82. – Hans Gustav Keller, Ulrich von Huttens Tod auf der Ufenau, in: JbZ 1948/49, S. 199–206; Foto der Insel aus der Vogelschau: S. 45. – Hedwig Strehler, Von der Ufenau, in: JbZ 1954–1955, S. 38–51. – Linus Birchler, Ulrich von Hutten und ein gallorömischer Tempel auf der Ufenau, in: JbZ 1958–1959, S. 59–79. – Dr. P. Leo Helbling, Am Grabe Ulrichs von Hutten, in: JbZ 1958–1959, S. 81–83. – Peter Vogelsanger, Ansprache (am Grabe Ulrichs von Hutten), in: JbZ 1958–1959, S. 83–86. – Fritz Hunziker, Die Ufenau in poetischer Sicht, in: JbZ 1958–1959, S. 87–100. – P. Ulrich Kurmann, Ufnau – Ort der Kultur, in: Jb 61 (1987), S. 18–24.

2 Dr. P. Damian Buck, OSB, Einsiedeln, Das Stift Einsiedeln und der ‹Frauenwinkel›, in: ZSb 1930, S. 9–15 (m. Abb., auch vor dem Titel, von Hermann Gattiker. Zitat S. 14.

3 Jb 47 (1973), S. 8.

4 Jb 4 (1931) in JbZ 1932, S. 180–181. – Jb 22 (1948), S. 7. – Jb 24 (1950), S. 7–8.

Rückblick und Ausblick – Text Seiten 157–158.

1 Walter Leuzinger (1908–1991), dipl. Tiefbau-Ingenieur HTL, Adjunkt, Kantonaler Strasseninspektor SZ, Schwyz, Pfäffikon SZ, SO Schwyzerisches Zürichsee-Ufer 1944–1982, VM 1945–1982, Ehrenmitglied VSLZ 1983. – Jb 18 (1944), S. 9. Jb 19 (1945), S. 13. Jb 20 (1946), S. 6. Jb 22 (1948), S. 5. Jb 50 (1976), S. 2. Jb 51 (1977). Jb 56 (1982), S. 3–4 (Rücktritt). Jb 57 (1983), S. 4, 13–14 (Würdigung). Jb 64 (1990), S. 2. Jb 65 (1991), S. 4. Beiträge: W. L., Strandweg Pfäffikon–Lachen, in: JbZ 1940/41, S. 114–116. Rapport vom Schwyzer Ufer, in: JbZ 1964–1966, S. XIX–XXII. Die Liegenschaft Waid in Hurden, in: Jb 50 (1976), S. 14–18. Die Riedlandschaft bei Hurden in Gefahr, in: Jb 54 (1980), S. 8–9.

2 Jb 56 (1982), S. 3–4.

3 Theodor Gut (II), Ernennung von Ing. Walter Leuzinger zum Ehrenmitglied des VSLZ, in: Jb 57 (1983), S. 13–14. – Auf Anregung verschiedener Persönlichkeiten beschliesst der Gemeinderat Freienbach am 20.9.2001, dem Umweltschutzpionier Leuzinger einen Gedenkstein am projektierten Wanderweg Hurden–Pfäffikon zu setzen: Gemeinderat Freienbach, Auszug aus dem 17. Protokoll vom 20.9.2001, Nr. 593 5.14.

4 Peter Stünzi, Zürich, Chef des Gartenbauamtes der Stadt Zürich 1978–2000, VM 1983, SO Stadtzürcher Ufer 1983–1999. Jb 57 (1983), S. 4.

5 Rita Marty, GV 25 Jahre WWF-Schwyz, ein Fest im gemütlichen Rahmen, in: Schwyzer Panda 12 (2000), Ausgabe 2, S. 4–5. – Rita Marty, Auf den Spuren von 25 Jahren WWF Schwyz, in: Schwyzer Panda 13 (2001), Ausgabe 3, S. 2–3.

6 Siehe auch Artikel von Res Knobel über den «Frauenwinkel», in: Schwyzer Panda. Mitteilungen des WWF Schwyz, Pfäffikon SZ: Im grössten Naturschutzgebiet am Obersee (Frauenwinkel) geht es vorwärts, 12 (2000), Ausgabe 1, S. 4. – Kanton, Schutzorganisationen und Gemeinde gemeinsam, 12 (2000), Ausgabe 2, S. 7. – Berechtigte Hoffnungen für das Naturschutzgebiet «Frauenwinkel», 12 (2000), Ausgabe 3, S. 2–3. – Masterplan «Frauenwinkel» auf guten Wegen, 12 (2000), Ausgabe 4, S. 8–9. – «Masterplan Frauenwinkel» – ein historischer Schritt!, 13 (2001), Ausgabe 1, S. 2–3. – Der Holzsteg – ein Jahrhunderwerk, 13 (2001), Ausgabe 2, S. 5. – Neue Naturschutzverordnung harzt, aber sie muss kommen!, 13 (2001), Ausgabe 3, S. 5. – Eine Stiftung für das Naturschutzgebiet «Frauenwinkel», 14 (2002), Ausgabe 1, S. 2–3. Vgl. dazu Rita Marty, Werner Herrmann: Gemeinderat, Vizepräsident, Unternehmer, Stiftungsrat, 14 (2002), Ausgabe 1, S. 28. – Erster Medienauftritt der Stiftung Frauenwinkel, 14 (2002), Ausgabe 2, S. 9.

Res Knobel: «Frauenwinkel» 1976 bis 2002 – Text Seiten 159–169.

1 Wie viel Schutz für den Frauenwinkel? Eine Naturoase unter zunehmendem Nutzungsdruck, in: NZZ, 13.5.2002, Nr. 108, S. 31.

Vorbemerkung: Der Wanderer – Text Seiten 170–179.

1 Hans Erhard Escher, Beschreibung des Zürich-Sees, Zürich 1692, Neudruck Zürich 1980. – Leo Weisz, Zürichsee-Beschreibungen aus dem 17. und 18. Jahrhundert, in: JbZ 1936, S. 86–103. – Zürichsee-Lieder, gesammelt und ausgewählt von Oskar Frei, Wädenswil 1938. – Dichter und Denker erzählen von zürcherischer Landschaft, in: Paul Gysin, Eduard Imhof, Zürich, Vorhof der Alpen. Festgabe zum 100jährigen Bestehen der Sektion Uto SAC 1863 bis 1963, Zürich 1963, S. 15–39. – Siehe auch die Literaturzusammenstellungen in Rebsamen/Renfer wie Anm. 2; Binder 1937 wie Anm. 4; Bussmann 1979 und Ziegler 1999, wie Anm. 5.

2 Prospect von Statt und Zürich See. Nach der Natur gezeichnet von Johann Jakob Hofmann, Maler. Ansichten der Stadt Zürich und der Orte am Zürichsee 1771–1772, Kommentarband von Hanspeter Rebsamen und Christian Renfer zur Faksimileausgabe der 61 Originalblätter aus Privatbesitz, Zürich 1995. – Paul Pfenninger, Die Zürichsee-Stiche, verlegt von Joh. Hofmeister, in: JbZ 1956–1957, S. 91–115, und JbZ 1958–1959, S. 134–161. – Der Zürichsee. 34 Ansichten nach den 1794 bei Johannes Hofmeister erschienen kolorierten Stichen von Heinrich Brupbacher, hg. von Conrad Ulrich, Zürich 1966, 2. Aufl. 1976. – Der Zürichsee (Städtebilder und Landschaften aus aller Welt No. 19/20). Mit 43 Illustrationen und 3 Karten, Zürich, Verlag von Cäsar Schmidt, 1887. Faksimile-Neuausgabe Zürich 1978. – Gottlieb Binder, Der Zürichsee (Reihe Europäische Wanderbilder Nrn. 289–293), Zürich, Druck und Verlag: Art. Institut Orell Füssli, 1912. Vgl. Anm. 3.

3 Gottlieb Binder, Kilchberg (Die Kirche, Das Landgut Dr. C. Schellers, Das Landhaus Conrad Ferdinand Meyers, in: JbZ 1943/44, S. 173–186. – Walter Dünki, Ehrung des Kilchberger Gemeindechronisten. Gottlieb Binder, Ansprache am 2.5.1954 in der Kirche von Kilchberg anlässlich seiner Ernennung zum Ehrenbürger der Gemeinde, in: JbZ 1954–1955, S. 155–159. – Werke von G. Binder: vgl. Anm. 2 und 4 sowie: Das alte Kilchberg, Kilchberg 1911; Kilchberg im Wandel der Jahrhunderte, Kilchberg 1922; Altzürcherische Familiensitze als Stätten der Erinnerung, Erlenbach-Zürich 1930; Das Albisgebiet in Lebensbildern, Erlenbach-Zürich 1932; Zur Kulturgeschichte des Limmattals, Erlenbach-Zürich 1934; Geschichte der Gemeinde Kilchberg, 2. Auflage, Kilchberg 1948.

4 Gottlieb Binder, Zur Kulturgeschichte des Zürichsees, Erlenbach ZH 1937, Vorwort, S. 1.

5 Beispiele (Auswahl): Vom Zürichsee. Gesicht, Gestalten, Geschehen, Vorwort und Auswahl von Fritz Hunziker, Verlag Th. Gut & Co, Stäfa/Zürich 1955 (Zum Andenken an Theodor Gut (I)). – Erwin Jaeckle, ABC vom Zürichsee, Zeichnungen von Hanny Fries, Zürich 1956. – Der Zürichsee und seine Nachbarseen, Zürich 1979. Mit Lit.verz.. Autoren: Christian Bussmann, René Hantke, Ulrich Ruoff, Ferdinand Schanz, Max Schüepp, Eugen A. Thomas, Heidi Vicentini, Jakob Walter, Peter Ziegler, Vorwort von R. Pedroli, Direktor des Bundesamtes für Umweltschutz. – Albert Hauser, Alte Volkskunst am Zürichsee, Zürich 1992. – Peter Ziegler, Kulturraum Zürichsee. 5000 Jahre Geschichte in Bildern und Dokumenten. Mit einem Vorwort von Ulrich Gut (I), Stäfa, Th. Gut Verlag, 1998, mit Lit.verz. – Peter Ziegler, Leben am Zürichsee, Illustrationen (Fotos) von Reto Schneider. Mit einem Vorwort von Ulrich Gut (I), Stäfa, Th. Gut Verlag 1999. Mit Lit.verz.

6 Zürichseeufer 75, Zitate S. 138, 144, 153.

7 Das Fazit eines Bundesgerichtsurteils zur Seeuferfrage: Für «wertloses Land» Millionen verlocht? (Bundesgerichtsurteil 1976 zum Streitfall Gemeinde Männedorf gegen Privat betr. Entschädigung für ein Seeufergrundstück), Volksrecht, Zürich, 5.12.1977. – Felix Thurner, Seeweg am linken Ufer fertig geplant – die ersten Rekurse sind schon da, in: TA, 14.9.1988, S. 17. – Felix Thurner, Wo kein Wille ist, da ist auch kein Weg. Auf Wanderwegsuche am rechten Seeufer von Rapperswil nach Zürich, in: TA, 2.11.1990, S. 25. – Peter Meier, Der Zürichseeweg – Trottoir-Idylle mit teilweisem Seeanstoss. Fehlender Realisierungswille beim Kanton und bei den rechtsufrigen Seegemeinden, in: NZZ, 25.8.1999, Nr. 196, S. 45.

8 Walter Appenzeller, Auf Wanderwegen rund um den Zürichsee, hg. von den Zürcher Wanderwegen (ZAW), Zürich, Verlag Neue Zürcher Zeitung, 1997, 3. überarbeitete Auflage 1999. Der Autor dankt im Vorwort «meiner Frau Elisabeth, die mich auf meinen Wanderungen begleitet und die Texte kritisch durchleuchtet hat», sowie dem Geschäftsführer der ZAE, Alfred Dübendorfer.

9 Wanderkarte Kanton Zürich, Blatt Süd, 1:50 000, Tösstal/Zürcher Oberland/Pfannenstiel/Zürichsee/Sihltal/Albis/Knonaueramt. Hg. unter Mitarbeit der Zürcher Wanderwege ZAW, Orell Füssli Kartographie AG, Zürich 1997, 13. Auflage, auf der Basis der Landeskarte der Schweiz, Bundesamt für Landestopografie, Wabern 1994. Wanderwege sind rot, Postautolinien gelb eingetragen.

10 Beiträge von Johann Jakob Ess in den JbZ: Wanderwege am Zürichsee, in: JbZ 1942, S. 67–71. – Zürcher und Schweizer Wanderwege, in: JbZ 1946/47, S. 228–240. – Der Strandweg Rapperswil–Busskirch. Erreichtes und Erstrebtes. Mit Handzeichnungen von (Architekt) R(obert) Walcher, Rapperswil, in: JbZ 1948/49, S. 247–255. – Der Strandweg Rapperswil–Busskirch–Schmerikon II. Erreichtes und Erstrebtes. Mit Karte und Handzeichnungen von R. Walcher, Rapperswil, in JbZ 1950/51, S. 199–208.

11 Ess 1948/49, wie Anm. 10, S. 248–250. – Zur Landanlagenpolitik vgl. auch Ernst F. Burckhardt, Landschaftsschutz am Zürichsee (Auf Grund einer Untersuchung der Regionalplangruppe Zürich), in: JbZ 1944/45, S. 3–26, v.a. S. 6 ff.

12 Ess 1946/47, wie Anm. 10, S. 228.

13 Die Medizinische Fakultät der Universität Zürich verlieh Ess 1962 die Würde des Ehrendoktors als Förderer der Volksgesundheit. 1978 wurde für ihn an dem auf seinen Namen getauften Panoramaweg am Südrand des Pfannenstiel-Waldes ob Meilen eine Gedenktafel an einem Findling (Sernifit) angebracht. – Zu J. J. Ess vgl. Ein Jubilar: (zum 70. Geburtstag), NZZ, 5.11.1959, Nr. 3372; Ehrenabend für Dr.h.c. Johann Jakob Ess in Meilen, ZSZ, 12.5.1962, Nr. 111; Die TAT besucht Dr. h.c. J. J. Ess, TAT, 1963, Nr. 153, S. 6; G., Dr. h.c. J. J. Ess, Meilen, gestorben, ZSZ, 14.9.1968; Ernst Furrer, Dr. h.c. Johann Jakob Ess †, NZZ, 16.9.1968; J. H. Freytag, Zum Gedenken an Dr. h.c. J. J. Ess, Genossenschaft, 26.10.1968; «Jakob Ess – sein Name wird in Meilens Dorfgeschichte eingehen. Enthüllung eines Gedenksteines am Jakob-Ess-Weg, ZSZ, 18.9.1978, Nr. 216. – Publikationen J. J. Ess: Der Automobilist als Wanderer, Zürich, NZZ 1959; Wanderungen im Tessin, Zürich, NZZ; Auf Wanderwegen im Zürcher Unterland, Rafzerfeld, Weinland, Zürich, NZZ; Auf froher Fahrt; Natur- und Landschaftsschutz in Meilen, Erreichtes und Erstrebtes, in: Heimatbuch Meilen 1962. Vgl. Anm. 10. – Vgl. auch Emil Erb, Auf Wanderwegen rund um Zürich, Zürich, um 1945. Besprechung von J.J. Ess, in: JbZ 1944/45, S. 47–48. Ess zitiert dabei Seume, vgl. Anm. 31: «Es ginge manches besser, wenn man mehr ginge.»

14 Ess 1946/47, wie Anm. 10, S. 236: «Deutschland ging schon zu Beginn des Jahrhunderts mit der planmässigen Markierung des Schwarzwaldgebietes voran. Die nationalsozialistische Regierung fügte ihren Grossraumplänen auch den Wanderweg von Hamburg an den Bodensee ein; in die Arbeit an einem 1000 km langen durchgehenden Weg von der Saar über Mitteldeutschland bis Schlesien teilten sich über 100 Verkehrsverbände.»

15 Ess 1948/49 wie Anm. 10, S. 247. – Auch Balsiger bezog sich auf Gessner, vgl. S. 59.

16 Ess 1946/47, wie Anm. 10, S. 229.

17 Bundesbeschluss vom 6.10.1978 über Fuss- und Wanderwege (Gegenvorschlag der Bundesversammlung zur Volksinitiative «zur Förderung der Fuss- und Wanderwege», die zugunsten dieses Beschlusses zurückgezogen wurde), als Art. 37 quater in die Bundesverfassung aufgenommen in der Volksabstimmung vom 18.2.1979: «1 Der Bund stellt Grundsätze auf für Fuss- und Wanderwegnetze. 2 Anlage und Erhaltung von Fuss- und Wanderwegnetzen sind Sache der Kantone. Der Bund kann ihre Tätigkeiten unterstützen und koordinieren. 3 In Erfüllung seiner Aufgaben nimmt der Bund auf Fuss- und Wanderwegnetze Rücksicht und ersetzt Wege, die er aufheben muss. 4 Bund und Kantone arbeiten mit privaten Organisationen zusammen.» Als Art. 88 sprachlich überarbeitet in die neue Bundesverfassung vom 18.4.1999 aufgenommen, wobei der Abschnitt 4 wegfiel! – Vgl. Ursula Rausch, Eidg. Volksabstimmung vom

18. Februar. Artikel 37 quater führt auf den richtigen Weg, in: NZZ, 3./4.2.1979, Nr. 28, S. 35.

18 Siehe Ess 1959, wie Anm. 13.

19 Hanspeter Rebsamen, Stadt und Städtebau in der Schweiz 1850–1920, in: INSA 1 (1984), S. 70–73. – Zu Corbusier siehe Hanno-Walter Kruft, Geschichte der Architekturtheorie. Von der Antike bis zur Gegenwart, München 1986, S. 456–464.

20 Theodor Gut (II), Ernst Wiechert in Ürikon, † 24. August 1950, in: JbZ 1951/52, S. 257–262. Zitat S. 260: Wiechert stellte «sich dem Nationalsozialismus entgegen und kam dafür 1938 ein paar Monate ins Konzentrationslager. Sieben weitere Jahre lang konnte er keinen Tag sicher sein, wann er wieder geholt werde. Und trotzdem blieb er in Deutschland.» – Vgl. auch in den Jb der Ritterhaus-Vereinigung Ürikon-Stäfa: 1962, S. 9–10 (Ernst Wiechert, Das letzte Haus); 1973/74, S. 18–27 (Marthe Schärer-Koch, Vor 25 Jahren kam Ernst Wiechert nach Ürikon. Aus seinem Leben); do., S. 28–33 (Arnold Egli, Ernst Wiecherts Stäfner Rede 1947); do., S. 34–35 (Werner F. Kunz, Ernst Wiechert und die Weihnachtskrippe); 1976, S. 38–40 (Matthias Hohl, Auf der Suche nach Ernst Wiecherts Geburtsstätte).

21 Johann Wolfgang Goethe, Schweizer Reisen, München 1962, S. 191 (dtv Gesamtausgabe 28).

22 Hermann Hiltbrunner, Die Landschaft der Halbinsel Hurden, in: Jb 6 (1932), S. 45–53. Zitat S. 45. – Vgl. auch: Hermann Hiltbrunner, Die Heimat des Zürichsee-Bauern, in: JbZ 1940/41, S. 97–113, v.a. S. 107.

23 Emil Egli, Bau und Bild des Zürcherlandes, in: NS 1939, S. 55–81. Abb. 6: Grösste Ausdehnung und Rückzugsstadien der letzten Vergletscherung zwischen Reuss und Untersee, Zeichnung von Walter Höhn (S. 69). Vgl. auch JbZ 1946/47, S. 38.

24 Ernst F. Burckhardt, Landschaftsschutz am Zürichsee (Auf Grund einer Untersuchung der Regionalplangruppe Zürich), in: JbZ 1944/45, S. 3–26. Abb. 11: Einzugsgebiet der Bachläufe (S. 19).

25 Emil Stauber, Der Burgenkranz am Zürichsee, in: JbZ 1948/49, S. 181–198. JbZ 1949/50, S. 133–149. JbZ 1950/51, S. 95–111. – Stauber hat viele solcher Türme an den Seeufern und Hügelübergängen lokalisiert, so in Erdbrust-Wolishofen, Käpfnach, Richterswil (Weiherhaus im Dorf, Gerlisberg, Hürschen), Itschnach, Herrliberg, Männedorf, Stäfa (Ötikon. Ebnet, Ützikon, Ürikon), Schirmensee.

26 Fritz Deringer, Alte Landstrasse bei Meilen, Vierfarbendruck, nach einem Gemälde, in: Jb 8 (1934), vor S. 5, S. 73. – Hermann Hiltbrunner, Im Juli seines Lebens. Zum Tode Fritz Deringers, in: JbZ 1951/52, 249–253. (S. 250: «Das Ungewaltsame der grossen Einfühlungskunst Fritz Deringers kann nur durch ein leises, jedoch eindringliches Lied gelobt werden. (...) Wage ich es aber, Fritz Deringers Kunst einem leisen Liede zu vergleichen, sie als Kunst der Stimmung, als Ausdruck einer lyrischen Grundstimmung zu bezeichnen, dann erreiche ich jenen innern Ort, um dessen willen ich diese Betrachtung überhaupt schrieb. (...) Fritz Deringer war von früher Jugend auf infolge einer Wirbelentzündung (Spondylitis) an den Beinen gelähmt. Er hat also die Welt von seinem Fahrstuhl aus erlebt, und er ist nicht müde geworden, seine Gegenstände mittels eines Kleinautos aufzusuchen. Das alles sagt sich ebenso leicht, wie es für einen Gesunden schwer ist, sich den Alltag eines solcherweise Gelähmten vorzustellen.») – Fritz Deringer, Uetikon, Antwort auf die Umfrage «Unsere Maler und der See», in: JbZ 1951/52, S. 40–41. – Vgl. Fritz Deringer. Maler und Zeichner. Beiträge von Robert K. Schneider, Emil Egli, Hans Reutimann, Karl Schölly, Verlag Th. Gut + Co., 8712 Stäfa 1975. – Zu Deringer vgl. auch Jb 8 (1934), S. 73. – Fritz Deringer, Am Obersee, Gemälde, in: JbZ 1936, S. 1 (Vierfarbendruck).

27 Weisz 1936, wie Anm. 1, Abb. nach S. 88. – Siehe auch: Zürich um 1770. Johann Balthasar Bullingers Stadtansichten, hg. von Conrad Ulrich, Zürich 1967.

28 Fritz Boscovits und Mitarbeiter, Unsere Maler und der See, in: JbZ 1951/52, S. 37–60. Die Redaktion richtete an eine Anzahl Maler eine (von Hermann Balsiger formulierte?) Zuschrift. Es antworteten: Fritz Boscovits, Zollikon; Arnold Bosshard, Zürich; Fritz Deringer, Uetikon †; Paul Haldimann, Wädenswil; Karl Hosch, Oberrieden; Karl Hügin, Bassersdorf; Karl Iten, Hütten; Eugen Meister, Zürich; Albert Pfister, Erlenbach; J. R. Schellenberg, Hütten; Heini Waser, Zollikon; August Weber, Zürich; Hugo Wiesmann, Oberrieden; Fritz Zbinden, Horgen; Eugen Zeller, Feldmeilen.

29 Zum Verhältnis Balsigers zur Bildhauerei vgl. S. 285, Anm. 86.

30 Albin Zollinger, Gesammelte Werke: Pfannenstiel, Bohnenblust, Romane, Zürich 1961, 3. Aufl. 1973. – Huonker 1985, S. 108–113, 121, 135.

31 J. G. Seume, Der Spaziergang nach Syrakus im Jahre 1802 (1803) etc.

32 Huonker 1985, S. 123–125.

33 Eduard Imhof (1895–1986), von Fahrni BE, war 1925 bis 1965 Professor für Plan- und Kartenzeichnen, Topographie und Kartographie an der ETHZ. – Imhof publizierte 1944 im Atlantis-Verlag, Zürich, eine Faksimileausgabe des Gygerplans des Kantons Zürich von 1667, der in seiner Blau- und Grün-Farbigkeit als ein Vorläufer der Imhof-Karten erscheint! Vgl. JbZ 1948/49, S. 61.

34 Fotografen des Sees (Auswahl): Rudolf Pestalozzi, Zürichsee, Aus meinem Leica-Skizzenbuch, 1945. – Zürichsee, Fotografien von Ernst Liniger (1941–1992), Mitarbeit: Gerda Liniger, Ernst Mühlheim, Edward Schwarz, Peter Ziegler, Th. Gut & Co. Verlag, Stäfa 1995. Mit biographischem Abriss über Liniger. – Zürichsee-Impressionen. Photographien von Klaus Pichler; Pfäffikon SZ 2001 (Privatdruck zum 25-jährigen Jubiläum der Firma Feusi + Partner, Architekten, Planer). Klaus Pichler, geb. 1942 in Prag, lebt seit 1986 in Lachen SZ.

35 Hermann Hiltbrunner, Die Landschaft der Halbinsel Hurden, In: Jb 6 (1932), S. 45–53. – Hermann Hiltbrunner, Der Zürichsee im Raum und in der Zeit, in: H. H., Der Zürichsee in lyrischen Blättern, Zürich 1934. Wiederabdruck in: Die Schweiz in Lebensbildern. Bd. 5 Zürich. Ein Lesebuch zur Heimatkunde für Schweizerschulen, hg. von Hans Wälti, Aarau 1936, S. 10–19. – Vgl. auch: Hermann Hiltbrunner, Die Heimat des Zürichsee-Bauern, in: JbZ 1940/41, S. 97–113, v.a. S. 110–111.

36 Prof. Dr. René Hantke, Zur erdgeschichtlichen Entstehung der Zürcher Seenlandschaft und des Walensees, in: Der Zürichsee und seine Nachbarseen, Zürich 1979 (vgl. Anm. 5), S. 11–34, Karte S. 13.

Von Richterswil um den Obersee nach Stäfa – Text Seiten 180–213.

1 Walter Knopfli, Heinrich Labhart, Vorschläge zur Erhaltung der landschaftlichen und biologischen Eigenarten des Obersees und der angrenzenden Partien des Zürichsees. Schutzwürdigkeit des Obersees und der angrenzenden Partien des Zürichsees, Zürich, im Mai

1961, Typoskript. Exemplar im Besitz von Rolf Leuzinger, dipl. Arch. ETH/SIA, Pfäffikon SZ, Sohn von VSLZ-Vorstandsmitglied Walter Leuzinger. Wir danken Herrn Leuzinger für die freundliche leihweise Überlassung des Dokuments.

Der Bericht enthält folgende Teile: Einleitende Bemerkungen (S. 2–6), I Die Verbundenheit des Menschen zu unseren Seen (S. 8–10), II Unterer und mittlerer Zürichsee-Abschnitt (S. 10–13), III Oberer Zürichsee-Abschnitt und Obersee (S. 13–15), IV Vorschlag eines ideellen Zonenplanes für die unter III erwähnten Gebiete. (A Die einzelnen Zonen S. 15–26; B Was muss durch die Unterschutzstellungen erreicht werden? S. 26–38, a Reservate und Schongebiete, b Erholungsgebiet für die Bevölkerung, c Landschaftliche Rücksichtsnahme bei baulichen Eingriffen; C Die einzelnen Gebietsabschnitte S. 38–54); V Zusammenfassung und Anregungen (S. 55–60); Anhang I Vorschlag zu einer Verordnung zum Schutze des Obersees und der angrenzenden Partien des Zürichsees (S. 60–64); Anhang II Zeitangaben geschichtlicher Ereignisse (nach Örtlichkeiten, S. 65–69, benutzt wurden HBLS, JbZ und Jb RVÜS); VI Sachregister (S.73–82). Beilagen: Foto-Dokumentation (Aufnahmen der Fotoabteilung beim Hochbauamt des Kantons Zürich) und Plan mit vier farbig differenzierten Schutzzonen (Grundlage: Siegfriedkarte 1:25 000, mit Ergänzungen). Nach handschriftlicher Notiz auf S. 6 wurde der Bericht am 10.4.1958 abgeliefert, die Einleitenden Bemerkungen offenbar erst im Mai 1961 vorangesetzt.

2 Zitate aus Vorschläge, wie Anm. 1, Einleitende Bemerkungen, S. 2–6.

3 Ernst Braendlin, Die Stadt und der Obersee, in JbZ 1942, S. 54–57. – Eduard Ammann, Bagger- und Kieswaschbetriebe im Obersee in ihren Beziehungen zu den Schutzbestrebungen am See, in: JbZ 1956–1957, S. 217–228. – Vgl. auch Jb 15/16 (1941/42), S. 4–5 (Forderungen des VSLZ betr. Kiesabbau); Jb 17 (1943), S. 9: Nuolen.; Jb 20 (1946, S. 10). – Der VSLZ bekämpfte schon 1933 die Verladeanlage Obermeilen der Kieswerke Tiefenbrunnen AG in Zürich: Jb 1933, S. 55–58. – Zum Durchstich durch die Hurdener Landzunge (der ebenfalls zur Kiesgewinnung genutzt wurde) vgl. J. Meier, dipl. Ing., Lachen, Seedamm-Umbau bei Rapperswil, in: JbZ 1939/40, S. 19–25. – Vgl. Hilde Welti und eine Arbeitsgemeinschaft der Kantonsschule Zürcher Oberland (Hg.), Ledischiffe auf dem Zürichsee, Stäfa, Th. Gut & Co. Verlag 1981 (3. ergänzte Auflage). Autoren: Martin Altwegg, Urs Dietler, Peter Frikart, Albert Leemann, Hans Markus Röthlisberger, Rudolf Schwarzenbach, Hilde Welti-Gut, Fotografien von Martin Altwegg, Urs Dietler und Ernst Liniger. (Mit einem Neudruck von Hans Hasler, Alti Bilder vom Zürisee. Schiff und Schifflüt, Zeichnungen von Hans Witzig, Stäfa 1936. Beilage: Linth-Schifffahrts- und Reckerordnung 1876, Faksimile-Neudruck). – Kaspar Michel, Die Lastschifffahrt auf dem Zürichsee. Aus der Geschichte des Warentransports auf dem Wasserweg (Schwyzer Hefte, Bd. 73, hg. von der Kulturkommission Kanton Schwyz), Schwyz 1999. Mit. Lit. verz. – Sandstein- und Kiesabbau, in: Ziegler/Schneider 1999, S. 78–79. – Dem 1887 gegründeten Verband der Motorlastschiff-Besitzer am Zürichsee gehören an: die Firma KIBAG Bäch, Johann Müller AG Schmerikon und die Steinbrüche J. & A. Kuster in Freienbach an, früher auch die nun aufgehobene Steinfabrik am Zürichsee in Pfäffikon.

4 Welti 1981, wie Anm. 3, S. 48–50.

5 Schwyzer Panda 12 (2000), Ausgabe 2, S. 5. – Michel 1999, wie Anm. 3, S. 23, 29, 32, 35. – Vgl. Welti 1981, wie Anm. 3, S. 34–36. – Die Geschäftsentwicklung der KIBAG-Gruppe, Wetzikon 1993.

6 Michel 1999, wie Anm. 3, S. 37–39. – Vgl. Welti 1981, wie Anm. 3, S. 36. – Ziegler/Schneider 1999, S. 42–43. – Hans Rathgeb, 50 Jahre Johann Müller AG Schmerikon 1929–1979, Schmerikon 1979. – Hedi Spirig, 60 Jahre Johann Müller AG Schmerikon 1929–1989, Rapperswil 1989.

7 Knopfli/Labhart 1961, wie Anm. 1, Zitate S. 8–10.

8 Knopfli/Labhart 1961, wie Anm. 1, Zitat S. 11–12.

9 Heinrich Schiess, Adetswil, Gedanken zum Naturschutz an Zürich- und Obersee, in: Jb 1978, S. 11–37. Schiess nahm 1975/67 im Rahmen einer Diplomarbeit am Zoologischen Institut der Universität Zürich ein Inventar aller Schilfbestände von Zürich- und Obersee auf. Es enthält 212 einzelne Schilfröhrichte. Die Nummern auf dem abgebildeten Plan entsprechen diesem Inventar.

10 Eugen A. Thomas, Probleme der Zürcher Limnologie (Binnengewässerkunde), in: Jb 1982, S. 16–31. – Ferdinand Schanz, Der Zürichsee: Einzugsgebiet, Seebecken und Lebensgemeinschaften (Ufer- und Freiwasserzone), in: Jb 1982, S. 32–47. – Vgl. Ferdinand Schanz, Blütenpflanzen und Algen der Seeufer, in Zürichsee 1979, S. 87–112 (mit ausführlicher Darstellung des Schilfgürtels und der Folgen der Gewässerverschmutzung).

11 Knopfli/Labhart 1961, wie Anm. 1, Zitat S. 14.

12 Inventar der zu erhaltenden Landschaften und Naturdenkmäler von nationaler Bedeutung, erstellt im Auftrage des Schweizerischen Bundes für Naturschutz, der Schweizerischen Vereinigung für Heimatschutz und des Schweizer Alpenclubs von der hiezu bestellten Kommission (KLN) 1959–1967 und von den drei Verbänden zur Forderung erhoben am 4. Mai 1963 und am 18. November 1967. Ringhefter, zweite, revidierte Ausgabe 1967 (Erste Ausgabe 1963, photomechanische Neuauflage 1972). – Im Artikel 5 des Bundesgesetzes über den Natur- und Heimatschutz vom 5.7.1966 sind solche Inventare vorgesehen. Das genannte Inventar, in der Folge als KLN-Inventar bezeichnet, in der Praxis der Bundes- und kantonalen Behörden bereits stellvertretend verwendet, wurde am 30.4.1968 dem Bundesrat eingereicht. In überarbeiteter und ergänzter Form (u.a. neue Numerierung) wurde es durch die Verordnung des Bundesrates vom 10.8.1977 in Kraft gesetzt und ebenfalls als Ringhefter publiziert unter dem Titel: Bundesinventar der Landschaften und Naturdenkmäler von nationaler Bedeutung, Eidg. Oberforstinspektorat, Abteilung Natur- und Heimatschutz, Bern 1977. Dieses BLN-Inventar enthält 65 Objekte, die mit roten Perimeterlinien auf hellgrau gedruckten Landeskartenausschnitten genau gekennzeichnet sind. Mit Beschlüssen des Bundesrates wurden 1983, 1996 und 1997 weitere Objekte aufgenommen (heute sind es total 161) und die entsprechenden Blätter zur Einfügung in den Ringordner nachgeliefert. Das BLN-Inventar ist eine verbindliche Richtlinie für die Bundesinstanzen, in empfehlendem Sinne richtete es sich auch an die Kantons- und Gemeindebehörden. Die Schweiz ist in 10 Regionen eingeteilt (numeriert von 10 bis 19), die Einzelobjekte führen die Regionsnummer, denen die Nummern 01 etc. nachgestellt sind. Die Trennlinie zwischen den Regionen 13 (Zentrales Mittelland) und 14 (Nördliches und östliches Mittelland) verläuft durch die Zürichseegegend, welche somit beiden angehört. In ihrem Einzugsgebiet liegen die Objekte 1405 (Frauenwinkel–Ufenau–Lützelau), 1406 (Nuolener

Ried), 1417 (Lützelsee–Seeweidsee–Uetziker Riet), 1419 (Pfluegstein ob Erlenbach), 1306 (Albiskette–Reppischtal), 1307 (Glaziallandschaft zwischen Lorzentobel und Sihl mit Höhronenkette), 1308 (Moorlandschaft Rothenthurm–Altmatt–Biberbrugg).

13 Jb 7 (1933), S. 35–42, Seedamm-Angelegenheit. – «Vorschlag zu einem Übereinkommen der Kantone St. Gallen, Schwyz und Zürich über den Schutz der Natur und des Landschaftsbildes am Zürichsee, 18. Juni 1933.» StAZ III Ei 1.1c.

14 Freundliche Mitteilung von alt VSLZ-Präsident Fritz Maurer am 22.7.2002.

15 Neue BLN-Fassung gemäss Beschluss des Bundesrates vom 15.12.1997. Objekt Nr. 1406, revidiert 1996. Vgl. Anm. 12.

16 Knopfli/Labhart 1961, wie Anm. 1, S. 17.

17 Knopfli/Labhart 1961, wie Anm. 1, S. 17–21.

18 Knopfli/Labhart 1961, wie Anm. 1, S. 22.

19 Knopfli/Labhart 1961, wie Anm. 1, S. 22.

20 Knopfli/Labhart 1961, wie Anm. 1, S. 23.

21 Knopfli/Labhart 1961, wie Anm. 1, S. 23–24.

22 Zürichseeufer 75, S. 109–110. – 13. BerZD 1991–1994, Zürich und Egg 1998, S. 268–273. – Chronologie Vorstandstätigkeit Beat Hauser 1972–2002, Typoskript 2002, Archiv ZSL.

23 Zürichseeufer 75, S. 106–111. – Richterswil, Beispiel für eine mustergültige Schutzverwirklichung, in: Jb 49 (1975), S. 16–27. – Zu der dafür geopferten Altbausubstanz siehe hingegen: 11. BerZD 1983–1986, Zürich 1995, S. 396–411. – Zur Bahnhofrestaurierung und zur Restaurierung der Villa Steinburg bzw. zur Postüberbauung vgl. 12. BerZD 1987–1990. Zürich und Egg 1997, S. 260–269. – Zur Vorgeschichte der Entwicklung seit 1975 siehe Arnold Kasper, Richterswil, in: JbZ 1958–1959, S. 330–338; 1960–1961, S. 283–290, 1962–1963, S. 291–301; 1964–1966, S. 372–380.

24 Gleichzeitig war der Seeweg Wädenswil–Au, ebenfalls beim Bau des 2. Gleises angelegt worden, der schon damals bis Horgen–Käpfnach weitergeführt werden sollte (vgl. S. 270, Anm. 57). In der Folge wurde schrittweise der Seeweg Pfäffikon–Altendorf verwirklicht. Jb 4 (1930), S. 187. Jb 5 (1931), S. 9–10. Jb 7 (1933), S. 51–52. – Strandweg Pfäffikon–Lachen (Bericht von Walter Leuzinger über den Planungsstand), in: JbZ 1940/41, S. 114–116. – Walter Leuzinger, Der Strandweg von Richterswil nach Bäch, in: JbZ 1958–1959, S. 326–327. – Zürichseeufer 75, S. 104.

25 Walter Leuzinger, Freienbach (Strandweg Richterswil–Bäch, Bäch, Freienbach), in JbZ 1958–1959, S. 326–330. – Jb 64 (1990), S. 32–33. – Vgl. K. R., «Vermögende sind ausserordentlich mobil». Steuergünstiges Freienbach als Magnet für Wohlhabende, in: NZZ, 3.11.1997, Nr. 255, S. 33. – Margrit Sprecher, Klein-Hollywood. Augenschein in Wollerau, dem Dorf mit den tiefsten Steueransätzen der Schweiz für hohe Einkommen. Ein Paradies für Millionäre und Architekten, die, ohne ans Geld denken zu müssen, hoch über dem Zürichsee den Traum vom Leben in Luxus zu Beton werden lassen, in: Weltwoche, 4.9.1997, Nr. 36, S. 88.

26 Bilderbogen vom Zürichsee, zusammengestellt und erläutert von Peter Meyer, in: JbZ 1954–1955, S. 70–83.

27 Robert Venturi, Complexity and Contradiction in Architecture, New York, The Museum of Modern Art, 1966. Deutsche Ausgabe: Komplexität und Widerspruch in der Architektur, Berlin (Bauwelt Fundamente 50) 1978. – Robert Venturi, Denise Scott Brown, Steven Izenour, Learning from Las Vegas, Cambridge, Mass./London. MIT Press, 1972, 1977.

28 Stanislaus von Moos, Las Vegas oder Die Renaissance des Futurismus, in: NZZ, 23.9.1973, Nr. 440, S. 53, überarbeitet und ergänzt wieder abgedruckt: S. v. M., Las Vegas et caetera. Bemerkungen zur Theorie und zum Schaffen von Robert Venturi und Denise Scott Brown, in: archithese, Nr. 13, Niederteufen 1975, S. 5–16; dort auch S. 17–26: S. v. M., Lachen, um nicht zu weinen. Interwiew mit Robert Venturi und Denise Scott Brown. – Ferner: S. v. M., Von den Mucken des «Alltags». A propos von Venturi and Rauch, in: Venturi and Rauch. Architektur im Alltag Amerikas, Ausstellungskatalog Kunstgewerbemuseum Zürich 1979, Wegleitung Nr. 327. S. 11–19; dort auch S. 20–36: Robert Venturi, Eine Definition von Architektur als Gehäuse mit Architektur darauf und ein weiteres Plädoyer für eine Symbolik des Gewöhnlichen in der Architektur (A Definition of Architecture as Shelter with Decoration on It, and Another Plea for a Simbolism of the Ordinary in Architecture,1978. Übersetzung von Urs Eggenschwiler).

29 Margit Weinberg-Staber, Lernen von Venturi, in: Ausstellungskatalog Zürich 1979, wie Anm. 27, S. 7–10. Stanislaus von Moos do. S. 16.

30 Venturi, im Ausstellungskatalog Zürich 1979, wie Anm. 27, S. 20, 24, 29–30, 36.

31 Guido Magnaguagno, Architektur aus den Verwicklungen des Lebens. «Venturi and Rauch» – Architektur im Alltag Amerikas im Zürcher Kunstgewerbemuseum, in: TA 27.9.1979, S. 29. – Vgl. auch Clemens Klemmer, Komplexität und Widerspruch. Zum 70. Geburtstag des US-Architekten Robert Venturi, in: NZZ 24./25.6.1995, Nr. 144, S. 45.

32 Zur Zeit wird das Inventar der Naturdenkmäler (Geotop-Inventar) unter der Leitung von Dr. René Hantke, Prof. am Geologischen Institut der ETHZ, angelegt, in dem auch die aufgelassenen Steinbrüche von Bäch figurieren. – Vgl. Rebsamen/Renfer 1995, S. 165–166.

33 Gertrud und Paul Wyrsch-Ineichen, Geschichte der Korporation Hofleute zu Pfäffikon, Pfäffikon 1998.

34 Knopfli/Labhart 1961, wie Anm. 1, S. 24, vgl. S. 58, Punkte 21, 27 und 28.

35 Robert Venturi in Ausstellungskatalog Zürich 1979, wie Anm. 28, S. 24.

36 Knopfli/Labhart 1961, S. 24–26; S. 59, Punkte 29–32; S. 62–63.

37 Knopfli/Labhart 1961, S. 26.

38 Knopfli/Labhart 1961, S. 55, Punkt 8.

39 Knopfli/Labhart 1961, S. 31.

40 Vgl. Anm. 24. – Auf den Spuren von 25 Jahren WWF Schwyz, Schwyz 2001, Route Oberer Zürichsee.

41 Andreas Meyerhans, Interview mit Bernd Strasser, in: Schwyzer Panda 8 (1996), Ausgabe 2, S. 24. – Res Knobel, 60 Jahre – und täglich im Frondiest für Natur und Umwelt (Zum 60. Geburtstag von Bernd Strasser), in: Schwyzer Panda 11 (1999), Ausgabe 1, S. 28. Zur Gegnerschaft: Im WWF-Amphibienbiotop im Chällen in Altendorf SZ wurden «nach jahrelanger intensiver Pflege durch den WWF in einer Nacht- und Nebelaktion alle geschützten Tiere erschlagen und das Biotop zugeschüttet».

42 Zitat wie Anm. 67, S. 16. – Rita Marty, GV 25 Jahre WWF Schwyz, ein Fest in gemütlichem Rahmen, in: Schwyzer Panda 12 (2000), Ausgabe 2, S. 4–5. – Rita Marty, Auf den Spuren von 25 Jahren WWF Schwyz, in: Schwyzer Panda 13 (2001), Ausgabe 3, S. 2–3.

43 Res Knobel, In memoriam Pater Johannes Heim. Der Vater des Nuoler Riedts ist nicht mehr, in: Frosch-Blatt, Bulletin der WWF-Sektion Schwyz 3 (1991), Nr. 3, S. 3. – Eine ausführliche Würdigung Heims und seiner Naturschutztätigkeit findet sich in: Albert Jörger, Genossame Wangen. Geschichte einer Allmeindgenossenschaft in der March, Kanton Schwyz, hg. von der Genossame Wangen, Wangen 2000, S. 133–137 (Melioration und Naturschutz im Nuoler Ried). – Vgl. auch die Buchbesprechung von Walter Giger in: JbZ 1956–1957, S. 169: Vögel und Pflanzen am Zürcher Obersee (Berichte der Schwyzerischen Naturforschenden Gesellschaft, Red. Dr. P. Coelestin Merkt), Einsiedeln 1955 (?), enthält: René Hantke, Fossile Floren des Buechberges; P. Johannes Heim, Floren des Buechberges, des Nuolenerriedes und des Aahornes bei Lachen; P. Johannes Heim und Otto Appert, Die Avifauna des Nuolenerriedes und des Aahornes bei Lachen.

44 Jörger 2000, wie Anm. 43, S. 135–136; zu Kiesbaggerungen, Meliorationen, Bootsanlegestellen bzw. -häfen und Naturschutz im 20. Jahrhundert siehe Jörgers Chronologie S. 167–176 unter den Jahren 1924–1926, 1936, 1939, 1940–1949, 1963, 1967, 1972, 1976, 1977, 1978, 1979, 1980–1982, 1983, 1991, 1995, 2000.

45 P. Johannes Heim, Das Wangner Ried zwischen Nuolen und Lachen, in: JbZ 1948/49, S. 62–77. – Vgl. F. Siegfried, Von unsern Naturschutzgebieten und vom Sinn des Naturschutzes, in: JbZ 1947/48, S. 124–128. Hier wird noch von gescheiterten Verhandlungen gesprochen (S. 126–127), ebenso in Jb 20 (1946), S. 12. Vgl. auch Zeittafel: 1946.

46 P. Johannes Heim, Ein Naturschutzgebiet am Schwyzerufer des Zürichsees, in: JbZ 1949/50, S. 88–91.

47 Das Lachner Horn, in: JbZ 1950/51, S. 25–36, Zitate S. 28, 31–32.

48 P. Johannes Heim, Vergrösserung eines Naturschutzgebietes am Obersee, in: JbZ 1951/52, S. 99–100.

49 P. Johannes Heim, Die Nuolener Kiebitze, in: JbZ 1952/53, S. 72–83.

50 Jörger 2000, wie Anm. 43, S. 136. – KLN-Inventar 1963, wie Anm. 12, Objekt Nr. 2.37 Nuolener Ried; ins BLN-Inventar 1977 aufgenommen als Objekt Nr. 1406 Nuolener Ried; 1996 integriert in das Objekt Nr. 1406 Obersee.

51 P. Johannes Heim, Das Nuoler Ried, in: Jb 55 (1981), S. 27–42, Zitate S. 27, 29. – Zur Vorgeschichte der Schutzverordnung 1980 vgl. Walter Leuzinger, Rapport vom Schwyzer Ufer, JbZ 1964–1966, S. XXI, sowie ausführlich: Matthias Weber, Schwyz, Entstehung und Werdegang des Naturschutzgebietes Nuoler Ried, in Jb 58 (1984), S. 28–31. – Zum 1950 angelegten Flugplatz Franzrüti Wangen vgl. Jörger 2000, wie Anm. 43, S. 170–173.

52 Heim, wie Anm. 51, S. 34–36.

53 Res Knobel, Verbandsbeschwerde. Hochwasserschutz oder Auenschutz oder beides?, in: Schwyzer Panda 12 (2000), Ausgabe 1, S. 5. – Res Knobel, Auenschutz. Lachen: Hochwasserschutz und Auenschutz gleichzeitig, in: Schwyzer Panda 12 (2000), Ausgabe 3, S. 5.

54 Knopfli/Labhart 1961, S. 29 –30; 57, Punkt 15. – Zu den Auswirkungen des Erholungsbetriebs aufs Lachener Horn vgl. Schiess 1978, wie Anm. 9, S. 31–36.

55 Über den Zustand des Flusses vor dem Kraftwerkbau vgl. Die Wuhrpflicht an der Wägitaler Aa, in Jörger 2000, wie Anm. 43, S. 147–156. – Über das 1924 in Betrieb genommene Kraftwerk Wägital vgl. Albert Jörger, Die Kunstdenkmäler des Kantons Schwyz. Neue Ausgabe II. Der Bezirk March, Basel 1989, S. 171–172, 397–398, 478. – Dr. Kaspar Michel, Lachen, Das Lachner Horn 1954 und 1978, in unbekannte Zeitung, 31.5.2000, S. 29.

56 Arnold Kübler, Rund um den Obersee – zu Fuss, in: JbZ 1954–1955, S. 98–112, Zitate S. 110–112.

57 Res Knobel, Internationale Öko-Auszeichnungen für Golfpark Nuolen!, in: Schwyzer Panda 13 (2001), Ausgabe 4, S. 2–3. An der Projektierung und Realisierung des Golfparks waren beteiligt: Gustav Baldinger (KIBAG, Leiter, Heiner Keller (Ökobüro ANL), Steven Tierney (ökologisch ausgebildeter Greenkeeper), Res Knobel (WWF). Die Anlage soll noch erweitert werden.

58 Allee beim Bad Nuolen, in: Jb 4 (1930), S. 182–183. Jb 5 (1931), S. 6–7. Jb 15/16 (1941/42), S. 4–5.

59 Jb 59 (1985), S. 11. Jb 60 (1986), S. 12.

60 Wir mit unseren Nachbarn im Nuoler Ried. Yachthafen Kiebitz. Ein Betrieb der KIBAG-Gruppe, Inserat mit Foto, in: Schwyzer Panda 13 (2001), Ausgabe 1.

61 JbZ 1946/47, S. 239 (Seeuferweg am Buechberg, damals im Arbeitslosen-Einsatzprogramm vorgesehen). – Zürichseeufer 75, S. 90–91.

62 Res Knobel, Der WWF ist nötiger denn je!, in: Schwyzer Panda 14 (2002), Ausgabe 1.

63 Zum Tuggener See vgl. René Hantke, Zur erdgeschichtlichen Entstehung der Zürcher Seenlandschaft und des Walensees, in: Zürichsee 1979, S. 24–25.

64 P. Johannes Heim, I. Der See am Buchberg. II. Der Buchberg am See. III. Die gestaltenden Kräfte des oberen Zürichsees und des Buchberges, in: JbZ 1946/47, S. 53–56, mit Bildtabelle. – Vgl. Knopfli/Labhart 1961, S. 44.

65 Johann Jakob Ess, Der Strandweg Rapperswil–Busskirch. Erreichtes und Erstrebtes. Mit Handzeichnungen von (Architekt) R(obert) Walcher, Rapperswil, in: JbZ 1948/49, S. 247–255. – Der Strandweg Rapperswil–Busskirch–Schmerikon II. Erreichtes und Erstrebtes. Mit Karte und Handzeichnungen von R. Walcher, Rapperswil, in JbZ 1950/51, S. 199–208. – Vgl. Jb 6 (1932), S. 52–53. Jb 8 (1934), S. 5–6.

66 Steinbrüche am Buechberg, in Jörger 2000, wie Anm. 43, S. 130–131. – Vgl. auch Jb 17 (1943), S. 9; Jb 57 (1983), S. 26.

67 25 Jahre WWF Schwyz. Auf den Spuren unseres Wirkens. 7 Tipps für spannende Ausflüge im Kanton Schwyz und 1 Vision für die Zukunft, WWF Schwyz 2002, in Zusammenarbeit mit der AG Natur und Landschaft (ANL) Luzern, S. 13. – Zur Bätzimatt siehe Knopfli/Labhart 1961, S. 30, 44–45, 57. – Beiträge zur Bätzimatt (Referate anlässlich der GV 1989), in Jb 63 (1989): Max Straub, Kant. Fischerei- und Jagdverwalter, Zürich, Aktuelle Fragen in bezug auf die Wasserökologie, S. 19–22, Peter Stünzi, Dir. des Gartenbauamtes der Stadt Zürich, Die biologische Bedeutung der Bätzimatt, S. 23–25.

68 Turm und Schloss Grinau, in: Jörger 1989, wie Anm. 55, S. 434–440, Zitat S. 434.

69 Jb 10 (1936) (Sonderheft: Die Regulierung des Zürichsees und die Melioration im Linthgebiet): H. Bertschi, Die Abflussregulierung des Zürichsees, S. 7–15. Natur- und Heimatschutz zur Zürichsee-Regulierung: 1. Gutachten der NHKZ, verfasst von Prof. Dr. Heinrich Brockmann-Jerosch, S. 16–28. 2. Das Uferbild, von Albert Kölla, S. 29–34. 3. Fischerei, von Cäsar Linsi, S. 35–36. Die Vollendung des Werkes Eschers von der Linth, von Erhard Ruoss, S. 37–40. Die

Melioration der linksseitigen Linthebene, von J. Meier, S. 41–49. Vogelwelt und Reservate, von Walter Knopfli, S. 50–54. – Jb 11 (1937): Dr. iur. Ernst Braendlin, Rapperswil, Nochmals zur Seeregulierung, S. 13–22. Eidgenössische Natur- und Heimatschutzkommission: Gutachten (vom 19.3.1938 über die Schutzobjekte (Reservat Uznacherseeli bzw. Entensee; Möwenreservat Kaltbrunnerried etc.) in der Linthebene (sig. Präs. Dr. Haeberlin, Sekretär Dr. Zimmerli; Mitarbeit: Dr. H. Balsiger, Dr. W. Knopfli), S. 41–77, 93. Bezirksförster O. Winkler, Bad Ragaz, Die Melioration der Linthebene und Fragen des Natur- und Landschaftsschutzes, S. 79–91. J. Meier, Melioration der Linthebene, in: JbZ 1942, S. 239–244. – Hans Rathgeb, Regionalplanung Linthgebiet, in: JbZ 1946/47, S. 246–247. – H. Noll, Das Kaltbrunner-Ried und seine Bedeutung als Schutzgebiet, in: JbZ 1947/48, S. 40–45. – Kurt Anderegg, Rapperswil, Naturschutzgebiete und Naturschutzprobleme im st. gallischen Bereich von oberem Zürichsee und Linthebene, in: Jb 53 (1979), S. 71–78.

70 Wie Anm. 67, S. 20, 22: «Idealplan für die Linthregion. Mit dem ‹Idealplan› wollen die Umweltorganisationen der Linthebene ein neues Gesicht geben. Dabei werden Aspekte des Naturschutzes, des Hochwasserschutzes, der Landwirtschaft und der Erholung berücksichtigt. Es soll eine neue Gemeinschaft für Menschen, Tiere und Pflanzen entstehen. Die Barrieren in der Linthebene, besonders die Strassen und Bahnlinien, sollen durchlässig gemacht, Lebensräume aufgewertet, vernetzt und neu geschaffen werden. Alte Linthläufe sollen reaktiviert und die übrigen Fliessgewässer renaturiert werden. In der Grinau soll ein Besucher- und Informationszentrum entstehen.»

71 P. Oberholzer, Ständeratspräsident Johann Schmu(c)ki, Uznach, in JbZ 1952/53, S. 302–304. Vgl. Jb 1/2 (1927–1928), S. 11. Jb 42 (1968), S. 10. Jb 43 (1969), S. 10. – Dr. P. Oberholzer, Zwölhundert Jahre Uznach, in JbZ 1942, S. 230–235. – Rudolf Jud, Uznach, Gedicht, in: JbZ 1944/45, S. 48. – Uznach, in: Bernhard Anderes, Die Kunstdenkmäler der Kantons St. Gallen, Band IV, Der Seebezirk, Basel 1966, S. 538–610.

72 Knopfli/Labhart 1961, S. 46–47. – Vgl. auch: Berchtold Steiner, Bad Schmerikon im 19. Jahrhundert, in: JbZ 1932, S. 163–171. – P. Laurenz Kilger OSB, Schmerikoner Schiffahrt, in: JbZ 1948/49, S. 257–262. – Hans Göldi, Schmerikon, in: JbZ 1962–1963, S. 301–306. – Erwin Knecht, Wallfahrt über den Obersee – früher und heute, in: JbZ 1964–1966, S. 216–221. – Schmerikon, in Anderes 1966, wie Anm. 71, S. 518–537. – Zürichseeufer 75, S. 88–89.

73 Lukas Gschwend, Thomas Oesch, Kurt Anderegg, Von der Linthmündung zum Seedamm. Eine Exkursion entlang des St. Gallischen Zürich-/Obersees, hg. vom ZSL, Küsnacht 1999. – Zur Uferzone Schmerikon–Rapperswil siehe auch Knopfli/Labhart 1961, S. 47–52.

74 Wie Anm. 73, S. 7–8. Die Angaben stammen aus dem Bericht Seeuferplanung Zürich-/Obersee 1997 des Planungsamtes St. Gallen.

75 Zum Linth-Mündungsgebiet siehe auch Knopfli/Labhart 1961, S. 45–46.

76 Wie Anm. 73, S. 15. Die zu schaffende Flachwasserzone wird als «noch ausstehend» bezeichnet.

77 Wie Anm. 73, S. 15. – Zum Begriff «Geotop» vgl. Anm. 32.

78 Wie Anm. 73, S. 17–19, 23.

79 Wie Anm. 73, S. 21, 24. Die hier als geplant erwähnte Kiesinsel ist unterdessen entstanden.

80 Bernhard Anderes (1934–1998), Dr. phil., Kunsthistoriker, Leiter des Ortsbildinventars des Kantons St. Gallen seit 1972; Mitglied der EKD seit 1975; Präs. der Redaktionskommission der GSK. VM VSLZ 1966–1987 (Vertreter der Heimatschutzsektion St. Gallen/Appenzell Inner-Rhoden), Rapperswil. – Jb 40 (1966), S. 6, 11. Jb 50 (1976), S. 2. Jb 60 (1986), S. 2. Jb 61 (1987), S. 2 – Walter Kägi, Erlauschte Stille. Zeichnungen vom oberen Zürichsee und aus Rapperswil, Text von Bernhard Anderes, Stäfa, Th. Gut & Co. Verlag, 1967. – Bernhard Anderes, Streifzug durchs alte Rapperswil, in: JbZ 1962–1963, S. 134–145; Rapperswil – eine Altstadt im Ausverkauf, in: JbZ 1964–1966, S. 159–163; Eine Hortus Conclusus-Stickerei in Rapperswil, in JbZ 1964–1966, S. 212–215; Rapperswil – die kleine Stadt, unsere grosse Liebe, in: Jb 49 (1975), S. 33–38; Bauernhäuser im sanktgallischen Linthgebiet , in: Jb 50 (1976), S. 19–28.

81 Zürichseeufer 75, S. 76–81.

82 Kathrin Hilber, Markus Kaiser, Bernhard Anderes (1934–1998), Bibliographie, hg. Von der St. Gallischen Kulturstiftung, St. Gallen 1999.

83 Bernhard Anderes, Die Kunstdenkmäler des Kantons St. Gallen, Bezirk See, Bern 1966; Bezirk Gaster, Bern 1970; Toggenburg (Vorarbeiten).

84 Jörger 1989, wie Anm. 55.

85 Vgl. Jörger 1989, wie Anm. 55, S. IX.

86 Linus Birchler, Drei Kapellen am obern Zürichsee (St. Dionys bei Wurmsbach, St. Jodok in Galgenen, St. Johann ob Altendorf), in: JbZ 1936, S. 111–116. Feusisberg, in: JbZ 1942, S. 59–66. St. Dionys bei Wurmsbach, in: JbZ 1943/44, S. 73–78. Stilkunde rund um den Zürichsee, Zeichnungen von Margrit Schill, Kerns OW, in: JbZ 1944/45, S. 79–95; Kirchen und Kapellen rings um den oberen Zürichsee, in: JbZ 1956–1957, S. 18–30. – Jb 3 (1929), S. 59 (L. Birchler, Rapperswiler Spiel vom Leben und vom Tod 1929). – Zu Peter Meyers Gegenstück siehe Anm. 26. – Siehe auch: P. Robert Klopfer, Kloster Wurmsbach, eine ehrwürdige Kulturstätte am obern Zürichsee, in JbZ 1949/50, S. 74–80. – Peter Ziegler, Kirchen und Kapellen rund um den Zürichsee, Stäfa 2000.

87 Eugen Halter, Die Bucht von Kempraten, in: JbZ 1946/47, S. 175–194. – Zum Rebhang am Höcklistein vgl. Fotos in JbZ 1932, nach S. 82 (gerodeter Zustand) und Jb 50 (1976), S. 38 (rekultivierter Zustand).

88 Seebucht bei Goldenberg, in: Jb 3 (1929), S. 53–55. – Verhinderte Überbauung im Seegubel, in: Jb 6 (1932), S. 21–24.

89 Erwägungen in: Jb 57 (1983), S. 3–4, 6.

90 Jb 63 (1989), S. 10.

91 Berichterstattung in: Jb 58 (1984), S.5–8. Jb 59 (1985), S. 4–6. Jb 60 (1986), S. 6–7. Jb 61 (1987), S. 9–10. Jb 62 (1988), S. 13. Jb 63 (1989), S. 8–11. Jb 64 (1990), S. 6–7. Jb 65 (1991), S. 13. Jb 66 (1992), S. 9. Jb 67 (1993), S. 6. Jb 68 (1994), S. 9–10. Jb 69 (1995), S. 11.

92 Der Bundesrat setzt 1996 bei der Prüfung des Zürcher Richtplans von 1995 eine Frist bis zum Frühling 2000. Anderthalbjährige Vorberatung in 22 Sitzungen durch die Kommission Planung und Bau unter Kantonsrätin Barbara Marty Kälin, SP, welche 587 Stellungnahmen mit 3168 Anträgen zu behandeln hat.

93 Die fünf Zonen: 1: 24 Landschafts-Schutzgebiete (Schutz und natur-

nahe Entwicklung, 219 km²).
2: 25 Landschafts-Förderungsgebiete (land- und forstwirtschaftliche Nutzung bzw. nachhaltige Kulturlandpflege, 672 km²).
3: 5 Aufwertungsgebiete (Steigerung der ökologischen Vielfalt, verbessertes Naherholungsangebot, 53 km²: von Kommission und Kantonsratsmehrheit ganz gestrichen).
4: 22 Landschaftsverbindungen (Landschaftsbrücken über Autobahnen und Bahnlinien).
5: 75 Freihaltegebiete (Umgebungs- und Aussichtsschutz, Trennung von Siedlungsräumen, 17 km², d.h. knapp 1 % der Kantonsfläche). Der eigentliche Schutz soll durch Landschafts-Entwicklungskonzepte (LEK) sichergestellt werden.

94 Die Fraktionen von SVP, FDP und CVP lehnen das Konzept ab: vielmehr soll das Grundeigentum vor «sozialistischer Planwirtschaft» geschützt werden, die Regierung wolle viel mehr planen als nötig, die Bauern in ihrer Bewegungsfreiheit einschränken, die Landschaft aus städtischer Sicht reglementieren, die Entscheide von den Gemeinden auf den Kanton übertragen. Die Vorlage wurde aber vom Amt für Raumordnung und Vermessung unter RR Hans Hofmann (SVP) erarbeitet und wird von RR Dorothee Fierz (FDP) vorgestellt und verteidigt! SP, EVP und Grüne wollen die (bereits durch die bürgerliche Kommissionsmehrheit durch Eliminierung der Aufwertungsgebiete geschmälerte) Vorlage verteidigen.

95 Die Siedlungsfläche nahm im Kanton Zürich zwischen 1983 und 1995 um 2 727 Hektaren zu, vor allem auf Kosten der landwirtschaftlichen Nutzfläche. Die verbliebenen Grossbetriebe sind mechanisiert worden, diese verlangt rationellen Einsatz der Maschinen. So mussten Feldobstbäume und Hecken weichen, ebenso unproduktive Flächen wie Magerwiesen und Buntbrachen. «Die neue Bundesverfassung und v.a. das neue Landwirtschaftsgesetz verpflichten die Landwirtschaft neben der Versorgung der Bevölkerung auch zur Erhaltung der natürlichen Lebensgrundlagen und Pflege der Kulturlandschaft.»

96 Barbara Marty Kälin in: NZZ 24./25.3.2001, Nr. 70, S. 51.

97 Heinz Girschweiler in: TA 23.3.2001, S. 15.

98 TA 27.3.2001, S. 21; TA, 22.3.2001, S. 23. – Gesamtdokumentation: TA 14.3.2001, S. 23; 22.3.2001, S. 23; 23.3.2001, S. 15; 27.3.2001, S. 21; 3.4.2001, S. 24; 4.4.2001, S. 17; 18.4.2001, S. 29. NZZ 24./25.3.2001, Nr. 70, S. 51; 7./8.4.2001, Nr. 82, S. 45.

99 Anderes 1966, wie Anm. 83, S. 452–456.

100 G. (wahrscheinlich Theodor Gut (I)), In der Gubelbucht, in: JbZ 1938, S. 64 und Abb. – Es handelte sich offenbar um die chemische Fabrik von Eduard Dändliker aus Hombrechtikon, vgl. Halter 1946/47, wie Anm. 87, S. 189.

101 Walter Appenzeller, Auf Wanderwegen rund um den Zürichsee, hg. von den Zürcher Wanderwegen (ZAW), Zürich, Verlag Neue Zürcher Zeitung, 1997, 3. überarbeitete Auflage 1999, S. 68, 83–85 (Route 26). – Aussicht bei der Kantonsgrenze beim Goldenberg, in: Jb 14 (1940/41), S. 159. – Äffenrainweg beim Lenggis (Jona), in: Jb 15/16 (1941/42), S. 3–4 und Jb 17 (1943), S. 6. – Ankauf der Risi, Stäfa, als Aussichtslage durch die Gemeinde, Schutz des Risirains, Uferanlage Risi und Schutz des Itzikerhüsli, in: JbZ 1950/51, S. 252–253; JbZ 1952/53, S. 299; JbZ 1958–1959, S. 316–318.

102 Hombrechtikon, Chronik, in: JbZ 1945/46, S. 113 (Huldreich Fröhlich). – JbZ 1952/53, S. 300–301; JbZ 1956–1957, S. 256–260; JbZ 1962–1963, S. 313–319; JbZ 1964–1966, S. 360–366 (alle von Walter Demuth).

103 «BLN-Objekt Nr. 1417 Lützelsee–Seeweidsee–Uetziker Riet, erlassen 1983. Bedeutung: Glazial geformte Molasselandschaft mit verlandenden Toteis-Seen. Wasser- und Verlandungs-Pflanzengesellschaften mit seltener Flora. Schwimmende Inseln auf dem Lützelsee. Lebensräume einer reichhaltigen Fauna.» Vgl. Anm. 12. – Albert Bühler, Am Lützelsee, Zeichnungen von Victor Wildhaber, in: JbZ 1945/46, S. 30–36.

104 Zürichseeufer 75, S. 74–75.

105 Albert Bühler (1885–1961), Dipl. Kulturing. ETH., Landwirt, Mitr.-Hauptmann, Feldbach, Oberhaus, VM 1937–1953. - Jb 11(1937), S. 96. – Jb 28 (1954), S. 11. – Ulrich Gut (I), Ein besinnlicher Rundgang in Feldbach mit Albert Bühler, in: JbZ 1958–1959, S. 319–326. – Walter Demuth, Zum Andenken an Herrn Hauptmann Bühler, Feldbach, mit Zitaten aus seinen Schriften, in: JbZ 1960–1961, S. 274–278.

106 Albert Bühler, Stilles Ufer, Federzeichnungen von Victor Wildhaber, Stäfa 1934, besprochen von Paul Corrodi, in: Jb 8 (1934), S. 38–41. Auszüge: Vergessenes Uferland (S. 42–44), Ein Baum (S. 45–46), Memento mori (S. 47–48), Föhn (S. 49–51), Einkehr (S. 52–53), Federzeichnungen von Victor Wildhaber, in: Jb 8 (1934), S. 42–53.

107 Beiträge von Albert Bühler in den JbZ: Zürichseefischerei, Zeichnungen von Victor Wildhaber, in: JbZ 1936, 41–47. – Bilder vom Zürisee (Besprechung der Schrift von Hans Hasler), in: JbZ 1940/41, S. 148–156. – Das Zürichsee-Rind, in: JbZ 1944/45, S. 27–35. – Die Quadratmeter-Krankheit, in: JbZ 1946/47, S. 93–98. – Besinnliche Wanderung (von Feldbach bis Wagen in der Obersee-Gegend), Zeichnungen von Victor Wildhaber, in: JbZ 1948/49, S. 101–111. – Aus Steinen wird Brot (Getreidebau), in: JbZ 1949/50, S. 57–63. – Unsere Alpen und Weiden, in: JbZ 1950/51S. 37–42. – Sauen lachen uns aus, Federzeichnungen von Victor Wildhaber, in: JbZ 1951/52, S. 229–241. – Märkte am Zürichsee, in: JbZ 1952/53, S. 177–182. – Siehe auch Anm. 103.

108 Demuth 1961, wie Anm. 105, S. 278. – Jb 15–16 (1941/42), S. 5. – Jb 17 (1943), S. 5. – Ernst Braendlin, Von Wundern und Pappeln bei Feldbach, in: JbZ 1943/44, S. 46–49. – Walter Knopfli, Pappelallee im Feldbacherhorn, in: JbZ 1946/47, S. 27–29.

109 Vgl. Anm. 107.

110 Paul Hermann Burkhard-Auer (1895–1963), Dipl. Ingenieur ETH, Seegut, Feldbach, VM 1927–1963. – Jb 1/2 (1927/28), S. 11. ZSb 1930, S. 36. JbZ 1932, S. 150. Jb 5 (1931), S. 5 (im Seedamm-Kollegium). Jb 37 (1963), S. 5. – Heinrich Steinfels-Saurer (1866–1941), Fabrikant, Schirmensee, VM 1927–1941. Jb 1/2 (1927/28), S. 11. Jb 6 (1932), S. 72. – Vgl. René Bondt, Fünf Generationen Steinfels (Schweizer Pioniere der Wirtschaft und Technik, Nr. 35), Zürich 1982.

111 Demuth 1956–1957, wie Anm. 102, S. 259. – Zürichseeufer 75, S. 74–75. – Landwirtschaftszone Schirmensee, in: Jb 63 (1989), S. 13.

112 Ähnlich wie im Seegubel wurde bereits 1971 in Feldbach eine Überbauungsstudie mit künstlicher Lagune gemacht: vgl. Zürichseeufer 75, S. 138–139.

113 Regierungsrat und Baudirektor Dr. Paul Corrodi, VSLZ-Gründungsmitglied, versicherte die neugegründete Vereinigung der Sympathie der Zürcher Regierung. – Ritterhaus-Vereinigung Ürikon-Stäfa,

Jahresberichte (Jb) 1943 ff.: Zusammenfassung der Geschichte der Vereinigung im Jb 67/68, S. 5–7. – Hans Georg Wirz, Die Ritterhäuser von Ürikon und ihre Bewohner, in JbZ 1942, S. 73–95. – Albert Kölla, Kapelle und Ritterhäuser in Ürikon. Bestrebungen zu deren Erhaltung und zum Schutze des Uferbildes, in: JbZ 1943/44, S. 79–89. – Zürichseeufer 75, S. 70–71. – Wohnen und Leben in den Üriker Ritterhäusern. Festschrift zum 50jährigen Bestehen der Ritterhaus-Vereinigung Ürikon-Stäfa. Mit Beiträgen von Roger Sablonier, Dominik Sauerländer, Beat Frei und Arnold Egli, Stäfa 1993.

114 Im Mai 1945 besuchte der Zürcher Regierungsrat in corpore die Baugruppe und beschloss, der Vereinigung 50 000.– Franken aus dem Lotteriefonds für gemeinnützige Zwecke zu überweisen, die Gemeinde und die Sparkasse Stäfa stellten zusammen 75 000.– Franken an Hypothekardarlehen zur Verfügung. In die Renovationskosten aller Bauten teilten sich Bund, Kanton und Gemeinde. – Die Wohnliegenschaften wurden vermietet: das Ritterhaus an die Vereinigung Reformiertes Studentenhaus bis Ende 1954, ab 1955 als Tagungsheim an die Kirchgemeinde Neumünster-Zürich.

115 Bei der Einweihung waren die RR Streuli und Corrodi sowie Prof. Linus Birchler, Präs. EKD zugegen; die Benutzung wurde 1947 der reformierten Landeskirche vorbehalten, 1980 aber auch dem katholischen Gottesdienst geöffnet. 1954 Rekonstruktion des 1542 abgebrochenen Dachreiters durch Albert Kölla, Glocke von H. Rüetschi, Aarau. 1950 Einbau der Glasgemälde von Max Hunziker und Karl Ganz: Abb. in Jb, wie Anm. 113, 1949, 1951. Ostfenster: Zürcher Standesscheibe. Johannes der Täufer und Johannes der Evangelist mit ihren Attributen. Die drei Söhne Ritter Albrechts von Ürikon. Der Engel mit der Friedensglocke vor der Ritterhauskapelle. Der schlafende Christus auf dem See Tiberias. Südfenster: Sonne und Taube. – 1962–1963 Orgel von Kuhn AG, Männedorf: Jb, wie Anm. 113, 1961, S. 4–5, Jb 1962, S. 6, Jb 1963.

116 Theodor Gut jun., Die Aussenrenovation des Ritterhauses zu Ürikon, in: JbZ 1952/53, S. 106–107. – Jb 1960, wie Anm. 113, S. 4, m. Abb. Jb 1961, S. 3–4, Jb 1962, S. 5. Jb 1962, S. 5.

117 Jb 1960, wie Anm. 113, S. 4, Jb 1963, S. 6, Jb 1964, Abb. in Jb 1966/67.

118 Seestrassen-Korrektur und Sanierung des Üriker Baches 1955/56 Umgebungsarbeiten 1957 und 1970.

119 Auswahl aus den Jb, wie Anm. 113: Linus Birchler, Grundsätzliches über das Restaurieren, in: Jb 1943, S. 13–16. – Jürg Fierz, Max Hunzikers Glasgemälde in der Ritterhauskapelle, in: Jb 1949, S. 7–10. – Hans Georg Wirz, Wie kamen die geschnitzten Deckenbalken aus dem «Burgstall» zu Ürikon nach London?, in: Jb 1961, S. 23–26. Arnold Egli, Die Londoner Mission des Aktuars (im Viktoria- und Albert-Museum wegen der Rückführung der Deckenbalken), in: Jb 1964, S. 8–13. – Bernhard Anderes, Rapperswil, Die spätmittelalterlichen Balkendecken in Ürikon, in: Jb 1968/69, S. 7–14. – Walter Drack, Die Inventarisierung der kulturhistorischen Objekte im Kanton Zürich, in: Jb 1969/70, S. 7–11. – Rudolf Stückelberger, Inventarisierung der Gemeine Stäfa durch die kantonale Denkmalpflege, in: Jb 1969/70, S. 12–23. – Arnold Egli, Prof. Dr. Hans Georg Wirz zum Gedenken, in: Jb 1972/73, S. 24–25. – Rudolf Stückelberger, Burgstall – ein sonderbarer Name, in: Jb 1975/76, S. 15–20. – Rudolf Stückelberger, Text und Zeichnungen, Kellertore an alten Zürichseehäusern, in: Jb 1977, S. 17–20.

120 Albert Kölla (1889–1988), VM 1927–1975; A 1963–1975, Quästor 1927–1941, SO Oberes linkes Zürichsee-Ufer 1943–1963. Von Stäfa, Architekt in Stäfa 1916, seit ca. 1919 in Wädenswil (im Rosenhof) bis 1962 (zuerst Kölla & Roth; Nachfolgebüro war Hans Helbling), seit 1962 in Zürich, zuletzt im Altersheim Wildbach. ETHZ 1907–1911, BSA 1918, Mitglied NHKZ 1934–1959. – Bauten in Wädenswil: 1919 Mehrfam. Haus Etzelstrasse 57; 1920 Wohnhäuser Zugerstrasse 65 und 79; 1930 Doppelwohnhäuser Sonnmattstrasse 2/4 und 6/8; 1944 Wohnsiedlung Weststrasse 5–12; 1947 Wohnhäuser Obere Weidstrasse 2–6; 1950 Kindergarten Glärnischstrasse 7; in Hombrechtikon-Feldbach; 1927–1928 Landhaus Seegut, vgl. Theodor Gut, Ein Landhaus am oberen Zürichsee, in: JbZ 1932, S. 150–151; ZSb 1930, S. 36. – Renovationen: Ref. Kirche Bauma 1922–1926; Haus Holeneich Wädenswil 1946; Ref. Kirche Wädenswil 1950/51. – Jb 1/2 (1928), S. 4, 5, 6, 11. Jb 5 (1931), S. 5 (im Seedamm-Kollegium), 21–24. Jb 6 (1932), S. 35. Jb 7 (1933), S. 38, 62, 65. Jb 9 (1935), S. 23, 26. Jb 10 (1936), S. 81. Jb 17 (1943), S. 13. Jb 18 (1944), S. 9. Jb 20 (1946), S. 6. Jb 22 (1948), S. 5. Jb 37 (1963), S. 10. Jb 49 (1970), S. 5. – Beiträge: Das Uferbild (betr. Veränderungen am Zürichsee durch die 1936 geplante Seeregulierung), in Gutachten NHKZ, in: Jb 10 (1936), S. 29–34. – Haus zur «Holeneich» Wädenswil. Eine Renovation, in: JbZ 1947/48, S. 56–58. – Stäfa. Der Hafenplatz, in: JbZ 1954–1955, S. 266–272. (vgl. dazu Fritz Stolz, Ufergestaltung beim Patriotendenkmal in Ötikon, in: JbZ 1964–1966, S. 342–349). – Vgl. Anm. 113.

121 Andreas Pfleghard (geb. 1933), Architekt, Kantonalzürcherischer Denkmalpfleger 1982–1995, VM 1972–2002. Jb 45 (1971), S. 15. Jb 46 (1972), S. 10. Jb 50 (1976), S. 2. – Andreas Pfleghard, Kant. Denkmalpfleger 1982–1995, hg. Von der Direktion der öffentlichen Bauten des Kantons Zürich, Hochbauamt, Zürich 1995. Beiträge von Peter Baumgartner, Adolf Haederli, Christoph Hagen, Isabell Hermann, Rita Hessel, Robert Imholz, Charlotte Kunz, Thomas Müller, Hanspeter Rebsamen, Christian Renfer, Kathy Ricklin, Paul Schatt, Andreas Zürcher – Vgl. Anm. 122 und 123.

122 Auch Dr. Walter Drack (1917–2000), seit 1958 erster kantonalzürcherischer Denkmalpfleger, war ab 1964 Vorstandsmitglied der Ritterhausvereinigung. – Eine Denkmalpflege im Aufbau 1958–1998. Persönliche Berichte von Walter Drack, Andreas Pfleghard und Christian Renfer (Kleine Schriften zur Zürcher Denkmalpflege, Heft 1), Zürich und Egg 1999. – Christian Renfer (geb. 1943), Dr. phil., Kunsthistoriker, Kantonalzürcherischer Denkmalpfleger seit 1995, Oetwil am See. VM 1975–1976. Jb 50 (1976), S. 2.

123 Andreas Pfleghard, Denkmalpflege in der Gemeinde am Beispiel von Stäfa, in: Jb 57 (1983), S. 31–44. – Siehe auch: Walter Drack, Die Inventarisierung der kulturhistorischen Objekte im Kanton Zürich; Rudolf Stückelberger, Inventarisierung der Gemeine Stäfa durch die kantonale Denkmalpflege, beides in Jb 1969/70, wie Anm. 113, S. 7–11 bzw. 12–23.

124 Wie Anm. 123, S. 34.

125 Vgl. Persönliche Berichte 1999, wie Anm. 122, S. 10–11. – Fritz Stolz, Liegenschaft «Sunneschy» im Kehlhof, in JbZ 1952/53, S. 298–299; Kehlhofhaabe, in: JbZ 1958–1959, S. 316–317. – Annegret Diethelm, Von innen nach aussen und von aussen nach innen. Die Villa Sunneschy in Stäfa: Eine Reise durch Zeit und Bilder, hg. Von der Politischen Gemeinde Stäfa, Stäfa 2001. – NZZ,

29.8.2001, Nr. 199, S. 47; TA, 29.8.2001, S. 21 (Presse-Präsentation der Villa durch Gemeinde und kantonale Denkmalpflege).

126 Fred Hirs, Nationalrat Rudolf Reichling. Ein Zürcher Bauernführer, in: Zürcher Woche, Zürich, Nr. 16, 18.4.1952, S. 2.

127 Rudolf Reichling (1890–1977) Ing. Agr. ETHZ 1911, Dr. h.c. der veterinärmedizinischen Fakultät der Universität Zürich 1959, Oberst, Landwirt in Stäfa, Kantonsrat 1923–1943, Nationalrat 1929–1963, Mitglied der ENHK ab 1936, VSLZ- Mitglied, VM 1937–1969. – Jb 3 (1929), S. 56. Jb 10 (1936), S. 77. Jb 11 (1937), S. 96. Jb 42 (1968), S. 10. Jb 43 (1969), S. 10. – Beiträge: Unsere Reben und unser Wein, in: JbZ 1932, S. 78–86. Anteil des Zürichseebauern am Anbauwerk, in: JbZ 1943/44, S. 21–26. – Hans Conzett, Brief an einen verdienten Jubilar (zum 70. Geburtstag), in: ZSZ, 27.5.1960, Nr. 123. – Erwin Akeret, Dr. h.c. Rudolf Reichling zum 80. Geburtstag, in: ZSZ, 26.5.1970 und in Zürichbieter, 27.5.1970.

128 Kurt Pfenninger, Stäfa, Zum Gedenken an alt-Nationalrat Dr. h.c. Rudolf Reichling, in: ZSZ, 24.10.1977, Nr. 248, S. 9.

129 Kurt Pfenninger (geb. 1927), Ing. Agr., Gemeinderat von Stäfa 1962–1978, Kantonalzürcherischer Rebbaukommissär 1961–1992, Vorsteher des Kantonalzürcherischen Landwirtschaftsamtes 1969–1992, Stäfa, VM 1966–1996. – Jb 40 (1966), S. 6. Jb 50 (1976), S. 2. Jb 70 (1996), S. 7. – Beiträge: Reben und Wein am Zürichsee, in: JbZ 1962–1963, S. 11–42. Das gesegnete Weinjahr 1964 am Zürichsee, in: JbZ 1964–1966, S. 180–193. Weinbau am Zürichsee, in: Jb 62 (1988), S. 35–41. – Schriften: Der Rebbau im Kanton Zürich seit 1874, in: Statistische Mitteilungen 1967, S. 45–69. – Weinbau, in: Landwirtschaft im Industriekanton, Stäfa 1976, S. 95–105. – Die schweizerische Weinwirtschaft vor der Weinlese, in: Schweiz. Zeitschrift für Obst- und Weinbau 1978, S. 610–613. – W. Koblet, K. Pfenninger, U. Remund, J. Zweifel, Die Reblaus als Förderin des zürcherischen Rebbaues 1886–1986, hg. von der Volkswirtschaftsdirektion des Kantons Zürich, Zürich 1986.

130 Reichling 1932, wie Anm. 127. – Hans Hasler, Ürike, Alti Bilder vom Zürisee: Schiff und Schifflüt, Bilder von Prof. Hans Witzig, wohl Eigenverlag, 1936 (Neudruck vgl. Anm. 3); Fischerei, Bilder vom August Äppli, Ürike, H. Hulftegger, Fischereiufseher, Stäfe, Viktor Wildhaber, Stäfe, Dr. Hans Witzig, Züri, Buechdruckerei J. Buume zum Florhof z'Wättiswyl 1940; Von Räbe und vom Wii. Das Schriftli ischt useggä vom Verband zum Schutz vom Landschaftsbild am Zürisee und vom Dr. Hans Hasler z'Ürike; dä häts gschribe; de Verband häts la trucke, Buchdruckerei Stäfa AG, 1942.

131 Pfenninger 1988, wie Anm. 129, S. 35.

132 Pfenninger 1988, wie Anm. 129, S. 39–40. – Unterlagen zur Kampagne 1969 im Besitz von Kurt Pfenninger, Stäfa sowie im Weinbaumuseum Au-Wädenswil (Nachlass Albert Dändliker, Stäfa). Siehe z.B.: Die Stäfner Sternenhalde. Bauplatz für wenige oder Erholungsraum für alle? Aufruf z.H. der Abstimmung über die Freihaltung an der Gemeindeversammlung am 28.3.1969, unterzeichnet von 48 Persönlichkeiten, u.a. Gemeindepräsident F. Gohl, Theodor Gut (II), Ulrich Gut (I), Kurt Pfenninger, Rudolf Reichling sen. und jun., sämtlichen Lehrern von Stäfa; Stäfa, Buchdruckerei Stäfa AG/ZSZ 1969. – Vgl. Fritz Stolz, Stäfa (Bildung einer Genossenschaft der Rebbesitzer der Sternenhalde), in: JbZ 1946/47, S. 213–215.

133 Pfenninger 1962–1963, wie Anm. 129, S. 39.

134 Andres M. Altwegg, Die Erhaltung der Rebberge als planerische Aufgabe, in: Vom Weinbau am Zürichsee. Struktur und Wandlungen eines Rebgebietes seit 1850, Stäfa 1980, S. 240–250.

135 Der Landschaftsplan steht (Abb.: Mutzmalen-Stäfa), in: TA, 3.4.2001, S. 23. – Dr. A.Schellenberg, Rebbaukommissär des Kantons Zürich, Wädenswil. Um die Erhaltung von Weinbergen am Zürichsee, in: JbZ 1940/41, S. 37–40 (u.a. Zusammenlegung der Lattenberg-Reben durch das Kant. Meliorationsamt: S. 38). – Fritz Stolz, Stäfa: Am Lattenberg etc., in: JbZ 1947/48, S. 219–221; Strandweg am Lattenberg, in: JbZ 1960–1961, S. 263–264; Ausbau des Strandbades am Lattenberg, in: JbZ 1964–1966, S. 350–351. – Zürichseeufer 75, S. 64–65.

Von Männedorf um den Zürichsee nach Wädenswil – Text Seiten 214–247.

1 Zum BLN-Inventar siehe S. 276, Anm. 12.

2 Heinz Girschweiler, Wertvollste Landschaften schützen, in: TA, 24.1.2002, S. 21.

3 Wie Anm. 1. – Zum Pflugstein vgl. Hermann Hiltbrunner, Die Heimat des Zürichsee-Bauern, in JbZ 1940/41, S. 97–113, v.a. S. 110. – Hermann Hiltbrunner, Die Landschaft Küsnacht–Erlenbach, in: JbZ 1944/45, S. 36–46, v.a. S. 43.

4 Johann Jakob Ess, Wanderwege am Zürichsee, in: JbZ 1942, S. 67–71. – Vgl. heute: Walter Appenzeller, Auf Wanderwegen rund um den Zürichsee, hg. von den Zürcher Wanderwegen (ZAW), Zürich, Verlag Neue Zürcher Zeitung, 1997, 3. überarbeitete Auflage 1999, S. 34–85, 161–162.

5 Ludwig Hohl, Albin Zollinger, in: JbZ 1942, S. 125–131. – Albin Zollinger, Gesammelte Werke: Pfannenstiel, Bohnenblust, Romane (entstanden 1940–1941), Zürich 1961, 3. Aufl. 1973. Hansen, genannt Seume, der Maler und Wanderer: S. 68–70, 148–149, 173, 274, 311–312, 345, 387–390, 415–416, 422. Beschreibungen der Pfannenstiel-Landschaft: S. 38–46, 48–51, 84, 89–91, 175, 221–222, 252–253, 258–260, 345–346.

6 Zollinger, Pfannenstiel/Bohnenblust, wie Anm. 5, Zitat S. 68.

7 Zollinger, Pfannenstiel/Bohnenblust, wie Anm. 5, Zitate S. 175 und 345–346.

8 Peter Baumgartner, Geschichte der Villa Alma in Männedorf, in: 11. BerZD 1983–1986, Zürich 1995, S. 509–558. – Vgl. auch JbZ 1952/53, S. 295 (Erich Staub 1908–1951).

9 Wie Anm. 8, S. 512.

10 Zürichseeufer 75, S. 60, 142–143, 146–148.

11 Wie Anm. 8, S. 532–534.

12 Gottlieb Binder, Altzürcherische Familiensitze als Stätten der Erinnerung, Erlenbach-Zürich 1930. – Zur Landsitzarchitektur siehe: Prospect von Statt und Zürich See. Nach der Natur gezeichnet von Johann Jakob Hofmann, Maler. Ansichten der Stadt Zürich und der Orte am Zürichsee 1771–1772, Kommentarband von Hanspeter Rebsamen und Christian Renfer zur Faksimileausgabe der 61 Originalblätter aus Privatbesitz, Zürich 1995, S. 24–27, 184 (Stichwort Landhäuser). – Christian Renfer, Die Bauernhäuser des Kantons Zürich, Bd. 1, Zürichsee und Knonaueramt (Reihe Die Bauernhäuser der Schweiz, Bd. 9), Basel 1982.

13 Neuer Zugang zum See, in: JbZ 1958–1959, S. 314.

14 Arthur Schäppi, Üetikons «Chemische» – traditionsreich und in Vorzugslage, in: TA, 21.3.1986, S. 27.

15 Georg Bächler, Uetikon am See, Der Landgasthof «Zur Krone» (übernommen und restauriert durch die CFU), in: JbZ 1960–1961, S. 257–258.
16 Denkmalpflegekommission des Kantons Zürich, Gutachten Nr. 3–1989 vom 12.6.1989, Uetikon a. See, Chemische Fabrik.
17 Bilderbogen vom Zürichsee, zusammengestellt und erläutert von Peter Meyer, in: JbZ 1954–1955, S. 70–83, Zitat S. 75.
18 Schäppi, wie Anm. 14. Strebel, in Uetikon aufgewachsen, hatte damals ein ähnliches, aber bedeutend kleineres Projekt in der einstigen Baumwollweberei Hittnau-Luppmen bereits verwirklicht. – Vgl. auch Zürichseeufer 75, S. 56–59. – Das Trajektschiff der Chemischen Fabrik Uetikon, in: Ziegler 1998, S. 118.
19 Vgl. S. 275, Anm. 26 – Robert K. Schneider, Emil Egli, Hans Reutimann, Karl Schölly: Fritz Deringer. Maler und Zeichner, Verlag Th. Gut + Co., Stäfa 1975, Zitat S. 26. – Bekanntschaft mit dem Plastiker Hans Jakob Meyer, Freundschaft mit dem Schriftsteller Hermann Hiltbrunner, Freundschaft und Briefwechsel mit Karl Schölly. 1946 Kleinwohnung (Zweitatelier) im grossväterlichen Bauernhaus in Oberstammheim. – Buchillustrationen (Auswahl): Hermann Hiltbrunner, Trost der Natur, Herrliberg 1943. Ursula Schulthess, Sterne hinterm Laub. Eine Liebesgeschichte, Zürich 1945. Emil Brunner, Heimatkundliches aus dem Stammheimertal, Andelfingen 1946. Karl Schölly, Der ewige Wächter. Neun Geschichten, St. Gallen 1946. Hermann Hiltbrunner, Das Jahr der Rebe, Gedichtzyklus, Winterthur 1947. Gottlieb Heinrich Heer, Das Buch vom Sihltal, Zürich 1948, 3. Auflage 1973. Adalbert Stifter, Das Heidedorf, St. Gallen 1948.
20 Emil Egli, wie Anm. 19, S. 24–25.
21 Daniel Lüthi, Federzeichnung als Kunstwerk (zum 50. Todestag Deringers), in: Landbote, Winterthur, 16.5.2000, S. 23. – Paul Hoppe, Heinz Keller, Bernd Steiner, Michael Wiesner, Am liebsten sind mir die Bäume. Federzeichnungen von Fritz Deringer, Fotos von Beat Märki, hg. von der Stiftung Fritz Deringer, Unterstammheim 2000. – Permanente Ausstellung von Werken Deringers in der Zehntenscheune Unterstammheim.
22 Herbert Gröger, Helen Dahm bei ihren Nächsten. Zur Ausstellung im Oetwiler Schulhaus Blatten, ZSZ Nr. 304, 28.12.1967.
23 Robert Lejeune, Helen Dahm. Rede anlässlich der Verleihung des Kunstpreises der Stadt Zürich am 5. Dezember 1954, in: JbZ 1954–1955, S. 140–154. Auch Sonderdruck Theodor Gut Verlag Stäfa. – Vgl. auch: Walter Tappolet, Helen Dahm. Eine Monographie, mit 28 Abb., Zürich, Origo Verlag 1956. Einfachere Ausgabe mit 16 Abb. hg. vom Verein zur Förderung der Kunst, Zürich 1956. – Konrad und Anna Witzig-Maurer, Erinnerungen an Helen Dahm. Hausarztbericht 1948–1968. Hg. zum 100. Geburtstag der Künstlerin am 21. Mai 1978, Mit Biographie, Ausstellungsverzeichnis und Bibliographie, Stäfa, Th. Gut + Co. Verlag 1978, 2. erweiterte Aufl. 1982. – Doris Wild, Elisabeth Grossmann, Regula Witzig, Helen Dahm, Zürich 1984 (mit ausf. Biographie, Ausstellungsverzeichnis und Bibliographie. S. 168: Hinweis auf den unveröffentlichten Werkkatalog mit etwa 2000 Titeln, von Regula Witzig). – Regula Witzig, Psychische Krankheit oder schöpferisches Leiden? Versuch einer Pathographie der Malerin Helen Dahm 1878–1968, Diss. 1984.
24 Zu Ernst Ludwig Kirchner (1880–1938) in Davos siehe INSA 3 (1982), Davos, S. 358–359, 402–403.
25 Albin Zollinger, Das Bauernhaus, aus «Gedichte», Zürich/Leipzig, Rascher, 1933. Wieder abgedruckt in A. Z., Gesammelte Werke: Gedichte, Zürich 1962, S. 98–99. – Ein Charakterbild des Bauernhauses findet sich auch in: Hermann Hiltbrunner, Die Heimat des Zürichsee-Bauern, in JbZ 1940/41, S. 97–113, v.a. S. 98–99.
26 Rittmeyer & Furrer. Eine Architektengemeinschaft zwischen Jugendstil und neuem Bauen. Beiträge von Luzi Dosch (auch Red.), Robert Steiner, Karl Keller, Katharina Furrer. Hg. von der Heimatschutzgesellschaft Winterthur anlässlich der Ausstellung im Kunstmuseum Winterthur 1986.
27 Zur Oberstufenanlage siehe Gustav Ochsner, in: JbZ 1962–1963, S. 323–324 und JbZ 1963–1964, S. 331–332.
28 Walter Weber, Meilen, Bauordnung und Zonenplan, in: JbZ 1950/51, S. 241–248; JbZ 1951/52, S. 465–466.
29 Karl Keller (1879–1956), von Aarau, Kantonsingenieur von Zürich 1914–1944. VM 1927–1944 (für die Direktion der öffentlichen Bauten des Kantons Zürich). Jb 1/2 (1927–1928), S. 11; Jb 5 (1931), S. 5 (im Seedamm-Kollegium): beide Mal falscher Vorname F.
30 K. Keller, Die Korrektion der Seestrasse, in: JbZ 1932, S. 50–58 (m. Abb.).
31 Wie Anm. 28, S. 51.
32 Wie Anm. 28, S. 55.
33 Gustav Ochsner, Umgestaltung der öffentlichen Anlage beim Dampfschiffsteg und bei der Fährelände, in: JbZ 1954–1955, S. 263–265; Öffentliche Anlagen am See. Umbau des Hotels «Löwen» und des «Sternen». Leonhard Widmer-Denkmal, in: JbZ 1958–1959, S. 305–308; Meilen, in JbZ 1962–1963, S. 323–326.; Meilen, in JbZ 1964–1966, S. 331–334. Die Gemeinde erwarb damals den «Löwen» zwecks Schaffung eines Gemeinde- und Gesellschaftssaales und renovierte ihn aussen, der Saal ist 2002 eingeweiht worden! – In der Hornanlage – vgl. S. 75–76 – wurde das Widmer-Denkmal aufgestellt.
34 Pierre Zbinden (1913–1981), Garteninspektor der Stadt Zürich 1956–1978, VM 1963–1981, SO Stadtzürcher Ufer 1972–1981. Jb 37 (1963), S. 10. Jb 38 (1964), S. 6. Jb 50 (1976), S. 2. Jb 55 (1981), S. 4. – oe, Der neue Garteninspektor, in: NZZ, 12.1.1956, Nr. 94. – hmr., Pierre Zbinden gestorben, in: TA 15.11.1981, S. 4.
35 JbZ 1958–1959, S. 305.
36 Zur Umgestaltung der zentralen Zone am Kirchhügel vgl. Zürichseeufer 75, S. 46. – Jb 24 (1950), S. 12. – Rudolf Egli in: JbZ 1951/52, S. 459–464. – Rudolf Egli, Herrliberg, Der Kirchhügel unter Schutz, in: JbZ 1954–1955, S. 256–258. – Hans Weinmann, Schutz des Kirchenhügels von Herrliberg vor Überbauung, in: JbZ 1958–1959, S. 302–304. – Robert Wegmann, Rossbach-Tobelweg, in: JbZ 1962–1963, S. 331. – Robert Wegmann, Der Kirchturm-Knopf als Archiv, in: JbZ 1964–1966, S. 326–330.
37 Zu den Landhausanlagen und Rebbergzonen in Erlenbach und Herrliberg vgl. Karl Kuprecht, Erlenbacher, ein erlesener Tropfen, in: JbZ 1958–1959, S. 291–301. – Zürichseeufer 75, S. 44–48.
38 Hans Christoph von Tavel, Albert Pfister. Ein Kapitel schweizerischer Malerei, Feldmeilen, Vontobel 1976, S. 13–14. – Albert Pfister, Über Malerei (S. 94–96); Ernst Morgenthaler, Albert Pfister (S. 90–93), beides in: WERK Nr. 3/1948, S. 90–96. – KLS XX. Jh., II (1963–1967), S. 736 (Eva Stahn). – Albert Pfister, Ausstellungskatalog Erlengut. Mit Beiträgen seines Malschülers Karl Landolt und seiner Tochter Yvonne Kunz-Zürcher, Erlenbach 1989. – Ausstellungen (Retrospektiven) im Kunsthaus Winterthur 1969, Galerie

Vontobel, Feldmeilen 1976 und im Erlengut Erlenbach 1989.

39 von Tavel 1976, wie Anm. 29, S. 107.

40 Yvonne Kunz-Zürcher, wie Anm. 29.

41 Hermann Hiltbrunner, Die Landschaft Küsnacht–Erlenbach, in: JbZ 1944/45, S. 36–46. – Ziegler/Schneider 1999, S. 10–11.

42 E. Hausmann, Erlenbach, in: JbZ 1948/49, S. 304. – Das Erlengut in Erlenbach. Ort der Begegnung mit lebendiger Vergangenheit, Festschrift zur Wiedereröffnung 1994, hg. von der politischen Gemeinde Erlenbach. – Erlenbach, Landhaus Erlengut, in 13. BerZD 1991–1994, Zürich und Egg 1998, S. 76–85. – Hanspeter Rebsamen, Der Landsitz als bürgerliche Wohnform auf dem Lande. Das Beispiel Erlengut, in: Stadt und Land am Zürichsee. Novationen und Novationstausch. Jahrbuch für Hausforschung, hg. vom Arbeitskreis für Hausforschung e. V., Marburg D, Band 45, Marburg 1997, S. 151–174.

43 Neue Schilfbestände gedeihen. Erlenbach: Erfolgreich renaturiertes Seeufer bei der Liegenschaft Wüeri – ZSL nahm Lokaltermin wahr, in: ZSZ, 2.10.1998, S. 23.

44 Schilfbestände bei Erlenbach, in: Jb 4 (1930), S. 183–185. – Quaiprojekt Erlenbach, in: Jb 5 (1931), S. 7–9.

45 Verdichtetes Bauen. Auswirkungen auf das Landschaftsbild (Arbeitsgruppe Verdichtetes Bauen und Vorstand des VSLZ), in: Jb 64 (1990), S. 24–25: Abb. 2, Küsnacht: Intaktes Beispiel einer lockeren, durchgrünten Bebauung.

46 Hermann Hiltbrunner, Die Landschaft Küsnacht–Erlenbach, in: JbZ 1944/45, S. 36–46, Zitat S. 45.

47 Wie Anm. 46.

48 Ernst F. Burckhardt, Landschaftsschutz am Zürichsee (Auf Grund einer Untersuchung der Regionalplangruppe Zürich), in: JbZ 1944/45, S. 3–26. – Vgl. Stichwort E. F. Burckhardt, von Christoph Bignens, in: ALS 1998, S. 104. Burckhardt baute u.a. das Wohnhaus Am Tobel in Erlenbach sowie 1937/38 bzw. 1951/52 die Wohn- und Atelierhäusergruppe Heslibach in Küsnacht, mit seiner Frau Elsa Burckhardt-Blum (1900–1974).

49 Theo Hunziker und W. Zuppinger, Anregungen zur Praxis des Landschaftsschutzes am Zürichsee, in: JbZ 1960–1961, S. 11–36.

50 In «Wirklichkeit» hat mich Dr. A. Egli mit seinem Auto an der Station Forch der Forchbahn abgeholt, wofür ich ihm bestens danke.

51 Zürcher PBG, § 36: «Als Landwirtschaftszonen sind nach Bedarf Flächen auszuscheiden, die sich für die landwirtschaftliche Nutzung eignen, oder die im Gesamtinteresse landwirtschaftlich genutzt werden sollen.»

52 Zürichseeufer 75, S. 38–41, 152–153.

53 Grünraum für Küsnacht, hg. im Februar 1974 von der Arbeitsgruppe Information der Grossen Planungskommission Küsnacht. – Wohnlichkeit für Küsnacht, hg. von der Arbeitsgruppe Information der Grossen Planungskommission Küsnacht, in Zusammenarbeit mit dem Planungsbüro Guhl + Lechner + Philipp, Zürich 1975.

54 Hans Gattiker, Landkäufe der Gemeinde Küsnacht 1.7.1959 bis 30.6.1961, in: JbZ 1960–1961, S. 186–196. – Hans Gattiker, Beispielhafte Landpolitik einer Gemeinde. Küsnachter Grünzonen, in: JbZ 1964–1966, S. 143–156.

55 Dr. H. Hotz, Das Küsnachter Strandbad, in: JbZ 1932, S. 130–134. – Julius Dubs, Küsnacht. Stadt und Land mitenand, in: JbZ 1942, S. 224–225. – Ad. Marthaler, Die forstlichen Verhältnisse der Waldungen des rechten Zürichseeufers, in: JbZ 1945/46, S. 37–51, besonders S. 41–42. – Julius Dubs, 50 Jahre Verschönerungsverein Küsnacht, in: JbZ 1945/46, S. 109–110. – Albert Ulrich Däniker, Die natürlichen Gegebenheiten und die Eigenart eines Seedorfes (Küsnacht ZH), in: JbZ 1948/49, S. 51–61. – Julius Dubs, Küsnacht, in: JbZ 1952/53, S. 280–283. – Werner Blumer, Küsnacht, in JbZ 1954–1955, S. 248–249; Konrad Jucker, Ortsgestaltung in Küsnacht, do., S. 250–251. Walter Bruppacher, Das Panorama von Küsnacht um 1905, In: JbZ 1958–1959, S. 56–58. – Rudolf Joss, Gedanken zur Entwicklung der Dorfkerne und das Beispiel von Küsnacht, in: JbZ 1958–1959, S. 271–279. Hans Gattiker, Kläranlage Küsnacht/Erlenbach, in: JbZ 1960–1961, S. 222–225.

56 Zu Schübelweiher und Rumensee siehe Gattiker 1964–1966, wie Anm. 53.

57 Jb 15/16 (1941/42), S. 7.

58 Ernst Utzinger (1885–1967), Dr. iur., von Wald ZH, Gemeindepräsident von Zollikon 1925–1946, Präsident der ZAW ab 1940, VM 1934–1962, SO Unteres rechtes Zürichsee-Ufer 1943–1960, als solcher Vorgänger seines Schwiegersohns Werner Blumer. – Jb 8 (1934), S. 65. Jb 18 (1944), S. 9. Jb 19 (1945), S. 4, 19. Jb 22 (1948), S. 4. Jb 33 (1959), S. 10. Jb 34 (1960), S. 10. Jb 68 (1994), S. 7. – Ernst Utzinger, Besprechung der Dissertation von Roland Huber, Die ehemaligen Schifffahrtsrechte auf Zürichsee, Linth und Walensee, in: JbZ 1958–1959, S. 215–216.

59 JbZ 1942, S. 211–217. VGl. – Vgl. Jb 17 (1943), S. 3 (Bebauungsplanwettbewerb) und Ernst Utzinger, Bebauungspläne der rechtsufrigen Gemeinden, in: Jb 20 (1946), S. 6–8.

60 Werner Blumer-Utzinger (geboren 1926), Dipl. Architekt, ETH/SIA, Zollikon, VM 1960/62–1994, SO als Nachfolger seines Schwiegervaters Ernst Utzinger 1960–1994; Vertreter des VSLZ im Vorstand der Ritterhausvereinigung Uerikon-Stäfa. Diplom ETHZ 1952, dort Assistent bei Prof. Friedrich Hess bis 1953, im Büro Dr. Roland Rohn 1953–1962, eigenes Büro in Zollikon ab 1962, Renovation der historischen Objekte Traubenberg und Felsengrund (Ortsmuseum) in Zollikon, der Kirchen Zollikon, Altstetten, Egg, Weiningen. Ausstellung seiner Zeichnungen etc. im Gemeindehaus Zollikon 2001. Jb 34 (1960), S. 10. Jb 50 (1976), S. 2. Jb 57 (1983), S. 4. Jb 68 (1994), S. 7.

61 Albert Heer, Zum sechshundertjährigen Bestand der Holzkorporation Zollikon (Buchanzeige), in: ZSb 1930, S. 35. – E. Ochsner, Gemeindeingenieur, Zollikon, Das neue Gemeindehaus in Zollikon, in: JbZ 1940/41, S. 84–96. – O. Matter, Zollikon, in: JbZ 1942, S. 235–236. – Robert Huber, Zollikon, in: JbZ 1946/47, S. 205–206 und JbZ 1952/53, S. 277–279. – Werner Blumer, Zollikon, in: JbZ 1954–1955, S. 243–245 ; JbZ 1956–1957, S. 274–276; Überbauungsvorschläge (für den Zollikerberg) in: JbZ 1958–1959; JbZ 1962–1963, S. 355–356; JbZ 1964–1966, S. 305–307.

62 Werner Blumer, Zollikon, Bauordnung-Zonenplan, in: JbZ 1960–1961, S. 221–222.

63 J. J. Ess, Dr. Ernst Utzinger, Zollikon, zum 70. Geburtstag, in: JbZ 1954–1955, S. 160–163.

64 Jb 64 (1990) (Verdichtetes Bauen: Zollikon als gutes Beispiel).

65 Architekt Benedikt Loderer prägte den Begriff «Stadtwanderer» in einer Artikelserie der 1980er Jahre im Zürcher «Tagesanzeiger». – Benedikt Loderer, Der Mensch sieht mit den Füssen. 13 Reden zu

Architektur und Gestaltung, Glattbrugg, Verlag Hochparterre, 1995.

66 Hermann Herter (1877–1945), Stadtbaumeister von Zürich 1919–1942, Zürich, VM 1927–1942 (für die Bauverwaltung I der Stadt Zürich). Jb 1/2 (1927–1928), S. 9, 11. Jb 3 (1930), S. 55–56. – JbZ 1936, S. 18. – Christine Morra-Barrelet, Hermann Herter, Zürcher Stadtbaumeister 1919–1942, in: Das öffentliche Bauwesen in Zürich. Vierter Teil: Das städtische Bauamt 1907–1957 (Kleine Schriften zur Zürcher Denkmalpflege, Heft 7), Zürich und Egg 2000.

67 Jb 14 (1940), S. 160. – Konrad Hippenmeyer, Stadt und Land (Planung am Zürichsee und im Limmattal), in: JbZ 1932, S. 14–19 (mit Abb.).

68 Emil Klöti (1877–1963), Dr. iur., Vorsteher des städtischen Bauwesens I in Zürich 1910–1928, Stadtpräsident 1928–1942, Zürcher Ständerat 1930–1955, VM, A 1943–1953. Jb 17 (1943), S. 12. Jb 28 (1954), S. 11. – Emil Klöti, Die Rettung des Muraltengutes und des Beckenhofes in Zürich, in: JbZ 1936, S. 14–21. Vgl. S. 249, Anm. 21.

69 Paul Schmid-Ammann, Emil Klöti. Stadtpräsident von Zürich. Ein schweizerischer Staatsmann, Zürich 1965, S. 299.

70 Paul Schmid-Ammann (1900–1984), Dipl. Ing. agr. ETHZ; Chefredaktor «Volksrecht», Nationalrat, Erziehungsrat, Zürich, VM 1957–1974, im A 1957–1969). Jb 31 (1957), S. 11. Jb 42 (1968), S. 11. Jb 43 (1969), S. 11. Jb 48 (1974), S. 10, 12. P. S., Unterwegs von der politischen zur sozialen Demokratie, Lebenserinnerungen, 1978.

71 Wie Anm. 69, S. 309.

72 Emil Klöti, Der Schutz der Wälder und Aussichtspunkte im Gebiete der Stadt Zürich, in: JbZ 1942, S. 3–30. Auf S. 19–20 äussert sich Klöti über das Gebiet an der Stadtgrenze zu Zollikon.

73 Zürichseeufer 75, S. 22–33.

74 Morra–Barrelet 2000, wie Anm. 66, S. 54–55.

75 Friedhofgestaltung in der Schweiz. Vortrag von unserem Mitglied Gartenarchitekt Oskar Mertens (Zürich) am 3. Internationalen Gartenkunst-Kongress, 32. Juli bis 3. August 1939 im Kongresshaus Zürich, in: JbZ 1940/41, S. 141–147. – Rudolf Egli, Der neue Friedhof in Herrliberg, in: JbZ 1949/50, S. 285–288.

76 Vgl. auch: Albert Ulrich Däniker, Die städtebauliche Bedeutung des (alten) botanischen Gartens, in: JbZ 1954–1955, S. 215–223.

77 Dr. Robert Imholz, Präsident der Stadtzürcherischen Vereinigung für Heimatschutz, reichte am 17.8.1977 dem Gemeinderat von Zürich eine Einzel-Initiative ein zur Erhaltung des Promenaden-Quartiers. Am 12.6.1978 beschloss der Kantonsrat, das Gebiet als schutzwürdiges Ortsbild in den kantonalen Siedlungsplan aufzunehmen. Am 11.7.1978 beschloss der Zürcher Gemeinderat Annahme und definitive Unterstützung der Initiative. In der Folge arbeitete die Stadtverwaltung unter Mitwirkung von Robert Imholz den Erlass einer Kernzone aus. Dieser wurde vom Gemeinderat am 23.5.1984 und in der Volksabstimmung am 23.9.1984 angenommen.

78 Seitenmoränenzüge der verschiedenen Rückzugsstadien des Linthgletschers bei der letzten Vergletscherung. Abb. In JbZ 1946/47, S. 38.

79 H. Bertschi, Die Abflussregulierung des Zürichsees, in: Jb 10 (1936) (Sonderheft: Die Regulierung des Zürichsees und die Melioration im Linthgebiet), S. 7–15; Gutachten der NHKZ, verfasst von Prof. Dr. Heinrich Brockmann-Jerosch, S. 16–28; Das Uferbild, von Albert Kölla, S. 29–34. Vgl. S. 278, Anm. 69.

80 Guntram Saladin, Alte Flurnamen in städtischen Strassennamen Zürichs I und II, in: JbZ 1949/50, S. 163–171; JbZ 1950/51, S. 119–128. – Paul Guyer, Zürcher Hausnamen, in: JbZ 1951/52, S. 194–228.

81 Das Haus zum «Schönenhof» in Zürich, in: Jb 9 (1935), S. 7–9.

82 Albert Heinrich Steiner, Die Zürcher Altstadt und ihre Sanierung, in: JbZ 1952/53, S. 238–253.

83 Martin Schlappner (1919–1999), Dr. phil., Redaktor NZZ 1956–1984, Zürcher Gemeinderat 1964–1969, Kantonsrat 1969–1971, VM 1959–1974 (für die Zürcherische Vereinigung für Heimatschutz, die er 1960–1972 präsidiert), Zürich. Jb 33 (1959), S. 10. – Martin Schlappner, Fest des Volkes (600 Jahre Zürich im Bund 1951), Zeichnungen von Walter Roshardt, in : JbZ 1951/52, S. 25–33. – Hanspeter Rebsamen, Zur Erinnerung an Dr. Martin Schlappner 1919–1999. In: Zürcher Heimatschutz. Neue Siedlungskultur, als Dokumentation für 1999, ZVH-Heft Nr. 20, S. 35 (Druckfehler: Zeile 1: 1960, statt 1969; Zeile 28: 1972, statt 1971). – Vgl. Anm. 84.

84 Martin Schlappner, Wandlungen im Heimatschutz, in: JbZ 1962–1963, S. 65–77.

85 Albert Heinrich Steiner, Umgestaltung der Bürkliterrasse (mit Abbildung der Plastik), in: JbZ 1952/53, S. 22–28. – Peter Meyer, Der Bildhauer als Verteidiger der Persönlichkeit. Ansprache bei der Verleihung des Kunstpreises der Stadt Zürich an Hermann Hubacher am 18.12.1944 im Stadthaus, in: JbZ 1945/46, S. 67–73.

86 Internationale Ausstellung Plastik in Zürich im Kunsthaus und an den Seeufern 193: Balsiger stellt im Grossen Stadtrat Antrag zum Ankauf von vier Werken (von Despiau, Frank, Angst, Milles). Vgl. Wa. Ka. Buchmann, Öffentliche Kunstpflege der Stadt Zürich, in: JbZ 1947/48, S. 237–251, (v.a. S. 242). – Wilhelm Wartmann (Vorwort, Skulpturen in Zürich) im Ausstellungskatalog, Zürich 1931. – Fritz Emanuel Schütz, Plastik in öffentlichen Gärten (Plastikausstellung in Zürich 1931), in: JbZ 1932, S. 156–159 (m. Abb.). Jb 10 (1936), S. 75–76. – Schreiben von Stadtpräsident Adolf Lüchinger an Balsiger vom 23.12.1945, der angeregt hat, 1947 oder 1948 wieder eine solche internationale Plastikausstellung zu veranstalten. (N HB 2).

87 INSA Zürich, NA 2001, S. 195–196.

88 Walter Diggelmann, Der Lindenhof in Zürich, in: JbZ 1948/49, S. 90–96. – Eugen Trachsler, Das Zürichhorn, in: JbZ 1947/48, S. 83–92. – Zum Platzspitz vgl. ZSb 1930, S. 25; Jb 10 (1936), S. 23–24, 27–28.

89 Karl Huber, Sekundarlehrer, Gemeinderat, Zürich, Die Bestrebungen zur Erhaltung des Üetlibergs als eines dem Volke und den Naturfreunden zugänglichen Aussichtspunktes und Erholungsgebietes (i. Z. mit Hubers Interpellation im Zürcher Gemeinderat 1933), in: Jb 8 (1934), S. 26–37, 5, 60–61. – Karl Huber, Der Üetliberg als Aussichtswarte, in: NS 1939, S. 149–160. – Rodungen für Segelflugplätze auf dem Albis, in Jb 17 (1943), S. 11. – Walter Drack e.a., Der Üetliberg, Zürich 1984.

90 Karl Ritzler, Vom Leben im Stadtwald (Zürich), in: JbZ 1943/44, S. 63–71. – H. Lamprecht, Forstingenieur ETH, Der Lehrwald der Eidgenössischen Technischen Hochschule und das kantonale Pflanzenschutzgebiet am Üetliberg, in: JbZ 1948/49, S. 334–343. – Adolf Marthaler, Die forstlichen Verhältnisse der Waldungen des rechten Zürichseeufers, in: JbZ 1945/46, S. 37–51. – Karl Alfons Meyer,

	Wälder rund um den Zürichsee, in: JbZ 1960–1961, S. 56–69.
91	Zürichseeufer 75, S. 24.
92	Theodor Spühler, Freie Sicht auf der «Kleinen Rigi», in JbZ 58–1959, S. 356.
93	Erhaltung des Stockengutes Kilchberg, in: Jb 57 (1983), S. 9. Zum Preis von 33 Mio. Franken «wurden 188 000 m² Erholungsgebiet für alle Zeiten gesichert».
94	Gottlieb Binder, Kilchberg, Die Kirche, in: JbZ 1943/44, S. 173–178. – Thomas Müller, Kilchberg, Reformierte Kirche, in: 14. BerZD 1995–1996, Zürich und Egg 2001, S. 148–155.
95	Die Kirche von Kilchberg, in: Jb 3 (1929), S. 50–51.
96	Gottlieb Binder, Das Landhaus Conrad Ferdinand Meyers, in JbZ 1943/44, S. 182–186. – Robert Faesi, Giuseppe Zoppi, Charly Clerc, Tista Murk, Zu Conrad Ferdinand Meyers Gedächtnis (zum 50. Todestag), in: JbZ 1948/49, S. 117–123. – Theodor Spühler, Die ortsgeschichtliche Sammlung Kilchberg-Zürich, in: JbZ 1944/45, S. 171–175. – Arthur Bräm, Die alte Landstrasse in Kilchberg, in: JbZ 1947/48, S. 222–225.
97	Zürichseeufer 75, S. 132–134. – Prof. Dr. Eugen A. Thomas, Limnologische Station Kilchberg, Planktonleben und Stoffkreisläufe; pysikalische und chemische Einflüsse, in: Zürichsee 1979, S. 61–85, v.a. S. 81–84. – Prof. Dr. Ferdinand Schanz, Limnologische Station Kilchberg, Blütenpflanzen und Algen der Seeufer, in: Zürichsee 1979, S. 87–112, v.a. S. 94–95. – E. A. Thomas, Probleme der Zürcher Limnologie (Binnengewässerkunde), in: Jb 56 (1982), S. 16–31. – F. Schanz, Der Zürichsee: Einzugsgebiet, Seebecken und Lebensgemeinschaften (Ufer- und Freiwasserzone), in: Jb 56 (1982), S. 32–47.
98	Hans Vogelsanger, Architekt, Ideenwettbewerb zur baulichen und landschaftlichen Ausgestaltung der Gemeinde Rüschlikon, in: JbZ 1944/45, S. 222–232.
99	Zu Gattiker und seiner Malkolonie vgl. Zeitschrift DU, Zürich, Nr. 12/1948, S. 20, 23. – Zum Brahmshaus vgl. JbZ 1958–1959, S. 21–22, und Binder, wie Anm. 100.
100	Binder 1937, S. 19–25.
101	Gustav Ammann, Der Park «Im Grüene» Rüschlikon, Zeichnungen von Fritz Deringer, in: JbZ 1949/50, S. 81–87.
102	Zu Waldweiher und Gattikerweiher vgl. Hiltbrunner, wie Anm. 103, S. 102–103; Gustav Ammann in: JbZ 1949/50, S. 86–87. – Hans Rudolf Schmid, Der «Waldweiher» zu Thalwil, in: JbZ 1960–1961, S. 310–311. – René Honegger, Beiträge zum Verhalten des Blässhuhns (Fulicva atra atra L.), (Beobachtungen am Gattiker- und Waldweiher Thalwil), in: JbZ 1958–1959, S. 46–55. – H. Heussr und R. Honegger, Verhaltensforschung und Tierschutz am Beispiel der Erdkrötenpopulation auf dem mittleren Zimmerberg (Beobachtungen am Gattiker- und Waldweiher), in: JbZ 1962–1963, S. 88–99. – Appenzeller 1999, S. 89.
103	Hermann Hiltbrunner, Die zwei Gesichter Thalwils , in: JbZ 1942, S. 96–104, Zitat S. 102.
104	Heinrich Grossmann, Die Wälder zwischen Zürichsee und Sihltal, in JbZ 1946/47, S. 37–49. – Ernst Tobler, Kleiner Kulturstreifzug durch das Sihltal, Zeichnungen von Fritz Deringer, in: JbZ 1947/48, S. 59–66.
105	Erwin Stirnemann, Vom Sihltal, Zeichnungen von Oskar Weiss und P. Bachmann, in: JbZ 1950/51, S. 213–217, Zitat S. 217.
106	Gottlieb Heinrich Heer, Das Buch vom Sihltal, Zeichnungen von Fritz Deringer, Zürich 1947, 2. Aufl. 1948. – Blätter der Vereinigung Pro Sihltal, Langnau etc. 1951 ff.
107	Zürichseeufer 75, S. 124–125.
108	Jb 62 (1988), S. 10–11.
109	JbZ 1932, S. 52–53, nach S. 53 (Abb.).
110	Wie Anm. 107. Abgebildet sind vier Beispiele biedermeierlicher Bebauung an der Seestrasse in Oberrieden.
111	Ernst Gattiker, Horgen (Natur- und Heimatschutz-Kommission, Schaffung von Schutzgebieten), in: JbZ 1960–1961, S. 298–307. – Walter Knopfli, Das Chruzelmoos bei Hirzel, in: JbZ 1951/52, S. 86–98. – Albert Kölla, Die Linden von Hirzel, in: JbZ 1947/48, S. 51–55. – Konrad Escher, Besprechung von: Walter Höhn, Der Hüttnersee, seine Lebewelt und seine Geschichte, Njbl. 1942 der Lesegesellschaft Wädenswil, in: JbZ 1942, S. 197–199. – J. Anliker, Das Hinterbergried, ein neues Naturschutzgebiet auf dem östlichen Zimmerberg (Gemeinde Schönenberg), in: JbZ 1954–1955, S. 224–227.
112	Peter Marxer, Peter Kienast: Reinhold Kündig. Maler der Zürcher Landschaft, Zürich 1982. – Hans Matthys, Regula Spinner: Hermann Huber, Reinhold Kündig aus Briefen und Tagebüchern. Quellen: Nachlass und Schweizerisches Institut für Kunstwissenschaft Zürich. O. O. u. D.
113	Marcel Fischer, Zürcher Landschaften in der Malerei, in: NS 1939, S. 19–54, zu Kündig S. 51–52.
114	Fritz Zbinden, Zürichseelandschaft, Schweizer Schulwandbilderwerk Nr. 85. – Blätter der Vereinigung Pro Sihltal, Herbst 1963, S. 15 f. – KLS S. 14 (Amande), 1085–1086 (Zbinden). – Paul Weder, Fritz Zbinden 1896–1968, Horgen 1977.
115	Nicolas Zbinden, Warum das Malerehepaar Fritz Zbinden und Hélène Amande-Zbinden nach zehn Jahren künstlerischer Arbeit in Paris in die Voralpen-Landschaft auf dem Horgenberg ob Horgen kam, PC-Ausdruck 2002 (Gekürzte Fassung).
116	Werke von Nicolas Zbinden: Aromunische Hirtenerzählungen aus dem Pindusgebirge. Von Neräiden, Moïren, Dämonen, Drachen, Toten und Träumen. In Griechenland gesammelt, herausgegeben und übersetzt von Vassilis Noulas und Nicolas Zbinden. Mit Aquatinta-Radierungen von Marianne Spälty, Verlag Buchhandlung Madliger- Schwab, Zürich 1981. – Griechenlandfahrt. Gedanken und Erinnerungen an klassische Stätten. Illustrationen von Fritz Zbinden, Zürich 1993. – Francesco Petrarca, Die Besteigung des Mont Ventoux. Hinweise und Gedanken zu diesem Petrarca-Text, Horgenberg 2001.
117	Gründer waren ausser Zbinden Ernst Jörg, Maler und Lehrer im Horgenberg; Dr. iur. Katharina Sameli, Rechtsanwältin, Zürich; PD Dr. med. Dominik Wieser, Basel. Den Stiftungsrat bilden Zbinden, Sameli und Wieser sowie Willi Albrecht, Lithograph, Horgen.
118	Barbara Handke, «Kunstfrühling am Zürichsee» eingeläutet, in: TA, 1.3.1999, S. 19.
119	Seeweg Horgen–Käpfnach–Meilibach, in: Jb 64 (1990), S. 7–12.
120	Wie Anm. 119.
121	Erwerb des Landgutes Schloss Au, Wädenswil, durch den Kanton Zürich. Referate anlässlich der Pressekonferenz vom 3.8.1989: Eigentumsübertragung, Begrüssung von Inez Oltramare. Erwerb des Landgutes Schloss Au, von RR Jakob Stucki, Finanzdirektor. Die Bedeutung der Halbinsel Au für den Landschaftsschutz am Zürichsee, von RR Dr. Eric Honegger, Baudirektor. Beschreibung der Au durch Dr. med. Johann Caspar Hirzel 1750. Der Architekt des Schlosses Au,

J. A. Freytag 1880–1945, von Andreas Pfleghard, kant. Denkmalpfleger, alle in: Jb 63 (1989), S. 26–36.

122 Halbinsel Au – ein Glücksfall. Menschen, Kultur und Landschaft, Zürich 1991. – Albert Hauser, Zur Geschichte der Halbinsel Au, in: JbZ 1954–1955, S. 53–56.

123 Au-Konsortium und Landschaftsschutz, in: Hauser, wie Anm. 122, S. 71–79. – Jubiläum des Au-Konsortiums, in: JbZ 1942, S. 230. – Zum Tod von Fritz Weber, in: JbZ 1956–1957, S. 245. – Gedenkstein für Fritz Weber, in: JbZ 1958–1959, S. 340. – Albert Ulrich Däniker, Die Bepflanzung der Au-Kuppe als Beispiel einer Landschaftsgestaltungs-Aufgabe, in: JbZ 1954–1955, S. 64–69. – Gottlieb Heinrich Heer, Der neue Gasthof auf der Halbinsel Au, in: JbZ 1958–1959. – Albert Hauser, Zur Neugestaltung der Halbinsel Au. Eine Initiative des Au-Konsortiums, in: Jb 49 (1975), S. 28–32.

124 Der Au-Rebberg – Untergang und Wiedergeburt sowie Das Weinbau-Museum, in: Hauser, wie Anm. 122, S. 111–119, 120–125. – W. Eggenberger, Der Rebbau auf der Halbinsel Au, In: JbZ 1954–1955, S. 57–63.

125 Der Bauerngarten der Au-Kuppe, in: Hauser, wie Anm. 122, S. 80–84.

126 Halbinsel Au, in: Jb 3 (1929), S. 51–53.

127 Landschaftsschutz im Gebiet der Halbinsel Au, in: JbZ 1962–1963, S. 287–288.

128 Paul W. Weber (1894–1967), Wädenswil, VM 1968-1996. Jb 42 (1968), S. 10. Jb 50 (1976), S. 2. Jb 69 (1995), S. 6, 7. Jb 70 (1996), S. 5. – Walter Weber (1894–1967), Dr., Gemeindepräsident, Wädenswil, VM 1931–1959. Jb 5 (1931), S. 18. Jb 33 (1959), S. 10. Jb 34 (1960), S. 10.

129 JbZ 1948/49, S. 250. – Jb 5 (1931), S. 9.

Abkürzungsverzeichnis

AGZ   Antiquarische Gesellschaft in Zürich.
ALS 1998   Architektenlexikon der Schweiz 19./20. Jahrhundert, hg. von Isabelle Rucki und Dorothee Huber, Basel/Boston/Berlin 1998.
Appenzeller 1999
   Walter Appenzeller, Auf Wanderwegen rund um den Zürichsee, hg. von den Zürcher Wanderwegen ZAW, Zürich 1997, 3. Aufl. 1999.
BD-Prot   Protokoll der Baudirektion des Kantons Zürich.
BerZD   Zürcher Denkmalpflege, Berichte, Zürich 1961 ff.
Binder 1937
   Gottlieb Binder, Zur Kulturgeschichte des Zürichsees, Erlenbach-Zürich 1937.
BLN   Bundesinventar der Landschaften und Naturdenkmäler von nationaler Bedeutung, Bern 1977. Nachträge 1983, 1996, 1997. Siehe auch KLN.
BSA   Bund Schweizer Architekten.
EKZ   Elektrizitätswerke des Kantons Zürich.
ENHK   Eidgenössische Natur- und Heimatschutzkommission.
FPG   Forstpolizeigesetz (Bundesgesetz betreff. die eidgenössische Oberaufsicht über die Forstpolizei vom 11.10.1902).
GA   Gutachten.
GLS   Geographisches Lexikon der Schweiz, Neuenburg 1902–1910.
GRB   Gemeinderatsprotokoll.
GSK   Gesellschaft für Schweizerische Kunstgeschichte.
GV   Generalversammlung.
Hauser 1991
   Albert Hauser, Halbinsel Au – ein Glücksfall, Zürich 1991.
HBLS   Historisch-biographisches Lexikon der Schweiz, Neuenburg 1921–1934.
HK-Prot   Protokolle der HKZ 1912–1920. Siehe NHK-Prot.
HKZ   Heimatschutzkommission des Kantons Zürich 1912–1920. Siehe NHKZ.
Huonker 1985
   Gustav Huonker, Literaturszene Zürich. Menschen, Geschichten und Bilder. 1914 bis 1945, Zürich 1985.
INSA Zürich NA 2001
   Zürich. Architektur und Städtebau 1850–1920, Bern/Zürich 2001. Sonderpublikation aus Inventar der neueren Schweizer Architektur 1850–1920 INSA, Bd. 10, Bern 1992.
Jb   Jahresberichte des VSLZ/ZSL, 1927/28 ff. Siehe S. 293–294: Publikationen und Jahresgaben des VSLZ/ZSL.
JbZ   Jahrbuch vom Zürichsee, hg. vom VSLZ 1930–1966. Siehe S. 293: Publikationen und Jahresgaben des VSLZ/ZSL.
KDKZ   Denkmalpflegekommission des Kantons Zürich.
KLN   Inventar der zu erhaltenden Landschaften und Naturdenkmäler von nationaler Bedeutung, erstellt im Auftrage des Schweizerischen Bundes für Naturschutz, der Schweizerischen Vereinigung für Heimatschutz und des Schweizer Alpenclubs von der hiezu bestellten Kommission (KLN) 1959–1967 und von den drei Verbänden zur Forderung erhoben am 4. Mai 1963 und am 18. November 1967. Ringhefter, zweite, revidierte Ausgabe 1967 (Erste Ausgabe 1963, photomechanische Neuauflage 1972). Siehe BLN.
KLS   Künstlerlexikon der Schweiz, XX. Jahrhundert, Frauenfeld 1958–1967. Bd. 1 (1958–1961). Bd. 2 (1963–1967).
Knopfli/Labhart 1961
   Walter Knopfli, Heinrich Labhart, Vorschläge zur Erhaltung der landschaftlichen und biologischen Eigenarten des Obersees und der angrenzenden Partien des Zürichsees. Schutzwürdigkeit des Obersees und der angrenzenden Partien des Zürichsees. Im Auftrag des VSLZ, Typskript mit Fotos und Plan, Zürich, im Mai 1961. Privatbesitz Pfäffikon SZ. Vgl. Register.
N HB   Nachlass Hermann Balsiger in der Zentralbibliothek Zürich: Siehe S. 288–290, Dokumentation Hermann Balsiger.
NHG   Bundesgesetz über den Natur- und Heimatschutz vom 1. Juli 1966.
NHK-Prot   Protokolle der Natur- und Heimatschutzkommission des Kantons Zürich, 1921 ff. Siehe HK-Prot.
NHKZ   Natur- und Heimatschutzkommission des Kantons Zürich (Name seit 1921), gegründet 1912 als HKZ (Heimatschutzkommission des Kantons Zürich).
Njbl   Neujahrsblatt.
NOK   Nordostschweizerische Kraftwerke.
NS 1939   Naturschutz im Kanton Zürich. Ein Hilfsbuch für die Lehrerschaft und für Freunde der Heimat, herausgegeben vom Verband zum Schutze des Landschaftsbildes am Zürichsee und vom Zürcherischen Kantonalen Lehrerverein, Geleitwort von Hermann Balsiger, Stäfa/Zürich 1939. Autoren: Hans Burger, Marcel Fischer, Ernst Furrer, Emil Egli, Walter Höhn, Jakob Hübscher, Karl Huber,

	Walter Knopfli, A. Schaufelberger, Carl Schröter, Hans Sigg, Theodor Weber.
NZN	Neue Zürcher Nachrichten.
OR	Oberrichter.
PBG	Planungs- und Baugesetz des Kantons Zürich 1975, revidiert 1991.
PN	Pro Natura. Früher Schweizerischer Bund für Naturschutz (SBN).
Rebsamen/Renfer 1995	Prospect von Statt und Zürich See. Nach der Natur gezeichnet von Johann Jakob Hofmann, Maler. Ansichten der Stadt Zürich und der Orte am Zürichsee 1771–1772, Kommentarband von Hanspeter Rebsamen und Christian Renfer zur Faksimileausgabe der 61 Originalblätter aus Privatbesitz, Zürich 1995.
RPG	Eidg. Raumplanungsgesetz. (Bundesgesetz über die Raumplanung vom 22.6.1979).
RR	Regierungsrat.
RRB	Regierungsratsbeschluss.
RR-Prot.	Regierungsratsprotokoll.
SANB	St. Gallisch-Appenzellischer Naturschutzbund.
SAW	Schweizer Arbeitsgemeinschaft für Wanderwege.
SBN	Schweizerischer Bund für Naturschutz. Siehe PN.
SBZ	Schweizerische Bauzeitung.
SGV	Schweizerische Gesellschaft für Vogelkunde und Vogelschutz.
SHS	Schweizer Heimatschutz.
SIA	Schweizerischer Ingenieur- und Architektenverein.
SL	Schweizer Landschaftsschutz.
SLM	Schweiz. Landesmuseum.
SLex	Schweizer Lexikon, 7 Bände, Zürich 1945–1948.
SO	Sektionsobmann VSLZ/ZSL.
SOB	Südostbahn.
StAZ	Staatsarchiv Zürich.
Stadt A ZH	Stadtarchiv Zürich.
SWB	Schweizer Werkbund.
TAT	DIE TAT, Tageszeitung, Zürich.
VM	Vorstandsmitglied VSLZ/ZSL.
VR	Volksrecht, Tageszeitung, Zürich.
VSLZ	Verband zum Schutze des Landschaftsbildes am Zürichsee (Name 1927–1998, siehe ZSL).
VSLZ 1928	Verband zum Schutze des Landschaftsbildes am Zürichsee, Werbeflugblatt, Zürich/Rapperswil/Lachen, anfangs März 1928, VSLZ-Archiv, Ulrich Gut (I), Küsnacht/Stäfa.
ZAW	Zürcher Wanderwege. Früher Zürcher Arbeitsgemeinschaft für Wanderwege.
ZB	Der Zürcher Bauer, Wochenzeitung.
ZBZ	Zentralbibliothek Zürich.
ZGB	Schweizerisches Zivilgesetzbuch, in Kraft seit 1.1.1912.
Ziegler 1998	Peter Ziegler, Kulturraum Zürichsee. 5 000 Jahre Geschichte in Bildern und Dokumenten. Mit einem Vorwort von Ulrich Gut (I), Stäfa, Th. Gut Verlag, 1998.
Ziegler/Schneider 1999	Peter Ziegler, Leben am Zürichsee, Illustrationen (Fotos) von Reto Schneider. Mit einem Vorwort von Ulrich Gut (I), Stäfa, Th. Gut Verlag 1999.
ZSb 1930	Zürichsee-Buch 1930, hg. vom VSLZ, Zürich 1930. Unmittelbarer Vorläufer der JbZ.
ZSG	Zürcher Schifffahrtsgesellschaft.
ZSL	Zürichsee Landschaftsschutz (Name ab 1998, siehe VSLZ).
ZSZ	Zürichsee-Zeitung, Stäfa.
Zürichsee 1979	Der Zürichsee und seine Nachbarseen, Zürich 1979. Autoren: Christian Bussmann, René Hantke, Ulrich Ruoff, Ferdinand Schanz, Max Schüepp, Eugen A. Thomas, Heidi Vicentini, Jakob Walter, Peter Ziegler, Vorwort von R. Pedroli, Direktor des Bundesamtes für Umweltschutz.
ZVH	Zürcherische Vereinigung für Heimatschutz, gegründet 1905.

Dokumentation Hermann Balsiger (1876–1953)

Oberrichter Dr. Berthold Neidhart (1903–1975), VSLZ-Aktuar 1931–1938, amtete nach dem Tod Balsigers am 18.2.1953 als dessen Willensvollstrecker, sichtete den Gesamtnachlass und übergab die erhaltenswerten Teile der Zentralbibliothek Zürich. Diese sind in der Handschriftenabteilung unter der Bezeichnung «Nachl. H. Balsiger» aufbewahrt und enthalten Briefe von und an H.B.; Nachrufe, Ansprachen etc. von H.B.; Ehrungen H. Balsigers; Familienwappen, Bücher und Broschüren (u.a. von seiner Frau Elisabeth Balsiger-Tobler). In diesem Buch wird die Abkürzung N HB verwendet.

Publikationen über Hermann Balsiger

In den Jahresberichten des VSLZ: Jb 1/2 (1927/28), S. 4, 5, 6, 11, 28–29. – Jb 3 (1929), S. 40–46. – Jb 5 (1931), S. 17 (Balsigers Verdienste um das Jahrbuch vom Zürichsee). – Jb 6 (1932), S. 34–35. – Jb 7 (1933), S. 38, 61 (Rücktrittsabsichten). – Jb 9 (1935), S. 18–19, 21. – Jb 10 (1936), S. 77 (Mitglied ENHK 1936), S. 78 (Feier zum 60. Geburtstag, veranstaltet von VSLZ und NHKZ 1936. JbZ 1936 als Festgabe zum 60. Geburtstag. – Jb 17 (1943), S. 12. – Jb 18 (1944), S. 10. – Jb 27 (1953), S. 3.

In den Jahrbüchern vom Zürichsee. JbZ 1936 (Festschrift zum 60. Geburtstag), S. 6 (Widmung), S. 9–10 (Glückwunsch des Verbandes zum 60. Geburtstag, mit Porträtphoto Balsigers), S. 12–13 (Verdienste um die NHKZ), S. 14–21 (Verdienste um die Rettung von Beckenhof und Muraltengut in Zürich). S. 125–129 (Ernst Nobs, Begegnungen mit Hermann Balsiger, Porträtzeichnung von Hanni Bay: S. 127), S. 130–131 (Glückwunsch von Karl Naef, Sekretär des schweiz. Schriftstellervereins), S.131–132 (Glückwunsch von Sigismund Righini im Namen der Zürcher Künstlerschaft). – Gemeinschaft und Persönlichkeit. Hermann Balsiger zu seinem siebzigsten Geburtstag, in JbZ 1946/47, S. 157–171: Beiträge von Walter Roshardt: Porträtzeichnung mit Widmung (S. 159). Grussadressen von Berthold Neidhart (S. 161), Theodor Gut (I) (S. 162–163), Paul Corrodi (S. 163–164), Stadtpräsident Dr. A. Lüchinger (S. 164–165), Ernst Nobs (S. 165–166), Guido Calgari (S. 167–168), Eduard Tenger (S. 168–169), Hermann Hiltbrunner (S. 170), Hans Schumacher (Regenrune, Gedicht, S. 171). – JbZ 1952/53, S. 117–126 (Ernst Nobs, Dr. Hermann Balsiger †. Mit Porträtzeichnung von Ernst E. Schlatter, Uttwil, Sept. 1952.)

Verschiedene Würdigungen (Hermann Balsiger, seine Gattinnen, Nachkommen).

E. H. (Emil Hahn), Hermann Balsiger, in: HBLS 1 (1921), S. 551. – Abschied von Elisabeth Balsiger-Tobler 1896–1943. Trauerfeier im Krematorium der Stadt Zürich, am Dienstag, den 13. Januar 1943. Ansprachen von Stadtpräsident Ernst Nobs (S. 7–20), Rektor Dr. O. Fischer (S. 21–27), Rechtsanwalt Dr. Max Eberli (S. 29–31). Nekrologe von Dr. E. L. Bähler (S. 33–37), Emmi Bloch (S. 39–40). Photographien. Porträtzeichnung von Walter Roshardt (S. 41). (Broschüre, StadtA ZH: Nd Balsiger). – * (Sternchen), Ein Freund Zürichs verlässt unsere Stadt, Volksrecht 24.6.1943. – Dr. Hermann Balsiger. Ansprache anlässlich seines Rücktrittes aus den ihm von der Stadt Zürich übertragenen Ämtern im Zunfthaus zur Zimmerleuten (in Zürich), Ende Juni 1943, von Stadtpräsident Ernst Nobs (StadtA ZH: Na 1204). – F(ritz) H(eeb), Hermann Balsiger (zum 70. Geburtstag), Volksrecht 23.9.1946. – Justin, Dank an einen Richter. Zum siebzigsten Geburtstag von Dr. Hermann Balsiger, Weltwoche Nr. 673, 4.10.1946. – Arthur Bauhofer, Oberrichter, Arnold Bosshardt, Kunstmaler, Dr. Hermann Balsiger zum 75. Geburtstag, DIE TAT, Zürich, 16 (1951), Nr. 258, 24.9.1951. – Theodor Gut, Verdienter Heimatschützer (Hermann Balsiger zum 75. Geburtstag), ZSZ 24.9.1951. – Dr. Hermann Balsiger †, NZZ Nr. 383, 19.2.1953. – Ernst Nobs, Alt Obergerichtspräsident Dr. Hermann Balsiger gestorben, Volksrecht 19.2.1953, S. 1. – Abschiedsfeier für Dr. Hermann Balsiger, Volksrecht 23.2.1953. – nr., Trauerfeier für Dr. Hermann Balsiger, NZZ Nr. 413, 23.2.1953. – z., Trauerfeier für Dr. Hermann Balsiger, Tages-Anzeiger, Zürich, 23.2.1953, S. 2. – F(ritz) H(eeb), † Dr. Hermann Balsiger, in: 75 Jahre Lebensmittelverein Zürich, Beilage zur «Genossenschaft», Nr. 9, 28.2.1953; leicht gekürzt auch in: Verband Schweizerischer Konsumvereine, Februar 1953. – Nekrolog Mentona Moser, Schaffhauser Nachrichten, 4.6.1971 (vgl. Moser 1986, S. 260). – Gustav Huonker, Literaturszene Zürich. Menschen, Geschichten und Bilder 1914 bis 1945, Zürich, Unionsverlag 1985, S. 67–74, 107. – Mentona Moser, Unter den Dächern von Morcote. Meine Lebensgeschichte. Institut für Marxismus-Leninismus beim ZK der SED, hg. und Nachwort von Ilse Schiel, Berlin, Dietz 1985; Schweizer Ausgabe: Mentona Moser, Ich habe gelebt. Nachwort von Roger Nicholas Balsiger, Zürich 1986 (Über Hermann Balsiger vor allem S. 107–136, 288–290). – Marlies Beck-Cyprian, Bedeutende Wädenswilerinnen, Wädenswiler Jahrbuch, Wädenswil 1991, S. 12–26 (Fanny Moser-Sulzer, Fanny Moser, Mentona Moser).

Hermann Balsiger, Aufsätze und Schriften

Kassation und Kassationsgericht im Kanton Zürich, Dissertation, Zürich 1903.

Grundeigentumsbesteuerung von Aktien-Gesellschaften und Genossenschaften im Kanton Zürich, Referat, gehalten an der Kreiskonferenz XI vom 24. April 1910 in Zürich, Basel 1910.

Hoher Gast (=Schwalbenschwanz), Volksrecht, Zürich, 27.7.1921 (unter dem Pseudonym «Corylus»), Nachdruck in JbZ 1952/53, S. 205–206, mit Kommentar von Ernst Nobs und Zeichnung von Pia Roshardt.

Schwedische Ausstellung im Kunstgewerbemuseum der Stadt Zürich, Zürich, Werkstätten der Gewerbeschule 1922; dazu 3 Besprechungen in: Volksrecht, Zürich, Nrn. 170–172, 24.–26.7.1922.

Natur- & Heimatschutzkommission des Kantons Zürich, Zürich, den 4. Februar 1924. An den Grossen Stadtrat von Zürich! Sig. Natur- & Heimatschutzkommission des Kantons Zürich, Der Präsident: Dr. H. Balsiger, OR. Der Sekretär: Dr. H. Peter (Betr. Erhaltung des Muraltenguts in Zürich. Autor: Hermann Balsiger). StAZ VIII 166. – Vgl. JbZ 1936, S. 12–13.

Erhaltung des Muraltenguts in Zürich, Appell von H. Balsiger und 26 Mitunterzeichnern aus Maler-, Architekten, Literatur- und Kunstfreunden an den Grossen Stadtrat, 1924. – Vgl. JbZ 1936, S. 13.

Das Muraltengut in Zürich, WERK, 11 (1924), Heft 5, S. 115–122; auch Separatdruck. – Vgl. JbZ 1936, S. 17 und WERK 15 (1928), S. 312–322.

Zwei Denkmäler zürcherischer Baukunst, in: Heimatschutz, Basel, 19 (1924), Heft 4, S. 43–46, 49–67. Unter dem Titel: Der Beckenhof. Ein Zürcher Baudenkmal, auch erschienen als «um acht Bilder und Vignetten erweiterter Sonderdruck», Basel, Heimatschutz-Verlag (Frobenius A.G.) 1924. Vgl. JbZ 1936, S. 20.

Vom Beckenhof, mit Photos des Verfassers, Zürcher Theater-, Konzert- und Fremdenblatt, Zürich 1924, Nrn. 9 und 10; auch Separatdruck. Vgl. auch Nrn. 25, 27, 28, 30.

Die Trachten des Zürichbietes im Jahre 1925, mit Photos des Verfassers, Heimatschutz-Verlag Frobenius A.G., Basel 1925.

Ansprache des Herrn Oberrichter Dr. Hermann Balsiger (im Krematorium Zürich am 3.5.1928), in: Heinrich Wyss 16. August 1854 – 1. Mai 1928, Zürich 1928, S. 9–24.

Rede zum Gedenken der Revolutionen vom 18.3.1848 und vom 18.3.1871 an der vom Bildungsausschuss der Sozialdemokratischen Partei veranstalteten Feier am 17.3.1929 im Weissen Saal des Volkshauses Zürich. (Autograph in N HB 3).

An die Freunde des Zürichsees, ZSb 1930, S. 3–7.

Ein neues Gessner-Buch (von P. Leemann-van Elck): ZSb 1930, S. 31.

Gedenkrede auf Herrn Dr. h. c. Hermann Fietz, zürcher. Kantonsbaumeister, geb. 30. April 1869, gest. 24. Januar 1931. Rede des Präsidenten der Kant. Natur- und Heimatschutzkommission, Oberrichter Dr. Hermann Balsiger, gehalten an der Abdankungsfeier 27. Jan. 1931 in der Kirche Zollikon, Verband zum Schutze des Landschaftsbildes am Zürichsee, Separatdruck aus der «Zürichsee-Zeitung».

Zur Einführung, in: JbZ 1932, S. 7–12.

Urkunden zürcherischen Naturschutzes, Die staatliche Reservation im Limmattal in: JbZ 1932, S. 29–46 (m. Abb.: Photos von Bildhauer Rudolf Wening), sowie in David Bürklis Züricher Kalender 1936.

Verehrte Verbandsmitglieder, in: Jb 6 (1932), S. 7–9.

Aufgabe und Organisation des Natur- und Heimatschutzes in der Schweiz. Beitrag zu den Erörterungen über die Motion Oldani, Zürich, Frühling 1934, in: Jb VSLZ 7 (1933), S. 3–15, 61; auch Separatdruck.

Verehrte Verbandsmitglieder (Die Idee lebt, denn sie ist aus der Liebe geboren), in: Jb 8 (1934), S. 5–6.

Verehrte Mitglieder, in: Jb 11 (1937), S. 1–4.

Zum 60. Geburtstag des Genossen Dr. Emil Klöti, Stadtpräsident von Zürich, am 17. Oktober 1937, Zürich 1937. Balsiger ist Herausgeber sowie Autor des Beitrags Lieber Klöti, S. 5–9.

Prof. Dr. Heinrich Brockmann, Nachruf, in: JbZ 1938, S. 74–80 (Porträtzeichnung von Gregor Rabinovitch).

Ansprache von Obergerichtspräsident Hermann Balsiger (bei der Trauerfeier in der Kreuzkirche Zürich am 28.4.1938), in: Dr. Karl Schultz 1884–1938, Oberrichter, Zürich 1938, S. 11–18.

Zum Geleit, in: NS 1939, S. 7–9.

Einweihung des Kongresshauses Zürich. Rede des Präsidenten des

Stiftungsrates Dr. Hermann Balsiger am 3. Mai 1939. Photos vom Autor, Swissair, Hans Finsler, Rudolf Steiger, in: JbZ 1938, S. 81–91, 107.

Vorwort, in: JbZ 1939/40, S. 5–6.

Vorwort, in: JbZ 1940/41, S. 5–6.

Freunde, in: JbZ 1942, S. IX–XI.

Übergabe des Literaturpreises der Stadt Zürich an Hermann Hiltbrunner, in: JbZ 1942, S. 132–138.

Freunde, in: JbZ 1943/44, S. IX–XI.

Vorwort, in: JbZ 1944/45, S. IX–XI.

Freunde, in : JbZ 1945/46, S. IX–XI.

Pro Helvetia und der Heimatschutz, in: JbZ 1945/46, S. 117–124.

Freunde, in JbZ 1946/47, S. IX–XII.

Brief aus meiner Reblaube («Himmelsleiterli»), in: JbZ 1946/47, S. 151–156.

Freunde, in: JbZ 1947/48, S. IX–XI (zum 20-jährigen Bestehen des Verbandes).

Freunde, in: JbZ 1948/49, S. IX–XII.

Rudolf Hägnis «Fäschtbüechli», in: JbZ 1948/49, S. 219–220.

Freunde, in: JbZ 1949/50, S. IX–XVI.

«Schwyzertüütsch», in Zeitschrift für Traueninteressen, Luzern, 1949.

Paul Schaffner, Robert Rittmeyer (Zum 80. Geburtstag), Nachschrift von Hermann Balsiger, in: JbZ 1949/50, S. 198–202.

Brief an eine Stauffacherin, in: JbZ 1949/50, S. 217–221.

Freunde, in: JbZ 1950/51, S. XI–XV.

Freunde, in: JbZ 1951/52, S. XI–XIII.

Architekt Werner Pfister †, in: JbZ 1951/52, S. 245–248.

Ingress und Ansprache (25 Jahre VSLZ), in: JbZ 1952/53, S. XIII-XVI, 1–4.

Mitgliederzahl des VSLZ/ZSL

1929: 246. Jb 4 (1930), S. 60. – 1930: 301. Jb 4 (1930), S. 186. – 1931: 297. Jb 5 (1931), S. 18. – 1932: 345. Jb 6 (1932), S. 33–34, 65. – 1933: 342. Jb 7 (1933), S. 60. – 1934: 355. Jb 8 (1934), S. 65. – 1935: 330. Jb 9 (1935), S. 21. – 1936: 336. Jb 10 (1936), S. 77. – 1937: 344. Jb 11 (1937), S. 95. – 1938: 344. Jb 12 (1938), S. 97. – 1939: 335. Jb 13 (1939), S. 74. – 1940: 336. Jb 14 (1940), S. 160. – 1940/41: 343. Jb 15–16 (1941/42), S. 6. – 1943: 396. Jb 17 (1943), S. 13. – 1944: 456. Jb 18 (1944), S. 4. – 1945: 518. Jb 19 (1945), S. 11. – 1946: 533. Jb 20 (1946), S. 15. – 1947: 640. Jb 21 (1947), S. 6. – 1948: 740. Jb 22 (1948), S. 4. – 1949: 771. Jb 23 (1949), S. 12. – 1950: 821. Jb 24 (1950), S. 5. – 1973: 700. Jb 47 (1973), S. 9. – 1994: um 1000. Jb 68 (1994), S. 11. – 1996: um 1000. Jb 70 (1996), S. 16. – 2002: 930.

Vorstand des VSLZ/ZSL

Gebildet durch mindestens 13 Mitglieder (Satzung Art. 10). Die Amtsdauer von Vorstand und Arbeitsausschuss wird an der GV 1945 von 2 auf 3 Jahre erhöht. Statutenänderung 1999: Präsidium mit je einem Mitglied aus jedem der drei Vereinskantone SG, SZ, ZH. – Vgl. Jb 1/2 (1927/28), S. 11. Jb 3 (1929), S. 60–61, 66. Jb 4 (1930), S. 186–188. Jb 6 (1932), S. 90. Jb 19 (1945), S. 13. Jb 73 (1999), S. 4.

Behörden und Vereinigungen, welche Vertreter in den Vorstand delegier(t)en: Bauamt der Stadt Zürich. Direktion der öffentlichen Bauten des Kantons Zürich (jetzt Baudirektion Kanton Zürich). Heimatschutzsektion St. Gallen/Appenzell Inner-Rhoden. Verkehrsverein Rapperswil. Zürcherische Vereinigung für Heimatschutz.

Ehrenpräsidenten (EP): 1944 Balsiger Hermann (†1953). 1952 Gut Theodor (†1953).

Ehrenmitglieder (EM): 1944 Balsiger Hermann (†1953). 1983 Leuzinger Walter (†1991). 1985 Hauser Albert. 1990 Bertschi Fritz. 1992 Maurer Fritz A. 1994 Gut Theodor (II) (†1999). 1999 Herms Georges.

Arbeitsausschuss

Ab 1975 trifft sich der Vorstand immer im Plenum, während der Arbeitsausschuss für kleinere oder dringliche Geschäfte eingesetzt wird: Jb 49 (1975), S. 12.

Präsidenten

1927–1944 Balsiger Hermann
1944–1952 Gut Theodor (I)
1952–1972 Lehner Gottlieb
1972–1980 Hauser Albert
1980–1992 Maurer Fritz A.
1992–1996 Egli Arthur
1996 ff. Gut Ulrich E.

Vizepräsidenten

1927–1944 Gut Theodor (I)
1944–1954 Peter Hans
1954–1994 Gut Theodor (II)
1994–1996 Gut Ulrich E.
1996 ff. Gschwend Lukas
1997 ff. Zehnder Hannes.

Aktuare

1927–1931 Corrodi Paul
1931–1938 Neidhart Berthold
1938–1944 Brändlin Ernst
1944–1960 Lehner Gottlieb
1960–1968 Leumann Paul
1962–1999 Herms Georges (1962–1969 «Sekretär»)
1999 ff. Jäggi Kuno.

Archivar

1927–1932 Blöchlinger W. E.

Quästoren

1927–1941 Kölla Albert
1941–1946 Zimmermann Ch.
1946–1990 Bertschi Fritz
1990–2001 Isler Kurt
2001 ff. Egli Cornelia.

Weitere Ausschuss-Mitglieder (alphabetisch). Genaue Angaben in der vollständigen Liste der Vorstandsmitglieder unten. Siehe auch Sektionsobmänner bzw. -frau.

Armbruster, Bächler, Blöchlinger, Conzett, Corrodi, Fräfel, Freytag, Hagmann, Hösli, Hunziker, Klöti, Knopfli, Kölla, Leumann, Müller Heinrich, Neidhart, Neuenschwander, Nobs, Peter, Richner, Roshardt, Schmid-Ammann, Schneider-Mousson, Sigg, Steiner, Streuli, Utzinger, Waldvogel, Wasserfallen, Wolfensberger, Zbinden.

Sektionsobmänner bzw. -frau seit 1943 (auch Mitglieder des Arbeitsausschusses), Konstituierung der Zürcher Sektionen 1944, der Schwyzer und St. Galler Sektionen 1945. Jb 15/16 (1941/42), S. 6. Jb 19 (1945), S. 4–11. Jb 20 (1946), S. 5–6. Jb 21 (1947), S. 4–5. Jb 22 (1948), S. 3–5. Jb 30 (1956), S. 4–5.

Unteres rechtes Ufer (bis und mit Männedorf, ab 1944 bis Meilen)
1943–1960 Utzinger Ernst
1960–1994 Blumer Werner
1995 ff. Lubicz-Steinbrüchel Elisabeth

Oberes rechtes Ufer (Uetikon bis und mit Feldbach-Hombrechtikon)
1944–1972 Bächler Georg
1972–1988 Pfleghard Andreas
1988–1994 Moser Peter J.
1995 ff. Limburg Rolf

Oberer Seeteil (Stäfa bis und mit Schmerikon)
1943–1944 Brändlin Ernst

St. Galler Ufer
1944–1968 Tschudi Hans

St. Galler Ufer (ohne Jona)
1969–1978 Domeisen Walter (I)
1978–1987 Domeisen Walter (II)
1987–1999 Meyer Walter

St. Galler Ufer (Jona)
1969–1992 Tromp Hermann
1992–1999 Gschwend Lukas

St. Galler Ufer (Jona und Rapperswil)
1999 ff. Gschwend Lukas

St. Galler Ufer (Schmerikon)
1999 ff. Meyer Walter

Schwyzer Ufer
1944–1982 Leuzinger Walter
1982–1994 Fuchs Wendelin
1994–1999 Ebneter Gallus

Schwyzer Ufer (Zürichsee)
1999 ff. Zehnder Hannes

Schwyzer Ufer (Obersee)
1999 ff. Ebneter Gallus

Oberes linkes Ufer (Wädenswil bis und mit Grinau, ab 1944 bis Kantonsgrenze)
1943–1963 Kölla Albert

Oberes linkes Ufer (ab Horgen)
1963–1972 Hauser Albert
1972–2002 Hauser Beat

Unteres linkes Ufer (Kilchberg bis und mit Horgen)
1943–1946 Fleiner Roland
1946–1963 Nyffenegger Ernst

Unteres linkes Ufer (bis und mit Oberrieden)
1963–1991 Hauser Walter
1991 ff. Hohl Jürg

Stadtzürcher Ufer
1948–1970 Hösli A.
1972–1981 Zbinden Pierre
1983–1999 Stünzi Peter
1999 ff. Vakant

Vollständige Liste der Vorstandsmitglieder (alphabetisch)

Angegeben ist die Dauer der Mitgliedschaft. Sonderfunktionen: A=Ausschussmitglied. Akt=Aktuar. Ar=Archivar. EM=Ehrenmitglied. P=Präsident. Q=Quästor. RK=Redaktionskommissions-Mitglied. RKP=Redaktionskommissions-Präsident. Sekr=Sekretär. SO Sektionsobmann. VM=Vorstandsmitglied. VP=Vizepräsident. Weitere Angaben zu den Personen vgl. Register. Vorstandsmitglieder 2002 siehe S. 126.

Ammann Eduard, Fischerei- und Jagdverwalter des Kt. Zürich, 1943– vor 1954
Anderes Bernhard, Dr. phil., Kunsthistoriker, (Vertreter der Heimatschutzsektion St. Gallen/Appenzell Inner-Rhoden), Rapperswil 1966–1987
Armbruster Arthur, Ingenieur, Amt für Gewässerschutz und Wasserbau des Kt. Zürich, Zürich 1970–1990. A 1970–1990
Bächler Georg, Friedensrichter, Männedorf 1945–1975. SO 1944–1972. A 1972–1975
Balsiger Hermann, Oberrichter, Zürich, Vernate TI 1927–1953. P 1927–1944. RKP 1930–1953
Baumgartner Kurt, Gemeinderat, Horgen 1969–1987
Bertschi Fritz, Direktor Dolder Verwaltungs AG, Zürich 1946–1990. Q 1946–1990. EM 1990
Blindenbacher Felix, Architekt, Leiter der Fachstelle Siedlung und Landschaft im Amt für Raumplanung des Kt. Zürich, Bonstetten 1993–1998
Blöchlinger W. E., Architekt, Rapperswil 1927–1935. Ar 1927–1932. A 1932–1935
Blumer Werner, Architekt, Zollikon 1960–1994. SO 1960–1994
Boesch Kurt, Meilen 1978–1981
Borsari Ulrich, Gemeinderat, Zollikerberg 1986–1998
Brändlin Ernst, Dr. iur., Rapperswil 1938–1944. Akt 1938–1944. SO 1943–1944
Brockmann-Jerosch Heinrich, Prof. Dr., Zürich 1937–1939
Bruhin A., Notar, Lachen 1957–1963
Buck P. Damian OSB, Einsiedeln 1927–1931
Bühler Albert, Hauptmann, Feldbach, VM 1937– 1953
Bürgi Urs, Dr. med., Arzt, Kantonsrat, Regierungsrat Zürich, Zürich 1951–1980
Burkhard-Auer Paul Hermann, Ingenieur, Feldbach 1927–1963
Christen Franz, Gemeindepräsident, Posthalter, Pfäffikon 1927– vor 1954
Conzett Hans, Verleger, Nationalrat, Zürich 1951–1978. A 1975–1978
Corrodi Paul, Dr., Bezirksgerichtsschreiber, Regierungsrat, Meilen 1927–1939. Akt 1927–1931. A 1931–1939
Curti Alfons Dr. (Vertreter des Verkehrsvereins Rapperswil), 1951– vor 1954
Däniker Albert Ulrich, Dr., Prof. für Botanik Univ. Zürich und Dir. des Botan. Gartens, Zürich 1951–1958. RK 1954–1957
Domeisen Walter (I), Präsident des Ortsverwaltungsrats, Rapperswil 1960–1978. SO 1969–1978
Domeisen Walter (II), lic. iur., Stadtammann, Rapperswil 1978–1987. SO 1978–1987
Ebneter Gallus, Finanzchef, Siebnen 1989 ff.. SO 1994 ff.
Ebnöther, Dr., Bezirksammann, Lachen 1927–1936
Egli Arthur, alt Gemeindepräsident, Küsnacht 1992–1996. P 1992–1996
Egli Cornelia, Maur, 2001 ff.
Ess Johann Jakob (Vertreter der Zürcherischen Vereinigung für Heimatschutz), Meilen 1957–1959

Fräfel Josef, Dr. iur., Rechtsanwalt, Pfäffikon, Einsiedeln 1934–1963. A 1934–1964

Freytag Johann Albert, Architekt, Zürich 1935–1945. A 1935–1945

Fuchs Wendelin, Ornithologe, Ibach-Schwyz 1983–1994. SO 1982–1994

Galle Samuel, Stäfa 1978–1984

Gattiker-Tanner Heinrich, Fabrikant, Rapperswil 1927–1930

Giesker Hermann, Dr. iur., Rechtsanwalt, Zürich 1927– vor 1954

Gloor Sandra, lic. phil. II, Zoologin, Zürich, 1997 ff.

Gmür A., Dr., Rechtsanwalt, Kantonsratspräsident, Rapperswil 1927–1936

Graf E, Fabrikant, Rapperswil 1927– vor 1954

Grieder Matthias, Chef Seepolizei der Stadt Zürich, Zürich 1992–2001

Gschwend Lukas, Dr. iur., PD Universität Zürich, Jona 1992 ff. SO 1992 ff. VP 1996 ff.

Guggenheim-Zollikofer Karl, Dr. iur., St. Gallen 1927– vor 1954

Gut-von Schulthess Christian, lic. oec. et iur., Bankdirektor, Zürich 1994 ff.

Gut Theodor (I), Redaktor, Verleger, Nationalrat, Stäfa 1927–1952. VP 1927–1944. RK 1930–1953. P 1944–1952

Gut Theodor (II), Dr. iur., Redaktor, Verleger, Kantonsrat, Nationalrat, Stäfa 1954–1994, VP 1954–1994. EM 1994

Gut Ulrich E., Dr. iur., Geschäftsstellen und Beratung, Küsnacht 1989 ff.. VP 1994–1996. P 1996 ff.

Hablützel J. Dr., alt Bundesrichter, Küsnacht, VM 1951–1959

Hagmann Klaus, Amt für Raumplanung des Kt. Zürich, Küsnacht, Stein am Rhein SH 1967–1999. A 1967–1999

Hauser Albert, Dr. phil., em. Prof. ETHZ, Wädenswil 1963–1980. RK 1944–1966. SO 1963–1972. P 1972–1980. EM 1985

Hauser Beat, Dr. med. vet., Wädenswil 1972–2002. SO 1972–2002

Hauser Walter, Gemeinderatsschreiber, Kilchberg 1963–1991. SO 1963–1991

Heberlein-Ruff Trix, Rechtsanwältin, Nationalrätin, Zumikon 2000 ff.

Helbling-Curti Rudolf, Rapperswil (Vertreter des Verkehrsvereins Rapperswil), Rapperswil 1954–1974

Herms Georges, Zentralsekretär Schulamt der Stadt Zürich, Kunstmaler, Zürich 1962–1999. Sekr 1962–1968. RK 1964–1966. Akt 1969–1999. EM 1999

Herter Hermann, Architekt, Stadtbaumeister von Zürich, Zürich 1927–1942 (Vertreter des Bauamts der Stadt Zürich)

Hösli A., Polizeikommissär, Zürich 1951–1970. SO 1948–1970. A 1951–1970

Hohl Jürg, Dr. med. vet., Thalwil 1991 ff.. SO 1991 ff.

Honegger Fritz, Dr., alt Bundesrat, Rüschlikon 1983–1990

Hotz H., Dr., Kantonsrat, Lachen 1927– vor 1954

Hotz Robert, Kilchberg 1987–1998

Hürlimann Heinrich, Dir., Zürich, Küsnacht 1951–1962/63

Hunziker Theodor, Dr., Amt für Regionalplanung des Kt. Zürich, Zürich 1957–1967. A 1957–1967

Isler Kurt, Direktor ZKB, Au-Wädenswil, Meilen 1990–2001. Q 1990–2001

Jaeckle Erwin, Dr., Chefredaktor, Nationalrat, Zürich 1951–1969

Jäggi Kuno, Präsident Vogelschutz SZ, Wilen bei Wollerau 1999 ff.. Akt 1999 ff.

Keller Karl, Kantonsingenieur des Kt. Zürich, Zürich 1927–1944

Keller Karl, Gemeinderat, Hombrechtikon 1954–1957

Klöti Emil, alt Stadtpräsident von Zürich, Ständerat, Zürich 1943–1953. A 1943–1953

Kloter Theodor, Nationalrat, Meilen 1982–1989

Knopfli Walter, Dr., Ornithologe, Zürich 1927–1961. A 1927–1961

Kölla Albert, Architekt, Wädenswil 1927–1975. Q 1927–1941. SO 1943–1963. A 1963–1975

Krauer Dr., Gemeindepräsident, Stäfa 1934– vor 1954

Lagler A., Hotel Du Lac, (Vertreter des Verkehrsvereins Rapperswil), Rapperswil 1933–vor 1954

Lehner Gottlieb, Schulpräsident, Direktor Elektrowirtschaft, Zürich 1944–1972. Akt 1944–1960. RK 1946–1966. P 1952–1972

Leumann Paul, Dr., Meilen 1960–1978. Akt 1960–1968. A 1969–1978

Leuzinger Walter, Strasseninspektor des Kt. Schwyz, Schwyz, Pfäffikon SZ 1945–1982. SO 1944–1982. RK 1964–1966. EM 1983

Limburg Rolf, dipl. Architekt ETH/SIA, Herrliberg 1995 ff.. SO 1995 ff.

Locher P. Thomas, Direktor der Kant. Landwirtschaftl. Schule Pfäffikon SZ, Pfäffikon SZ 1975–1993

Löhrer Fidelis P. Dr. OSB, Pfäffikon, 1951– vor 1954

Lubicz-Steinbrüchel Elisabeth, dipl. Architektin ETH/SIA/GSMBA, Küsnacht 1995 ff.. SO 1995 ff.

Lutz Oskar Dr., St. Gallen 1955–1965 (Vertreter der Heimatschutzsektion St. Gallen/ Appenzell Inner-Rhoden)

Maurer Fritz A., Divisionär a D, Zumikon 1975–1992, P 1980–1992. EM 1992

Merkt Cölestin OSB P. Dr., Einsiedeln 1954–1967

Meyer-Hauser E., Redaktor, Richterswil 1930–1936

Meyer Walter, Dr. med., Schmerikon 1987 ff.. SO 1987 ff.

Meyer Werner, Divisionär z D, Küsnacht 1990–1996

Moser Peter J., Architekt, Feldmeilen 1988–1994. SO 1988–1994

Müller Heinrich, Chef Seepolizei der Stadt Zürich, Zürich 1970–1975. A 1970–1995

Müller Karl, Zimmermeister, Genossenpräsident, Schmerikon 1945–1966

Müller Max, Architekt, Lachen 1977–1989

Müller-Schubiger Paul, Nationalrat, Schmerikon 1927–1942

von Muralt Richard, Architekt, Zürich 1933–1957 (Vertreter der Zürcherischen Vereinigung für Heimatschutz). RK 1954–1957

Nauer Walter, Chef kant. Seepolizei Zürich, Horgen 1983–1987

Neidhart Berthold, Dr., Oberrichter, Zürich 1931–1950. RK 1930–1948. Akt 1931–1938. A 1938–1950

Neuenschwander Martin, Dr., Küsnacht 1974–1998. A 1974–1998

Nobs Ernst, alt Bundesrat, Meilen 1951–1957. A 1951–1957

Nyffenegger Ernst, Ingenieur, Kilchberg 1951–1963. SO 1946–1963

Peter Hans Dr., Vizedirektor ZKB, Zürich 1932–1954. A 1932–1954. VP 1944–1954

Pfenninger Kurt, Rebbaukommissär des Kt. Zürich, Stäfa 1966–1996

Pfleghard Andreas, Architekt, ehem. Denkmalpfleger des Kt. Zürich, Ürikon 1972–2002. SO 1972–1988

Reichling Rudolf, Nationalrat, Stäfa 1937–1969

Renfer Christian, Dr. phil., Kunsthistoriker, Oetwil a. See 1975–1976

Richner Edmund, Dr., Zürich 1960–1975. A 1960–1975

Roshardt Walter, Graphiker, Zürich 1943–1959. A 1943–1947

Rüegg Hans Rudolf, Stadtbaumeister von Zürich, Zürich 1985–1999

Rüegg Walter, Chef Seepolizei des Kt. Zürich, Küsnacht 1975–1983

Ruoss R., Nationalrat, Buttikon SZ 1937–1956

Schätti R., Oberingenieur, Zürich 1927–1939

Schefer E. (Vertreter des Verkehrsvereins Rapperswil als dessen Präsident), Rapperswil 1939– ?

Schlappner Martin, Dr., Redaktor NZZ (Vertreter der Zürcherischen Vereinigung für Heimatschutz), Zürich 1959–1974

Schmid-Ammann Paul, Chefredaktor, Zürich 1957–1974. A 1957–1969. RK 1964–1966

Schmucki Johann, Bezirksammann, Ständerat, Uznach 1927–1969

Schneider-Mousson W., Dr. iur, Rechtsanwalt, Zürich 1938–1959. A 1938–1959

Schulthess H., Chefredaktor, Dir. Schweiz. Press-Telegraph, Zürich 1927–1933

Sibler-Marti, Pfarrer, Wollerau, Dättlikon 1933–1936

Sigg Hans Dr. iur., Sekretär Kant. Baudirektion Zürich, Dir. NOK, Winterthur, Uitikon 1951–1975. A 1951–1975

Sigrist Jürg, Dr. iur., Rechtsanwalt, Zürich 1998 ff.

Spoerry-Toneatti Vreni, Nationalrätin, Ständerätin, Horgen 1990–1998

Steiger Eric A., Architekt (Vertreter der Heimatschutzsektion St. Gallen/Appenzell Inner-Rhoden), St. Gallen 1951–1955

Steiner Albert Heinrich, Stadtbaumeister von Zürich, Zürich 1949–1963. A 1949–1963

Steinfels Heinrich, Fabrikant, Zürich, Schirmensee 1927–1941

Stolz Fritz, Gemeinderatsschreiber, Stäfa 1954–1966

Straub Max, Zoologe, Chef Fischerei- und Jagdverwaltung des Kt. Zürich, Feldmeilen 1979–1998

Streuli Hans, Dr. h.c., alt Bundesrat, Richterswil 1960–1970. A 1960–1970

Stücheli Werner, Architekt, Zürich 1982–1983

Stünzi Peter, Landschaftsarchitekt BSLA, Kilchberg 1983 ff.. SO 1983–1999

Treadwell Robert, Dr., Forch-Küsnacht 1974–1998

Tromp Hermann, Prof. Dr. ETHZ, Jona 1969–1992. SO 1969–1992

Tschudi Hans, Direktor, Gemeinderat, Rapperswil 1945–1968. SO 1944–1968

Utzinger Ernst, Dr., Rechtsanwalt, Gemeindepräsident, Zollikon 1934–1960. SO 1943–1960. A 1945–1960

Vetterli Willy, Amt für Gewässerschutz und Wasserbau des Kt. Zürich, Zürich 1987–1998

Waldvogel Hans, Ingenieur, Wollerau, Rüschlikon 1930–1932. A 1930–1932

Wartmann Beat Dr., Biologe, Ornithologe, Vizepräs. Schweizer Vogelschutz, Chefbibliothekar ZBZ, 2001 ff.

Wasserfallen Adolf, Stadtbaumeister von Zürich, Zürich 1960–1987. A 1960–1987

Weber Max, Chef Seepolizei- und Gewässerschutzkommissariat der Stadt Zürich, Zürich 1978–1991

Weber Paul W., Wädenswil 1968–1996

Weber Walter, Dr., Gemeindepräsident, Wädenswil 1931–1959

Weber Werner, Dr., Zürich 1951–1975

Weiss Hans, Sekretär Schweizerische Stiftung für Landschaftsschutz und Landschaftspflege, Feldmeilen 1975–1978

Winter Daniel, Biologe, Zürich 2002 ff.

Wolfensberger Heinz, Dr., Redaktor, Stäfa 1969–1973. A 1969–1973

Wyss Pit, Architekt, (Vertreter der Zürcherischen Vereinigung für Heimatschutz), Dielsdorf 1974–1999

Zbinden Pierre, Garteninspektor der Stadt Zürich, Zürich 1963–1981. A 1963–1981. SO 1972–1981

Zehnder Hannes, Dr. iur., Rechtsanwalt, Pfäffikon SZ 1997 ff.. VP 1999 ff. SO 1997 ff.

Zimmermann Ch., Bücherexperte VSB, Zürich 1941–1946, 1951–1957. Q 1941–1946

Zwicky Peter, Dr. med., Facharzt FMH für Kardiologie, Zürich 2000 ff.

Rechnungsrevisoren und Suppleanten (chronologisch)

Zimmermann Ch., Bücherexperte VSB, Zürich 1927–1941

Fleiner Roland, Dr. iur., Direktor, Küsnacht 1941–1951

Breinlinger Adolf, Chefprokurist der E.G. Portland, Zürich 1951–1958

Müller Roland, Baden AG 1958–1980

Rubrecht Emil, Zürich 1963 ff.

Gut Ulrich E., Dr. iur., Küsnacht 1975–1989

Hess Heinrich, Gemeindeschreiber, Zollikon 1983–1994

Herzer Peter, Zürich, Dr. iur., Zürich 1995 ff.

Treichler Fritz, Wädenswil 1996 ff.

Redaktionskommission für das Jahrbuch vom Zürichsee

(seit 1942; vorher durch Verbandspräsident und Arbeitsausschuss des Vorstandes besorgt)

Präsidenten

Balsiger Hermann, Dr., Zürich 1930–1953

Meier Walther, Dr., Küsnacht 1954–1963

Gut Ulrich, Küsnacht 1964–1966

Mitglieder

Arnet Edwin, Zürich 1950–1958

Burkhardt Heinrich, Prof. Dr., Zürich 1964–1966

Däniker Albert Ulrich, Prof. Dr., Küsnacht 1954–1957

Gut Theodor, Stäfa 1930–1953

Gut Ulrich, Küsnacht 1954–1966

Hauser Albert, Prof. Dr., Wädenswil 1954–1966

Herms Georges, Zürich 1964–1966

Jegher Simon, Dr. iur., Rüschlikon 1964–1966

Lehner Gottlieb, Zürich 1946–1966

Leibundgut Hans Prof. Dr., Uitikon 1958–1963

Leuzinger Walter, Pfäffikon SZ 1964–1966

von Muralt Richard, Zürich 1954–1957

Neidhart Berthold, Dr. iur., Zürich 1930–1948

Schmid-Ammann Paul, Zürich 1964–1966

Ziegler Peter, Winterthur 1964–1966

Publikationen und Jahresgaben des VSLZ/ZSL

Die *Hauptpublikation des Verbandes* ist seit 1930 das *Jahrbuch vom Zürichsee* (JbZ), Bd. 1 (1930) unter dem Namen Zürichseebuch (ZSb). Numerierung seit 1943/44 (Nr. 6) und Untertitel Zürichseebuch. Die Bände 1938 und 1939/40 wurden nicht mitgezählt, weil sie «nur» den Namen Jahrbuch trugen. Verlagsorte: Zürich 1930–1944. Zürich und Stäfa 1945–1952. Stäfa und Zürich 1954–1959. Stäfa 1961–1966. – 1 (ZSb 1930). 2 (1932). 3 (1936). Ohne Nr. (1938). Ohne Nr. (1939/40). 4 (1940/41). 5 (1942). 6 (1943/44). 7 (1944/45). 8 (1945/46). 9 (1946/47). 10 (1947/48). 11 (1948/49). 12 (1949/50). 13 (1950/51). 14 (1951/52). 15 (1952/53). 16 (1954–1955). 17 (1956–1957). 18 (1958–1959). 19 (1960–1961). 20 (1962–1963). 21 (1964–1965).

Die Jahresberichte sind beinahe gleichformatig. Jene von 1927/28, 1932, 1933, 1934, 1936 und 1937 enthalten thematische Beiträge, jene von 1931 und 1935 keine. Jene von 1929, 1930, 1938 und 1940 waren im Zürichseebuch bzw. in den Jahrbüchern bzw. im Jahrbuch vom Zürichsee 1940/41 integriert. Ab 1941/42 erschienen dünne Hefte ohne Beiträge; 1975–1992 waren wieder Aufsätze beigegeben (ausser den Berichten von 1980 und 1986). In der Folge erschienen wieder dünne Hefte, ausser jenen von 1993, 1994 und 1998 mit je einem Beitrag.

Jb 1/2 (1927–1928). 3 (1929, in ZSb 1930). 4 (1930, in JbZ 1932). 5 (1931). 6 (1932). 7 (1933). 8 (1934). 9 (1935, in JbZ 1936). 10 (1936). 11 (1937). 12 (1938, in Jahrbuch 1938). 13 (1939, in Jahrbuch 1939/40). 14 (1940, in JbZ 1940/41). 15/16 (1941/42). 17 (1943). 18 (1944). 19 (1945). 20 (1946). 21 (1947). 22 (1948). 23 (1949). 24 (1950). 25 (1951). 26 (1952). 27 (1953). 28 (1954). 29 (1955). 30 (1956). 31 (1957). 32 (1958). 33 (1959). 34 (1960). 35 (1961). 36 (1962). 37 (1963). 38 (1964). 39 (1965). 40 (1966). 41 (1967). 42 (1968). 43 (1969). 44 (1970). 45 (1971). 46 (1972). 47 (1973). 48 (1974). 49 (1975). 50 (1976). 51 (1977). 52 (1978). 53 (1979). 54 (1980). 55 (1981). 56 (1982). 57 (1983). 58 (1984). 59 (1985). 60 (1986). 61 (1987). 62 (1988). 63 (1989). 64 (1990). 65 (1991). 66 (1992). 67 (1993). 68 (1994). 69 (1995). 70 (1996). 71 (1997). 72 (1998). 73 (1999). 74 (2000). 75 (2001).

Ausserhalb der Jahrbücher und Jahresberichte veröffentlichte der VSLZ (chronologisch):

Paul Corrodi, Die Hurdener Landschaft und der Verband zum Schutze des Landschaftsbildes am Zürichsee, Sonderabzug aus «Heimatschutz» No. 1, Jg. XXIII, Basel 1928. Vgl. Jb 7 (1933), S. 64

Hans Hasler, Alti Bilder vom Zürisee: Schiff und Schifflüt, Stäfa 1936 (Beilage zum JbZ 1936)

Gutachten der ENHK betr. Melioration der Linth-Ebene (verfasst mit massgebendem Anteil der VSLZ-Vorstandsmitglieder Balsiger und Knopfli), hg. vom VSLZ 1937, verteilt an alle Mitglieder der Eidg. Räte

Naturschutz im Kanton Zürich. Ein Hilfsbuch für die Lehrerschaft und für Freunde der Heimat, herausgegeben vom Verband zum Schutze des Landschaftsbildes am Zürichsee und vom Zürcherischen Kantonalen Lehrerverein, Geleitwort von Hermann Balsiger, Stäfa/Zürich 1939. Autoren: Hans Burger, Marcel Fischer, Ernst Furrer, Emil Egli, Walter Höhn, Jakob Hübscher, Karl Huber, Walter Knopfli, A. Schaufelberger, Carl Schröter, Hans Sigg, Theodor Weber

Hans Hasler, Alti Bilder vom Zürisee: Von Räbe und vom Wii. Mit Federzeichnungen von Viktor Wildhaber, Stäfa 1942

E. Waser, E. Wieser, E. A. Thomas, Der Reinheitsgrad der Zuflüsse des Zürcher Obersees, 1943

Natur- und Landschaftsschutz im Kanton Zürich, Bericht der NHKZ an die Direktion der öffentlichen Bauten des Kantons Zürich vom 18. März 1942 sowie Hans Sigg, Die Rechtsquellen des Natur- und Heimatschutzes. Wichtigste Erlasse des Bundes und des Kantons Zürich, bereinigt auf Sommer 1944 (Separata aus JbZ 1944/45), 1945, 1949

Linus Birchler, Kleine Kunstgeschichte des Zürichsee-Gebietes (Separatum aus JbZ 1944/45)

Paul Zigerli, Nationalrat, Rettet unsere Gewässer, Postulat, eingereicht am 31.3.1944, vom Rat angenommen am 6.6.1944, Antwort von Bundesrat Etter, 1944

Hans Hasler, Bilder vom Zürisee. Us em Puurelääbe. Illustriert von Viktor Wildhaber, Stäfa 1949

Der Verein erfüllt seit 1967 seinen Informationsauftrag nicht mehr durch die Jahrbücher vom Zürichsee, sondern durch die Abgabe anderer Publikationen, eigene oder eingekaufte (Statuten Art. 2, Ziff. 5, revidiert 1999):

Eigene:

Gutachten über bestehende und geplante Bootsplätze am Zürichsee und Umweltschutz im Wassersport, 1972

Zürichseeufer 75. Architektur und Landschaft, verfasst von Hanspeter Rebsamen und Rudolf Schilling, mit Photos von Ernst Liniger, 1975

Albert Hauser, Halbinsel Au – ein Glücksfall. Menschen, Kultur und Landschaft, Zürich 1991 (Buchpatronat des VSLZ, Jubiläumsgabe 700 Jahre Eidgenossenschaft 1991)

Lukas Gschwend, Thomas Oesch, Kurt Anderegg, Von der Linthmündung zum Seedamm. Eine Exkursion entlang des St. Gallischen Zürich-/Obersees, hg. vom ZSL, Küsnacht 1999

Martin Weggler, Omniplan AG, Zürich, Frauenwinkel Pfäffikon Schwyz. Zürichsee Landschaftsschutz ZSL, November 2000 (Broschüre zu Handen der Mitglieder)

Eingekaufte (Jahresgaben):

Ernst Mühlheim, Ernst Liniger, Der Zürichsee. Fische und Fischer, Stäfa 1980 (Jahresgabe 1980)

Josua Dürst, Zürichsee-Schiffahrt – Geschichte, Technik, Kultur, Verlag Th. Gut, Stäfa 1986 (Jahresgabe 1987 I, 60 Jahre VSLZ)

Roman G. Schönauer, Von der Stadt am Fluss zur Stadt am See. 100 Jahre Zürcher Quaianlagen, hg. vom Stadtrat, Zürich 1987 (Jahresgabe 1987 II, 60 Jahre VSLZ)

Max Straub, Chef der kantonalen Fischerei- und Jagdverwaltung, Fischatlas des Kantons Zürich, Illustriert von Arthur Roffler, Verlag Th. Gut, Stäfa 1993 (Jahresgabe 1994/1995)

Siedlungs- und Baudenkmäler im Kanton Zürich, hg. Dir. der öff. Bauten des Kantons Zürich, 2. erweiterte Auflage, Verlag Th. Gut, Stäfa 1993 (Jahresgabe 1996/1997)

Walter Appenzeller, Auf Wanderwegen rund um den Zürichsee, Zürich 1997 (Jahresgabe 1998)

Register

Das Register verzeichnet Personennamen, Orte und Sachbegriffe. Es gibt Seitenzahlen an, ausser für die Zeittafel (S. 10–53), diese ist nach Jahren ausgewertet, z.B.: Z (Zeittafel) 1927. A in Klammern bedeutet Abbildung. Das Schutzgebiet Frauenwinkel ist unter der Gemeinde Freienbach zu finden. Alle Schutzbegriffe sind aus geschichtlichen Gründen und zur besseren Übersicht unter Natur- und Heimatschutz eingeordnet (vgl. S. 254, Anm. 7); siehe dazu auch die Stichworte Bauwesen, Bundesinstitutionen, Grünzonen.

Ab Iberg Dr. 149
Adliswil 79
Aeppli Jürg Z 1988
Affoltern a.A., Sonnenbühl 85, 86
Albers Ulrich 123. – Z 1998
Albiskette 215, 222 (A), 232 (A), 233, 236, 240 (A). – Z 1992 Siehe auch Üetliberg
Altendorf 51 (A), 106, 147, 148, 192, 205 (A)
Altwegg Andres M. 213

Ammann Eduard 29 (A), 113, 182. – Z 1964

Ammann Gustav 152, 239

Anderegg Kurt Z 1979, 1999

Anderes Bernhard 203–204, 208. – Z 1971, 1975, 1986

Angstmann Elvira 176, 177, 217, 222

Appenzeller Walter 17

Appert Otto 194

Armbruster Arthur 123

Arnet Edwin 110 (A), 110, 111

Automobilismus 30 (A), 36 (A), 173–174, 189, 190, 224, 241, 242–243 (A). – Z 1949

Bachmann Robert 168

Bachofner H. Z 1938, 1939

Bachtel 150 (A)

Bäch, Bächau Siehe Freienbach

Baechi Balz 229

Bächler Georg Z 1952

Balsiger Familie 55, 56, 59, 61, 63, 64–65

Balsiger-Tobler Elisabeth 59, 61 (A)

Balsiger Hermann 11–12, 54–61 (Biografie); 11–12, 62–89 (NHKZ-Tätigkeit); 55 (A), 64 (A), 66, 73 (A), 75 (NHKZ-Präs.), 83 (Rechtfertigung 1929), 85 (A); 15 (A), 86 (als Fotograf); 94, 103, 109 (Freundschaft Balsiger/Gut); 99–103 (VSLZ-Gründung); 102 (VSLZ-Präs.); 102–103, 151, 233 (Freundschaft Balsiger-Klöti); 105; 107 (ENHK- und Pro Helvetia-Mitgliedschaft); 110, 114 (Popularität), 116 (A), 117, 118, 129, 147, 151–152, 171, 172, 175, 176, 190, 212, 217, 221, 224, 235, 246. – Z 1930, 1932, 1934, 1936, 1937, 1939, 1944, 1947, 1952, 1953

Balsiger-Moser Mentona Siehe Moser Mentona

Barbey & Cie 56

Baumgartner Peter 218

Bauwesen: *Baugattungen* Siehe auch Landwirtschaft. – Burg 174–175. – Hochhäuser 27 (A), 32 (A), 44 (A), 131, 149, 156 (A), 160, 173. – Z 1956, 1963. – Industriebau 64, 115, 219. – Landhäuser 171, 189, 204, 219. Siehe Hombrechtikon, Seegut; Jona, Höcklistein; Männedorf, Villa Alma; Stäfa, Villa Sunneschy; Wädenswil, Au, Schloss, Simongut; Zürich, Beckenhof. – Weekendhäuser 140, 148, 185, 189, 197, 204. – Z 1931, 1935, 1936, 1945, 1949, 1953. – *Bauherrschaft* 82–83, 87, 134, 163, 204. – *Baurecht und -gesetz* 86, 114. – Bauordnung, Bauzonen 67, 77–79, 130. – Bauverbot 137, 138, 140, 157. – Eigentumsbeschränkung, -Entschädigung 134. – Einsprachelegitimation 160, 162. – Personaldienstbarkeit 102, 135, 137, 157. – Z 1982. – Baugesetz, Planungs- und Baugesetz ZH 74–75, 130–131, 172. – Z 1976, 1990, 1992, 1995. – Verwaltungsbeschwerde 162–164. – Wasserbau- bzw. Wassergesetz ZH 1902/1967 130, 172. – Z 1967. – *Bauspekulation* 67, 149, 172. – Z 1945, 1959, 1960, 1968. – *Bund Schweizer Architekten BSA* 56, 68, 80. – *Gartenstadtidee* 56, 57, 67, 68. – *Siedlungs- und Städtebau, Bauboom* 27 (A), 118–119, 122, 127, 173–174. – Z 1968, 1995. – *Stil* 68, 189–192, 204. – Biedermeier 241–242 (A). – Bodenständigkeit 81, 83, 85. – Heimatstil 68, 211–212, 214 (A), 221–222. – Individualismus 67. – Jugendstil 81. – «Learning from Las Vegas» 190–192, 241–242 (A). – Neues Bauen, Neue Sachlichkeit 80–83, 85–86, 94, 190, 192. – Neugotik 217 (A), 218. – 1950-er Jahre 241–242 (A). – Romantik 86. – Surrealismus 86, 113. – *Streubauweise* 130, 190, 224. – *Verdichtetes Bauen* 44 (A), 67, 69, 127. Z 1989, 1993, 2001. – *Zeichensprache der Architektur* 57

Benkner Büchel 197

Bernhard Hans Z 1940

Bertschi Fritz 117, 120. – Z 1990

Bertschi H. Z 1937

Binder Gottlieb 171

Birchler Linus 204

Blöchlinger Karl Z 2001

Blöchlinger W. E. 102

Blumer Werner 231–232

Bodmer Cornelia Z 2001

Bodmer Martin 80

Bölsterli Willy Z 1971

Boerlin Gerhard 83, 107. – Z 1936

Bovet Ernest 65, 66, 73 (A), 75, 76

Bräm Heinrich 243

Brändlin Ernst 116 (A), 117, 182

Brahms Johannes 227, 238

Braschler Z 1929

Brennwald G. Zürich 58

Bretscher Willy 95, 118

Brockmann Heinrich 84, 86–87 (A). – Z 1934, 1937

Buck P. Damian 102, 133–134 (A), 157, 171

Buechberg 131, 196, 197–200 (A); 193, 194. – Z 1970, 1978, 1999

Bühler Albert sen. 17 (A), 208–209 (A). – Z 1955

Bühler Albert jun., Familie 209

Bühler Richard 66, 73 (A), 74

Bürgi Urs 131

Bullinger Johann Balthasar 176 (A)

Bundesinstitutionen. Siehe auch Natur- und Heimatschutz, Planung – Armee 91, 92, 117, 118, 122–124, 160, 192. – Bundesgericht 60, 77, 134, 206–207, 223. – Z 1981. – Bundesrat 91, 105, 142, 151–152, 162, 207. – Bundesverfassung 134. – BUWAL 162. – Departement des Innern 152. – Hochschule Wädenswil für Obst-, Wein- und Gartenbau 213. – Nationalrat 91, 92, 102, 105, 106, 107, 118, 123, 212. – Z 1944. – PTT 144. – SBB 130 (A), 131, 151–152, 189. – Z 1953, 1981. – Ständerat 106. – Zivilgesetzbuch, Eidgenössisches (ZGB) 1907/1912, Art. 702 64, 77, 101. – Schwyzer Einführungsgesetz 100, 101. – Zürcher Einführungsgesetz 64–65, 101

Burckhardt Ernst F. 229. – Z 1944

Burkhard-Auer Paul Hermann 94 (A), 94, 99, 102, 208, 209

Burkhardt Heinrich Z 1961

Burnand Jacques 38 (A), 141. – Z 1981

Christ Rico Z 1993

Christen Franz 99, 100, 102

Christoffel Daniel Z 2001

Conzett & Huber 110

Conzett Hans 119. – Z 1950

Corrodi Paul 21 (A), 60, 88, 99, 101, 102, 103. – Z 1939, 1944

Coulin Jules 72, 74

Custer Walter Z 1944

Däniker Albert Ulrich 115

Dahm Helen 220–221 (A)

David Eugen 123
Deringer Fritz 175–176 (A), 219–220 (A), 221, 240
Diethelm Annegret 26 (A)
Dietikon, Auen-Reservat 69
Domeisen Walter Z 1986, 1993
Drack Walter 211. – Z 1962
Duttweiler Gottlieb 239
Ebneter Gallus 126, 142, 157, 158, 168. – Z 2000
Ebnöther 102
Egli Arnold Z 1983
Egli Arthur 117, 124–125 (A), 229–231. – Z 1992, 1995, 1996
Egli Cornelia 126 (A)
Egli Emil Z 1966
Ehrismann Albert 111
Einsiedeln 111. – Freilichtaufführungen 115. – See- und Fischerei-Rechte 100, 101, 134–135, 155. – Stiftsarchiv 100 (A), 132. – Tausendjahrfeier 1934 132 (A), 133. – Vertretung des Stifts im VSLZ-Vorstand 123
Elektrizität 118–119 (A). – Elektrowirtschaft 118. – Hochspannungsleitungen 103, 118–119 (A), 122, 151–152, 242–243 (A). – Z 1939, 1945. – Z 1953, 1981. – Nordostschweizerische Kraftwerke NOK 60
Englert Curt 244
Erhardt Michael 168
Erlenbach Z 1973. – Aussicht auf den See 226 (A). – Bootshaab, Friedhof, Kirche 225 (A), 227. – Erlenbachtobel 227, 228. – Erlengut 226 (A), 227–228. – Landanlagen 74, 75, 228. – Lerchenbergstrasse, Atelier Pfister 227. – Quaiprojekt Z 1931. – Schilfbestand Wüeri 123, 228. Z 1988, 1998. – Schüürli-Atelier von Albert Pfister 227. – Turmgut mit Rebberg 225, 228
Eschenbach SG 184
Eschenmoser Jakob 115
Escher Alfred 56
Escher Carl 81, 88
Escher Konrad 86, 129
Escher Wyss, Zürich 75
Eschmann Ernst 111
Ess Johann Jakob 173, 198, 216, 232
Etter Philipp 106. – Z 1933, 1944
Etzel 98 (A),111, 177. – Z 1962, 1965
Feldbach Siehe Hombrechtikon
Fernsehantennen Z 1956
Feusi Geschwister 137, 157
Feusi Markus 168
Feusisberg, Schindellegi, Kiesabbau Z 1937
Fietz Hermann 66, 68, 72, 73 (A), 79, 80–81, 82 (A), 82–83, 84–86, 84 (A), 224
Fischer Marcel 243
Flaad Peter 131
Flueler P. Norbert 139
Forrer Ludwig 64
Fräfel Josef 134
Franz von Assisi 95
Frauenwinkel Siehe Freienbach
Frei 105 (A)

Frei 82–83
Freienbach, Gemeinde, mit Bäch, Freienbach, Hurden, Pfäffikon, Wilen. – 83, 100, 158 (A), 186–189. – *Bäch, Bächau,* 51 (A), 100, 147, 183, 187, 189, 191. – Z 1945, 1965, 1975. – *Bauordnung* 139, 140. – Z 1945.
Frauenwinkel, Schutzgebiet 10 (A), 13 (A), 98 (A), 99–103 (A), 103 (A, Perimeter Schutzgebiet); 104 (A), 111, 125, 142, 153, 157–158, 168–169, 192 (Stiftung Frauenwinkel); 125, 145, 152–153 (A), 165, 168, 169 (Jakobsweg, Pilgerweg); 132–169 (Schutzmodell Frauenwinkel); 134, 137 (Projekte für Karbidfabrik, Imprägnieranstalt für Telefonstangen, Webereiapparatenfabrik), 134–135 (Weekendhäuschenprojekte); 13 (A), 134–135, 152 (Rechte des Klosters Einsiedeln); 134–135, 137, 140, 141, 159, 163 (A) (Riedgebiete); 135 (A), 137 (Liegenschaft Waid), 135 (Alluvion); 138, 140, 205 (A) (Sack, Üsser Sack); 139, 141, 143, 145, 155, 159, 160, 162 (A), 165, 167 (Erholungsdruck: Motorboot-, Bade- und Kampierbetrieb, Projekt Wasserskifelder); 140–141 (Seltene Pflanzen, Liste); 141 (Streuewiesen); 141 (Schilfbestände); 141–142, 144, 157, 159–160, 167 (Schutzverordnung Frauenwinkel 1980); 51 (A), 142, 144, 154, 184 (BLN/KLN-Objekt Frauenwinkel, Moorlandschafts- und Flachmoorobjekt Frauenwinkel); 143–145, 165, 167 (Gefährdungen), 144 (Doppelspur SOB), 144, 167 (Übergangszone Quaianlage Pfäffikon/Frauenwinkel), 147, 151, 157 (Persönliche Einsätze), 158 (A, Besitzverhältnisse), 158 (Frauenwinkel-Geschichte); 159–161, 162 (A), 167, 168 (Landwirtschaft, Pufferzonen), 161, 164 (Frauenwinkel-Initiative), 162–163 (A, Konfliktkarten), 163–165 (Steinfabrik-Initiative), 165 (Radroute), 167 (Siedlungsdruck), 167 (Arbeitsgruppe, Schutzkonzept), 171 (Gründungsanlass für den VSLZ), 193 (WWF-Einsätze), 205 (A, Kartenbild), 211. – Z 1915, 1929, 1935, 1947, 1949, 1975, 1977, 1980, 2000, 2001.
Gemeinderat 99, 134, 137, 101, 140, 142, 144, 157, 161, 162, 164, 167, 168. – *Grundbuch* 135. – *Hurden* 10 (A), 51 (A), 83, 98 (A), 101, 105 (A), 139, 146–149 (A), 176 (A), 205 (A). – Z 1950, 1959, 1965, 1999. – Hochhausprojekt 149. – Restaurants: Adler 99, 102; Rössli 137. – Rosshorn 35 (A), 46 (A), 120, 127, 134, 137–138, 139, 141, 142, 149 (A), 152, 205 (A). – Z 1935, 1957, 1967, 1991. – Wohnzone «Klein Florida», «Klein California» 131, 147–148, 190, 205 (A). – *Kläranlage* Z 1965. – *Leutschen* 51 (A), 134. – *Ortsplanung* 144, 161, 164. – Z 1990. – *Pfäffikon SZ* 10 (A), 51 (A), 98 (A), 156 (A), 171, 205 (A). – Z 2000. – Hotel Seedamm Plaza/PTT-Kongresszentrum/Spielcasino 143–144, 161–163 (A), 167–169, 190. – Z 1987, 2000. – Kantonsschule 169 (A). – Z 1981. – Korporation Pfäffikon 144, 145, 148, 158 (A), 167. – Luegete 88, 239. – Rathaus 191–192. – Z 1933. – Schloss 144, 145, 191 (A). – Z 2000. – Siedlungswachstum bzw. -druck 156 (A), 161, 167. – Ehem. Statthalterei des Klosters Einsiedeln, Gutsbetrieb 99, 134, 155, 158 (A), 167, 191. – Steinfabrik-Areal 10 (A), 131, 144, 145, 162 (A), 163–165, 167, 191, 205 (A). – Z 1990. – Ufergestaltung mit Quaianlage etc. 144, 165, 167. – Z 1990. – *Wilen* 51 (A), 158, 168
Freizeitbetrieb, Erholung 41 (A), 122–123, 187, 197–198, 201, 203, 227, 246 Z 1948, 1959, 1965, 1968, 1970, 1996
Freytag Johann Albert 80, 246
Frischknecht Walo 168

Fuchs Albin Z 1993
Fülscher Kaj 244
Gattiker-Tanner H. 99, 102
Gattiker Hermann 70 (A), 71, 74 (A), 75, 79, 81, 83, 86, 87, 238–239 (A)
Gauchat Pierre 87
Gelpke Rudolf 105
Genf, Quaiprojekt 1915 72
Genossenschaftsidee 56, 57
Geschichte. – Alter Zürichkrieg 199. – Atombombe 1945 11. – Geist der Geschichte 93. – Geschichte der schweizerischen Neutralität, Buchprojekt 97. – Ustertag 93, 94. – Weltkrieg 1939–1945 216 (A). – Z 1939
Gessner Salomon 59, 173, Z 1929, 1930
Giesker-Zeller Heinrich 63–64
Giesker Hermann 102
Gisler P. Joachim 99
Glauser Christa 158, 168
Gloor Sandra 126 (A). – Z 2001
Gmür A. 102
Goethe Johann Wolfgang 174, 228
Gonzenbach Hermann Z 1993
Graf E. 102
Gruen Victor 129
Grün-, Freihalte-, Erholungs- und Landwirtschaftszonen, Garten- und Grünanlagen 57, 68, 69, 79, 80, 96–97, 109, 114, 120, 127, 128 (A), 130, 137–138, 162, 173, 182–183 (A), 185, 186–187 (A), 204, 207, 213, 217 (A), 223–224, 228, 230–231, 232, 233, 238–239 (A). – Z 1951, 1976
Grünig Andreas Z 1978
Grütliverein 56
Gschwend Lukas 125, 126 (A). – Z 1996, 1999
Gucker Adolf Z 1998
Günthard Alois 130, 131
Guggenheim-Zollikofer K. 102
Guggenheim Kurt 177
Gull Albert und Emil 91
Gut Familie 90–97, 125, 211. – Z 1913
Gut Christian 92, 97, 126 (A). Z 1994
Gut-Hulftegger Ida 90 (A), 91
Gut Theodor (I) 12, 24 (A), 55, 60, 71, 84, 86, 90 (A), 91 ff., 93–95, 103, 109 (Freundschaft Gut-Balsiger), 95–96, 99–103 (VSLZ-Gründung); 106; 107 (Nationalrat), 117, 118, 157, 171, 172, 200, 217. – Z 1913, 1944, 1952, 1953
Gut Theodor (II) 92, 93 (A), 95, 97, 120, 122, 123, 124, 210, 211. – Z 1994
Gut Theodor Verlag 92, 97, 110
Gut Ulrich (I) 92, 93 (A), 94, 97, 110
Gut Ulrich E. (II) 92, 97, 117, 122, 125–127 (A). Z 1994, 1996, 2001
Guyer Lux 77
Häberlin Heinz 107, 152. – Z 1936, 1937
Häcki Josef 168
Hägni Rudolf 111
Hagmann Klaus 84, 129–131, 231, 246. – Z 1993
Hanselmann Kurt Z 1992
Hasler Hans 111, 213

Hauser Albert 110, 115, 117, 120–122 (A), 124, 139, 246. – Z 1972, 1977, 1980, 1984
Hauser Beat 40 (A), 126, 187. – Z 1997
Heberlein-Ruff Trix 126
Heer Gottlieb Heinrich 240
Hegetschweiler Johannes 93, 94
Hegi Franz 203 (A)
Hegi Friedrich 80, 81, 83
Heierli Richard Z 1985
Heim Albert 133–134
Heim P. Johannes 158, 192–196 (A), 197. – Z 1981
Helbling, Kiesfirma 103
Henggeler P. Rudolf 104 (A)
Herms Georges 119, 120, 126, 127–128. Z 1999
Herrliberg. – Bauordnung 79. – Pfluegstein 215–216, 225. – Rabenhaabe Z 1988. – Rebbestand 223 (A), 225. – Schipfgut 225. – Z 1997. – Seestrasse, Korrektion 19 (A). – Steinrad-Anlage Z 1970. – Verkehrsanlage bei der Kirche 225
Herrmann Werner 168
Herter Hermann 68–69, 102, 103, 233, Z 1929
Hescheler Karl 75, 82
Hess Otto 91, 210
Hesse, Schwarze und Partner 143
Heusser Jakob 60
Hiestand Equipe 141
Hiltbrunner Hermann 111, 139, 147, 148, 174, 177, 196, 220 (A), 227, 228, 239
Hippenmeyer Konrad 68, 77, 233. – Z 1936
Hirt Fritz Z 2002
Hirzel 215, 242–243, 243. – Z 1945, 1991
Höhronen 96 (A), 215. – Z 1981
Hoffmann-Lang Eduard 91
Hoffmann-Künzler Eduard 91
Hofmann Hans Arch. 60, 87, 89. – Z 1941/42
Hofmann Hans RR Z 1998
Hohl Jürg 126. – Z 1998
Hohl Ludwig 216
Hombrechtikon 208–209. – Z 1954, 2002. – Feldbach 205(A), 208–209. – Freihaltegebiet/Uferschutzzone 128 (A), 207–208. – Z 1984, 2001. – Gemeinderat 208. – Heimatschutzverordnung 209. – Lützelsee–Seeweidsee–Uetziker Riet (BLN-Objekt) 208. – Z 2002. – Oberhaus Feldbach 208–209 (A). – Z 1955. – Pappelallee 209. – Schilfbestände 184. – Schirmensee 94, 171, 205 (A), 209. – Z 1954. – Seegut Feldbach 94 (A), 208
Honegger Fritz 40 (A), 193
Horgen Z 1935, 1994. – Badenmatt, Freihaltegebiet 218 (A). – Z 2001. – Bahnhof Oberdorf, Aussicht 77. – Dow Chemical Europe 244. – Hanegg 242–243 (A). – Horgenberg 114 (A), 241–245 (A). – Lichtbelästigung Z 1973. – Pappelweg 246. – Parkanlagen 72, 73 (A). – Villa Seerose 244. – Wüeribach, Haus Zbinden 243–244, 246
Hotz Dr. H. 102
Hubacher Hermann 235
Huber Hermann 243
Huber Karl Z 1934
Hütten 215, 242–243. – Z 1958

Hugo Victor 64
Hunziker Max 111
Hunziker Theo 84, 115, 129, 131, 229. – Z 1960
Hurden Siehe Freienbach
von Hutten Ulrich 111
Huwyler Fritz 167. – Z 2000
Imhof Eduard 177–179 (A)
Jäggi Kuno 126 (A), 142, 157, 158, 168. Z 2000
Jager Hedi Z 1990
Jeannet Alphonse 134
Jörger Albert 204
Jona 127, 184. – Z 2000. – Allmeind 192, 203. – Bauordnung, Zonenplan, Schutzverordnung 206, 207. – Z 1943, 1965, 1981, 1985, 1991, 1992, 2000. – Bollingen 193, 201; 184, 201. – Z 1936, 1995, 1999. – Frohberg Z 1975. – Fuchsenberg 204, 205 (A). – Z 1981. – Gemeinderat 204–207, Z 1929, 1934. Z 1981. – Gubeldorf, Projekt 39 (A), 123, 124, 131, 204–207. – Z 1981. – Höcklistein 204, 206 (A). – Kloster Wurmsbach 185, 201–203 (A). – Seegubel, Schutzzone 98 (A), 204–207 (A). – Z 1932, 1984. – Stafflen, Geotop 201. – Stampf (Jonamündung) 25 (A), 125, 192, 201–202 (A). – Z 1941/42, 1949, 1965, 1996, 1999. – Uferweg Z 1935
Jutz Xaver Z 2002
Kaltbrunn, Kaltbrunner Ried 157, 199–200. – Z 1953
Keller Ernst 12 (A), 108 (A), 109
Keller Karl 102, 224
Keller Rolf Z 1973
Kempin-Lehner Heidi 120
Kerschbaum, Industrieller 101
KIBAG, Firma 131, 143, 148, 182–183, 193, 197, 203. – Z 1975
Kies- und Sandabbau, Steinbrüche 25 (A), 101, 102, 140, 143, 148, 182–183, 186, 193, 195–198, 203. – Z 1937, 1941/42, 1949, 1950, 1964, 1965, 1999
Kilchberg. – Bebauungsplan 1929 79, 236. – Brölberg-Gut 236–237. – C. F. Meyer-Haus 236–237. – Chilchmoos-Ghei, Freihaltung 79, 236–237 (A). – Z 1929 –. Genossenschaft Mönchhof 26 (A), 119. – Z 1950, 1968. – Hofgut Stocken 236. – Z 1983. – Hydrobiolog.-limnolog. Station 38 (A), 237. – Z 1982. – Kirche 236, 237. – Naville-Gut Z 1965. – Projekt von Jakob Rehfuss 77
Kissling E. Z 1998
Klöti Emil 55, 57, 66, 68 (A), 77, 79, 80, 86, 102–103, 151, 233. – Z 1964
Klötzli Frank Z 1998
Knobel Res 153 (A), 161 (A), 158, 159–169, 168, 169 (A), 192, 193, 196–197
Knopfli Walter 82, 84, 102, 107, 115, 129, 131, 139, 181–186 (A), 184, 187, 190, 192, 194, 195–196. – Z 1937, 1944
Kölla Albert 84, 86, 94 (A), 94, 99, 102, 139, 157, 181, 208, 210–211 (A). – Z 1945, 1946, 1952, 1975
Kopp Max Z 1950
Krebs 164 (A), 165 (A)
Kuder & Müller 218
Kübler Arnold 115, 148, 196
Kübler Ueli 208
Kühni Chr. Z 1998
Kündig-Huber, Hedwig und Reinhold 243–244 (A)

Kürzi Marcel 159. – Z 1984
Küsnacht 72. – Bauordnung, Zonenplan 79, 230–231. – Druckerei Gull bzw. Gut 91. – Forch 230. – Gemeinderat 92, 124, 230–231. – Heslibach, Rebreservat 231. – Hesligen, Landwirtschaftszone 231. – Höchhus Z 1968. – Hornanlage Z 1969. – Kreditanstalt-Filiale 124. – Küsnachter Berg, Landwirtschaftszone 215, 229–231. – Küsnachtertobel 69, 228–230 (A). – Landkauf- und Planungspolitik 230–231. – Limberg 230. – Rebbesitz 213. – Seehof Z 1980
Kuhn Stefan Z 2001
Kunz Charlotte Z 1987
Kunz Ernst 141
Kurmann P. Ulrich 133. – Z 1987
Kuster J. und A. AG 191. – Z 1995
Kyburg, Schloss 85, 86
Labhart Heinrich 181–186 (A), 181, 187. Z 1944
Lachen 171, 184. – Aahorn, Reservat 157, 159, 192, 193–196 (A). – Z 1999. – Bauordnung Z 1945. – Flugmotorenfabrik, Projekt Z 1930. – Genossame 195, 196 (A). – Kläranlage Z 1965. – Ortsbild 186. – Z 1974
Landschaftsdarstellung in Kunst und Literatur 86, 174–177 (A), 216–217, 220–221, 226–227 (A), 228, 238, 243–245 (A)
Landwirtschaft 85–86, 115, 193, 207. – Anbauwerk Z 1943. – Bauernhaus 87, 114, 220–221. Z 1961, 1976. – Bewirtschaftsverträge in Schutzzonen 159. – Intensivlandwirtschaft 159–161, 163 (A), 167. – Kornfeld als Symbol 231–232 (A). – Küsnachterberg als Beispiel 230–231. – Landwirtschaftsbetriebe in der Stadt Zürich 233, 236. – Landwirtschaftszonen Siehe Grünzonen. – Melioration 69, 129. – Rebbau 94, 212–213. – Z 1965, 1976, 1988. – Schweiz. Bauernverband 212. – Streuenutzung in Riedgebieten 15 (A), 46 (A), 140, 141, 185, 193. – Trachtenbewegung 85, 86. – Verdrängung der Bauern 148, 209. – Z 1959. – Zürichsee-Bauern 220 (A). – Z 1943
Langnau Z 1998
Le Corbusier 173–174
Lehmann Hans 80
Lehner Gottlieb 60, 110, 117–120 (A), 126, 127, 137, 138. – Z 1952, 1955, 1967, 1968, 1972
Leu & Cie 56
Leutert Jürg Z 1997
Leuzinger Walter 152, 157, 181. – Z 1945, 1952, 1975
Lidwil Siehe Altendorf
Lienert Meinrad 111
Limburg Rolf 126
Limnologie Siehe Zürichsee
Liniger Ernst 32 (A), 33 (A), 37 (A), 172
Linth, Linthebene 113, 177, 183, 199, 199–200, 201, 235. – Z 1941/42, 1973. – ENHK GA 1937 107, 199. – Z 1937, 1979
Locher P. Thomas 123, 133
Löhrer P. Fidelis 133
Lubicz-Steinbrüchel Elisabeth 126 (A). – Z 1998, 2001
Lubini Verena Z 1998
Lützelau, Insel 10 (A), 13 (A), 35 (A), 51 (A), 98 (A), 104 (A), 149 (A), 154–155 (A), 176 (A), 205 (A). – Z 1973
Männedorf 177, 217 (A), 218. – Z 1937, 1988, 1991. – Gemeinderat 117. – Hochhausprojekt Z 1963. – Notariat 91. – Pfannenstiel-Landschaft 220. – Spital 131. – Uferweg 120, 219. – Villa Alma

217–219 (A)
Marty Kälin Barbara 53 (A)
Mauerhofer Renate 244
Maurer Fritz Albert 40 (A), 46 (A), 117, 122–124 (A), 126, 131, 157, 160. – Z 1980, 1982, 1988, 1992, 1994
Maurer Jakob Z 1970
Maurer Rudolf 88
Meier 141
Meier Felix Z 1998
Meier, Ing. 106 (A), 152
Meier Walther 110
Meilen 171. – Z 1934. – Allmend , Schul- und Sportanlage 221–224 (A). – Alte Landstrasse 175 (A). – Bauordnung 223–224, 232. – Z 1943. – Bezirksgericht 60, 99. – Dorfbachtobel 224. – Feldmeilen, Bebauung, 44 (A). – Findlinge Z 1930. – Freihaltegebiete Rain, Grenze Uetikon 128 (A). – Z 2001. – Hafen Christoffel Feldmeilen Z 1998. – Kirche 222 (A), 224. – Landanlage im Horn 75–76. – Z 1970. – Obermeilen, Baudenkmäler Z 1975. – Pfannenstiel-Landschaft 220. – Rebbesitz der Gemeinde 213. – Rebgebiete Chorherren-Seehalde, Allmendrain 224. – Rotary-Club 92. – Sanatorium Hohenegg 118, 214 (A), 221–222. – Schule 173. – Seefront und -Anlage 224. – Seehalde, Landhaus Z 1950. – Seestrasse 18 (A), 224. – Verkehrs- und Verschönerungsverein 173. – Wanderwegnetz 216
Meili Armin Z 1936
Merian Matthäus 174–175 (A)
Mérimée Prosper 64
Merkt P. Cölestin 133
von Meyenburg Kaspar Z 1997
Meyer Conrad Ferdinand 57, 111, 219, 236
Meyer Karl Alfons 115
Meyer Peter 87, 115, 189–190 (A), 204, 219
Meyer R. Z 1944
Meyer Theo Z 1983
Meyer Walter 126 (A
Möhr Hans Z 1996
Von Moos Stanislaus 190
Morgenthaler Ernst 243
Moser–von Sulzer Wart Fanny 57
Moser Heinrich 57
Moser Mentona 57–58, 61, 246
Müller Hermann 56
Müller Johann AG 183
Müller-Schubiger Paul 102
Müller Ruedi 168
Müller Thomas 208.

Natur- und Heimatschutz. Inkl. Denkmal–, Gewässer-, Tier- , Umwelt- und Vogelschutz.

Aussichtspunkte, Aussichtsschutz 27 (A), 67, 76, 77–79, 87, 151, 187, 226–227 (A), 231–232 (A), 233, 236, 237

Denkmalpflege und -schutz 64, 114–115, 187, 189, 203, 211, 218–219. – Z 1954, 1962, 1971, 1983. – *Baudenkmäler* 67, 69, 79–80, 87, 114, 172, 181, 185, 189–191 (A), 203–204, 211, 231, 232, 235. – Z 1973

Gewässerschutz Z 1949, 1970, 1988. – Seen-, Seeufer- und Bachschutz 72, 105, 106. – Im Kanton Schwyz 140, 141. – Z 1978.

– Im Kanton Zürich 23 (A), 75, 113, 129, 134, 181, 243. – Z 1941/42, 1944, 1948, 1965

Heimatschutz, Begriff, Aufgaben, Geschichte 63–64, 87, 213. – Im Kanton Zürich: 88. Kongresse: 64, 65. – Sektion St. Gallen/Appenzell-Innerrhoden: 204. – Schweizerische Vereinigung für Heimatschutz 56, 63, 65, 69, 72, 83, 84, 87, 106, 107. – Z 1950. –Zürcherische Vereinigung für Heimatschutz 56, 66, 74–75, 80–81, 84, 85, 173, 235. – Z 1950, 2002. – *Heimat* 69, 93, 94, 95, 97, 118, 119, 120, 152, 171, 207, 211, 222 (A), 224

Landschaftsschutz 32 (A), 58, 76, 114, 126, 129, 164, 172, 181, 204, 206–208, 212, 213, 229, 230, 232, 234–235 (A), 236. – Z 1944, 1960, 1968, 1967, 1973, 1977, 1979, 1980, 1982, 1998, 2002. – Büro für Landschaftsschutz ZH 129–131, 181. – Z 1944. – Probleme im Kanton SZ 141. – Schweizerische Stiftung für Landschaftsschutz und Landschaftspflege 142, 160, 162, 204. – Landschaft, Landschaftsbild 66–67, 76, 77, 86, 101, 103, 111, 114, 134, 139, 140, 147, 149, 151, 152, 155, 176, 186, 192, 195, 207, 211, 217, 224, 242. – Z 1966, 1973. – Schutz des Stadt- und Landschaftsbildes von Zürich, Vorschriften 1925. – Landschaftsgestaltung 105, 114, 151, 152; 233, 236–237 (A), 246. – Z 1976. – Landschaftsinitiative 2002 der Zürcher Umweltorganisationen 215. – Landschaftspflege 114. – Richtplan Landschaft ZH 53 (A), 97, 127, 128 (A), 207–208, 213, 230. – Z 1976, 2001

Naturdenkmalpflege, Staatlich-preussischer Kommissar für 64

Naturschutz Begriff, Gedanke, Bewegung 63, 64, 71, 121–122, 134, 140. – Pflege und Unterhalt 141. – Arten- bzw. Biotop-Schutz 115, 126, 144, 157. – Fachstelle, Unterhaltsdienst Naturschutz ZH 141. – Z 2001, 2002. – Naturschutz im Kanton Zürich. Ein Hilfsbuch für die Lehrerschaft und für Freunde der Heimat, hg. vom VSLZ, Zürich 1939 107, 174. – Z 1939. – Naturschutzbund, -kommission Schwyzer 134. – Z 1989. – St. Gallisch-appenzellischer Naturschutzbund, 204. Z 1987. – Schweizerischer Bund für Naturschutz, jetzt Pro Natura 56, 106, 107, 137, 142, 157, 159–160, 162, 167, 168, 193, 195, 196, 204, Z 1930, 1950, 1980, 2001, 2002. – Naturschutz-Kongress 64. – Naturschutz-Verein, zürcherischer 69. – World Wide Fund for Nature WWF, WWF Linth, Schwyz 142, 158, 159, 160, 162, 167, 192–193, 195, 196, 197–198. – Z 1989. – *Pflanzenschutz* 69–71, 181, 194. – Z 1964. – Baum und Baumschutz 70 (A), 71, 72, 80, 185, 209, 220 (A), 243, 245 (A). Z 1945. – Riedschutz 164–165 (A), 184, 185. – Z 1978. – Buskircher Ried 203; Frauenwinkel Siehe Freienbach; Kaltbrunner Ried 157; Wädenswil, Halbinsel Au, Riedschutz-Zonen 131, 247. – Schilfschutz, Schilfbestände 14 (A), 29 (A), 35 (A), 38 (A), 41 (A), 48 (A), 76, 123, 126, 139, 140, 141, 149 (A), 184, 185, 189, 193, 202 (A), 203, 228; 269, Anm. 44. – Z 1930, 1954, 1959, 1964, 1965. – Z 1978, 1979, 1983, 1988, 2001. – Waldschutz und -Erhaltung 64, 76–77, 105, 184, 192, 233, 235–236, 254, Anm. 10. – Z 1971

Natur- und Heimatschutz Begriff 64. – Natur- und Heimatschutz-Finanzierungsgesetz ZH Z 1996. – Natur- und Heimatschutzfonds ZH 218. – Z 1970. – Natur- und Heimatschutz-Gruppe der Pro Helvetia 107. – Natur- und Heimatschutzkommission, Eidgenössische (ENHK) 64, 106–107, 151, 160, 184, 212. – Z 1933, 1950. – Natur- und Heimatschutzkommission des Kantons Zürich (NHKZ) (1912–1921 Heimatschutzkommission) 58, 60, 63–89; 70 (A, Plakat 1921); 72–73 (A, Seeuferfahrt 1915); 75 (neuer Name 1921); 79 (Kreisschreiben betr. Bauordnungen 1921); 80–83 (Debatte über das Neue Bauen); 83–84, 152 (VSLZ-Gründung, Verhältnis zum VSLZ); 83, 84–85, 86, 88, 89 (Entwicklung der NHKZ); 91; 106 (NHKZ als Vorbild); 107 (A), 129, 187, 209, 210, 222, 235. – Z 1944. – *Pioniere* Siehe Balsiger Hermann, Buck P. Damian, Fietz Hermann, Gut Theodor (I), Knopfli Walter, Leuzinger Walter, Utzinger Ernst

Natur- und Landschaftsschutz im Kanton Zürich, NHKZ-GA Z 1944

Ortsbildschutz, Ortsbild 66, 81, 82–83, 126, 172, 186–187, 189, 190, 192. – Z 1973

Rechtsmittel Heimatschutzrecht 63–64. – Landschaftsschutz-Gesetzgebung 64. – Bundes-Gesetzgebung über Natur- und Heimatschutz 64, 104–107, 107, 151. – Z 1933. – Bundesgesetz über Jagd- und Vogelschutz Z 1925, 1929. – Forstpolizeigesetz, Eidg. 64. – Umweltschutzgesetz 1983 Z 1988. – Gesetzgebung im Kanton Schwyz 134, 139–142. – Natur- und Heimatschutzverordnungen der Gemeinden im Kanton Zürich 81. – Kantonalschwyzerische 1927 100, 101, 134. Z 1927, 1935. – Z 1977. – Kantonalzürcherische 1912 65 (A), 66, 134, 224. – *Inventare*. – Bundesinventare 142. – BLN- bzw. KLN-Inventar 142, 184, 215. – Z 1977, 1984, 2002. – Bundesinventar der Flachmoore und Moorlandschaften 142, 144, 154 (A), 160, 162, 164–165. – Z 1991. Inventar der Natur- und Baudenkmäler des Kt. Zürich 87. – Inventar der Natur- und Landschaftsschutzobjekte von überkommunaler Bedeutung ZH, 246–247. – Inventar der Naturdenkmäler (Geotop-Inventar) 191, 277, Anm. 32

Reservate 68–71, 69, 87, 129, 140, 174, 192, 213, 230, 232, Schweizerischer Nationalpark, Unterengadin 69. – Siehe Buechberg; Dietikon, Etzel, Feldbach, Freienbach, Frauenwinkel; Hirzel; Hütten, Hüttnersee; Jona, Seegubel; Kaltbrunner Ried; Kilchberg, Ghei; Küsnacht, Küsnachtertobel; Lachen, Aahorn; Pfannenstiel; Pflanzenschutz, Riedgebiete; Schmerikon; Schwyz; Sihltal; Stäfa, Rebgebiete; Tuggen, Bätzimatt; Üetliberg; Ufenau; USA, Nationalparks; Wädenswil, Halbinsel Au; Wangen, Nuoler Ried

Tierschutz, Tiere. – Fische Z 1991. Libellen 197. – Z 1996. Schmetterlinge: Moorbläuling 164–165 (A), 194. Erdkröten 239. – Jagdschongebiete Z 1929, 1935, 1948. – *Vogelschutz*, Vögel 71, 76, 181; 143–145, 151, 165, 167 (Störungen); 196, 197, 203 (Brutplattformen und Kiesinseln); 228 (Vögel im Bachtobel), 239. – Z 1978. – Bekassine 140; Brachvogel 11 (A), 34 (A), 124, 138 (A), 139, 140, 141, 144, 145, 158, 164, 185, 193, 194; Dohle 140; Flussregenpfeifer 196, 203; Flussseeschwalbe 196, 203; Graureiher 140; Haubentaucher 140, 155 (A); Kiebitz 34 (A), 140, 158, 185, 193, 194; Kolbenente 196; Kormoran 140, 203; Milan 140; Möwe 140, 203; Regenpfeifer 193; Reiher 140, 198; Rohrammer 196; Rohrsänger 17 (A), 48 (A), 140, 148 (A) 193, 196; Rotrückenwürger 196; Rotschenkel 194; Schafstelze 194; Schwan 14 (A), Z 1929; Stockente 140; Strandläufer 193; Wasserhuhn 140, 142 (A); Wasserralle 140, 145 (A); Zaunammer 196; Zwergtaucher 196. – Schweiz. Gesellschaft für Vogelkunde und Vogelschutz «Ala» 102 (A), 139, 140, 158, 167, 168, Z 1930. – Schweiz. Ornithologischer Verein bzw. Gesellschaft 99, 139, 158. – Z 1915. – Schweizer und Zürcher Vogelschutz 168. – Z 1929, 2002. – Schwyzer Kantonaler Vogelschutzverband 142, 158, 159, 167, 168, 195. – Z 1989

Nehracher Hafner 210–211

Niggli Paul Z 1946

Nobs Ernst 58, 59, 60, 61, 88

Noser Peter Z 2001

Nüesch Remi 58

Nuolen Siehe Wangen

Nyffenegger Ernst Z 1952

Oberholzer P. Basilius 155

Oberrieden 240. – Bauordnung 79. – Gasthof Sternen 241–242 (A). – Höhenwanderweg Z 1965. – Kunsteisbahn Z 1970. – Seestrasse 241, 242 (A). – Sonnenbad, Strandbad Z 1931, 1970. – Tischenloo 36 (A), 241. – Uferweg-Projekt 241. – Z 1988

Obersee Siehe Zürichsee

Obfelden 91, 93

Öffentlichkeit 114; 265, Anm. 8

Oesch Thomas Z 1999

Oetwil a. See. – Haus Dahm, Aegertenwies 220–221. – Zeitungsdruck-Zentrum 93 (A)

Oldani Hermann 105, 106

Oldani Karl Z 1970

Omniplan AG 142, 162–163 (A). – Z 2000

Otto I. der Grosse, Kaiser 13 (A), 100 (A), 101, 134

Parteien. – BGB, jetzt SVP 60, 207–208, 212. – CVP 161, 207. – EVP 207–208. – FDP 91, 92, 94, 95, 99, 117, 121, 207. – GP 207. – KP 57, 58. – SP 56, 59, 95, 99, 161, 207

Peter Hans 66, 71, 72, 73 (A), 74, 75, 76 (A), 77, 79, 83–84, 86, 117

Peter Heinrich Z 1940, 1945, 1959

Pfäffikon SZ Siehe Freienbach

Pfannenstiel 77, 118–119 (A), 176–177, 186–187 (A), 215, 216–217 (A), 220, 233. – Z 1945, 1974, 1976, 1980, 1984, 1992 1997

Pfenninger Johann Caspar 93–94

Pfenninger Kurt 115, 213. – Z 1976, 1988

Pfister Albert 225–227 (A)

Pfister Otto und Werner 56, 57, 69, 80, 87

Pfister Werner 66–67 (A), 72, 73 (A), 76, 77, 80, 81, 84

Pfleghard Andreas 126 (A), 210–211 (A). – Z 1983

Pfleghard Otto Heinrich 210 (A), 211

Pfleghard Otto 211–212

Planung 68, 86, 114, 172, 181, 229, 230–231. – Z 1946, 1977. – Büro bzw. Amt für Regionalplanung bzw. für Raumplanung bzw. für Raumordnung und Vermessung ZH 79, 129–130, 181, 213, 229. – Z 1956. – Bundesamt für Raumplanung 206. – ETH-Institut für Orts-, Regional- und Landesplanung Z 1970. – Masterplanverfahren 163–164, 167, 169. – Raumplanung 69, 213. – Bundesbeschluss über dringliche Massnahmen auf dem Gebiete der Raumplanung vom 17. März 1972 172. – Z 1972, 1975. – Bundesgesetz über die Raumplanung 1979 172, 206. – Regional- und Landesplanung 69. – Z 1940, 1944, 1976, 1980. – Verein Regionalplanung von Zürich und Umgebung 23 (A), 233. – Z 1976

Raffael 64

Ramp E. 141

Rapperswil 83, 98 (A), 104 (A), 147, 150 (A), 171, 180 (A), 193, 203–204, 205 (A). – Z 1929, 1951, 1978, 1989, 1993. – Altstadt 203–204 (A). – Z 1971, 1975, 1986. – Baureglement Z 1935. – Bucht Rapperswil–Kempraten–Feldbach 204–209 (A). – Z 1965, 1984. – Busskircher Riet 203. – Gemeinderat Z 1935. – Hafengebiet Z 1999. – Heilig Hüsli Z 1956. – Hotel Schwanen 101. – Kiesinsel für

Vögel 196, 203. – Ortsbild 186. – Ortsgemeinde Z 1973. – SBB-Grossüberbauung Z 1991. – Schloss Z 1971, 1986. – Uferweg Rapperswil–Busskirch–Schmerikon Z 1935, 1945. – Verkehrsverein 99, 155. – Z 1929

Rathgeb Hans Z 1971

Rebbau Siehe Landwirtschaft

Rebsamen Hanspeter. – Begegnungen mit Gewährspersonen 61 (R.N. Balsiger); 97 (Ulrich Gut (I), Ulrich E. Gut); 120 (H. Kempin-Lehner), 120 (A. Hauser), 122 (F. Maurer), 125, 229 (A. Egli), 125 (U. E. Gut), 127 (G. Herms), 129 (K. Hagmann), 157 (P. Stünzi). – Zürichseeufer 75 172. – Z 1973, 1975

Rehfuss Jakob 77

Rehm Marie Anna 60

Reichling Bootswerft 72

Reichling Rudolf 107, 212–213. – Z 1936, 1943

Reklame 18 (A), 192. – Z 1931, 1950, 1953, 1995

Renfer Christian 84, 211

Richterswil 177, 186–189 (A). – Z 1971, 1975. – Baudenkmäler 187. – Grünzone Reidholz–Mülenen 96 (A), 97, 128 (A). – Z 2001. – Hornareal 186–187 (A). – Z 1976. – Lichtbelästigung Z 1973. – Mülenen Z 1955, 1971. – Wohnbebauung 96 (A), 188 (A

Rickenmann Pius 111

Rittmeyer Robert 66, 73 (A), 74, 79, 82, 83, 87, 214 (A), 221–222

Rollier Louis 134

Roshardt-Meinherz Pia 111

Roshardt Walter 84, 104 (A), 109, 110 (A), 111

Rothenthurm, Moorschutzinitiative 1987 160, 215

Rousseau Jean Jacques 173

Rudorff Ernst 63

Rüegg Ernst Georg 21 (A), 80 (A), 86, 87

Rüegg Hans Rudolf 55

Rüegg Hans Rudolf Z 1985

Rüschlikon 72. – Z 1967. – Bauordnung 79. – Nidelbad 238. – Park im Grüene 238–239 (A). – Planungswettbewerb 1942 238. – Turbenberg 238

Ruoff Ulrich Z 1965

Salzgeber P. Joachim Z 1987

St. Gallen, Kanton 107, 150, 151, 152. – Z 1941/42. – Baudepartement 204, Z 1929, 1972, 1979, 1984. – Grosser Rat 206. – Kantonsgrenze 13 (A). – Kulturpolitik: Bernhard Anderes 203–204. – Planungsamt 200–201 (A), 207. – Z 1996. – Regierungsrat 181, 184, 204, 207. – Z 1954, 1959, 1981, 1984, 1987. – Richtplan 206, 207. – Volkswirtschaftsdepartement 204

Schäppi Peter Z 1996

Schätti Rudolf 75, 79, 81, 82, 83, 84, 102

Schanz Ferdinand 38 (A). – Z 1982

Schellenberg A. Z 1940

Scherrer Karl 82, 83

Schiess Heinrich 140, 143. – Z 1978

Schilling Rudolf 172. – Z 1975

Schlappner Martin 235

Schlumpf Leon 92

Schmerikon 171, 177, 180 (A), 184, 204, 235. – Z 1979, 1999. – Aabachmündung, Allmeind 192, 201. – Z 1999. – Bootswerft Helbling 42 (A), 201. – Z 1978, 1987. – Gemeinderat 1987, 1997.
– Kiesgewinnung Z 1949. – Ortsbild 186, 200, 204. – Z 2001. – Strandhotel Obersee Z 1966. – Weekendhäuser am See Z 1936

Schmid-Ammann Paul 233

Schmid-Meilen E. Z 1970

Schmucki Johann 102, 200

Schneider-Mousson Walter 93

Schoeck–Bartscher Hilde und Othmar 219

Schönenberg 215, 242–243. – Z 1954, 1991

Schollenberger Heinrich Z 1980

Schröter Carl 16 (A), 65, 71, 72, 73 (A), 74, 75, 77, 81, 82, 83, 86, 107, 134

Schulthess Emanuel 80

Schulthess H. 102

Schulthess Hans Georg Z 1994

von Schulthess Rechberg-Bodmer Hans 246

Schwyz, Kanton 107, 151, 152, 160, 169. – Z 1941/42. – Amt für Raumplanung 141. – Baudepartement Z 1945, 1972. – Bezirksamt Höfe 139. – Fachstelle Naturschutz 157. – Gewässerschutzstelle 143. – Justizdirektion 149, 194. – Z 1984. – Kantonsgrenze 13 (A). – Kantonsrat 99, 101, 102, 157. – Kantonaler Strasseninspektor 152, 157. – Kunstdenkmäler-Inventarisation 204. – Naturforschende Gesellschaft 134. – Polizeidirektion 143. – Planungschef 194. – Z 1984. – Regierungsrat 103, 134, 140, 141–142, 143, 144, 149, 159, 162, 163, 164, 181, 184, 189. – Z 1937, 1950, 1954, 1959, 1977, 1978, 1980, 1984, 2000. – Reservate 134, 157. – Umweltrat Z 1989. – Verwaltungsgericht 162, 163, 164

Senn Hans 210–211 (A)

Seume Johann Gottfried 177

Sidler Rudolf 141, 159. – Z 1979

Sidler P. Wilhelm 133

Siegfried Fritz 140

Sigg Hans 84, 86, 88, 107

Sigrist Jürg 126 (A). – Z 2001

Sihltal, Pro Sihltal, Sihlbrugg 215, 239–240, 243, Z 1929 (Gessner-Haus Sihlwald)

Späni Rudolf Z 1990

Spoerry-Toneatti Vreni 126, 128

Stäfa 177, 209–213. – Z 1938, 1976, 1983, 1988. – Beschreibung Goethes 174, 177. – Brandschenke 97. – Z 1956. – Buchdruckerei Stäfa (Gut mit Seegarten 90 (A), 91, 92, 95–97, 96 (A), 97, 118, 200. – Denkmalpflege 211. – Z 1983. – Fischzuchtanstalt 213. – Z 1991. – Gemeinderat 210, 212, 213. – Herbstspiele 1933 94–95. – Kehlhof 20 (A, Kläranlage), 51 (A), 91, 92, 93, 177; 26 (A), 211–212 (Villa Sunneschy), 212 (Zur Mühle). Z 1951. – Kiesverladeanlage Z 1953. – Kirchhügel 77. – Lesegesellschaft 91, 94. – Memorial 93, 94. – Mutzmalen, Freihaltegebiet 128 (A), 212 (A), 213. – Z 2001. – Ortsbild 186. – Rebberge Lattenberg, Batterie-Kirchbühl, Risi, Sternenhalde 94, 97, 186, 209, 212 (A), 213, 225. – Z 1951, 1969, 1976. – Rebhäuschen 94, 97. – Ritterhäuser Ürikon 22 (A), 24 (A), 111, 209–211 (A). – Z 1943. – Rütihof (Refugium von Ernst Wiechert) 174. – Schilfbestand Z 1999. – Schulhaus 94. – Seestrasse 18 (A). – Z 1929. – Ürikon 51 (A). – Z 1969. – Wiesental 97. – Zürichsee Medien AG 91, 92

Stamm Guntram 168

Staub-Terlinden Alma und Emil 218, 219

Staub P. Ignatius 132 (A)
Stauber Emil 174–175
Steck Albert 55
Steiger Albert 219
Steiner Albert Heinrich 235
Steiner Rudolf 244
Steinfels-Saurer Heinrich 99, 102, 209
Stern und Partner 246
Stil Siehe Bauwesen
Stirnemann Erwin 239
Strassenbau 122, 151, 175, 224, 226–227 (A). – Z 1988. – Autobahn N 3 30 (A), 170 (A), 174, 236, 237–238. – Z 1966, 1968. – Linksufrige Seestrasse 36 (A), 79–80, 241. – Z 1971, 1973, 1975. – Rechtsufrige Höhenstrasse Z 1980. – Rechtsufrige Seestrasse 224. – Z 1927 (S. 16)
Strasser Bernd 192, 195
Straub Max 38 (A), 123, 131. – Z 1989, 1991
Strebel Hannes 219
Stucki Jakob Z 1977
Stünzi Peter 126, 142, 157, 158, 168. – Z 1984, 1985, 1989, 2000, 2001
Stüssi Hermann Z 1973
Südostbahn SOB 106 (A), 152, 162 (A)
Sulzer Alfred Z 1999
Suter Alwin Z 2001
Temperli Max Z 1988)
Tenger Eduard 107. – Z 1936
Thalwil 239. – Z 1941, 1996. – Bauordnung 79. – Färbereiareal, Seeanlage Z 1996. – Gattiker Weiher 239–240 (A). – Tischenloo 36 (A), 241. – Waldweiher 239, 241
Thomas Eugen A. 29 (A). – Z 1982
Thurnheer-Jenni Arthur und Frieda, Stiftung Z 2001
Traber Hans 48 (A)
Trautweiler Alexander 75
Treichler Johann Jakob 55–56
Trog Hans 80
Truttmann-Helbling F. 102
Tschudi Hans 181. – Z 1952
Tuggen 184. – Reservat Bätzimatt 157, 159, 183, 192, 193, 197, 199 (A), 201 – Z 1959, 1989, 1999. – Schloss Grinau 185, 199. – Tuggener See 197
Ürikon Siehe Stäfa
Uetikon. Chemische Fabrik 218 (A), 219. – Gemeindepräsident 219. – Haus Deringer 219. – Pfannenstiel-Landschaft 220
Üetliberg 87, 176 (A), 177, 215, 234 (A), 235–236, 243. – Z 1934
Ufenau, Insel 10 (A), 13 (A), 51 (A), 74 (A), 98 (A), 100, 104 (A), 111, 134, 135 (A), 140, 154–155 (A), 176 (A), 205 (A). – Z 1975, 1987
Uhwiesen 82–83, 86
USA, Las Vegas 190, 192. Nationalparks 129
Usteri Emil 66, 73 (A), 79, 81, 83, 86
Utzinger Ernst 231–232. – Z 1945, 1952
Uznach 171, 177, 199–200 (A), 204, 235. – Bezirksammann 102
Venturi Robert 190, 192
Verena Heilige 95
Vernate TI 60–61, 88, 93. – Z 1944

VSLZ/ZSL Abgrenzung gegenüber dem Sihltal 239–240. – Aktuare 127. – Arbeitsausschuss 152. – Archiv 248 (Einführung, Anm. 2). – Bauberatungsdienst Z 1954. – Einsprachebefugnis 162. – Erfahrung 161. – Finanzen 137–138, 193. – Z 1951. – Gegnerschaft Z 1945. – Generalversammlungen Siehe Zeittafel bei den betr. Jahren. – Geschichte 10–53. – Gründung 1927 68, 71, 79, 83–84, 84, 86, 89, 91, 98–103, 171, 198. – Z 1927. – Hauser-Fonds 122. – Jahrbücher vom Zürichsee 67, 88, 94, 97, 108–111 (A), 112–115 (A), 121, 127, 171, 176, 228–229. – Z 1932, 1936, 1945, 1948, 1965, 1966. – Jahresberichte 89, 112–115 (A). – Jubiläen Z 1947, 1952, 1967, 1977. – Kaufpolitik, Grundbesitz 114, 119, 122, 127, 137–138, 144, 157. – Z 1949, 1957, 1967, 1994. – Kunstförderung 109–111, 176, 244. – Literaturförderung 109–111. – Maurer-Fonds 122. – Z 1994. – Mitglieder 127. – Z 1943. – Name VSLZ bzw. ZSL 127, 142. – Z 1998. – Pionierrolle des VSLZ 141. – Politik 105–107, 122. – Präsidenten 117–131, 125. – Z 1996. – Publikationstätigkeit 112–115, 142, 200–201 (A). – Z 1939. – Schutzpriorität Brachvogel Siehe Natur- und Heimatschutz, Vogelschutz. – Sektionen 120, 121, 124, 126, 142, 152, 157, 187, 231. – Z 1941/42, 1945, 1948, 1997. – Signet bzw. Logo 12 (A), 49 (A), 126–127, 171. – Z 1998. – Sitz 101 (Rapperswil), 126 (Zweitsitz), 144 (am Wohnort des Präsidenten). – Z 1934. – Status, Statuten, Programm 95, 101–102, 109, 125–126. – Z 1935, 1955, 1996. – Übername «Schilfröhrliclub» 14 (A), 126. – Z 1945. – Verhältnis zur NHKZ 83–84, 129. – Vertretungen im Vorstand: Stift Einsiedeln 123, 131; Verwaltungs-Chefbeamte 120, 130, 131. – Vorgeschichte 11–12, 63–89. – Vorstand 88, 89, 91, 107 (A), 116–131, 127–128 (Psychosoziologie), 128–129 (Zusammensetzung nach Berufen, Vertretungen und Orten). – Z 1927. – Werbung 105, 120. – Z 1962, 1965. – Zürichseebuch 1930 79, 109, Z 1930. – Zürichseeufer 75 123, 172. – Zusammenarbeit ZSL/WWF 192–193, 198
Wädenswil 171, 177. – Z 1931, 1971. – Au, Halbinsel, Bauernhof, Bauerngarten 246. – Au, Halbinsel, Rebbestand, Weinbau-Museum 246. – Z 1999. – Au, Halbinsel, Riedschutzzonen 246–247. – Au, Halbinsel, Schloss, Konsortium, Simon-Gut 32 (A), 37 (A), 57, 121, 130 (A), 131, 176 (A), 177, 184, 215, 246–247 (A). – Z 1975, 1977, 1970, 1977, 1980, 1990, 2002. – Au, Halbinsel, Standard Telefon und Radio AG Z 1958. – Chronik 110. – Hochhausprobleme Z 1963. – Z 1990. – Lichtbelästigung Z 1973. – Neubühl, Autobahn-Anschluss 30 (A). – Geschichte 121. – Naglikon, Nagliker Ried 131, 246. – Z 1969. – Ortsmuseum Holeneich 121. – Z 1946. – Seeguet 44 (A). – Spital, Projekt Schlossberg Z 1998. – Umsturz 1798 121. – Wädenswiler Berg 215
Wägitaler Aa, Kraftwerk Wägital 196. – Z 1965
Wahlen Friedrich Traugott Z 1943
Walser Robert 63
Walter Emil 79
Wanderer, Ufer- und Wanderwege 185, 197, 224. – Z 1984. – Der Wanderer als Figur 52 (A), 72, 147, 152, 170–177, 189, 190, 216, 228–229, 232, 233; 232–236 (Stadtwanderer), 241, 242. – Arbeitsgemeinschaft für Wanderwege: Schweizer SAW 173; Zürcher ZAW 172–173, 216, 232 – Z 1934. – Fuss- und Wanderwegartikel der Bundesverfassung 1979 173. – Wanderkarten, -Literatur 172–173, 189. – Wander- und Uferwege 71–75, 120, 123, 131,

172–173, 174 (A), 175 (A), 216. Buechberg, entlang dem 131. Erlenbachtobel 227. Horgenberg–Horgen 170 (A), 246. Kempraten–Feldbach 201, 205 (A). Küsnachtertobel 228–230 (A). Männedorf 120, 219. Rapperswil–Busskirch–Schmerikon 180 (A), 197–198. – Z 1935, 1945. Rapperswil–Hurden–Pfäffikon (Jakobsweg, Pilgerweg) 125, 145, 152–153 (A), 165, 168. – Z 2001. Richterswil–Bäch–Freienbach–Pfäffikon–Hurden–Altendorf–Lachen –Nuolen–Grinau–Schmerikon 131, 189, 197. Z 1945, 1999. Horgen–Käpfnach–Meilibach–Au–Wädenswil 130 (A), 131, 241, 246–247 (A). – Z 1989. – Oberrieden 241. Stäfa 213. Wädenswil–Richterswil 131, 187. Wehrenbachtobel Zollikerberg–Zürich 233. Zürich-Wollishofen Z 1981

Wangen SZ 184. Allee beim Bad Nuolen 197, Z 1930. – Bootshafen Nuolen 197. – Flugplatz Z 1950. – Genossame 193–194. – Z 1950. – Golfplatz Nuolen 131, 196–197. Z 1996. – Kiesabbau Nuolen 183, 196. – Z 1941/42, 1965, 1966, 1999. – Kollegium Nuolen 158, 193. – Z 1984. – Nuoler Ried 41 (A), 157, 158, 159, 166 (A), 184–185, 192, 193–195, 197. – Z 1946, 1977, 1981, 1984. – Pro Buechberg 193–194. – Strandbad 197. – Z 1999. – Zonenplan Nuolen-See 197. – Z 1999

Wartmann Beat 126
Waser Ernst 107. – Z 1938
Weber Fritz 246
Weber Matthias Z 1984
Weber Paul W. 247
Weber Theodor 75, 81, 82, 83, 107
Weber Walter 247
Weggler Martin 142. – Z 2000
Weiss Hans 123, 253–254, Anm. 7; 266, Anm.11
Weiss Max 189
Weitling Wilhelm 56
Welti-Gut Hilde 92, 95
Werdmüller Johann Rudolf 57
Werner Max 27 (A), 79. – Z 1943, 1956
Wettstein Otto 69
Wetzwil 117
Wiechert Ernst 24 (A), 174
Wildhaber Viktor 17 (A), 208 (A)
Wilen Siehe Freienbach
Willi M. 141
Winkler Robert Z 1944
Winter Daniel 126
Wirz Hans Georg 210. – Z 1943
Wollerau 96 (A), 186–189 (A), 190
Würtenberger Ernst 66, 72, 73 (A), 75
Von Wyss–Syz Gertrud 137
Wyss Heinrich 56, 57
Wyss Pit 84. – Z 1995
Zbinden-Amande Fritz und Hélène 243–245 (A)
Zbinden Hans Werner 244
Zbinden Nicolas und Renate Mauerhofer 244
Zbinden Pierre 224
Zehnder Hannes 125, 126 (A), 157. – Z 1996
Zeitschriften, Zeitungen. – Der Volksfreund bzw. Toggenburger Anzeiger, Flawil 121. – Die Tat, Zürich 89. – Heimatschutz 15 (A), 80, 115. – Neue Zürcher Zeitung 92, 101, 110 (A), 117, 118, 119 (A), 219. – Schwyzer Panda 158. – Volksrecht, Zürich 58, 59, 88, 114, 233. – WERK 80. – Wochenblatt vom Zürichsee, Stäfa 91. – Zürichsee-Zeitung, Stäfa 84, 91, 92, 94, 99

Zeller Eugen 112–114 (A), 243
Ziegler Peter 110. – Z 1975
Zigerli Paul Z 1944
Zollikon 231–233 (A). – Allmend 231. – Bauordnung, Zonenplan 79, 231–232. – Z 1943. – Kirche 231–232 (A). – Ortsbild 44 (A). – Projekt von Lux Guyer 77. – Projekt von Emanuel Schultheß 80. – Rebbesitz der Gemeinde 213. – Waldkorporation 76–77. – Zollikerberg 215, 230, 231

Zollinger Albin 176–177, 216–217, 221, 246

Zürich Kanton 151, 152. – Baudirektion 57, 60, 66, 68, 79, 83, 84, 88, 129, 130, 131, 184, 207, 210, 236. – Z 1972, 1992 – Bezirksgericht 56. – Erziehungsrat 118. – Fischerei- und Jagdverwalter Z 1964. – Gesetzgebung Z 1941/42. – Handelsschule 123. – Justiz- und Polizeidirektion 65. – Kantonale Beiträge 213. – Z 1954. – Kantonsbesitz 37 (A), 217 (A), 218, 228. – Kantonsgrenze 13 (A). – Kantonsingenieur 102. – Kantonsrat 53 (A), 57, 58, 74, 80, 92, 97, 117, 127, 128 (A), 207–208, 212, 213. – Z 1966, 1992, 2001. – Kunstkommission 244. – Verkehrskommission. – Verwaltungsgebäude 80. – Rebbaukommissär 213. – Z 1940, 1988. – Regierungsrat 21 (A), 60, 65, 66, 76, 77, 83, 88, 89, 103, 131, 172, 181, 184, 187, 207, 223. – Z 1945, 1954, 1959, 1966, 1971, 1977, 1984. – Regionalplanung 68. – Tiefbauamt 130 (A), 131

Zürich Stadt. Altstadtsanierung und -Schutz 235. – Antiquarische Gesellschaft 80, 235. – Arboretum 63, 72, 74, 235. – Atelierhaus Rousseaustrasse 59. – Bauamt 68, 102, 239. – Baukollegium 67. – Bauordnung 79. – Z 1946. – Bebauungsplanbüro 77, 233. – Beckenhof 79–80, 84, 86. – Belvoir Z 1936. – Botanischer Garten 233. – Z 1992. – Büchergilde Gutenberg 58 (A). – Burghölzli-Hügel 62 (A), 233. – Dolderpark 76, 77. – Eingemeindung 1934 68, 85, 86. – ETH 87, 121. – Friedhof Enzenbühl 233. – Gartenbau- und Landwirtschaftsamt 157, 224. – Gemeinderat, früher Grosser Stadtrat 57, 58, 75, 79–80, 117. – Z 1934. – Genossenschaften Bergheim und Kapf 56, 66–67, 87. – Gewerbeschule 60. – Hohe Promenade 233–234. – Hotel Baur au Lac 131, Bellevue 66, Central 66, Zürichberg, Volks- und Kurhaus 62 (A), 63. – Kapf, Hirslanden 66–67. – Kapfsteig 44, Haus Brockmann 87. – Kongresshaus 59. – Z 1936, 1939, 1943, 1944, 1952, 1959, 1960, 1961, 1966, 1974. – Kreditanstalt, Zürich 56, 230. – Kunstgewerbemuseum und -Schule 12 (A), 60, 68, 123. – Kunstpreis der Stadt Zürich 59, 110, 220–221. – Landkauf- und Grünpolitik 232–233. – Landschaftsbild 66. – Landwirtschaftsbetriebe Weinegg, Schipferhof 233, 236. – Lebensmittelverein Zürich 56, 58. – Leuenhof (Bank Leu) 57. – Limmatraum 235. – Literaturkommission und Literaturpreis 59, 110–111. – Luftseilbahn Z 1964. – Milchbuck 77. – Migros-Genossenschaftsbund 239. – Muraltengut 78 (A), 79–80 (A), 84, 86, 236. – Z 1934. – Musikpreis 59, 110. – Nationalbank 69, 71. – Obergericht 59, 60, 83, 99, 111. – Obmannamt 59. – Papierfabrik an der Sihl 92. – Parkanlagen 233, 235–236. – Parkhaus im See Z 1970. – Peterhof (Seiden-Grieder) 57. – Plastik öffentliche, Plastikausstellung 1931 69, 176, 216, 235. – Promenadenkommission 71. – Quaianlagen, Seeufergestaltung 33

(A), 63, 71–74, 235–236. – Z 1937. – Rämistrasse–Bellevue 234–235 (A). – Rathaus 59. – Rehalp 76, 233. – Reservat Untere Herdern Z 1937. – Rudolf Steiner Schule 244. – St. Annahof 56–57 (A). – Schulamt 127. – Seefeld 94. – Sportplatz Letzigrund, Lichtbelästigung Z 1973. – Stadtbaumeister 102. – Stadtbild 66. – Städtebauausstellung 1911 68. – Stadtrat 57, 76, 79–80, 239. – Tiefenbrunnen, SBB-Areal, Kieshafen, Bahnübergang, Bebauung 126, 183. – Z 1955, 1959, 1973, 1976, 1985, 1986, 1998. – Tonhalle 59. – Universität 91, 92, 121, 140, 190. – Utoquai 71. – Verschönerungsverein 235. – Villa Rüegg-Honegger 218. – VSLZ-Mitgliedschaft der Stadt Zürich 83. – Waldstadt, Projekt Z 1971. – Wettbewerb, internationaler für einen Bebauungsplan 1915–1919 68, 72, 74. – Wollishofen Z 1985, 1998, 2001. – Zoologischer Garten 59. – Z 1932. – Zürichhorn 33 (A), 74, 235. – Z 1965, 1972, 1985. – Zum Garten 234–235 (A). – Zum Schönenhof 235. – Z 1935

Zürichsee. – Abflussregulierung 87, 113, 235. – Z 1937, 1939. – Abwasser-Reinigung/Verschmutzung 20 (A), 28 (A), 29 (A), 101, 107, 113. – Z 1938, 1943, 1963, 1973. – Bäder, Badebetrieb, Strandbäder 113, 155, 185, 213. – Feste und Feiern, Theater 115. – Fischerei 76, 101, 145, 201. – Z 1991. – Fischereikommission für den Zürich- und Walensee 143. – Flora des Zürichsees (Schröter) 16 (A). – Gemeinden, Gemeindeaufgaben 119, 120, 122, 124–125, 130, 143, 181, 193, 201, 211, 217 (A), 228, 230–231. – Z 1945, 1973, 1977, 1982, 1984, 1995. – Gemeindechroniken 115. – Geologie 139, 147, 174, 177, 184–185, 192, 197, 215. – Z 1931. – Geschichte 171. – Z 1965. – Gewerbe (Rebbau, Schifferei, Fischerei) 213. – Kartenbild 178–179 (A), 182–183 (A), 185 (A), 201 (A), 205 (A). – Kulturdenkmal, Gedenk- und Erinnerungsstätten 219, 221, 236–237. – Kulturlandschaft («Der ganze See») 95, 101, 109, 127, 171–172, 176, 213, 219, 220, 230, 236, 246. – Z 1930, 2001. – Landanlagen 71–75, 87, 101, 103, 113, 172, 197, 224. – Z 1927 (S. 16), 1967, 1970, 1984. – Landschaft, Landschaftsbild, Landschaftsschutz 62 (A). – Z 1992. – «Lebensspender» See 113. – Lichtimmissionen 120, 149 – Z 1932, 1950, 1953, 1961, 1973. – Limnologie (Binnengewässerkunde) 71, 115, 184. – Z 1982, 1992. – Linth-Limmatverband 83. – Obersee 83, 125, 139–140, 142, 184–185 (A), 197 (BLN-Objekt Obersee), 148, 177, 169, 192 181–186, 192. – Z 1941/42, 1946, 1949, 1965, 1970, 1979, 1984, 1999. – Reise um den Zürichsee 170–247. – Schutzverordnungen 140, 181–186 (A). – «Seebuben» 115, 121–122. – Seepolizei 167. – Stiftung Künstler vom Zimmerberg und Zürichsee 244–245 (A). – Strassenbau Siehe dieses Stichwort. – Tourismus 171. – Trinkwasserversorgung 113. – Wassersport 185. Rudern 122, 124, 147. Segeln 91, 92, 143. Wakeboarding Z 2001. Wasserski 145. – «Zürichseehaus» 189–190 (A), 208 (A), 213, 214 (A), 222. – Zuflüsse 23 (A), 113, 228–229. – Z 1944. Siehe Erlenbach und Küsnacht: Tobel

Zürichseebrücke und -damm Rapperswil–Hurden 13 (A), 98 (A), 101, 104–107 (A), 148, 150–153. 176 (A), 203 (A), 205 (A). – Z 1927 (S. 16), 1950. – Durchstich, Schifffahrtskanal 101, 106 (A), 134, 143, 147–148, 151, 152. – Z 1964. – Hochspannungsleitung 103, 151–152. – Holzsteg Rapperswil–Hurden, neuer 52 (A), 125, 150 (A), 153 (A), 165, 182. – Z 2001.

Zürichsee-Schifffahrt 113, 187–188 (A). – Z 1950, 1996. – Motorbootverkehr und Hafenanlagen 118, 139, 149, 189, 201, 203, 204. Z 1946, 1965, 1972, 1981, 1992. – Schifffahrtskonkordat, – Kommission SG/SZ/ZH 1933 139. – Z 1973. – Segelhäfen 143

Zürichsee-Ufer. – Gestaltung 68–69, 109, 122. – Reinigung 46 (A), 169 (A). 192–193. – Schutzzonen 68, 71–76, 87, 100, 101, 143, 182–183 (A), 185, 187, 192, 194, 201 (A), 241. – Z 1972, 1984, 1998. – Uferwege Siehe Stichwort Wanderwege. – Zugänglichmachung 33 (A), 71, 76, 113, 164, 172, 241. – Z 1951, 1966, 1970, 1974, 1984

Zumikon 230. – Haus in Gössikon 82 (A). – Sendeanlage in Waltikon Z 1946

Zwicky Peter 126 (A)

Zwingli Ulrich 93

Autoren

Elvira Angstmann, geb. 1957. Foto-Atelier in Männedorf seit 1987. Kunstgewerbeschule Zürich und fotografische Ausbildung 1977–1982. Schwergewicht der Tätigkeit auf Architektur und Kunst, Mitarbeit an diesbezüglichen Publikationen. Beteiligung an Ausstellungen seit 1995.

Res Knobel, geb. 1955, Wilen (Freienbach). Kollegium Nuolen, Sekundarlehrer-Ausbildung an der Universität Freiburg (Diplom 1981). Sekundarlehrer in Wollerau seit 1981. WWF-Tätigkeit: Vorstand Sektion Linth 1982–1991, Präsident Sektion Schwyz 1991–1994, Vorstand Sektion Schwyz seit 1994. Eigenes Ökobüro seit 2001. Geschäftsführer der Stiftung Frauenwinkel.

Zora Parici-Ciprys, lic.phil.I, geb. 1956, Zürich. Studium der Kunstgeschichte, Geschichte und Publizistik an der Universität Zürich. Kunsthistorikerin, Layouterin/Gestalterin, Keramikerin. Wissenschaftliche Mitarbeiterin der kantonalen Denkmalpflege Zürich seit 1990. Mitverantwortliche Berichtsredaktorin/-Verfasserin sowie Layouterin/Gestalterin der Berichte Zürcher Denkmalpflege und Kleine Schriften zur Zürcher Denkmalpflege.

Hanspeter Rebsamen, geb. 1935, Zürich. Kunsthistoriker. Kunstgewerbeschule Zürich, Malklasse (Diplom 1956). Mitglied der Natur- und Heimatschutzkommission 1967–1974 und der Denkmalpflegekommission des Kantons Zürich 1971–1990 (Präsident 1984–1990). Mitarbeit am Inventar der Neueren Schweizer Architektur 1850–1920, INSA, 1973-1990 (Leiter 1975–1985). Mitarbeiter der kantonalen Denkmalpflege Zürich 1991–2000.